ISBN 978-1-332-37602-5
PIBN 10372797

1 MONTH OF
FREE
READING

at

www.ForgottenBooks.com

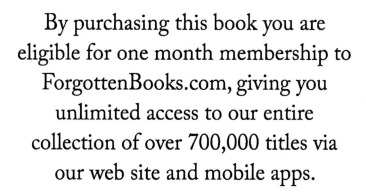

By purchasing this book you are eligible for one month membership to ForgottenBooks.com, giving you unlimited access to our entire collection of over 700,000 titles via our web site and mobile apps.

To claim your free month visit:

www.forgottenbooks.com/free372797

Similar Books Are Available from
www.forgottenbooks.com

ORIGINE DES FAMILLES

CANADIENNES-FRANÇAISES

LES CANADIENS-FRANÇAIS

ORIGINE

DES FAMILLES

ÉMIGRÉES DE FRANCE, D'ESPAGNE, 'DE SUISSE, ETC,
POUR VENIR SE FIXER AU CANADA, DEPUIS LA
FONDATION DE QUÉBEC JUSQU'À
CES DERNIERS TEMPS

ET SIGNIFICATION DE LEURS NOMS

PAR

N.-E. DIONNE, LL. D., M. D.

Professeur d'Archéologie à L'Université Laval

QUÉBEC :
LIBRAIRIE GARNEAU
Rue Buade

MONTRÉAL :
LIBRAIRIE GRANGER
Rue Notre-Dame

LAFLAMME & PROULX, IMP. QUÉBEC
1914

PREFACE

Le but de cet ouvrage est de faire connaître l'origine des noms de famille canadiens-français et partant des familles elles-mêmes, et, en second lieu, d'apporter à chacun des noms le sens qui lui est propre ou qui s'en rapproche. Plusieurs se sont bien souvent demandé de quelle partie de la France ils tirent leur origine, du nord, du midi, du centre, de l'est ou de l'ouest, sans pouvoir toujours trouver la réponse. D'autres auraient aimé de connaître la signification de leurs noms, de compréhension souvent difficile, sinon impossible. Que veulent dire Bolduc, Gariépy, Plamondon et Massicotte? Mystère, n'est-ce pas, mystère même pour les personnes les plus intéressées à le pénétrer.

L'auteur de cet humble ouvrage a voulu soulever un coin du voile qui plane sur ce double sujet, et il doit avouer qu'il a mis à cette œuvre tout le travail et toute la bonne volonté que le public est en droit d'attendre de ses efforts. Il a puisé les noms de familles dans le Dictionnaire Généalogique de Mgr Tanguay; il a ajouté à ceux-là, un bon nombre d'autres Français émigrés au Canada depuis 1730 jusqu'à ces dernières années. C'est ainsi qu'il a pu en recueillir près de neuf mille. Il aurait pu ajouter à sa liste les noms des quelques centaines de personnes d'importation récente, mais il les a mis de côté, d'abord parceque ceux-là sont moins connus, et aussi parce qu'il est difficile de prévoir quel sera le sort de cette colonisation tardive, qui pourrait n'apporter à la province de Québec qu'un appoint passager.

I

HISTORIQUE DES NOMS EN GENERAL

—

Le nom remonte à la création du monde. A mesure que la population s'est accrue, que les familles se sont multipliées, il a fallu, pour se reconnaître, avoir recours à des combinaisons variées, d'où sont sortis le surnom, le prénom et souvent le sobriquet. De tout temps, cès noms furent significatifs, puisqu'on a dû les puiser dans la langue parlée. Comment a-t-il pu arriver que plusieurs d'entre eux défient toute explication, toute étymologie et même la véritable racine? C'est là un des secrets de notre langue, lors de sa formation. Si nous ne pouvons parvenir à le pénétrer, nos ancêtres ne doivent pas en être tenus responsables, car on ne peut supposer qu'ils aient cédé à la fantaisie ou au caprice, quand ils ont créé cette série de noms de communes, de villes, de familles, qui sont devenus légion.

L'historique des noms de famille varie quelque peu, si on l'étudie chez les différents peuples de l'Univers. Chez les Hébreux, les noms étaient personnels, et ne se transmettaient que de père en fils. A leur naissance, les enfants recevaient un nom qui n'était en général que l'expression d'une qualité du corps ou de l'esprit, ou d'un vœu. Ainsi Caïn veut dire possédé; Cham, chaleureux; Isaac, blanc; Noé, libérateur; Esaü, actif; Salomon, ami de la paix. Pour distinguer les familles l'on y faisait suivre le nom du père de celui du fils, et l'on disait Isaac, fils d'Abraham, David, fils d'Isaïe.

Après la dispersion des tribus, l'on abandonna la vieille coutume de donner aux enfants le nom de leur père. Voilà pourquoi l'on ne doit pas être surpris de constater dans l'Evangile que Zacharie, ayant voulu donner son nom à l'enfant qui venait de lui arriver, on s'y opposa et cet enfant fut nommé Jean. Souvent les Juifs multiplièrent jusqu'à trois le nombre de leurs noms.

Chez les Grecs anciens, le nom du père ne se retrouve point chez le fils. Tous les noms y sont significatifs, et souvent ils sont au nombre de trois. Ils se transmettaient de l'aïeul paternel au petit-fils aîné et de l'oncle au neveu. Pour ne pas confondre les individus, on leur attribuait souvent des sobriquets ou faux noms. Des exemples frappants se retracent parmi les successeurs d'Alexandre le Grand. Les **Antiochus**, les Ptolémée, les Démétrius sont des noms bien connus dans l'histoire. Nous les connaîtrions moins bien s'ils ne portaient les surnoms qui leur sont restés. Démétrius Soter (sauveur), Démétrius Nicator (vainqueur), Ptolémée Philadelphe (ami de ses frères), Ptolémée Philopator (ami de son père), Antiochus Epiphanes (illustre).

Chez les **R**omains, on avait des noms, des prénoms et des surnoms. Cependant à l'origine ils ne portaient qu'un seul nom: Romulus, Remus. Puis ils en prirent deux: Numa Pompilius, Servius **T**ullius. Ce ne fut qu'après la chute de la royauté, que l'on adopta à **R**ome l'usage de trois noms. Le premier était ordinairement marqué en abrégé par des initiales: A. pour **A**ulus, C. pour Caius, Sex. pour Sextus. En second lieu venait le nom proprement dit, qui finissait **en ius**: Cornelius, Fabius, **T**ullius. Le surnom se plaçait en troisième lieu et indiquait la famille dont on faisait partie: Cicero, Cesar. Quelquefois un second surnom servait à rappeler un fait remarquable, un événement heureux, ou une marque de l'esprit. Un exemple bien frappant sous ce rapport est celui de Scipion l'Africain qui s'appelait Publius Cornelius Scipio **A**fricanus. Cornelius est le nom de la race, Scipion est le nom de la famille, et Africanus est le surnom destiné à perpétuer le souvenir de la ruine de Carthage. Des Romains illustres ont pris jusqu'à cinq noms: Scipion lui-même aurait ajouté à ceux déjà cités, celui d'Æmilianus, parcequ'il devait le jour à Æmilius Paulus.

Comme chez les Hébreux et chez les Grecs, les noms et surnoms des **R**omains étaient significatifs. Encore quelques exemples tirés de l'histoire romaine: Galba signifiait cour-

taud; Flavius, blondin; Publius, orphelin; Strabo, louche;
Varus, jambes torses; Ovidius, possesseur de troupeaux de
moutons; Hortensius, amateur de jardins; Brutus, inculte;
Nepos, prodigue; Cicero, pois chiche (Cicéron avait une petite verrue sur le nez); Scipio, bâton de vieillesse.

En France, les premiers Francs ne portaient qu'un seul
nom, qui partageait du caractère tudesque et du scandinave,
comme les suivants: Berther, Dagberth, Berthbramm, Wald-
win, Baldwin, dont on a fait Berthier, Dagobert, Bertrand,
Gauvin et Baudin. Ce n'est qu'à partir du Xe siècle que les
seigneurs commencèrent à écrire leur nom de famille, en le
faisant suivre du nom de leur terre ou fief. On remarque
qu'au XIe siècle les surnoms deviennent plus fréquents, et
qu'on ajoute le nom du père à celui du fils: Hervé, fils de Josselin. C'est à la même époque que les cadets de famille commencent à suivre l'exemple des seigneurs, en ajoutant à leur
nom celui de leur terre. Ce fut ensuite le tour de la petite
noblesse et des propriétaires, qui eurent recours à un procédé
similaire. C'est alors que l'on voit tous ces gens emprunter
des noms aux éléments, aux règnes de la nature, aux localités, aux professions et métiers, aux habits, aux meubles,
aux bonnes et aux mauvaises actions. Déjà, à cette époque
du onzième siècle, l'on retrace les noms des Petit, des Têtu,
des Leblanc, des Beaufils, des Desnoyers, des Delorme, des
Delamarre, des Crèvecœur.

Le nom de baptême ne tarda guère à suivre. Cependant il
serait téméraire d'affirmer qu'il y en eût beaucoup avant le
douzième siècle. D'après Mezeray, les noms ne devinrent
héréditaires que sous le règne de Philippe-Auguste. Citons-
le: " Les noms héréditaires furent encore longtemps inconnus dans les campagnes, et les registres de l'état civil, véri-
tables archives de nos familles, ne furent ouverts que dans
le XVe siècle. En 1406, un synode prescrivit aux curés la
tenue des registres de baptême, et plus tard, vers 1464, on
leur enjoignit de constater les mariages et les décès à dater
du mois d'août 1539, époque à laquelle la tenue des registres

de l'état civil fut prescrite par l'ordonnance de Villers-Cottrets. Alors, mais alors seulement, les naissances, les mariages, et les décès devaient être enregistrés: chacun en naissant reçut le nom de son père, et porta ce nom tracé sur sa tombe. ''

Pour éviter toute confusion, les Etats généraux de 1614 exigèrent que tous les gentilshommes signeraient dans les actes leurs noms de famille et non ceux de leurs seigneuries. En 1790, une loi ordonna aux Français d'abandonner les noms empruntés de possessions vraies ou fausses pour reprendre leurs noms de famille. Mais cette loi ne put être mise en pratique, parce qu'elle était de nature à bouleverser toutes les transactions civiles.

Les premiers registres de l'état civil, dans la Nouvelle-France, en 1615, furent consumés au cours de l'incendie désastreux du 14 juin 1640, qui détruisit l'église paroissiale de Québec. Depuis lors, les registres ont été régulièrement conservés. On suivit le système préconisé en France à partir de 1539, et depuis 1640, rien n'a été changé, avec cette seule différence qu'à Québec, au lieu de tenir trois cahiers différents, naissances, mariages et sépultures, on n'en emploie plus qu'un seul ou naissances, mariages et sépultures sont cousignés pêle-mêle, mais chronologiquement toujours.

II

ORIGINE DES NOMS DE FAMILLE

Le nom de famille, c'est nous-mêmes. Nous le reconnaissons partout où il se rencontre. Qu'il soit écrit ou prononcé, nous avons tôt fait de comprendre qu'il est question de nous, ou de nos amis, ou de toute personne connue. C'est donc une chose qui nous est chère, puisqu'elle est de nature à réveiller en nous des souvenirs souvent agréables, surtout lorsqu'il est question de sa propre famille. Ce nom, on tient à le conserver intact, et même à lui donner une importance qu'il a ou qu'il n'a pas, mais qu'il peut obtenir au moyen d'œuvres ou d'actions célèbres.

Mais d'où viennent ces noms? Comment et par qui ont-ils été créés? Plusieurs, sans doute, interrogés sur ce sujet, pourraient nous répondre qu'ils savent très bien d'où viennent leurs ancêtres, et surtout dans quelle partie de la France ceux-ci demeuraient lorsqu'ils ont dit adieu à leur patrie pour venir s'établir au Canada. D'autres cependant ne pourraient en dire autant, faute d'être aussi bien renseignés. Dans les deux cas, il est assez loisible de croire que si les derniers sont complètement ignorants de leur origine, les premiers n'en sont guère plus instruits. Tous les deux ne sont pas allés à l'origine même de leur famille, et la science des uns, qui ne dépasse pas l'époque de l'arrivée au Canada de leurs ancêtres, ne vaut guère mieux que l'ignorance des autres.

Pourquoi cette anomalie ? me dira-t-on. La réponse est bien simple : c'est que les uns, les savants, n'ont pu aller au-delà du Dictionnaire Généalogique de Mgr Tanguay ou d'une tradition qui ne remonte pas très très loin dans le passé. Mgr Tanguay dit bien que telle famille, émigrée de France, partait de tel endroit, mais il s'en tient là. L'auteur, du reste, ne pouvait être mieux renseigné que nos archives provinciales, et il devait se contenter des minces renseignements qu'elles lui apportaient. Un Tel vient se marier à la paroisse de N.-D. de Québec. Le curé lui demande son nom, ses prénoms et le nom de la localité où il séjournait en France, lorsqu'il en partit. Jusqu'à présent tout est parfait. Mais ce Tel qui arrive de Saint-Malo ou de La Rochelle, avait une famille, il avait eu un aïeul, un bisaïeul, un trisaïeul, etc., etc. Est-ce que cette famille avait toujours résidé à La Rochelle ou à Saint-Malo? C'est possible, mais le contraire l'est aussi, car il a dû se produire en France comme partout ailleurs des mouvements de population qui ont séparé les familles les unes des autres, à mesure qu'elles grandissaient, tout en leur conservant l'intégrité du nom.

Le même fait s'est produit au Canada. Une famille, fraîchement arrivée de France, va s'installer dans une de nos paroisses. Là elle fait souche, puis elle voit ses membres se disperser de côté et d'autre, jusqu'à ce que finalement, presque toutes nos campagnes retentissent du nom de cette famille. Prenons pour exemple la famille des Gagnon, dont les trois chefs allèrent se fixer au Château-Richer. Que sont devenus tous les membres des cette famille aujourd'hui si populeuse? Regardez autour de vous, vous en trouverez dans tous les comtés de la Province de Québec. Quoi qu'il en soit, le Château-Richer est bien l'endroit d'où la famille Gagnon tire son origine au Canada. Il serait absolument absurde de vouloir lui en indiquer un autre.

En France le même phénomène a dû se produire; mais là il nous est loisible de remonter jusqu'au premier chef de famille, c'est-à-dire, assez haut dans le cours des âges, au douzième, au onzième siècle et même au dixième. Inutile de se le dissimuler: pour obtenir l'origine sûre de chacune de nos familles importées de France, il nous faut mettre de côté l'époque des premières colonisations du Canada. Les registres de nos paroisses les plus anciennes établissent que nos ancêtres sont venus de Saint-Malo, de Saint-Brieuc, de Bayonne ou de Bordeaux, mais, en supposant même le cas que ces personnes, chefs de famille ou non, fussent fixés à l'époque de leur départ de France dans les lieux inscrits aux registres, suit-il de là que leurs ancêtres aient toujours demeuré dans ces mêmes endroits? Vouloir donc retracer les origines de nos familles canadiennes françaises par le procédé généralement suivi jusqu'à présent, c'est s'exposer à un grave mécompte. Je n'irai pas cependant jusqu'à dire qu'il est défectueux dans tous les cas qui se présentent. Nous avons des familles dont les origines se trouvent réparties dans des localités françaises qui se chiffrent par deux, quatre, cinq et même davantage, et dont le nom est partout indiqué. Alors le Dictionnaire Généalogique pourrait être utilisé avec quelque avantage, et on pourrait s'en rapporter à ce qu'il dit.

Impossible de pouvoir discerner entre toutes ces communes portant le même nom, laquelle doit être préférée.

M. Sulte a publié en 1910, dans les Mémoires de la Société Royale, une étude sur les Bretons venus au Canada de 1639 à 1779, c'est-à-dire durant tout le régime français et un peu au-delà. D'après lui, il en serait venu 392 qui, à peu d'exceptions près, se sont mariés ici. Son travail est basé sur le Dictionnaire de Mgr **Tanguay**, souvent incomplet quant aux origines des nouveaux venus. M. Sulte ne manque pas de signaler cette lacune, et il n'est pas loin de croire que si elle était comblée, au lieu de 392 Bretons, nous en aurions eu 550.

M. Sulte a dressé une liste de ces émigrants, année par année, venus de Dol, de Saint-Malo, de Saint-Brieuc, de Saint-Pol-de-Léon, de Quimper, de Vannes, de Rennes et de Cornouailles. Je n'ai pas pris la peine de faire le relevé de chaque nom, me contentant de signaler les gens de Saint-Malo, de Nantes, de Dol et de Rennes. D'après ses statistiques, Saint-Malo aurait fourni au Canada environ quinze personnes, Rennes, 15, Nantes, 17 et Dol, 25. Ce qui forme un total de 72 émigrés pour ces villes de la Bretagne. Or, d'après mon système, qui s'écarte absolument de celui de M. Sulte, je ne puis retracer que 16 Bretons. Les autres sont gens venus de Normandie, du Dauphiné, de la Guyenne, du Berry, de Bourgogne, de Saintonge, de la Haute-Savoie, de la Bresse, de la Gascogne, du Poitou, de la Champagne. Pour être plus explicite, je vais donner les lieux d'origine des pretendus Bretons venus de Dol. Je n'en retrace que quatre, au lieu de vingt-cinq. Ce sont Pomeret, Carré, Pierre et Jean Renaud. Maillet et Etienne sont de Picardie; Launay et Berthelot sont de Normandie; Hameury et Blais sont de la Saintonge; Briant, Sénéchal, **A**dam et Flaux sont de la Bourgogne; **R**ondeau et Grenier sont de l'Auvergne; Faveron est de Gascogne; Durocher vient du Maine; Belé vient de Guienne, et Lavallée, de Lorraine.

Comment ai-je pu arriver à un pareil résultat? Ce n'est

toujours pas en tenant compte des données que nous apporte le Dictionnaire Généalogique, données insuffisantes, parce qu'elles ne nous permettent pas de dépasser le XVIIe siècle. C'est bien plutôt en remontant jusqu'à la commune, d'où nos noms, tous nos noms sont tirés. Je n'avais pas d'autre moyen à ma disposition, et je m'en suis servi, comme bien d'autres du reste qui connaissent le lieu d'origine de leurs familles par le nom de la commune qui porte leur nom ou un nom à peu près identique. Quand il y a divergence, on peut arriver à une conclusion assez juste, en suivant certaines règles qne j'ai dû suivre moi-même et que j'exposerai bientôt.

Tous nos noms de famille sont d'importation européenne, de France surtout, mais aussi d'Espagne, de Belgique, d'Italie, de Suisse et d'Allemagne. Nous les avons écrits de tout temps, c'est-à-dire depuis trois siècles, de la même manière, tantôt bien, tantôt mal, mais toujours de façon à les rendre compréhensibles. Ces noms se tirent en général des noms de villes, communes, bourgs, hameaux, châtellenies, baronnies, comtés, vicomtés et seigneuries. C'est assez dire que le nom de lieux a précédé celui du nom de famille. La preuve se trouve dans le fait que les noms de lieux sont souvent incompréhensibles, tandis que les noms de famille le sont assez rarement, grâce à l'étymologie, qui dans les cas difficiles, devient un aide très précieux. Plus on remonte dans le lointain des âges, plus le mot, et cela se comprend, a des allures barbares. La langue française a subi bien des vicissitudes, pour se débarrasser de ses origines multiples. On sait qu'elle a été formée du gaulois ou celtique, du grec, du latin, du tudesque et du roman.

Le gaulois ou celte était la langue primitive des Gaulois, peuple inculte, qui ne connaissait ni écriture, ni littérature populaire. Après la conquête romaine, les Gaulois se virent forcés de parler le latin qui alors était la langue officielle de l'Eglise et de l'Etat. Mais le peuple ne voulut pas se soumettre à cette injonction et il continua de parler le celtique, qui finit par aller se perdre dans la Basse-Bretagne et en Irlande. C'est du celtique que viennent beaucoup de noms de communes de France. Il est resté quelques rapports entre lui et le français moderne. Ainsi certains radicaux sont communs aux deux langues, comme **gog**, dans **goguette**, **dean** (forêt) qui se trouve dans **Ardennes**, et **ber**, dans **berceau**. Il y a au moins cent mots français qu'on peut rattacher au celtique, comme **amarre, bac, bec,** botte, **clan,** dune, **havre,** etc.

Sous Charlemagne c'est la langue allemande qui est parlée en France, mais après lui la lutte se fait entre le latin et le français d'où est sortie une langue mi-latine mi-tudesque, appelée romane. C'est la langue des troubadours. Le latin, toutefois, conserva plus d'empire que le celtique. C'est alors que les noms de famille commencent de se former, mais non sans subir par la suite de profondes altérations. On pourra se faire une idée des modifications qu'ils eurent à subir par l'exemple suivant. Trévoux dit que le mot Etienne a été écrit d'abord Stéphan (de Stephanus) Stevan, Estevan, Etevan, Etivan, Etiau Etiane, Etiène et enfin Etienne.

L'on retrouve dans les auteurs du XIIe siècle des mots français qui sont en tous points semblables à certains de nos noms de famille. Ainsi le mot **bestourné** se trouve en toutes lettres dans le Roman du Renard et dans le **R**oman **d**e la Rose.

. Pour parfaire une étymologie complète des noms qui tirent leur origine du celtique, il faudrait une connaissance assez approfondie de cette langue, et puis du bas-breton, de l'irlandais et de l'écossais, qui sont des rameaux détachés de la langue primitive. Or, comme je n'ai aucun dictionnaire celtique à ma disposition, j'ai dû me contenter de recueillir ça et là les étymologies requises. Et même avec un meilleur outillage, il m'eût encore été bien difficile d'obtenir beaucoup plus de données étymologiques, vu que les personnes qui ont créé les noms propres de communes, étaient peu lettrées, et ne s'occupaient guère des règles de la grammaire.

Beaucoup de noms se tirent de la basse latinité, c'est-à-dire d'un latin populaire, parlé plutôt par le bas-peuple ou par le militaire. D'où il résulte qu'il est bien difficile pour un seul homme, quelque bonne volonté qu'il y apporte, de retracer dans chaque cas épineux une étymologie sûre, indiscutable.

Beaucoup de noms de communes sont donc absolument incompréhensibles. Ils défient même tout travail étymologique. Comment pourrait-on aujourd'hui comprendre des noms comme Thurageau, Pusignan, Marjevols, Puydarrieux? Cependant ces noms ont un air de famille assez français pour qu'on ne puisse pas les confondre avec d'autres tirés soit d'Espagne, soit d'Italie ou d'Allemagne. Etaient-ils français lors de la formation de ces communes? Je l'ignore. C'est à l'aide de ces noms que nos ancêtres ont désigné leur famille en essayant, et souvent avec succès, de les façonner de manière à les rendre mieux compréhensibles. C'est ainsi que ces vieux noms démodés, vieillis, et sortis probablement du langage usuel, ont été remplacés par d'autres à l'allure plus moderne. Et finalement, communes et famille se sont ressemblées au point de n'apporter plus que peu de différence. Mais avant que de parvenir à ce dernier résultat, les anciens noms de famille sortis des communes plus anciennes encore, nous ont été transmis avec leurs défectuosités apparentes et leur bizarrerie grammaticale, bien que les créateurs de ces noms aient dû faire un grand effort pour donner une tournure française à des noms qui semblent aujourd'hui ne l'avoir jamais eue. Cet effort cependant, je le répète, n'a pas été laissé au caprice. Il a fallu avoir recours à certains procédés, suivre des règles sinon absolues, du moins générales, et que nous allons sommairement exposer. [Ici l'auteur doit faire remarquer que dans ce travail, il ne marche sur les brisées de personne. Aucun livre, aucun manuel du genre ne lui est parvenu. Même ignore-t-il s'il en existe. Conséquemment ll n'apporte que le faible résultat de ses études à travers ce dédale de noms plus ou moins baroques sortis du vieux français et des langues dont il est sorti luimême].

Etablissons tout d'abord que les noms de famille, d'une manière générale, ont été créés plutôt d'après la terminaison des noms de lieux dont on a voulu conserver la désinence. Ainsi les noms de communes qui finissent par **an, en, ein, on, un, et, é, ey, i, y, o, au, aut, ot, aux, os**, doivent retrouver dans les noms de famille qui leur correspondent une consonnance à peu près semblable, quels que soient les changements ou altérations que l'on ait pu faire au corps du mot. Ainsi Baillargeon tire son origine de Barjon, commune. Pourquoi a-t-on ajouté la syllabe **lar?** Parceque Barjon n'étant pas un mot français du temps, on a voulu le franciser en se servant du mot **baillarge**. Il ne restait plus qu'à former la désinence en lui conservant la syllabe **geon** ou **jon**.

C'est par un procédé identique que l'on a formé le mot Berlinguette. Ce nom vient de la commune de Berguette. Comme Berguette ne comporte aucun sens appréciable, on lui a incorporé la syllabe **lin**, et on a fait Berlinguette, qui comporte une signification.

Le nom de Galipeau a été créé de cette façon. On était en présence de la ville de Gap. **Gapeau** n'étant pas français, on y a ajouté la syllabe **lip** pour former **Galipeau**, mot français.

Les noms de communes qui finissent par **a, as, at, ac**, ont vu changer ces terminaisons en **ard, art, or, ort**. Ainsi Chénard, Rivard, Chouinard, Fafard et Rouillard, viennent respectivement de Chenas, de Rivas, de Chonas, d'Afa et de Rouillac.

Les noms de communes qui ont pour désinence les lettres **i** et **y**, ont dû voir transformer ces lettres en **ier**, comme Tessier de Tessy, Lussier, de Lussy, Saucier, de Saucy, Carrier, de Carri.

Les noms de communes terminés par **e, es**, ou par une consonne, prennent pour désinence **au, aud, eau, os, ot**. Rentrent dans cette catégorie un grand nombre de nos noms. Gauvreau, de Gavre, Boissinot, de Bessines, Minaud, de Mine, Boissonneau, de Busson, Chauveau, de Sauve, Drapeau, de Drap.

Plusieurs noms de commune qui se terminent par le mot

ville, se sont vus enlever leur dernière syllabe pour mettre à sa place tout simplement la lettre t. Ainsi **Audet** vient d'Audeville, Blanchet, de Blancheville, Hébert, d'Héberville, Ouellet, d'Oëlleville, Rolet, de Rolleville.

Quelquefois, et toujours avec l'idée préconçue de fabriquer un nom de famille mieux intelligible, on a dû altérer la première lettre du nom de lieu. Cet usage fut assez fréquent, puisqu'on le rencontre dans beaucoup de nos noms. C'est ainsi qu'on a remplacé le **c** initial par un **g**, l'**m** par n, le **ch** par **s**, le **p** par **b** et **vice-versa.** Ainsi de Prondines on a fait Grondines, de Tranger on a fait Granger, de Trefford on a fait Greffard, et combien d'autres ?

D'autrefois on a placé une lettre initiale au nom de lieu pour donner meilleure contenance au nom de famille. C'est ainsi qu'on a fait le nom de Faribault, qui vient d'Auribeau, Ratté, d'Athée, Pausé, d'Auzée. Quelquefois même on a supprimé la première lettre; ainsi **Auclair** vient de Vauclerc.

Encore on a remplacé la syllabe initiale par une autre quelque peu dissemblable. De Bobital, on a fait Robitaille, de Glamondans on a fait Plamondon.

Mais toutes ces altérations de syllabes dans les noms de communes ne comportent pas une règle générale. Les exceptions sont très nombreuses; cependant elles ne nous empêchent pas de conclure qu'il y a une affinité indéniable, une parenté indissoluble entre les noms de communes et ceux de familles.

On serait peut-être tenté de croire que certains noms tirés d'une province tout entière, comme les **Tourangeau,** les **Danjou,** les **Potvin,** les **Picard,** viennent nécessairement de Touraine, de l'Anjou, du Poitou et de Picardie. Il n'en va pas toujours ainsi. Ainsi les **Tourangeau** viennent du Poitou, les **Danjou,** de la Franche-Comté, les **Potvin,** de Normandie, les **Bretons** du Bourbonnais, les **Gascons,** du Nivernais, etc. Les mots **Tourangeau, Potvin, Saintonge, Picard,** etc, ne sont en réalité que la forme française de la commune qui l'était moins. Ainsi **Tourangeau** vient de **Thurageau, Danjou** vient de Dampjoux, **Breton** vient de Brethon.

Il est des séries de noms qui semblent tous dériver de près d'un mot particulier, très français lui-même. On a accommodé ce mot aux besoins du moment pour en faire sortir des noms de famille. Ainsi le mot **casse** a servi à la création des Cassard, des Casaubon, des Casavant, des Caseneuve, des Cassegrain, des Cassista, des Casson. Quelques-uns de ces noms peuvent avoir une signification propre à eux, mais pour les autres, il faut nécessairement s'en rapporter au mot **casse** dont ils sont en partie formés.

Il y en va de même du mot Robi accolé à **R**obitaille, Robidoux, Robichaud. C'est toujours le mot robi qui prédomine, avec l'intention d'apporter au nom un sens tiré du mot **r**obi, qui veut dire rubis.

III

ORTHOGRAPHIE DES NOMS

—

Est-ce que nous écrivons correctement nos noms? Voilà une question qui demande une réponse. Elle est, du reste, assez facile.

Quant à l'orthographie, prise d'une manière générale, nos noms de famille sont presque toujours bien écrits, quoiqu'il soit notoire que plusieurs d'entre nous semblent s'évertuer à en modifier les désinences, soit en les allongeant, soit en les raccourcissant. Qu'on écrive Duquet ou Duquette, Morisset ou Morissette, cela nous importe peu. Cependant on doit écrire Duquet ou plutôt Du Quet, en deux mots. Il en va de même d'un bon nombre de noms commençant par D. Pour être juste, disons que les familles dont les noms suivent pouraient employer la particule, sans que personne ne puisse trouver à redire. Ainsi Dorion, Doris, Daveluy, Dauteuil, Dastou, Daoust, Dorval, Deschêne, Déziel, David, Dubé, Damour, seraient parfaitement justifiables d'écrire leurs noms comme suit: D'Oris, D'Aveluy, D'Auteuil, D'Eziel,

D'Avid, 'D'Eschêne, D'Astou, D'Aoust, D'Orval, D'Ubé, D'Amour, parce que leurs noms indiquent l'endroit de l'origine de chacun d'eux.

Nous pourrions en dire autant, et pour la même raison, des noms de famille qui commencent par De. Ainsi Decaze, Delâge, Deblois, Decarie, Delisle, Decarreau, Dechêne, Decourcy, Degagné, Degordy, Deguire, Deguise, Dehaye, pourraient, sans s'exposer à des remarques injustes, signer De Blois, De Caze, De Lage, De Carie, De Chêne, De Courcy, De Gordy, De Guire, De Guise, De Haye, De l'Isle.

Pour la même raison, les noms qui commencent par Des pourraient s'écrire en deux mots : Des Carreaux, Des Jardins, Des Plats, Des Trois-Maisons, Des Biens, Des Barats, Des Coteaux, Des Fossés, Des Loges, Des Patis, Des Noyers, Des Rivières, Des Roussels, Des Ruisseaux, De Sannes, etc.

Ce qui vient d'être dit de la particule **de** s'applique aussi bien aux noms qui commencent par **le, la les.** Ces noms pourraient s'écrire en deux ou trois mots, et personne ne pourrait y trouver à redire. L'usage du reste en est déjà assez répandu. Nous en citerons quelques exemples tirés des noms les plus connus : Labarre, Labissionnière, Labrèche, Labrière, Lacerte, Lachance, Lachapelle, Lachaîne, Lacoursière, Lafontaine, Laframboise, Lafrance, Lagacé, Lajeunesse, Lalime, Lamonde, Lamoureux, Lapolice, Laprise, Laquerre, Larochelle, Larivière, Larocque, Laroque, Larue, Laserte, Latour, Lareau, Lavallée, Laventure, Lavigne, Lavigueur, Laviolette, Lebel, Ledroit, Legendre, Lefaivre, Lefebvre, Legrand, Legris, Lelièvre, Lemay, Lemire, Lemoine, Lenoir, Lepage, Lépine, Lespérance, Lesueur, Letartre, Le Tellier, Letendre, Levasseur, Lévêque.

Un certain nombre de noms commençant par **de le, de la** et **du** pourraient s'écrire en deux ou trois mots. Ainsi nous pourrions écrire De la Chevrotière, De la Grave ou De Lagrave, De la Bruère, De la Marre, Du Beau, Du Breuil, Du Buc, Du Cas, Du Chesneau, Du Chesny, Du Cros, Du Fort,

Du Gal, Du Gas, Du Guay, Du Haut, Du Lac, Du Mais, Du Mas, Du Mesnil, Du Mont, Du Mouchel, Du Moutier, Du Pas, Du Péré, Du Plain, Du Plessis, Du Pont, Du Prat, Du Puis, Du Rocher, Du Sablon, D'Usseau, Du Fil, Du Tremblay, Du Val, Du Vernay, Du Vert.

Quelques noms d'origine étrangère et devenus canadiens, ont été forcément omis, faute de renseignements. C'est ainsi qu'il n'est pas question des familles Glackemeyer, Prendergast, Bruchési, Blumhart, Donati, de Kastner, Pettigrew, Dombroski,, Blagdon, Daly, Barnard, Burroughs, Croft. Plusieurs noms canadiens ont dû être aussi mis de côté pour la même raison. Ceux-là ne nous en voudront pas pour cela. Il en reste assez d'autres pour contenter bien des gens. Parmi toutes ces familles il en est qui sont disparues de la scène du monde. Cependant il y en a encore beaucoup plus qu'on ne le pense à première vue. J'en découvre tous les jours que je croyais éteintes à tout jamais. Dans chaque paroisse un peu ancienne, nous rencontrons deux ou trois familles dont les noms nous surprennent toujours par leur rareté, et je pourrais en citer ainsi à la douzaine généralement peu connus ou même inconnus. Ainsi quels sont ceux qui connaissent les Cassista, les Macarty, les Bellonne, les Romine, les Chignol, les Frank, et même les Janvier? Et bien, ces familles ont existé ou existent encore dans le comté de Kamouraska. Il est donc prudent de ne pas déclarer la disparition de telle ou telle famille, parce qu'on n'en a jamais entendu parler ni même leur nom mentionner.

IV

SIGNIFICATION DES NOMS

Tous nos noms ont un sens propre. Leur choix en ayant été déterminé par la vue des objets usuels, par des idées familières ou abstraites, on ne doit pas être surpris de rencontrer une foule de noms connus et faciles à comprendre. Mais il en est d'autres, dont l'emploi, tombé en désuétude, ne nous dit rien quand on les prend dans leur ensemble. C'est alors que l'étymologie peut être de quelque secours, procédé qui n'est pas toujours facile. Parmi ces noms il en est de très beaux, qui sonnent très haut et dont doivent être fiers ceux qui les portent. Y en a-t-il de plus suggestifs que ceux de **R**oi, Prince, Duc, Marquis, Baron, Baronet, Lord, Cardinal, Larchevêque, Lévêque? D'autres, plus modestes en apparence, sont aussi faciles à comprendre qu'à signer: Tranquille, Vaillant, **T**êtu, Soupiran, Sourin, Sansfaçon, **R**ichard. Il en est de très curieux et qui semblent être disparus sans laisser de profonds regrets: Gaudriole, Passepartout, Poilblanc, Prétaboire, **R**écompense.

Nous avons dressé une liste des noms les plus significatifs, en les rangeant par groupes, suivant leur provenance.

Noms tirés de l'Ancien Testament: — Abel, Adam, Abraham, David, Jacob, Samson, Salomon, Benjamin, Siméon, Ezéchiel, Jérémie, Judith, Daniel, Zacharie, Jérôme, Zaché.

Noms tirés de l'Eglise, de la religion, et de la théologie:— Labbé, Cardinal, Mathieu, Paradis, Pélerin, Prieur, **R**obin, **R**ochette, Ledieu, Lacroix, Noël, Jourdain, Bourdon, Chrétien, Chapais, Leclerc, Desautels, Lemoine.

Noms tirés de la géographie:—Danjou, Beauvais, Labrie, Davignon, Langevin, Langlais, Normand, Malouin, Manseau, Picard, Potvin, Provençal, Romain, Sarrasin, Valois, Lyonnais, Lombard, **A**ragon.

Noms tirés des titres, dignités, condition: — Labbé, Langelier, Langevin, Bailly, Baron, Baronet, Bédard, Bourgeois, Bouthillier, Cardinal, Christin, Chrétien, Chevalier, Leclerc, Auclerc, Comte, Lecomte, Dauphin, Ledieu, Doyer, Lamirault, Larchevêque, Lécuyer, Lesieur, Major, Maréchal, Marquis, Lemoine, Noblet, Lepage, Pagé, Papin, Pélerin, Prévost, Provost, Prieur, Primault, Prince, Prudhomme, **R**obineau, **R**oy, Sénéchal, Voyer.

Noms tirés de l'atmosphère, du temps, des métaux:—Aubé, Aubert, Brouillet, Caillouet, Doré, Fontaine, Geley, Livernois, Riverin, Verreau, Verret.

Noms tirés de la parenté: — Lainé, Bisson, Cousin, Cousineau, Cousinet, Bonenfant, Garceau, Legendre, Gendron, Jouvin, Beaufils, Marion, Marier, Mariton, Parant, Poupart, Duvernay, Viel.

Noms tirés de la fable et de l'histoire: — Mars, Dionne, Alexandre, Caron, Balthazar, Néron, Adam, Bellone, David, Ducas, Salomon, Samson, Mercure.

Noms tirés du corps de l'homme et des animaux:—Garreau, Gigant, Lavoix, Poitrineau.

Noms tirés des couleurs: — Leblanc, Blanchard, Blanchet, Leblond, Blondeau, Blondel, Blondin, Lebrun, Bruneau, Brunelle, Brunet, Grenet, Grenon, Legris, Lenoir, Noirot, Larose, Leroux, Roussel, Derousselle, Rousseau, Roussin, Levert, Duvert.

Noms tirés du règne animal: — Baudet, Baudin, Bisson, Bizeau, Lebœuf, Cheval, Chevrette, Chevreuil, Cochon, Porcher, Dagneau, Lelièvre, Leonard, Lionnais, Poulin, Vacher, Daigle, Cailhat, Caillouette, Lecoq, Colin, Corbin, Leduc, Ducas, Létourneau, Flamant, Huart, Hupé, Loysel, Martineau, Rossignol, Pigeon, Duverdier, Lauriot, Barbeau, Dauphin, Grondin, Poisson, Bourdon, Cousin, Mouchel, Meunier, Chabot, Lamouche, Lasnier, Porcher, Hazé, Vachon, Vacher.

Noms tirés du règne végétal:—Desaulniers, Boulay, Labranche, Chêne, Duchesne, Duchesnay, Chènard, Lachesnaye, Duchesnois, Cornière, Delorme, Desormeaux, Ducharme, Florian, Fleury, Lafleur, Fugère, Dufresne, Groseiller, Laurier, Deslauriers, Lépine, Lépinay, Marcotte, Desnoyers, Olivier, Paillette, Pailleur, Lapalme, Pepin, Plante, Laplante, Poirier, Racine, Larose, Desrosiers, Souchet, Lavigne, Laviolette.

Noms tirés des mois, des jours et des saisons: — Janvier, Février, Mars, April, Mai, Juin, Juillet, Août, Macarty, Jeudi, Printemps, Hiver.

Noms tirés du lieu de naissance: — Lallemant, Langevin,. Bédouin, Breton, Bourgoin, Bourguignon, Chartrain, Flamand, Lefrançois, Gascon, Génois, Germain, Langlais, Langlois, Lombard, Lorrain, Malouin, Manceau, Normand, Normandin, Picard, Potvin, Provençal, Romain, Sarrasin, Valois, Vandal.

Noms tirés de divers patois:—Aubé, Bousquet, Campagna, Carrette, Claveau, Fournel, Gouge, Hamel, Martel, Mitron, Mole, Périer, Perrier, Tellier.

Noms tirés de l'anglais: — Apert, Auger, Bacon, Baronet, Belley, Bell, Borne, Bray, Chevalier, Daly, Dragon, Gallant, Geley, Grave, Hardy, Joly, Major, Mallet, Maréchal, Marquis, Parrot, Pilote, Provost, Savoie.

Noms tirés des bâtiments, matériaux, dépendances: — Case, Cazeau, Decaze, Castel, Lachapelle, Châteauvert, Deparrois, Desautels, Forget, Desforges, Dufort, Fortier, Fortin, Granger, Grenier, Labadie, Lacour, Lamarche, Dufour, Fournel, Dufournel, Fourneau, Maisonneuve, Desmazures, Dumoulin, Perron, Duperron, Lapierre, Perrin, Perrault, Perrier, Dupont, Laporte, Lasalle, Latour, Vanier.

Noms tirés de l'alimentation: — Aveline, Barbeau, Boissonneau, Boucher, Bouillon, Brochet, Casse, Cochon, Lecoq, Farcy, Fricot. Gigault, Lelièvre, Painchaud, Pigeon, Poiré, Poisson, Saucier, Lebœuf, Geley.

Noms tirés des métiers et professions: — Barbier, Bergeron, Boucher, Boulanger, Brassard, Brasset, Carmel, Carrier, Carrière, Cartier, Charbonneau, Charpentier, Charron, Caron, Chartier, Chevrier, Couturier, Escudier, Fabre, Favreau, Lefebvre, Lefaivre, Fortier, Forget, Fournier, Lasnier, Larcher, Lepailleur, Magnan, Masson, Marchand, Maréchal, Marin, Marinet, Mercier, Métivier, Métayer, Meunier, Panet, Tellier, Tessier, Letourneur, Vacher, Vannier.

Noms tirés des **machines, outils, ustensiles:** — Baquet, Labarre, Barre, Binet, Boisseau, Bouchard, Bougie, Boulet, Dubroc, Labrosse, Brossard, Charrier, Charette, Chenet, Claveau, Clouet, Collard, Corbeil, Crépeau, Cuvelier, Cuvillier, Desautels, Desforges, Forget, Fourneau, Fournelle, Godet, Godin, Gouge, Guillemet, Hochu, Mallard, Mallet, Langlumé, Marquette, Dumoulin, Paquin, Paquet, Desplats, Quintal, Rabeau, Ringuet, Robin, Robinet, Robineau, **R**ondeau, Saucier, Latouche, **T**ouchette, **T**ruchon, Verreau, Verret.

Noms de baptême devenus noms propres: — Alain, Albert, **A**ubert, **A**lexandre, **A**miot, **A**uger, **A**nnet, **A**rmand, **A**rnaud, **A**ubin, Barbeau, Benoît, Bernard, Berthelot, Colas, Collet, Constantin, David, Lefrançois, Gauthier, Gilbert, Grégoire, Guérin, Guillot, Guy, Henry, Isabelle, Jacques, Jacot, Jean, Jeannotte, Joubert, Jobin, Laurent, Léger, Léonard, Marcou, Marion, Marin, Martin, Martineau, Mathieu, Morisset, Michel, Michon, Michaud, Nicole, Noël, Olivier, Pacaud, Patry, Paulet, Philippe, Perron, Raymond, Robert, Rolland, Richard, Romain, Samson, Servais, Simon, Simoneau, Sylvestre, Thribault, **T**hibaudeau, **T**homassin, Vidal. ·

N. B. — Le lecteur voudra bien tenir compte des corrections et additions insérées en appendice.

LES ANCIENNES GRANDES PROVINCES DE FRANCE ET LEURS SUBDIVISIONS.

AGENOIS. — Forme la majeure partie du dép. de Lot-et-Garonne. Capitale : **Agen.**

ALSACE. — Formait les dép. du Haut et du Bas-Rhin. La Haute-Alsace avait pour capitale Colmar, la Basse-Alsace, Strasbourg, et Sundgaw, Belfort.

AMIENOIS. — Compris dans le dép. de la Somme. Capitale : Amiens.

ANGOUMOIS. — Forme avec la Saintonge Méridionale, le dép. de la Charente. Capitale : Angoulème.

ANJOU. — Forme le dép. de Maine-et-Loire, l'arrondissement de Château-Gonthier du dép. de la Mayenne, celui de la Flèche, du dép. de la Sarthe, et partie de l'arr. de Chinon du dép. d'Indre-et-Loire. Capitale : **Angers.** Le Haut-Anjou avait pour capitale Anger, et le Bas-**A**njou, Saumur.

ARGONNE. — Petit pays compris entre la Marne, l'Aisne et la Meuse. Sainte-Menehould en était la capitale.

ARMAGNAC. — Forme le dép. du Gers. Capitale : Auch. Il y avait le Haut et le Bas-Armagnac.

ARTOIS. — Forme le dép. du Pas-de-Calais, à l'exception de l'arr. de Boulogne et d'une partie de celui de Montreuil. Capitale : Arras.

AUNIS. — Forme aujourd'hui la partie nord-ouest du dép. de la Charente-Inférieure. Capitale : La Rochelle.

AUVERGNE. — Comprend les dép .du Cantal et du Puy-de-Dôme, et l'arrondissement de Brioude du dép. de la Haute-Loire. Il y avait la Haute et la Basse-**A**uvergne. La Haute comprenait le dép. du Cantal, capitale Aurillac, et la Basse, le dép. de Puy-de-Dôme, chef-lieu : Clermont-Ferrand.

AUXERROIS. — Petit pays compris dans le dép. de l'Yonne

et forme la majeure partie de l'arr. d'Auxerre. Capitale:
Auxerre.

AUXOIS. — Pays de Bourgogne. Capitale: Semur.

BASSIGNY. — Formait la plus grande partie du dép. de la
Haute-Marne. Capitale: Chaumont.

BAZADOIS. — Forme partie du dép. de la Gironde. Capitale: Bazas.

BEARN. — Forme aujourd'hui le dép. des Basses-Pyrénées
à l'exception de l'arr. de Bayonne, et d'une partie de
celui de Mauléon. Capitale: Pau.

BEAUCE. — Forme la majeure partie du dép. d'Eure-et-
Loir et de Loir-et-Cher. Capitale: Chartres. La Beauce
renfermait le pays Chartrain, la Haute et la Basse-
Beauce.

BEAUJOLAIS. — Formait la partie septentrionale du dép.
du Rhin, et une partie de l'arr. de Roanne, du dép. de la
Loire.

BEAUVOISIS. — Fait partie du dép. de l'Oise, et forme la
majeure partie de l'arr. de Beauvais. Capitale: Beauvais.

BERRI. — Forme les dép. de l'Indre et du Cher, à l'exception de l'arr. de Saint-Amand qui appartient au Bourbonnais. Il y avait le Berri Occidental et le Berri Orien-
tal.

BIGORRE. — Forme la presque totalité du dép. des Hautes-
Pyrénées. Capitale: Tarbes.

BLAISOIS. — Forme la majeure partie du dép. de Loir-et-
Cher. Capitale: Blois.

BOULONNAIS. — Forme l'arr. de Boulogne, dans le dép. du
Pas-de-Calais. Capitale: Boulogne.

BOURBONNAIS. — Forme le dép. de l'Allier et l'arr. de
Saint-Amand, dép. du Cher. Capitale: Moulins.

BOURGOGNE. — Forme les dép. de l'Ain, de la Côte-d'Or,
de Saône-et-Loire, et une partie de l'Yonne. Capitale:
Dijon. Il y avait la Haute et la Basse-Bourgogne. Cette
dernière était formée de l'Auxerrois et du Sénonnois.

BRESSE. — Pays qui forme la majeure partie du dép. de
l'Ain. Capitale: Bourg.

BRETAGNE. — Forme à présent les dép. d'Ille-et-Vilaine, des Côtes-du-Nord, du Finistère, du Morbihan et de la Loire-Inférieure.

BUGEY. — Fait partie maintenant du dép. de l'Ain, et forme les arr. de Belley et de Nantua. Capitale: Belley.

CAMBRESIS. — Forme la majeure partie de l'arr. de Cambrai, dép. du Nord. Capitale: Cambrai.

CHALOSSE. — Fait partie du dép. des Landes. Capitale: Saint-Sever.

CHAMPAGNE.—Forme les dép. des Ardennes, de la Marne, de l'Aube, de la Haute-Marne, et partie de ceux de l'Aisne, de Seine-et-Marne, de l'Yonne, de la Côte-d'Or, de la Haute-Saône, des Vosges et de la Meuse. Capitale: Troyes.

CHAROLLAIS. — Fait partie du dép. de Saône-et-Loire. Capitale: Charolles.

COMBRAILLE. — Fait partie du dép. de la Creuse. Capitale: Evaux.

COMINGES. — Fait partie du dép. de la Haute-Garonne. Capitale: Saint-Bertrand.

COMTAT-VENAISSIN.—Forme une partie du dép. de Vaucluse.

CONDOMOIS. — Fait partie des dép. du Gers et de Lot-et-Garonne. Capitale: Condom.

COUSERANS. — Fait partie du dép. de l'Ariège. Capitale: Saint-Lizier.

DAUPHINÉ. — Forme les dép. de la Drôme, des Hautes-Alpes et de l'Isère. Capitale: Grenoble.

DOMBES. — Fait partie du dép. du Doubs. Capitale: Trévoux.

FLANDRE.—Forme aujourd'hui le dép. du Nord. Capitale: Lille.

FOREZ. —-Forme le dép. de la Loire, à l'exception d'une partie de l'arr. de Roanne. Capitale: Montbrison.

FRANCHE-COMTÉ.—Comprend les dép. du Jura, du Doubs, de la Haute-Saône. Capitale: Besançon.

GASCOGNE. — Forme à présent les dép. de la Haute-Garonne, du Gers et des Hautes-Pyrénées, et partie du dép. des Landes et des Basses-Pyrénées.

Dans la Gascogne, il y avait huit petits pays : les Landes, le Pays Basque, Chalosse, le Condomois, le Haut et Bas-Armagnac, le Bigorre, le pays de Cominges, et Couserans.

GATINAIS. — Forme partie des dép. de Seine-et-Marne et du Loiret. On le divisait en Gâtinais français, avec Melun pour capitale, et le Gâtinais propre. Capitale : Montargis.

GUIENNE. — La plus considérable des ci-devant provinces de France. Elle forme aujourd'hui les dép. de la Gironde, de la Dordogne, du Lot, de l'Aveyron, de Lot-et-Garonne, du Tarn, des Landes, du Gers, et des Hautes-Pyrénées, ainsi qu'une partie des dép. de Tarn-et-Garonne, de l'Ariège et des Basses-Pyrénées. Capitale : Bordeaux.

La Guienne comprenait plusieurs subdivisions : la Guienne proprement dite, capitale : Bordeaux, la Gascogne, le Rouergue, le Quercy, le Périgord, l'Agenois.

HUREPOIS. — Fait partie du dép. de Seine-et-Oise. Capitale : Dourdan.

ISLE-DE-FRANCE. — Forme les dép. de la Seine, de Seine-et-Oise, de l'Oise, et partie de ceux de Seine-et-Marne, de l'Aisne et d'Eure-et-Loir. Capitale : Paris. L'Isle-de-France comprenait le Parisis formé du pays de Hurepoix, du Mantais, et de la plaine de Saint-Denis.

LAONAIS. — Fait partie du dép. de l'Aisne, en Picardie. Capitale : Laon.

LANGUEDOC. — Forme les dép. du Tarn, de l'Hérault, de la Lozère, de l'Ardèche et du Gard, et les arr. de Toulouse et de Villefranche (Haut-Garonne), l'arr. de Castel-Sarrasin (Tarn-et-Garonne, les arr. du Puy et d'Yssingeaux (Haute-Loire). Le Haut-Languedoc avait pour capitale Toulouse, et le Bas-Languedoc, Montpellier, et les Cévennes, Alais.

LORRAINE.—Comprend les dép. des Vosges, de la Meurthe, de la Moselle et de la Meuse.

LOUDUNOIS. — Forme partie du dép. de la Vienne. Capitale: Loudun.

LYONNAIS. — Forme aujourd'hui les dép. du Rhône et de la Loire. Capitale: Lyon.

MAINE. — Forme aujourd'hui le dép. de la Sarthe, à l'exception de l'arr. de La Flèche, les arr. de Laval et de Mayenne, l'arr. de Mortagne, du dép. de l'Orne, et de partie des arr. de Dreux et de Nogent-le-Rotrou, du dép. d'Eure-et-Loir. Le Maine se divisait en Haut-Maine, capitale Mayenne, en Bas-Maine, capitale le Mans, et Perche.

MANTAIS. — Fait partie du dép. de Seine-et-Oise. Capitale: Mantes.

MARCHE. — Forme le dép. de la Creuse, et partie des arr. de Limoges et de Bellac, dans la Haute-Vienne.

MESSIN. — Le pays Messin formait la plus grande partie du dép. de la Moselle, et partie de ceux de la Meuse et de la Meurthe.

NAVARRE. — Fait partie du dép. des Basses-Pyrénées et forme la presque totalité de l'arr. de Bayonne.

NIVERNAIS. — Forme le dép. de la Nièvre, à l'exception d'une partie de l'arr. de Château-Chinon et de quelques cantons de l'arrondissement de Cosne.

NORMANDIE. — Forme maintenant les dép. de la Seine-Inférieure, de l'Eure, du Calvados, de la Manche, et l'Orne à l'exception de l'arr. de Mortagne. Il y avait la Haute et la Basse-Normandie. La Haute comprenait le Vexin, divisé en Vexin-Français et Vexin-Normand, le Roumois, le pays d'Ouche, le pays de Caux, le pays de Bray, Neubourg et Lieuvain.

NOYONNAIS. — Fait partie du dép. de l'Oise, en Picardie. Capitale: Noyon.

ORLEANAIS. — Forme les dép. de Loir-et-Cher et du Loiret, l'arr. de Châteaudun et partie de celui de Chartres

(Eure-et-Loir) et partie de l'arr. de Cosne (Nièvre). Capitale: Blois.

L'Orléanais était subdivisé comme suit: la Beauce, capitale: Chartres, le Gâtinais, le Blaisois, et l'Orléanais propre, capitale: Orléans.

PAYS BASQUE. — Fait partie du dép. des Basses-Pyrénées, et forme l'ar. de Bayonne, et partie de celui de Mauléon. Capitale: Bayonne.

PAYS CHARTRAIN.—Dans la Beauce, dép. d'Eure-et-Loir. Capitale: Chartres.

PAYS DE BRAY. — Compris dans le dép. de la Seine-Inférieure, où il forme l'arr. de Neufchâtel.

PAYS DE CAUX. — Forme la plus grande partie du dép. de la Seine-Inférieure. Capitale: Caudebec.

PERCHE. — Compris dans les dép. de la Sarthe, de l'Orne, d'Eure-et-Loir et de Loir-et-Cher. Capitale: Mortagne.

PERIGORD. — Forme la totalité du dép. de la Dordogne. Capitale: Périgueux.

PICARDIE. — Forme maintenant le dép. de la Somme, ainsi que les arrondissements de St-Quentin et de Vervins (Aisne) et de ceux de Boulogne et de Montreuil (Pas-de-Calais,) La Picardie comprenait l'Amienois, le Beauvoisis, le Calaisis, capitale: Calais, le Laonais, le Noyonnais, Ponthieu, capitale: Abbeville, Santerre, capitale: Péronne, le Soissonnais, capitale: Soissons, Thiérache, capitale: Guise, Valois, le Tardenois (Aisne) le Vermandois, capitale: St-Quentin, et le pays de Vimeux, capitale: St-Valéry, le Bourbonnais, dans le Pas-de-Calais.

POITOU. — Forme les dép. de la Vienne, des Deux-Sèvres et de la Vendée. Le Haut-Poitou avait Poitiers pour capitale, et le Bas-Poitou, Fontenay.

PROVENCE. — Forme maintenant les dép. des Bouches-du-Rhône, du Var, des Basses-Alpes, et une partie de celui de Vaucluse.

QUERCY.—Forme le dép. du Lot, et partie de celui de Tarn-et-Garonne. Capitale: Cahors.

ROUERGUE. — Forme le dép. de l'Aveyron. Capitale : Rodez.

ROUSSILLON. — Forme le dép. des Pyrénées-Orientales, à l'exception d'une petite partie des arr. de Perpignan et de Prades.

SAINTONGE. Fome la majeure partie des dép. de la Charente-Inférieure et de la Charente.

SENONNOIS. — Forme partie de la province de Bourgogne.

SOISSONNAIS. — Fait partie du dép. de l'Aisne. Capitale : Soissons.

TOURAINE. — Forme le dép. d'Indre-et-Loire, et une partie de celui de la Vienne. Capitale : **Tours.**

UZEGE. — Comprend le dép. du Gard. Capitale : Uzès.

VIVARAIS. — Forme le dép. de l'Ardèche, et partie de celui de la Haute-Loire. Dépendait du **Languedoc.**

NOMS DE FAMILLE

CANADIENS-FRANÇAIS

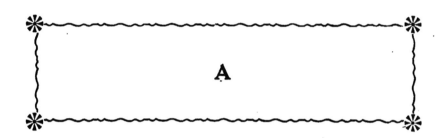

ABEL.—D'Habel, seigneurie de Bretagne, érigée en 1696 pour de Keraly. Le nom d'Abel est un souvenir du second fils d'Adam, qui fut tué par son frère Caïn. Il y a eu des **Abel**, comme il y a eu des **Adam**, des **Abraham** et des Daniel. **Abel** veut dire pleureur et non pas affliction, qui se traduit en hébreu par **Ebel**. En bas-breton **Abel** veut dire pomme, et en gallois, discorde, perte, débat.

ABELIN.—D'Abeilhan, commune du dép. de l'Hérault, arr de Béziers. Diminutif d'Abel, comme on a fait Marcellin de Marcel, et agnelin d'aguel ou d'agneau. Dérive du verbe **abelir**, plaire, charmer.

ABIRON. — D'Aviron, commune du dép. de l'Eure, arr. d'Evreux. Abiron semble venir de cet Israélite qui fut englouti avec Dathan pour s'être révolté contre Moïse.

ABRAHAM, ABRAN. — De Sabran, commune du dép. du Gard, arr. d'Uzès. Abraham veut dire père d'une grande multitude. On ne pourrait pas en dire autant du premier Abraham canadien, dont la famille n'a pas été nombreuse.

ABRIAS. — D'Arboras, commune du dép. de l'Hérault, arr. de Lodève. Dérive d'**abrier**, couvrir, protéger.

ACHAPT. — D'Apchat, commune du Puy-de-Dôme, canton d'Ardes. **Achapt** signifie achat, rachat.

ACHARD. — D'Achères, seigneurie du Berry, établie en 1450 pour le bénéfice de De Mornay. Autre seigneurie dans le Gâtinais, devenue baronnie en 1626. **Achard** dérive de **ache**, charpente, ou d'**acharir**, voiturer. En argot **achard** signifiait acharnement.

ACHIN, ACHIM. — D'Achain, village du dép. de la Meurthe en Lorraine. Semble dériver du breton **hakein**, qui veut dire bredouiller.

ACHOIE. — D'Achiet, com. du Pas-de-Calais, arr. d'Arras. Vient d'**achoison**, ou occasion heureuse ou malheureuse. Du latin **occasio**.

ACOULON. — D'Accolans, commune du dép. du Doubs, arr. de Baume-les-Dames. Vient d'**acouler**, couler, affluer.

ADAM. — D'Adam-les-Passavant, com. du dép. du Doubs, arr. de Baume-les-Dames. **Adam**, nom hébreu, qui vient d'**adama**, terre, et signifie homme en général. Il existe une sorte de hibou appelé adam.

ADDE. — D'Agde, commune du dép. du Hérault, arr. de Béziers. Vient du latin **addere**, ajouter.

ADHEMAR. — De Montélimar, ville du dép. de la Drôme, au confluent du Roubion et du Jabron qui se jettent dans le Rhône à une demie lieue de là. Montélimar se dit en latin **Ademari mons**, d'où Adhémar.

ADNEY. — D'Arney, commune du dép. des Hautes-Pyrénées, arr. de Bagnères. En botanique l'**adné** est une chose attachée à une autre de manière à faire croire qu'elle fait corps avec elle.

ADRAIN. — D'Andrein, commune des Basses-Pyrénées, arr.

d'Orthez. Vient d'**adrès, adras,** dédommagement, moyen, minute.

ADRESNY. — D'Ardenay, commune du dép. de la Sarthe, arr. de Mans. Vient d'**aderrenier,** retarder.

ADRIERS. — Commune du dép. de la Vienne, arr. de Montmorillon. Vient d'**adererer,** reculer.

ADVERSY, AVERSY. — D'Aressy, commune des Basses-Pyrénées, arr. de Pau. Du mot **adversion,** adversité, tribulation.

AGATHE. — D'Agathe ou Agde, commune du dép. de l'Hérault, arr. de Béziers. **Agathe,** pierre précieuse de diverses couleurs, terme de marine, nom de femme.

AGILLE. — Village du département de Loir-et-Cher, dans le Maine. **Agille** veut dire léger, dispos. Nom propre d'homme.

AGNEL. — D'Agnielles, dans le dép. des Hautes-Alpes, arr. de Gap. **Agnel** est le nom d'une ancienne monnaie d'or que fit frapper saint Louis, roi de France, sur laquelle était représenté un agneau. Signifie encore fourrure d'agneau. Dérive d'**agnus,** agneau.

AGNÈS. — D'Agnez, commune du dép. du Pas-de-Calais, arr. d'Arras. Dérive du latin **agnus,** agneau.

AGUERRE. — D'Aillères, commune du dép. de l'Ariège, arr. de Foix. Vient du verbe **aguerrir** ou du vieux mot **guerrer,** qui se disait pour garer, ou encore d'**aguer,** déguiser, rendre perçant. L'**a** préfixe veut dire en dehors.

AHIER. — D'Ailly, commune du dép. de la Somme, arr. d'Amiens. Vient de **a** et de **hier,** s'égosiller, battre à coups redoublés.

AIDE-CREQUI. — Créqui, commune du dép. du Pas-de-Calais, arr. de Montreuil. Est-ce un souvenir de François de Créqui, maréchal de France en 1669 ? **Aide,** dans l'art militaire, se dit de certains officiers, comme l'aide-de-camp, l'aide-major. L'aide-de-camp aidait le maréchal dans la **distribution des** divers quartiers d'un campement.

AIGNAN. — Petite ville dans le Bas-Armagnac, près de la source du Midou. Il en existe plusieurs autres du même nom, dans la Loire-Inférieure, dans le Gers, dans la Sarthe, dans le Morbihan. Dérive d'**aigne**, bête à laine.

AIGREMONT. — Communes des dép. du Gard, de la Haute-Marne, de l'Yonne et de Seine-et-Oise. Dérive d'**aigre**, ardent, impétueux.

AIGRON. — D'Airon, commune du dép. du Pas-dé-Calais, arr. de Montreuil. **Aigron** est le nom du héron.

AIGUEBELLE. — Commune du dép. de la Savoie, arr. de St-Jean de Maurienne. Ce mot est formé de **aigue**, eau et de belle, ou belle eau.

AIGUILLON. — Ville de la Guienne, dép. de l'Ariège, au confluent du Lot et de la Garonne. Il y a aussi **Aiguillon**-sur-mer, en Vendée, arr. de Fontenay, canton de Luçon. **Aiguillon** signifie piquant.

AILLY. — Ailly-le-Haut-Clocher, seigneurie de Picardie, qui date de 1556, avec Beauvarlet comme tenant. **Aillie** voulait dire sauce à l'ail ou encore aigreur, querelle.

AIMÉ. — D'Aime, en Savoie, arr. de Moutiers. Nom propre qui vient du latin **amatus**, aimé.

AINÉ. Commune dans le comté de Bigorre, diocèse de Tarbes, parlement de Toulouse. **Aîné**, est le premier né du mariage.

AINEAU, AISNEAU. — D'Aisne ou Vézine, village du dép. de l'Ain, dans la Bresse, canton de Bagé-le-Châtel. Dérive de **aine**, âne, bourrique.

AINS, AINSE. — Bourg de la Charente-Inférieure, en Aunis. Semble venir de **ainxe**, qui signifiait angoisse, anxiété.

ALAIN. — Commune dans la Provence, diocèse de **T**oul, parlement de Metz. Nom d'homme qui signifie romarin. En irlandais, alain signifie blanc, luisant, serein.

ALARD. — D'Alas, seigneurie de Picardie, qui remonte à 1284, avec De Warroquier, comme premier seigneur. Nom d'homme fait d'Adelard, puis **A**dlard, et finalement **A**lard.

ALARIE.—Alary, bourg dans le Quercy et dans le Rouergue.

ALBANEL. — D'Allebanne, commune du dép. de Savoie. Dérive de **albe**, blanc, et d'**anel**, chaîne, fer, lunettes. **Alban** en gaulois, voulait dire phare, aube.

ALBEAU. — D'Albe, commune du dép. de l'Hérault, à 4 lieues de Viviers. **Albeau**, diminutif d'**albe**, bois blanc, aubier. C'est aussi le nom d'un petit poisson de rivière qui ressemble à l'anchois.

ALBERT. — Duché de Picardie, érigée en 1620 en faveur d'Albert de Luynes. Nom d'homme, formé d'Adelbert. **Albert** voulait dire monnaie blanche, anévrisme.

ALBRAIN. — D'Albens, commune du dép. de la Savoie, arr. de Chambéry. **Albran**, nom du canard sauvage.

ALEXANDRE. — Commune du dép. du Gard, arr. d'Uzès. Nom d'homme qui vient du grec **alezzo**, je chasse, j'aide, je défends, et d'**anèr**, homme, le défenseur des hommes.

ALIEN. — D'Alignan, dans le Bas-Languedoc, diocèse de Béziers, parlement de Toulouse. **Alien** signifie étranger, qui est d'un autre lieu; du latin **alienus**.

ALINAUD. — D'Allennes, commune du dép. du Nord, arr. de Lille. D'**alenée**, voix, respiration.

ALIX. — Petite ville dans le dép. du Rhône, dans le Lyonnais. Nom de femme pris pour Adélaïde. On disait Adélaïs, dont on fait **Alix** par contraction. **Allix** signifiait lis, et **alix**, compacte, serré.

ALLAINE. — Commune du dép. de la Somme, en Picardie, arr. de Péronne. **Allaine**, alène, lancette, poignard.

ALLAIRE. — Chef-lieu de canton, dans le Morbihan, arr. de Vannes. Dérive d'**aleoir**, allée, galerie, passage.

ALLARD. — D'Allas, commune du dép. de la Charente-Inférieure, arr. de Jonzac. **Alleor**, vieux mot français, qui signifie voyageur.

ALLÉ. — Alet, commune du dép. de l'Aude, arr. de Limoux. **Allé**, passé, mort, usé, corrompu.

ALLEGRAIN. — D'Allègre, commune de la Haute-Loire,

arr. du Puy. Vient d'**allégrer, rendre gai, joyeux, dispos.**

ALLIEZ. — D'Allier, commune des Hautes-Pyrénées, arr. de Tarbes. **Allier** signifie filet.

ALLOIR. — Des Allois, village de la Haute-Vienne, dans le Limousin, canton de S. Léonard. **Alloir** signifie allée, corridor.

ALMAIN. — D'Allemant, commune du dép. de la Marne, arr. d'Epernay. Dérive d'**almus,** beau, bon, d'où **alme,** qui nourrit, qui fertilise, et **almain,** diminutif d'alme.

ALMERAS. — D'Almaraz, ville d'Espagne, dans l'Estrama-dure, sur le **Tage.**

ALOIGNON. — D'Alagnon, petite rivière que l'on traverse sur la route de Clermont-Ferrand à **Toulouse.** Vient d'**alloigne,** qui signifie distance, retard, délai, éloigne-ment.

ALOGNY. — D'Allogny, commune du dép. du Cher, arr. de Bourges. Vient d'**alogne,** alêne, cordage qui sert sur les pontons.

ALONZE. — D'Allons, commune du dép. des Basses-Alpes, en Provence, et commune du dép. de Lot-et-Garonne, arr. de Nérac. **Alonze** est le même nom qu'Alphonse. Nom propre d'homme qui vient d'**alpha,** premier, princi-pal, parce qu'**alpha** est la première lettre de l'alphabet grec.

ALY. — D'Ally, village du dép. du Cantal, canton de Pleaux. **Alie** est l'alize, fruit de l'alizier. En bas-breton, **aly** signifiait sollicitation.

AMARITON. — De Méritein, commune des Basses-Pyrénées, arr. d'Orthez. Vient d'**amarrir,** remplir de chagrin.

AMAS, AMASSE. — D'Amasse, rivière de Touraine, qui se jette dans la Loire, près d'Amboise. **Amasse** veut dire levée d'impôts.

AMAURY. — D'Amuré, commune du dép .des Deux-Sèvres, arr. de Niort. **Amaury,** nom propre d'homme, vient d'**Amalaric,** dont on a fait Amalric, puis Amauric et enfin Amaury.

AMBAU. — D'Ambres, commune du dép. du **Tarn**, arr. de Lavaur. Vient d'**ambe**, l'un et l'autre, du latin **ambo**, tous deux.

AMBOISE. — Commune du dép. d'Indre-et-Loire, arr. de Tours.

AMEAU. — D'Ames, village du dép. du Pas-de-Calais, canton de Norent-Fontes. **Ameau**, nom de famille, qui vient d'Amis, ancien nom propre lui-même. Dérive du latin **amo**, j'aime.

AMELOT. — D'Amel, commune du dép. de la Meuse, arr. de Montmédy. Diminutif d'Amel.

AMESSE, AMESTE. — D'Amettes, commune du Pas-de-Calais, arr. de Béthune. **Ameste** veut dire paroisse, district.

AMIEN. — Amiens, ville du dép. de la Somme, et ancienne capitale de Picardie, avec bailliage.

AMIOT, AMYOT. — D'Amy, commune du dép. de l'Oise, arr. de Compiègne, canton de Lassigny, érigée en seigneurie en 1658 pour de Belloy. **Amiot**, forme paragogique diminutif du mot **ami**, qui signifiait aussi guet, sentinelle, comme on a fait **vieillot, pâlot,** de vieux et de pâle.

AMIRAULT. — D'Amirat, com. du dép. des **Alpes-Maritimes,** arr. de Grasse. **Amirault,** variante d'**amir** ou **emir**, amiral, prince, gouverneur de province.

AMONT. — Commune du dép. de la Haute-Saône, arr. 'de Lure. C'est aussi le nom d'un ancien bailliage de la Franche-Comté septentrionale, dép. du Doubs. Dérive du latin **ad montem,** en haut, hauteur.

AMOS. — D'Ames, commune du dép. du Pas-de-Calais. V. Amau. **Amos** est le nom de l'un des douze petits prophètes juifs.

AMPLEMAN. — D'Amblimont, commune des Ardennes, arr. de Sedan. **Amplement**, d'une manière ample.

ANAIS. — Villages des dép. de la Charente et de la Charente-Inférieure. V. Anet.

ANCE. — D'Ance, village du Lyonnais, sur la Saône, à 9 lieues de Mauléon, sur la route de Dax. **Ance,** anse.

ANCEL. — D'Ancelle, village du dép. des Hautes-Alpes dans le Dauphiné, canton de Saint-Bonnet, arr. de Gap. **Anc**el veut dire bénitier.

ANCELIN. — D'Anceins, commune du dép. de l'Orne, arr. d'Argentan. **Ancelin,** dim. d'ancel.

ANDAYÉ. — D'Andouillé, commune du dép. de la Mayenne, arr. de Laval. **Andayé** se disait pour andouillé.

ANDIAU. — D'Andlau, commune du Bas-Rhin, canton de Barr.

ANDIRAND. — Petite ville dans le dép. de Lot-et-Garonne. Dérive du mot **andier,** chenet.

ANDRÉ. — D'Andrest, village du dép. des Hautes-Pyrénées, dans le Bigorre. André, nom propre d'homme, qui vient du grec **Andreias,** c'est-à-dire courageux.

ANDRIEU. — Seigneurie qui date de 1463, en Normandie, érigée pour De Varignières. Vient du grec **anèr,** homme.

ANDRO. — D'Andres, commune du Pas-de-Calais, arr. de Boulogne.

ANDRI, ANDRY. — D'Andries, bourg du dép. de l'Yonne, arr. d'Auxerre, canton de Coulonge-sur-Yonne.

ANCTIL. — D'Anctiville, commune de Normandie, diocèse de Coutances, parlement de Rouen. Dérive de **anker,** suspendre.

ANÈS. — D'Anets, seigneurie bretonne, unie en 1683 au marquisat de Château-Frémont. V. **Anet.**

ANET. — Châtellenie, située dans l'Ile-de-France qui, érigée au seizième siècle, a successivement appartenu aux familles Poitiers, Lorraine, Mercœur, Vendôme, Condé, du Maine, de Dombes, d'Eu, au roi de France, à de Penthièvre, et enfin, en 1817, à la famille de Monti. **Anet** vient du grec **ana** et **thein,** qui veulent dire, croître rapidement. L'anet est une plante ombellifère qui pousse très vite. Dans le vieux français, anet voulait dire canard.

ANFRIÉ. — D'Anfreville, dans le dép. de la Seine-Inférieure, canton de Boos, arr. de Rouen. Dans le langage gallois, **anfri** signifiait une action honteuse.

ANGARÉ. — D'Angayrat, commune de l'Agenois, diocèse d'Agen, parlement de Bordeaux, arr. de Montdidier. Dérive du verbe **angarier,** fatiguer de corvées.

ANGERS. — Chef-lieu du département de Maine-et-Loire, sur la Mayenne, un peu au-dessous de son affluent avec la Sarthe, à une lieue de la Loire. D'après les uns, **anger** signifierait peupler, propager, d'après d'autres, charger, et enfin contraindre, et dériverait du persan **agariden,** presser.

ANGELVIN, ANGEVIN. — D'Anvin, commune du dép. du Pas-de-Calais, arr. de St-Pol-sur-Ternoise. **Angevin,** monnaie d'argent frappée par les comtes d'Anjou. Ce mot semble venir du grec **aggelos,** messager.

ANOTE. — D'Annot, ville du dép. des Basses-Alpes, dans les montagnes, su rla Vaire. Du verbe **annoter,** faire des notes explicatives d'un ouvrage.

ANNET. — Village du dép. de Seine-et-Marne, dans la Brie, arr. de Meaux. V. **Anet.**

ANSE. — Bourgade sur l'Azergues, ancienne station romaine, à une lieue de Villefranche et de Trévoux, et à quatre lieues de Lyon. **Anse** a voulu dire manche, cuve, espèce de pressoir.

ANTAYA. — Nom sauvage accolé à une branche de la famille Pelletier, qui avait épousé une sauvagesse du nom d'Antaya.

ANTERIEUX. — Commune du dép. du Cantal, arr. de Saint-Flour.

ANTHIAUME. — D'Anthème, commune du Puy-de-Dôme, arr. de Lunéville. **Anthiaume,** mot composé d'**anti,** vieux et de **heaume,** barre de gouvernail.

ANTHOINE. — D'Antonne, commune du dép. de la Dordogne, arr. de Périgueux.

ANTIGNY. — Commune de la Vendée, arr. de Fontenay-le-Comte.

ANTINAEL. — D'Antignac, commune de la Charente-Inférieure, arr. de Jonzac. Mot composé d'**anti**, vieux, et de **naël**, jour de naissance.

ANTONY. — Commune du dép. de le Seine, arr. de Sceaux.

APART. — De Daspard, commune des Basses-Pyrénées, arr. de Bayonne. **Hapart** signifie crochet à pendre, voleur, brigand.

APERT. — D'Abère, commune des Basses-Pyrénées, arr. de Pau. **Apert** vient du latin **apertus**, ouvert, franc, découvert. Mot employé dans le langage du palais, dans l'expression il **appert**. En bas breton, il voulait dire, adroit, industrieux.

APRIL. — D'Avril, commune du dép. de Meurthe-et-Moselle, arr. de Briey. **April** vient d'**aprilis**, avril, du verbe **aperir**, ouvrir, parceque, dit Nicot, en ce mois d'avril, la terre semble ouvrir son sein pour la production des végétaux.

AQUIEN. — D'Aquin, commune du Pas-de-Calais, arr. de Saint-Omer.

ARABY. — D'Arbis, commune de la Gironde, arr. de La Réole.

ARAMY. — D'Aramits, commune des Basses-Pyrénées, arr. d'Oloron. **Aramie**, serment, accusation, plainte, bataille.

ARBARIS. — D'Arbori, commune du dép. de la Corse, arr. d'Ajaccio. **Arboirie** signifie réunion d'arbres et d'arbrisseaux.

ARBOUR. — D'Arbourse, commune du dép. de la Nièvre, arr. de Cosne. **Arbour**, à rebours.

ARCAND. — D'Archamps, commune de la Haute-Savoie, arr. de St-Julien. Vient d'**arcage**, langage.

ARCASTE. — D'Arrast, commune des Basses-Pyrénées, arr. de Mauléon. **Arcasse**, mot employé pour désigner la culasse du navire ou le derrière du gaillard.

ARCENEAU, ARSENEAU. — D'Arcine, commune de la

Haute-Savoie, arr. de St-Julien. **Arseneau** vient d'**arse-
nac,** espèce de citadelle pour garder les machines de
guerre.

ARCHAMBAULT. — Lieu du dép. de l'Yonne, arr. de Tonnerre, dans la commune de Grimault. Dérive d'**arche,**
arc de triomphe, arcade, coffre, trésor, archives, cellier,
bâtiment de mer ou de rivière.

ARCHERON.—D'Archon, commune du dép. de l'Aisne, arr.
de Laon.

ARCOUET. — De St-Hilaire-du-Harcouet, bourg du dép. de
la Manche, arr. de Mortain. **Arcouet** est aussi le nom
d'une pointe par où l'on passe pour se rendre à l'île
Bréhat dans les environs de Paimpol. Vient d'**arcté,**
étréci, resserré.

ARDILLOS. — Des Ardillats, commune du dép. du Rhône,
arr. de Villefranche-sur-Saône. Vient du grec **ardis,**
pointe d'une flèche.

ARDOIS. — D'Ardoix, commune du dép. de l'Ardèche, arr.
de Tournon. Dérive du celtique **arddû,** noir, d'où **ardenne,** qui signifie forêt sombre.

ARDOUIN. — D'Ardin, commune du dép. des Deux-Sèvres,
arr. de Niort. Vient d'**ardoir,** brûler, consumer.

AREL. — D'Arelles, en Bourgogne, diocèse de Langres, parlement de Dijon. **Are**l est le diminutif d'**areau,** espèce
de charrue sans roues.

ARENAIRE. — D'Arnière, commune du dép. de l'Eure, arr.
d'Evreux. Vient d'**arenosus,** sablonneux, ou d'**aren,** cordage. Une arenière était le nom d'une sablonnière.

ARET. — D'Arette, commune du dép des Basses-Pyrénées,
arr. d'Oloron. **Areste** signifiait barbe d'épis, espèce
d'aiguille ou d'épingle.

AREZ. — Petite ville de la Gironde, diocèse, parlement et
intendance de Bordeaux. Un **arée** est une terre labourée.

ARGENCOURT. — Com. de la Bourgogne, diocèse d'Autun,
parlement et intendance de Dijon.

ARGENSON. — Seigneurie avec titre de comté, en Touraine, sur la Creuse, à 5 lieues de Chinon. Autre seigneurie du même nom dans le Poitou, unie en 1712 au marquisat de la Graye.

ARGENTEUIL. — Baronnie en Champagne, érigée en 1500 pour Le Bascle, et communes dans les départements de Seine-et-Oise et de l'Yonne.

ARGOS. — D'Argol, commune du Finistère, arr. de Châteaulin. **Argos** signifie doigt du pied, ergot de coq, boulet du cheval. En grec **argos** signifie blanc.

ARGUIN. — D'Argut, commune de la Haute Garonne, arr. de St-Gaudens. Dérive d'**argu**, sorte de bâtiment plat, large, haut de bord, et qui se rétrécit par le haut.

ARGUINEAU. — D'Arguenos, village de la Haute-Garonne, arr. de St-Gaudens.

ARIAL. — D'Arles, commune des Pyrénées-Orientales, et ville des Bouches-du-Rhône. **Arial** vient d'**ari**, bord du fossé.

ARIUS. — D'Arieus, bourg situé près de Carcassonne, dans le dép. de l'Aude. **Arius**, prêtre de l'église d'Antioche, et fauteur d'hérésie.

ARLEN. — D'Arlanc, commune du Puy-de-Dôme, arr. d'Ambert. **Arlan** est un cri lancé par les soldats quand ils voulaient se livrer au pillage.

ARMAND. — D'Armancourt, com. du dép. de la Somme, arr. de Montdidier. **Arma**nd vient de l'allemand **hart**, robuste et de **mann**, homme, ou de **war**, guerre, et de **man**, homme ou **vir** **bellator**, guerrier.

ARNAUD, ARNAULT. — Arnaud, en Gascogne, diocèse de Lombez, parlement de **Toulouse**. Nom propre d'homme qui dérive de l'allemand **arn**, aigle, et de **alt**, vieux, noble. Alors Arnaud signifierait aigle noble. Ménage croit que ce nom a été fait de Renaud, par une transposition de lettres, et par le changement de l'**a** en **e**.

ARNOULD. — Ville de Seine-et-Oise, à 7 lieues de Chartres, dans la forêt d'Iveline, ou encore **Arnouville**, dans l'Ile-de-France, érigée en comté en 1817, en faveur de Michault d'Arnouville. Nom propre d'homme, qui veut dire mari dupé et malheureux.

AROISE. — D'Aroaise, bourg du Pas-de-Calais, à 3 lieues de Péronne. Vient du mot **arroit**, d'**arrectus**, qui est raide, ou mieux d'**aroi**, arrangement, équipement. Le vieux mot **aroy** signifiait charrue. **Aroaise** était le nom d'une abbaye de chanoines réguliers en **Artois**.

ARON.—Commune du dép. de la Mayenne, arr. de Mayenne. Vient d'**aronde** du latin **hirundo**, hirondelle.

AROUCHE. — D'Arrouch, ville d'Algérie, dans la province de Constantine, ou d'Aroux, village de Gascogne.

ARPAJON. — Seigneurie de l'Ile-de-France, érigée en marquisat en 1720 en faveur de d'Arpajon. Petite ville de même nom dans l'Aveyron. Un arpage, chez les Romains, était un enfant mort au berceau.

ARPENTIGNY. — Dérive du celtique **arat**, labour, et de **penger**, sillon.

ARPIN. — D'Arpenan, commune de la Haute-Saône, arr. de Lure.

ARRACHAR.—D'Arracourt, village du dép. de la Meurthe, à 2 lieues de Château-Salins. Ce mot vient d'arracher, déraciner.

ARRIVÉE. — D'Arrive, commune des Basses-Pyrénées, canton de Sauveterre. **Arrivée**, approche de la rive, l'abord.

ARTEAU. — D'Artas, commune du dép. de l'Isère, arr. de Vienne. **Arteau**, homme rusé, habile, dérive du latin **ars**, ruse, artifice.

ARTOIS. — D'Arthez, commune des Basses-Pyrénées, arr. d'Orthez. **Artois**, province de France, et aujourd'hui département du Pas-de-Calais.

ARTON. — Commune de la Loire-Inférieure, à quatre lieues de Paimbœuf.

ARTUS. — Châtellenie du comté de Charollais, dans le diocèse de Mâcon. Vient d'**artuis**, trou de vers.

ASKIN. — D'Ascain, commune des Basses-Pyrénées, arr. de Mauléon.

ASSAILLÉ. — D'Assay, commune du dép. d'Indre-et-Loire, arr. de Chinon. Vient du verbe **assaillir** ou assaillir.

ASSELIN. — De Vasselin, commune du dép. de l'Isère, arr. de la Tour-du-Pin. **Aisselin,** madrier, petite planche en forme de tuile pour couvrir les maisons.

ASSINE. — D'Assenay, commune du dép. de l'Aube, arr. de Troyes. **Assiner,** assigner.

ASTIER. — Chef-lieu de l'arr. de Périgueux, en Dordogne. Dérive de **ast,** fût, bois de lance.

ASTRUDE. — Baronnie dans le dép. de l'Yonne, à sept lieues de Semur.

ATCHERS. — D'Attichy, commune du dép. de l'Oise, arr. de Compiègne. **Atché** est le nom de la plus petite monnaie qui se fabriquait dans les Etats du Grand Seigneur. Elle était d'argent et valait environ quatre deniers de France.

ATINA. — D'Attignat, commune du dép. de l'Ain, arr. de Bourg. **Atina** était l'Hymet des anciens. Comme il est prêt d'Athènes, on l'a appelé le mont d'Athènes. **Atinée** veut dire provocation.

AUBAIN. — D'Aubaine, en Bourgogne, diocèse d'Autun ; en Gascogne, arr. de Saint-Séver. Ce mot a le même sens que **aubereau,** oiseau de proie, petit aigle. Signifie encore aubier, cheval blanc, étranger qui habite un pays sans se faire naturaliser.

AUBAU, AUBEAU. — D'Aube, commune du dép. de l'Orne, arr. de Mortagne. **Aubeau,** peuplier blanc, aubier.

AUBÉ. — D'Aubers, commune du dép. du Nord, arr. de Lille. **Aubé** est celui qui a été ordonné prêtre ; c'est enrore une offrande pour la bénédiction des aubes. En bas-breton, **aubé** se disait pour abbé.

AUBERNON. — D'Obernai, commune du dép. du Bas-Rhin.

AUBERT. — Commune dans le dép. du Nord, arr. de Cambrai, canton de Carnières. Nom propre teutonique, même chose que **Albert**, qui signifie tout illustre. Diminutif d'**haubergeon**, qui veut dire chemise ou cotte de mailles. Peut venir encore de **haut**, et de **ber**, c'est-à-dire baron ou seigneur justicier. Auber signifie encore harnais et en terme d'argot, argent.

AUBERTIN. — Commune du dép. des Basses-Pyrénées, arr. d'Oloron. Diminutif d'Aubert. V. **Aubert**.

AUBIN. — D'Aubin, seigneurie du Rouergue, érigée en 1700 pour de Buisson. **Aubin** voulait dire autrefois le blanc de l'œuf, d'**albinum** pour **albunem**. C'était encore un pas de cheval, une allure qui tient de l'amble et du galop. En vieux français, **Aubin** signifie étranger.

AUBOIS. — D'Auboué, commune du dép .de Meurthe-et-Moselle, arr. de Briey. **Hauboit,** haubert.

AUCHEN. — D'Aulchin, commune du dép. du Nord, arr. de Valenciennes.

AUCLAIR. — De Vauclerc, commune du dép. de la Marne, arr. de Vitry-le-François. **Auclair,** à la clarté.

AUCOIN. — D'Aucun, commune du dép. des Hautes-Pyrénées, dans le canton d'Argelez.

AUDELIN. — D'Audelange, commune du Jura, arr. de Dole. Vient du latin **audere,** oser.

AUDET, AUDETTE. — D'Audeville, commune du dép. du Loiret, canton de Malesherbes, arr. de Pithiviers. **Audet,** mot latin qui signifie il ose, il a de l'audace.

AUDI, AUDY. — D'Audigny, commune du dép. de l'Aisne, arr. de Vervins. **Hau**di, lassé, fatigué.

AUDIBERT. — D'Audembert, commune du Pas-de-Calais, arr. de Boulogne-sur-Mer.

AUDON. — Commune du dép. des Landes, arr. de St-Séver.

AUDRY. — D'Audrix, commune de la Dordogne, arr. de Sarlat.

AUFRAY. — D'Auffray, commune de la Seine-Inférieure, arr. de Dieppe. **Frai,** action de briser.

AUGEARD. — D'Augea, commune du Jura, arr. de Lons-le-Saunier. Dérive du scandinave **auge,** prairie.

AUGER.—Commune du Puy-de-Dôme, arr. de **Thiers**. Moisy fait dériver ce mot de **alga,** algue, et l'explique comme suit : Deux petites rivières qui traversent cette contrée, la **Touques** et la Dive, souvent débordés, finirent par former des marais où les algues abondent. **Aug**er peut venir du grec **aggos,** vase.

AUGERON. — D'Augerans, commune du Jura, arr. de Dole. **Augeron,** qui est du pays d'Auge.

AUMAIS. — D'Haulmé, commune du dép. des Ardennes, arr. de Mézières. **Aumais** ou **haum**et dim. de **heaume,** barre du gouvernail.

AUMASSON. — D'Aumessas, commune du dép. du Gard, canton d'Alzon.

AUMIER. — D'Omey, commune du dép. de la Marne, arr. de Châlons-sur-Marne. **Aumier,** sorte de chien limier, bon pour faire la chasse.

AUMONT. — Communes des dép. de la Somme, de l'Oise, et la Lozère. **Aumont,** individu assisté par l'aumône. Dérive du bas latin **almosna,** dont on a fait **eleemosyna,** aumône.

AUNIS. — D'Osny, commune du dép. de Seine-et-Oise, arr. de Pontoise. **Aunis,** petit pays de Saintonge, dont la capitale était La Rochelle ; les îles de **R**é et d'Oléron en dépendaient.

AUPIN. — D'Aups, commune du dép. du Var arr. de Draguiguan.

AURÉ. — D'Aurée, dans le Velay, et **Auray,** ville du Morbihan, célèbre par son pèlerinage à la bonne Sainte-Anne. **Aurais** signifie montagne.

AURILLAC. — Ville du dép. du Cantal. Vient d'**aurilleor,** celui qui cultive les abeilles.

AURIO. — D'Auriat, commune du.dép. de la Creuse, arr. de Bourganeuf.

AUSSAN. — D'Auxan, commune de la Côte-d'Or, arr. de Beaune. Vient d'**auxent,** qui manque de.

AUSSION. — D'Haution, commune du dép. de l'Aisne, **arr.** de Vervins.

AUTEBOUT. — D'Hautbos, commune du dép. de l'Oise, **arr.** de Beauvais.

AUTIN. — D'Autun, ville du dép. de Saône-et-Loire. **Autin,** arbre autour duquel on fait grimper les branches de la vigne.

AUTRACHE. — D'Autrèche, commune du dép. d'Indre-et-Loire, arr. de **Tours. Autrage,** comme s'il y avait d'**un autre âge.**

AUTRAC. — Commune de la Haute-Loire, arr. de Brioude.

AUTRAY. — Autrey, commune du dép. des Vosges, **arr.** D'Epinal.

AUVERGNE. — D'Àvernes, commune du dép. de Seine-et-Oise, arr. de Pontoise. **Auvergne,** province qui forme les départements du Cantal et du Puy-de-Dôme.

AUVIN. — D'Auvent, bourg de la Charente, à huit lieues de Confolens.

AUXIBI. — D'Auxy-le-Château, commune dans le dép. **du** Pas-de-Calais, **arr.** de Saint-Pol, érigée en baronnie **en** 1715.

AUZÉ.—D'Auzay, commune de la Vendée, arr. de Fontenay-le-Comte. Vient **d'ozé,** hardiesse.

AUZON. — Commune de la Haute-Loire, arr. de Brioude, **et** commune du dép. de l'Aube, arr. de **Troyes.**

AVACHE. — De Veauche, commune du dép. de la Loire, arr. de Montbrison. **Avache** vient d'**avachir,** rendre lâche.

AVARD. — D'Avord, commune du dép. du Cher, arr. de Bourges. **Avord** signifie maladif, hâve.

AVELIN. — Com. du dép. du Nord, **arr.** de **Lille. Avelin,** dim. d'**avel,** désir, joie, chemin fréquenté, frayé. **Avelin,** qui est de la nature de l'aveline, ou celui qui vit parmi les aveliniers.

AVELINE. — Commune de là Lorraine, dans le duché de Bar. **Aveline,** grosse noisette.

AVES.—D'Auve, commune du dép. **de la Marne, arr. de**

Ste-Menehould. **Aves** dérive d'**avis**, oiseau. **Aves**, rivière du Portugal, et île du même nom, appelé aussi Ile des Oiseaux.

AVISSE. — D'Avize, commune du dép. de la Marne, arr. d'Epernay. **Avise**, sentinelle, vedette, esprit.

ALAVOINE, AVOINE. — D'Avoine, communes des dép. de l'Oise et d'Indre-et-Loire.

AVON. — Communes des dép. des Deux-Sèvres et d'Indre-et-Loire. **Avon**, rivière, eau, ruisseau, et **havon**, mesure pour l'avoine.

AVRARD. — Du Havre, ville de la Seine-Inférieure. **Avrard** vient de **avre**, grincheux.

AVRON. — D'Avéron, commune du dép. du Gers, arr. de Mirande. **Haveron**, avoine folle ou sauvage, la folle-avoine.

AYET, AYETTE. — D'Ayette, commune du Pas-de-Calais. arr. d'Arras, et d'Ayet, commune du dép. de l'Ariège, canton de Castillon. **Ayet**, aillet, ail.

AYEUR. — D'Ayherre, commune des Basses-Pyrénées, arr. de Pau. **Haieur**, garde des haies.

AYMARD. — V. Emard. Dérive de **ayme**, âme.

AYMOND. — D'Hesmont, commune du Pas-de-Calais, arr. de Montreuil-sur-Mer. V. Haimond.

AYNARD. — D'Aynac, commune du dép. de Lot, arr. de Figeac.

AZUR. — Commune du dép. des Landes, arr. de Dax, canton de Soustons. **Azur**, pierre bleue, poudre bleue.

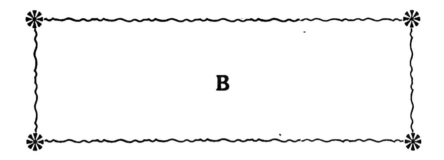

BABEAU. — Des Babottes, lieu de la Haute-Marne, dans la commune de Voillecomte. Le **babeau** est un fantôme imaginaire qu'on invoquait dans le Languedoc pour effrayer les petits enfants. Duchat interprète ce mot pour grimaces de singe. Signifie encore fête, cadeau.

BABEL. — De Babel, bourg d'Auvergne, dans la Haute-Loire, à 3 lieues d'Issoire. Nom propre d'homme, par corruption de Babylas.

BABEU. — De Babœuf, commune du dép. de l'Oise, arr. dᵉ Compiègne. Dérive du verbe **baber,** céder lâchement.

BABIN. — De Balbins, commune du dép. de l'Isère, arr. de Vienne. Le rapport qu'il y a entre **babin** et baba, qui signifie vieille, a donné lieu d'imaginer une république de Babins, en Pologne. Le tout était un badinage sans conséquence. En tout cas, Babin veut dire terre en Pologne, c'est-à-dire, une terre toute d'imagination.

BABINEAU.—De la Babinais, seigneurie de Bretagne. Dim. de **babine,** lèvre du chat, du chien, et improprement de l'homme.

BABY. — Commune du dép. de Seine-et-Marne, arr. de Provins. **Baby,** en anglais, signifie enfant, bébé. Babi, nom donné aux partisans du babisme, doctrine professée par Bab et ses sucesseurs.

BACHAND. — Commune du dép. du Nord, arr. d'Avesnes. Ville située sur la route de Paris à Namur, à quelques milles de Maubeuge. Ce mot semble venir de **bache,** goulet, tranchée pour conduire l'eau, ou du mot turc **bache,** qui signifie tête, sommet, extrémité, et par métaphore, chef, général, commandant.

BACHELET. — De la Bachellerie, en Dordogne, à 2 lieues de Montignac, et seigneurie fondée en 1635 en faveur de De Lajac. **Bachelle** voulait dire adolescent, bachelier.

BACHELIER. — De Bachely, seigneurie normande, qui date de 1463. Du Cange prétend que ce mot vient de **baccaleria,** espèce de métairie ou pièce de terre ; les bacheliers en étaient les cultivateurs.

BACHOIE. — De Bachy, dép. du Nord, arr. de Lille. Dérive de **bacher,** qui signifie frapper avec bruit, comme à une porte ; de l'allemand **batshen,** frapper de l'aviron sur l'eau avec fracas. Peut aussi venir de **bachoe,** vaisseau de bois, baquet, hotte, manne.

BACON. — Du Bacon, commune du dép. de la Lozère, arr. de Marjevols. Bacon veut dire lard fumé et salé. Vient de **baconus,** dos. Le mot **bacon** est français et tire son origine de ce qu'autrefois l'on ne se servait que du porc à certains banquets. Ces banquets portaient le nom de **baconiques.** Moisy rapporte qu'à Paris, le chapitre de Notre-Dame, à certains jours solennels, avait droit à un repas baconique. Telle serait l'origine de la foire aux jambons, qui se tenait autrefois sur le parvis de Notre-Dame.

BACQUET. — De Bauquay, commune du Calvados, arr. de Vire. Dérive de l'allemand **back** ou du bas-breton **bac,** bateau, ou du grec **bakè,** bac.

BADAILLAC. — Ville du dép. du Cantal, canton de Vic, arr. d'Aurillac. Dérive du grec **pais,** jouer, folâtrer.

BADEAU. — De Bados, en Guyenne, diocèse et parlement de Bordeaux. Diminutif de **bade,** baliverne, bêtise.

D'autres croient à une simple corruption de **bateau.** Le Duchat dit: '' **Badaut** est proprement un homme qui, n'a jamais rien vu que par un trou, comme on dit de ceux qui ont été nourris et élevés dans un navire. Tel est un Parisien par rapport au bateau qui fait les armoiries de Paris.

BADEL. — De Badevel, commune du dép. du Doubs, arr. de Montbéliard. **Badel,** dérive soit du grec **pais,** jouer, folâtrer, ou du bas-breton **badel,** bédeau, robin.

BADELART. — D'Andelarre, commune de la Haute-Saône, arr. de Vesoul. **Badeladre** ou **badelaire,** épée courte, large et recourbée dans le blason.

BADET. — Bourg du Morbihan, arr. de Vannes. **Badé,** est le moment où l'on épie la bête pour la chasse, en terme de vénérie.

BADIAU. — De Boudy, commune du dép .de Lot-et-Garonne, arr. de Villeneuve.

BAFRE. — De Baffe, commune du dép. des Vosges, arr. d'Epinal. **Bafre,** repas copieux.

BAGANARD. — De Bagnars, commune du dép. de l'Aveyron, canton de Saint-Amans. **Baganard** vient de **bagan,** mot gascon qui signifie pâtre ou paysan, gardien du bétail dans les Landes.

BAGNEL. — De Bagnoles, commune du dép. de l'Aude, arr. de Carcassonne.

BAIL. — De Baye, commune du Finistère, arr. de Quimperlé. **Bail,** veut dire gouverneur, bailli, tuteur, retranchement. En terme de droit, c'est un domaine affermé. **Baille** signifie barricade, tonneau, et en bas breton, bail veut dire cuvier, baquet; et en irlandais, lieu, endroit.

BAILLAC. — Bayac, commune du dép. de la Dordogne, arr. de Bergerac.

BAILLARD. — De Bayard, lieu du dép. de la Haute-Marne, dans la commune de Laneuville-à-Bayard. **Baillard,** pièce de bois pour porter les laines qu'on tire de l'eau,

et qui traverse la chaudière à dégraisser. C'est encore
une brouette plate, comme une civière.

BAILLARGÉ. — De Bagé-le-Châtel, commune du dép. de
l'Ain, arr. de Bourg. Au moyen-âge, l'on appelait **baillarge** une sorte d'orge plus petite que l'orge ordinaire.
Cotgrave écrit : **Baillarge, kind of small barley,** c'est-à-
dire variété de petite orge.

BAILLARGEON. — De Barjon, commune du dép. de la Côte-
d'Or, arr. de Dijon. Au moyen-âge, le censitaire était
obligé vis-à-vis du seigneur de s'acquitter de certaines
redevances dites **en baillarge.** Le censitaire lui-même
prenait le nom de **baillargeau,** d'où vient probablement
le nom de Baillargeon, peut-être aussi celui de Baillargé.

BAILLÉ. — Baillé, bourg de la Mayenne à 7 lieues de **Laval.**
Baillé signifie livraison, bail à ferme.

BAILLES. — V. Bail. **Baille** se disait pour valet, serviteur,
palissade, nourrice.

BAILLEUL. — Seigneurie de Picardie, érigée en 1400, **en**
faveur de De Béthune. Le **bailleul** était une sorte de
charlatan ou de chirurgien, appelé aussi **renoueur** ou
rebouteur.

BAILLEUVILLE. — De Bailleul-Neuville, commune de la
Seine-Inférieure, arr. de Neufchâtel-en-Bray. **Bailleuville,** ou ville des rebouteurs.

BAILLON. — Seigneurie de Bretagne, fondée en 1668, et
seigneurie de Picardie, érigée d'abord en marquisat
sous le nom de Fresnay en 1652, et passée aux des
Meloizes en 1767. **Baillon** veut dire maladroit, chantre
d'église.

BAILLOU. — Commune du dép. de Loir-et-Cher, arr. de
Vendôme. **Baillou** signifie braillard.

BAILLY. — Seigneurie de ce nom en Champagne, érigée **en**
1716 pour De Broussel. **Bailly** veut dire sénéchal, gouverneur, et au palais, gardien. Il signifierait conseil,
d'après Borel. En irlandais, **bail** veut dire intendant
d'une terre, sergent.

BAIN. — Bain, ville de Bretagne, sur la Vilaine, à 5 lieues de Redon. Bains est aussi le nom d'une seigneurie de Picardie, érigée en 1600. En gallois **bain** se dit pour pays, et en irlandais, femme, jeune fille.

BALAN. — Commune du dép. des Ardennes, arr. de Sédan. Balan signifie balancement, équilibre. Dérive de **ballare,** danser, qui pend et oscille comme un balancier. **Balant** signifierait fainéant, et partie d'une manœuvre qui n'est point hallée. Dérive du grec **palla,** lancer.

BALARD. — De Ballore, commune du dép. de Saône-et-Loire, arr. de Charolles. Dérive du gaulois **bala,** balle, paquet, ou de l'écossais **bala,** village, demeure, ou de l'irlandais **bala,** ville.

BALCER. — De Balacet, commune du dép. de l'Ariège, arr. de St-Girons. **Balcer,** vient de **balc,** poutre.

BALÉ. — Commune du dép. de la Mayenne, arr. de Château-Gonthier. **Balé,** vieux mot qui signifie galerie ouverte, auvent.

BALL. — De Basle, ville de Suisse, sur le Rhin. Dérive de **baule,** danse, bal, pièce de toile grossière.

BALON. — Ville, située sur l'Orne, à cinq lieues du Mans, érigée en marquisat, en 1600, en faveur de St-Gelais de Lusignan. **Balon,** ballon.

BALTÉ. — De Balesta, dans le diocèse de Comminges, parlement de Toulouse. **Balté** veut dire baudrier.

BALTHAZAR. — De Béthézer, commune du dép. des Landes, arr. de Mont-de-Marsan.

BANCHAUD. — De Bansat, commune du dép. du Puy-de-Dôme, arr. d'Issoire. **Banchaud,** vient de **banche,** fond de roches tendres qui se trouvent au fond de la mer, ou glaise durcie, d'après Réaumur.

BANDE. — Seigneurie de Bretagne, érigée en 1696 pour le Jumeau. **Bande,** troupe de gens, côté, bandeau.

BANEL. — De Baneuil, commune du dép. de la Dordogne, canton de Lalinde. **Bannelle** se disait pour petite vanne, ou conduit des eaux d'une maison.

BANET. — De Banneville, commune du Calvados, arr. de Caen. **Banet** est une variante de **banier**, celui qui a droit de banalité. **Banete**, dans le vieux français, se disait pour panier.

BANGAILLE. — De Bangor, commune du Morbihan, arr. de Lorient, canton de Belle-Isle-en-Mer. Vient de **bangue**, plante qui ressemble au chanvre.

BANHIAC. — De Balignac, commune du dép. de. Tarn-et-Garonne, arr. de Castelsarrasin. **Banhiac** vient de **banie,** **ban**, publication.

BANLIER — De Basly, commune du Calvados, arr. de Caen. **Banlier**, ou **bannelier**, conducteur de banneau.

BANNE. — Commune du dép. de l'Ardèche, arr. de Largentière. **Banne** se dit pour corne, dans le Languedoc. Même sens que **vanne**, chûte d'une rivière.

BANSE. — De Bans, commune du Jura, arr. de Dôle. **Banse,** manne carrée et profonde dont on se servait en France pour transporter des articles de chaudronnerie.

BANVILLE. — Commune du Calvados, arr. de Bayeux. **Banville** est composé de **ban**, qui signifie appel des vassaux, et de **ville**.

BAPAUME. — Châtellenie de l'Artois, qui date du commencement du seizième siècle. C'est encore un bourg de la Seine-Inférieure, arr. de Rouen.

BAPT. — Baupt, dans le dép. de la Manche, sur la route de Caen à Cherbourg.

BAPTISTE. — Batiste, seigneurie normande érigée en 1650 au bénéfice de De Pardieu. **Baptiste** est le surnom donné à saint Jean le Précurseur, et signifie, qui baptise.

BAQUEVILLE. — Commune de la Seine-Inférieure, arr. de Dieppe.

BARABÉ. — De Baracé, commune du dép. de Maine-et-Loire, arr. de Baugé. Dérive de **bar**, qui, en gallois, signifie lance, et de l'irlandais, flèche, faîte, cime. **Bara** veut dire pays. Le mot **baraban** qui se rapproche le plus de **barabé**, est un chaudron ou bassin de cuivre.

BARACAN. — De Berrogain, commune du dép. des Basses-
Pyrénées, arr. de Mauléon. **Baracan** ou **bouracan** est un
camelot grossier. Du Cange fait dériver ce mot de
barre, parce que le fil du bouracan représente des barres.

BARACQ. — De la Baraque, hameau dans les environs de
Grenoble, à trois lieues de Pont-en-Royans. Ce mot
vient de l'espagnol **baracas,** qui signifie cahuttes dres-
sécs par les pêcheurs au bord de la mer.

BARADAT. — De Parata, commune de la Corse, arr. de
Corte.

BARAILLON. — Seigneurie dans le Forez, érigée en 1225,
en faveur de De Forez. **Baraillon** semble venir de **bara**
qui signifie flèche en langue irlandaise, **barbeau** dans le
vieux français, et **lance** en gallois.

BARAINE. — De Baraigne, commune du dép. de l'Aude,
dans le Haut-Languedoc, canton de Salles.

BARAS. — Bara, seigneurie bretonne. V. Barabé. **Barat**
signifie mensonge, calomnie, et aussi une maladie de la
peau consistant en une tache considérable entourée de
plusieurs autres plus petites, maladie appelée **morphée.**

BARATEAU. — De Barastre, commune du Pas-de-Calais,
arr. d'Arras. Vient de **barat,** tromperie. Sur les vaisseaux français on appelait **baratterie** une tromperie ou
malversation du maître de l'équipage.

BARBARET. — De Barbarey, bourg du dép. de l'Aube, et
seigneurie de Champagne, érigée en 1582.

BARBARIN. — De Bourberain, commune de la Côte-d'Or,
arr. de Dijon. **Barbarin** est le nom d'une monnaie frappée au XIIIe siècle par les vicomtes de Limoges.

BARBAROUX. — De Barbaira, commune du dép. de l'Aude,
arr. de Carcassonne.

BARBE. — Communes des dép. de la Moselle et des Vosges.
Barbe signifie gerbe, moisissure en forme de duvet qui
se développe sur les substances fermentées comme le
fromage, les confitures.

BARBEAU. — De Barbas, commune du dép. de Meurthe-et-Moselle, arr. de Lunéville. Le **barbeau** est un gros insecte coléoptère, un poisson, ainsi appelé parce qu'il porte deux barbes à côté de chaque mâchoire.

BARBEL. — De Barbeville, commune du Calvados, arr. de Bayeux. **Barbel**, pointe, dent.

BARBEREAU. — De Barberay, commune du dép. de la Savoie, arr. de Chambéry. **Barbereau**, dim. de barbier.

BARBEROUSSE. — De Barberouge, village de la Manche, arr. de Mortain. **Barberousse** est un nom qui fut donné à deux frères, chef de pirates chez les Musulmans.

BARBERY. — Seigneurie de Champagne, érigée en 1530 en faveur de Choiseul, et seigneurie de Normandie, érigée en 1747, en faveur de Ducastel de Neuvillette. **Barberie,** espèce de pomme.

BARBET.   De Barbey, commune du dép. de Seine-et-Marne. Les **Barbets** sont des habitants des vallées des Alpes et des Pyrénées, dont plusieurs sont brigands.

BARBEZIEUX. — Ville de France, en Saintonge, à 9 lieues de Saintes, et à 15 lieues de Bordeaux.

BARBIER. — De Barby, commune du dép. des Ardennes, arr. de Rethel. **Barbier** se disait pour barbeau, poisson, et pour mentonnière.

BARBIN. — Seigneurie de Bretagne, érigée en 1668 pour de Goulaine. **Barbin,** barbe.

BARBINAIS. — De la Barbinais, seigneurie de Bretagne, érigée en 1700 en faveur de le Gentil.

BARBOT. — V. Barbeau. On appelait barbot sur les galères ceux qui faisaient le poil aux forçats.

BARBOTIN. — Barbotan, lieu du dép. du Gers, canton de Cazaubon. **Barbotin** dérivé de **barbot,** se disait pour bâtiment de transport, et pour masque à barbe.

BARBU. — Seigneurie de Bretagne, érigée en 1696 en faveur de Tréviex. **Barbu** signifie qui appartient au vieillard, et **barbue,** provin avec sa racine.

BARCY. — Ville du dép. de Seine-et-Marne, dans la Brie. Barce, sorte de canon autrefois en usage sur la mer, et ressemblant au faucon.

BARD. — Seigneurie de Bourgogne fondée en 1670 pour De Lanneau. On appelait bard tout bois façonné à la varlope. En gallois, bard signifie prêtre, devin, prophète.

BARDE. — Bourg de la Charente-Inférieure, canton de Montguyon. Vieux mot qui signifiait l'armure d'un cheval de gens d'armes, le bât, selle, instrument de charpentier.

BARDET. — De Bardais, commune du dép. de l'Allier.

BARDIN. — De Bardon, commune du dép. du Loiret, arr. d'Orléans. La pomme de bardin, en France, est appelée aujourd'hui courpendu.

BARDOL. — De Bardelles, seigneurie de Bretagne, fondée en 1668 pour De Chardonnaye.

BARDY. — Ville de Savoie dans la vallée d'Aoste, et château dans l'ancien duché de Parme, sur le Tarn, dans les Apennins, à 10 lieues de Parme. On appelait bardis une baraque de pieux et de branches. C'est encore un terme de marine pour indiquer la séparation que l'on fait dans les cales pour les blés et autres objets de commerce. Un bardit, est un chant commun chez les anciens Gaulois.

BARE. — Commune de Normandie, diocèse d'Evreux, parlement de Rouen. Bare se disait pour fortification, mesure, obstacle, délai.

BAREAU, BARO. — Seigneurie de Bretagne qui date de 1696.

BAREL. — De Bareilles, commune des Hautes-Pyrénées, canton de Bordères. Barele se disait pour jument.

BARETTE. — Commune de la Charente, arr. de Châtellerault. Barette, couverture de tête, barrière, mesure normande pour les haricots et les blés, sorte de monnaie. En écossais, baret signifie chapeau.

BARGEAT. — De Barjac, commune du dép. du Gard, arr.

d'Alais. Ce nom vient de **barge**, oiseau, poisson, meulon de foin, barque.

BARIAT. — De Barriac, commune du dép. du Cantal, arr. de Mauriac.

BARIAU. — Du Bariod, dép. du Rhône, dans la commune de Dardilly.

BARIL, BARY. — Des Barils, commune du dép. de l'Eure, arr. d'Evreux, canton de Verneuil. **Baril** vient du gaulois **barr**, qui signifie non seulement barre et barrière, mais aussi tout ce qui sert à renfermer quelque chose, un mur, un rempart de ville. En espagnol, **barill** signifie un vaisseau de terre, avec un cou étroit et un gros ventre.

BARILLES. — Petite ville du Languedoc, sur l'Ariège, entre Foix et Pamiers. **Barille**, baril.

BARNABÉ. — Commune du dép. des Côtes-du-Nord, arr. de Loudéac, canton de la Chèze. **Barnabé**, nom d'apôtre qui veut dire fils de prophète, et dérive de l'hébreu **bar**, fils, et de **nabi**, prophète.

BAROIS. — De la Barouère, seigneurie du Poitou, érigée en 1415 en faveur de Foucher. **Barrois**, pays situé entre la Champagne et la Lorraine. Barois signifie forêt, vrille. Vient de **barroyer**, défense, exception, fin de non recevoir, en terme de palais.

BAROLET. — De Barlest, commune des Hautes-Pyrénées, arr. d'Argelès. Barolet, dim. de **barol**, baril.

BARON. — Commune du Calvados, et seigneurie de Provence, érigée en 1492, pour de Gombert. **Baron**, vient de l'espagnol **varo**, jeune homme vigoureux, vaillant et noble. En wallon, **baron** signifie mari. La véritable étymologie est celle qui fait venir baron de **bar**, vieux mot franc qui signifie **vir**, homme. Chez les Romains, **baro** se disait pour un homme fort et vaillant. En gallois, baron signifie seigneur, guerrier.

BÀRONET. — De la Baronnais, seigneurie de Bretagne, fondée en 1668 en faveur de L'Advocat. En **Angleterre**,

baronet est un titre de noblesse correspondant à celui de banneret en France.

BARRANQUET.—De Barquet, commune du dép. de l'Eure, arr. de Bernay.

BARRAS. — Commune des Basses-Alpes, arr. de Digne, et seigneurie qui date de 1422 avec de Baschi comme premier seigneur. Le **barras** est un minéral appelé borax, une espèce d'encens, dont une variété s'appelle galipot. En gaulois, **barra** signifiait barre, tribunal, bière, cercueil, et en irlandais, bare verrou, obstacle.

BARRÉ, BARRET, BARRETTE. — Barret, commune du dép. de la Charente, arr. de Châtellerault, à 1 lieue de Barbezieux. **Barré** est un terme de blason, lorsque l'écu est divisé en forme de barres. Autrefois les Carmes étaient appelés les Frères Barrés, à cause de leurs habits. Du Cange dit que **barette** est le substantif du verbe bareter, pour échanger, faire du commerce. Moisy dit qu'on donne en Normandie le nom de **barette** à la baratte pour faire le beurre.

BARRIERE. — Seigneurie du Périgord, érigée en 1615 en faveur de D'Abzac. Une barrière est un assemblage de planches qui servent à former un passage; de **barreria**, au figuré, obstacle

BARRY. — Commune des Hautes-Pyrénées, arr. de Tarbes. V. Baril.

BARSA. — De Barsac, île de l'Océan, aujourd'hui l'île de Bas, sur la côte de Bretagne, auprès de Saint-Pol-de-Léon. Une **barse** était une boîte d'étain qui servait à transporter le thé de la Chine.

BARSOLOU. — De Bassou, lieu du dép. de l'Yonne, dans la commune de Beaumont.

BARSY. — De Barzy, commune du dép. de l'Aisne, arr. de Vervins.

BART. — Commune de la Bourgogne et seigneurie de Picardie, érigée en 1699 pour Gourdon. **Barre**, plant de vigne.

BARTHE. — Commune des Hautes-Pyrénées, arr. de Ba-
guères-de-Bigorre, et châtellenie d'Auvergne, érigée en
1666 en faveur de Carbonnières. Il y avait une seigneurie de ce nom en Guyenne, dont Du Prat fut le premier
seigneur. Dans le vieux français, **barthe** signifiait buisson, bouquet de bois. **Barthe** veut dire encore musicien
ou chanteur; en kymrique, c'est un poète, en cornique,
un musicien, en armoricain, un poète, et en gallois, un
prophète.

BARTHELEMY. — Commune des dép. de l'Isère, de l'Ardèche, de la Dordogne, des Bases-Alpes, et de la Seine-
Inférieure. **Barthélemy,** nom d'apôtre et d'homme, qui
vient de **bar,** fils, et de **Tholmaï,** Ptolémée.

BARTON. — De Barenton, commune du dép. de la Manche,
arr. de Mortain.

BARTOUS. — De Bardou, commune de la Dordogne, arr. de
Bergerac. **Bartou** signifie tapageur, ribaud.

BARTZOCH. — De Bazoche, communes des dép. d'Eure-et-
Loir, de l'Aisne, de Mayenne, de Seine-et-Oise, etc.

BASILE. — De Basville, commune du dép. de la Creuse, arr.
d'Aubusson. **Basile,** nom d'homme formé du grec **basi-
leus,** qui signifie royal.

BASIN. — Commune du pays Messin, diocèse de **Toul,** parlement de Metz. Basin, dim. de **bas,** engin de pêche prohibé. Peut venir de **bombasus;** bombazin se disait jadis
pour désigner le basin, ou futaine faite de coton.

BASINET. — De Bazinville, seigneurie de Normandie, érigée en 1620, en faveur de Longaunay. **Bacinet** était une
sorte d'armure, et **bassinet,** espèce de renoncule, à fleurs
jaunes.

BASQUE. — Des Basses, commune du dép. de la Vienne, arr.
de Loudun. **Basque,** nom de peuple de la Gascogne qui
habitait trois provinces, la Biscaye, Guipuzcoa et Alava.

BASQUAIN, BASTIEN. — De Bassens, communes de la
Savoie et de la Gironde. **Basquain,** basque et **basquiner**

voulait dire ensorceler. Bastien est un prénom pour Sébastien, par apocope de la première syllable. Bastien se dit du basque d'un vieil habit.

BASTILLE. — De Bastil, commune du dép. du Lot, arr. de Gourdon. Bastille est un petit château fortifié à l'antique avec tours rapprochées les unes des autres. Vient de **bailles** qui, d'après Borel, signifiait parapet.

BASTON. — De Bastogne, ville du duché de Luxembourg, comté de Chiny. Baston est la même chose que **bâton**, qui se disait pour arme, fût de lance, canon, bouche à feu. Dérive du grec **bastos**, bâton, pieu.

BATAILLE. — Commune du dép. des Deux-Sèvres, arr. de Melle. Batail, battant de cloche, bataille, meurtrière, ouverture dans les murailles.

BATAR, BATARD. — Châtellenie de Bretagne, l'un des fiefs dont fut formé en 1776 le marquisat de la Châtaigneraye. Le **bâtard** est une corde qui rassemble les racages et qui les amarre sur le mât proche de la vergue.

BATINIER. — De Batigny, commune du dép. de la Meurthe, arr. de Toul. Vient de **bast**, bâton pour porter des fardeaux.

BATZ. — Batz ou Bas, du dép. de la Loire-Iuférieure, arr. de Savenay, canton du Croisic, et Bats, commune du dép. des Landes, arr. de Saint-Séver. Le **batz** est une petite monnaie qui a cours dans quelques villes d'Allemagne et de Suisse, et vaut trois sous.

BAU. — Baud, Ville du Morbihan, à 5 lieues de Pontivy et à 7 lieues de Vannes. Le **bau** est une pièce de bois ou poutre qui traverse en largeur d'un bout à l'autre du navire, et qui sert à porter les planchers appelés ponts ou tillacs.

BAUBIN. — De Baubigny, commune du dép. de la Manche, arr. de Valognes. **Baubin** vient de **baube**, léger.

BAUCHET. — De Bauché, châtellenie du Berry, diocèse de Bourges. **Bauchet** est l'arbre d'une balance, une poutre.

BAUDIN. — Seigneurie en Bourgogne, qui date de 1668. De **baude**, joyeux, fier, hautin. **Baudin** signifie baudet. Il existe une contrée dite **Terre de Baudin** dans l'Australie du Sud.

BAUDOIN. — Seigneurie dans le Nivernais, érigée en 1600 en faveur de De Reugny. **Baudoin**, nom d'homme.

BAUDON. — De Baudoncourt, commune du dép. de la Haute-Saône, canton de Luxeuil.

BAUDREAU. — De Baudre, commune du dép. de la Manche, en Normandie. **Baudreau** vient de **baudroyer**, ouvrier qui maniait les cuirs pour les corroyer.

BAUDRIAS. — D'Outriaz, commune du dép. de l'Ain, arr. de Nantua.

BAUDRY. — Seigneurie en Touraine, érigée en 1755, en faveur de Taschereau. **Bauderie** signifie joie. Vient du verbe **baudrir**, mouiller, salir.

BAUGAR. — Village de la Gascogne, à trois lieues de Saint-Jean-de-Luz. Dérive de **baugue**, algue à feuilles étroites qui vient dans les marais salants près Montpellier.

BAUGIE. — Seigneurie en Normandie, qui date de 1770, de Bonnechose, seigneur. **Baugie** signifie poutrage.

BAUGRAND. — V. Bougran. **Baugrand** vient de **baugue**, bardeau; plante marine employée pour faire des matelas.

BAUJELOIS. — Contrée de France comprise dans le gouvernement de Lyon, et dont la capitale était Beaujeu.

BAULÉ. — De Baulay, commune du dép. de la Haute-Saône, dans la Franche-Comté, arr. de Vesoul. A Dijon on appelait **baulé** un brancard pour porter les lépreux au cimetière. **Bauler** signifie crier, mugir, hurler. Une **baule** est une pièce de toile grossière.

BAULIER. — De Beslière, commune du dép. de la Manche, arr. d'Avranches.

BAULIN. — De Bàulens, baronnie de l'Armagnac, fondée en 1550 pour De Bazon. **Baulin**, layette d'un enfant, petit matelas fait avec de la balle, pièce de toile qu'on étend sur le sol, quand on vanne le blé.

BAULOU. — Communes dans les dép. d'Ille-et-Vilaine et de l'Ariège.

BAUMIER. — De Beaumais, commune du Calvados, arr. de Falaise. Le baumier est l'arbre qui porte le baume.

BAUQUIN. — De Beauquêne, bourg de Picardie, ancien doyenné de Dourlens. **Bauquin,** bout de la canne que l'on met sur les lèvres pour souffler le verre.

BAUSSANG. — De Beussent,. commune du Pas-de-Calais, arr. de Montreuil-sur-Mer.

BAUSSY. — De Bauzy, commune du dép .de Loir-et-Cher, arr. de Blois.

BAUVIER. — De Bovée, commune du dép. de la Meuse, arr. de Commercy.

BAUVILLET. — De Bavilliers, commune du Territoire de Belfort, cmanton de Belfort.

BAUZET. — De Beauzée, commun; du dép. de la Meuse, à 6 lieues de Verdun.

BAVERT. — Seigneurie Normande, qui remonte à 1349. Dérive de **bave,** bavardage.

BAVIERE. — De Bouvières, commune du dép. de la Drôme, arr. de Die. **Bavière,** bavette.

BAYAC. — Commune du dép. de la Dordogne, dans le Périgord. Dérive de **bay,** aboi.

BAYART. — Bayard, seigneuries du Dauphiné et du Forez. **Bayard,** civière qui sert à porter de lourds fardeaux. Dérive du grec **baion,** rameau de palmier.

BAYEUL. — De Bayel, commune sur la route de Troyes à Belfort, à 2 lieues de Bar-sur-Aube.

BAYLY. — De Bélis, commune du dép. des Landes, arr. de Mont-le-Marsan. **Bélie,** bergerie.

BAYONET. — De Bagnolet, commune du dép. de la Seine, arr. de St-Denis. **Bayonnais,** qui est de Bayonne, et **bayonnet,** bayonnette, dague, épée, couteau pointu.

BAZAGE. — Bazeage, dans le Berry, diocèse de Bourges. Vient de **bazac,** coton filé et très fin, ou de **bazat,** coton de Leyde.

BAZANAIN.—De Bassane, commune du dép. de la Gironde, arr. de Bazas.

BAZIERE. — De Blaziert, commune du dép. du Gers, arr. de Condom. **Basière,** sorte de vase.

BAZIL. — V. Basil.

BAZIN. — De Bazens, commune du dép. de Lot-et-Garonne, arr. d'Agen. Bazin, niais, idiot, papier à dessin grand in-quarto.

BEAN. — De Béhen, commune du dép. de la Somme, arr. d'Abbevile. Béant, aspirant.

BEAR. — Béard, commune du dép. de la Nièvre, arr. de Nevers. Dérive du latin beare, rendre heureux, ou du français **béer,** bailler, avoir la bouche ouverte.

BEARNAIS. — De Barneville, commune du dép. de l'Eure, ar. de Pont-Audemer. **Béarnais,** qui vient du Béarn, province de France. Henri IV est souvent appelé le Béarnais.

BEATRIX. — De Bertrix, seigneurie de l'Artois, érigée en 1786 pour de Louverval. Beatrix, nom de femme, qui signifie je rends heureux.

BEAU. — De Baud, commune du Morbihan, arr. de Pontivy. Beau, qui plaît à l'œil et à l'esprit.

BEAUBEC. — De Bèaubec-la-Ville, en Normandie, parlement de Rouen. Vient de **beau,** et de **bec,** pointe de terre au confluent de deux cours d'eau ou qui s'avance dans la mer.

BEAUCAGE. — V. Bocage.

BEAUBIEN. — V. Bobien.

BEAUCE. — V. Beausse.

BEAUCAIRE. — Ville du Gard, arr. de Nîmes, sur la rive droite du Rhône, en face de la ville de Tarascon.

BEAUCE.—De Beausse, commune du dép. du Var, à 3 lieues

de Toulon, et Beausse, en Anjou. Beauce, province de France, dans l'Orléanais, dont la capitale était Chartres. Appelée d'abord Belsa et puis **Belsia.**

BEAUCERON. — Qui est de la Beauce.

BEAUCHAMP. — Seigneurie dans le Maine, dans la Provence; la première érigée en 1730, en faveur de Bouillet de Beauchamp, et la seconde, en faveur de De Sade, devenue marquisat en 1669. Celle-ci est à 4 lieues de Tarascon.

BEAUCHEMIN. — Commune du dép. de la Haute-Marne en Champagne, et commune. du Jura, dans la Franche-Comté.

BEAUCHESNE. — Seigneurie de Normandie, érigée en 1700 pour De l'Aage. Elle est dans le dép. de l'Orne, arr.' de Domfront, canton de Tinchebrai.

BEAUCLAIR. — Commune du dép. de la Meuse, dans la Lorraine, canton de Stenay, arr. de Montmédy.

BEAUCOURT. — Seigneurie de Bretagne, érigée en 1668 pour Henry Beaucourt, commune du dép. du Haut-Rhin, arr. de Belfort, canton de Delle.

BEAUDET. — De Boudeville, commune de la Seine-Inférieure, arr. d'Yvetot. Baudet est un lit de sangles. Vient de **baldettus** qui dérive de baldus, d'où baudet pour dire un âne. On a souvent donné à des animaux des noms propres d'homme, tels que Renard, Perroquet.

BEAUDOIN. — Seigneurie de Bretagne, fondée en 1696 en faveur de Du Plessis. Nom propre fait de l'allemand **bald,** ou du vieux français **baldo,** qui tous deux signifient fort, courageux.

BEAUFILS. — De Beaufais, commune du dép. de l'Orne, arr. de Mortagne. **Beaufils** voulait dire autrefois plus rusé, plus savant.

BEAUFORT. — Il a existé six seigneuries de ce nom, une baronnie et une vicomté. Les seigneuries étaient en Bourgogne, en Bretagne, en Champagne et en Anjou, la baronnie en Artois, et la vicomté en Anjou.

BEAUGÉ. — Ville de l'Anjou, sur le Couénon, et seigneurie fondée en 1671, au même endroit. Vient de **bauge,** mortier d'argile mêlé de paille.

BEAUJELAIS. — Beaujolais, petit pays de France, situé entre la Saône-et-la-Loire, dans le dép. de Rhône-et-Loire.

BEAUJEU. — Commune du dép. du Rhône, arr. de Villefranche. Seigneurie érigée en 1000, en faveur de Beaujeu.

BEAULIEU. — Il y a près de trente communes du nom de Beaulieu, dans les **Alpes-Maritimes,** le Calvados, la Charente, l'Isère, la Meuse, la Mayenne, l'Oise, la Vendée, etc. On suppose que l'origine de ce nom vient de la beauté du lieu. **Beaulieu** est un terme de manège. On dit qu'un cheval porte en **beaulieu,** lorsqu'il porte bien sa tête. Beaulieu se disait autrefois pour banlieu.

BEAUMARCHAIS. — Ville de Gascogne, au confluent des rivières de Boués et d'Arros. Vient de **beau,** et de **marchais,** marais.

BEAUME. — Seigneurie de Provence, et baronnie du Comtat-Venaissin, dans le dép. de Vaucluse, arr. d'Olive.

BEAUMELLE. — De Beaumesnil, commune du Calvados, arr. de Vire. Vient de **baume,** grotte, caverne.

BEAUMONT. — Il a existé plusieurs seigneuries et un marquisat de ce nom, dont six en Normandie. **Beaumont** signifie cachot.

BEAUNE. — Ville de la Côte-d'Or, et communes de la Haute-Loire, de la Haute-Vienne et de la Savoie.

BEAUPRÉ. — Baronnie de Champagne, près de Joinville, érigée en faveur de Saint-Amadour. **Beaupré,** mât d'un vaisseau qui est sur la proue, incliné sur la poulaine.

BEAUREGARD. — Il a existé douze seigneuries et une châtellenie de ce nom. Cette dernière était l'une des douze châtellenies de la principauté de Dombes. **Beauregard** veut dire belvédère.

BEAUSACQUE. — Beaussac, commune du dép. de la Dordogne, dans le Périgord, canton de Mareuil, arr. de Nontron. `

BEAUSOLEIL. — Commune du dép. des **Alpes-**Maritimes, arr. de Nice.

BEAUSSANT. — De Beaussent, dans la vallée de Lavedan, comté de Bigorre, diocèse de **Tarbes.**

BEAUSSAULT. — Bourg de Normandie, dép. de la Seine-Inférieure à 2 lieues de Neufchâtel, dans le canton de Forges.

BEAUSSE. — Bourg du dép. du Var, à 3 lieues de **Toulon,** et Beausse, en Anjou, à 3 lieues de Beaupréau.

BEAUSSET. — Bourg de Provence, dép. du Var, commune du dép .de Vaucluse, dans le Comtat-Venaissin, arr. de Carpentras.

BEAUVAIS. — Seigneuries de Bretagne, du Bourbonnais, de Picardie, de Normandie. Il y a Beauvais dans le pays d'Aunis à 3 lieues de Saint-Jean d'Angély et dans le dép. du **Tarn.**

BEAUVALET. — De Beauval, seigneuries de Champagne et de Provence; Beauval, bourg, est situé sur la Somme, à 5 lieues d'Amiens.

BEAUVEAU. — Ancien marquisat d'Anjou, dép. dé Maine-et-Loire, fondé en 1025 pour de Beauveau.

BEAUVILLERS. — De Beuvillers, commune du dép. du Calvados, arr. de Lisieux.

BEAUVOISIN. — Seigneurie de Bretagne et seigneurie de Provence. Beauvoisin, commune, est dans le dép. du Gard, arr. de Nîmes, canton de Vauvert.

BECANCOURT. — Becquencourt, dans le dép. du Nord, arr. de Douai. **Bec,** pointes de terre qui se rencontrent aux lieux où les rivières s'assemblent.

BECARD. — De Becas, dans le Bas-**Armagnac,** diocèse d'Auch. Le saumon du printemps devient **bécard** au mois d'août et de septembre, auquel temps il est le moins bon de l'année.

BECHARD. — De Bachas, commune du dép. de la Haute-Garonne, arr. de St-Gaudens. **Béchard** vient de **bécher,** remuer la terre avec une bêche, et un **béchard** est une houe à deux branches larges et pointues.

BECOT. — D'Ecot, commune du Calvados, arr. de Lisieux. Bécot signifie baiser bruyant. **Bec,** mot gaulois, est souvent employé pour bouche, dans le langage normand. Dérive du verbe **bécoter,** donner des bécots.

BECQUET. — Du Becquet, seigneurie normande érigée en 1581 pour Bonnet. Un **béquet** est une pièce ajustée à un soulier.

BEDA.—Bedat, rivière de l'Auvergne, qui va se perdre dans l'Allier. **Béda** signifie garenne, bois prohibé.

BEDARD.—De Bédart, rivière de l'Auvergne, appelée aussi Bédat. Vient de **béder,** retourner d'où l'on vient.

BEDEL. — De Bedels, bourg du Béarn, dans les Pyrénées, à trois lieues de Tarbes. **Bédel** signifie sergent, soldat.

BEDOUIN. — Commune du dép. de Vaucluse, arr. de Carpentras, au pied du mont Ventoux, et seigneurie du Comtat-Venaissin, érigée en 1500 pour les d'Orléans. Bédouin vient d'un vieux mot françgais **bedouan,** qui signifie voleur, pillard. Ménage prétend qu'il vient de l'arabe **badawa,** qui veut dire habiter le désert, mener une vie champêtre, vivre en nomade.

BEDOUT. — Bédous, commune du dép. des Basses-Pyrénées, arr. d'Oloron, sur le gave d'Aspe. Bedous veut dire blaireau.

BEFFRE. — De Beffes, commune du dép. du Cher, canton de Sancergues. Befe se disait pour raillerie, mensonge.

BEGAL. — De Bégole, commune des Hautes-Pyrénées, **arr.** de Tarbes.

BEGAU. — De Bègues, commune du dép. de l'Allier, arr. de Gannat. **Bégaud** signifie petit-lait, et **bégaut,** un sot, un niais.

BEGIN. — De Beugin, commune du Pas-de-Calais, arr. de

Béthune. **Bégin** dérive de Beggen, qui, en flamand, signifie demander. En flandre, **bégin** était le nom donné à une association religieuse, appelée aussi **béguin.** D'où le mot **béguinage,** maison ou couvent de béguines.

BEGINE.—De la Béguinaye, seigneurie de Bretagne, érigée en 1668 pour Gascher. **Bégine,** ou **béguine,** nom donné à des religieuses de Belgique, qui, sans prononcer de vœux, vivent réunies dans des sortes de couvents, où chacune a son petit ménage à part.

BEGNIER. — De Bégny, lieu du dép. des Ardennes, dans la commune de Dommery.

BEIGNET. — De Besné, commune de la Loire-Inférieure, arr. de Saint-Nazaire. **Beignet,** pâte frite à la poêle.

BEIQUE. — De Bec, com. du dép. de l'Eure, arr. d'Evreux. **Beke** veut dire fossé, égoût.

BEIRE. — Commune de la Côte-d'Or, arr. de Dijon. **Beire,** c'est le cidre.

BELAIGLE. — De Belaye, commune du dép .du Lot, arr. de Cahors, canton de Luzech.

BELAIR. — Seigneurie de Bretagne, érigée en 1550 en faveur de Bohier, et commune du dép. des Ardennes, arr. de Mézières, canton de Charleville.

BELAND. — Commune du dép. de la Côte-d'Or, arr. de Châtillon, canton de Montigny-sur-Aube, sur l'Ource.

BELANGER. — De Blangy, commune du Calvados, arr. de Pont-l'Evêque. **Bélanger** vient de **blange,** flatterie.

BELARBRE.—Belabre, châtellenie dans le Berry, érigée en 1350, mais devenue marquisat en 1650 en faveur de Le Coigneux.

BELCOURT. —Bellecourt, seigneurie en Artois, érigée **en** 1613 en faveur de Bellevalet. Ce nom est composé **de belle** et de **court,** qui, en Normandie, signifiait verger **sur** lequel se trouvait l'habitation d'un cultivateur et **qui** est le siège principal d'une exploitation rurale. **Cour** vient de **cors,** cours de ferme, basse-cour, ou du grec **kortos,** lieu entouré de haies, où paissent les troupeaux. **ornière.**

BELÉ. — Belées, seigneurie dans le Périgord, fondée en 1600 pour De Pons. Belet se disait pour joyau. **Belée,** coulée, sorte de jeu.

BELEC. — De Bellac, ville du dép. de la Haute-Vienne. Dérive de **belic** ou **belif,** de travers, de biais, situation critique.

BELETTE.—De Béliet, commune du dép. de la Gironde, arr. de Bordeaux.

BELFOND. — Commune du dép. de l'Orne, canton de Séez, et seigneurie de Champagne, instituée en 1734 pour Girault.

BELENFANT. — De Belfays, commune du dép. du Doubs, arr. de Montbéliard. Un **belenfant** est un homme en pointe de vin.

BELIN. — Chef-lieu de canton, dans le département de la Gironde, près de la Lègre. Belin est le nom d'une tulipe et d'une sorte de pomme. On disait aussi belin pour bélier, roc, pierre.

BELINGE. — De Bellaing, commune du dép. du Nord, arr. de Valenciennes. On appelle belinge une tiretaine, fil et laine, qui se fabriquait à Beauchamp-le-Vieil. D'après Cotgrave, ce serait un mot normand.

BELIQUE. — De Bellac, commune du dép. de l'Ariège, arr. de Pamiers. **Bélic,** est un terme de blason, pour signifier la couleur rouge ou gueule. **Bellique** se disait pour militaire, guerrier.

BELIVEAU.—De Bellevaux, commune du dép. de la Haute-Savoie, arr. de **Thonon. Bailliveau** est un rejeton des forêts, et dérive de **bacillus,** petit bâton ou verge.

BELLAY, BELLEY. — Bellay, commune dans le dép. de Seine-et-Oise, et Belley, ville du dép. de l'Ain, dans le Bugey, près du Rhône. Bellay est une corruption du mot Berlay, maison illustre de l'Anjou, nom qui veut dire beau, bien.

BELLEAU. — Communes des dép. de l'Aisne, arr. de Château-Thierry, et de Meurthe-et-Moselle, arr. de Nancy.

Il y a trois seigneuries de ce nom, en Bretagne, en Picardie et en Normandie. Celle de Picardie devint marquisat en 1728. La seigneurie normande date de 1463. On appelait jadis belleau, un coussin et un bisaïeul. **Beleau** signifie belet.

BELLEFOND. — Seigneurie en Bourgogne, fondée en 1728, et commune du dép. de la Gironde, en Guyenne, canton de **T**argon, arr. de La Réole.

BELLEFONTAINE. — Cinq seigneuries de ce nom, en Bretagne, en Lorraine, dans l'Ile-de-France, en Normandie et en Picardie. Celle de Normandie érigée en 1726, passa aux de Frémont en 1735.

BELLEGARDE. — **T**rois seigneuries de ce nom, une dans le Dauphiné, une autre dans lé Forez, et la troisième dans le Languedoc. Il existe, en outre, une ville du même nom devenue baronnie appartenant au duc d'Uzès ; c'est celle du Languedoc. Bell**e**garde se disait pour laitue pommée, et pour une variété de pêche.

BELLEMARE. — Lieu du dép. de la Seine-Inférieure, dans la commune de Catellier, arr. de Dieppe.

BELLERIVE. — Ville située sur l'Allier, dans le département de l'Allier.

BELLET. — Il y a deux seigneuries de ce nom, en Provence et dans le Périgord ; celle de Provence devint marquisat. Bellet, dérive de **bel**, beau.

BELLEVAL. — Seigneurie en Champagne, devenue comté en 1676 en faveur de Guérapin de Vauréal. Il y a aussi une abbaye de ce nom en Champagne, de l'Ordre de Prémontré.

BELLE-ISLE. — Seigneurie en Bretagne, devenue marquisat en 1573, passa à Fouquet en 1615, et puis au roi Louis XV en 1748.

BELLEPERCHE. — Seigneurie du Nivernais, érigée en 1522, en faveur de Le Bourgoing. **A**bbaye du même nom en Gascogne, de l'Ordre de Citeaux.

BELLESŒUR. — De Belleserre, commune de la Haute-Garonne, arr. de Toulouse. Belle-sœur est la sœur de celui ou de celle qu'on épouse. Deux femmes qui épousent les deux frères sont aussi belles-sœurs.

BELLEVILLE. — Seigneurie de ce nom en Bretagne, érigée en 1696 pour de Kergu, et seigneurie en Poitou pour De Belleville. Ville de France dans le Beaujolais, près de la Saône.

BELLIN. — V. Belin.

BELLON. — Commune de la Charente, arr. de Barbezieux. En Normandie on donne le nom de bellon au grand cuvier des pressoirs où l'on brasse le cidre et le poiré. C'est le nom d'une maladie commune dans le Dauphiné. Un bellon est un endroit où l'on travaille dans les mines de plomb. L'odeur qui s'en dégage produit l'intoxication saturnine.

BELLONNE. — Commune du Pas-de-Calais, arr. d'Arras. Bellone, déesse de la guerre, sœur de Mars.

BELLOT. — Commune du dép. de Seine-et-Marne, arr. de Coulommiers. Bellot, personne qui a une certaine beauté, en parlant surtout des enfants.

BELLOY. — Communes des dép. de l'Oise et de Seine-et-Oise.

BELMONT. — Il existe plusieurs seigneuries de ce nom, celles de Lorraine, de l'Armagnac, et de la Franche-Comté.

BELUS. — Commune du dép. des Landes, en Gascogne. Belue signifie bête féroce, monstre, et divinité chez les Babyloniens.

BELZIL. — De Baizil, commune du dép. de la Marne, arr. d'Epernay. **Belzil,** belles-îles.

BEN. — De Bans, commune du Jura, arr. de Dole. **Bens,** mauvaise poire dite poire de Légat. **Ben,** arbre d'Arabie qui produit une noisette triangulaire. En arabe, **ben** veut dire fils.

BENAC. — Commune de l'Ariège et des Hautes-Pyrénées. Dérive du Gaulois bena, charrue.

BENARD. — Bénar, capitale de l'ancienne Provence. **Bénard** vient de benedictus, béni.

BENASSIS. — De Benassais, bourg du Poitou, dép. de la Vienne, à 4 lieues de Poitiers.

BENDER. — Ville de Bessarabie, ou de Benderen, dans la Basse-Alsace, diocèse de Strasbourg. Bender, vieux mot qui signifiait mettre en inquiétude.

BENEDEAU. — Voir Beneteau. **Benedeau** signifie bénit.

BENETEAU. — De Benete, commune du Béarn, diocèse de Lescar, parlement de Pau. Diminutif de **benne**, sorte de panier.

BENFAIT. — Benfaits, seigneurie de Normandie, érigée en 1463 en faveur d'Orbec. **Benfait** pour bienfait, qui a de la beauté, de l'agrément et de la grâce.

BENIAC. — De Bénac, commune des Hautes-Pyrénées, arr. de Tarbes.

BENIER. — De Beny, seigneurie normande, érigée en 1600 en faveur de De Morais. Un **benier** était un conducteur de benne, de banneau ou de tombereau.

BENJAMIN. — De Bénaménil, com. du dép. de Meurthe-et-Moselle, arr. de Lunéville. Nom d'homme, qui signifie enfant de la droite, c'est-à-dire enfant très cher.

BENNAUD. — De Bennetot, commune de la Seine-Inférieure, arr. d'Yvetot. **Bennaud,** dim. de benne, charrette, mesure de deux minots.

BENNET. — De Bennest, bourg du Poitou, et bourg de la Vendée, arr. de Fontenay ; ou de Bennetot, commune de Normandie, canton de Fauville, à 5 lieues d'Yvetot.

BENOIT. — De Benoisville, seigneurie normande érigée en 1488 en faveur de Le Vaillant. **Benoit** veut dire béni, de **benedictus.** Beneit est la forme normande, d'où est sorti Benoit, forme française.

BENUREAU. — De Beneuvre, commune du dép. de la Côte

d'Or, arr. de Châtillon. De **bénuré**, qui signifie heureux, prospère, béni.

BEQUARD. — V. Bécard. Une bèque est une patte d'ancre.

BEQUET. — Seigneurie normande. Le **bequet** est le brochet; on le nommait béchet ou béquet à cause de son long cou. Un **béquet** est aussi le talus d'un fossé.

BERANGER. — De Berangeville, deux seigneuries de ce nom en Normandie, l'une datant de 1648 et l'autre de 1668.

BERARD. — De Bérards, lieu de la Drôme, dans la commune de Chabeuil. **Bérard** se disait pour soldat, bandit, de l'italien sbire.

BERBANT. — De Berban, commune du dép. de la Marne, arr. de Vitry. Dérive de **berbix**, bélier.

BERCANTE. — De Bréhand, commune des Côtes-du-Nord arr. de St-Brieuc.

BERCHER. — Commune du dép. du Doubs, en Franche-Comté, près Montbéliard. **Berche**, pièce de canon de fonte verte, berger.

BERCIER. — De Bercy, commune du dép. de la Seine, aujourd'hui comprise dans Paris. Bercier, tirer de l'arc, blesser.

BERDIN. — De Bardon, commune du dép. du Loiret, arr. d'Orléans. Berdin, appareil de charpente servant à lancer un bâtiment à l'eau. Un broc était aussi appelé berdin.

BEREAU. — Beraud, dans le Condomois, diocèse de Condom. Bereau, broc.

BEREY. — De Berhet, commune des Côtes-du-Nord, arr. de Lannion. Berey, béret.

BERG. — Commune du dép. du Nord, arr. de Dunkerque. Berg, en galois, signifie milan, oiseau de proie, et en celtique, montagne, colline.

BERGANTE. — De Berganty, commune du dép. du Lot, en Quercy, canton de Saint-Géry.

BERGER. — De Bergères, commune du dép. de l'Aube, en Champagne. Berger, pasteur de brebis. Berger, en bas-breton signifie verger.

BERGERAC. — Seigneurie de Bretagne, érigée en 1700 pour Le Roy, et ville de la Dordogne, en Périgord.

BERGERON. — De Bargeron, prévôté en Provence, parlement d'Aix. Bergeron se disait pour jeune berger.

BERGEVIN. — De Bergheim, commune du dép. du Haut-Rhin arr. de Colmar.

BERGIN. — De Bergen, ville d'Allemagne, entre Juliers et Cologne. Bergin est une bête ovine.

BERIAU. — De Beyrie, commune des Basses-Pyrénées, arr. de Pau.

BERJEAUX. — De Barges, communes de la Côte-d'Or, et de de la Haute-Loire.

BERLINGUETTE. — De Berguette, commune du Pas-de-Calais, arr. de Béthune. Berlinguette, petite sonnette. Onomatopée probable pour drelinguette.

BERLOIN. — De Barlin, commune du Pas-de-Calais, arr. de Béthune.

BERLOTON. — De Berlats, commune du dép. du Tarn, arr. de Castres, canton de Lacaune.

BERMAN. — De Bermandans, seigneurie de la Franche-Comté. Berman signifie valet, portefaix.

BERMONDE. — De Bermonville, commune de la Seine-Inférieure, arr. d'Yvetot. Bermonde vient du vieux français berme, espace libre entre le pied d'une fortification et le fossé.

BERNACHE. — De Bernac, seigneurie en Bretagne, érigée en 1696 en faveur de Lantivy. Bernache est un oiseau marin, la macreuse, que nous appelons bernèche.

BERNARD. — De Bernard, en Poitou, diocèse de Luçon, parlement de Paris. D'après Ménage, Bernard, est un mot allemand signifiant, qui a le génie de l'ours. Il est vrai que dans le domaine de la fable ce nom est donné à l'ours. D'après Wachter, Bernard viendrait de **bern,** homme, et de **hart,** courageux.

BERNATCHÉ. — De Berchères, commune du dép. d'Eure-et-Loir, arr. de Chartres.

BERNE. — Commun? du dép. du Morbihan, arr. de Napoléonville. Berne signifie **manteau,** cresson sauvage, moquerie, ours, certain habillement appelé **fagum** par les Latins, avec lequel on bernait, en faisant sauter en l'air dans une couverture.

BERNESSE. — De Bernex, dans les environs de Genève, dép. de la Haute-Savoie ou de Bernesq, village du Calvados, arr. de Bayeux. V. Berne.

BERNET. — Seigneurie de Gascogne, de 1522, érigée en faveur de Bertier. Berner, faire sauter quelqu'un en l'air, railler.

BERNEZE. — De Bernèze, en Picardie, diocèse de Noyon, parlement de Paris. Ancienne seigneurie au même endroit qui date de 1315. **Bernezé** veut dire pris dans un piège, ou dans une mauvaise affaire.

BERNIER. — Commune du dép. d'Eure-et-Loir, dans le Thimerais, réunie à celle de Theurey. **Bernier** se dit pour un marchand de son, et pour un conducteur de chiens. En Normandie, c'est le préposé à la nourriture des chiens.

BERNIERES. — En Normandie, il se trouve trois seigneuries du nom de Bernières, remontant aux années 1463, 1600, et une troisième érigée en marquisat en 1678, en faveur de Maignart.

BERQUIN. — Deux communes de ce nom dans le dép. du Nord: Berquin-neuf, dans l'arr. d'Hazebrouck, et Berquin-Vieux, dans le canton de Merville.

BERROUARD. — De Berrias, com. du dép. de l'Ardèche, arr. de Largentière. **Berrouard** veut dire bandit, et vient de l'italien berroviere, bandit. Si on le fait venir du celtique **bera,** il signifierait brouillard.

BERRY. — Seigneurie de Bretagne, fondée en 1668, en faveur de Tréméreuc. Berry signifie campagne plate, lande, désert, combat, joute.

BERSON. — Commune du dép. de la Gironde, arr. de Blaye, dans la Guienne.

BERTAUD. — Lieu du dép. de la Vienne, dans la commune d'Argilly. Dérive de bert, panier, claie.

BERTHE. — Berte, commune du dép. de l'Allier, arr. de La Palisse. Berthe nom propre de femme qui signifie prince, maîtresse, en bas-breton, et brillant, éclatant, en allemand.

BERTHELET. — De Berthéleville, seigneurie de Lorraine, fondée en 1716 pour des Sables. **Bertelette,** sorte de poisson.

BERTHELOT. — De Brethel, commune du dép. de l'Orne, arr. de Mortagne. **Berthelot,** prolongement de l'éperon ou flèche du navire dans la pièce d'un franc appelée flèche.

BERTHOU. — Berthoud, ville de Suisse, canton de Berne.

BERTHOUMIER. — De Pousthomy, commune de l'Aveyron, arr. de St-Affrique.

BERTIN. — Lieu du dép. de la Nièvre, dans la commune de Nancy.

BERTON. — De Verton, commune du Pas-de-Calais, arr. de Montreuil-sur-Mer.

BERTONNET. — De Brethenay, com. de la Haute-Marne, arr. de Chaumont.

BERTRAND. — Commune de la Hanute-Garonne, arr. de Saint-Gaudens. **Bertrand,** signifie remarquable par sa force.

BERTROU. — D'Erstroff, commune du dép. de la Moselle, arr. de Sarreguemine.

BÉRUBE. — D'Urbéis, commune du Bas-Rhin, canton de Villé. Dérive du celtique **beru,** brouillard.

BERY. — Commune de Picardie, diocèse de Laon, parlement de Paris. V. Berry.

BERZA. — D'Ersa, commune du dép. de la Corse, arr. de Bastia.

BESANÇON. — Ville de la Bourgogne, l'une des plus anciennes de l'Europe, dans le dép. du Doubs. **Besançon** signifie cimetière. C'est aussi le nom d'une renoncule d'un jaune pâle sur fond jaune.

BESLON. — Commune du dép. de la Manche, arr. de Saint-Lô. Beslon veut dire barlong, qui a la figure d'un quadrilatère.

BESNARD. — De Besnard, lieu d'Ille-et-Vilaine, commune de Saint-Coulomb. V. Bénard.

BESNER. — Commune du dép. de la Loire-Inférieure, en Bretagne, arr. de Savenay.

BESNET. — De Besneville, commune du dép. de la Manche, arr. de Valognes. Benêt veut dire niais, nigaud. Du Cange le fait dériver de **bonifacies,** bon enfant.

BESSE. — De La Besse, seigneurie en Languedoc, érigée en 1538 en faveur de Thubières. Besse se disait pour bêche, pâturage, vêtement de dessous.

BESSENAIRE. — De la Besseneraye, seigneurie de Bretagne, fondée en 1668 en faveur de Glé.

BESSET. — Bourg du Maine, dép. de la Sarthe, sur la Braye, et commune du dép. de l'Ariège, canton de Mirepoix.

BESSIER. — De Bessy, commune du dép. de l'Yonne, arr. d'Auxerre.

BESSIERE. — De Bessière, seigneurie de l'Anjou, érigée en 1456 pour De Beauveau. **Baissière,** se disait pour vin, cidre. Dérive de **besse,** pâturage.

BESSON. — Commune du dép. de l'Allier, arr. de Moulins ou Besse, seigneurie de Bretagne, qui date de 1500. Pasquier fait dériver le mot besson de **bis homines,** comme si on disait **beshoms.** En tous cas, le mot signifie jumeaux. Un besson est aussi une bêche, et un pionnier.

BETHUNE. — Seigneuries de Normandie et d'Artois, et ville des Pays-bas. **Béthune** veut dire boue, fange.

BETILLE. — De Béteilles, seigneuries de Gascogne et du

Rouergue. **Bétille** est une sorte de toile ou mousseline qui venait des Indes Orientales.

BETOURNÉ. — De Bathernay, com. du dép. de la Drôme, arr. de Valence. **Bétourné** ou bien tourné. **Bé** pour bien est usité dans le patois normand et bourguignon. **Bétôt** pour bientôt. Moisy croit que **bétourné** pourrait être le participe passé du verbe **bétourner**, qui signifie renverser, abattre.

BETTE. — De Bettes, communes des Hautes-Pyrénées, arr. de Bagnères-de-Bigorre. Bette se disait pour poirée, et **bet**, pour béton.

BETTÉ. — De Betteville, commune du dép. de la Seine-Inférieure, arr. de Rouen. **Better,** combattre.

BETUREAU. — De Betterans, ville de la Bourgogne, sur la Seille.

BETUS. — D'Etuz, commune de la Haute-Savoie, arr. de Gray. **Betuse,** tonneau ouvert sur le côté avec une fermeture à charnière.

BEURMONVILE. — Bermonville, commune du dép. de la Seine-Inférieure.

BEVIN. — Lieu du dép. des Ardennes, canton de Fumay, arr. de Rocroy.

BEZ. — Communes du dép. du Tarn, arr. de Castres, du dép. des Hautes-Alpes et de l'Aveyron. **Bèz** en irlandais signifie tribut, cens, impôt.

BEZEAU. — De Bèze, commune du dép. de la Côte-d'Or, arr. de Dijon. Un **bezeau** est un oiseau dernier éclos d'une nichée, souvent plus faible que les autrees. Un **bezau** est une rigole dans un pré, petit fossé.

BEZIER. — Ville du Languedoc, très bien située, qui a fait dire que si Dieu voulait choisir un séjour sur la terre, il n'en prendrait point d'autre que Béziers. Un latiniste, pour rendre cette idée, ayant écrit ces mots : **Si Deus in terris, vellet habitare Bitorsis,** un malin crut devoir ajouter: **ut iternum crucifigeretur,** c'est-à-dire pour être crucifié de nouveau.

BEZIS. — De Bessy, commune du dép. de l'Yonne, arr. d'Auxerre. Bezi, poire en général.

BEZON. — Bezons, seigneurie de Bretagne, érigée en 1700 en faveur de la Tribouille. Beson, mesure de liquide, est employée en **Allemagne**.

BEZOU. — De Bezouges, seigneurie de Bretagne, fondée en 1668 pour De Bintin.

BIARD. — Communes dans le Poitou et la Saintonge. Les Biards, commune du dép. de la Manche, arr. de Mortain, canton d'Isigny. Biart, bourg des Basses-Pyrénées, à 2 lieues de Bayonne. **Biard,** diminutif de **bi,** maille d'un filet.

BIBAUD. — Bibost, commune du dép. du Rhône, dans le Lyonnais, canton de l'Arbresle, arr. de Lyon. Les **bibaux** étaient jadis des paysans qu'on envoyait à la guerre. Ainsi des **pitaux.**

BIBERON. — De Quiberon, commune du Morbihan, arr. de Lorient. Un **biberon** est celui qui aime le vin; c'est encore un moucheron qui vit dans le vin, un goulot, un vase qui a un tuyau extérieur par où on peut boire.

BIBETTE. — De Boubers, commune du Pas-de-Calais, arr. de Montreuil. Un **bibet** est un cousin, petite mouche. **Bibette** est un petit bouton sur la peau, une bluette, une étincelle, un vase à boire.

BICAY. — De Biscay, commune du dép. des Basses-Pyrénées, arr. de Mauléon. Dérive du mot grec **béké,** chèvre.

BICHETTE. — De Buchey, commune de la Haute-Marne, arr. de Chaumont. Le **bichet** est une mesure de grains d'un minot environ.

BIDAULT. — De Bidos, commune des Basses-Pyrénées, arr. d'Oloron. Bidault, soldat armé de deux dards, suie pour teindre en brun.

BIDEGARÉ. — De Bidarray, commune du dép. des Basses-Pyrénées dans le Labour, canton de Saint-Jean de Luz. Vient du basque **bide,** chemin étroit, et de **garré,** flamme.

BIDET. — Bidette, dans le Condomois, diocèse de Condom, parlement de Bordeaux. **Bidet** se disait pour cheval de petite taille, établi de menuisier, instrument employé par les civiers, meuble de garde-robe.

BIDON. — Seigneurie du Nivernais, unie à celles d'Asnois-le-bourg et d'Asnois-le-Château, érigée en baronnie en 1606. Le **bidon**, en terme de marine, est un vaisseau de bois pour mettre la boisson de chaque plat de l'équipage, et contient sept chopines. On l'appelle aussi **canette.**

BIDOU. — Bidoux, bourg des Basses-Pyrénées, sur la Bidouze.

BIENVENU. — De Bevenais, commune du dép. de l'Isère, arr. de La Tour-du-Pin. Bienvenu, celui dont l'arrivée est saluée avec joie.

BIENVILLE. — Deux seigneuries de ce nom, l'une en Normandie et l'autre en Bretagne. Il y a, en outre, une commune de ce nom dans la Haute-Marne, arr. de Vassy, canton de Chevillon.

BIETRY, BILLIETRY. — De Bitry, commune du dép. de l'Oise, arr. de Compiègne. Dérive de biet, lit d'un fleuve.

BIGEOT. — De Bugeat, bourg du Limousin, arr. d'Ussel. Du latin **biga,** attelage de deux chevaux, ou du vieux français **bige,** sorte de mesure.

BIGNON. — Plusieurs seigneuries de ce nom, dont cinq en Bretagne, et une dans le Poitou. Il y a aussi une ville de ce nom dans le dép. de Seine-et-Marne à 6 lieues de Sens. Le **bignon** est un instrument de poche, un beignet.

BIGOT. — De la Bigot, seigneurie de Normandie qui date de 1774. Ce mot vient de l'allemand **bey** et **gott,** de par Dieu. Un bigot est un outil à deux dents ou pointes parallèles pour marrer les vignes. En bas-breton, bigot signifie caffard, hypocrite. Veut dire aussi piquet, cheville, insecte de la cerise.

BIGNES. — De la Bigne, seigneurie de Normandie, fondée

en 1500 pour de Magneville. Les **bignes** sont des tumeurs au front provenant d'un coup ou d'une chute.

BIGUET. — De Bignay, commune de la Charente-Inférieure, arr. de St-Jean-d'Angély. **Biguet,** cheville.

BILAUDEAU. — De Biaudos, dans le dép. des Landes, arr. de Dax. Vient de **bilaude,** perche qui sert à faire des barrages; se disait aussi pour bille, pièce de **bois.**

BILAUDELLE. — De Bielle, commune des Basses-Pyrénées, arr. d'Oloron.

BILLARD. — De Billac, commune de la Corrèze, arr. de Briac. Un **billard** se disait pour vieillard obligé de prendre un bâton pour marcher, pour un boiteux. On appelait aussi **billard,** le bâton pour jouer aux billes.

BILLAUT. — Commune du dép. de la Gironde, arr. de Libourne. V. Billot.

BILLEMER. — De Boullemer, seigeurie de Normandie, érigée en 1597 pour Le Sueur. **Bille,** en vieux français, veut dire boule, bâton, en gallois, âne, billet, et en argot, argent.

BILLET. — De Billé, commune d'Ille-et-Vilaine, arr. de Fougères. Billet, cédule, affiche, sceau.

BILLIAU. — Billio, bourg du Morbihan, canton de Saint Jean-Brevelay, arr. de Ploërmel.

BILLION. — De Billom, commune du Puy-de-Dôme, arr. de Clermont-Ferrand. Billion, milliard.

BILLON. — Seigneurie en Bretagne, fondée en 1696 en faveur de Kersulguen. Billon se disait pour argent monnayé, lingot, morceau, débris, ados de terre relevé entre deux sillons, bois coupé par bûchettes rondes pour l'usage des poêles.

BILLOT. — Billo, seigneurie de Bretagne, qui date de 1450. Billot était un droit sur le vin, une pancarte de péage.

BILLY. — Il y a quatre seigneuries de ce nom: en Bretagne, en Saintonge, en Picardie, et dans le Barrois. La plus ancienne est celle de Picardie qui remonte à l'année 1224, et fut alors érigée en faveur de De Billy.

BILODEAU. — V. Bilaudeau.

BINDER. — De Bindernheim, commune du Bas-Rhin, en Alsace. V. Bender. Vient de **bondir,** s'impatienter.

BINEAU. — De Bigne, commune du Calvados, arr. de Vire. Binot, bec, pointe.

BINET. — De Benet, commune de la Vendée, arr. de Fontenay-le-Comte. Le binet est une pomme tardive, à variétés multiples, dont la meilleure est le binet blanc. C'est encore une petite houe dont on se sert pour biner. Veut dire aussi second labour.

BINNETEAU. — De Bennetot, commune de la Seine-Inférieure, arr. d'Yvetot. Diminutif de **binet,** petit instrument de métal qu'on met dans un chandelier pour brûler une chandelle jusqu'au bout.

BIONNEAU. — De Bion, commune du dép. de la Manche, arr. et canton de Mortain.

BIRABIN. — Du Piraubin, seigneurie de Bretagne, érigée en 1498 pour Maussier. Dérive de l'écossais **bire,** ville.

BIRAND. — Commune du dép. du Gers, canton de Jegun, arr. d'Auch.

BIRE. — De Biré, seigneurie de Bretagne, érigée en 1700 pour Brindejonc. **Bire,** engin d'osier pour pêcher le poisson, ânesse.

BIREAU. — De Berre, commune des Bouches-du-Rhône, arr. d'Aix. **Bireau,** dim. de bire, petite nasse.

BIRON. — Baronnie du Périgord, érigé een 1700 pour De Gontaut, devenue duché-pairie en 1598. **Biron** se disait pour oie.

BIRTZ. — De Birs, rivière de Suisse qui va se jeter dans le Rhin, près de Bâle.

BISAILLON. — De Bersaillin, commune du Jura, arr. de Poligny. **Bisaillon,** mauvais couteau.

BISET. — De Buzet, commune du dép. de Lot-et-Garonne, arr. de Nérac. **Biset,** pigeon sauvage, étoffe de couleur bise, fille brune.

BISIER. — De Bizy, seigneurie de Normandie, qui date de

1572. Vient du vieux français **bise** qui signifie noirâtre, gris, et du grec **phaios**, noir.

BISSERT. — De Bissertre, commune du dép. du Bas-Rhin, dans la Basse-Alsace. **Bisêtre** signifie malheur, accident causé par imprudence, plaie, génie malfaisant.

BISSON. — De Besson, commune du dép. de l'Allier, arr. de Moulins. En vieux français bichon. **Bisson** pour buisson. Au XVII siècle l'on prononçait **bisson**, bien qu'on écrivît **buisson**.

BISSONNETTE. — De Bizanet, commune du dép. de l'Aude, arr. de Narbonne. Ce mot se rencontre souvent en France comme nom de ferme. On dit la ferme des Bissonnets.

BISSONNIERE. — De Bissières, commune du Calvados, arr. de Lisieux. De **bisson**, bichon.

BISTODEAU. — De Bost, commune du dép. de l'Allier, arr. de La Palisse.

BITANT. — De Bettant, commune du dép .de l'Ain, arr. de Belley. Vient de **biter,** toucher.

BITARD. — De Beutal, commune du dép. du Doùbs, arr. de Montbéliard. **Bitard** est une menue corde à deux fils, dont on se sert, sur les vaisseaux, pour renforcer la manœuvre.

BIVILLE. — Seigneuries de Normandie et de Bretagne.

BIZARD. — De Bezac, commune du dép. de l'Ariège, arr. de Pamiers.

BIZEAU. — De Bizot ,commune du dép. du Doubs, arr. de Montbéliard.

BIZELON. — D'Yzeron, commune du dép. du Rhône, arr. de Lyon.

BIZET. — V. Biset. Le **Bizet** est un pigeon sauvage, une grosse étoile bise.

BIZEUX. — D'Yzeux, commune du dép. de la Somme,. arr. d'Amiens.

BIZIER. — De Bizy, dép. de l'Eure, commune de Vernon.

BLACHE. — Seigneurie du Viennois, érigée en 1670 pour De Falcoz. **Blache** est une terre plantée de chênes ou de châtaignes, si distants les uns des autres, qu'on y peut labourer.

BLAIDE. — De Blèvès, commune du dép. de la Sarthe, **arr.** de Mamers.

BLAIGNAC. — Seigneurie de Guyenne, érigée en 1723 **en** faveur de Bréaux.

BLAIGNY.—Communes de la Champagne et du pays Messin.

BLAIN. — Bourg de Bretagne sur l'Adon, dép. de la Loire-Inférieure, à 7 lieues de Nantes, sur le canal. Blin, en bas breton, veut dire extrémité, et en gallois, fatigue. Blain ou **Belain,** mouton.

BLAINVILLE. — Deux seigneuries en Normandie portent ce nom. La plus ancienne remonte à l'année 1097, érigée pour De Blainville.

BLAIS. — Seigneurie de Guyenne, fondée en 1541 pour Pic.

BLAISE. — Seigneurie de Champagne, érigée en 1736 en faveur D'Ambly. Une **blaice** est une récolte de blé.

BLANC. — Petite ville du Berry, dép. de l'Indre, sur la Creuse, à 12 lieues de Poitiers. Le **blanc** est le contenu d'un acte. En bas-breton, blanc veut dire mou, faible, pliant.

BLANCHARD. — De la Blanchardière, lieu du dép. de l'Orne, arr. de **Domfront**. Nom d'un passage entre le cap de la Hogue et l'île d'Aurigny. Blanchard, blanchâtre. Nom donné à certaines toiles de lin, ainsi appelées de ce que le fil qui sert à les fabriquer, a été à demi blanchi, avant de s'en servir. Un **blanchard** se disait pour cheval blanc et pour faucon grisâtre.

BLANCHE. — Lieu dans le dép. de la Vendée, commune de Noirmoutiers et Blanche dans le pays Messin. **Blanche** se disait d'une femme d'une grande beauté.

BLANCHET. — De Blancheville, commune du dép. de la Haute-Marne, arr. de Chaumont. Blanchet est une camisole, une sorte d'étoffe, un cheval à poil blanc, une pièce de monnaie, la céruse, du fard, et un morceau de drap blanc dont on se sert chez les imprimeurs pour garnir le grand tympan d'une presse.

BLANCHON. — De Planchamp, commune de la Lozère, arr. de Mende. Blanchon, pique, épée, bâton de défense.

BLANCHY. — Commune de l'Artois, diocèse d'Arras, intendance d'Amiens.

BLANDELET. — De Blandouet, commune du dép. de la Mayenne, arr. de Laval. **Blandelet,** dérive de **blande,** qui signifiait, en parlant de la femme, séduisante, flatteuse. C'était aussi une sorte d'étoffe.

BLANGÉ. — De Langé, commune du dép. de l'Indre, arr. de Châteauroux. **Blangé,** de **blange,** flatterie, tromperie.

BLANOT. — Communes des dép. de Saône-et-Loire, et de la Côte-d'Or, arr. de Beaune.

BLANQUET. — De Lanquais, commune de la Dordogne, arr. de Bergerac. La **blanquette** est une poire dont la peau est blanche. Brantôme se sert de ce mot pour désigner un blanc bec. Blanquette, couverture de drap blanc, espèce de hachis, faite avec de la farine.

BLANQUIER. — V. Blanquet. Le **blanquier** est celui qui porte une blanque.

BLAU. — Blot, baronnie en Auvergne, érigée en .1240 en faveur de Chauvigny, et Bleot, seigneurie bretonne de 1700. Blau, blé.

BLAVIER. — De Blévy, commune du dép. d'Eure-et-Loir, arr. de Dreux. Un **blavier** est un marchand de grains, un sergent commis à la garde des moissons.

BLAZON. — Baronnie en Anjou, sur la Loire, diocèse d'Angers, élection de Saumur. Blazon ou **blason,** signifie discours, ruse, blâme, raillerie, débat, poésie, devise et armes dépeintes sur un écu.

BLEAU. — V. Blau.

BLED. — De Blet, commune du dép .du Cher, arr. de Saint Amand. Bled se disait pour champ de bled, moisson.

BLENIER. — De Bligny, commune du dép. de l'Yonne, arr. d'Auxerre.

BLERY. — De Bréry, commune du Jura, arr. de Lons-le-Saunier. **Blairie** se disait pour emblavure, champ emblavé.

BLEURY. — Commune du dép. d'Eure-et-Loir, en Beauce, canton de Maintenon.

BLET. — Commune du dép. du Cher, arr. de Saint-Amant, canton de Néronde. Blet se dit d'un fruit trop mûr et à demi pourri. **Bleste** est un motte de terre.

BLIER. — De Bligny, bourg du dép. de la Côte-d'Or, à 4 lieues de Beaune. Blier, nom d'homme.

BLIN. — Seigneurie de Picardie, érigée en 1591 en faveur de Pasquier. Blin se dit pour tulipe, mouton, taupinière. En breton, il signifie cime, bout, hauteur; en gallois, fatigué, nuisible. incommode.

BLOCHE. — De Loches, ville du dép. d'Indre-et-Loire. Une **bloche** est une motte de terre, une prune blanche sauvage.

BLOIS. — Ville de France, capitale du Blaisois, sur le bord septentrional de la Loire. Blois veut dire blond.

BLONDEAU. — Seigneurie en Bretagne, érigée en 1668 pour De Beauregard. **Blondeau** se disait pour blondet, bœuf d'un bai clair.

BLONDEL. — De Landelles, commune du dép. de l'Oise, arr. de Beauvais. Blondel, blond, teint coloré par art.

BLONDIN. — De Blandin, commune du dép. de l'Isère, arr. de la Tour-du-Pin. Blondin, qui a les cheveux blonds, et au figuré, gens qui font les beaux.

BLOUARD. — De Plougar, commune du Finistère, arr. de Morlaix.

BLOUIN. — De Louin, commune du dép. des Deux-Sèvres, arr. de Parthenay.

BLUTEAU. — De Blot, commune du Puy-de-Dôme, arr. de Riom. **Bluteau**, instrument pour séparer le son de la farine.

BOARD. — De Bohal, commune du Morbihan, arr. de Vannes, canton de Questembert.

BOBE. — D'Aube, commune du dép. de l'Orne, **arr.** de Mortage. Bobe signifie tache, pièce de monnaie, tromperie. Des **bobes** sont de grosses lèvres, des babines.

BOBIEN. — De Bobien, seigneurie de Bretagne, fondée en 1650 pour Le Chaponnier.

BOC. — De Borq, commune du dép. des Deux-Sèvres, arr. de Parthenay. De **bock,** verre à bière, son contenu.

BOCAGE. — Seigneurie de Bretagne, érigée en 1700 en faveur de De Leslay. Nom d'une petite contrée de la Basse-Normandie, entre la Vire et l'Orne, avec Vire pour capitale. Il y avait aussi un petit pays de ce nom dans la Vendée. Vient de **boscum, boscus,** ou **bosco,** bois, forêt.

BOCASSE.   De la Bocasse, en Normandie, diocèse de Rouen. De **boicasse,** boiteux.

BOCHART. — De la Bocca, dép. des Alpes-Maritimes, dans la commune de Cannes. **Bochart,** ville de **Tartaric.** Dérive du vieux français **boche,** bouche, ou de **boch,** bouc dans l'idiome de Cornouailles.

BOCHET. — De Boscherville, commune du dép. de l'Eure, arr. de Pont-Audemer. **Bochet** est une espèce d'hydromel, un petit bouc, de la bière en Bourbonnais, et un corbeau en architecture. En bas breton, **bochet** signifie joufflu.

BODEAU. — Seigneurie de Bretagne, érigée en 1696 en faveur de Chomart. **Bodeau** ou **bodaut,** veau.

BODIN. — V. Baudin. **Bodin,** bondin.

BODY. — De Baudy, commune du dép. de Lot-et-Garonne, arr. de Villeneuve. **Boudie,** ventre.

BOEL. — De Boesle, en Normandie, diocèse et parlement de Rouen. **Boël,** signifie boyau, et cour, en Normandie.

BOESME. — Bourg du dép. des Deux-Sèvres, arr. de Bressuire. De **boesme,** entrait.

BOESMIER. — De Bomy, commune du Pas-de-Calais, arr. de Saint-Omer.

BOESSELE. — Boissey, commune du Calvados, arr. de Lisieux. Une **boesse** est un instrument en fil de laiton pour ébarber les lames d'or et d'argent, dans les hôtels de monnaie.

BOESSONS. — Des Bessons, commune de la Lozère, arr. de Marjevols. **Boisson,** buis.

BOETARD. — De Beautor, commune du dép. de l'Aisne, arr. de Laon.

BOHEUR. — Boeurs, commune du dép. de l'Yonne, canton de Cérisiers, arr. de Joigny.

BOILARD. — De Boulaur, commune du dép. du Gers, arr. d'Auch. Un **boilard** est celui qui a un gros ventre, et dérive de **boille,** ventre, bedaine. Dans l'ancien normand on disait **boele** pour buet.

BOILEAU. — De Bouelles, commune de la Seine-Inférieure, arr. de Neufchâtel-en-Bray. **Boileau,** buveur d'eau.

BOILEUX. — Boisleux, seigneurie en Artois, érigée en 1500 pour De Beaufort.

BOILY. — De Bouilly, commune du dép .de l'Aube, arr. de Troyes. Dérive de **boële,** intestin ou de **boille,** gros ventre.

BOIN. — Commune dans le Forez, diocèse de Lyon. **Boin,** dans l'idiome irlandais, signifie léger, vite, prompt.

BOIRE. — Bourg de la Mayenne, surnommé le Grang. **Boire,** cidre, boisson quelconque. De **borra,** creux plein d'eau. Une **boire** est une mare d'eau provenant du travail dans le sol,-produit par l'eau d'une chaussée rupturée.

BOIS. — Commune du dép. de la Charente-Inférieure, arr. de Jonzac, canton de St-Genis. **Bois,** partie ligneuse des arbres. Dans le celtique, **bois** signifie filet.

BOISARD. — De Poizat, commune du dép. de l'Ain, arr. de Nantua. **Boisart,** forestier, trompeur.

BOISDON. — Commune du dép. de Seine-et-Marne, en Brie, avec seigneurie fondée en 1650 pour Durand de Ville-gagnon.

BOISE. — De Boisse, commune de la Dordogne, arr. de Bergerac. **Boise** est une petite bûche, une arête de poisson, un montant d'échelle, un banc de bois, un fond de tonneau de bois en général, forêt.

BOISGUILLOT. — De Boisguillaume, en Normandie, diocèse de Rouen.

BOISJOLI. — Seigneurie de Bretagne, érigée en 1668 pour D'Acigné.

BOISLE. — Commune du dép. de la Somme, en Picardie, canton de Crécy, arr. d'Abbeville. Boille, viscère des animaux, météorisme, gros ventre, cour intérieure, mesure pour le vin.

BOISSARD. — De Boissac, com. du dép. d'Ille-et-Vilaine, arr. de St-Malo.

BOISSEAU. — Village en Beauce, arr. de Blois, et seigneurie de Normandie, érigée en 1586 pour De Hallot. Dérive de **bussa**, bosse : de **bussa** on a fait **bussum** par métaplasme dont nous avons fait boisseau.

BOISSEL. — Lieu du dép. du Tarn, arr. de Gaillac. Boissel, boisseau. **Boisselée**, mesure agraire.

BOISSIER. — De la Boissière, seigneurie de Bretagne, seigneurie du Languedoc, et seigneurie de la Franche-Comté. Un **boissier** est celui qui travaille le bois.

BOISSINOT. — De Bessines, commune de la Haute-Vienne, arr. de Bellac.

BOISSON. — V. Boesson. Boisson, au masculin, se dit pour les branches de prunellier et d'aubépine obtenues par le recépage des haies, bois peu étendu.

BOISSONNEAU. — De Busson, commune de la Haute-Marne, arr. de Chaumont.

BOISSY. — Cinq ou six seigneuries de ce nom. Celle de Champagne date de 1700.

BOITEAU. — De Boit, ville du Limousin, dans le dép. de Corrèze, sur la Dordogne, à 10 lieues de Tulle. Boiteau se disait pour boisseau, botte, boîte.

BOISVERT. — De Beauvoir, communes des dép. de l'Isère, de l'Aube, de l'Oise, de la Manche, des Deux-Sèvres et de la Vendée.

BOIVIN. — De Bauvin, commune du dép. du Nord, arr. de Lille.

BOLDUC. — Corruption de Bois-le-Duc, ville du Brabant, située dans une plaine où les ducs de Brabant allaient faire la chasse, et qui pour cela était appelée **bois-le-duc,** sylva Ducis.

BOLERON. — D'Oloron, ville des Basses-Pyrénées. Dérive de **bolère,** tromperie.

BOLUSE. — De la Boulouze, commune du dép. de la Manche, arr. d'Avranches. Dérive du grec **bôlos,** motte de terre rougeâtre ou jaunâtre.

BOLVIN. — De Bolleville, en Normandie, canton de Bolbec. Vient du grec **bôlos,** motte de terre, boule.

BOMBARDIER. — De Lombard, commune du dép. du Jura, arr. de Lons-le-Saunier. Le **bombardier** est celui qui jette les bombes au moyen de mortiers.

BOMES. — Bommes, bourg du dép. de la Gironde, dans le Bazadois.

BOMPARD. — De Bompas, commune des Pyrénées-Orientales, arr. de Perpignan.

BON. — Seigneurie de Normandie, unie à celle de Sousmons, érigée en marquisat en 1735. Dans le langage gaulois, **bon** signifiait eau et boue.

BONASSE. — De Bonas, commune du dép. du Gers, dans l'Armagnac, canton de Valence, arr. de Condom. **Bonnasse,** sorte de cuve.

BONDEAU. — De Bodcau, seigneurie de Bretagne, érigée en 1696 pour Chomart. Dim. de **bonde,** balle, boule.

BONDY. — Commune du dép. de la Seine, arr. de Saint-Denis, canton de Pantin. **Bondie** signifie bruit, son, retentissement, une pomme grosse, verte, rouge, et fort lisse.

BONET. — Bonnet-de-Delme, seigneurie de Lorraine, érigée en 1697 pour Busselot. **Bonet,** ancienne étoffe, bourse de laine, de qualité médiocre.

BONFILS. — De Bonfays, lieu du dép. des Vosges, com. de

Légéville. Autrefois l'on appelait Bons Fils ou Bons Fieux les Frères pénitents du Tiers-Ordre de saint François.

BONHOMME. — Commune du dép. du Haut-Rhin, arr. de Colmar, canton de La Poutroye. Bonhomme signifie personne âgée, vieillard, homme de bien, paysan, homme du commun, marrube.

BONIAULT — De Boni, ville située sur la Loire, entre Nevers et Orléans, dans le pays de Puisaye. Du latin **bonum, boni,** veut dire excédent de la recette sur la dépense, bénéfice.

BONIFACE. — De Bonifacio, en Corse, arr. de Sartène. Nom d'homme, qui se dit aussi de ceux qui sont doux, simples et sans malice.

BONIN. — De Bonen, commune des Côtes-du-Nord, arr. de Guingamp.

BONJOUR. — De Boncourt, commune du dép. de la Meuse, arr. de Commercy. Fête solennelle, visière; faire son bonjour, c'était recevoir le saint sacrement de l'Eucharistie.

BONNE. — Seigneurie du Limousin, érigée en 1552 en faveur de Desmaisons. Bonne, nom de femme, gouvernante d'un enfant; et en bas-breton, il signifie clef de voûte.

BONNEAU. — De Bonnaud, commune du Jura, arr. de Lons-le-Saunier. Bonneau, terme de marine, morceau de bois ou de liège qui flotte sur l'eau, et qui marque l'endroit où l'on a mouillé l'ancre. C'est aussi un tonneau relié de fer, une haie, dans le langage de l'Orléanais.

BONNEFOND. — Seigneurie de Bretagne, érigée en 1560 pour De Boisgueheneuc. Commune des Hautes-Pyrénées, arr. de Tarbes.

BONNELLE. — Bonnelles, seigneurie normande, érigée en 1724 pour De Beauvais, et Bonelle, ville de l'Ile-de-France, dép. de Seine-et-Oise, à 2 lieues de Dourdan.

BONNET. — Commune du dép. de la Meuse, arr. de Commercy. **Bonnet**, nom d'homme, signifie habillement qui couvre la figure.

BONNETON. — De Bonnetan, commune du dép. du Gard.

BONNEVILLE. — Seigneurie de Normandie, qui remonte à 1450, érigée en faveur de Malherbe.

BONNI. — Bony, ville du Gâtinais, dans le Loiret, sur la Loire, à 2 lieues de Briare, et Bony, en Picardie.

BONNIER. — De Bonnières, dép. de Seine-et-Oise, arr. de Mantes, sur la Seine. **Bonnier** veut dire fermer.

BONSECOURS. — Hameau, près de Condé, sur l'Escaut, mi-français, mi-belge. Bonsecours, à une lieue de Rouen, sur la Seine.

BONVOULOIR. — Phare d'observation à Juvigny-sous-Andaine, dans le dép. de l'Orne.

BORDAGE. — Seigneurie de Bretagne, érigée en marquisat en 1656 en faveur de Montbourcher. **Bordage**, droit seigneurial dû sur une borde, loge ou hôtel, petite métairie.

BORDE. — Seigneurie de Bourgogne, et ancienne baronnie à 3 lieues de Châlons-sur-Saône. Bordes, commune des Hautes-Pyrénées, arr. de Tarbes. Borde se disait pour petite maison de campagne, bûche, chaumière. Bord est un mot saxon qui signifie maison; on en a fait **borderie**, petite ferme, et **bordier**, fermier ou métayer.

BORDEAU. — De Bord, ville du Limousin, dans la Corrèze, sur la Dordogne. V. Borde. Bordeau, lieu de débauche, cabane, bûcher, feu.

BORDELAIS. — De Bourdalat, commune du dép. des Landes, arr. de Mont-de-Marsan. Bordelais, qui est de Bordeaux, ancien pays de la Guienne.

BORDELEAU. — De Bourdelle, seigneurie d'Auvergne, érigée en 1570 pour De Chariol. **Bourdelot** est un gâteau aux pommes, dont la pâte enveloppe complètement le contenu.

BORDENAS. — De Bourdenay, commune du dép. de l'Aube, arr. de Nogent-sur-Seine. **Bourdennasse**, lance, grosse et creuse, pour les tournois.

BORDEREAU. — De Bordères, commune des Hautes-Pyrénées, arr. de Bagnère. Bordereau, diminutif de borde,
signifie mémoire dont on fait un compte en paiement
d'une somme.

BORDERON. — De Boron, commune du Territoire de Belfort. Dérive du grec oros, bord, de l'irlandais **bord**,
table, et signifie ferme.

BOREL. — De Borel, village de la Provence, canton de Séderon. **Borel** signifie cautionneur; et **borrel**, collier de
cheval.

BORGIA. — Ville d'Espagne, province de Saragosse.

BORGNE. — De Borne, seigneurie du Velay, érigée en 1662.
Borgne, vieux français, nasse pour pêcher le poisson.

BORNAIS. — De Bornay, seigneurie de Normandie, érigée
en 1463 pour De Sainte-Croix. **Bornais**, ruche d'abeilles,
terre argilo-sablonneuse un peu forte, jaune, quelquefois d'un gris blanchâtre.

BORNE. — Seigneurie de la Marche, érigée en 1620 pour
D'Aubusson. Borne, limite, marque fixe qui sert à ter-
miner un champ, un territoire. Du gallois **born**, fontaine, source.

BORNEUF. — Bourneuf, seigneurie du Languedoc, érigée
en 1700 pour De L'Estang de Ry.

BORNI. — Borny, dans les environs de Metz, dans le dép.
de la Moselle, au pays Messin.

BORNIVAL. — De Bonneval, commune du dép. de l'Eure-et-
Loir, arr. de Châteaudun. Dérive du grec **bounos**, morceau de terre, du gallois **borne**, fontaine, source.

BORY. — Bories, châtellenie située sur la route de Périgueux
à Saint-Pardoux, et Bory, dans l'Angoumois, diocèse
d'Angoulême.

BOSCAUD. — De Bosc, vicomté du Languedoc, érigée en
1550, pour Castelnau de Clermont. **Bosco** veut dire
bossu.

BOSCHÉ. — Boschet, seigneurie de Bretagne, devenue vicomté en juillet 1608 en faveur de Lescouet. **Boschet,** signifie liqueur, hypocras.

BOSQUE. — Bosq, seigneurie de Bretagne, érigée en 1668 en faveur de De Trogoff. **Bosc,** bois.

BOSSANGE. — De Bousselanges, commune de la Côte-d'Or, arr de Beaune.

BOSSÉ. — Bossé, commune du dép. d'Indre-et-Loire, arr. de Loches. **Bosset,** sorte de tonneau. Dans le patois normand, on disait **boché, bochu,** pour bossé, **bossu.**

BOSSU. — Seigneurie de Picardie, fondée en 1579 pour Castagnier. **Bossu** vient de **bussus,** gras. D'autres le font dériver de **gibbosus,** par suppression de la première syllabe.

BOSSY. — De Boissy, lieu du dép. d'Eure-et-Loir, dans la commune de Saint-Laurent-la-Gâtiné. **Bossy,** arbre d'Afrique.

BOTQUIN. — V. Bauquin. **Botequin** signifie petit bateau, nacelle.

BOUAT. — Du Buat, commune du dép. de la Manche, arr. de Mortain. **Bouat** vient du gallois **bou,** bœuf, ou de l'irlandais **bou,** même sens. Dans le vieux français **bou** signifiait bracelet.

BOUBON. — Commune du dép. de la Haute-Vienne, en Poitou. **Boubon,** tumeur, espèce de charbon.

BOUC. — Seigneurie de Provence, devenue marquisat en 1690 pour Seguiran. **Bouc** signifiait outre, et figurément, débauché.

BOUCANE. — De Bouconne, lieu de la Haute-Garonne, dans la commune de Léguevin.

BOUCAUT. — Boucau, commune du dép. des Basses-Pyrénées, arr. de Bayonne. **Boucaut** est le nom donné à l'embouchure de quelques rivières, comme celles du pays des Basques et celles des Landes. On appelait aussi **boucaut** un soupirail de cave, un moyen tonneau.

BOUCHARD. — Ville et île de la Touraine, formée par la Vienne, dép. d'Indre-et-Loire, à 7 lieues de Tours, et commune du dép. de l'Allier, dans le Bourbonnais, canton de Donjon, arr. de La Palisse. **Bouchard,** en argot, figure malpropre.

BOUCHE. — D'Ouches, commune du dép. de la Loire, arr. de Roane. Bouche, fagot, botte.

BOUCHER. — De Buchei, commune de la Haute-Marne, arr. de Chaumont. Boucher vient de **buccare,** fermer, boucher, qui dérive lui-même du grec **buô.**

BOUCHERY. — De Beauchery, commune du dép. de Seine-et-Marne, arr. de Provins. **Boucherie,** prison.

BOUCHET, BOUCHETTE. — Commune du dép. de la Drôme, arr. de Montélimar. Ancien marquisat érigé en 1682, sous le nom de Du Quesne, dans le dép. de Seine-et-Oise à 1 lieue de la Ferté-Alais. **Bouchet** est le nom donné à un breuvage fait d'eau aromatisée avec sucre et canelle. Il y a aussi la poire de bouchet, grosse, ronde et blanche. **Bouchette** est le diminutif de bouche, c'est-à-dire petite bouche, de **buccella.**

BOUDART. — De Bidard, commune des Basses-Pyrénées, arr. de Bayonne. **Boudart** dérive de **boud qui,** en celtique, signifie murmure, bourdonnement.

BOUDOU. — Commune du dép. de Tarn-et-Garonne, en Quercy, canton de Moissac.

BOUDREAU. — De Boudrac, commune de la Haute-Garonne, arr. de St-Gaudens. Dim. de **boudre,** bouillir.

BOUER. — Commune du dép. de la Sarthe, arr. de Mamers. Bouer, terme de monnayage qui se disait de la huitième façon qu'on donnait aux monnaies fabriquées avec un marteau appelé **bouard.**

BOUET. — Boué, commune du dép. de l'Aisne, en Picardie. Bouet se disait pour trou, boue.

BOUFFANDEAU. — De Bouffonds, commune du dép. des Deux-Sèvres, arr. de Melle.

BOUFFARD. — De Buffard, dans la Franche-Comté, parlement de Besançon. **Bouffard** se disait pour gourmand, glouton. D'après Lacurne, ce mot s'appliquait à celui qui devenait gonflé après avoir trop mangé. Vient du latin **buffare,** se gonfler de mangeaille. Dans le V. F. bouffé signifie être en colère et ne pas éclater.

BOUGAINVILLE. — Commune du dép. de la Somme, arr. d'Amiens. **Bougainville,** bourguain, bourdaine.

BOUGIE. — Bougis, seigneurie du Perche, érigée en 1573 en faveur de Catinat. **Bougie** se disait pour vessie.

BOUGON. — Commune du Poitou, diocèse de Poitiers. Seigneurie de Bretagne, érigée en 1620 pour Du Bois de la Salle. **Bougon** se disait pour dard, trait, flèche, tronçon, poinçon.

BOUGRAN. — De Bouhans, commune du dép. de Saône-et-Loire, arr. de Louhans. **Bougran** est une toile forte et gommée qu'on met entre la doublure et l'étoffe des habits, afin de les tenir plus fermes.

BOUGUILLON. — De Bouglon, commune du dép. de Lot-et Garonne, arr. de Marmande.

BOUGY. — Communes du Calvados et du Loiret.

BOUHOURS. — De Bours, communes du Pas-de-Calais et des Hautes-Pyrénées. Le **bouhours** est l'arme ou la lame avec laquelle on goûte.

BOUILLANE, BOULIANE. — De Bouilland, commune du dép. de la Côte-d'Or. Dans le vieux français **bouille** signifiait bourbier, et, en outre, une perche dont se servaient les pêcheurs pour remuer la vase.

BOUILLÉ. — Bouillé-Théval, seigneurie en **Anjou,** fondée en 1700 pour Bouillé. **Bouillet** est le diminutif de bouillon et de bouillie.

BOUILLET. — De Bouillé, commune de la Vendée, arr. de Fontenay-le-Comte. Le **bouillet** est un petit tonneau porté par un âne en manière de mannequins pour transporter de l'eau, de la vendange.

BOUILLON. — Seigneuries de Normandie et de Bretagne. Celle de Normandie date de 1667, et celle de Bretagne, de 1696. Une lande du canton de Briquebec, en Normandie, s'appelle la Lande des Bouillons. **Bouillon** se dit pour bourbier, bulles de gaz qui crèvent à la surface des eaux fangeuses, plante appelée bardane, mesure ou poids, sorte de bière.

BOUIN. — Châtellenie de Bretagne, érigée en baronnie en 1714, en faveur de Phelippeaux.

BOUIS. — Seigneurie de Bourgogne, érigée en 1618 en faveur de Perrault. Le **bouis** est un instrument de cordonnier formé d'un morceau de buis, qui sert à polir le bord des semelles.

BOUJOM. — De Boujeons, commune de la Franche-Comté, arr. de Pontarlier. Le **boujon** est une sorte de flèche à tête obtuse.

BOULANGER. — De Boulange, commune du dép. de la Moselle, arr. de Brie. Vient de **boule**, forme de pain.

BOULARD. — Boularre, commune du dép. de l'Oise, ou Boulaur, commune du dép. du Gers, dans l'Armagnac.

BOULAY. — Communes de Normandie et du Maine, et seigneurie de Beauce, érigée en 1640 pour Du Boulay. **Boulaie** signifie terre pleine de bouleaux, fouet à lanières et **boulaye**, massue, boule.

BOULÉ. — Bouley, seigneurie dans le Perche, érigée en 1450 pour Moucheron. **Boulé** signifie gonflé, malade, cuit sur des charbons ardents. Une **boulée** se disait pour des raisins attachés en boule.

BOULET. — Du Boulhet, seigneurie dans le Velay, fondée en 1720 pour De Briges. **Boulet** se dit pour baguette de bouleau. C'est aussi le diminutif de boule, et vient du latin **bulla**, du flamand bol, et d'autres langues qui toutes donnent pour signification le mot globe, grosse bille à jouer, en pierre ou en fer. Boulet se disait aussi pour potiron, pilule, paillette, nombril.

BOULIER. — Seigneurie de Bretagne, érigée en 1668 pour De Gaulais. Boulier est un terme de pêche, c'est un filet en forme de seine, et tendu aux embouchures des étangs salés.

BOULIGNER. — Bouligney, commune du dép. de la Haute-

Saône. **Bouliner,** c'est aller à la bouline, prendre le vent de côté.

BOULIN. — Commune du dép. des Hautes-Pyrénées, dans le Bigorre. Le boulin est un petit trou disposé tout autour d'un colombier pour y nicher des pigeons. On appelle aussi boulin un pot de terre fait pour recevoir des pigeons.

BOULLÉ. — Boullay, seigneurie fondée en 1649 pour Martel, et communes du dép. d'Eure-et-Loir et de Seine-et-Oise.

BOULOGNE. — Seigneurie et comté de Picardie, arr. de Pas-de-Calais, et arr. de Saint-Denis, et ville de la Gascogne.

BOUQUEVILLE. — De Bouqueval, commune du dép. de Seine-et-Oise, arr. de Pontoise. **Bouque** signifie entrée.

BOUR. — V. Bourg. **Bour** se disait pour canard.

BOURAN. — Bourham, seigneurie de Bretagne, érigée en 1560 en faveur de Collardin. Le **boura** est une sorte d'étoffe soie et laine.

BOURASSA. — De Bourras, ville du dép. des Vosges, en Lorraine, près de Saint-Dié. Vint de **bourais,** habitant du bourg ou de **bourasse,** menu bois, broutilles.

BOURBEAU. — De Courbes, commune du dép. de l'Aisne, arr. de Laon. **Bourbeau** signifie bourbier. Vient aussi de **bourbe,** terre imbibée d'eau.

BOURBON. — Lieu du dép. de Lot-et-Garonne, canton de Laroque, arr. d'Agen. Les **bourbons,** dans les salines, sont de grosses pièces de bois de sapin qui servent à soutenir les poêles par le moyen de cuves.

BOURBONNAIS. — Du Bournet, lieu dans le dép. de la Gironde. **Bourbonnais,** ancien duché de France, situé entre l'Auvergne, la Forêt, la Bourgogne, le Nivernais, le Berry et la Marche. Vient du grec **borboros,** boue, limon.

BOURBOULON. — De Bourlon, hameau du dép. du Pas-de-Calais, arr. d'Arras.

BOURBOURG. — Seigneurie de la Flandre maritime. **Bourbourg** est une tulipe de quatre couleurs.

BOURC. — De Bourcq, commune du dép. des Ardennes, arr. de Vouziers. **Bourc** signifie bâtard.

BOURDAGE. — Du Bordage, seigneurie de Bretagne, érigée en marquisat pour De Montbourcher, en 1656. V. Bordage. On disait jadis une bourde, pour signifier une maisonnette.

BOURDEAU. — Commune du dép. de la **Drôme**, en Dauphiné, arr. de Die, et Bourg-d'Ault, commune de Picardie, dép. de la Somme, sur l'Océan à 1 lieue d'Eu. De bourde, bâton ferré des marins, gros bâton sur lequel s'appuie une sorte de potence dont se servent les vignerons. Un bourdeau, en v. f. boule.

BOURDET.—Du Bourdet, marquisat de Saintonge, érigé en faveur de De Cugnac. C'est aussi une commune dans le dép. des Deux-Sèvres.

BOURDIGAL. — De la Bourdigalière, commune du dép. de la Vienne, arr. de Loudun. Du vieux français **bourdie**, qui signifiait terme, métairie.

BOURDELAIS. — Seigneurie de Bretagne, érigée en 1770 pour Du Gruny. Le **bourdelais** est un gros raisin blanc ou rouge.

BOURDON. — Seigneurie de Bretagne, érigée en 1660 en faveur d'Olivier .Bourdon s'emploie dans plusieurs sens, bâton spécial porté par les pélerins, un clou à grosse tête. Si on le fait dériver du latin **burdus**, c'est un âne ou mulet.

BOURDUCEAU. — De Bourdeix, commune du dép. de la Dordogne, arr. de Nontron.

BOURÉ. — Bouret, seigneurie de Guyenne, érigée en 1114 pour De Gourgues. Bouret, sorte de baquet.

BOURG. — Seigneurie dans la Bresse, fondée en 1600 pour Pion. Seigneurie de Gascogne, fondée en 1500 pour De Jussau. **Bourg** se dit pour une agglomération d'habitations ayant un clocher.

BOURGAULT. — De Burgaud, commune de la Haute-Garonne, arr. de Toulouse. Le **bourgault** est une grosse mouche d'un noir brillant, au dard acéré, un frelon. **Bourgaud** signifie bandit, mauvais diable, dissipé, libertin. Ce mot vient probablement de **burgator,** d'ancienne latinité, qui signifiait voleur de nuit. Le **bourgault** est encore un limaçon que l'on trouve dans la mer des Antilles.

BOURGELAS. — De Burgalays, commune de la Haute-Garonne, arr. de St-Gaudens. De **bourge,** bourg.

BOURGERY. — De Burgy, commune du dép. de Saône-et-Loire, arr. de Mâcon. Dérive du grec **burgos,** tour. **Bourgerie,** ville ouverte.

BOURGEOIS. — Seigneurie de Normandie, érigée en 1624 pour De Heudey. Vient de l'allemand **burger,** qui signifie bourgeon. C'est aussi le nom d'une monnaie de Bourges. Peut encore dériver de bourg. Autrefois l'on faisait la **différence** entre **citoyen** et **bourgeois:** l'un était habitant des cités, et l'autre, des bourgs.

BOURGET. — Seigneurie de l'Ile-de-France, érigée en 1679 pour Potier. Le Bourget est aussi un bourg du dép. de Savoie, arr. de Chambéry. **Bourget** se dit pour tabouret rond, petit bourg, et tissu de lin mélangé de fil.

BOURGMONT. — Bourmont, seigneurie bretonne, érigée en 1668 pour Le **R**oy.

BOURGOIN. — Bourg dans le Dauphiné, diocèse de Vienne, parlement de Grenoble. De la Bourgoigne, seigneurie bretonne, érigée en 1668 en faveur de Callet. C'est aussi une ville du Dauphiné, sur la Bourbe. **Bourgoin** est une variante de Bourguignon. V. ce nom.

BOURGON. — Seigneuries de Bretagne et du Maine, celle-ci à 5 lieues de Laval.

BOURGUÉ. — Bourguet, seigneurie en Provence,-fondée en 1667 pour De Ravel.

BOURGUIGNON. — Seigneurie dont fut formé en 1713 le comté d'Amedor en Bourgogne. **Bourguignon,** peuple de l'ancienne Germanie, unie aux Vandales, avec lesquels il envahit la Gaule en 407. D'après .Wachter, ce mot se composerait de **bur**, habitant d'une ville ou une ville, et de **gund**, guerre, combat; c'est-à-dire habitants belliqueux.

BOURI. — Seigneurie du Vexin-Français, devenue marquisat en 1687 en faveur de Lignerı. **Bouri** signifie hamac.

BOURINOT. — De la Bourine, commune des Bouches-du-Rhône, ar. de Marseille. Vient de **burine**, querelle, rixe.

BOURLAIS. — De Burlats, commune du dép. du **Tarn**, arr. de Castres. **Bourlée**, bourrelet, coiffure.

BOURLIS. — Bourly, commune du dép. de la Haute-Saône, dans les environs d'Annemasse, à peu de distance du lac de Genève.

BOURNIVAL. — De Bourneville, commune du dép. de l'Eure, canton de Quillebœuf. De **bournois**, terre glaise.

BOURO. — Commune du dép. des Hautes-Pyrénées, dans le Bigorre, et Bours, seigneurie de Picardie, érigée en 1755 pour Du Bois. **Bourot**, caneton, petit de la boure, flocon de laine que les moutons laissent aux buissons.

BOURON. — Commune du dép. de Seine-et-Marne, canton de Nemours. **Bouron**, est un vieux mot qui signifie cabane, cabaret.

BOURQUE. — V. Boure.

BOURRET. — Commune du dép. de **Tarn-et-Garonne**, arr. de Castel-Sarrasin, ou Bourrée, seigneurie de Flandre, fondée en 1700 pour De Preys. V. Bouret. **Bourré** est un fagot de menues branches, un caneton.

BOURSIER. — Boursies, commune du dép. du Nord, arr. de Cambrai. **Boursier** est un ouvrier qui fait des bourses, un écolier qui jouit d'une bourse, un trésorier.

BOURY. — Commune du dép. de l'Oise, canton de Chaumont. **Boury**, mâle de la bourrique. *de*

BOUSQUET. — Commune dans le dép. de l'Aube, sur la route de Clermont à Béziers. **Bousquet** signifie bourrasque, grain. *Conflit avec Dauzat signifie bosquet*

1 in France

BOUTEILLER. — De la Bouteillé, seigneurie de Bretagne, et commune du dép. de l'Aisne, arr. de Vervins. Bouteiller pour boutiller, grand échanson chez le roi, adonné à la bouteille.

BOUTEILLERIE — Commune dans la Flandre, diocèse d'Arras, parlement de Douai. Ce mot signifie échansonnerie.

BOUTEROUE.—De Bottereaux, commune du dép. de l'Eure, arr. d'Evreux. Bouteroue est une borne au coin, ou le long d'un passage afin de préserver les parois, les angles des murs, les arbres, du choc des roues de voiture.

BOUTET. — Seigneurie du Condomois, érigée en 1740 en faveur de d'Orlar. Boutet veut dire rance.

BOUTIER, BOUTILLER. — Boutiers, commune dans le dép. de la Charente, dans l'Angoumois, canton de Cognac. Le **boutier**, en vieux français, signifie bouteiller comme **bout**, bouteille. **Boutiller** dérive du grec **bouttis**, grand vaisseau de cuir.

BOUTIN. — De Bostens, commune du dép. des Landes, arr. de Mont-de-Marsan. En bas-breton, **boutin** veut dire butin, picotin. Dérive du grec **buthos**, fond, extrémité.

BOUTINIS. — Boutigny, communes dans les dép. d'Eure-et-Loir, de Seine-et-Marne et de Seine-et-Oise.

BOUTON.—De Bouthéon, commune du dép. de la Loire arr. de Montbrison. Bouton en vieux français signifie **fermail**. C'est encore un moulin à tan, à draps, l'extrémité du moyeu, le moyeu même.

BOUTONNE.—Rivière de France, dans le Poitou, qui tombe dans la Charente au Port de Carillon.

BOUTREL. — Boterel, seigneurie bretonne, érigée en 1485 pour Montauban. **Boutrel** vient du vieux français **boutre**, ou tonneau, où l'on met le sucre brut et liquide.

BOUTRON. — Seigneurie de Bretagne, érigée en 1668 en faveur d'Yvignac. Un **boutron** est un panier d'osier, une manne, une ampoule.

BOUVART. — De Bréval, commune du dép. de Seine-et-Oise, arr. de Mantes. **Bouvart** est le nom donné au jeune bœuf. C'est encore un gros marteau qui sert à frapper les médailles lorsqu'elles ne sont point fabriquées au moule ni au moulin.

BOUVET. — Seigneuries de ce nom, deux en Bretagne et une en Normandie. Une de Bretagne fut érigée en 1668 pour Du Plessis ; celle de Normandie est du même temps à peu près. Bouvet, rabot à l'usage des menuisiers, un bouvillon.

BOUVIER. — Lieu du dép. de Seine-et-Oise, commune de Guyencourt, arr. de Versailles. Le bouvier est un petit poisson de rivière appelée aussi peteuse, une constellation.

BOUVRET. — De la Bouvraye, seigneurie de Bretagne, érigée en 1668 pour Des Vaux.

BOUY. — Bouy-le-Malitre, seigneurie du Bourbonnais, qui date de 1750, et Bouy, communes des dép. du Cher et de la Marne. **Bouy,** buis.

BOY. — Village du dép. de l'Ain, dans le Bugey, arr. de Belle. Nom d'homme. Vient de **baudelius,** baudille.

BOYER. — Commune du dép. de Saône-et-Loire, arr. de Chalon. **Boyer** voulait dire bouvier. C'est encore une chaloupe flamande, mâtée en fourche. Vient de **boviarius, boarius.**

BOYRY. — De Boiry, com. du Pas-de-Calais, arr. d'Arras. Borie, métairie.

BOZAMAIN. — De Bouzemont, dan sles Vosges. **Boza** siguifie boisson faite d'orge et de millet.

BRABANT. — Province des Pays-Bas, et ancien duché, et communes du dép. de la Meuse, canton de Clermont et de Montfaucon.

BRACMARD. — De Blaymard, commune de la Lozère, arr. de Mende. **Bramard** ou mieux **bracquemard,** est une espece de coutelas.

BRACONNIER. — De Bracon, seigneurie de la Franche-

Comté, érigée en 1755 pour De Bocquet de Courbouson. Braconnier, coupeur de bois.

BRAGELONNE. — Seigneurie de Bourgogne, érigée en 1760 pour De Clugny.

BRAGIAGE. — De Brageac, commune du dép. du Cantal, en Auvergne, canton de Pleaux, arr. de Mauriac. Dérive du gaulois **brag**, vallée, ou du gallois qui signifie orge fermentée pour la bière.

BRAI. — Bray, seigneuries de Bretagne, de Guyenne et de l'Orléanais. **Brai**, vieux mot qui signifiait boue, fange.

BRAILLÉ. — De Brailly, commune du dép. de la Somme, arr. d'Abbeville. **Braier**, ouvrier qui fait des ceintures.

BRAIS. — De Braye, seigneurie du Maine, érigée en 1680 pour De Chazé. **Braie**, ouverture d'un empellement d'usine à eau.

BRANCHAUD. — De Branché, commune du dép. d'Indre et Loire, arr. de Tours. **Brangeau**, petite branche, rameau.

BRANCOGNET. — De Rancogne, commune de la Charente, arr. d'Angoulème. **Brancognet**, braconnier.

BRANE. — Branne, ville du dép. de la Gironde, arr. de Libourne, sur la rive gauche de la Dordogne.

BRANET. — De Brannay, commune du dép. de l'Yonne, arr. de Sens. **Brané**, qui est marqué de taches de rousseur.

BRANGER. — De Prangey, seigneurie de Bourgogne, érigée en 1700 pour Piétrequin.

BRANSART. — De Branssat, commune du dép. de l'Allier, arr. de Gannat. De **branse**, branche.

BRAQUIL. — De Braquis, commune du dép. de la Meuse, arr. de Verdun. Vient de **braquerie**, meute de bragues, chiens de chasse.

BRAS-DE-FER. — Commune du dép. de Seine-et-Oise, canton d'Ivry.

BRASIER. — De Brasey, commune du dép. de la Côte-d'Or, arr. de Beaune. **Brasier** se dit pour feu ardent, vaisseau de métal où l'on met la braise pour réchauffer une chambre, huche où les boulangers mettent de la braise, quand elle est étouffée.

BRASSARD. — De Brassac, commune du dép. de la Dordogne, arr. de Ribérac. Brassart, armure du bras d'un gendarme ou d'un homme de guerre.

BRASSEUR, BRASSEUX. De Brasseuse, seigneurie picarde érigée pour De Senlis, en 1152. Brasseur est celui qui fait et vend·de la bière en gros, appelé jadis cervoisier.

BRASSET. — De Brassayes, seigneurie de Beauce. Brasset, ancien lit de la Marne, près de Meaux, canal d'eau qui environne les faubourgs de la ville.

BRAU, BRAULT. — Brau, commune de la Guyenne, diocèse de Bordeaux, et Braux, seigneurie en Champagne érigée en 1635 pour de Bozières. Braux est aussi une commune du dép .des Ardennes, arr. de Mézières. Brau signifiait boue, fange, braul, toile des Indes rayée de bleu et de blanc, et bro, région ou champ. Brau, en gallois, veut dire fragile.

BRAY. — Communes dans les dép. de la Somme, du Calvados, de l'Aisne. Bray, boue, fange. Bray, petit pays en Normandie, qui forme l'arrondissement de Neufchâtel.

BRAZEAU. — De Brazey, dans le Dép. de la Côte-d'Or, arr. de Beaune. Dérive de braze, braise, du grec brazéin, être chaud.

BRAZIER. — V. Brasier.

BREARD. — De Bréal, commune du dép. d'Ille-et-Vilaine, arr. de Montfort. Bréar en bas-breton, veut dire fatigué.

BREAU. — Commune du Gâtinais, canton de Mormant, et baronnie de la Brie française, érigée en 1642 en faveur de Verthamont. Bréaud signifie criard sans raison, et en bas-breton, harrassé de fatigue.

BREBANT. — Commune du dép. de la Marne, en Champagne, canton de Sompuis.

BREBIN. — De Brebant, commune du dép. de la Marne, arr. de Vitry-le-François.

BRECHON. — De Brezons, commune du dép. du Cantal, arr. de St-Flour. Dérive du haut-allemand **breca,** rupture.

BREDIN. — De Brandonnet, commune du dép. de l'Aveyron, arr. de Villefranche.

BREDON. — Bourg d'Auvergne, dép. du Cantal, sur l'Alegnon, près de Murat et Bredon, dans la Charente-Inférieure, canton de Matha.

BREILLARD. — De Brillac, commune de la Charente, arr. de Confolens. Vient de breil, piège pour prendre les oiseaux.

BREILLÉ. — De Breuillet, commune de la Charente-Inférieure, arr. de Marennes.

BREILLY. — Commune du dép. de la Somme, canton de Picquigny, arr. d'Amiens.

BREM. — Commune dans le Poitou, diocèse de Luçon. **Brême,** poisson d'eau douce qui ressemble à la carpe, mais plus plat, et porte de grandes écailles.

BREN. — Brens, commune du dép. de la Drôme, arr. de Valence. **Bren,** vieux mot qui signifiait ordure, son.

BRENIER. — Commune de la Bourgogne, diocèse de Lyon, parlement de Dijon.

BRENTIGNY. — Brantigny, seigneurie en Champagne, érigée en 1649 et accordée à Du Reaulx.

BRESAC. — De Bressac, dans le Bas Languedoc, diocèse de Viviers.

BRESLAU. — De la Bresle, ville du Lyonnais, à 3 lieues de Lyon, et Bresle en Picardie, canton de Corbie.

BRESSARD. — De Bressac, commune du dép. de l'Ardèche, canton de Chomérac.

BRESSE. — La Bresse, commune du dép. des Vosges, arr. de Remiremont. Bresse, province de France, dont la capitale était Bourg.

BREST. — Ville de Bretagne, et Brest, lieu du dép. de la Haute-Saône, commune d'Eboz, arr. de Lure. Breste, chasse aux petits oiseaux, qu'on prend à la glu avec un appât.

BRETEAU. — Commune du dép. du Loiret, dans le Gâti
nois, sur l'Armançon.

BRETEL. — Communes de la Picardie et de la Normandie.

BRETEUIL. — Bourg de Normandie, sur l'Iton, à 6 lieues
d'Evreux. Seigneurie du Beauvaisis, érigée en 1502 pour
Le Tonnelier. Breteuil, espèce de canon.

BRETON. — Commune du dép. de l'Allier, arr. de Montluçon. Breton signifie coquille, étincelle, bluette, flam-
mèche.

BRETONNEAU. — Commune du dép. du Loiret, arr. de Gien.
Bretonneau, petit Breton.

BRETONNIERE. — La Bretonnière, seigneurie de Normandie, érigée en 1690 pour De Frémont, et commune de la
Vendée, canton de Mareuil, arr. de Fontenay.

BREUME. — V. Brem. Breume, brume, brouillard.

BREUX. — Communes des dép. de l'Eure et de la Meuse.
Breuil, petit bois, bocage, breu, bouillon, décoction.

BREUZARD. — De Brézilhac, commune du dép. de l'Aude,
arr. de Limoux.

BREVILLE. — Communes des dép. de la Charente, et du
Calvados.

BREZEAU. — De Brizeaux, commune de la Marne, arr. de
Bar-le-Duc.

BRIAC. — Commune du dép. d'Ille-et-Vilaine, arr. de Saint-
Malo, canton de Pleurtuit.

BRIAND. — Commune de Bourgogne, diocèse d'Autun.

BRIANT. — Seigneurie de Bretagne, érigée en 1427 en faveur de Briant. Brier, altération de brâiller.

BRIAET. — Briare, petite ville du Gâtinais, connue par son
canal fait sous Louis XIII, et commune du Loiret. En
irlandais briar signifie épine.

BRIAS. — Seigneurie en Artois, érigée en 1200 pour De
Brias, et devenue comté en 1649 pour le même.

BRIAULT. — De Briot, commune du dép. de l'Oise, arr. de
Grandvilliers.

BRICAULT. — Bricot, en Champagne, diocèse de Troyes,

parlement de Paris. **Bric** signifie cage à prendre les oiseaux.

BRIDARD. — De Bridoré, commune d'Indre-et-Loire, arr. de Loches. Dérive du grec **britèr**, traîner, tirer.

BRIDEAU. — De Brides, commune de la Savoie, arr. de Moutiers.

BRIEN. — De Brienne, commune du dép. de Saône-et-Loire, arr. de Louhans. Dérive de **brie**, brayoire.

BRIERE. — De la Brière, seigneuries de Bretagne et de Normandie. **Brière** signifie terre en friche, où poussent des ronces et des bruyères. **Brière** désigne encore l'arbuste qui croît sur cette terre.

BRIGAL. — De Bréhal, commune du dép. de la Manche, arr. de Coutances. **Brigaille,** cuisinier.

BRIGNET. — Du Brignay, seigneurie bretonne, érigée en 1550 pour Le Cahideuc. Brignais, ville du Lyonnais, sur le Garon.

BRIGNON. — Ville de France, en Champagne, dans le Senonois, sur l'Armançon.

BRILLANT.—De la Brillane, seigneurie de Provence, érigée en 1573 pour De Raffelis. **Brillant** veut dire joyau, diamants.

BRILLEMONT.—Brignemont, commune du dép. de la Haute-Garonne, arr. de Toulouse.

BRILLON. — Commune du dép. de la Meuse, arr. de Bar-le-Duc. Le **brillon** est un piège pour prendre les oiseaux.

BRINDAMOUR. — De Brindas, commune du dép. du Rhône, arr. de Lyon.

BRING. — De Bringues, commune du Quercy, canton de Livernon. **Bringue** signifie morceau, pièce, petit cheval de vilaine figure, et **bring**, force, puissance.

BRION. — Commune dans le dép. de Maine-et-Loire, arr. de Beaugé. **Brion,** mousse du chêne, dernière partie de l'étrave, qui vient jusqu'à la hauteur de l'éperon, appelée aussi ringeau, homme évaporé.

BRIQUET. — De Briquette, dans la Flandre, diocèse de

Cambrai. **Briquet** se disait pour bréchet, morceau, bagatelle.

BRIS. — Communes des dép. de l'Yonne, arr. d'Auxerre, et de Picardie. **Bris** pour bruit, débat.

BRISEBOIS. — De Saint-Bris-des-Bois, com. de la Charente-Inférieure, canton de Burie. Dérive du grec **brithô,** presser.

BRISSAC. — Ville d'Anjou, à 4 lieues d'Angers. Seigneurie du même nom établie en 1100, devenue duché sous Louis XIII.

BRISSAU. — De Prisces, commune du dép. de l'Aisne, arr. de Vervins.

BRISSET, BRISSETTE. — De Brissay, commune du dép. de l'Aisne, arr. de St-Quentin. **Brisset,** berceau.

BRISSON. — Communes du dép. du Loiret, arr. de Gien, et de la Nièvre, arr. de Château-Chinon.

BRISVAL. — Châtellenie dans la Beauce, diocèse de Chartres, parlement de Paris. **Brive** se disait pour ville, pont.

BRIZARD. — Brizart, seigneurie de Bretagne, érigée en 1668, pour Le Chat.

BRIZAY. — Commune du dép. d'Indre-et-Loire, ou de la Brizaie, seigneurie d'Anjou, canton de l'Ile Bouchard.

BROC. — Commune du dép. de Puy-de-Dôme, arr. d'Issoire, et commune du même nom dans le dép. des Alpes-Maritimes, arr. de Grasse. **Broc,** gros vaisseau, lié de cercle de fer, qui a une anse, jarre, broc, et en irlandais, blaireau.

BROCARD. — De Brocas, commune du dép .des Landes, arr. de Mont-de-Marsan. V. aussi Broc. **Brocard,** raillerie piquante, qui sort des bornes prescrites par la politesse. Vient de **brocus,** qui se dit pour celui qui a une bouche ou des dents qui avancent en dehors.

BROCHARD. — Brochars, seigneurie de Bretagne, fondée en 1650 pour Berthelot. Le **brochard** est un jeune cerf d'un an. **Brocheor,** v. f. était celui qui piquait de l'éperon.

BROCHET.—Seigneurie en Champagne, érigée en 1660 pour Chevalier. Brochet, poisson d'eau douce, **brochete**, baguette, éperon.

BROCHU. — De Brouchaud, commune de la Dordogne, arr. de Périgueux. Vient du verbe **brocher**, c'est-à-dire passer à travers les buissons, **to brush**, en anglais.

BRODE. — De Bordes, commune du dép. de l'Ariège, arr. de Saint-Girons. Brode se disait pour broderie. Brode signifie encore une femme dont le teint est un peu noir. Autrefois l'on disait du pain **brode** pour du pain bis. En irlandais **brod** veut dire pointe, aiguillon.

BRODEUR. — De Rodez, ville du dép. de l'Aveyron. Le **brodeur** est celui qui fait de la broderie, ou plutôt celui qui orne les étoffes d'ouvrages de broderie. Ce mot est la transposition de **bordeur,** parce qu'autrefois on ne brodait que le bord des étoffes. **Brodeur** se dit encore pour métier à broder et pour trompeur.

BROISLE. — De Vroil, commune du dép. de la Marne, arr. de Vitry-le-François. **Broil,** broussailles, bois, branche d'arbre, forêt.

BROSSARD. — De Brossac, commune de la Charente, arr. de Barbezieux. **Brossard** se dit pour chêne. Vient de **brosse,** bruyère, bois, forêt.

BROSSEAU. — De la Brosse, seigneuries du Berry, du Bourbonnais, de la Bretagne, de l'Ile-de-France, de la Normandie, de la Saintonge, et du Vexin.

BROSSIER. — De Broussy, dép. de la Marne. **Brossier,** ouvrier qui fait des brosses.

BROSSOIT. — De Boussois, commune du dép. du Nord, **arr.** d'Avesnes.

BROUILLARD. — Commune dans la Bourgogne, diocèse d'Autun. **Brouillard** se disait pour brouillon.

BROUILLAN. — De Brouains, com. du dép. de la Manche, arr. de Mortain. De **brouillas,** brouillard.

BROUILLET. — Seigneurie du Berry, érigée en 1667 pour Le Mesnil Simou. Brouillet se dit pour mis en confusion, fatigué, abattu.

BROUILLON.—De Rouillon, commune du dép. de la Sarthe, arr. du Mans. Brouillon, celui qui se plaît à jeter la brouille.

BROUSSE. — Seigneurie de Bretagne, et communes du dép. de la Charente-Inférieure et du dép. du Puy-de-Dôme, arr. d'Ambert. Brousse, rangée de broussailles.

BROUSSEAU. — Rivière de France en Gascogne qui se perd dans l'Adour. Brousseau, broussaille, ronce.

BROUSSON. — De Brusson, commune de la Marne, arr. de Vitry.

BROVE. — De Brèves, commune du dép. de la Nièvre, arr. de Clamecy.

BRUCY. — De Brussey, commune du dép. de la Haute-Saône, arr. de Gray.

BRUERE. — Seigneurie du Maine, unie à celle de la Barre, érigée en marquisat en 1633, et commune de l'Anjou, canton de Lude, arr. de La Flèche. **Bruère,** étendue ou plaine de bruyères.

BRUGEVIN.—De Burgheim, commune du Bas-Rhin, canton d'Obernai.

BRUGIERE. — Brugeyères, seigneurie fondée en 1420, pour de Lautrec. V. Bruère.

BRUGUIERE. — Ville dans le dép. du Tarn, sur l'Agout et Bruguerres, seigneurie du Languedoc, érigée en 1483 pour Du Faur.

BRULART. — De Brillac, commune de la Charente, arr. de Confolens. Dérive du gaulois **bruir,** brûler, qui vient du latin **uro,** je brûle, parce qu'on brûle les bruyères pour les défricher.

BRULÉ.—De Brulley, commune du dép. de la Meurthe, canton de Toul. Brûlé signifie l'odeur d'une chose qui brûle. **Brulée,** grémil des champs.

BRULOT. — De Brule, en Champagne, près de **T**oul. Brulot, vaisseau empli de feux d'artifice, de matières combustibles, et qu'on attache aux vaisseaux ennemis dans le but de les incendier.

BRULOTTE. — Bourg, dans le Maine, diocèse du Mans, parlement de Paris.

BRUMATH. — Petite ville située à 5 lieues de Strasbourg, dans le Bas-Rhin, en **A**lsace.

BRUN. — Des Bruns, lieu dans le dép. des Bouches-du-Rhône. Brun, nom d'homme, signifie couleur sombre et obscure. Vient du flamand **bruin** ou de l'allemand **braun**, qui signifient la même chose. En bas-breton, **brun** veut dire poil rouge, et en gallois, poitrine, gorge, colline.

BRUNEAU. — Brunault, seigneurie de Bretagne, érigée en faveur de Trébivent, en 1696. **Bruneau** se disait pour chemin, tour, forteresse.

BRUNEL, BRUNELLE. — De Brunelles, commune du dép. d'Eure-et-Loire, en Normandie. **Brunel**, minot de sel de cent livres. **Brunelle**, plante vulnéraire.

BRUNET. — Commune du dép. du Pas-de-Calais, canton de Desvres, et Brunet, en Provence, diocèse de **R**iez. **Brunet** dim. de **brun**, est une étoffe teinte, et une fleur. **A** La **R**ochelle on appelait **brunette** chez les Huguenots ce que nous, catholiques, désignons sous le nom de drap mortuaire.

BRUNION. — De Brunémont, commune du dép. du Nord, arr de Douai. **Brunion**, espèce de chaloupe.

BRUNO. — De Buno, commune de Seine-et-Oise, arr. d'Estampes. **Bruneau**, tour, forteresse.

BRUSEAU. — De Bruz, commune du dép. d'Ille-et-Vilaine, arr. de **R**ennes.

BRUSLON. — Ville du dép. de la Sarthe, arr. de La Flèche.

BRUSSY. — Brussey, commune du dép. de la Haute-Saône, en Franche-Comté.

BRUYERE. — Seigneuries du Beaujolais, du Languedoc et de la Gascogne, érigées respectivement en 1700, 1723 et

1741. Bruyère, petit arbrisseau, terre inculte, bronze ou argent bruni.

BRY. — Ville du dép. du Nord, en Flandre, canton de Quesnáy. **Bry,** argile, en bas-breton, et en gallois **bry** signifie ventre, bosse, courbure.

BUADE. — Bride à longues branches droites et non coudée.

BUT, BUETTE. — Bué, commune du dép. du Cher, arr. de Sancerre. **Buet,** petite ouverture pratiquée sur un toit ou dans un mur. **Buée,** lessive. **Buette,** assiette.

BUFFET. — De Buffé, commune du dép. de Normandie, près de Lisieux. **Buffet,** dressoir, table longue, bureau, seuil de porte, soufflet, étal, devant de la tête.

BUGEAULT. — De Bugeat, commune du dép. de la Corrèze, arr. d'Ussel. **Bujau,** cuvier.

BUIES. — Buis, ville du dép. de la Drôme, arr. de Nyon, sur l'Ouvêze. **Buie** signifiait entraves, ceps.

BUISSON. — Seigneuries de Normandie, de l'Ile-de-France et du Vivarais. **Buisson,** touffe d'arbrisseaux sauvages épineux, hallier. Autrefois la mode était de planter dans les jardins des haies de **bouis,** d'où vient le mot buisson.

BULLAU. — De Bulles, commune du dép. de l'Oise, arr. de Clermont.

BULLION. — Ville du dép. de Seine-et-Oise, arr. de Rambouillet. De **bulla,** boule.

BULTÈ. — De Bult, village du dép. des Vosges, en Lorraine. **Bultet,** bluteau, **bulteau,** arbre en boule.

BUOT, BUOTE. — Seigneurie de Bretagne, érigée en 1668 pour De Franc. **Buhot,** dim. de buhe, cruche. Dans le patois normand, **buhot** signifie sac, étui. C'est encore un gros sabot couvert. Dans la Seine-Inférieure on dit le buhot pour le tuyau de la cheminée. La **buotte** est une petite limace de jardin, ou un piège à taupes, à Bayeux.

BUQUET. — Fief de la Bourgogne, diocèse d'Autun. Le buquet est un trébuchet, une balance, un **vase** à traire, et un vase pour la lessive.

BURE. — Bure ou Saint-Ouen de la Cour, châtellenie de Bellême, dans la province du Perche. **Bure** se disait pour étoffe grossière, feu de joie, brandon, puits de mine, bouteille, cruche, oie, habitation, lessive.

BUREAU. — De Buros, commune des Basses-Pyrénées, arr. de Pau. **Bureau,** grosse étoffe de laine, comme la bure, sinon que le drap est plus fort. **Bureau** est aussi un terrain inculte, où la pierre est à fleur de terre.

BUREL. — Commune du dép. de l'Aisne, en Picardie, canton de Vervins. **Burel,** sorte d'étoffe rayée. En terme de blason, c'est une fasce de huit pièces ou plus.

BURGO. — De Burgaud, commune du dép. de la Haute-Garonne, canton de Grenade. **Burgau,** limaçon, et **burgaut,** homme violent, stupide.

BURON. — Seigneurie de Bretagne, érigée en 1700 pour De Sévigné, et seigneurie de Normandie dont fut formé en 1725 le marquisat de Moges-Buron. **Buron,** vieux mot qui signifie un lieu où l'on se retirait pour boire et manger. Vient de **vibur,** ou carrière de pierre dure. En Auvergne, un **buron** est le toit de berger qui se bâtit sur le haut d'une montagne. **Buron** signifie encore cabane, petite maison, eau rousse qui a servi à faire cuire des châtaignes. Dans le patois Auvergnat, **buron** est une vacherie.

BURQUE. — Du Burgk, seigneurie de Bretagne, érigée en 1500 pour De Bourke. **Burque,** sorte d'armure.

BUSQUE. — Commune du dép. du Tarn, dans le Haut-Languedoc, arr. de Lavaur. **Busque,** morceau de bois ou de baleine que les femmes mettent dans les corps de jupe pour se tenir droites.

BUSQUET. — De Brusquet, commune des Basses-Alpes, arr. de Digne. **Busquet,** bûchette, bosquet.

BUSSIERE. — Petite ville de la Marche, appelée Bussière-Poitevin, seigneuries du Gâtinais, du Mâconnais, du Bourbonnais et de l'Argonnes. **Bussière** signifie lieu couvert de bois et non de buis.

BUSSON. — Busson, commune du dép. de la Haute-Marne en Champagne, canton de Saint-Blin. **Busson,** îlot couvert d'arbres.

BUSSQT. — De Busseau, commune du dép. des Deux-Sèvres, arr. de Niort. Bussot, busard, stupide.

BUTEAU. — Lieu du dép. de Seine-et-Marne, commune de La Chapelle-la-Reine. Butteau, seigneurie en Champagne, érigée en 1689 pour De Boucher. **Buteau** se disait pour butor, grossier. On a prétendu que ce mot venait du grec Bos-Theos, bœuf-dieu, qui s'est dit du bœuf apis que les Gaulois adoraient.

BUTHER. — De Buthier, seigneurie de la Franche-Comté, érigée en 1519 pour De Scey. Butel, bouteille. **Butée,** massif de pierres dures, pour soutenir la chaussée aux extrémités d'un pont.

BUTTES. — De Butte, seigneurie de Bretagne, érigée en 1696 pour Des Landes. Vient de **butte,** grand tonneau, gros tonneau.

BUVETEAU. — D'Yvetot, ville du dép. de la Seine-Inférieure. **Buveteau,** dim. de **buvette.**

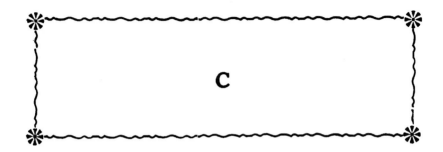

C

CABANAC. — Communes dans le dép. des Hautes-Pyrénées, dans le Languedoc et dans le dép. du Lot. **Cabanac** vient de **caban**, sorte de manteau avec des manches, pour se garantir de la pluie. Du celte **caban**, ou du grec **kapané**, char, charriot.

CABANAS. — De Cabanasse, village du dép. des Pyrénées-Orientales, arr. de Prades. V. Cabanac

CABASSIER. — De Cabasse, commune du dép. du Var, arr. de Brignoles, canton de Besse. Un **cabasseur** est un voleur, un trompeur. **Cabas**, coche de messagerie. **Cabasse**, sorte de mesure. Dérive du grec **kabos**, mesure de blé.

CACHENEAU. — De Cachen, bourg du dép. des Landes, canton de Roquefort. Vient de **cache**, chasse, vive poursuite.

CACHET. — De la Cachette, commune du dép. des Ardennes, canton de Nouzon. **Cachet**, cache, cachette, lieu secret, petit sceau portant gravure qu'on imprime sur cire, pour affaires privées.

CADAIGNAN. — De Cadailhan, bourgs du dép. du Gers, et des Hautes-Pyrénées.

CADAU. — De Candos, dans la Gironde, commune de Mios. **Cadau**, festin, fête, traits de plume, choses inutiles.

CADDÉ. — D'Adé, commune des Hautes-Pyrénées, arr. d'Argelès. **Caddé**, une des trois ligues qui formaient le canton des Grisons, en Suisse, dont le chef-lieu était Coire. la ligue de Caddée ou la maison de Dieu.

CADERAN, CADRAN. — De Caudéran, commune du dép. de la Gironde, arr. de Bordeaux. **Cadrant**, globe terrestre, coquillage de mer. **Quadrin,** liard, monnaie à figure quarrée.

CADELE. — De Cadenet, commune du dép. de Vaucluse, arr. d'Apt. **Cadeler**, dans le vieux français, se disait pour faire des cadeaux. Dérive du latin **cadus**, tonneau, baril employé dans les salines.

CADET. — De Cardet, commune du dép. du Gard, arr. d'Alais. **Cadet**, jeune homme en général, un bœuf, solide gaillard, crâne luron.

CADIEU. — De Cadrieu, commune du dép. du Lot, arr. de Figeac. Dérive de **cade,** mesure ou fruit, ou du grec **kados**, petit baril.

CADILLAC. — Ville de la Guyenne, près de la Garonne, dép. de la Gironde, arr. de Bordeaux, et Cadillac dans l'arr. de Libourne.

CADORET. — Seigneurie de Bretagne, érigée en 1479 pour d'Oudart, et Cadoré, dans la commune d'Azay-le-Brulé, dép. des Deux-Sèvres. .

CADOU. — Lieu du dép. du Finistère, canton de Sézun, arr. de Morlaix.

CADRIN. — De Caudéran, commune du dép de la Gironde, arr. de Bordeaux. **Quadrin,** liard, peut-être carré de forme, même chose qu'une maille, qui signifie **quarrun** ou figure quarrée, et cette monnaie ressemblait à une maille de rets.

CAHEL. — De Gaël, commune du dép. d'Ille-et-Vilaine, arr. de Montfort. **Cahielle,** grande chaise à bras, et **caiel,** cahier.

CAHOUET. — V. Caouette. **Cahuette**, petite maison ou cabane de paysan. Un **cahuet** était une partie de l'aumusse qui couvrait la tête.

CAHU. — Cahus, commune du dép. du Lot, arr. de Figeac, canton de Bretenoux.

CAIGNARD. — De Caignac, commune du dép. de la Haute-Garonne, arr. de Villefranche. **Caignard** se dit pour caguard, paresseux, gueux, chenil.

CAIGNAUX. — De Cagnes, commune des Alpes-Maritimes, arr. de Grasse. **Caignot**, petit enfant.

CAILLA, CAILLAS.—Commune du dép .de l'Aube, en Languedoc, canton de Roquefort-de-Sault. **Cailla**, lait caillé.

CAILLARÉ. — De Caharet, commune des Hautes-Pyrénées, arr. de Tarbes.

CAILLAU. — Commune de la Guyenne, parlement de Bordeaux. **Caillaud**, le plus faible d'une couvée.

CAILLE. — Commune du dép. du Var, canton de Saint-Auban. Dérive du gallois **cail**, bergerie, chaumière.

CAILLÉ, CAILHÉ, CAILLER, CAILLET. — De Cailleville, dans la Seine-Inférieure, arr. d'Yvetot. **Caillette**, quatrième estomac des ruminants, se disait pour tripe, boyau. **Caillé**, lait coagulé, présure, appeau à prendre les cailles, caillet.

CAILLONNEAU. — De Cahagnes, commune du Calvados, arr. de Vire. **Caillonneau**, caillette, présure.

CAILLOU. — Cailloux, commune du dép. du Rhône, arr. de Lyon, canton de Neuville-sur-Saône. **Caillou**, sorte de poire, insecte ou reptile.

CAILLY. — Seigneurie et Bourg de Normandie, à 4 lieues de Rouen. **Cailli**, lait caillé.

CAILTEAU. — De Cailleville, com. de la Seine-Inférieure, arr. d'Yvetot, canton de Saint-Valéry-en-Caux.

CAIN. — De Caine, en Picardie, diocèse de Soissons. **Cain** se disait pour ceinture, baudrier, circonférence, et en écossais, tête, sommet.

CAISSE. — De Caix, bourg et seigneurie de Picardie, dép. de la Somme, à 5 lieues d'Amiens. De **capsa, cassa**. Dans la paroisse de Saint-Basile, comté de Portneuf, il y a deux groupes d'habitations appelés **capsa**; il y a le grand et le petit **capsa**. **Ca**isse se disait pour coffre, ou toile pour transporter des marchandises, et pour coffre-fort de banquier, et pour cassis, arbuste.

CALAN. — Com. du dép. du Morbihan, canton de Plouay, arr. de Lorient. **Calan**, chaland, bateau, et **calain**, manœuvre employée dans les travaux du vigneron.

CALEGRE.—De Galargues, commune du dép. de l'Hérault, arr. de Montpellier. Vient de **cale**, coin, sorte de bonnet.

CALET. — De Calais, ville du Pas-de-Calais, sur la Manche, ou de Calay, seigneurie de Normandie, érigée en 1229 pour De Patry. **Ca**lée veut dire multitude et **calete**, sorte de bonnet, et dim. de cale.

CALMET. — Commune dans le dép. du Gard, arr. d'Uzès.

CALOT. — De Callas, commune du dép. du Var, arr. de Draguiguan. **Ca**lot, poire bonne à cuire, appelée **donville**, écorce de grain de sarrazin ou de colza, morceau de bois pour caler une pièce de charpente.

CALVÉ. — De Calvinet, commune du Cantal, arr. d'Aurillac. **Calvé**, chauve.

CAMARE. — De Camors, commune du Morbihan, arr. de Lorient. **Camare** signifie caneçon garni de petites dents ou pointes de fer très aigues, en terme de manège.

CAMARAIRE. — De Camarès, ville du dép. de l'Aveyron, canton de Saint-Affrique.

CAMBRAY. — Cambrai, dans le dép. du Nord, sur l'Escaut. **Ca**mbré signifie creux, cavité. Dérive de **camera**, voûte, d'où le mot chambre, parce qu'autrefois toutes les chambres étaient en voûte.

CAME. — Commune du dép. des Basses-Pyrénées, arr. de Bayonne, canton de Bidache, et baronnie érigée en 1479 pour de Grammont. **Ca**me veut dire courbé, plié, et **cam**, habitation. En conchyliologie, **came** est la seconde famille des bivalves.

CAMELON. — De Camelleont, commune de l'Artois, diocèse

d'Arras. **Camelon** vient du gallois **camel,** qui signifie chameau.

CAMENAS. — De Camélas, commune du dép. des Pyrénées Orientales, canton de **Thuir,** arr. de Perpignan.

CAMERERE.— V. Camaraire. **Camerere,** dame de la chambre de la **Reine.**

CAMIRAND. — Camiran, commune du dép. de la Gironde, canton de la Réole.

CAMORÉES. — De Camaret, commune du Finistère, arr. de Quimper.

CAMPAGNA. — Commune du dép. de l'Aude, canton de Belcaire, arr. de Limoux. **Campagna** dérive du latin **campana,** qui signifie cloche, sonnette, grelot, campane, petite maison.

CAMPEAU. — Communes du Calvados, et du dép. de l'Oise. **Campeau** vient de **campus,** espace large, et de **campau,** mot celte, et de l'italien **campo.** Méthaphoriquement ce mot veut dire liberté, aise.

CAMPENES.—De Caupenne, commune du dép. des Landes, arr. de St-Sever. Vient de **campane,** cloche, campanule.

CAMPION. — De Camplong, commune du dép. de l'Aude arr. de Narbonne.

CAMPY. — De Campigny, commune du Calvados, arr. de Bayeux.

CAMUS. — Marquisat de la Franche-Comté, érigé en 1746 en faveur de Camus. **Camus** veut dire sot, honteux, obtus, qui a le nez court et plat.

CAN. — Caen, ville du Calvados, ancienne capitale de la Basse-Normandie. **Can** signifie trachée-artère.

CANAC. — Lieu du dép. de l'Aveyron, en Rouergue, canton de Campagnac, arr. de Millau.

CANADA. — De Canéda, commune du dép. de la Dordogne, arr. de Sarlat. **Canada,** pays de l'Amérique septentrionale, qui a appartenu à la France depuis sa découverte jusqu'en 1760. **Canada,** variété de pommes de reinette, topinambour.

CANAL. — Canal, commune du dép. de **Tarn-et-Garonne**, canton de Grisolles.

CANDLIN. — De Gandelin, commune du dép. de l'Orne, arr. d'Alençon.

CANIARD. — De Caniac, commune du dép. du Lot, arr. de Tarn-et-Garonne, canton de Lauzerte.

CANICHON. — De Cancon, commune du dép. de Lot-et-Garonne, ar. de Villeneuve-sur-Lot. **Canichon**, petit canard,

CANILLON. — De Canillo, bourg dans le val d'Andorre, à peu de distance d'Andorre.

CANNARD. — De Cannae, lieu du dép. du **Tarn**, arr. de Castres. Vient du breton **cann**, bâton blanc. **Canart**, barque.

CANNAVEN. — De Canapville, commune du dép. du Calvados, arr. de Pont-l'Evêque, et com. du dép. de l'Orne, arr. d'Argentan.

CANNON. — Canon, baronnie de Lorraine, et ville de Normandie, dép. du Calvados. **Cannon**, canon, petit canard, prunier dit de Sainte-Lucie, canal, tuyau, pelote, bobine, cens.

CANTERA. — Rivière du Val de Demona en Sicile, qui se jette dans la mer près de **Taormina**. De **canter**, sorte de poids.

CANTIN. — Seigneurie de Picardie, érigée en 1727 pour Remy, diocèse d'Arras, parlement de Douai.

CANTON. — Seigneurie de Bretagne, qui date de 1696, érigée pour De Kerverien. **Canton** signifie partie de pays ou de ville, petit pays doté d'un gouvernement, portion carrée de l'écu, en terme de blason, coin en général, angle, encoignure.

CANTY. — De Canties, commune de la Haute-Garonne, arr. de St-Gaudens.

CANUEL. — De Canihuel, commune du dép. de la Côte-du-Nord, arr. de Guingamp, canton de Rothou.

CANUT. — Bourg du Béarn, diocèse d'Oleron, parlement de Pau. **Canu**, qui a les cheveux blancs de vieillesse.

CANVIN. — De Carvin, commune du Pas-de-Calais, arr. de Béthune.

CAOUET, CAOUETTE.—De Faouet, commune des Côtes-du-Nord, arr. de St-Brieux. **Caouette** vient de cat-huant, pour désigner le chat-huant, et **cahouette** se dit en patois normand pour chouette.

CAPBART. — De Cabas, commune du dép. du Gers, arr. de Mirande. **Cabar,** cabas, clou à tête, noix du Malabar.

CAPEILLÉ.—D'Apilly, commune du dép. de l'Oise. **Capeillé** signifie chapelain.

CAPEL. — Commune de l'arr. de Lille, canton de Cysoing, dép. du Nord. **Capel** signifie chapelle, chapeau, en patois.

CAPELET. — De la Capellette, commune dans l'Agénois, diocèse d'Agen. **Capelet,** enflure qui vient au train de-derrière du cheval, à l'extrémité du jarret. Nom qui fut donné aux soldats albanais.

CAPELIER. — De Caply, lieu du dép .de l'Oise, dans la commune de Vendreuil-Caply. **Capelier,** chapelain.

CAPET. — De Campet, commune du dép des Landes, arr. de Mont-de-Marsan. **Capet,** surnom de Hugues I, roi de la 3e race. Dans le vieux français, **Capet** voulait dire têtu, opiniâtre.

CAPITIEN. — De Capestan, commune du dép. de l'Aude, dans le Bas-Languedoc. **Capitian,** capital, principe.

CAPLAN. — De Capens, commune de la Haute-Garonne, arr. de Muret. **Capelan,** petit poisson de mer ; mot provençal qui se disait pour prêtre

CAPONE. — De Campome, commune des Pyrénées-Orientales, arr. de Prades. Vient de **capon,** projectile de guerre, machine pour lever l'ancre.

CAPUCIN. — De Campuzan, dans le haut Armagnac. On appelle **Capucins** les Augustins réformés.

CAPUT. — De Capuce, dans le bas Armagnac, diocèse de Cominges, parlement de **T**oulouse. Dérive de l'allemand caput, qui se prononce **capoute**. **Capoute** se disait pour perdu, tué, mort.

CAQUEREL, CAQUEREZ. — De Cacqueray, lieu du dép. de la Haute-Marne, arr. de Langres, ou de la Caquereix, seigneurie du Limousin, érigée en 1712 pour De la Porte. **Caquerel**, hareng salé. Vient du grec **kados**, petit baril.

CARABE. — De Carbes, commune du dép. du Tarn, arr. de Castres. **Carabe**, méchant cheval, haridelle.

CARABIN. — De Carbini, commune de la Corse, arr. de Sartène. **Carabin**, sarrazin ou blé noir, cavalier armé d'une carabine.

CARBONNEAU. — De Corbonod, commune du dép. de l'Ain, arr. de Belley. **Carbonnel**, choses que l'on fait cuire sur des charbons.

CARBONNET. — De la Carbonnais, seigneurie de Bretagne, érigée en 1600 pour Du Breuil. **Carbonnée**, variante de carbonnade, signifie chair que l'on met sur les charbons.

CARCASSONNE. Ville du Languedoc, sur la rivière d'Aude, dép. de l'Aude. Dérive de carquois.

CARCY. — De Carsix, commune du dép. de l'Eure, canton et arr. de Bernay.

CARDERON. — De Cordiron, commune du dép. du Doubs, arr. de Besançon, seigneurie de Bretagne, qui date de 1700, en faveur de Perrieu. De **Charderon**, nom de famille normand.

CARDIN. — Commune en Bourgogne, diocèse d'Autin, parlement de Dijon.

CARDINAL. — De Cardinau, lieu du dép. de la Vienne, com. d'Ouzilly. **Cardinal** vient de **cardo**, gond. Il y a l'oiseau, la carde à carder la laine, la pomme d'api du même nom. On appelle **cardinal**, le fondement, le principal d'une chose et qui est par rapport à elle comme un gond par rapport à une porte.

CARDINET. — De Cardet, dan sle dép. du Gard.

CARDON. — De Cardonville, commune du Calvados, arr. de Bayeux. **Cardon**, espèce d'artichaut, dont la tige est

seule bonne à manger. C'est encore une sorte de crevette qui ne rougit point à la cuisson, une poutre, un
chardon. Vient de **car**do, pivot, gond.

CARDONNET. — Lieu du dép. de Lot-et-Garonne, dans
l'Agenois. **Cardonnay**; lieu plein de chardons.

CARDONNETTE. — Commune du dép. de la Somme, arr. de
Montdidier. **Cardonnette**, fleur d'artichaut qui sert de
présure pour cailler le lait.

CARÉ. — De Carhaix, ville de Bretagne, diocèse de Quimper. **Carée** se disait pour charretée, et **caret**, sorte
d'étoffe.

CARESTILLE. — De Carestiemble, lieu du dép. des Côtes-
du-Nord, arr. de Saint-Brieuc.

CARIE. — V. Carry et De Carie. **Cari** se disait pour haridelle, et **carie**, maladie des os qui les corrode.

CARGUERET. — Carguiret, seigneurie de Bretagne, érigée
en 1648 en faveur de Halgoët. Dérive de **cargue**, cordages qui servent à retrousser les voiles.

CARIÉ. — V. Carrier. **Carié**, pourri, rongé des vers. Dérive
du grec **karéin**, fendre.

CARIGNAN. — Ville du dép. des Ardennes, sur le Chiers, à
4 lieues de Sédan, et commune du dép. de la Gironde,
arr. de Bordeaux. Vient de **careignon**, carré de parchemin, ou encore mesure appelée quarte.

CARION. — Carignon, montagne du Roussillon, dans les Pyrénées. **Carion** est la part prise par le voiturier pour
transporter les dîmes dans les granges du décimateur,
c'était la dîme de la dîme.

CARIOT. — Seigneurie bretonne, érigée en 1600 pour Des
Nos. Ce mot vient du grec **karéin**, fendre.

CARLING. — Commune du dép. de la Moselle, canton de
Saint-Avold. **Carlin**, monnaie d'Italie.

CARLOS. — De Charlots, dans le dép. des Bouches-du-
Rhône.

CARLY. — Commune du dép. du Pas-de-Calais, canton de
Samer. **Carlis**, carrelage, bois de lit.

CARMEL. — De Charmel, commune du dép. de l'Aisne, arr. de Château-Thierry. Le **Carmel** est une montagne de Palestine, au sud d'Acre.

CARNOY.—Commune du dép. de la Somme, arr. de Péronne.

CARON. — De Caromb, commune~du dép. de Vaucluse, arr. carrefour, carré quelconque. En charcuterie, un **caron** est une bande de lard d'où le maigre a été enlevé. Dérive du bas-latin **caronius** et du latin **carrus**, chariot.

CARPENTIER. — De Charpentry, commune du dép. de la Meuse, arr. de Verdun. **Carpentier** se disait pour charpentier. Les Latins appelaient **carpentarii** ceux qui fabriquaient les chariots appelés **carpente**, char.

CARPENTRAS. — Ville de Provence, ancienne capitale du Comtat Venaissin, sur l'Auson, au pied du mont Ventoux.

CARPIN.—De Campan, commune des Hautes-Pyrénées, arr. de Bagnère. **Carpin** est une plante à fleurs triangulaires, qui croît dans les forêts. C'est encore le nom d'un bois blanc et solide.

CARRÉ. — Carrés, com. en Bourgogne, diocèse d'Autun. **Carré** ou oreiller.

CARREAU. — De Carros, commune du dép. du Var, arr. de Grasse. **Careau** se disait pour pavé, coussin, flèche, dard, briquet, pierre, foudre, siège, maladie.

CARREROT. — De Carrère, commune des Basses-Pyrénées, arr. de Pau, canton de Thèze. **Carrerot**, pièce de terre carrée.

CARRIER. — De Carri, commune du dép. des Bouches-du-Rhône, arr. d'Aix. **Carrier** ou **charrier**, est une grosse toile sur laquelle est placée la cendre dans le cuvier. Se dit des marchands de pierre ou de l'entrepreneur qui fait ouvrir une carrière. Carrier veut dire causer, babiller.

CARRIERE. — De Carrières, dans le dép. de Seine-et-Oise, arr. de Versailles. **Carrière** ou **charrière**, lieu par où passent les charrettes.

CARRIGUE. — Garrigues, communes dans le Languedoc, dép. de l'Hérault et du **Tarn**. V. Garrigue.

CARRY. — Seigneurie de Provence, diocèse et parlement d'Aix, et Carri-le-Rouet, dan sle dép. des Bouches-du-Rhône, arr. d'Aix, canton de Martigues. **Carri**, cri de révolte, **carrie**, encoignure.

CARTEL. — Cartels, lieu dan sle dép. de l'Hérault, dans la commune de Le Bosq. **Cartel** signifie pendule, mèsure de blé, lettre de défi, et **cartèle**, console, péristyle.

CARTIER. — De Cartigny, commune du dép. de la Somme, arr. et canton de Péronne. **Cartier**, ouvrier qui fait des cartes à jouer ou en trafique. C'est aussi un artilleur, un quartier, un cantonnement.

CARTIGNIER. — De Cartignies, commune du dép. du Nord, arr. d'Avesnes.

CARTON. — Du Cartron, seigneurie de Bretagne, érigée en 1668 pour Bridou. **Carton** se disait pour mesure de grains, volume de cartes marines, grosse carte, charretier. Dérive du grec **kartès**, gros papier.

CASAC. — De Cauzac, commune du dép. de Lot-et-Garonne, arr. d'Agen. **Casac** ou **casaque**, sorte de manteau, troupes.

CASAU. — **Casault**. V. Cascan.

CASAUBON. — Cazaubon, commune du dép. du Gers, arr. de Condom.

CASAVANT. — De Cavan, commune des Côtes-du-Nord, arr. de Lannion. **Cassavant** ou chasse - avant, se dit de l'homme préposé dans les ateliers pour veiller sur les manœuvres et presser le travail.

CASCAGNET. — Cassagnet, seigneurie de l'Armagnac, qui date de 1500.

CASCARET. — De Casterets, commune des Hautes-Pyrénées, arr. de Bagnères. **Cascaret**, terme de mépris.

CASEAU. — Caseaux, seigneurie dans le Languedoc, instituée en 1675 pour De la Barthe. **Casau** se dit pour jardin, dans le midi de la France. Un **casal** est un bourg, un village, une maison, un terrain propre à bâtir.

CASELIER. — De Chazelet, commune du dép. de l'Indre, arr. de Le Blanc. **Caselier** vient de **casele**, petite case, maisonnette, hameau.

CASENEUF. — De Caseneuve, commune du dép. de Vaucluse, canton d'Apt.

CASGRAIN. — De Courgains, commune du dép. de la Sarthe, arr. de Mamers. Mot composé de **casse**, coffre, caisse, et de **grain**, tout ce qu'on peut employer en cuisine.

CASSAIGNE. — Petite ville de la Gascogne, à 3 lieues de Condom, dans le dép. du Gers.

CASSARD. — De Chassors, commune de la Charente, arr. de Cognac. **Casart**, gouttière.

CASSAUD. — De Causse, commune du dép. du Gard, arr. Le Vignau. **Cassaud**, cassot, petite casse, lépreux.

CASSE. — De Casse, seigneurie de Guyenne. **Casse** signifie lèchefrite. **Cassa** signifiait jadis casserole. Vient du celte **casz**, poêle à frire. A Lyon une **casse** est une poêle. Casse, chêne, en patois, et en vieux français, 'châsse, caisse.

CASSÉ. — Seigneurie de Bretagne, érigée en 1668 · pour Bonyn. **Casser**, verbe, se dit pour se tourmenter, manger, le sucre poussé jusqu'au cinquième degré de cuisson est du sucre à **cassé**.

CASSEL. — Ville du dép. du Nord, dans l'ancienne Flandre, arr. d'Hazebrouck. **Cassel**, caisse, caisson.

CASSENEAU. — De Cassen, commune du dép. des Landes, en Gascogne, canton de Montfort, arr. de Dax.

CASSENEUVE, CASSENAUVE. — Baronnie en Provence, diocèse d'Apt, parlement d'Aix. Dérive de **casse**, en bas-breton, cassette.

CASSIN. — De Cassen, commune du dép. des Landes, arr. de Dax. **Cassin**, chêne, partie d'un métier pour fabriquer les étoffes de soie ou de gaze, petite maison de campagne.

CASSISTA. — De Casta, commune de la Corse. Dérive de **kaciss**, grosiller à fruit noir.

CASSON. — Commune de la Loire-Inférieure, arr. de Châteaubriant. **Casson**, les branches les plus basses d'un arbre. C'est encore un morceau de sucre, d'où vient le mot cassonade, le quart d'un arpent.

CASTAGNET. — De Castagnède, commune des Basses-Pyrénées, arr. d'Orthez. **Castagnet**te, instrument composé de deux petits morceaux de bois ou d'ivoire, que l'on fait résonner en les frappant l'un contre l'autre.

CASTANET. Commune de la Haute-Garonne, arr. de Toulouse.

CASTANIER. — De Castagnier, commune située à 4 lieues de Nice, dans le dép. des Alpes-Maritimes. De **castegnière**, châtaignerie.

CASTEL. — Deux seigneuries de ce nom, une en Bretagne, érigée en faveur de Clément en 1668, et l'autre en Normandie, érigée pour De Castel en 1770. **Castel** signifie château.

CASTELLANE. — Ville des Basses-Alpes. **Castellane**, castillan. Dérive du portugais **casta**, race pure.

CASTERAN. — De Casteron, commune du dép. du Gers, arr. de Lectoure.

CASTEREAU. — De Castéra, commune du dép. de la Haute-Garonne, arr. de Toulouse, et ancien marquisat. Dérive de **casta**, race pure.

CASTILLE. — Seigneurie et puis baronnie en 1748, dans l'Uzège, en faveur de Froment. **Castille** signifie querelle, différend. C'est encore une petite groseille.

CASTILLON. — Six seigneuries de ce nom, dont trois en Normandie, deux en Gascogne, et une en Bigorre. **Castillon**, diminutif de **castel**. **Castillon**, castillan.

CASTONGUAY. — Nom qui semble avoir été formé au Canada. Il est composé de **Caston**, corruption de Gaston, nom de baptême, et de Guay, nom de famille. C'est donc un individu du nom de Gaston Guay qui est la souche de cette famille.

CASTOURI. — De Casteri, commune du dép. de la Corse, arr. de Calvi, canton de Muro.

CATALAN. — Les Catalans, dans le Haut-Languedoc, diocèse de Montauban. Qui a rapport à la Catalogne, ou qui est de Catalogne, province d'Espagne.

CATALOGNE. — Province d'Espagne, bornée au nord par les Pyrénées. Vient de **Gothalonia**, pays des Goths, parce que ceux-ci s'établirent dans cette partie de l'Espagne. La **catalogne** est une sorte de couverture de laine blanche.

CATEL. — De Castel, commune du dép. de la Somme, arr. de Montdidier. Le **catel** est une chose qui tient le milieu entre les meubles et les immeubles, comme des moulins, des navires, des fruits à l'arbre qui sont immeubles.

CATELAN. — De Catallans. V. Catalan. **Catelain**, châtelain.

CATELET. — Commune du dép. de l'Aisne, arr. de Saint-Quentin..

CATELLIER. — De Catelier, dans la Normandie, canton de Longueville, arr. de Dieppe. **Catellier,** dim. de catel. V. ce nom.

CATIGNAN. — Catignon, commune du dép. du Nord, arr. de Cambrai, canton de Cateau. Dérive du gallois **cat**, qui veut dire troupe, armée, bois.

CATIGNY. — Commune du dép. de l'Oise, arr. de Compiègne.

CATIN.—De Castin, commune du dép. du Gers, arr. d'Auch. Catin, dim. de Catherine, signifie plat, du latin **catinus**.

CATIS. — Commune de Normandie, diocèse de Coutances. Catis, calin.

CATON. — Commune du Bas-Languedoc, diocèse d'Uzès. Caton, masse de farine qui s'agglomère par l'humidité, gâteau sucré.

CATTEVILLE. — Commune du dép. de la Manche, arr. de Valognes.

CAUCHET. — De Chauchet, commune du dép. de la Creuse, arr. d'Aubussòn. **Cauchet, variante de caucer, chausser, ganter.

CAUCHOIS. — De Cauchaix, seigneurie de Bretagne, érigée en 1480 pour de Gautron. **Cauchois** veut dire né au pays de Caux, en Normandie. On appelle pigeons cauchois les pigeons de Caux, parce qu'ils étaient plus gros que ceux des autres lieux. **Cauchois,** bâti avec de la chaux, et **cochois,** filet.

CAUCHON.—De Gausson, commune des Côtes-du-Nord, arr. de Loudéac. **Cauchon,** chausson. Vient de **cauche,** bas.

CAUCHY. — Commune du Pas-de-Calais, arr. de Béthune. **Cauchie,** levée, chaussée, chemin pavé.

CAUTE. — De Côte, commune de la Haute-Savoie, arr. de Lure. **Caute,** attention, précaution.

CAUVET. — De Cauverville, commune du dép. de l'Eure, arr. de Pont-Audemer. **Cauvet,** chat-huant.

CAUVIN. — De Cauville, commune du dép. du Calvados, arr. de Falaise, canton de **Thury-Harcourt.** De **cavain,** chemin creux, trou, grotte, vallée.

CAVELIER. — De Cavalière, dans le dép. du Var, commune de Bornes. Dérive de **cavel,** cheveu, ou du grec **kaos,** vide.

CAYER. — V. Cailler. **Cayer,** paquet de quatre chandelles.

CAYET. — De Cailleville, commune de la Seine-Inférieure. Dérive de **cay,** quai.

CAYLAN. — De Calan, com. du Morbihan, arr. de Lorient.

CAYOU. — De Cailloux, commune du dép. du Rhône, arr. de Lyon.

CAYOUETTE. — De Cailloùet-Orgeville, commune du dép. de l'Eure, arr. d'Evreux. **Caillouet,** sorte de poire.

CAZAL. — Commune du dép. du Lot, arr. de Cahors. **Cazal,** bourg, village.

CAZALAIST, CAZALET. — De Cazoulès, commune de la Dordogne, arr. de Sarlat.

CAZAVAN. — V. Casavant.

CAZE, CAZES.—Commune du dép. de **Tarn-et-Garonne**, arr. de Moissac. **Case**, cabane, maison, et **caz**, haut du bord d'une robe.

CAZEAU. — Commune de la Haute-Garonne, et lieu dans le dép. de la Gironde, canton de la **Tête-de-Buch**. **Cazeau**, dim. de **caze**, cabane.

CAZENEUVE. — Commune du dép. du Gers, arr. de Condom.

CAZIN. — Seigneurie de Bretagne, érigée en 1700 pour Etienne.

CAZOL. — De la Cazolle, dans le Rouergue, parlement de Toulouse, dép. de l'Hérault. **Cassole**, petite caisse.

CEACY. — De Ceaucé, commune du dép. de l'Orne, arr. de Domfront. Dérive de **ceau**, ciel.

CECILE. — Com. du dép. de la Manche, arr. d'Avranches.

CEDERAT. — De Ceyrat, commune du Puy-de-Dôme, arr. de Clermont-Ferrand. **Cédrat**, citronnier.

CELERIER. — Seigneurie de Gascogne, érigée en 1697 pour De Marches. **Cellerier**, économe ou préposé à ce qui regardait les provisions de bouche, dans les monastères.

CELIS. — De Cély, commune du dép. de Seine-et-Marne, arr. de Melun.

CELLE. — Commune du dép. de l'Orne, arr. de Domfront. V. Celles.

CELLES. — Communes du Cantal, de l'Ariège, de la Charente-Inférieure, de l'Hérault, de la Haute-Marne. **Celle**, maison, ermitage, case, siège, selle. Dans le droit féodal, celle signifiait maison, demeure, mélange de biens des personnes de condition servile.

CELLIER. — Commune du dép. de la Loire-Inférieure, canton de Ligné. Le **cellier** est le lieu où l'on sert les provisions, le vin, le bois, etc.

CELLOS.—De Celoux, commune du Cantal, arr. de St-Flour. **Celoce**, chaloupe.

CENTOIRE.—De Santerre, dans le Puy-de-Dôme, commune de Manzat.

CERAT.—De Ceyras, dans le Bas-Languedoc, et Ceyrat en Auvergne. **Cérat,** liniment fait d'huile et de cire, mais consistant.

CERE.—Cère, commune dans les Landes, arr. de Mont-de-Marsan, canton de Labrit. **Cerre,** espèce de chêne.

CERISE.—De Cerise, lieu dans le dép. de Tarn-et-Garonne, canton d'Auvillars, arr. de Moissac. **Cerise,** fruit du cerisier.

CERISIER.—Cerisiers, bourg de la Champagne, dép. de l'Yonne, arr. de Joigny, à 3 lieues de Sens.

CERRÉ.—Ceré, dans le dép. d'Indre-et-Loire, arr. de Tours, canton de Bléré, ou Ceret, ville du Roussillon, dép. des Pyrénées-Orientales, à 4 lieues de Perpignan.

CERTIN.—De Certines, en Bourgogne, diocèse de Lyon, parlement de Dijon. **Certin,** certain, constant, instruit, assuré.

CERVEAU.—De Servoz, commune de la Haute-Savoie, arr. de Bonneville. **Cerveau,** esprit, cervelle, jugement.

CESAR.—De Cézas, commune du dép. du Gard, arr. Le Vigan. **César,** chevelu, empereur.

CETEAU.—De Cette, commune du dép. de l'Hérault, arr. de Montpellier. Vient de **cete,** cétacé.

CHABALE CHABOLE.—De Chambolle, commune de la Côte-d'Or, arr. de Dijon. Dérive du grec **kabos,** mesure de blé. **Chabale,** cheval.

CHABENAC.—De Chamblac, commune du dép. de l'Eure, arr. de Bernay.

CHABOILLEZ.—De Chambois, commune du dép. de l'Orne, arr. d'Argentan. Dérive du grec **kabos,** mesure de blé, cheval.

CHABOT.—De Chabottes, commune du dép. des Hautes-Alpes, arr. de Gap. **Chabot** se dit dans les îles de la Manche pour **cabot,** poisson. Se dit encore pour branche

de sarment, détachée du cep, pour la planter. Vient de
l'arabe schabot, qui est un nom de poisson.

CHADILLON. — De Chandon, commune du dép. de la Loire,
arr. de Roanne.

CHADRON. — Commune de la Haute-Loire, arr. du Puy.
Chadron, chaudron, petite chaudière.

CHAGNON, CHAIGNON. — De Chagnon, commune du dép.
de la Loire, arr. de Saint-Etienne. Chagnon, nuque, chi-
gnon du cou, tête, chaînon, crochet, échelle de charrue.

CHAHALE. — De Chail, commune du dép. des Deux-Sèvres,
arr. de Melle. Chaable, catapulte, contusion, chablis.

CHAIER, CHAILLE. — De Chaillé, commune de la Vendée,
arr. de Fontenay-le-Comte; ou de Chailley, dans l'Yonne,
arr. de Joigny. Chaier, petite monnaie d'argent valant
environ quatre sous de France, monnaie persane.

CHAILLON. — Commune du dép. de la Meuse, canton de
Vigneulles, et seigneurie de Bretagne, qui date de 1668,
et érigée en faveur de Gaudrion. Chaillon signifie petit
chien. Chaillons, hardes, guenilles.

CHAIGNEAU. — De Chaignes, commune du dép. de l'Eure,
arr. d'Evreux.

CHAILLOT. — Marquisat de la Franche-Comté, érigé en
1746 pour De Chaillot. Chaillot veut dire caillou.

CHAILLOU. — Seigneuries de Bretagne et de l'Orléanais,
la première en 1500 et la seconde, en 1600. Chaillou
signifie caillou.

CHAILLY. — Seigneuries de Bourgogne et de Normandie,
qui datent respectivement de 1659 et de 1770, et com.
du Loiret et de la Brie.

CHAINE. — Seigneurie bretonne, érigée en 1696 pour Henry.
Chaîne, suite d'anneaux engagés les uns dans les autres,
chêne.

CHAINÉ. — Commune du dép du Jura, canton de Chaussin,
arr. de Dôle. Chaînée, mesure de terre équivalant à la
perche, ou centième partie de l'arpent, ou ligne de
petits tas de fumier dans un champ avant l'épandage.

CHALADE. — De Cheylade, dans le dép. du Cantal, arr. et canton de Murat.

CHALBERT. — De Salbert, commune du Teritoire de Belfort, canton de Belfort.

CHALES. — Challes, commune du dép. de l'Ain, arr. de Nantua, et Challes, commune du dép. de la Sarthe, arr. du Mans. Se disait pour Charles: **Challe** li **Chaux** pour Charles le Chauve. **Challer** signifie écaler, ôter la coque des noix. **Challe**, gaufrier.

CHALETTE. — De Chalette, commune du dép. de l'Aube, arr. d'Arcis-sur-Aube.

CHALIFOUR. — De Chalifert, commune du dép. de Seine-et-Marne, arr. de Meaux.

CHALIS, CHALY. — De Challuy, commune du dép. de la Nièvre, arr. de Nevers. **Chalit**, bois de lit. Dérive du bas-latin **cadelitus**, lit de parade.

CHALONS. — Commune du dép. de l'Isère, arr. de Vienne, et ville de la Marne. **Châlons**, filet mis dans les rivières entre deux bateaux, c'est aussi un bateau, un chaland.

CHALOULT. — De Chalou-Molineux, commune du dép. de Seine-et-Oise, arr. d'Etampes. **Chaloult** ou chat-loup, nom du lynx.

CHALUT. — Chalus, ville et châtellenie dans le Limousin, dép. de la Haute-Vienne, arr. de St-Yreix.

CHAM. — De Chammes, commune du dép. de la Mayenne, arr. de Laval. **Cham,** nom d'un des fils de Noé, est aussi un titre donné aux souverains de Tartarie, et aux seigneurs de la cour de Perse.

CHAMAILLARD. — De Chamouillac, commune de la Charente-Inférieure, arr. de Jonzac. Vient de **chamaille,** combat.

CHAMARD. — De Chaumard, commune du dép. de la Nièvre, arr. de Château-Chinon. **Chamarre,** habit de berger fait de peau de chèvre ou de mouton, vêtement, robe.

CHAMB. — De Chambre, commune de la Savoie, dép. du Mont-Blanc. **Chamb,** chanvre.

CHAMBALON. — De Chambéon, commune du dép. de la Loire, arr. de Montbrison. **Chambalon,** bâton pour porter les seaux d'eau.

CHAMBEAU. — De Chambost, commune du dép. du Rhône, arr. de Lyon. **Chambeau,** chambel, ressort courbé en arc, partie d'un engin propre à prendre les oiseaux.

CHAMBELLAN. — De Chamballan, seigneurie de Bretagne, érigée pour d'Argentré. **Chambellan,** officier attaché au service de la chambre des rois et des seigneurs.

CHAMBELLI. — De Chambilly, commune du dép: de Saône-et-Loire, arr. de Charolles.

CHAMBERLAND. — De Chamblains, commune de la Côte-d'Or, arr. de Beaune. Autrefois l'on disait plutôt **chambrelan** que chambellan, et, à Paris, l'on appelait **chambrelans,** les gens de métier qui ne sont point maîtres et qui travaillent. Dérive du grec **kamera,** chambre.

CHAMBERY. — Seignurie du Limousin, érigée en 1479 pour De Rosière, et ville de France, en Savoie.

CHAMBLY. — Ville de France, à 4 lieues de Senlis, en Picardie. **Chamblis,** sorte d'étoffe.

CHAMBORD. — Chambord, commune dans le dép. de l'Eure, arr. d'Evreux, et dans le dép. de Loir-et-Cher, arr. de Blois. **Chambord** signifie bord non labouré d'un champ.

CHAMBOUX. — De Chambourg, commune du dép. d'Indre-et-Loire, arr. de Loches.

CHAMELA. — De Camélas, commune des Pyrénées-Orientales, arr. de Perpignan. Dérive de **calma,** bruyères.

CHAMELOT. — De Chamole, commune du Jura, arr. de Poligny.

CHAMIAND. — De Chaméane, commune du Puy-de-Dôme, arr. d'Issoire.

CHAMOIS. — Chamoy, seigneurie de Champagne, érigée en 1770 pour Du Rousseau de Chamoy. **Chamois** veut dire froissement, souillure faite par le contact de l'armure blé bruiné, chameau.

CHAMOUX. — De Chamoux, commune du dép. de la Savoie, arr. de Chambéry, et commune du dép. de l'Yonne, canton de Vézelay.

CHAMP. — Seigneurie en Forez, érigée pour De Luzy. Champ veut dire bataille.

CHAMPAGNE. — Seigneuries en Champagne, en Franche-Comté, dans le Maine, en Normandie, aussi province de France, dans la partie occidentale du Berry. Vient de **campana**, plaine, fonds de terre, grande étendue de pays plat.

CHAMPAGNY. — Seigneurie dans le Forez, érigée en 1699 pour De Nompère, et communes dans les dép. de la Côte-d'Or et du Jura.

CHAMPEAU. — Seigneurie de Champagne, érigée en 1649 pour De Reaulx. **Champeau** veut dire petit champ, champ de bataille, combat en plaine.

CHAMPENOIS. — De Champenoy, dans le Pays Messin. **Champenois** se dit de celui qui est de la Champagne.

CHAMPFLOUR. — De Champfleur commune du dép. de la Sarthe, canton de Saint-Paterne, arr. de Mamers. **Champfleur** signifie champ de fleurs.

CHAMPIGNI. — Seigneurie du Poitou, érigée en 1318 pour Chabot, et communes des dép. de la Seine, de l'Yonne, de Seine-et-Marne, et de la Touraine.

CHAMPION. — De Champéon, bourg de la Mayenne, à 4 lieues de Saint-Fargeau. **Champion** est un homme qui se bat en duel, c'est aussi un homme de guerre fort et courageux, étalon, (mesure).

CHAMPLAIN. — Commune du Nivernais, diocèse de Nevers, parlement de Paris.

CHAMPONT. — Commune en Saintonge, diocèse de Saintes. **Champon**, champ de bataille, champ.

CHAMPOUX. — Commune du dép. du Doubs, canton de Marchaux, arr. de Besançon.

CHAMPRON. — Commune du Perche, diocèse de Séez, et,

Champrond, seigneurie de Bourgogne, érigée en comté en 1644, en faveur de Vichi.

CHANCELIER. — De Chancelay, seigneurie de Borgogne ou de Chancelée, seigneurie du Poitou. **Chancelier** était le premier officier de la Couronne en ce qui a trait à la justice, et le chef des conseils du roi

CHANDELIER. — De Chandai, commune du dép. de l'Orne, arr. de Mortagne. **Chandelier** est l'ouvrier ou le marchand qui vend des chandelles de la fête de la chandeleur, serf qui payait une redevance en cire ou en argent.

CHANDELLIN — De Gandelain, com. du dép. de l'Orne, arr. d'Alençon.

CHANDOYSEAU. — De Champ-d'oiseau, commune du dép. de la Côte-d'Or, arr. de Semur. **Chandoyseau,** chant d'oiseau.

CHANIER. — Ville de la Charente-Inférieure, arr. de Saintes. Dérive de **chanir,** blanchir.

CHANJON. — De Chandon, commune du dép. de la Loire, arr. de Roanne. **Chanjon,** changeons.

CHANSE. — De Chance, rivière du dép. de la Moselle, qui se jette dan sla Moselle, près de **Thionville. Chanse,** lot, fortune, chance.

CHANTAL. — Du Cantal, dép. de France, dont **Aurillac** est le chef-lieu. Dérive de **chante,** espèce de monnaie, jante.

CHANTELOUP. — Communes des dép. de l'Eure, de Seine-et-Oise, de la Manche, et d'Ille-et-Vilaine. **Chantelou,** nom d'un religieux accusé d'avoir conseillé l'assassinat de Puylaurent, à Bruxelles. C'est aussi le nom d'un magnifique château près d'Amboise, bâti par le prince des Ursins, et embelli par le duc de Choiseul.

CHANTELOY. — De Châtenois, communes du Jura, de la Haute-Savoie et des Vosges.

CHANTENET. — De Chantenay, commune du dép. de la Sarthe, arr. de La Flèche.

CHANTEREAU. — Seigneurie du Nivernais, érigée en 1667

pour De Reugny. **Chantereau,** livre de messe, petit chantre.

CHANTIGNY. — De Chantilly, bourg du dép. de l'Oise, canton de Creil. De **chantille,** brique mince, contre-mur.

CHANUD. — Chanu, commune du dép. de l'Orne, arr. de Domfront. **Chanu,** blanc de vieillesse.

CHAPAIS. — De Chapet, commune du dép. de Seine-et-Oise, arr. de Versailles, canton de Meulan. **D**érive de **chap,** capitation ou droit imposé dans la ville de Mende au cadastre, ou du latin **caput,** tête. **C**hapais, chapé, revêtu d'une chasuble, individu qui a une grosse et forte tête.

CHAPEAU. — Commune du dép. de l'Allier, arr. de Moulins. **Chapeau,** couronne, guirlande, dot, armure, chaperon d'un mur, enduit sur la tranche d'une muraille.

CHAPDELAINE, CHAPELAINE. — De Chapelaine, com. du dép. de la Marne, arr. de Vitry. **Chapdelaine,** châtelaine.

CHAPELAIN. — De Champlan, commune de Seine-etOise, arr. de Corbeil. **Chapelain,** celui qui est pourvu d'une chapelle ou chapellenie, prêtre qui dessert une chapelle ou qui va dire la messe dans une maison particulière.

CHAPELET.—De Champlay, commune du dép. de l'Yonne, arr. de Joigny. **Chapelet,** armure, couronne, marque seigneuriale, poésie, couverture de tête, petit chapeau et **chapelée,** la contenance d'un chapeau.

CHAPELLE. — Nombreuses communes de ce nom, en Vendée, dans le Morbihan, dans les dép. de la Sarthe, de la Seine-Inférieure, de la Haute-Saône, de la Loire-Inférieure, de Seine-et-Marne, de l'Oise, de la Haute-Savoie, etc. **Chapelle,** musique, ornements d'église, petite chape, reposoir, alambic, auvent, bouquet, guirlande.

CHAPELOT.—De Champlost, commune du dép. de l'Yonne, arr. de Joigny. **Chapelot,** chapeau.

CHAPERON. — De Champrond, commune du dép. d'Eure-et-Loir et de la Sarthe. **Chaperon,** marque de distinc-

tion, de deuil, vase. Dérive de **capparone**, ablatif de
capparo, fait de **cappa**, habillement de tête. Autrefois
les officiers des parlements portaient des chaperons sur
leurs têtes.

CHAPITEAU. — De Champitte, commune du dép. de la
Haute-Saône, arr. de Gray. **Chapiteau**, auvent.

CHAPLEAU. — De Champlost, com. du dép. de l'Yonne, arr
de Joigny. **Chapleau** vient de **chaple**, combat, abattis
d'arbres, chapelure.

CHAPON. — De Champlon, commune du dép. de la Meuse,
arr. de Verdun. **Chapon**, se dit pour portion d'un sarment de vigne, servant à sa multiplication par bouture.

CHAPPEAU. — De Chappes, ville de Champagne, dép. de
l'Aube, à 4 lieues de Troyes. Ancienne seigneurie qui
date de 1400.

CHAPT. — De Chaptes, commune du dép. du Gard, arr.
d'Uzès. **Chapt** est un mot injurieux.

CHAPUT. — Du Chapus, nom d'un fort à l'embouchure et à
droite de la Seude, dans la Charente-Inférieure. **Chaput**
est une espèce de billot pour travailler l'ardoise, et lui
donner telle figure qu'on veut. **Chaput** veut dire encore
charpentier.

CHAPUY. — De Chapuis, seigneurie en Franche-Comté,
devenue marquisat en 1740 en faveur de Chapuis de
Rosières. **Chapuis** signifie charpentier et billot.

CHARAUD. — Charault, seigneurie dans le Poitou, érigée
en 1753 pour De Fumé. **Charaut** signifie sortilège,
grange, cuve pour transporter la vendange.

CHARBONNEAU. — De Charbogne, commune des Ardennes,
arr. de Vouziers. Dim. de **charbon**, nom de bœuf à la
robe charbonnée, nom du charbon blanc.

CHARBONNIER. — Commune du Bas-Languedoc, diocèse
de Puy. Seigneurie en Bourgogne, érigée en 1680 pour
De Bragelongne. **Charbonnier** est celui qui fait ou vend
du charbon. C'est encore une spèce de mézange plus
noire que les autres, un embrasement de charbon.

CHARDON. — De Sardon, com. du dép. du Puy-de-Dôme, arr. de Riom. **Chardon** veut dire charançon, insecte qui se met dans le blé.

CHARDONNEREAU. — De Chardogne, commune du dép. de la Meuse, arr. de Bar-le-Duc. **Chardonnereau,** petit chardonneret.

CHAREST. — De Charrais, commune de la Vienne, arr. de Poitiers. **Charaye,** sortilège, enchantement, et **charret,** rouet.

CHARETTE. — Commune du dép. d el'Isère, arr. de La-Tour-du-Pin.

CHARIER. — De Chariez, commune de la Haute-Saône, arr. de Vesoul. **Charier,** charger, charrier.

CHARLAND. — De Challans, commune de la Vendée, arr. des Sables-d'Olonne. **Charlan,** chalan, personne qui a un attachement marqué pour une maison.

CHARLEBOIS. — De Sarlabous, commune des Hautes-Pyré-nées, arr. de Bagnères-de-Bigorre. Mot composé de **char,** charriot, et de **bois.**

CHARLERY. — De Charlix, commune du dép. de l'Ain, arr. de Nantua. **Charlerie,** fabricant de chaussures, charron-nage.

CHARLES. — De Charlas, commune de la Haute-Garonne, arr. de Saint-Gaudens. **Charles,** nom d'homme, vient de **karolus,** fourbe; nom d'une monnaie appelée aussi florin.

CHARLOT. — Des Charlots, dans le dép. des Bouches-du-Rhône. **Charlot,** dim. de Charles.

CHARLUT. — Châtellenie, dans le dép. du Cantal, à 7 lieues de Mauriac.

CHARLY. — Commune du dép. de l'Aisne, arr. de Château-Thierry.

CHARMOIS. — Communes des dép. des Vosges et du Terri-toire de Belfort. **Charmois,** lieu planté de charmes.

CHARNA. — Charnas, commune du dép. de l'Ardèche, et Charnat, commune du Puy-de-Dôme. **Charnat** se disait pour ustensile, équipage.

CHARNAY. — Commune du dép .de Saône-et-Loire, arr. de Mâcon, et communes du Lyonnais et du Doubs. **Charner,** nourrir un oiseau de proie.

CHARNERRE. — De Charnècles, com. du dép. de l'Isère, arr. de Sanit-Marcellin, canton de Rives. De **charner,** nourrir un oiseau de proie.

CHARNEVE. — De Sallenoves, commune de la Haute-Savoie, arr. d'Annecy, canton d'Annecy-Nord.

CHARNIER. — De Charnay, commune du dép. du Rhône, arr. de Villefranche. **Charnier** signifie boucher, échalas, charnière, qui dévore les chairs.

CHARNIZAY. — Commune du dép. d'Indre-et-Loire, en Touraine, à 4 lieues de Loches.

CHARNY. — Communes des dép. de la Meuse, arr. de Verdun, de Seine-et-Marne, et de l'Yonne. **Charnie,** plaine non labourée, chiourme.

CHARON. — Bourg du pays d'Aunis, sur la mer, à 3 lieues de La Rochelle. **Charon,** artisan qui fait des charrettes, des carosses; sorte de char.

CHAROT. — Charost, duché-pairie de Béthune, dans le Berry, sur l'Arnon, à 5 lieues de BMourges. **Charot,** chariot.

CHAROUX. — Ville du Poitou, près de la Charente, et ville du Bourbonnais, dép. de l'Allier, près de la Sioule. **Charoux** veut dire carossable.

CHARPENET. — De Chaponnay, commune du dép. de l'Isère, arr. de Vienne.

CHARPENTIER. — De Charpentry, commune du dép. de la Meuse, ar. de Verdun. **Charpentier,** ouvrier qui taille et assemble la charpente.

CHARREY. — De Charrey, commune du dép. de la Côte-d'Or, arr. de Beaune. **Charrey,** cendre au fond du cuvier, après la lessive; **charrey,** mâchoire.

CHARRIER. — De Charrey, commune de la Côte-d'Or, arr. de Châtillon. **Charrier,** aller, procéder. Dérive du latin **cariare,** de l'anglais **carry,** de l'allemand **karren,** et du suédois **kora.**

CHARRIOT. — De Charix, commune du dép. de l'Ain, arr. de Nantua.

CHARRON. — Commune de la Charente-Inférieure, arr. de La Rochelle. **Charon,** qui fait des charrettes. Du latin **caronne,** ablatif de **carro,** fait de **carrus.**

CHARRUAU. — De Sarrus, commune du dép. du Cantal, arr. de Saint-Flour. Vient de **charuer,** traîner ou mener la charrue.

CHARTEGNIER. — De Chartrenais, commune de l'Anjou, diocèse d'Angers. **Chartenier,** celui qui a soin des chartes.

CHARTIER. — De Sartilly, commune du dép. de la Manche, arr. d'Avranches. **Chartier,** infirme, impotent, géôlier, cocher.

CHARTON. — De Chartronges, commune du dép. de Seine-et-Marne, arr. de Coulommiers. **Charton,** charretier ou cocher qui conduit une charrette.

CHARTRAIN. — De Chartres, ville du dép. d'Eure-et-Loir, et commune d'Ille-et-Vilaine, arr. de Rennes. **Chartrain,** qui est de Chartres, monnaie. Dérive du grec **kartès,** gros papier.

CHARTRÉ. — De Chaltrait, commune du dép. de la Marne, arr. d'Epernay. **Chartré,** emprisonné. **Chartrer,** gratifier d'une charte, garder en prison. Vient du latin **carcére,** ablatif de **carcer,** prison.

CHARVET. — Vallon ainsi nommé dans le val d'Isère, à peu de distance de Moutiers.

CHASLES. — Communes des dép. de la Sarthe et de l'Ain. **Chail,** caillou.

CHASSE. — Communes des dép. de l'Isère et des Basses-Alpes. **Chasse,** chas d'une aiguille, cadre, boîte, coquille de limaçon.

CHASSÉ. — Commune du dép. de la Sarthe, arr. de Mamers. **Chassé,** nom d'un pas de danse, vient de **casa,** maison.

CHASSEUR. — Chassors, commune de la Saintonge, diocèse

de Saintes, parlement de Bordeaux. **Chasseure,** ficelle mince qui termine le fouet.

CHASSIN. — Seigneuries du Berry et du Nivernais, la première en 1618 en faveur de Gigault, et la seconde en 1300 pour De la Rivière. **Chassin** se disait pour assassin, châssis.

CHASTENAIS. — De Chastenay, commune dans le dép. de l'Yonne, canton de Courson, arr. d'Auxerre. **Chastenet** se disait pour châtaignerie.

CHATAIGNE. — De Chastang, commune du dép .de la Corrèze, arr. de Tulle. **Châtaigne,** fruit du châtaignier.

CHATEAU. — Seigneurie de Bretagne, érigée en 1248 en faveur de De Châteaubriant. **Châteaubriant,** filet de bœuf grillé.

CHATEAUFORT. — Seigneurie en Bretagne, érigée pour Boutier en 1668, et commune du dép. de Seine-et-Oise, canton de Palaiseau, arr. de Versailles. **Châteaufort,** citadelle des temps féodaux.

CHATEAUGUAY. — Bourg d'Auvergne, dép. du Puy-de-Dôme, à une lieue de Riom.

CHATEAUNEUF.—Nombreuses seigneuries, baronnies, marquisats et comtés de ce nom. En Bretagne, ce fut un marquisat, érigé en 1702 en faveur de Berringen.

CHATEAUVERT. — Château-Verd, localité près de Marseille-lès-Aubigny, en Charente. Une autre du même nom près de Varzy, dans le dép. de la Nièvre, et encore com. du dép .du Var canton de Cotignac, arr. de Brignoles.

CHATAUVIEUX.—Seigneurie en Bretagne, érigée en 1696 pour De Girard, et communes des Hautes-Alpes, arr. du Var.

CHATEAUVILLE. — Commune du dép. des Hautes-Alpes, arr. de Briançon, canton d'Aiguilles.

CHATEL. — Seigneurie de Bretagne, érigée pour Du Chastel, et communes des dép .des Vosges et de la Champagne. **Châtel** se disait pour petit château, maison, place forte, bien, patrimoine, fermage, rapport en argent d'une terre.

CHATELAIN.—Seigneurie de Bretagne, érigée en 1500 pour du Breil, et commune de la Mayenne, arr. de Château-Gontier. **Châtelain** est le gouverneur d'un château, et qui en avait la garde. C'est encore un juge qui rend la justice dans l'étendue de la terre d'un seigneur. **Châtelain** se dit aussi pour brave.

CHATELET. — Seigneuries de ce nom en Bourgogne et en Auvergne. **Châtelet**, dim. de château, était un petit château ou forterese, où logeaient les seigneurs châtelains. C'est encore une partie de navire, un jeu, un dévidoir.

CHATELLEREAU. — Chatellerault, ville du Poitou, dép. de la Vienne, à 7 lieues de Poitiers, seigneurie des d'Armagnac. De **châtellerie**, châtellenie, terre d'un châtelain.

CHATELLIER.—Seigneuries de Bretagne et de Champagne, la première érigée en 1572 pour Duguesclin, et la seconde pour De Savigny en 1558. **Chastelez**, chastellet, châtelet.

CHATENAY.—Seigneurie de l'Ile-de-France, érigée en 1697 pour De Ravière, baronnie dans la Bresse, et commune dans la Brie, diocèse de Sens. **Chastenet**, châtaignerie. Chartres, parlement de Paris.

CHATIGNY.—De Chassigny, commune du dép. de la Haute-Marne, arr. de Langres.

CHATILLON. — Nombreuses communes de ce nom, dans les dép. de la Drôme, d'Eure-et-Loir, de Loir-et-Cher, de la Vienne, de Seine-et-Marne. **Châtillon** se disait pour lamprillon ou larve de la lamproie, et **chastillon**, pour châtelet.

CHATON.—De Chatonnay, commune du dép. de l'Isère, arr. de Vienne. **Chaton**, petit chat.

CHATOUTEAU.—De Chatou, commune du dép. de Seine-et-

Oise, arr. de Versailles, canton de Saint-Germain-en-Laye.

CHAUBERT. — De Chambeire, commune de la Côte-d'Or, arr. de Dijon. Un **chaubert** est un rhume.

CHAUDEAU. — De la Chaudeau, dép. de la Haute-Saône, dans la commune d'Ailleville. **Chaudeau,** bouillon que l'on donne aux nouveaux mariés après les noces.

CHAUDRON. — Communes des dép. de Maine-et-Loire et du Doubs. **Chaudron,** mauvais piano.

CHAUDRONNET. — De Chardonnay, commune du dép. de Saône-et-Loire, arr. de Mâcon. **Chaudronnée,** le contenu d'un chaudron.

CHAUFAU. — De Chaffaut, commune des Basses-Alpes, arr. de Digne. **Chauffaut,** échafaud, mantelet, chat.

CHAUFOUR. — Communes des dép. de la Corrèze, de la Sarthe, de Seine-et-Oise et de l'Aube. **Chaufour,** grand four pour fair cuire la chaux, péage, droit de péage.

CHAULET. — V. Cholet. Dérive de **chaule,** bille.

CHAUMEAU. — De Chaume, commune de la Brie, dép. de Seine-et-Marne, arr. de Melun. **Chaumeau,** de **chaume,** tuyau de blé en tout ou en partie.

CHAUMET CHAUMETTE. — Lieu du dép. de la Haute-Loire, arr. de Puy. **Chaumette,** faucille pour couper le chaume, et le crochet de fer qui sert à l'arracher.

CHAUMINE.—De Chaumesnil, commune du dép. de l'Aube, arr. de Bar-sur-Aube. **Chaumine,** petite chaumière, maison couverte de chaume.

CHAUMONT. — Communes des dép. du Cher, du Jura, de Maine-et-Loire, de l'Orne, de la Haute-Savoie. Dérive du latin **calvus** et de **mons,** mont chauve, dénudé.

CHAUNIER.—De Chauny, commune du dép. de l'Aisne, arr. de Laon. **Chaunier** vient de **chaune,** instrument d'épinglier pour couper les tronçons.

CHAURET. — De Chauray, commune du dép .des Deux-Sèvres, arr. de Niort.

CHAURRAU. — De Charre, commune des Basses-Pyrénées, arr. d'Orthez. Vient de **chaurre**, chaleur.

CHAUSSÉ. — De Chaussée, commune de la Seine-Inférieure, arr. de Dieppe. **Chaussée**, pavé de chemin, droit pour l'entretien des routes.

CHAUSSON. — De Chaussin, commune du dép .du Rhône, arr. de Lyon.

CHAUVEAU. -- De Sauve, commune du dép. du Gard, arr. de Vigan. **Chauveau**, petite mesure pour les liqueurs, environ une demi-chopine. En Champagne, le **chauveau** est le tiers d'une pinte.

CHAUVET. — Lieu du dép. des Basses-Alpes, arr. de Digne. **Chauvet**, état d'une tête chauve.

CHAUVIER. — De Chauvigny, com. du dép. de la Vienne, arr. de Montmorillon.

CHAUVIN. — De Chavin, commune du dép. de l'Indre, arr. de Châteauroux. Dérive de **chauver** ou de **chauvir**, devenir chauve ou blanc, avoir l'air sournois.

CHAVANE. — Commune de la Haute-Saône, arr. de Lure. **Chavane** ou chavaigne, corvée particulière à la Champagne.

CHAVANEL. — D'Avesnelles, commune du dép .du Nord, arr. d'Avesnes. **Chavanel**, diminutif de chavane.

CHAVET. — De Chavatte, commune du dép. de la Somme, arr. de Montdidier. **Chavez**, tête, chevet, pièce d'un moulin, et **chavée**, caverne, chemin creux.

CHAVIGNON. — Commune de la Picardie, dans l'Aisne, diocèse de Soissons, parlement de Paris. **Chauvignon,** espèce de.raisin blanc.

CHAVIGNY. — Château en Sèvres, canton de Chinon, dép. d'Indre-et-Loire, dans l'ancien Loudunois, et communes dans l'Aisne, et dans Meurthe-et-Moselle.

CHAVILLON. — De Chevillon, dép. de la Haute-Marne et de l'Yonne, canton de Sèvres.

CHAVOYE. — Chavoy, seigneurie de Normandie, érigée pour Payen, en 1544.

CHAYER, CHAYERE. — De Chailley, commune du dép. de l'Yonne, arr. de Joigny. **Chayère,** chaise, siège, trône.

CHAZALON. — De Chassagnon, dans le dép. de la Haute-Loire. De **chesal,** habitation des gens serviteurs, manoir entouré de terres cultivables.

CHAZALON. — De Chazalet, dans le dép. de l'Indre, à 2 lieues d'Argenton.

CHAZEL. — Commune dans le pays Messin, et Chazelles, communes des dép. du Cantal, de la Meurthe, de la Charente, du Jura, de la Loire. Seigneurie du Lyonnais, érigée en 1176 pour De Foudras. De **chesal,** manoir entouré de terres propres à la culture.

CHAZOTTE. — De Chazot, commune du dép. du Doubs, arr. de Baune, canton de Clerval.

CHEFDEVILLE. — De Cheffreville, commune de Normandie, canton de Livarot, arr. de Lisieux. **Chefdeville,** capitale, ville principale.

CHEL. — De Chelle, commune du dép. du Pas-de-Calais, canton de Bertincourt, arr. d'Arras. **Chelles,** toile de coton à carreaux de différentes couleurs qui viennent de Surate, dans les Indes-Orientales.

CHEMIT. — De Chemy, commune du dép. du Nord, canton de Seclin, arr. de Lille.

CHENAIS. — De Chenays, seigneurie de Bretagne, érigée pour Couturier en 1696. **Chenaie,** lieu rempli ou planté de chênes.

CHENARD. — De Chénas, commune du dép. du Rhône, arr. de Villefranche. **Chenard,** jeune chien, petites pierres qu'on trouve dans le sol, d'une couleur gris de cendre ou jaunâtre.

CHENAUD, CHENEAU. — Commune du dép. de la Dordogue, arr. de Ribérac. **Chenau,** gouttière, canal de bois qui reçoit les eaux d'un toit et les jette en bas, jeune chêne.

CHENAY. — Commune du dép. des Deux-Sèvres, arr. de Melle.

CHENE. — Commune du Jura, arr. de Dole. **Chêne,** arbre.

CHENELER. — De Chenelaye, marquisat de Bretagne, à 3 lieues de Dol. **Chênelée,** provins, rejeton d'un cep de vigne, provigné.

CHENET, CHENETTE. — Cheney, commune du dép. de l'Yonne, arr. de Tonnerre. **Chenet,** mesure de liquide, ustensile qui sert à soutenir le bois dans les cheminées. **Chenette,** pièce de toile.

CHENEVERT. — De Chenevières, com .du dép. de Meurthe-et-Moselle, arr. de Lunéville. **Chènevert,** yeuse.

CHENIER. — Chéniers, commune du dép. de la Creuse, arr. de Guéret. **Chenier,** grabat, mauvais lit.

CHENNEVILLE. — De Senneville, commune de la Seine-Inférieure, arr. d'Yvetot. **Chenneville,** chanvre, tuyau de chanvre.

CHENON. — Commune de la Charente, arr. de Ruffec. **Chenon,** terme de vitrier.

CHENU. — Commune du dép. de la Sarthe, arr. de La Flèche, **Chenu,** ou **chef nu,** tête dénudée.

CHERBI. — De Charbuy, commune du dép. de l'Yonne, arr. d'Auxerre.

CHERON. — De Séron, commune des Hautes-Pyrénées, arr. de Tarbes. **Chéron,** nom d'homme.

CHERRIER. — Commune du dép. de la Loire, arr. de Roanne. **Encherrier,** toile pour recevoir les cendres, ou pour les recouvrir au fond de la panne. Même étymologie que Carrier. Autrefois, en Normandie, l'on disait indifféremment **carier, cherrier, querrier,** mais **carier** est la plus ancienne forme. **Cherrier,** charron.

CHESNE. — Seigneurie de Bretagne, érigée en 1668 pour De Boullays. Autres du même nom en Normandie, dans l'Ile-de-France et dans la Sologne. **Chesne,** chêne.

CHESNEL. — De Chenevelles, commune du dép. de la Vienne, arr. de Châtellenault. **Chesnel,** chênaie.

CHESNOT. — Des Chesneaux, dans le dép. de l'Aisne arr. de Château-Thierry. **Chesnot,** petit chêne.

CHETIL. — De Chessy, commune du dép. du Rhône arr. de Villefranche. **Chesty,** truand.

CHEVAL. — Commune du dép. de Vaucluse, arr. d'Avignon. **Cheval,** animal très utile à l'homme.

CHEVALET. — De Chavanay, commune du dép. de la Loire, arr. de St-Etienne. **Chevalet,** petit cheval, poulain, sorte d'affût, danse, monnaie.

CHEVALIER. — De la Chevalerie, dans la Charente-Inférieure, commune de Château-d'Oloron. **Chevalier,** gentilhomme, soutien, défenseur, monnaie, levée de terre.

CHEVANELLE. — V. Chavanelle.

CHEVERT. — De Cheverey, commune de la Bourgogne, diocèse d'Autun. **Chever,** creuser, empiéter sur une chaussée, finir, cesser.

CHEVIGNY. — Commune du dép. de la Côte-d'Or, et seigneurie en Auxois, érigée en 1400 pour Du Plessis.

CHEVILLON. — Commune du dép. de la Haute-Marne. **Chevillon,** petit bâton tourné que les tourneurs mettent au dos des chaises de paille, petite cheville.

CHEVREAU. — Commune du Jura, arr. de Lons-le-Saunier. **Chevreau,** petit d'une chèvre appelé aussi cabrit.

CHEVREMONT. — Commune dans le Territoire de Belfort, dép. du Haut-Rhin.

CHEVREFILS. — De Chevresis, com. du dép. de l'Aisne, arr. de Saint-Quentin.

CHEVRETTE. — De Chevrettes, commune du dép. de la Charente - Inférieure, arr. de St-Jean-d'Angély. **Chevrette,** petite chèvre, petit chenet de fer à quatre pieds, écrevisse de mer, femelle du chevreuil, musette, cornemuse, musette sans soufflet, engin de siège.

CHEVREUIL. — De Cherveux, commune du dép. des Deux-Sèvres, arr. de Niort.

CHEVREUSE. — Commune du dép. de Seine-et-Oise, arr. de Rambouillet. **Chevreuse,** espèce de pêche de bon goût et d'excellent rapport.

CHEVREVILLE.—Communes des dép. de la Manche et de l'Oise.

CHEVRIER. — Commune de la Haute-Savoie, arr. de Saint-Julien. **Chevrier,** qui mène paître les chèvres, jouer de la musette.

CHEVROTIER. — De la Chevrolière, commune du dép. de la Loire-Inférieure, arr. de Nantes, canton de St-Philibert-de-Grandlieu.

CHIASSON. — De Caixon, commune des Hautes-Pyrénées, arr. de **Tarbes.** Vient de **chiasse,** écume de métaux.

CHICOT. — De Chicourt, commune du dép. de la Meurthe, arr. de Château-Salins. **Chicot,** morceau de bois mort, pointe de dent. Ménage le fait dériver de l'arabe **shik-kab,** morceau de bois fendu, un éclat, copeau.

CHICOYNE.—De Chichilianne, commune du dép. de l'Isère, arr. de Grenoble.

CHILLAS. — De Sillas, commune du dép. de la Gironde, arr. de Bazas. **Chilla,** toile de coton à carreaux, qui vient du Bengale.

CHIMAIS. — De Chimay, ville située sur la Blanche dans le dép. de Jemmapes, à 4 lieues de **Rocroi.** Vient de **chime,** punaise.

CHINIC. — De Binic, commune des Côtes-du-Nord, arr. de St-Brieuc. V. Chiniquy.

CHINIQUY.—De Chenecy, commune du dép. du Doubs, arr. de Besançon. Vient du français **cheniqueux,** buveur d'alcool. Dérive du hollandais **slikken,** avaler.

CHINQUE. — De Chinqueux, dép. de l'Oise. Dérive du verbe **chinquer,** trinquer, boire par excès en choquant les verres.

CHIQUET. — De Chichée, seigneurie de Champagne, érigée en 1582 pour Boucher. **Chiquet,** excédent de la mesure, surtout du lait, hoquet. **Chiquet** était la petite partie d'un tout, et est encore employé dans l'expresesion **chiquet à chiquet.**

CHOISIE. — Choisies, com. du dép. du Nord, arr. d'Avesnes. Choisie, choix, option.

CHOISSER. — De Choisey, commune du Jura, arr. de Dole.

CHOLET. — Seigneurie en Anjou, devenue marquisat en 1677 en faveur de Colbert. Cholet est le nom d'un bœuf vendéen; et en vieux français, c'est un petit chou, boule pour le jeu de mail.

CHOMELIER. — De Chomelix, dans le dép. de la Haute-Loire, arr. du Puy, canton de Craponne. De **chaumel**, champ moissonné.

CHOMERAUX. — De Chomérac, dans le dép. de l'Ardèche, arr. de Privas. **Chômer**, c'est fêter, en cessant de travailler.

CHOMETTE.—Commune de la Haute-Loire, arr. de Brioude. Chomet, petit oiseau très gras et délicat qui se perche sur la pointe du chaume : d'où son nom.

CHON. — De Chens, commune du dép. de la Haute-Savoie, arr. de Thonon. **Chon**, grande cuillère de bois.

CHOPPIN. — De Chouppes, commune du dép. de la Vienne, arr. de Loudun. **Choppin** se dit de celui qui porte habituellement une chope, c'est-à-dire une chape, ou d'un buveur de chopes. C'est encore un coup violent pour renverser, faire chopper.

CHOQUET. — De Chocques, commune du Pas-de-Calais, arr. de Béthune. **Choquet** est un pot en étain. L'anglais **coket** signifiait vase servant de mesure, et le bas-latin **coketa** donnait le même sens. Moisy, au mot **choquet**, dit " Petit vase en terre cuite, servant à boire. **Choquet** et **choque** (vase plus grand) doivent leur origine à l'habitude qu'ont les Normands, en réunion, de ne jamais vider leurs verres sans les choquer l'un contre l'autre, autrement dit, sans trinquer. '' **Choquet** se dit encore pour hoquet.

CHOREL. — D'Aurel, communes des dép. de la Drôme et de Vaucluse. **Chorel**, choriste.

CHIQUOT. — V. Chicot. **Chiquot,** hoquet.

CHIRON. — Commune de la Marche, diocèse de Limoges. Un chiron est un tas de pierres.

CHOINIERE. — De Cognières, commune du dép. de la Haute-Saône, arr. de Vesoul.

CHORET. — De Choreot, seigneurie de Bourgogne, qui date de 1700, érigée en faveur de De Migien.

CHORON. — De Coron, commune du dép. de Maine-et-Loir, ar. de Saumur. **Choron,** instrument de musique.

CHOUAN. — De Chouain, commune du Calvados, arr. de Bayeux. **Chouan,** petite semence de couleur vert-jaune, d'un goût un peu aigre et salé, employé pour faire le carmin. **Chouant,** chat-huant.

CHOUART. — Commune de la Bourgogne, diocèse d'Autun. **Chouart,** chat-huant, pipeur.

CHOUBERT. — De Coubert, seigneurie de la Brie, érigée en 1720 en faveur de Bernard.

CHOUDIN. — De Coudun, commune du dép. de l'Oise, arr. de Compiègne.

CHOUET. — De Choué, commune du dép. de Loir-et-Cher, arr. de Vendôme. **Chouette,** civette, parure de tête.

CHOUILOU. — De Gouloux, commune du dép. de la Nièvre, arr. de Château-Chinon.

CHOUINARD. — De Chonas, commune du dép. de l'Isère, arr. de Vienne. Vient du vieux français **choine,** blanc, en parlant du pain.

CHOUX. — Commune du Jura, arr. de Saint-Claude. **Choue,** choucas, petite corneille.

CHOVELOT. — De Chavelot, commune du dép. des Vosges, arr. d'Epinal.

CHOYER. — De Chuyer, commune du dép. de la Loire, arr. de St-Etienne. **Choyer,** traiter avec égard, esquiver, ménager.

CHOYSY. — Village à une lieue de Compiègne, bourg dans le dép. de Seine-et-Marne, et village dans le dép. de la Seine, à trois lieues de Paris. V. Choisie.

CHRETIEN. — De Crestienville, seigneurie de Normandie, érigée en 1694 pour Le Neuf. **Chrétien,** c'est-à-dire homme, individu, humain, celui qui croit dans le Christ.

CHRISTIN. — De Carentan, commune du dép. de la Manche, arr. de St-Lô. **Christin,** chrétien. Dérive du grec **kristos,** oint, le Christ.

CHRISTOPHE. — De Cristot, commune du Calvados, arr. de Caen. **Christofle,** porte-Christ, dérive de **Christus,** Christ, et fero, je porte.

CHURLEAU. — De Chirols, commune du dép. de l'Ardèche, arr. de Largentière. **Churleau,** panais sauvage.

CIBAR. — De Saint-Cibard, commune du dép. de la Gironde, canton de Lussac, arr. de Libourne.

CICAUT. — De Circourt, commune du dép. des Vosges, arr. de Neufchâteau.

CIMON. — V. Simon.

CINQ-MARS. — Seigneurie en Anjou, érigée en 1613 pour De Broé, et commune du dép. d'Indre-et-Loire, canton de Langeais, arr. de Chinon.

CIRCE. — De Ciré, commune de la Charente-Inférieure, arr. de Rochefort. **Circé,** nom d'une magicienne célèbre. **Circée,** plante à racine blanche, noueuse et rampante.

CIRE. — De Cires, commune du dép. de l'Oise arr. de Senlis, et commune dans le dép. de la Haute-Garonne, arr. de Saint-Gaudens.

CIRIER. — De Cirié, seigneurie en Bretagne, érigée en 1650 en faveur de De Bouvans. **Cirier,** marchand épicièr qui fait de la cire, des cierges et des bougies un commerce spécial. **Cirier,** variante de **cireux,** liqueur.

CITOLEUX. — De Lestelle, commune du dép. des Basses-Pyrénées, arr. de Pau. **Citoleux,** joueur de citole. Borel croit que ce mot vient de **cithara,** cithare.

CIVADIER. — De Liverdy, commune du dép. de Seine-et-Marne, arr. de Melun, canton de Tournan. **Civadier,** sorte de mesuse.

CLAIR. — Bourg de la Basse-Normandie, dép. de la Manche. Clair, claire, sonnette, blanc d'œuf.

CLAIRIN. — De Lerrain, commune du dép. des Vosges, arr. de Mirecourt. Clairin, clairon, sonnette, clochette.

CLAIRMONT. — De Clermont, communes des dép. de l'Oise, de l'Aude, de l'Ariège, de l'Aisne, de la Haute-Savoie et de la Sarthe.

CLAN. — Hameau dans le dép. de la Vienne, commune de Jaulnay. Clan, instrument de bois, dans la fabrique du parchemin.

CLAPIER. — Com. du dép. de l'Aveyron, arr de St-Affrique. Clapier, terrier ou trou fait dans une garenne, où se cachent les lapins.

CLAPIN. — De Lapan, commune du dép. du Cher, arr. de Bourges.

CLARK, CLARQUE. — De Clarques, commune du Pas-de-Calais, arr. de St-Omer. Clark vient de l'anglais clerk, clerc, commis.

CLAUDE. — Bourg de Normandie, diocèse de Lisieux. Claude dérive de claudus, boiteux.

CLAUSERET. — De Luzeret, commune du dép. de l'Indre, arr. de LeBlanc. Dérive de clause, clôture.

CLAUTREAU. — De Clastres, commune du dép. de l'Aisne, arr. de St-Quentin. Vient de claustrier, cloîtré.

CLAVEAU. — Des Clavaux, dans le dép. de l'Isère, commune de Livet-et-Gavet. Claveau, maladie contagieuse des moutons, comparable à la petite vérole chez les hommes. Dérive de clavis, clef.

CLAVELLE. — Commune dans la Manche, diocèse de Lisieux. Clavelle, clou, cuvette, hameçon.

CLAVERIE. — Commune de l'Armagnac, diocèse d'Auch, parlement de Toulouse. Vient de claver, faire une levée. Claverie, bureau de recettes.

CLAVET, CLAVETTE. — De Clavette, bourg de l'Aunis, dép. de la Charente-Inférieure, arr. de La Rochelle. Dérive de **clavus**, clou, ou de **clavis**, clef. Dans l'ancien français, on désignait sous le nom de **clavette**, une fiche de fer qui servait à fermer les contrevents.

CLEAU. — Commune dans le dép. du Cantal. **Clô**, fléau à battre le grain.

CLEMENCEAU. — De Clémencey, commune dans le dép. de la Côte-d'Or, canton de Gevrey, arr. de Dijon.

CLEMENT. — Bourg de l'Anjou, diocèse d'Angers, parlement de Paris. **Clément**, nom d'homme.

CLENIET. — De Lemeix, commune du dép. de la Côte-d'Or, arr. de Dijon, canton de Grancey-le-Château.

CLERC. — De Clère, seigneurie de Normandie, érigée en 1675 pour De Montenay. **Clerc**, vieux mot, qui signifiait savant, lettré, ecclésiastique, commis, garçon de boutique, valet, pédant. En gallois, **clerc** signifie musicien, en grec **kléros**, veut dire héritage, sort, partage.

CLERIAU. — De Cléry, commune dans le dép. du Loiret, arr. d'Orléans.

CLERMONT. — Seigneuries en Dauphiné, en Anjou, en Normandie. Cette dernière date de 1560, et fut érigée en faveur de Dyel. La maison de Bourbon s'est d'abord appelée de Clermont.

CLEROUX. — De Clergoux, commune dans le dép. de la Corrèze, arr. de Tulle.

CLESSE. — De Clesses, en Champagne, diocèse de Troyes, parlement de Paris.

CLIN. — De Clain, rivière du Poitou qui se jette dans la Vienne, au-desous de Châtellerault. **Clin**, mouvement de tête, inclinaison, pente.

CLICHE. — De Clisse, commune de la Charente-Inférieure, arr. de Saintes.

CLINCHAMPS. — Bourg et seigneurie de Normandie, dans le dép. du Calvados, à 2 lieues de Caen. Dérive du vieux françaias **cliquer**, assujétir ou faire du bruit.

CLIGNANCOURT. — De Coincourt, commune de Meurthe-et-

Moselle. De **cligner**, fermer l'œil à demi, ou du grec **klinéin**, pencher.

CLOATRE, CLOUATRE. — De Cloître, commune du dép. du Finistère, arr. de Châteaulin, et arr. de Morlaix.

CLOCHER. — Du Clochier, en Provence, diocèse de Digne. **Clocher** signifie boiter. Vient de **cloppus**, boiteux. Signifie encore faiseur de cloches. A l'abbaye de **R**emiremont on donnait le nom de **clocher** à celui qui gouvernait la sonnerie.

CLOPIN. — De Loupan, commune du dép. de l'Hérault, arr. de Montpellier. Dérive de **clop**, boiteux. **Clopiner** veut dire marcher avec difficulté, comme un boiteux. **Clopin,** boiteux. 1

CLOTEAU. — De la Clotte, commune du dép. de la Charente-Inférieure, canton de Montguyon, arr. de Jonzac. Dérive de **clote**, chambre **voutée**, ou de clot, fosse à enterrer les morts.

CLOUD. — De Saint-Cloud, communes de Normandie et de Beauce. **Cloud**, nom d'homme et de lieu, variante de **clou**, gouvernail, clou.

CLOUET. — Du Cloué, commune du dép. de l'Indre, en Berri, canton de Lusignan. **Clouet**, petit clou.

CLOUTIER. — De Cléty, commune du Pas-de-Calais, arr. de St-Omer. **Cloutier,** qui fait ou vend des clous, assortiment de toutes sortes de clous. Vient de **clout**, enceinte, bassin de construction.

CLOYZEL. — De Loisail, commune du dép. de l'Orne, arr. de Mortagne. De **cloye**, claie.

CLOZEL. — D'Auzelles, commune du Puy-de-Dôme, arr. d'Ambert. **Clozel**, variante de **clouseau**, petit enclos.

CLUZEAU. — De Clouzeau, localité dans la Vendée. Il y a aussi Cluzeau ou Miremont dans le dép. des Vosges.

CLUZIAU. — De Luzy, commune du dép. de la Nièvre, arr. de Château-Chinon.

COALLIER. — De Collias, arr. d'Uzès. Dérive de **coaille,** grosse laine.

COCHART. — De Locheur, commune du Calvados, arr. de Caen. **Cochart**, dérive de **concha**, coquille.

COCHER. — De Couchey, commune de la Côte-d'Or, arr. de Dijon. **Cocher**, faire une entaille, encocher, mettre la flèche dans l'entaillure d'un arc, séparer les fibres textiles des fragments ligneux qui y sont restés adhérents après le broyage.

COCHEREAU. — De la Cochère, commune du dép. de l'Orne, arr. d'Argentan. Vient de **cocherel**, marchand de coqs.

COCHERY. — De Couchy, commune du Pas-de-Calais, arr. de St-Pol-sur-Ternoise.

COCHET. — D Couchey, commune de la Côte-d'Or, arr. de Dijon. **Cochet**, petit coq, coq qui sert de girouette, présent en viande, en vin, marque, loup.

COCHEU — De Conches, commune de Seine-et-Marne, arr. de Meaux. Vient de **coche**, voiture.

COCHON. — V. Cauchon. **Cochon**, fruit de l'églantier, qui n'est bon que pour les cochons, clausportes, corruption de clausporgnes, pourcelets ou jeunes cochons.

COCQUIN. — De Conquin, commune du Calvados, arr. de Pont-l'Evesque. Dérive de **cocque**, souche.

CODBEC. — De Caudebec, commune de la Seine-Inférieure, arr. d'Yvetot. Dérive de **code**, coude, mesure.

CŒUR. — Cœures, dans le Bas-Languedoc, diocèse de Mende. **Cœur**, fertilité, force de production.

COFFINIER. — De Cohiniac, commune des Côtes-du-Nord, arr. de St-Brieuc. Vient de **coffin**, panier, coffre, cercueil, hune, étui, carquois. **Coffiner**, en terme de menuiserie, veut dire se vouter, se courber. Dérive de **kofinos**, corbeille. Une **coffine** est une écuelle de terre évasée et convexe, en forme de pipe, avec laquelle on puise l'eau dans un seau, et dont le manche creusé comme un tuyau, ne laisse couler l'eau qu'en petite quantité.

COGNAC. — Ville de la Charente. **Cognac**, dans plusieurs provinces, veut dire jonction de plusieurs ruisseaux avec une rivière.

COGNARD. — De la Cognardière, seigneurie de Bretagne, upie à celle de Lajanière, érigée en vicomté en 1644.

COGNET, COIGNET. — Du Coignet, en Forez, seigneurie érigée en faveur de Salemond. **Coignet,** petit coin, encoignure, petite cognée, petit couteau à cerner les noix.

COGNON, COIGNON. — De Coigneux, dans le dép. de la Somme, arr. de Doullens. **Coignon,** surnom.

COIN. — Commune dans le pays Messin, diocèse de Metz, et seigneurie de Bretagne, érigée en 1600 pour Berard. **Coin,** droit de frapper la monnaie. Vient du grec **gônia,** angle.

COINTA. — De Coingt, commune du dép. de l'Aisne, en Picardie, canton d'Aubenton. Dérive de **coint,** beau, joli, galant, alerte, entreprenant.

COINTRAY. — De Contré, commune de la Charente-Inférieure, arr. d'Aubray. De **cointerie,** grâce, gentillesse, agrément.

COIPEL. — De Coupelle, dans le Pas-de-Calais, arr. de Montreuil. **Coipel,** coupeau.

COIRE. — Ville de Suisse, capitale du canton des Grisons.

COIRIER. — De Coirac, dans la Gironde, arr. de La Réole. **Coireau,** vieux bœuf sortant de l'engrais.

COITARD. — De Coétalan, seigneurie de Bretagne, érigée en 1668 pour De Brezal. Dérive de **coit,** tranquille et du latin **quietus.**

COITEUX. — De Coëtmieux, commune du dép. des Côtes-du-Nord, canton de Lamballe. V. **Coitard.**

COLARD. — De Coulaures, commune du dép. de la Dordogue en Périgord. **Colard,** se dit pour **colas,** abrégé de Nicolas. Vient de **colaire,** sorte de filet.

COLARDEAU. — V. Colard.

COLAS. — De Collat, commune du dép. de la Haute-Loire, arr. de Brioude. Dérive de **col,** cou, en gallois. En écossais **col** signifie tête, sommet, en grec **kolla** signifie colle. En France on donne le nom de **colas** aux corbeaux que l'on nourrit à la maison.

COLBERT. — De Colembert, dans le dép. du Pas-de-Calais,

arr. de Boulogne, et seigneurie du Boulonnais, devenue marquisat en 1691. Colbert signifie compagnon d'affranchissement, en terme de droit.

COLE, COLLE.— Commune dans le Maine, diocèse du Mans, parlement de Paris. Cole est un vieux mot qui signifie bile, et vient de choléra. C'est encore une sorte de poisson, une coule de religieux.

COLIN. — Petite rivière du Berry, qui passe par les Ais-Dam-Gilon. Colin, espèce de corneille, pain pour les chiens. Colin, nom propre d'homme, donné à ceux qui s'appellent Nicolas.

COLLANGE. — Ville du dép. du Puy-de-Dôme, et seigneurie dans l'Auvergne, érigée en 1570 pour De Chariol.

COLLÉGIEN. — Commune du dép. de Seine-et-Marne, canton de Lagny, arr. de Meaux. Collégien, nom donné aux écoliers qui vont au collège et aux chanoines d'une collégiale.

COLLERET. — De Colleret, ville dans le dép. du Nord, arr. d'Avesne, canton de Maubeuge. Collerette, faux camail de mailles.

COLLET. — Du Collet-Aubréal, seigneurie de Bretagne, érigée en 1696 pour Le Marec. Collet, partie de l'habillement qui entoure le cou, chaton d'une bague, et dans l'idiome de Cornouailles, il signifie perte.

COLLIN. — De la Collinière, seigneurie de Bretagne, érigée en 1658 en faveur de Charrette.

COLLOU. — Ville et Royaume, dans la Matya, en Afrique.

COLO. — De Colodec, seigneurie de Bretagne, érigée en 1696 pour Josse. Colo est le nom d'une petite ville de Pologne. Vient du grec kôlon, membru.

COLOMBE. — Commune dans le dép. de l'Isère, arr. de la Tour-du-Pin, et seigneurie de l'Auvergne, érigée en 1473 en faveur de Morel de la Colombe. Colombe, nom de femme, est la femelle du pigeon, et se dit aussi pour colonne.

COLOMBEAU. — De Colombey, dans le dép. de la Moselle. Colombeau, petit pigeon. On disait autrefois une étoffe à colombeaux, pour dire une étoffe sur laquelle il y avait des figures de colombes.

COLOMBIER. — Seigneuries du Berry, de Champagne, du Dauphiné, de Normandie et du Vivarais. **C**olombier, construction en forme de tour pour y loger des pigeons; c'est encore une sorte de papier.

COLOMBELLE. — Seigneurie de Normandie, érigée en 1550 pour De Morel. **C**olombelle, petite colombe.

COLOMBIÈRE.—Seigneuries de Bourgogne, de Champagne et de Bretagne. Celle-ci fut érigée en 1669 en faveur de Richer.

COLONGE. — Seigneuries dans la Bresse, dans le Forez et dans la Guienne. **Colonge** signifie un fond possédé par un colon.

COLONIER. — De la Colonne, commune dans le dép. du Jura, canton de Poligny. Dérive du gallois **colon**, colonne, support.

COLTRET. — De Colletot, dans le dép. de l'Eure. De **colte**, impôt.

COMBELLE. — Commune du **R**ouergue, diocèse de Rodez. **C**ombelle signifie vallon, petite vallée, et vient de **combe**, qui signifie vallée enfermée entre deux montagnes.

COMBRAY. — Commune du dép. du Calvados, canton de Thury-Harcourt, arr. de Falaise. **Combré** veut dire bombé. Vient du grec **kumbos**, enfoncement.

COMEAU. — De Commeaux, seigneurie en Normandie, érigée en 1740 pour De Langheac. **Comeau**, bouillie faite à la créme, aux œufs, aux herbes, et que l'on étend sur les gâteaux avant de les mettre au four.

COMES. — De Commes, seigneurie en Normandie, érigée en 1463 pour De Surrin. **Commes** signifie commentaires.

COMET, COMÈTE. — De Gommeville, en Champagne, diocèse de Langres. **Comète**, corps céleste bien connu. Dérive de **komètés**, chevelure.

COMETTANT. — V. Comet. **Comettant** est celui qui donne à un autre commission de faire quelque chose, en terme de commerce.

COMPAIN. — De Compains, ville du dép. du Puy-de-Dôme, arr. d'Isoire. **Compain** veut dire, pour compagnon. Dérive du latin **cum** et **panis,** comme si on disait qui mange le même pain.

COMPAIRON. — De Compeyre, bourg du Rouergue, sur le Tarn, dép. de l'Aveyron, à une lieue de Milhau. **Comperre,** dans le vieux français, voulait dire acquérir. **Compairer** veut dire payer, acheter, comparaître, regarder, découvrir.

COMPARET. — De Compas, commune de la Creuse, arr. d'Aubusson.

COMPEAU. — De la Compôte, dans la Savoie, arr. de Chambéry. V. Compiau.

COMPIAU. — De Compiègne, ville située sur l'Oise. Vient du grec **panos,** pain.

COMPTANT. — Des Comptes, seigneurie de Bretagne, érigée en 1668 en faveur de Barberé. **Comptant** se disait pour argent monnayé.

COMPTOIR, COMPTOIS. — De Contoire, dans la Somme, ar. de Montdidier. **Comptoir,** cabinet, boîte, petit coffre, jeton pour compter.

COMTE. — De Comtes, en Artois, diocèse d'Arras. **Comte,** homme noble, qui possède une terre érigée en comté pour lui ou pour ses ancêtres; prévôt d'une confrérie.

CONDAMINE. — Seigneurie en Franche-Comté, érigée en 1539 pour Harenc. **Condamine** est une grande pièce de terre qui a quelques droits seigneuriaux.

CONDÉ. — Seigneuries de ce nom dans le Barrois, dans le Berry, en Bourgogne, en Bretagne, dans l'Ile-de-France, en Lorraine, et dans la Normandie. La plus ancienne est celle de Normandie qui date de 1112 et fut érigée en faveur de Condé. Ménage dit que l'origine de **Condé** vient de ce qu'autrefois la Vienne entrait dans la Loire à Cande, ou Candé, ou Condé, mots qui signifiaient confluent.

CONDON. — Ville de Gascogne, dans le dép. du Gers, sur la Baise, à 10 lieues de Bordeaux.

CONDRAT. — De Condres, dans le Bas-Languedoc, diocèse du Puy. **Condrat,** var. de **condron,** pain ou pâte d'orge.

CONFOULENS. — De Confolens, baronnie dans le Languedoc, érigée en 1600 pour De Cayres. Ce mot vient de **conflant,** confluent, lieu où plusieurs rivières s'assemblent. D'où les noms de **conflants, conblants** que l'on trouve en France. C'est la forme latine, tandis que **Condat, Condé,** est la forme gauloise.

CONILLARD. — De Conilhac, dans le Bas-Languedoc, diocèse de Narbonne. **Conillard** vient de **coniller,** se cacher, faire le poltron. En terme de marine, **conil,** endroit de la galerie où se posent les rames, lorsque le vaisseau ne vogue pas.

CONILLE. — De Conlie, commune du dép. de la Sarthe, arr. du Mans. **Conille,** femelle du lapin, embarras, manigance.

CONNAISSANT. — De Connazat, dans le Périgord, diocèse de Périgueux. **Connaissant,** connaissance, ami.

CONNILLER. — De Conliège, commune du Jura, arr. de Lons-le-Saulnier. **Coniller,** chercher des ruses, des détours pour s'esquiver.

CONQUET. — Petite ville maritime de la Basse-Bretagne, au pays de Cornouailles, à 5 lieues de Brest. **Conquet** signifie conquête, butin, gain, profit, découverte.

CONSIGNY. — Commune du dép. de la Haute-Marne, canton d'Andelot, arr. de Chaumont. Du verbe **consigner,** revêtir d'un sceau, signer, délimiter.

CONSTANT. — De Saint-Constant, commune dans le dép. du Cantal, arr. d'Aurillac. **Constant,** ce qui est certain, indubitable, durable, qui ne change point, ferme, assuré, fort.

CONSTANTIN. — Du Cotentin, pays de Normandie. **Constantin,** nom d'homme, souvenir du premier empereur chrétien qui donna son nom à la ville de Constantinople.

CONSTANTINEAU. — De la Contentinaye, seigneurie de Bretagne, érigée en 1668 pour De Benazet.

CONTANT. — De Contay, dans le dép. de la Somme, arr. d'Amiens. **Contant**, contemps, mépris, indignation. Dérive du grec **konton**, abrégé. En vieux français il signifie querelle, braverie.

CONTERIE. — De la Contrie, seigneurie de Bretagne, érigée en 1700 pour Charette. **Conterie**, espèce de rassade, grosse verroterie qui se fabrique à Venise. Les sauvages en font une broderie.

CONTRECŒUR. — De Contrecourt, seigneurie unie à celle de Gournai, érigée en marquisat en 1693. **Contrecœur**, fond de cheminée entre les jambages et le foyer. C'est aussi une plaque de fer ornée de sculpture qu'on met au milieu de la cheminée pour conserver le mur et renvoyer la chaleur ; enfin un petit manteau qui ne couvrait que les épaules.

CONTREMINE. — De Contamines, dans la Haute-Savoie, arr. de Bonneville. **Contremine**, en terme de guerre, c'est une route souterraine tout le long de la muraille, large de trois pieds et haut de six, avec plusieurs trous pour empêcher l'effort des mines.

COPPAY. — De Copay, seigneurie en Picardie, unie au comté de Nesles en 1545. **Coppée**, mesure pour les grains.

COPPIN. — De Coppenaxfort, dans le dép. du Nord, com. de Craywick. **Copin**, morceau, coupe.

COQUART. — De Coq-en-la-Mancellière, seigneurie normande, érigée en 1740 pour Colin le Maigneu. **Coquart** ou **quoquart**, glorieux sans sujet, jaseur, babillard.

COQUELET. — Seigneurie de Picardie, érigée en 1678 pour Le Roi. **Coqueret**, plante.

COQUET. — De Cosquet, seigneurie de Bretagne, érigée en 1600 en faveur de Cecillon. Un **coquet** est le nom d'un petit bateau qu'on amenait de Normandie à Paris.

COQUILLART. — De Coquille, commune du dép. de la Dordogne, arr. de Nontron. **Coquillart** est un terme de carrier et signifie lit de pierre dans une carrière qui est remplie de coquillages. Vient du grec **kogché**, coquille, et signifie encore benêt, sot.

COQUILLIER.—De Corquilleroy, commune du Loiret, arr. de Montargis. **Coquiller** est une collection de coquilles ou le lieu où on les rassemble, et un coquillier est un fafabricant de coquilles.

COQUINCOURT.—De Couquèques, commune de la Gironde, arr. de Lesparre. V. Cocquin.

COQUINEAU. — De Coquinet, dans le dép. des Côtes-du-Nord, commune de Langueux. **Coquineau**, dim. de coquin. Dans le vieux français, un **coquin** était un mendiant, et la coquinerie était synonyme de mendicité.

CORADEAU. — De Corréardes, lieu dans le dép. de la Drôme, commune de Lus. **Coradoux** est l'espace enfermé entre les deux ponts d'un vaisseau.

CORBEAU. — De Corbel, seigneurie dans le Dauphiné, érigée en 1220 pour Corbeau. **Corbaux**, sorte de poisson. Vient du grec **korax**, corbeau. **Corbeau**, fossoyeur, bout de rondin en partie carbonisé.

CORBEIL. — Comté dans le Hurepoix, érigé pour de Corbeil, et qui a appartenu au roi de France. **Corbeille**, panier d'osier.

CORBÈRE. — Commune du dép. des Pyrénées-Orientales, arr. de Perpignan.

CORBET. —Seigneurie dans la Touraine, érigée en 1331 pour De Preaux. **Corbet** veut dire serpe, courbette, et corbeau.

CORBIERE. — Seigneurie de Bretagne, érigée en 1668 pour Brullon. **Corbière** est une montagne aux flancs couverts par des taillis de chênes verts et de châtaigniers sauvages; lieu fermé de claies.

CORBIN. — Seigneurie en Guyenne, érigée en 1733 en faveur de Jaineric. **Corbin**, vieux mot qui signifiait corbeau. On disait **corbiner** pour dérober, escamoter. Dérive du latin **corvinus**. Cotgrave le traduit par **crow**, corbeau.

CORBINEAU. — De Courboin, dép. de l'Aisne, c. de Condé, en Brie. **Corbineau,** jeune corbeau.

CORBY. — De Corbie, commune du dép. de la Somme, **arr.** d'Amiens. **Corbis,** mesure de noix.

CORDA. — De Corday, commune`de la Normandie. **Corda,** espèce de grosse serge croisée et drapée, toute de laine.

CORDEAU. — De Cordey, seigneurie de Normandie, érigée en 1463 pour De Cordey. **Cordeau,** petite corde.

CORDIER. — De Cordieux, commune du dép. des Vosges, à 3 lieues de Saint-Dié. **Cordier** est celui qui fait ou vend de la corde, un bateau dont se servent les pêcheurs qui pêchent avec des cordes munies de hameçons.

CORDIN. — De Cordon, dans la Haute-Savoie, arr. de Bonneville.

CORDONNIER. — De Cordonnais, seigneurie en Bretagne, érigée en 1696 pour de la Motte. **Cordonnier,** ouvrier qui fait des chaussures.

CORIGNAN. — De Corignac, commune du dép. de la Charente-Inférieure, canton de Montendre, arr. de Jonzac. De **coriner,** haïr.

CORMIER. — Seigneurie de Bretagne, érigée en 1480 pour De Chambray. **Cormier,** arbre qui porte des cormes, et dont le bois sert à fabriquer des fuseaux pour les rouets, et des outils de menuisier.

CORNEAU. — De Corne, commune du dép. de Maine-et-Loire, arr. de Baugé. **Cornau,** quartier, canton, village, paroisse. Dérive du grec **keraos,** corne.

CORNEILLE. — Seigneurie en Normandie, érigée en 1463 en faveur de Saint-Liver. **Corneille,** oiseau à couleur noire, comme le corbeau, mais de moindre grosseur. C'est aussi le nom d'une plante. Vient du grec **kérôné,** corneille.

CORNEILLIER. — De Corneuil, seigneurie et châtellenie de Damville, érigée en baronnie en 1552. V. Cornillier.

CORNELIUS. — De Cournanel, dans le dép. de l'Aude, **arr.** de Limoux.

CORNET, CORNETTE. — Seigneurie en Auvergne, érigée

en faveur de Du Prat, en 1638. **Cornet,** coin, aile d'armée, insecte, éteignoir, cornet à mettre de l'encre. **Cornette,** habillement de tête, capuchon, chaperon, tempe, coin, angle, lieu retiré.

CORNIÈRE. — Des Corniers, seigneurie de Bretagne, érigée en 1696 pour **R**ahier. **Cornière,** en terme de blason, signifie un anse de pot. Veut encore dire coin, angle.

CORNILLIER. — De la Cornillière, seigneurie bretonne, érigée en 1696 pour Le Lay. **Cornillier,** gosier, cornouillier.

CORNU. — Seigneurie dans le **R**ouergue, érigée en 1280 pour De Montcalm. **Cornu,** fou, extravagant, honteux, dupe, paré, fourchu, ovale, qui a plusieurs angles, monnaie.

CORON. — Bourg d'Anjou, dép. de Maine-et-Loir, à 6 lieues de Montreuil-Bellay. **Coron** signifie coin, extrémité, résultat.

CORPORAL. — De Corps, bourg du Dauphiné, dép. de l'Isère, à 9 lieues de Grenoble. **Corporal,** linge sacré que le prêtre étend dans le calice pour recevoir les fragments de l'hostie, s'il s'en trouvait. Le peuple appelle **corporal** un bas officier de guerre nommé **caporal.**

CORPERON, CORPRON. — De Courpière, dans le P**u**y-de-Dôme, arr. de **T**hiers.

CORRIVEAU. — De Gorrevod, commune du dép. de l'Ain, arr. de Bourg. **Corriveau** vient de **corrival,** celui qui tire de l'eau d'une même source qu'un autre, qui la conduit par un même canal pour la faire venir sur ses terres, et pour cela a souvent contestation avec lui. Depuis on appelle **corriveaux** ceux qui ont les mêmes prétentions, qui aspirent en même temps à la même chose, aiment la même personne.

CORRÈGE. — Ville d'Italie, dans le Modenais, à 3 lieues de **R**eggio et à 4 lieues de Modène. De **corrégeux,** corroyeur.

CORRY. — De Courry, dans le Gard, arr. d'Àlais.

CORSIN. — De Corseuil, comté de Bretagne, érigé en 1634 pour De Cramezeul. **Corssin** se disait pour banquier.

CORVAISIER. — De Corvez, seigneurie de Bretagne, érigée en 1700 pour Le Pape. **Corvesier,** savetier.

CORVAL. — De Corvale, seigneurie en Bretagne, érigée en 1696 pour Du Masle. **Corval** se disait pour troupes et à Venise pour cavalerie légère.

COSANGE. — De Cosenze, ville de l'ancien royaume de Naples, et capitale de la Calabre.

COSMES. — Villes des dép. de l'Aveyron et de la Sarthe. **Cosmes,** nom des magistrats établis en Crète pour y maintenir le bon ordre. Vient du grec **kosmos,** ordre. Cosme signifie aussi chevelure, écritoire, poignée d'épée.

COSSET. — De Cossé, bourg d'Anjou, dép. de la Mayenne, à 4 lieues de Laval. **Cossé,** en cosses.

COSTE. — Seigneuries de Bretagne, de Champagne, du Poitou et du Quercy. **Coste** se dit pour penchant d'une montagne. **Cotte,** nid, panier de pigeons, coût, dépense, mesure de capacité, corbeille, panier.

COSTERET. — De Costera, canton du dép. de la Corse, arr. de Bastia. **Costeret,** mesure de vin, d'huile, liqueur, panier, charge.

COSTILLE. — Des Cotils, seigneurie en Normandie, érigée pour De la Lande, en 1772. **Costille** dérive du latin **castillum,** de **costa,** côte, versant d'une côte, côteau.

COSTIN. — Des Cots, seigneurie en Normandie, érigée en 1630 en faveur de Menard. **Cotin,** chaumière, cabane.

CÔTÉ. — De Côte, communes des dép. du Rhône et de celui de l'Isère. **Côté,** flanc d'un navire, endroit quelconque, parti. Dérive du grec **ostéon,** os.

COTEREL, COTTEREL. — De Couterelle, dép. de la Charente-Inférieure, commune de Pons. **Coterel,** arme ancienne dont il est fait mention dans les poètes; bandit, cotte d'armes, laine filée.

COTIN. — De la Cottinais, seigneurie de Bretagne, érigée en 1668 pour Brasdasne. **Cotin,** cabane, chaumière, cahutte.

COTINEAU. — De Gastines, dép. de la Sarthe et de la Mayenne. **Cotineau,** dim. de Cotin.

COTRAY. — De Cauterets, bourg du dép. des Hautes-Pyrénées, arr. d'Argelès.

COTTE. — De Cotte-Juillaquet, seigneurie de l'Angoumois. **Cotte**, partie du vêtement des femmes qui s'attache à leur ceinture, et qui descend jusqu'au bas. **Cote**, degré de parenté.

COTTENAY. — De la Cottinais, seigneurie de Bretagne. Dérive de **cotte**, cotillon, jupe.

COTTON. — De Coutte, commune du Calvados, arr. de Lisieux.

COTTU. — De Cottun, en Normandie, diocèse de Bayeux. **Cotu**, raboteux, qui a des côtes, qui n'est point rond, noueux, en parlant du bois.

COTTY. — De Cottière, dans la Charente-Inférieure, com. de Montguyon. **Côtil**, penchant d'une colline, côteau.

COUAGNE. — De Cougny, lieu du dép. de la Nièvre, dans la commune de Saint-Jean-aux-Amognes. **Couagne** ou couanne, couenne, peau de cochon.

COUCEAU. — De Coucy, commune du dép. des Ardennes, canton de Béthel.

COUDAY. — De Coudey, seigneurie en Normandie, érigée en 1463 pour De Brébœuf. **Couday**, coudée, coup de coudes, poignée. **Couder**, lier, attacher.

COUDRAY. — Seigneuries de Bretagne, de Champagne, de Normandie, de l'Ile-de-France et de l'Orléanais. **Coudray**, variante de **coudrete**, coudraye, lieu planté de coudres.

COUDRET. — De la Coudre, seigneurie en Anjou, érigée en 1600 pour De là Béraudière.

COUENON. — Rivière de Bretagne qui se jette dans la mer, près du Mont-Saint-Michel. On appelle **coué** un animal à qui on n'a pas coupé la queue.

COUERIER. — De Coyrière, dans le Jura, arr. de Saint-Claude. Dérive de **cuerier**, choriste.

COUET, COUETTE. — De Couhé, seigneurie et ville du Poitou, dép. de la Vienne. La seigneurie devint marquisat en 1652. **Couet** se dit de quatre grosses cordes amarrées au bas des voiles, vers l'avant du vaisseau, bonnet de femme, armure. **Couette**, lit de plume.

COUILLARD. — De Couilly, dans le dép. de Seine-et-Marne, arr. de Meaux, canton de Crécy. **Couillard** se dit de la corde qui tient la grande voile à la grande attaque du grand mât. **Couillard**, pierriers ou machines de guerre pour jeter des pierres.

COUILLAUD. — De Goulles, dans le dép. de la Côte-d'Or, arr. de Châtillon. **Couillaut**, valet de chanoine à **Angers**, en général, bon compagnon.

COUIN. — Commune dans le dép. du Pas-de-Calais, canton de Pas, arr. d'Arras. V. Coin.

COULLARD. — De Coulaures, dans le dép. de la Dordogne, arrondissement de Saint-Gaudens. Dérive de **coulle**, vêtement.

COULIN. — De Coulans, bourg du Maine. dép. de la Sarthe, arr. de Mans. **Coulin** se dit pour rigole.

COULOMBE. — Seigneurie de l'Ile-de-France, érigée en 1552 pour De Recouart. **Coulombe**, colonne, jambage.

COULON. — Commune dans le dép. des Deux-Sèvres, arr. de Niort. **Coulon**, vieux mot qui signifiait pigeon. **Coulon** est encore un cultivateur qui sous-loue quelques parcelles de terre d'un fermier, un colon. C'est encore un pigeon.

COULANGES. — Seigneurie en Normandie, érigée en 1510 pour De Mathan. Plusieurs villes de ce nom dans la Charente-Inférieure, dans le dép. des Deux-Sèvres et dans l'Aisne.

COUPAL. — De Coupelle, dans le Pas-de-Calais, arr. de Montreuil. **Coupal** se disait pour coupable.

COUPART. — De la Couperie, hameau dans l'Anjou, parlement de Bordeaux. Dérive de **coupe**, action de couper.

COUPEAU. — De Coupetz, commune du dép. de la Marne, arr. de Châlons. **Coupeau**, sommet d'une montagne, éclat de bois ou de pierre, et **couppeau**, rayon de miel.

COUPIAU. — De Coupiac, seigneurie en Rouergue, érigée pour De Rhodez. De **coupie**, faîte.

COUPY. — De Coupy, commune du dép. de l'Ain, arr. de Gex. **Coupiz,** toile de coton à carreaux importé du Bengale, taille.

COURAGE. — De Couraze, commune dans le Béarn, diocèse de Lescar. **Courage,** se disait pour chœur, société.

COURAULT. — De Courant, dans la Saintonge, diocèse de Saintes. **Courau,** petit bateau pour charger les grands bateaux sur la Garonne.

COURBERON. — De Corberon, commune du dép. de la Côte-d'Or, canton de Seurre, arr. de Beaune.

COURBETTE. — Commune du dép. du Jura, arr. de Lons-le-Saunier. **Courbet,** partie d'un bât de mulet élevée en forme d'arcade sur les aubes, outil tranchant et recourbé comme la-serpe.

COURCELLES. — Communes des dép. de la Charente-Inférieure, du Doubs et de l'Aube. Fief en Coudray, au Perche, canton d'Authon, arr. de Nogent, département d'Eure-et-Loir. **Courcelle,** petite cour.

COURCY. — Seigneuries du Gâtinais, de l'Orléanais et de la Normandie, village du Loiret, ci-devant marquisat, à 3 lieues de Pithiviers. **Courcie,** passage, galère.

COURCIVAL. — Commune du dép. de la Sarthe, canton de Bonnetable, arr. de Mamers.

COUREAU. — De la Coures, seigneurie en Languedoc, érigée en 1570 pour De Planchaud. **Coureau,** vieux mot qui signifiait barres, coulisses, verroux.

COURIER. — De Courrières, dans le Pas-de-Calais, arr. de Béthune. **Courier,** postillon qui fait le métier de courir la poste, de porter les dépêches.

COURNOYER. — De la Cornouaille, commune dans le dép. de Maine-et-Loire, arr. d'Angers. **Cournouiller,** arbre qui porte des cornouilles, fruit rouge et acide.

COUROI. — Des Couroyers, seigneurie de Bretagne, érigée en faveur de Botherel en 1600. **Couroi,** composition de suif, de soufre, de résine et de verre-pilé dont on frotte les vaisseaux avant d'entreprendre un voyage au long cours. C'est encore une fressure de mouton.

COURSEL. Commune du Beaujôlais, diocèse de Lyon. Coursel se disait pour tombereau, brouette, chariot.

COURSOL. — Des Courtesolles, dans la Vendée.

COURSON. — Seigneurie en Normandie, érigée en 1463 pour De Neufville. **Courson,** branche d'arbres de l'année précédente, coupée en-dessous du troisième œil.

COURTEAU. — Seigneurie en Bretagne, érigée en 1700 pour De Perenno. **Courteau,** instrument de musique, espèce de basson racourci, qui servait de basse aux musettes, cheval de taille courte, animal dont on a coupé la queue et les oreilles, pièce d'artillerie, sobriquet donné aux gens de métier à Bourges.

COURTAULT, COURTAULX. — Commune dans le Haut-Languedoc, diocèse de Mirepoix. **Courtault,** sorte de mortier monté sur des roues. Vient du grec **kortos,** enceinte.

COURTEMANCHE. — Seigneurie et village dans le département de la Somme, en Picardie, arr. de Montdidier. Le seigneurie fut érigée en châtellenie en 1481.

COURTET —De Courtetain, dans la Franche-Comté, diocèse de Besançon. **Courtet,** nom donné aux bœufs d'une stature ramassée.

COURTIER.—De Courtillers, commune du dép. de la Sarthe, canton de Sablé, arr. de La Flèche. **Courtier,** courtisan, juge.

COURTIN. — De Courtines, seigneurie dans le Languedoc, érigée en 1458 pour De Camins. **Courtin,** terme de fortification.

COURTIS.—Commune de Normandie, diocèse d'Avranches, parlement de Rouen.

COURTOIS. — Commune du dép. de l'Yonne, canton de Sens. **Courtois,** courtisan, doux, familier, favorable, commode.

COURTON. — Bourg dans le pays d'Aunis, diocèse de La Rochelle. **Courton,** la plus mauvaise filasse après l'étoupe. Dérive du grec **kortos,** enceinte.

COURVILLE. — Seigneuries dans la Beauce et en Normandie, à 5 lieues de Chartres.

COUSEAU. — De Couse, commune du dép. de la Dordogne,
canton de Lalinde. De **cousel,** tenure en coterie.

COUSIN. — Du Cousin, rivière de la Côte-d'Or, arr. de Semur et de Gouzens, commune de la Haute-Garonne, arr.
de Muret. **Cousin,** enfant issu de deux frères, insecte,
chanteau.

COUSINEAU. — De Gouzougnat, dans le dép. de la Creuse,
arr. de Boussac.

COUSINET. — **Cousinette,** pomme qui se rapproche de la
calville.

COUSSEAU. — De Cousse, seigneurie en Périgord, érigée
en 1646 en faveur de Diez. **Cosseau,** tuyau de la plume,
plume non taillée.

COUSSIN. — De Coussan, commune du dép. des Hautes-
Pyrénées, arr. de **Tarbes.** Dérive de **culcita,** matelas.

COUSSON. — Petite rivière de France qui se jette dans la
Loire au-dessous de Blois. **Cousson** signifie gousset de
chemise. **R**abelais appelle **cousson** un morceau de linge
carré qu'on met sous l'aisselle aux enfants.

COUSSY. — De Coussey, seigneurie en Lorraine, dép. des
Vosges.

COUTANCE. — Seigneurie de Bretagne, érigée par Le Breton en 1668. **Coutance,** coût, frais, dépense.

COUTANT. — Commune dans le Bourbonnais, diocèse de
Clermont, parlement de Paris. **Coutant,** couteux, pénible.

COUTANCEAU. — De Coutançon, commune du dép. de
Seine-et-Marne, canton de Danemarie, arr. de Provins.
V. Coutances.

COUTAUT. — De Couteau, seigneurie de Bretagne, érigée
en 1668 en faveur de Doudart. **Couteau,** rayon de miel.

COUTELEAU. — De Coutelos, en Provence, diocèse dè Fréjus. **Coutelo,** long couteau. De **coutel,** tranchant.

COUTELET. — De la Goutelle, dans le Puy-de-Dôme, arr.

de Riom. **Coutelet,** petit couteau et **coutelé,** qui est en forme de couteau.

COUTERET. — De Coutras, ville du dép. de la Gironde, arr. de Libourne. **Coutret, cotteret,** marche-pied.

COUTERIE. — De Courtry, commune de Seine-et-Marne, arr. de Meaux. **Couterie,** office de sacristain, appelé aussi custodie.

COUTINAULT. — De Coutignac, baronnie dans la Provence, diocèse de Fréjus. **Coutinaut,** beau.

COUTLÉE. — De la Coustelle, seigneurie du Languedoc, érigée en 1720 pour Le Cointé. **Coutlée,** coutelet.

COUTON. — De Coust, dans le Cher, canton de Charenton. **Couston,** morceau de bois qu'on attache aux antennes d'un navire pour empêcher que l'éclat ne se fasse plus grand.

COUTURE. — Communes du Poitou et du Bas-Armagnac, et seigneurie en Normandie, érigée en faveur de **Turgot** en 1550. Dérive de **cultura,** culture, d'où est venu le nom de **couture.** Dans le bas latin on trouve **cotura, costura, coutura,** mots que Du Cange définit par ager cultus, en français, couture.

COUTURIER. — De Couturelle, marquisat en Artois, érigé pour Boudart, en 1759. De même que jadis l'on disait **coulturer** pour cultiver, ainsi le mot **couturier** devait s'employer pour cultivateur. C'est aussi le nom donné au tailleur de campagne.

COUVERT. — Seigneurie de Normandie, érigée en 1258 pour De Couvert. **Couvert,** couverture, toiture, abri, lieu couvert de bois.

COUVRET, COUVRETTE. — De Couvrelles, commune du dép. de l'Aisne, canton de Braisne. V. Couvert.

CRAPONE. — Ville du Languedoc, dans le Velay, et ville de l'Auvergne. **Crapone** est une lime bâtarde, faite à Crapone, en Languedoc.

CREAU. — De Créot, bourg de Saône-et-Loire, arr. d'Autun. **Créaulx,** objets servant à former la toiture.

CRÉDIT. — De Crédin, dans le dép. du Morbihan, arr. de

Ploërmel. **Crédit,** créance, droit seigneurial, aveu, confession.

CRÉMAZIE. — De Gramazie, commune du dép. de l'Aude, en Languedoc, canton d'Alaigne, arr. de Limoux. **Cramoisi,** c'est-à-dire écarlate.

CREMER. — De Cremery, commune du dép. de la Somme, canton de **Roye. Cremer,** variante de **cremer,** craindre, brûler, embraser, **cresmer,** donner le saint-chrême, les saintes huiles.

CRENET. — De Crenay, seigneurie de Normandie, érigée en 1666 pour De Poilvilain. **Crenet,** créneau. **Cresnette,** sorte de serpe.

CRÉPEAU. — De Crepey, dans le dép. de la Meurthe, arr. de Toul. Seigneurie du même nom et au même lieu.

CRÉPI. — Crepy, commune du dép. de l'Oise, arr. de Senlis, entre Meaux et Compiègne. **Crépi,** muraille enduite de mortier ou de plâtre.

CRÉPIN. — De Saint-Crépin, communes du dép. de la Dordogne et de la Charente-Inférieure. **Crépin,** nom propre d'homme, patron des cordonniers. Se dit pour gaufre, beignet.

CRÉQUY. — Village en Artois, dép. du Pas-de-Calais, à 3 lieues de Montreuil. **Crequier,** prunier sauvage.

CRESPON. — De Creppon, seigneurie et commune du dép. du Calvados, arr. de Bayeux, canton du **Ryes. Crespon,** étoffe de soie tortillée. **Crepon,** croupion, échine, crépi.

CRESSÉ. — Commune du dép. de la Charente-Inférieure, canton de Matha. **Cresser** veut dire croître.

CRESSENT. — De Cressensac, bourg dans le dép. du Lot, arr. de Gourdon. **Cressent** signifie croissant et **cressant,** une sorte de vase.

CRÈTE. — Commune de l'Auvergne, diocèse de Clermont et seigneurie dans le Berry, érigée en 1441. **Crête** signifie friche, broussailles, ferme, craie, et **creste,** sorte d'arbre servant à la construction.

CRETEL. — De Creteil, seigneurie de l'Ile-de-France, érigée en 1501 pour Du Pré. **Cretel,** créneau, meurtrière.

10

CRÈVECŒUR.—Seigneuries de Normandie, de Bourgogne et de Picardie. **Crévecœur** se dit pour dépit, douleur mêlée de dépit.

CREVET. — De Creveil, seigneurie de Normandie, érigée en 1770 pour De la Hazardière. **Crevet**, sorte de lacet serré par un bout en forme de croix, avec lequel les femmes se lacent en échelle, crevasse, fente.

CRÉZEAU. — De Crézanci, commune dans le dép. du Cher, arr. de Sancerre. **Crézeau**, étoffe de laine croisée, couverte de poil des deux côtés.

CRIQUET. — Commune de Normandie, parlement de Rouen. **Criquet**, petit cheval de peu de valeur, bâton servant de but au jeu de boule, grillon.

CROAC. — De Croagues, dans la Provence, diocèse d'Apt. **Croac**, croassement, cri du corbeau et de la grenouille.

CROC. — De Crocq, ville sur les confins de l'Auvergne, diocèse de Clermont. **Croc**, safran, peson, romaine, croix, potence, espèce d'arme, fripon.

CROCH. — De Crochte, commune du dép. du Nord, arr. de Dunkerque. **Croch**, filou.

CROISET. — De la Croisette, seigneurie de Normandie, érigée en 1657 pour Le Blanc. **Croiset**, petite monnaie qui valait une maille de Florence, et **croisette**, petite croix.

CROISILLE.—Seigneuries en Normandie, et dans le Limousin. **Croisille**, petite pièce de bois taillée en portion de cercle, sur le rouet des fileurs, et porte les moulettes. Veut dire aussi petite croix, mise sur un chemin.

CROISY. — Seigneurie en Normandie, érigée en 1402 pour De Garanchières. **Croisie**, croisade, partie de la ganse d'une épée, partie d'un moulin à vent, croix faite sur des écritures, pour en contester certains articles.

CROQS. — De Crocq, ville du dép. de la Creuse, en Auvergne, chef-lieu de canton, arr. d'Aubusson. V. Croc.

CROQUANT. — De Crosco, seigneurie de Bretagne, érigée en 1696. **Croquant**, vilain, gueux.

CROSNIER. — De Crosne, baronnie dans le dép. de Seine-et-Oise, arr. de Corbeil. **Crosnier,** dérive de crone, machine pour charger et décharger les navires.

CROTEAU. — De la Crotte, seigneurie en Anjou, érigée en 1738 pour De Champagne. **Croteau,** dim. de crot, fosse, anse, port, ou de **crote,** crypte.

CROZE. — Baronnie et communes du dép. de la Creuze, et de la Drôme, en Dauphiné.

CUÉ. — Cuers, ville du dép. du Var, à 4 lieues de Toulon De **cuau,** petite cuve.

CUEMOND. — De Culmont, dans le dép. de la Haute-Marne, arr. de Langres.

CUGNET. — De Cugney, commune du dép. de la Haute-Saône, canton de Marnay, arr. de Gray. **Cugnet** signifie coin de terre, sorte de pain ou gâteau de ménage.

CUILLERIER. — De Guilliers, dans le Morbihan, arr. de Ploërmel. **Cuillerier** se dit pour fabricant de cuillers. Vient du grec **kochliarion,** cuiller.

CUILLIER. — De Cuillier, dans la Bourgogne, diocèse de Mâcon. **Cuiller,** oiseau, coquille.

CUISSET. — De Cuissés, seigneurie en Normandie, érigée en 1537. **Cuissette,** moitié des fils d'une portée, dans les manufactures de lainage; dim. de cuisse.

CUISY. — Seigneurie en Champagne, érigée pour Rouillé en 1760, ou de Cuisy, dans la Brie, canton de Dammartin. Vient de **cuisse,** mesure pour les grains.

CUISSY. — Abbaye de Prémontrés, au pied de la montagne de Cuissy, à 4 lieues de Laon. Commune du dép. de l'Aisne, en Picardie, canton de Craonne, arr. de Montmédy.

CURAUX. — De Curée, seigneuries de Normandie et de Bretagne. **Cureaulx,** enfants de chœur.

CURÉ. — Commune du dép. de la Charente-Inférieure, canton de Surgères, arr. de Rochefort. **Curet,** curoir de charrue.

CUREUX. — De Curel, commune du dép. de la Haute-Marne, canton de Chevillon. **Cureur,** celui qui cure les puits, les canaux, et curoir de charrue.

CURODEAU. — V. Coradeau. Vient de **curre,** char, chariot.

CURTAIN. — Curtin, commune du dép. de l'Isère, canton de Monestel, arr. de la **Tour-du-Pin. Curtin,** coutil.

CUSSON. — Commune dans le Forez, diocèse de Lyon, parlement de Paris.

CUSTEAU. — De Custines, commune du dép. de la Meurthe canton de Nancy. **Custel,** château, et **custot,** boîte, étui.

CUVELIER. — De Cuvillers, commune du dép. du Nord, canton de Cambrai, arr. de Cambrai. **Cuvelier,** tonnelier.

CUVIER. — Commune du dép. du Jura, canton de Nozeroy, arr. de Poligny. **Cuvier,** vaisseau de plomb ou de cuivre pour tirer les sels de terre.

CUVILLIER. — Commune dans le Cambraisis, diocèse de Cambrai. Vient du grec **kupé,** sorte de navire.

CYPIHOT. —Cypriot, habitant de l'île de Chypre, dans la Méditerranée, à l'entrée du golfe d'Alexandrette.

CYR. — De Cire-lés-Mello, dans le dép. de l'Oise, arr. de Senlis. **Cire,** stéarine, chassie, beurre.

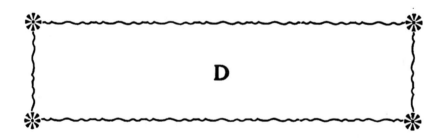

D

DABADIE. — Ce nom semble venir du mot **abadir** qui dérive d'**aben,** pierre, et de **dir,** rond ou sphérique.

DABIN. — D'Abinville, commune du dép. de la Marne, arr. de Commercy. Il existait autrefois en Arabie un château nommé **Abin,** à l'est de la ville d'Aden, à douze milles de la mer.

D'ABANCOURT. — Abancourt, seigneurie et village dans le dép. du Nord, près de Cambrai et de Douai.

DABONVILLE. — De Dadonville, commune du dép. du Loi

ret, canton de Pithiviers. Dérive du verbe **abonır**, devenir meilleur. Un **dabon** est un lange d'enfant.

DACE. — De Dax, ville de la Gascogne, entre Bordeaux et
Bayonne. Dace, pour Danemark. **Dace**, nom d'homme,
signifie impôt.

DACHARD. — D'Achères, commune du dép. du Loiret, arr.
de Pithiviers. **Dachard** dérive de **dacher**, qui signifie lancer, tendre.

DACHAUD. — D'Acheux, ville du dép. de la Somme, arr.
de Doullens. **Dachaud**, dérive de **dache**, paille.

DACIER. — D'Acy, commune dans le dép. de l'Aisne, arr.
de Soissons. **Dacier**, collecteur d'impôts ou daces.

DACONES. — D'Acon, commune du dép. de l'Eure, canton
de Nouancourt. **Acon**, petit bateau plat, sans quille ni
mât, ni voile, ni gouvernail, pour pêcher sur la vase.

DADE. — De Dadon, en Gascogne, parlement de Bordeaux.

DAGENAIS. — D'Agen, ville du dép. de Lot-et-Garonne, et
commune de l'Aveyron, ou de l'Agenais, comté en
Guyenne, qui forme actuellement la majeure partie du
dép. de Lot-et-Garonne. Dérive du verbe **agener**, gêner,
incommoder.

DAGERT. — D'Ageux, commune du dép. de l'Oise, arr. de
Clermont. **Agerre** signifie amas de pierres, rempart,
digue.

DAGNEAU. — Agneaux, seigneurie en Normandie, dép.
de la Manche, arr. de Saint-Lô, possédée en 1500 par De
Sainte-Marie. **Agneau**, fourrure d'agneau.

DAGON. — De la Daguerie, seigneurie de la Bretagne, érigée en 1560 pour De Farcy. Dérive d'**agora**, place,
marché, assemblée publique.

DAGUERRE. — D'Aillères, commune du dép. de l'Ariège,
arr. de Foix. **Daguer** signifie frapper avec une dague, et
aguerrer, taquiner.

DAGUET. — D'Ayet, lieu du dép. de l'Ariège, canton de
Castillon, arr. de Saint-Girons. **Daguet**, jeune cerf qui

est à son premier bois. En vieux français, **daguet** siguifiait à l'improviste, sourdement.

DAGUEIL. — D'Ayeux, commune du dép. de la Loire, arr. de Montbrison. Dérive du v. f. **dague,** raillerie.

DAGUILHE. — D'Aguilhe, commune du dép. de la Haute-Loire, arr. du Puy. **Aguille,** toile de coton qui se fabrique à **Alep.**

DAIGLE. — D'Aigle, baronnie et ville de la Haute-Normandie ; la baronnie date de 1066. **Aigle,** le roi des oiseaux.

DAIGNAULT. — Aigneaux, dans la Normandie, diocèse de Coutances, parlement de Rouen. **Daignault,** dim. d'**aigne,** bête à laine, mouton.

DAIGNE.—D'Aignes, commune du dép. de l'Hérault, canton d'Alonzac. **Daigne** signifie lieu de l'hypothèque.

DAIGREBELLE.—D'Aiguebelle, seigneurie en Champagne, érigée en 1600 pour De Magny. Dérive d'**aigne,** eau, et de **belle,** belle eau.

DAIGREMONT. — Ai_{gremont}, seigneurie et village de la Haute-Marne, à 2 lieues de Bourbonne-les-Bains. La seigneurie fut érigée en faveur de Choiseul, en 1425. Aigremont, communes dans le Gard, l'Yonne et Seine-et-Oise. **Aigremont,** dérive d'aigremoine, d'aigremore.

DAILLEBOUST. — Dérive de **aille,** ail, et de **boust,** grosse bouteille, outre, vase à liquides.

DAILLET. — D'Ayette, commune du Pas-de-Calais, arr. d'Arras. **Daillet,** dim. de **dail,** faux. **Aillette,** petite liliacée.

DAILLOT. — De Daillecourt, commune de la Haute-Marne, arr. de Chaumont. **Aillot,** petit ail.

DAINE.—D'Aines, dans la Bresse, seigneurie unie à celle de Treffort, érigée en marquisat en 1586. **Daine** est la femelle du daim.

DAIRE.—D'Aire, village situé sur l'Adour, en Gascogne. Il y a aussi **Aire,** commune dans le dép. du Pas-de-Calais et les **Ardennes. Aire,** signifie autel, emplacement non cultivé, position.

DAIRON. — Airon, commune du dép. du Pas-de-Calais. **Airon**, rivière qui se jette dans la Loire, près de Nevers, après avoir reçu l'Arron, la Quenne, l'Allaine.

DALAIRE, DALLAIRE. — Allaire, commune du dép. du Morbihan, arr. de Vannes. **Dalaire**, doloire.

DALAUX.—D'Alos, ville des Basses-Alpes, à 4 lieues de Barcelonnette. Du verbe **aloser**, louer, honorer.

DALBEC. — D'Albeck, ville de la Souabe, à 2 lieues d'Ulm.

DALBERT.—D'Albert, bourg et seigneurie de Picardie, à 5 lieues de Péronne. La seigneurie fut érigée en 1620 en faveur d'Albert de Luynes. **Albert**, monnaie blanche, en terme d'argot. V. Albert.

DALBEUF. — De Daubeuf, commune du dép. de l'Eure, canton des Andelys.

DALCIAT.—D'Alciette, commune des Basses-Pyrénées, arr. de Mauléon.

DALCOURT. — Alcour, bourg de l'Estramadure, en Espagne, près de la montagne de Larez. **Alcour** semble venir de **alcore**, petite pierre parsemée de taches qui semblent de l'argent.

DALEN. — Alene, seigneurie en Provence, érigée en marquisat en faveur de Renaud, en 1695. D'**alein**, haleine, **alan**, gros chien de chasse.

DALENÇON. — Alençon, ville de Normandie, sur la Sarthe, ancien duché et bailliage. D'**alence**, passage, action d'aller.

DALERET. — D'Alerey, duché de Bourgogne, diocèse de Châlons-sur-Saône. **Aleret** semble venir d'**alers**, qui veut dire voyage.

DALETTE. — Alette, dans le Bourbonnais, diocèse de Boulogne. **Alete**, anchois, **alette**, petite aile, côtés d'un trumean qui est entre deux arcades.

DALLAS. — Allas, bourg de la Charente, à 2 lieues de Barbézieux, et Allas, dans la Dordogne.

DALLES.—Alles, dans le Périgord, diocèse de Sarlat. **Dales**, à côté, le long de, **dalle**, chêneau, rigole.

DALMAS. — D'Almaz, ville de la Basse-Hongrie, sur le Danube. **Dalmace,** nom d'homme.

DALMONT. — Almont, seigneurie dans la Beauce, érigée en 1450 en faveur du chevalier d'Almont.

DALOGNY. — Alogny, seigneurie en Poitou, érigée pour De Fumé en 1733. **Alogny** vient d'**alogne,** cordage qui sert aux pontons. Une alogne a trente cinq toises de long et un pouce de diamètre.

DALONNE. — Allonne, bourgs situés près de Beauvais, de Saumur et du Mans. V. Dalogny.

DALQUIER. — D'Alquine, dans le Boulonnais, diocèse de Boulogne, arr. de Saint-Omer. **Alquier,** appelé aussi **cantar,** est une mesure de grains très petite, employée dans le Portugal.

DALUSEAU. — D'Aluze, commune du dép. de Saône-et-Loire, canton de Chagny, arr. de Châlons. Vient d'**aluze,** flatterie.

DALY. — Ally, commune du dép. du Cantal, arr. de Mauriac. V. **Aly.**

DAMBOISE. — D'Amboise, ville de **Touraine,** sur la Loire, dans l'arr. de **Tours.**

DAMBOURGES. — D'Ambourville, commune de la Seine-Inférieure, arr. de **R**ouen. Dérive d'**ambourgs,** espèce de bière, boisson fermentée du dép. du Nord.

DAMBOURNAY. — Ambournay, petite ville située dans le Bugey, à trois lieues de Bourg-en-Bresse.

DAME. — Dame, ville de Flandre, à 1½ lieue de Bruges, ou d'Ames, dans le Pas-de-Calais, arr. de Béthune. **Dame** se dit pour fille de qualité, femme mariée, belle-mère, femme, arrêt de terre dans un fossé, témoin de terre dans un déblai, instrument de paveur.

DAMESTEUIL. — D'Amstel, département du royaume de Hollande dont **Amsterdam** était le chef-lieu. Vient d'**ameste,** paroisse, district.

DAMIEN. — D'Amiens, ville capitale de la Picardie. **Damien,** nom d'homme.

DAMIN. — De Damigni, dans le dép. de l'Orme, arr. d'Alençon. **Damin** dérive de l'irlandais **dam**, bœuf; en vieux français signifiait dommage.

DAMOURS. — Amour, ville du Jura, arr. de Lons-le-Saulnier, à 6 lieues de **Tournus.**

DAMNÉ. — D'Amné, commune du dép. de la Sarthe, arr. du Mans, canton de Loué. **Damné,** vaincu, condamné.

DAMON. — D'Amont, bailliage de la Franche-Comté, dép. du Doubs. **Amont,** en haut, par en haut.

DAMPHOUS. — De Danvou, dans le Calvados, arr. de Vire. Vient de **damp,** bâtardeau, digue.

DANAIS. — D'Anais, commune du dép. de la Charente, arr. d'Angoulème. Dérive de **dan,** seigneur, maître. V. Anais.

DANCAUSE. — D'Ancause, lieu du comté de Comminges, dans les Pyrénées, dép. de la Haute-Garonne. **D'encauser,** causer avec plaisir.

DANDANE. — D'Andaine, forêt de Normandie, sur les confins du Maine. **Andane,** andaine, aimant.

DANDURAND. — D'Andirand, dans le dép. de Lot-et-Garonne, arr. de Nérac. V. Andirand.

DANE. — Danne, commune du dép. de la Meurthe, canton de Phalsbourg, arr. de Sarrebourg, et Dannes, dans le Pas-de-Calais. **Dane,** âne, cane.

DANEAU. — Seigneurie en Anjou, érigée en 1569 pour Du Guesclin. **Aneau,** anel, chaîne, union conjugale, lunettes.

DANERIE. — De Damerie communes du dép. de la Marne et de la Somme. **Anerie,** ignorance, faute grossière.

DANEST. — Anets, seigneurie de Bretagne, unie en 1683 au marquisat de Château-Frémont. **Anet,** plante.

DANEVERT, DANNEVERT. — De l'Ane-Vert, commune du dép. de l'Indre, près d'Obterre. **Vert,** pour **vair,** veut dire barré, barricade.

DANGEAC. — Angeac, commune du dép. de la Charente, près d'Angoulème.

DANGERS. — D'Angers, commune dans la Beauce, arr. de Chartres. **Danger** signifie dégoût, répulsion.

DANGLADE.—Anglade, bourg de la Gironde, arr. de Blaye. Dérive d'**angle**, mesure de grain.

DANGOSSE.—Angosse, village du Limousin. **Angosse** signifie angoisse, étreinte, souffrance.

DANGUEL.—De Dangeul, com. du dép. de la Sarthe, arr. de Mamers.

DANGUSSE.—De Dangu, seigneurie de Normandie, érigée en 1700 pour Hubert de Bouville. Du verbe **anguir**, chasser la mère d'un oiseau de son nid.

DANIEL.—De Dannes, commune du Pas-de-Calais, canton de Samer. **Daniel**, nom d'homme qui veut dire Dieu est mon juge; œillet sauvage à deux fleurs rouges.

DANIER.—D'Anhiers, commune du dép. du Nord, canton et arr. de Douai. **Anier** est celui qui conduit les ânes.

DANIS.—Anis, montagne du Velay, dans les Cévennes, et Any, commune du dép. de l'Aisne, arr. de Vervins. **Anis**, fleur d'anis, grain, engeance.

DANJOU.—De Dampjoux, commune dans le dép. du Doubs, arr. de Montbéliard, et Anjou, petit village sur une montagne de l'Isère, à 3 lieues de Vienne. **Anjou**, province dont le nom vient de **Andes**, puis Ango et enfin Anjou.

DANNEAU. — D'Annot, ville de Provence, sur le Var. **Anote**, plante.

DANNEMARCIEN.—De Dannemarie, communes de Seine-et-Oise et du Doubs. **Danemarce**, bois du Danemark.

DANRÉ.—De Damerey, commune du dép. de Saône-et-Loire, arr. de Chalons. **Denrée**, v. f. denier, prix, aventure, traitement, affaire.

DANSEREAU. — D'Ansereix, en Gascogne, diocèse de Tarbes. **Dansereau**, dim. de danseur.

DANSEVILLE.—D'Anserville, commune du dép. de l'Oise, canton de Méru, arr. de Beauvais. **Anse**, cuve à deux anses.

DANTAGNAC.—Antagnac, commune du dép. de Lot-et-Garonne, canton de Bouglon, arr. de Marmande.

DANTAL. — D'Ante, commune du dép. de la Marne, arr. de Sainte-Menehould. **Dental**, pièce de bois où s'enclave le soc de la carrue.

DANTIN. — Antin, bourg de Bigorre, dans les Hautes-Py rénées, sur la rivière de Bouez, près d'Estarac.

DANVERS. — Anvers, bourg du dép. de la Sarthe, à 2 lieues de Sablé.

DANY. — Any, bourg du dép. de l'Aisne, appelé Any-Martin-Rieux, et Any, en Normandie, diocèse de Bayeux. V Any.

DANZY. — Anzy-le-Duc, commune dans le département de Saône-et-Loire, à 1 lieue de Sémur.

DAOUST. — D'Aoust, village dans le dép. de la Drôme, arr. de Die, canton de Crest. **Aout**, nom d'homme, vient d'**augustus**; le huitième mois de l'année, août, en a été tiré, de même que **Daoust, Daout**.

DAPRON. — De la Dapaire, dans la Marche, diocèse de Limoges. **Apron**, poisson d'eau douce, semblable au goujon.

DARABI. — D'Arbis, commune du dép. de la Gironde, canton de **Targon**. Vient d'**arab**, mêler, obscurcir, négocier, ou de **Haërab**, occident, ou d'**arabah**, solitude.

DARAC. — Arac, vallée sur la route de **Tarascon**. Dérive du latin **arare**, labourer. **Arac**, liqueur spiritueuse tirée du riz.

DARAGON. — Aragon, commune du dép. de l'Aude, canton d'Alzonne. **Aragon** se dit d'un cheval provenant de l'Aragon.

DARBASON. — D'Arbas, commune du dép. de la Haute-Garonne, canton d'Aspet, arr. de Saint-Gaudens.

DARBOU. — D'Arbousse, seigneurie en Languedoc, érigée en 1671 pour De Pelet. **Arboust** est un endroit planté d'arbres.

DARBOURG. — Arbourg, ville en Suisse, située au confluent de l'Aar.

DARBY. — Arbis, commune du dép. de la Gironde, canton de **Targon**, arr. de la Réole.

DARCHE. — Arches, ville des **Ardennes**, au sud de Charleville, et Arche, rivière de la Savoie. **Arche,** arc, arcade, coffre, huche, trésor, mesure, tombeau, étable; sorte de bateau.

DARCOUR. — D'Arcoues, commune du dép. du Gers, canton et arr. de Mirande.

DARCY. — Arcy, bourg de la Champagne, à 3 lieues de Troyes-sur-l'Aube. **Arcy,** ville du dép. de l'Yonne, à 4 lieues d'Auxerre.

DARDE. — Ardes, ville dans le dép. du Puy-de-Dôme, à 6 lieues de Brioude. **Arde,** morceau de bois droit et mobile qui se place du côté d'une charrue pour retenir le chargement.

DARDENNE. — Ardenne, communes du Poitou, de la Gascogne et de l'Armagnac, et Dardaine, seigneurie en Bretagne, unie à la seigneurie de la Chesnelaye, érigée en marquisat en 1641. **Ardenne,** vient d'**arden,** grande forêt, dont le type principal est celle qui comprend tout le duché de Luxembourg et, plusieurs contrées limitrophes de la Belgique et de la France.

DARDOIS. — D'Ardoix, commune du dép. de l'Ardèche, arr. de Tournon, canton de Satillieu. Dérive de **ardoir,** brûler, consumer, chauffer.

DARDOISE. — De l'Ardoise, lieu du dép. du Gard, commune de Loudun, en Normandie. **Ardoise,** pierre tendre qui s'exfolie.

DARET. — D'Arette, commune des Basses-Pyrénées, arr. d'Oloron. **Arraie,** arrêt, décision judiciaire; **arest,** goût, prédilection, traité, arrestation.

DARGAN. — Argan, ville de la Nouvelle-Castille, dans le diocèse de Tolède, en Espagne.

DARGENT. — Argent, bourg dans le dép. du Cher, arr. de Sancerre, seigneurie de l'Orléanais, érigée pour Du Pré, en 1760.

DARGENCOURT. — Argencourt, commune de la Bourgogne, parlement de Dijon.

DARGENTEUIL. — Argenteuil, baronnie de Champagne, érigée pour Le Bascle en 1500.

DARGIS. — De Dargies, commune du dép. de l'Oise, canton de Grandvillier.

DARGY. — De Dargy, bourg du dép. de l'Indre, près de Châteauroux.

DARIS. — D'Ariès, commune du dép. des Hautes-Pyrénées, arr. de Bagnères. **Aris**, touffe d'herbe où le poisson se tient caché, et **aries**, bélier, signe du zodiaque.

DARMAND. — De Darmannes, commune du dép. de la Haute-Marne, arr. de Chaumont. **Armand**, bouillie pour un cheval malade. Nom d'homme.

DARME. — Armes, commune du dép. de la Nièvre, canton et arr. de Clamecy. **Arme**, armoiries, armoire, retraite, défense de sanglier.

DARNAUD. — Arnaud, commune du dép. de la Haute-Garonne, canton de Saint-Martory, arr. de Saint-Gaudens. **Arnaud**, nom d'homme, qui semble fait de Renaud.

DARNEAU. — De Darney, commune du dép. des Vosges, arr. de Mirecourt.

DAROIS. — Commune du dép. de la Côte-d'Or, canton de Dijon. **Arrois**, château d'Ecosse. **Aroi**, équipement, équipage de guerre.

DARRAS. — Arras, ville capitale de l'Artois sur la Scarpe, et Arras, commune du dép. de l'Ardèche, canton et arr. de Tournon. **Arras**, cri d'arme des Flamands.

DARROCQ. — De Darroy, dans l'Orléanais, arr. d'Orléans. ..**Arroche**, plante potagère appelée aussi Bonne-Dame.

DARRY. — Seigneurie en Normandie, érigée en 1700 pour Le Bœuf de Millet.

DARTIGNY. — Artigny, lieu dans la commune de Souvigny, dans le dép. d'Indre-et-Loire.

DARUNS. — D'Arue, commune du dép. des Landes, canton de Roquefort. **Arum**, plante à grandes feuilles percées.

DARVEAU. — De Darvoy, commune du dép. du Loiret, arr. d'Orléans, ou d'Arve, rivière du Mont-Blanc, qui se jette dans le Rhône, près de Genève. **Arveau,** dim. d'**arve,** qui signifie champ.

DARVILLE.— Arville, communes du dép. de Loir-et-Cher et de Seine-et-Marne.

DASQUE. — Asque, seigneurie en Gascogne, érigée en 1550 pour De Castelbajac.

DASSIER.—Assier, seigneurie du Quercy, et commune dans le dép. du Lot, arr. de Figeac, canton de Livernon.

DASSYLVA. — De Sylva, ville du Portugal. Vient du latin silva, qui signifie forêt.

DASSIGNY. — Assigny, villes de la Charente et de la Seine-Inférieure. Vient d'**assigné,** personne désignée.

DASTIER. — Astier, bourg de la Dordogne, à 4 lieues de Périgueux.

DASTIGNY. — Astigny, bourg de. Champagne, dans le dép. des Ardennes, arr. de Vouziers.

DASTOU.—D'Ustou, (on prononce Doussetou) commune du dép. de l'Ariège, canton d'Oust.

DAU. — Daux, commune du dép. de la Haute-Garonne, canton de Grenade. **Dau** pour du.

DAUBAN. — Auban, commune dans le dép. des Alpes-Maritimes, arr. de Grasse. **Auban,** droit qui se paye au seigueur, pour avoir permission d'ouvrir boutique.

DAUBERT. — Aubers, commune dans le dép. du Nord, **arr.** de Lille, et Aubert, lieu du dép. de l'Ariège, canton de Saint-Girons, et Aubert, dans le dép. de l'Orne. V. **Aubert.**

DAUBIGNY. — Aubigny, seigneuries en Berry, en Normandie et en Picardie, châtellenie en l'Ile-de-France.

DAUBRAY. — Des Aubrais, bourg dans le dép. du Loiret, commune d'Orléans. **Auberée,** lieu planté de peupliers blancs.

DAUBRESBY. — D'Aubres, commune du dép. de la Drôme, arr. de Nyons.

DAUBUSSON.—Aubusson, ville et châtellenie de la Marche, dép. de la Creuse. V. **Aubut.**

DAUDAIS. — D'Audès, lieu du dép. de l'Allier, canton de Hérisson.

DAUDE. —Aude, dans le Bourbonnais, près de Bourges.

DAUDELIN. — D'Audelanges, commune du dép. du Jura, arr. de Dole.

DAUDENEAU. — D'Audenges, commune de la Gironde, arr. de Bordeaux.

DAUDET. — D'Audeville, com. du Loiret, arr. de Pithiviers.

DAUDIN. — D'Audigny, commune du dép. de l'Aisne, arr. de Vervins.

DAUGER.— Augé, bourg du Poitou, dép. des Deux-Sèvres, à 3 lieues de Provins. V. Auger.

DAULAIS. — Aulaye, bourg dans le dép. de la Dordogne, à 6 lieues d'Angoulème. **Aulaye,** nom de femme.

DAULNE. — Aulne, commune dans la Beauce, diocèse de Chartres. Aulne, rivière dans le dép. du Finistère. **Aulne** est un arbre, une mesure.

DAULT. — Ault, bourg du dép. des Deux-Sèvres, à 6 lieues d'Abbeville, et commune du dép. de la Somme.

DAUMONT. — Aumont, seigneurie de Picardie, et bourg dans le dép. de Lozère, à 7 lieues de Mende. V. Aumont.

DAUMERY. — De Daumeray, commune du dép. de Maine-et-Loire, canton de Durtal, arr. de Baugé. **Aumé,** filet, maille.

DAUNAY. — Aunay, bourg du Poitou, à 4 lieues de Saint-Jean-d'Angely. **Aunaie,** lieu planté d'aunes.

DAUNET. —V. Daunay.

DAUPHIN. — Commune du dép. des Basses-Alpes, canton de Forcalquer. **Dauphin,** titre des princes du Viennois, et titre donné aux enfants de France, héritier présomptif de la Couronne.

DAUREILLANT. — D'Aureilhant, village du dép. des Landes et des Hautes-Pyrénées.

DAURIC. — D'Aurich, dans la Lorraine. V. Aurillac.

DAURISSE. — D'Aurice, dans le dép. des Landes, arr. de Saint-Sever.

DAUSSACQ. — D'Aussac, commune du dép. du **Tarn**, et lieu du dép. de Lot-et-Garonne, canton de la Française, arr. de Montauban.

DAUSSY. — De Dausse, commune du dép. de Lot-et-Garonne, arr. de Villeneuve.

DAUTEL. — D'Ostel, commune du dép. de l'Aisne, arr. de Soissons.

DAUTEUIL. — Comté en l'Ile-de-France, érigée en 1650 pour de Combauld d'Auteuil, et **A**uteuil, seigneuries dans la Beauce, la Picardie, la Normandie et le Valois.

DAUTH. — Authe, ville dans le dép. des Ardennes, et commune dans la Champagne, diocèse de **R**eims.

DAUTIN. — D'Autingnes, commune du Pas-de-Calais, canton d'Ardres. **A**utin, arbre autour duquel **on** fait grimper la vigne.

DAUTOUR. — D'Autoire, commune du dép. du Lot, arr. de Figeac. **A**utour, écorce qui entre dans la composition du carmin, grand oiseau employé dans la fauconnerie.

DAUTREPE. — Autreppes, ville dans le dép. de l'Aisne, canton de Vervins.

DAUTREY. — Autrey, communes du dép. de la Meurthe, des Vosges et de la Haute-Saône.

DAUTRIVE. — Auterive, villes des dép. de la Haute-Garonne, du Gers, et des Basses-Pyrénées.

DAUVERGNE. — Auvergne, province de France, qui possédait le titre de comté, ou d'Auvergny, seigneurie en Normandie, érigée en 1585 pour d'Espinay.

DAUVIER. — D'Auviller, commune du dép. de l'Oise, canton de Mouy, arr. de Clermont.

DAUZE. — Auzers, commune dans le dép. du Cantal, arr. de Mauriac.

DAVAUX. — Avaux, bourg de la Champagne, dép. de la Marne, sur l'Aisne, à 5 lieues de **R**eims.

DAVAUGOUR. — Avaugour, ville de la Bretagne, dans le voisinage de Saint-Brieuc.

DAVELUY. — Aveluy, ville du dép. de la Somme, dans les environs de Tournai. Vient de **hâve,** pâle, maigre.

DAVENNE. — Avène, commune du dép. de l'Hérault, arr. de Lodève, ou de l'Avesnes, seigneurie de Picardie. **Aveine,** prononciation normande d'avoine.

DAVIAU. — Avioth, commune du pays Messin, diocèse de Metz. **Aviau** signifie ornière de chemins et **daviat,** davier.

DAVID. — Avid, commune du dép. de la Gironde. **David,** nom d'homme, est aussi donné par les menuisiers à une barre qui a un crochet en bas et un autre qui monte et descend le long de la barre. C'est ce qu'on appelle **sergent.**

DAVIGNON. — Avignon, ville de la Provence, sur le Rhône et sur une branche de la Sorgue, et d'Avignon, commune du Jura, canton de Saint-Claude.

DAVION. — Avion, commune du dép. du Pas-de-Calais, arr. d'Arras, canton de Vimy.

DAVOST. — Avot, commune du dép. de la Côte-d'Or, canton de Grancey-le-Château, arr. de Dijon.

DAZÉ. — Azé, bourg d'Anjou, dans la Mayenne, près de Château-Gontier, et commune du dép. de Saône-et-Loire, canton de Lugny. **Dasée,** morceau, tas.

DAZES. — Aze, bourg de l'Anjou et de la Beauce. **Aze,** âne.

DAZMARD. — D'Azamor, petite ville dans le Maroc.

DE BACHOIE. — Bachos, commune du dép. de la Haute-Garonne, canton de Saint-Béat, arr. de Saint-Gaudens. **Bachois** signifie bachot. Dérive du grec **baké,** pont de bateau.

DE BAILLEUL. — Seigneurie en Normandie, érigée en 1463 pour de Bailleul, et Bailleul, seigneurie en Picardie. Dérive de **bail,** du bas-latin balium.

DE BALANSIN. — De Balansun, commune des Basses-Pyrénées. **Balanson,** bois de sapin débité en petit et usité en Languedoc.

DE BAR. — Seigneurie de la Provence, et bourg du Limousin. **Bar,** ancien mot gaulois, signifie port. C'est encore un poisson.

11

DE BARRAUTE. — Commune du dép. des Basses-Pyrénées, canton de Sauveterre, arr. d'Orthez.

DE BARRAS. — Seigneurie en Provence, diocèse de Gap, érigée en 1422. **Barras,** borax.

DE BARROLON. — De Barro, commune de la Charente, arr. de Ruffec. Dérive de **barrol,** baril.

DE BARRY. — Seigneurie du Rouergue, érigée en 1600 pour de Vigouroux. **Barri,** signifie faubourg, muraille de ville.

DE BART. — Bart, bourg de la Bourgogne, dans le diocèse de Langres. V. Bart.

DEBARTZCH. — D'Esbareich, commune des Hautes-Pyrénées, arr. de Bagnères-de-Bigorre. Vient de **barthe,** buisson, bouquet de bois.

DE BASSIGNAC. — Commune du Limousin, diocèse de **Tulle,** parlement de Bordeaux. Vient de **bassiner,** ennuyer, ou de **baciner,** sonner les cloches.

DE BATILLY. — Bourgs du Loiret, de la Moselle, et de Normandie, à 2 lieues de Briare. **Batilly** vient de **bastille,** petit château.

DE BAUDRICOURT. — Ancien marquisat de la Lorraine, à 2 lieues de Mirecourt, un second à 2 lieues de Joinville, et un troisième en Artois, à 3 lieues de Saint-Pol. De **baudri,** mouillé.

DE BEAU. — Baud, seigneurie et commune dans le Morbihan, arr. de Napoléonville. **Débau,** interruption de travail.

DE BEAUCOURT. — Seigneurie en Bretagne, et Beaucourt, communes dans le dép. de la Somme, et de la Haute-Alsace.

DE BEAUHARNOIS. — Harnois, armure, bagage, tumulte.

DE BEAUJEU. — V. Beaujeu.

DE BEAULAC. — Seigneurie en Bretagne, érigée en 1550 pour De Boays. **Lac** signifie caverne, fosse.

DE BEAULIEU. — V. Beaulieu.

DE BEAUMONT. — V. Beaumont.

DE BEAUNE. — V. Beaune.

DE BEAUREGARD. — V. Beauregard.

DE BEAUREPOS. — Lieu du dép. de la Dordogne, canton de Carlux, arr. de Sarlat. **Repos** signifie lit.

DE BEAURIVAGE. — Nom composé de **beau** et de **rivage,** cours d'eau.

DE BECANCOUR. — De Bequencourt, commune du dép. de la Somme, canton de Bray, arr. de Péronne.

DE BELLECOTE. — Composé de **belle** et de **côte,** coste, coût, dépense.

DE BELLEFOND. — Seigneurie en Bourgogne, érigée en 1728 pour De Ganay.

DE BELLE-FONTAINE. — Seigneuries de ce nom en Bretagne, en Lorraine, dans l'Ile-de-France, en Normandie et en Picardie.

DE BELLEVAL. — Seigneurie en Champagne, devenue comté en 1676.

DE BELLISLE. — V. Bellisle.

DE BELLEGARDE. — V. Bellegarde.

DE BELLOT. — Commune du dép. de Seine-et-Marne, arr. de Coulommiers.

DE BELUGARD. — De Bélugara, ville d'Afrique, au Monomotapa, sur la rivière de Sainte-Luce.

DE BERCHEREAU. — De Berchères, commune du dép. d'Eure-et-Loir. **Berchereau,** dim. de **berche,** artillérie d'un vaisseau.

DE BERCOUR. — De Berck, commune de la Picardie, à 2 lieues de Montreuil. De **berq,** piquer.

DE BERCY. — Ancienne commune dans le dép. de la Seine, aujourd'hui enclavée dans Paris. **Bercil,** bercail, bergerie.

DE BERGE. — Seigneurie érigée en 1650 pour **R**enaud d'Avesne. **Berge,** bord d'une rivière, ou petit bateau fait comme une barque, espèce d'oiseau.

DE BERNE. — Ville du dép. de Morbihan, arr. de Napoléonville. **Bern** signifie ours, et **berne,** banquette, accotement d'une route, cape.

DE BERNETZ. — Seigneurie en Bigorre, érigée en 1483 pour De Castelbajac. **Berne,** saut en l'air. **Bernée,** charge de foin, de pois, contenue dans un drap.

DE BERRY. — Seigneurie en Bretagne, érigée en 1668 en faveur de Tréméreuc. V. Berry.

DE BERTHE. — Berthes, commune du dép. de la Gironde, arr. de Bazas. V. Berthe.

DE BÉTHUNE. — Seigneuries en Artois et en Normandie, dont la première remonte jusqu'à l'an 1000. **Béthune,** boue, fange.

DE BIEN. — Bian, seigneurie de Bourgogne, érigée en marquisat en 1702. ⋅ Bian, corvée pour faire la récolte des fruits.

DE BIGARÉ. — De Bigarroque, dans le Périgord, diocèse de Périgueux. **Bigarré,** incertain.

DE BILLY. — V. Billy

DE BIRE. — V. Bire. **Bire,** engin d'osier pour prendre le poisson.

DE BLAINVILLE. — Seigneurie en Normandie, diocèse et parlement de **R**ouen. Blain pour **belin,** belier, et **blin,** vieux, ver dans un fruit.

DE BLANGY. — Bourg de Normandie, dans le Calvados, et autre bourg du même nom dans la Seine-Inférieure, sur la Bresle. **Blangi,** de blangir, flatter.

DE BLAZON. — Baronnie dans le dép. de Maine-et-Loire, arr. d'Angers. **Blason,** écu, omoplate, éloge, blâme, discours.

DE BLÉ. — De Blet, commune du dép. du Cher, canton de Néronde, arr. de Saint-Amand, ou de Bleys, lieu du dép. du Tarn, canton de Cordes, arr. de Gaillac. **Blé,** seigle.

DE BLOIS. — Ville située sur la Loire, capitale de l'ancien pays Blaisois, et commune du dép. du Jura, canton de Voiteur. Blois, qui manque de sincérité.

DE BOILLEMONT. — Bolmont, lieu dans le dép. des Ardennes, commune de Remilly-les-Pothées. De **boille,** ventre, bédaine.

DE BOISSIÈRE. — Seigneuries de la Franche-Comté, du Languedoc et de la Bretagne; cette dernière fut érigée en 1640 pour De Sévigné. V. Boissier.

DE BOISSON. — De Boësse, communes dans les dép. des Deux-Sèvres et du Loiret.. Boisson se disait pour buis, bois d'une faible étendue, piquette.

DE BONDY. — Commune dans le dép. de la Seine, arr. de Saint-Denis, canton de Pantin. Bondie veut dire éclat, bruit, retentissement.

DE BONNE. — Bourg et seigneurie dans le Limousin, à 1 lieue d'Annecy. Bonne, nom de femme, est une corruption de Beuve, et se dit pour maîtresse, bonne amie, servante.

DE BORD. — Ville du Limousin, sur la Dordogne, dép. de Corrège, à 10 lieues de Tulle. Bord, planche, table.

DE BORDEAUX. — Bordeaux, ville et chef-lieu du dép. de la Gironde, sur la Gironde. Il y a, en outre Bordeau, bourg du Dauphiné, dép. de la Drôme, à 4 lieues de Die. V. Bordeau.

DE BOUCHEL. — Bouchel se disait pour baril à vin, lucarne, bouchon, engin de pêche.

DE BOUCHERVILLE. — Boucherville, seigneurie située dans la Province de Québec, vers Montréal, et érigée en 1672 en faveur de Pierre Boucher. V. Boucher.

DE BOULOGNE. — Seigneuries en Picardie et village de la Haute-Garonne, sur la Gesse, à 5 lieues de Saint-Gaudens.

DE BOURDIN. — De la Bourdinière, lieu du dép. de l'Eure et-Loir, arr. de Chartres, à 4 lieues de Bonneval. Bourdin est une pêche ronde et très colorée.

DE BOURGUET. — Seigneurie en Provence, érigée en 1667 pour De Ravel. Bourguet, dim. de bourg, ville ouverte.

DE BOUT. — Bou, seigneurie de Normandie, érigée en 1600 pour de Longueuil, et Boust, commune du dép. de la Moselle, canton de Cattenom. Bout, outre, grosse bouteille, vase pour recevoir les liquides.

DE BOUTEROUE. — Bouteroue, bornes qui empêchent que les essieux des voitures n'endommagent les garde-fous des ponts.

DE BOVIGNY. — De Bouvigny, seigneurie de Picardie, érigée en 1550 pour Bouteiller de Senlis. **Bovin**, bœuf.

DE BRAGELONNE. — Seigneurie de la Bourgogne, érigée en 1670 pour De Clugny.

DE BRAIS. —.Commune de l'Anjou, diocèse d'Angers, parlement de Paris **Brais** signifie grain à faire la bière, haut de chausse, morceau de cuir avec lequel on enveloppe le pied du grand mât.

DE BREN. — Seigneurie en Languedoc, érigée en 1353 en faveur de Bourbon-Vendôme. **Bren** signifie son, boue, fange, limon.

DE BREU. — Breulh, commune du dép. de la Dordogne, canton de Vergt, arr. de Périgueux. **Breu**, bouillon, décoction, bru.

DE BRICOURT. — Seigneurie en Bretagne, érigée pour Heurtault, en 1696. **Bric**, engin pour prendre les oiseaux.

DE BRISAY. — Seigneurie dans le Poitou, érigée en 1050 pour De Brisay. **Brisée**, terme de chasse, défaut de comparaître en justice.

DE BRUCY. — De Brussey, dans la Franche-Comté, diocèse de Besançon. Dérive de **bruchus**, sauterelle sans ailes. En vieux français ce mot se disait pour marécageux.

DE BUADE. — Buade, bride à longues branches droites et non coudées.

DE BUIS. — Commune du Dauphiné, dép. de la Drôme, à 5 lieues de Vaison. **Buix**, lieu, chaîne, cruche, lessive.

DE BURY. — Seigneuries dans le Blaisois, en Champagne et en Bretagne. C'est encore un bourg de la Saintonge, à 4 lieues de Saintes. **Burit**, saponaire, plante.

DE BUSSAT. — Commune dans le Périgord, diocèse de Périgueux, parlement de Bordeaux. De busse, bateau très large, mesure pour les liquides.

DE BUYS. — Seigneurie en Bretagne, érigée en 1678 pour

De Lauzanne, et com. du dép. de la Moselle, canton de Vigy. **Buy,** biez.

DE CABANAC. — Lieu du dép. du Lot, canton de Puy-l'Evêque, et plusieurs autres communes dans la Haute-Garonne, les Hautes-Pyrénées. V. Cabanac.

DE CADARAN. — V. Cadrant.

DE CAIRE. — Commune du dép. des Basses-Alpes, arr. de Sisteron. **Caire,** vieux mot qui signifiait visage.

DE CALLIÈRES. — Commune du dép. de la Vendée, arr. de Fontenay-le-Comte, canton de Sainte-Hermine. **Callières,** vient de **caillier,** lait caillé.

DE CAMPE. — Commune du dép. du **Tarn,** canton de Cordes, arr. de Gaillac. **Campe,** sorte de droguet croisé, qui se fabrique en Poitou.

DE CANCHY. — Bourg de Picardie, dép. de la Somme, à 2 lieues d'Abbeville ; un autre à 4 lieues de Bayeux. **Canche,** beau à voir, dépression de terrain, espace étroit, petit golfe.

DE CARAFFE. — Caraffe, maison illustre du royaume de Naples.

DE CARIE. — Carie, ville de la Laconic, dans le Péloponèse, et Carry, seigneurie en Provence, érigée en 1763 pour De Gerente. **Carrie,** châssis qui forme l'encadrement d'une porte. ·

DE CARQUEVILLE. — De Querqueville, commune de la Manche, arr. de Cherbourg. **Carquavel,** grelot.

DE CARREAU. — De Carros, commune du dép. du Var, canton de Vence. **Carreau,** quart, carré, bâtiment carré, mesure de terre, poisson.

DE CARRIER. — V. Carrier.

DE CARRIÈRE. — Seigneurie en Languedoc, érigée pour Pilet, en 1441. **Carrière,** chemin, droit de voirie, danse, champ de courses, bac.

DE CARUEL. — De Charnel, seigneurie dans le Beaujolais, érigée pour David. **Caroil,** carrefour, cour de ferme.

DE CASSE. — Seigneurie en Guyenne, érigée en 1500 pour Duperrier. V. Casse.

DE CASTEL. — V. Castel.

DE CASTÈS. — Castets, communes dans les dép. de la Gironde et des Landes, et Casteix, dans le dép. de l'Ariège et du Gers. De **castus,** chaste.

DE CASTRES. — Seigneurie dans l'Albigeois, érigée pour De Montfort, et qui a fini par appartenir au roi de France, et communes dans les dép. de Picardie, de Guienne et du Languedoc. De **castrum,** château.

DE CASTALOGNE. — V. Catalogne.

DE CAZE. — V. Cazes.

DE CELLES. — V. Celles.

DE CELLIER. — Le Cellier, commune du dép. de la Loire-Inférieure, arr. d'Ancenis, canton de Ligné. **C**ellier, cave où se font les manipulations exigées par la fabrication du vin.

DE CHAINE. — V. Chaîne.

DE CHAINÉ. — V. Chaîné.

DE CHALUS. — V. Chalut.

DE CHAMBE. — V. Chamb.

DE CHAMBLY. — V. Chambly.

DE CHAMBON. — Seigneuries dans l'Angoumois et le Limousin, et communes du Loiret, de la Haute-Loire, de la Loire, et du Puy-de-Dôme. V. Chamb.

DE CHAMBRE. — Commune du dép. de la Manche, arr. d'Avranches. **Chambre,** tenture ornée de broderies, chanvre.

DE CHAMELAY. — Chamelet, commune dans le dép. du Rhône, arr. de Villefranche. **Chamelée,** osier qui croît sur les montagnes.

DE CHAMP. — Seigneuries en Anjou, dans le Forez et le Languedoc. V. Champ.

DE CHAMP-FLEURY. — Seigneurie en Bretagne, érigée en 1600 pour De Farcy, et commune de la Champagne.

DE CHANT. — Chaon, commune du dép. de Loir-et-Cher, dans l'Orléanais, canton de la Motte-Beuvron, arr. de Romorantin. **Chant,** suite de sons modulés émis par la voix.

DE CHANTAL. — V. Chantal.

DE CHANTIGNY. — Bourg dans l'Ile-de-France, diocèse de Senlis. De **chantille**, brique mince.

DE CHAMPLAIN. — V. Champlain.

DE CHANDALON. — De Chandolas, commune du dép. de l'Ardèche, canton de Joyeuse. **Chandelon**, fabricant de chandelles.

DE CHAPT. — Chappes, seigneurie en Champagne, érigée en 1400 pour De Mello. **Chapt** ou **chapete**, dim. de **chape**, tête de clou, revêtement, péricarde.

DE CHARLAY. — V. De Charly. **Charlet**, sorte de vase, mesure pour les grains, et **charleix**, châlit.

DE CHARLY. — Bourg de la Brie-Champenoise, sur la Marne, dép. de l'Aisne. Bourg du même nom dans le Lyonnais, dép. du Rhône. **Charlit**, châlit, bois de lit.

DE CHARNAY. — Seigneurie en Bourgogne, et communes des dép. du Rhône, du Doubs, et de Saône-et-Loire. **Charnay**, vient de **caro**, **carnis**, chair, pulpe des fruits.

DE CHASTEILLÉ. — De Chasteuil, commune du dép. des Basses-Alpes, arr. de Castellane. **Chatelé**, terme de blason, ce sont les pièces d'un écu chargées de figures de châteaux.

DE CHAULNES. — Marquisat en Dauphiné, érigée en 1684 en faveur de De Chaulnes, et bourg de Picardie, à 3 lieues de Péronne.

DE CHAUME. — Seigneurie dans le Forez, érigée en 1772 pour Saint-Julien. **Chaume** se disait pour montagne et chaleur.

DE CHAUX. — Bourg de l'Angoumois, dép. de la Charente. **Déchaux**, qui ne porte ni chaussures ni bas, mais seulement des sandales.

DE CHAVOIS. — V. Chavoye.

DE CHÊNE. — Communes des dép. de l'Aube, de Vaucluse et de la Loire-Inférieure. V. Chêne.

DE CHENNEVILLE. — V. Chenneville.

DE CHERRY. — Seigneuries en Picardie, érigées pour De

Boham et pour Baudoin. **Cherry** était une sorte de redevance.

DE CHEVALET. — V. Chevalet.

DE CHEVERY. — Chevry, seigneurie en l'Ile-de-France, érigée en 1728 pour De Blancheton. **Chevril**, cabri, et **chèvrerie**, lieu où s'assemblent les chèvres.

DE CHEVREMONT. — V. Chevremont.

DE CHOISY. — Seigneurie en l'Ile-de-France, érigée en 1400 en faveur de Béraud. V. Choisie.

DE CHOURSES. — Seigneurie qui relève de la terre de Montreuil-Bellay, dép. de Maine-et-Loire, arr. de Saumur. **Chourses** dérive du latin **choro**, enclos, parc à bestiaux.

D'ECKER. — D'Eckeren, village des Pays-Bas, dans les Deux-Nèthes. **Decair**, déchoir, être débouté.

DE CLEAU. — Claud, bourg de la Charente, à 7 lieues de Confolens, et Claux, lieu du dép. des Basses-Alpes, canton et arr. de Murat. **Clot**, pas, traces, vestiges, et **cleau**, fléau, instrument pour battre le blé.

DE CLÉRIN. — Seigneurie en Bretagne, érigée en 1660 pour Du Bourg-Blanc. **Clairin**, clochette mise au cou du gros bétail.

DE CLERMONT. — V. Clermont.

DE CLERC. — V. Clerc.

DE CLUS. — Clux, commune du dép. de Saône-et-Loire, canton de Verdon-sur-le-Doubs, arr. de Chalon. **Clut**, morceau.

DE CŒUR. — V. Cœur.

DE COGUENNE. — De Coguenne, dans la Haute-Savoie et l'Isère. **Coquesne**, frêne sauvage, érable.

DE COMBRÉ. — Combret, ville du Rouergue, sur l'Alrance, entre Belmont et Saint-Sernin. V. Combray.

DE COMPORTÉ. — Seigneurie dans le Poitou, érigée en 1590 pour Polignac. **Comporte**, sabord, embrasure de canon dans un vaisseau, cuve de bois pour transporter la vendange.

DE CONDÉ. — V. Condé.

DE CONGÉ. — Commune dans le dép. de l'Orne, arr. de Alençon. **Congé,** permission.

DE CONTRECŒUR. — V. Contrecœur.

DE CORBIÈRE. — V. Corbière.

DE COSSE. — Bourg d'Anjou, dép. de la Mayenne, à 4 lieues de Laval. **Cossé,** pierre schisteuse, rocher, moule à courber les tuiles.

DE COSTE. — V. Coste.

DE COTTAUX. — Des Cotteaux, lieu de Seine-et-Oise. **Cottaut,** homme trapu et lourd.

DE COTRET. — De Cauterets, bourg des Hautes-Pyrénées, arr. d'Argelès. **Cotret,** faisceau de morceaux de bois liés par les deux bouts avec des harts·

DE COUAGNE. — V. Couagne.

DE COURCY. — V. Courcy.

DE COURNOYER. — V. Cournoyer.

DE COURS. — Seigneurie dans le Béarn, érigée en 1660 pour De Laur; et communes des dép. de la Gironde, de Lot-et-Garonne, de la Nièvre, du Rhône. **Courre,** câble.

DE COURSIE. — V. Courcy. **Coursie,** passage entre les bancs des forçats sur une galère.

DE COURTEVILLE. — Commune du Boulonnais, diocèse de Boulogne, parlement de Paris.

DE COURVAL. — De Curvalle, commune du dép. du Tarn, arr. d'Albi. Dérive de **courvable,** qu'on peut courber.

DE COURVILLE. — V. Courville.

DE COUSSE. — Seigneurie dans le Périgord, érigée en 1543 pour De Lestrade, et lieu du dép. d'Ille-et-Vilaine, canton et arr. de Fougères. **Cousse,** dérive de **cousser,** être sans énergie.

DE CRÈVECŒUR. V. Crèvecœur.

DE CROISIL. — V. Croisille.

DE CROIZETTE. — Croisette, commune dans le Pas-de-Calais et seigneurie en Gascogne, érigée pour De Montvallat, en 1777. **Croisette,** dim. de croix, petite croix.

DE CUISY. — V. Cuisy.

DE DENONVILLE. — Commune du dép. d'Eure-et-Loir, arr. de Chartres, canton d'Auneau. **Non,** titre, pièce, gage.

DE DEVIN. — De Devion, commune du Pas-de-Calais, arr. de Béthune. **Devin** se disait pour erreur, maléfice, théologien et divin.

DE DIEL. — De Diellette, port de Normandie, à 5 lieues de Cherbourg. **Diel,** nom d'homme, Didacus, et Diégo en Espagnol.

DE DIEUX. — Dieue, commune dans le dép. de la Meuse, arr. de Verdun. Du verbe **dédier,** célébrer.

DE DOMPIERRE. — V. Dompierre.

DE DOUHÉ. — Douhet, commune dans le dép. de la Charente-Inférieure, canton et arr. de Saintes. **Douete,** frange et douet, mare, abreuvoir.

DE DUEL. — De Douelle, commune du Lot, arr. de Cahors. **Duelle** signifie poids, et il fallait trois **duelles** pour faire une once. **Duel,** licou, et **duelles,** les deux premières dents de devant.

DE FARGE. — Seigneuries en Berry et dans le Beaujolais. **Farge,** forge.

DE FAYE. — Seigneurie en Beauce, érigée en 1486 pour De Gauville. **Faye,** brebis, foie

DE FAYETTE. — Fayet, seigneurie érigée en 1480 pour De Gaillard. Bayet, communes dans les dép. de l'Aisne, de l'Aveyron et du Puy-de-Dôme. **Faye**tte, dim. de **faye,** brebis.

DE FELTEAU. — Feule, commune du dép. du Doubs, arr. de Montbéliard. **Felté,** fidélité, attachement.

DE FELTZ. — De Feltzins, commune du dép. du Lot, arr. de Figeac.

DE FENOUILLET. — V. Fenouillet.

DE FER. — Fère, châtellenie en Picardie, unie à la seigneurie de Marles, et érigée en comté en 1413, et Ferres, commune du dép. du Var, arr. de Grasse. **Fère,** bête sauvage.

DE FERRIER. — V. Ferrier.

DE FERRIÈRE. — Ferrière, seigneuries en Lorraine et dans le Poitou. **Ferrière** signifie vase, bouteille, endroit où l'on forge le fer, main de fer, étui de maréchal.

DEFÉREND. — De Ferran, commune du dép. de l'Ardèche, canton d'Alaigne, arr. de Limoux. **Ferrant,** gris de fer, grisonnant, cheval de guerre, cheval blanc.

DE FIGUYERIE. — De Figuières, ville de la Catalogne, à 4 lieues de Roses, et Figuiers, lieu du dép. de Lot-et-Garonne, canton de Bouglon. **Figuerie,** endroit où l'on met des figuiers.

DE FILÉ. — De Fillé, commune dans le dép. de la Sarthe, arr. du Mans, et Fillays, seigneurie de Bretagne, érigée en 1660 en faveur de **Chomart.** Défilé, passage étroit où l'on ne passe qu'à la file. **Filé,** ce qui a été filé.

DE FLECHEUR. — De Fléchères, baronnie dans le Dombes, érigée pour De Dio en 1514. **Flécheur,** fléchisseur.

DE FLEM. — De Velesmes, communes des dép. du Doubs et de la Haute-Saône. **Fleume,** phlegme, et **flemme,** paresse, mollesse.

DE FLEURY. — V. Fleury.

DE FOGAS. — Fougax, dans le dép. de l'Ariège, arr. de Foix. **Fogat,** lanterne à feu pour pêcher.

DE FONBENNE. — De Fontienne, commune du dép. des Basses-Alpes, en Provence, canton de Saint-Etienne.

DE FOND. — Seigneurie en Bretagne, érigée en 1545 en faveur de Ferry. **Fond,** fond d'une rivière, d'une vallée, de la mer, d'un tonneau.

DE FONTENAY. — Nombreuses seigneuries de ce nom, dont l'une en Bretagne et une en Normandie. **Fontenai** signifie lieu où il y a une fontaine, une source.

DE FOREST. — Seigneuries en Bretagne, dans le Perche, dans le Limousin, et en Picardie. **Forest,** sorte d'arbre.

DE FORILLON. — Nom donné à la pointe septentrionale de la Baie des Morues, dans la Gaspésie. **Forillon,** cap, pointe.

DE FOSSE. — Seigneuries de Bretagne, de Normandie et d'Anjou. V. de la Fosse.

DE FOSSENEUVE. — De Fosse-Nouvelle, lieu dans le dép. du Cher, commune d'Arcomps.

DE FOUCAULT. — Foucaud, seigneurie en l'Ile-de-France, érigée en 1552 pour De Ricouard. **Fcuc**, troupeau, bande, troupe, et **fouque**, canard sauvage, poule d'eau.

DE FOURMONT. — De Fromont, commune de Seine-et-Marne, arr. de Fontainebleau. **Fourmont**, sorte d'outil.

DE FOURNEAU. — Seigneurie en Normandie, érigée en 1740 en faveur de Le Gendre. **Fourneau**, cheminée, four.

DE FOY. — Seigneurie en Poitou, érigée en 1597 pour De Fumé. **Defoys**, défense. **Foi**, vertu théologale.

DE FRANQUET. — Commune de la Brie, diocèse de Soissons, parlement de Paris. **Franquet**, soldat d'une compagnie franche.

DE FRENELLE. — Fresnels, ci-devant baronnie de Lorraine, dans les Vosges, près de Mirecourt. **Fresnel**, rejeton de frêne. **Frenelle**, instrument de maréchal, flanelle, reine des prés.

DE FRETAT. — Fretays, seigneurie de Bretagne, de 1696. De **fretum**, fret, louage d'un navire.

DE FREVILLE. — Seigneuries en Normandie et en Bretagne, et commune dans le dép. des Vosges, canton de Neufchâteau. De **frevele**, querelle tumulte.

DE FRONTENAC. — Commune du dép. de la Gironde, canton de Targon, et commune du dép. du Lot, canton de Cajarc, arr. de Figeac. De **fronter**, avoir sa façade.

DE GABOISSIÈRE. — Vient de **gaboi**, moquerie.

DE GAGNEUX. — V. Desgagnés. **Gagneur**, qui gagne, qui a gagné, de **gaigne**, gain, butin.

DE GAGNIER. — V. Desgagnés.

DE GANNE. — Commune du dép de l'Oise, canton de Saint-Just-en-Chaussée, arr. de Clermont. **Déganner** signifie gazouiller, se moquer. **Ganne**, roseau employé pour faire les tuyaux des trames de tisserands.

DE GANEAU. — De Digoin, dép. de Saône-et-Loire, arr. de Charolles. **Ganeau**, débauche. **Ganneau**, champ qu'on peut labourer.

DE GARD. — Lieu dans le dép. du Nord, commune de Ca-tillon. Seigneurie dans le Languedoc, devenue baronnie, et en 1683 marquisat pour De Montcalm. **Gard,** en vieux français, signifie verger, jardin.

DE GAUCHE. — De Gauchy, commune du dép. de l'Aisne, arr. de Saint-Quentin. **Degauche,** déviation, écart.

DE GENLIS. — Seigneurie en Bourgogne, érigée en 1600 pour Gastelier, et marquisat de Picardie. De **gentelis,** noble.

DE GERLAIS. — **Gerle,** mesure pour le vin, grillage.

DE GLAINE. — Commune du dép. du Puy-de-Dôme, canton de Billom, arr. de Clermont. **Glaine,** glane ou gerbe de blé.

DE GLANDON. — Commune dans le Limousin, diocèse de Limoges, parlement de Bordeaux. De **glande,** chêne.

DE GONNEVILLE. — Bourg de Normandie, dép. de la Manche, arr. de Cherbourg et du Hâvre. **Gone,** longue cotte qui descendait au mollet, et **gonelle,** casaque.

DE GORDY. — De Gordes, bourg du dép. de Vaucluse, arr. d'Apt. **Gord,** gouffre. **Desgordi,** amaigri.

DE GOULETREZ. — De Goult, commune du dép. de l'Orne, canton de Carrouges, arr. d'Alençon. **Goulet,** ruisseau, cou, gueule, seuil.

DE GRACE. — Commune du dép. des Côtes-du-Nord, arr. de Guingamp et arr. de Loudéac. **Grâce,** faveur, titre.

DE GRAIS. — Seigneurie de Normandie, érigée pour De Blais. **Gret,** tissu ajouré.

DE GRANDMAISON. — Seigneurie de Bretagne, érigée en 1668 pour De Benazet. **Grandmaison,** grand manoir.

DE GRANDMONT. — Ville de la Marche-Limousine, dép. de la Creuse, à 6 lieues de Limoges. **Grandmont,** grand monde.

DE GRANDPRÉ. — Seigneuries en Bretagne et dans l'Or-léanais. **Grandpré,** grande prairie.

DE GRANDVAL. — Seigneuries dans l'Auvergne et en Nor-mandie. **Grandval,** grande valeur.

DE GRANGE. — Seigneuries d'Auvergne, du Blaisois, du

Bourbonnais, de la Champagne, du Dauphiné, de la Guyenne, de la Lorraine et de la Bretagne. **Grange**, lieu où l'on sert et bat le blé, ferme, métairie.

DE GRASSE. — Villes de la Provence et du Languedoc. Grasse, féminin de **gras**, boueux.

DE GRÉ. — De Degré, commune du dép. de la Sarthe, arr. du Mans. **Degré**, accord, faveur, volonté, reconnaissance, rang, moyen, et gré, degré, marche d'escalier.

DE GRELLE. — Seigneurie du Lyonnais, érigée pour De Foudras, en 1647. Grelle, gril, grillage, tamis ; et **grèle**, crible.

DE GROIZELIERS. — Groseillers, commune du dép. des Deux-Sèvres, canton de Mazières, arr. de Parthenay. **Groizelier**, groseillier.

DE GROSBOIS. — Château, fort et marquisat dans le dép. de Seine-et-Oise, à 4 lieues de Paris. **Grosbois**, bois de haute futaie.

DE GRUCHY. — Seigneurie en Normandie, érigée en 1649 en faveur de Gigault. Du verbe **grucher**, jucher.

DE GUÉ. — Seigneurie en Poitou, érigée en 1543 en faveur de Foucher. **Gué**, abreuvoir, fosse pleine d'eau, terrain bas.

DE GUERRE. — Seigneurie de la Bretagne, érigée en faveur de Pantin en 1669. **Guerre**, de **guerrer**, combattre.

DE GUINNE. — Ville de Picardie, à deux lieues de la mer. Guine, sorte de cerise, appelée aussi guigne.

DE GUIRE. — Rivière du royaume de Fez, en Barbarie. De guiret, guéret, terre ameublie.

DE GUISE. — Petite ville fortifiée en Picardie, sur l'Oise. Guise, sorte, manière, façon de vivre.

DE GUITRE. — Commune du dép. de la Gironde, arr. de Libourne, près de la droite de l'Isle. **Guitre**, nom de faction, donné aux troupes de séditieux, parce qu'elles tinrent une assemblée au bourg de Guitres, en 1548.

DE HAIX, DEHAYE. — De Dehault, commune du dép. de la Sarthe, arr. de Mamers. **Haix**, cri employé pour appeler quelqu'un de loin. **Déhait**, tristesse. **Hait**, en alle-

mand, signifie joie, plaisir; mais **dé** est privatif. **Dehet,**
gaillard qui se porte bien, et **haye,** instrument pour enfoncer les pieux dans les lieux marécageux.

DE HOGUE. — Commune du dép. de l'Eure, canton de
Lyons, arr. des Andelys et Hogue, cap en Normandie,
près de Cherbourg, vis-à-vis l'île d'Aldernai. **Hogue,**
vieux mot qui signifie colline, lieu élevé. Vient de
l'allemand **hog.** D'après Ménage, il viendrait de **hauca,**
pour **fauca,** et signifierait gorge, entrée de port.

DE HOMAY. — Hommet, baronnie de Normandie, érigée
pour d'Harcourt. **Hommée** signifie mesure de terre plantée en vignes, et aussi ce qu'on peut labourer de vigne
en un jour.

DE HOU. — Houx, commune du dép. d'Eure-et-Loir, canton
de Maintenon, arr. de Chartres. **Hou,** terme burlesque,
qui joint au mot de **vieille,** signifie femme bourrue, in-
supportable.

DE JARNAY. — De Jarnac, bourg de l'Angoumois, sur la
Charente, entre Châteauneuf et Cognac. **Jarnay,** de
jerne, grain.

DE JEAN. — Jans, commune du dép. de la Loire-Inférieure,
canton de Derval, arr. de Châteaubriant. **Janc,** ajonc.

DE JERSEY. — Jersey, île anglo-normande située dans la
Manche. **Jersey,** tissu élastique à mailles serrées.

DE JOANNES. — De Joannas, commune du dép. de l'Ardèche, canton et arr. de Largentière. **Joannes,** Jean.

DE JOIE. — Jouet, commune du dép. du Cher et de la
Vienne. **Joie** se dit pour jouissance, joyau, bijou.

DE JOINCEAU. — De Dejointes, dans le dép. du Cher, com.
de Chassy. Dérive de **joingne,** jeune homme.

DE JONCAIRE. — De Jonchère, commune de la Haute-
Vienne et de la Vendée. **Joncaire,** petite plante rameuse
dont les tiges ressemblent au jonc, et portent des fleurs
blanches en quantité.

DE KADEVILLE. — V. Cadeville.

DE KERVERZO. — Kerverzio, seigneurie de Bretagne érigée
pour Berthou en 1600.

DE LA BARDELIÈRE. — Vient de Bardelle, sorte de selle, plate et sans arçons.

DE LA BARRE. — La Barre, communes du Jura, de la Haute-Saône, de l'Eure et de Seine-et-Oise. **Barre**, plant de vigne.

DE LA BARTHE. — Labarthe, communes des dép. du Gers, de Tarn-et-Garonne. V. Barthe.

DE LA BATH. — Dé Bat, commune de la Basse-Alsace, bailliage d'Haguenau. **Bath**, nom de mesure des liquides chez les Hébreux et en Egypte. **Bat**, bateau.

DE LA BORDE. — Bourg dans l'ancien comté de Foix, dép. de l'Ariège, et ancienne baronnie dans le dép. de Saône-et-Loire sur la Saône, à 3 lieues de Chalons. **Borde** signifie ferme, maison de campagne, arête de poisson, boue, barbe de céréale, chaumière, fable, mensonge, massue, drap rayé.

DE LA BOSSIÈRE. — V. Labossière.

DE LA BOUCHETIÈRE. — Seigneurie de Bretagne, érigée en 1535 en faveur de Menardeau. V. Bouchet.

DE LA BOURDET. — Marquisat dans le dép. des Deux-Sèvres, canton de Mangé, arr. de Niort. **Bourdete**, petite maison des champs.

DE LA BOURLIÈRE. — La Bourrelière, seigneurie de Bourgogne, érigée en 1700 pour De Migieu. De **bourg**, bâtard, ville ouverte.

DE LA BREGEONNIÈRE. — La Brehonnière, seigneurie de Bretagne, érigée pour Maudet en 1696. Dérive du bas-latin **bruginis**, filet pour les saumons.

DE LA BRETONNIÈRE. — Seigneuries du Poitou, de l'Ile-de-France et de Normandie, et lieu du dép. de Seine-et-Marne, commune de Rouilly.

DE LA BROQUERIE. — De Labroquère, commune du dép. de la Haute-Garonne, canton de Saint-Bertrand, arr. de Saint-Gaudens. **Broquerie**, variante de broque, rejeton qui pousse sur le tronc d'un chêne, après l'hiver.

DE LA BROSSE. — Labrosse, commune du dép. du Loiret, arr. de Pithiviers, et la Brosse, seigneuries dans le Berry, le Bourbonnais, la Bretagne, la Normandie et la Saintonge.

DE LA BRUYÈRE. — V. La Bruyère.

DE LA BUSSIÈRE. — Communes des dép. de la Vienne et du Loiret. V. Bussière.

DE LA CELLE. — Lacelle, commune de la Corrèze, arr. de Tulle. Celle, vieux mot qui signifie une petite maison, une cellule.

DE LA CHAISE. — Ville de Bretagne, dép. des Côtes-du-Nord, à 2 lieues de Loudéac, et communes de la Champagne et de la Saintonge. **Chaise,** chaire à prêcher, jeu de marelle, tronc, siège.

DE LA CHASSAIGNE. — Ville de Bourgogne, dép. de la Côte-d'Or, à 3 lieues de Beaune.

DE LA CHATAIGNERAYE. — Seigneuries en Bretagne et dans le Poitou. **Châtaigneraye** est un lieu ou une terre plantée de châtaigniers.

DE LA CHAUSSÉE. — Seigneuries en Normandie, en Champagne et dans le Berry, commune dans le dép. de la Marne, arr. de Vitry-le-François. **Chaussée,** droit pour l'entretien des routes.

DE LA CHAUX. — Seigneuries dans la Haute-Marche, et en Normandie, ville de la Suisse, canton de Neufchâtel.

DE LA CHENAYE. — La Chenays seigneurie bretonne, qui date de 1696, érigée en faveur de Couturier. **Chenaie,** lieu planté de chênes.

DE LA CHEVROTIÈRE. — Commune de la Bretagne, diocèse de Nantes, parlement de Rennes. De **chevrot,** chevreau.

DE LA CITIÈRE. — De cité, ville.

DE LA CODRÈS. — De **codre,** cerceau de tonneaux.

DE LA COLOMBIÈRE. — Seigneuries en Bourgogne et en Champagne. Du verbe **colomber,** former des colonnes.

DE LA COMBE. — Seigneuries du Bourbonnais, de la Bretagne, du Forez et du Languedoc. V. Lacombe.

DE LA CORNE. — Commune dans le dép. de Maine-et-Loir, arr. de Beaugé. **Corne,** bosse au front.

DE LA COUR. — Seigneuries du Boulonnais, de la Bretagne, de l'Ile-de-France et de Normandie. **Cour,** lieu où les juges exercent leur juridiction, assemblée de juges.

DE LA CROIX.—Seigneurie en Bretagne, et La-Croix-Saint-Laurent, bourg et baronnie de Normandie, à 2 lieues d'Evreux. **Croix,** peines, traverses, épreuves.

DE LA CROUSETTE. — Commune et seigneurie du dép. du Tarn, arr. de Castres. **Crouset,** colombier.

DE LA DURANTAYE. — La Durantais, seigneurie en Bretagne, érigée en 1668 pour Aubeau. De **durant,** durée, durable, endurant.

DE LA FARELLE. — De Lafarre, commune du dép. de Vaucluse, arr. d'Orange. De **fare,** engin de pêche.

DE LA FAYE. — Seigneurie du Bourbonnais et baronnie dans le Forez. **Faye,** brebis.

DE LA FAYOLLE. — Seigneurie en Périgord, érigée en faveur de Bruchard, en 1629. **Fayole** est une espèce de légume, petite fêve ou haricot.

DE·LA FERRANDIÈRE. — La Férandière, seigneurie dans le Berry, érigée en 1640 pour De Bernault. De **ferrant,** gris de fer.

DE LA FEUILLÉE. — Seigneuries en Bretagne, en Bourgogne et en Anjou. **Feuillée,** branches d'arbres, garnies de feuilles.**Feuillée,** espèce de coquillage aussi appelée huître feuillée.

DE LA FOND. — Seigneurie unie à celle de Villemont, érigée en marquisat en 1750. **Fons,** fontaine, et **font,** fer fondu.

DE LA FONTAINE. — V. Lafontaine.

DE LA FORCADE. — Commune dans le Béarn, diocèse de Lescar. De **forc,** bifurcation d'un arbre, d'un chemin.

DE LA FOREST. — Baronnie de Bretagne, érigée en 1600, seigneurie du Perche, et seigneurie du Limousin et de Picardie. V. Forest.

DE LA FRENNÉE.— La Fresnais, commune du dép. d'Ille-et-Vilaine, canton de Cancale, et la Fresnaye, commune dans le dép. de la Sarthe, arr. de Mamers. **Frenaye,** lieu où l'on plante des frênes.

DE LA FOSSE. — V. Lafosse.

DE LA GARDE.—Seigneuries dans le Bigorre, le Dauphiné, le Forez, le Languedoc, et la Provence. V. Lagarde.

DELÂGE.—De Lage, seigneurie dans le Bourbonnais, érigée en 1709 pour de la Pivardière. **Age,** partie de la charrue.

DE LA GIMAUDIÈRE. — De la Grimaudière, commune du dép. de la Vienne, arr. de Loudun, canton de Moncontour. **Grimaud,** grognon.

DE LA GIRAUDAYE. — Seigneurie de Bretagne, érigée en 1668 pour De Castel. Dérive de **gire,** qui signifie tour.

DE LA GORGENDIÈRE. — V. Lagorgendière.

DE LA GRANGE. — Nombreuses seigneuries de ce nom : en Auvergne, dans le Blaisois, dans le Bourbonnais, en Champagne, dans le Dauphiné, en Guyenne, en Lorraine, dans le Lyonnais et en Normandie. Cette dernière fut érigée en 1570 pour De Beureville. **Grange** signifie métairie, dépendance d'un monastère servant d'hospice.

DELAGRAVE. — De Lagrave, commune du dép. du Tarne, dans le Languedoc, canton et arr. de Gaillac, ou de la Grave, commune du dép. des Hautes-Alpes, dans le Dauphiné, arr. de Briançon. **Grave,** gravier, forêt, crampon, grappin, grève.

DE LAGRE. — D'Agres, en Quercy, diocèse de Cahors. **Agre,** agrément.

DE LA GROIS. — Seigneurie en Touraine, érigée en 1730 en faveur de Milon. **Grouée,** terrain pierreux, cueillette, multitude.

DE LA HAYE. — Seigneuries en Bretagne et en Normandie. **Haie** signifie rempart, clôture.

DE LA HOUSSAYE. — Seigneuries en Anjou, dans le Vexin et en Normandie. **Houssaye** est le lieu où il croît beaucoup de houx.

DE LAIRE. — Commune du dép. du Doubs, canton et arr. de Montbéliard. **Laire** signifie délaisser, abandonner.

DE LAIS.— Laix, commune du dép. de l'Ain, en Bresse, et commune du pays Messin, arr. de Briey. **Delaie,** abandon, délaissement, cession. **Lais,** terre prise à bail, legs.

DE LA JONQUIÈRE. — Lieu du dép. des Pyrénées-Orientales, à 6 lieues de Boulon et à 3 lieues de Figuières. V. De Jonquière.

DE LA JOUE. — Seigneurie en Bretagne, érigée en 1668 en faveur de Boju. **Joue,** parties latérales du visage.

DE LA LANDE. — Seigneuries en Bretagne, érigée en marquisat en 1622, dans le Forez, en Poitou, et dans le Quercy. **Lande** signifie étendue de terre inculte, couverte de broussailles.

DE LALEU. — Seigneuries en Poitou et en Touraine. **Leu** se disait autrefois pour **loup.**

DE LA LOUVE. — Commune du dép. des Hautes-Pyrénées, canton de Mauléon, arr. de Bagnères. **Louve,** signifiait musette. Dérive de **lyra.**

DE LA MADELEINE.—Communes des dép. du Pas-de-Calais et de Seine-et-Marne. **Madeleine,** nom de femme, surnom de Marie, sœur de Lazare. Ce nom lui fut donné, paraît-il, parce qu'elle possédait une maison à Magdal, petite ville de Galilée. **Madeleine,** poires qui mûrissent vers la fête de sainte Madeleine.

DE LA MALÉTIE.—La Maléissie, marquisat de Normandie, érigé en 1440 en faveur de Tardieu. Du verbe **maléir,** maudire.

DE LA MALLERAIE. — De Mollarez, dans le Bas-Languedoc, diocèse d'Alby. **Molerai,** celui qui est né d'une femme légitime.

DE LA MALOTIÈRE. — De Lamalou, dans le dép. de l'Hérault, arr. de Béziers. Dérive de **malot,** guêpe, bourdon.

DE LA MARQUE. — Seigneurie dans le Boulonnais et commune dans le département de la Gironde, arr. de Bordeaux. **Marc,** marais, place.

DE LA MARRE. — Commune du dép. du Jura, en Franche-Comté, canton de Voiteur, arr. de Lons-le-Saulnier.

Marre, est une sorte de houx qui sert à labourer les vignes.

DE LA MASSIÈRE. — De Lamasquère, commune de la Haute-Garonne, arr. de Muret. **Massière,** celle qui dans un atelier d'artistes reçoit les cotisations et règle les dépenses.

DE LA MÉTERIE. — La Métrie, seigneurie en Bretagne, érigée en 1668 pour Bedée. **Métrie** pour **métairie,** domaine agricole. **Métrie,** art de faire des vers.

DE LA MINOTIÈRE. — **Minotière,** celle qui fait valoir une minoterie.

DE LA MIRANDE. — Bourg de Gascogne, entre Auch et Tarbes. Du latin **mirandus,** chose qui doit être admirée.

DE LA MORANDIÈRE. — La Morandière, seigneurie de la Touraine, unie en 1738 à la baronnie de Lancosme, érigée en marquisat. Dérive du mot latin **morari,** retarder.

DE LA MORILLE. — De Lamorville, commune du dép. de la Meuse, en Lorraine. **Morille,** champignon poreux et spongieux. Mot employé pour désigner la laine que les mégissiers ont enlevé avec de la chaux de dessus les peaux de moutons morts de maladie, maladie du cheval.

DE LA MORINET. — La Morinais, seigneurie de Bretagne, érigée en faveur de Donart, en 1668. Dérive de **morine,** marée, mer, laine coupée sur le dos d'un animal mort de maladie, épidémie, mort.

DE LA MORINIÈRE. — Seigneurie de Bretagne, érigée en faveur de Busnel en 1668. V. De la Morinet.

DE LA MOTTE. — Seigneuries nombreuses de ce nom, dont huit en Normandie et une en Bretagne. **Motte** signifie terre ou bien de campagne. C'est encore une élévation auprès des vieux châteaux, ou tout simplement une colline, une butte.

DE LA NAUDIÈRE. — V. de la Nouguère. **Naudière,** semble venir de **navière,** champ planté de navets.

DE LA NAUE. — De Lanas, dans le dép. de l'Ardèche, arr. de Privas. **Nau** signifie nage, et Noë.

DE LAND. — De Delain, commune du dép. de la Haute-Saône, arr. de Gray. **Land** ou **lande,** vient de **landt,** pays, terre libre.

DE LANDE.—Landes, communes du dép. du Calvados, et de la Charente - Inférieure. Delande, seigneurie en Normandie, érigée en 1770 pour De Bonnechose. V. De la Lande.

DELANGER. — Langé, commune du dép. de l'Indre, en Berri, canton de Valançay, et Langets, ville de la Touraine, dép. d'Indre-et-Loire, à 4 lieues de Tours. De lange, étoffe de laine.

DELANGIE. — De Langei, seigneurie en Anjou, érigée en 1500 pour Du Bellay. **Langi** ou **longils,** nom d'homme, qui signifie lent, paresseux.

DE LANGY. — Commune du Nivernais, diocèce de Nevers. V. Delangie.

DE LA NORAYE. — Noray, en Normandie, diocèse de Bayeux, parlement de Rouen. V. Noraye.

DE LA NOUGUÈRE. — Noguères, commune du dép. des Basses-Pyrénées, canton de Lagor, arr. d'Orthez. **Noyère,** lieu planté de noyers.

DE LANOUILLIER. — Lanouée, commune du Morbihan, canton de Josselin. De **noiel,** nielle.

DE LANTAGNAC. — D'Antagnac, dans le Condomois, diocèse de Condom, parlement de Bordeaux. V. **Antagnac.**

DE LA PERADE. — V. Lapérade.

DE LA PERCHE. — Laperche, commune du dép. de Lot-et-Garonne, canton de Lauzun, et seigneurie en **Auvergne,** érigée en 1614 pour D'Ouradour. **Perche,** mesure de longueur, gaule.

DE LA PLANCHE. — Seigneuries en Poitou et en Bretagne Planche signifie passerelle, piège, mesure de terre.

DE LA PLANTE. — V. Laplante. Plante, haie vive, plantation, plant de vigne.

DE LA PORTE. — Seigneuries de Flandre et de Normandie. Porte, ouverture pratiquée pour entrer dans un lieu ou pour en sortir. Porte, transport, sorte d'oublie.

DE LA POTERIE, POTHERIE. — La Poterie, seigneurie de Normandie, érigée pour Hamon, en 1463. Potherie, seigneurie en Anjou, érigée en comté en 1748 en faveur de le **R**oi de la Potherie. **Poterie,** marchandises de pots et de vaisselle de terre ou de grès.

DE LA PRAIRIE. — V. Laprairie.

DE LA PRINCERIE. — **Princerie,** dignité de princier ou de prémicier, première dignité chez les chanoines d'une cathédrale.

DE LA RAGOTTERIE. — La Ragottière, seigneurie en Bretagne, érigée en 1668 pour d'Achon. Vient de **ragot,** jeune sanglier, crampon de fer attaché aux limonières des voitures, petit homme trapu.

DELARD. — De Lare, seigneurie de Normandie, érigée en 1667 pour Boullemer. **Lard,** pièce de porc salé, calcaire impropre à la confection de la chaux.

DE LARAUX. — Laran, commune du dép. des Basses-Pyrénées, arr. de Mauléon, canton de Tardets. **Reau,** trou.

DE LA RENAUDIÈRE. — Seigneuries en Touraine et dans le Limousin. Vient de **renauder,** renâcler, marauder, reculer devant la besogne.

DE L'ARGENTERIE. — De Largentière, ville du Bas-Languedoc, diocèse de Viviers et commune du Dauphiné, diocèse de Gap.

DE LA RIBOTTE. — La Ribaute, seigneurie dans le Languedoc, érigée en 1575 pour Des Flottes. **Ribotte** vient de **ribot,** pierre dure, poisson.

DE LA RIVIÈRE. — Nombreuses seigneuries de ce nom, dans le Perche, dans la Beauce, en Guyenne, dans le Forez. **Rivière,** amas d'eaux qui coulent dans un lit plus ou moins large.

DELARME. — Larme, seigneurie en Bretagne, érigée en 1668 en faveur de Barbot. **Larme** ou -**larmier,** corniche au haut du toit pour empêcher l'eau de s'écouler le long des murs, petite quantité.

DELARME. — De Larmaye, commune d'Eure-et-Loire, arr. de Dreux. **Armée,** réunion, combat, monceau.

DE LA RO. — De la Roe, seigneurie en Bretagne, érigée en 1670, et Ro, dans le Roussillon, diocèse de Perpignan. **Ro,** rauque, enroué.

DE LA ROCHEBLAVE.—Mot composé de **roche,** château-fort bâti sur une roche, et de **blave,** blé, motte de terre.

DE LA ROCHEVERNAY. — Composé de **roche,** châteaufort et de **vernay,** qui veut dire orné, vitré.

DE LA ROCHELLE. — Seigneurie en Champagne et comté et ville du dép. de la Charente-Inférieure, communes des dép. de la Manche et de la Haute-Saône. V. La Rochelle. **Rochelle,** engin de pêche, châteaufort, éclat de roche.

DE LA ROCHETTE.—La Rochette, seigneuries en Bretagne, dans le Dauphiné, en Lorraine, dans le Mâconnais et en Provence. **Rochet,** roc, falaise, capote, espèce de blouse, sarrau.

DE LA RONDE. — Commune du dép. des Deux-Sèvres, canton de Cerizay, arr. de Bressuire. **Ronde,** ados de foin séché et piqué ensuite pour le mettre en meule.

DE LA ROQUE. — Seigneuries en Gascogne, en Normandie, en Picardie, dans le Limousin. V. Laroque.

DE LA ROUVILLIÈRE. — De la Rouvière, dans le Bas-Languedoc, dép. du Gard, arr. d'Uzès. De **rovel,** rouge, rougeaud.

DE LA RUE. — La Rue, seigneurie en Normandie, érigée en 1470 pour Colin le Maigneu. V. Larue.

DE LA SABLONNIÈRE. — Seigneuries en Bretagne et dans l'Orléanais. Celle de Bretagne fut érigée en 1696 pour de Pontbriand. **Sablonnière,** rivage sablonneux.

DE LA SAGUE. — De la Saugue, ville du Bas-Languedoc, diocèse de Mende, parlement de **Toulouse. Sague** ou saie, manteau court porté par les Romains.

DE LA SALLE. — Seigneuries nombreuses de ce nom, dont deux en Normandie, et une en Bretagne. V. Lasalle.

DE LA SAUDRAIS. — De la Sandre, rivière du Berry qui se jette dans le Cher. **Saudrais** est un endroit arrosé par deux rivières appelées Sandre; rivière du Berry.

DE LA SAUSSAYE. — Seigneurie de Normandie, érigée en

1666 en faveur de Bouchard. **Saussaie**, est un lieu planté de saules.

DE LASSE. — Châtellenie en Anjou, commune de la Basse-Navarre et seigneurie de Bretagne, érigée pour Hubert en 1696. **Lasse**, relâche, lassitude.

DE LASTRE. — De Lastour, dans le Limousin, diocèse de Limoge. **Lastre**, carreau de verre employé dans le vitrage.

DE LA TESSERIE. — Seigneurie de Bretagne, érigée pour le Tessier en 1696. **Tesserie**, tisserie, tissage.

DE LA THIBAUDIÈRE. — Des Thibaudières, seigneurie de l'Angoumois, érigée en 1668 pour De la Laurencie. **Thibaudière** vient de **thibaude**, tissu grossier de poil de vache.

DE LA TOUCHE. — Seigneuries de Bretagne et du Poitou. **Touche** signifie coup.

DE LA TOUR. — Plusieurs seigneuries de ce nom, dont deux en Normandie, une dans le Languedoc, etc. **Tour**, bâtiment haut et de forme ronde.

DE LAUBANIE. — Seigneurie dans le Bourbonnais, érigée en 1731 pour De Magontier. **Aubanie** pour **obanie**, armée, assemblée.

DELAUNAIS. — De Launay, seigneuries nombreuses de ce nom en Bretagne surtout, commune du dép. de l'Eure, canton de Beaumont. **Aunaie**, lieu planté d'aunes.

DE LAUNE. — Châtellenie normande, diocèse de Coutances, parlement de **Rouen**. **Aune**, longueur de filet, aune des prés.

DE LAURE. — Laure, commune du dép. de l'Aude, arr. de Carcassonne. **Laure**, laurier.

DE LAURENS. — Laurens, commune du dép. de l'Hérault, arr. de Béziers, canton de Murviel. De **laure**, laurier.

DE LAURICE. — Lauris, commune du dép. de Vaucluse, arr. d'Apt, canton de Cadenet. **Loris**, petit wagon qui sert à transporter les outils des cantonniers de chemins de fer.

DE LAURIER. — De Laurière, commune du dép. de la Haute-Vienne, arr. de Limoges. V. Laurier.

DE LAUTE. — D'Authe, commune du dép. des **Ardennes,** arr. de Vougiers. Dérive de **lautus,** baigné, arrosé, nettoyé.

DE LAUX. — Commune du dép. de la Drôme, arr. de Nyon.

DE LAUZON. — V. Lauzon. De lauze, pierre plate.

DE LAVAL. — Baronnies en Bretagne et en Provence, seigneuries en Picardie et dans le Forez. **Laval,** à terre, en bas.

DE LAVALIÈRE. — La Vallière, seigneuries en **Anjou** et dans l'Albigeois. **Vallière,** de vallier, petite vallée, creux.

DE LAVALLÉE. — Seigneuries de la Bourgogne, de Normandie et de la Bretagne. V. Vallée.

DE LA VAUX. — Lavau, commune du dép. de la Loire-Inférieure, arr. de Savenay. Lavaulx, seigneurie en Lorraine, érigée en 1700. De **vauce,** vallon.

DE LA VILLE. — Communes des dép. de Picardie, de l'Aube, de la Haute-Marne, etc. V. Ville.

DE LA VIMAUDIÈRE. — Vimaudière, lieu planté de jonc, d'osier.

DE LAVOYE. — Lavoÿe, seigneurie en Bourgogne, érigée en 1520 pour De Guyon. **Lavoye,** le chemin que l'on suit, le caractère de la conduite.

DELBŒUF. — D'Elbeuf, ville de la Seine-Inférieure, arr. de Rouen, et commune des dép. de la Seine et de la Seine-Inférieure. V. Lebœuf.

DELCOURT. — D'Elcourt, commune de la Picardie, diocèse d'Amiens. **Court,** qui a peu d'étendue, ce qui reste dû.

DE LEBAT. — Leba, lac des Etats prussiens formé par le fleuve Leba, qui communique avec la mer Baltique. Bat, petit bateau.

DELAYE. — Commune du Dauphiné, diocèse de Gap. **Delais,** action de délaisser.

DELBARD. — D'Albaret, dans la Lozère, arr. de Marjevols. V. Bard.

DELBAT. — D'Albas, commune du dép. du Lot, arr. de Cahors. **Bat,** petit bateau, battement, cahotement.

DELBAY. — D'Elbes, en Quercy, diocèse de Cahors. **Bay,** aboi.

DELBEC.—D'Elbach, commune de la Haute-Alsace, diocèse de Bâle. **Beke,** ruisseau, égoût.

DE LE CHALLION. — De l'Echallon, commune du dép. de l'Ain, arr. de Nantua, canton d'Oyonnax. **Eschallon,** sorte d'étoffe.

DE L'ÉGLISE. — Eglise, commune du dép. de la Corrèze, canton de Treignac, et Eglise, bourg'd'Auvergne, dép. de Puy-de-Dôme, à 6 lieues de Clermont.

DELEIGNE. — Leignes, commune du dép. de la Vienne, arr. de Montmorillon, canton de Chauvigny. **Leigne,** bois à brûler.

DE LEMON. — Delémont, ancienne ville de Suisse, dans l'évêché de Bâle, dép. du Haut-Rhône. **Lemon** pour limon, boue, fange.

DE LENAC. — De Lenax, commune du dép. de l'Allier, arr. de La Palisse, canton de Donjon. De **lenir,** adoucir.

DE LENDRECIE. — De Landrecie, ville du Hainaut, sur la Sambre, à 6 lieues de Mons. De **landreux,** paresseux.

DELENTIN. — De Lantan, commune du dép. du Cher, canton de Dun-le-Roi. De **lent,** sans force, languissant.

DE LÉORÉE. — D'Eourres, commune du dép. des Hautes-Alpes, canton de Ribiers. De **layrau,** mesure pour le vin.

DE LÉRY. — Seigneurie de Bretagne, érigée en 1696 pour De Morays, et communes des dép. de la Côte-d'Or et de Normandie. **Léry** dérive du grec **lura,** lyre.

DELÉRIEUX. — De l'Erieux, rivière du Vivarais, qui se jette dans le Rhône, à Beauchâtel.

DELÉRIQUE. — D'Eréac, commune des Côtes-du Nord, arr. de Dinan.

LEROLLE. — L'Héraule, commune du dép. de l'Oise, arr. de Beauvais. De **laire,** douleur, peine.

DE L'ESPINACE. — L'Espinasse, commune du dép. de la Haute-Garonne, canton de Fronton, arr. de Toulouse. **Espinace,** lieu couvert d'épines.

DE L'ESTAGE. — D'Estagel, commune du dép. des Pyré-nées-Orientales, canton de La Tour. **Estage,** habitation, demeure, séjour, stature, lutte. **Lestage,** chargement, endroit où l'on charge les marchandises.

DELESTANG. — L'Estang, lieu du dép. de la Haute-Vienne, arr. de Limoges. **Létang,** seigneuries en Champagne et dans la Saintonge. L'Estang, seigneurie en Bretagne, érigée en 1700 pour Charbonneau. De lester, prendre un chargement.

DELESTRE. — Seigneurie de la Bretagne, érigée en 1668 en faveur de Chevalier. **Estre,** genre de vie, usage, exis-tence, extraction.

DE L'ETEILLARD. — D'Estelle, commune du dép. de la Haute-Garonne, canton de Saint-Martory. **Esteil,** poteau.

DE L'ÉTENDARD. — D'Ettendorff, dans la Basse-Alsace, bailliage d'Haguenau. **Etendard,** corde pour faire sécher le linge.

DE L'ÉTOILE. — Létoile, commune du dép. de la Somme, canton de Piquigny, arr. d'Amiens, et Etoile, seigneuries de Bourgogne et de Bretagne, la première érigée en 1700 pour De Puy, et la seconde en 1669 en faveur de Pinart. **Etoile,** comète, étoile à grande queue.

DE LEVAUX. — Levault, commune du dép. de l'Yonne, canton de Châteauneuf, arr. d'Avallon. De levée, tombe, revenu.

DE LÉVIS. — Seigneurie dans le Hurepois, dép. de l'Ile-de-France, et commune du dép. de l'Yonne, canton de Toucy. **Levis,** double billon ou ados.

DELFOSSE. — De la Fosse, seigneuries en Bretagne et en Normandie. **Fosse,** creux fait dans la terre.

DELGUEL. — De Legué, seigneurie unie en 1589 à huit terres formant le comté de Tresmes. **Guel,** bai, basané.

DE LIASSE. — Lias, seigneurie dans le Languedoc, fondée pour De Lustrac, en 1679. **Lias,** paquet, bâton au bout duquel on attache une torche.

DE LIENNES. — Lienne, rivière de Picardie, qui baigne

Boulogne et va se décharger dans la mer. **Liène,** glane.

DELIÈRE. — Lières, commune du dép. du Pas-de-Calais. **Lière** ou **lire,** de legere, lire.

DE LIGERAS. — Des Ligers, commune de Bitry, dans le dép. de la Nièvre. **Ligerás** de lige, vassal intimement lié au seigneur.

DE LIGNERON. — De Lignerolles, communes des dép. de l'Alier, de l'Eure et de l'Indre. Vient de **ligneur,** pêcheur à la ligne.

DE LIGNERY. — Ligneri, seigneurie en Picardie, et Ligneris, seigneurie de Normandie, érigée en 1470 pour d'Espinay. **Ligneri** de ligne, lignée, ficelle, sorte de petit navire, ou de **ligneraie,** champ semé de lin.

DELIMEUR. — Limeux, seigneurie de Normandie, érigée en 1440 pour De Chambray. **Limeure,** limure, action de limer.

DELINE. — Ligne, seigneurie dans la Brie, unie en 1686 à la seigneurie de Champcenets, érigée en marquisat en faveur de Quentin de Vienne. Line, ligne.

DELINELLE. — De Linel, seigneurie en Bretagne, érigée en 1696 pour Le Maistre. **Linel** ou **lignel,** fil enduit de poix.

DELINO, DELINAUX. — De Linaux, seigneurie du Poitou, érigée en 1500 pour Cathus. **Linot,** en parlant d'un homme de peu de sens, on dit que c'est une tête de **linot.** Le **linot** ou la **linote,** est un oiseau qui a une toute petite tête.

DE L'INTEL. — De Linthelles, commune du dép. de la Marne, canton de Sézanne, arr. d'Espernay. **Lintel,** de linteau, pièce de bois mis au-dessus d'une porte, pour soutenir la maçonnerie.

DE LINTOT. — Lintot, seigneurie de Normandie, érigée en 1455 pour De Lintot. V. De L'Intel.

DELIQUE. — Licques, commune du dép. du Pas-de-Calais, ar. de Boulogne, canton de Guines.

DE L'ISLE. — L'Isle, commune du dép. de la Dordogne, arr. de Périgueux, et commune du dép. du Tarn, arr. de Gaillac.

DE LISSY. — Lissy, seigneurie érigée en 1518 pour Lescot, dans la Brie, dép. de Seine-et-Marne. De **lissie,** travail de tapisserie.

DELLARD. — De Delle, ville dans la Haute-Alsace, diocèse de Bâle. **Lard,** pièce de porc salé.

DELLAS. — De Las, baronnie en Béarn, érigée en 1600 pour Josal de Las. De Laz, seigneurie en Bretagne, érigée en 1668 pour Bariller. **Las,** endroit dans une grange à côté de l'aire, où l'on entasse les gerbes.

DELLEBLOND. — De Blond, commune du dép. de la Haute-Vienne, canton et arr. de Bellac.

DELLECROSSE. — De Crosses, commune du dép du Cher, canton de Baugy, arr. de Bourges. **Crosse,** abbaye, dignité.

DELLEUR. — De Leure, seigneurie en Bretagne, érigée en 1696. **Eur,** bordure, côte, **eure,** fortune, sort.

DELLIÈRES. — De Lierres, seigneurie en Artois et ville du Brabant, à deux lieues de Malines. V. Delière.

DELLOYE. — De la Loye, commune du dép. du Jura, canton de Montbarrey, arr. de Dôle. **Loie,** galerie en bois qui sert à relier deux parties d'une muraille, ou à relier deux bâtiments.

DELMAGE. — De le Mage, commune du dép. de l'Orne, arr. de Mortagne. **Mage,** magicien, imprimerie.

DELMAS. — Du Mas, canton du dép. du Var, canton de Saint-Auban, arr. de Grasse. **Mas,** ferme dans le midi de la France.

DELMÈGE. — De Delme, dans le pays Messin, diocèse de Metz. **Mége,** médecin.

DELŒIL. — De Lœuilly, en Picardie, diocèse de Soissons. **Œille,** brebis.

DELOGES. — Loges, seigneuries en Bourgogne, en Norman- die et dans le Poitou. **Loge,** abri de feuillage, cabane, boutique, tribune.

DE LOMBRON. — Lombron, commune du dép. de la Sarthe, arr. du Mans, canton de Montfort.

DELONG. — Seigneurie de Normandie, érigée en 1463 pour De Villiers. **Long,** côté, longueur. ◆

DELONGÉ. — Longey, seigneurie en Normandie, érigée en 1480 pour De Longey. **Longé,** terme de blason, se dit de l'oiseau de proie; les longes sont de petites lanières qu'on attache à leurs pieds.

DE LONGUEIL. — Seigneurie de Normandie et bourg, à une lieue de Dieppe. De **longuel,** un peu long.

DELOR. — Lor, commune du dép. de l'Aisne, en Picardie, canton de Neufchâtel, arr. de Laon. **Lor,** laurier.

DELORÈS. — Loré, commune du dép. de l'Orne, canton de Juvigny.

DE LORIMIER. — **Lorimier,** se disait autrefois pour lormier, celui qui fait des ouvrages de lormerie, menus ouvrages en fer.

DE LORME. — Lorme, seigneuries en Bretagne, en Picardie et en Touraine. **Orme,** arbre.

DE LORTEHET. — Lorthet, commune des Hautes-Pyrénées, dans l'Armagnac, canton de Labarthe, arr. de Bagnères. De **lourt,** niais, badaud.

DELOUCHES. — Commune dans le dép. du Pas-de-Calais, arr. de Saint-Omer. **Louche,** brèche, cuiller à pot, droit perçu sur les grains de la halle, langue bien pendue.

DE LOUVIGNY. — Bourg du Maine, dép. de la Mayenne, à 2 lieues de Laval, commune des Basses-Pyrénées et du pays Messin. De **lovin,** de loup.

DE LOUVAIS. — Seigneurie en Champagne, devenue marquisat en 1624. **Louvais,** vient de louve, outil en fer pour soulever une pierre.

DE LOUVRE. — Louvre, bourg de l'Ile-de-France, entre Paris et Senlis, canton de Luzarches, arr. de Pontoise.

DELPEAU. — Lepaud, commune du dép. de la Creuze, canton de Chambon, arr. de Boussac.

DELPESCHE. — De Pêche, dans le Haut-Languedoc, diocèse de Toulouse. **Pesche,** pêcherie.

DELPIT. — Pite, monnaie, qui valait le quart d'un denier.

DELPORTE. — V. De la Porte. **Porte,** transport, sorte‑ d'oublie.

DELPRAT. — De Prat, commune du dép. des Côtes-du-Nord, arr. de Lanion. Prat signifie pré.

DELPUE.—Puers, bourg du Brabant, dans les Deux-Nèthes. Puete veut dire cheville, fausset de tonneau.

DELRUE. — V. De la Rue.

DELSORE. — De Sore, commune du dép. des Landes, arr. de Mont-de-Marsan. **Sore,** vient de **sorôs,** tas.

DE LUCY.— Commune dans le dép. de l'Yonne, arr. d'Avallon, et seigneurie en Normandie, érigée en 1486 en faveur de Le Roux. Vient de **lux,** lumière.

DE LUGNY. — Bourg de Bourgogne, dép. de Saône-et-Loire, à 3 lieues de Mâcon; village dans le Pas-de-Calais, et baronnie dans le Charollais.

DE LUGO. — De Lugaut, commune du dép. des Landes, **arr.** de Mont-de-Marsan, et Lugos, commune du dép. de la Gironde, canton de Belin, arr. de Bordeaux. **Lugo,** dérive du grec **lugos,** osier, pressoir.

DE LUSAS. — Lussas, commune du dép. de la Dordogne, canton et arr. de Nontron. De **lux,** lumière.

DE LUSERET. — De Luzeret, commune du dép. de l'Indre, canton de Saint-Gaultier, arr. de Blanc. De **luisir,** briller, luire.

DE LUTH. — De Delut, dans le dép. de la Meuse, arr. de Montmédy. **Lut,** sorte de bois, terre à potier.

DE LUSIGNAN. — Seigneurie de Guyenne, érigée en 1618 en faveur de de Lusignan, à 5 lieues de Poitiers, aussi ville du dép. de la Vienne. Vient de **lus,** lumière.

DELVILLE.—D'Elleville, dans la Beauce, près de Chartres. Ville, ferme, village.

DELZARD. — D'Elzes, dans le Bas-Languedoc, diocèse d'Uzès. Vient de **zardre,** éparvin.

DELZENNE. — D'Elzing, commune du pays Messin, près de Metz.

DE MAGNAC.—Ville et seigneurie de la Basse-Marche, dép.

de la Haute-Vienne à 1 lieue de Dorat et à 3 lieues de Bellac. **Magnac** de **magnus,** grand.

DE MAISONCELLE. — Seigneuries dans la Brie, dans le Maine et en Normandie. Celle de Normandie fut érigée en 1775 pour De Hamel. **Maisoncelle,** vieux mot, qui signifiait une petite maison.

DE MAISONNEUVE. — Seigneuries en Poitou et dans le Berry, et communes dans la Bourgogne, le Jura, la Mayenne, et la Haute-Saône. **Maisonneuve,** manoir neuf.

DE MALLERAY. — Malleraye, châtellenie de Normandie, sur le bord de la Seine, au pays de Caux. De **maler,** tourmenter.

DE MANCHON. — De Demange, dans le dép. de la Meuse, arr. de Commercy. **Manchon,** manche de la charrue, garniture de la manche.

DE MANTETH.—De Mantet, dans le Roussillon, diocèse de Perpignan. De **mant,** message, commandement.

DE MANTH. — Mant, commune du dép. des Landes, canton d'Hagetmau, arr. de Saint-Sever. De **mant,** message.

DEMARAIS, DEMARAY. — Marais, commune en Artois, diocèse d'Arras. Maray, commune du dép. de l'Aube, arr. de Troyes. De **marre,** houe.

DE MARBRE. — Marbre, cylindre sur lequel s'enveloppe le cordage qui fait mouvoir la barre du gouvernail.

DE MARBRELLE. — Marbrel, marbre de la roue qui fait mouvoir une cloche, la cloche elle-même.

DE MARCHAIS. — Commune de la Brie, diocèse de Soissons, et seigneurie en Picardie, érigée en 1566 pour De Proisy. **Marchais** ou mare, eaux accumulées dans les terrains bas et y sèchent sous les rayons du soleil.

DE MARENNE. — Seigneurie du Berry, érigée en 1618 en faveur de Gigault, ville du dép. de la Charente-Inférieure, et commune du dép. de l'Isère, arr. de Vienne. **Marene,** cerise aigre.

DE MAREUIL. — Seigneurie en Bretagne, et bourgs du Poitou, sur la Laye, et dans le Périgord, à 4 lieues de **Nontron.**

DE MARILLAC. — Ville de la Charente, canton de La Rochefoucault, arr. d'Angoulème. De **marille**, registre.

DE MARLE. — Seigneuries de Bretagne et de Picardie. Vient de **marla**, marne.

DE MARSAC. — Seigneurie dans le Rouergue, érigée en 1690 pour De Maulmont, et bourg du Périgord, remarquable par une fontaine qui a son flux et reflux. De **marse**, flétrie, fanée.

DE MARTIGNY. — Comté du Barrois, érigé en 1725 en faveur de du Hau, et seigneurie en Champagne, érigée en 1600 en faveur de Choiseul. De **martinerie**, usine.

DE MASSOINGS. — Massoins, ville des Alpes-Maritimes, arr. de Puget-Théniers, canton de Villars-du-Var. **Massoings**, mausoin, mauvais soin, mauvaise administration.

DEMASY. — Mazy, seigneurie de Picardie, érigée en 1680 pour De Frémont. De **mas**, maison de campagne.

DE MAUBUISSON. — Seigneuries de Bretagne et de Picardie. **Maubuisson**, mauvais buisson.

DE MAUPRÉ. — Maupret, dans la Franche-Comté, diocèse de Besançon. **Mauprest**, qui n'est pas préparé.

DE MAY. — Seigneurie en Normandie, et bourg d'Anjou, dép. de Maine-et-Loire, à 8 lieues de Montreuil. **Mai**, branches vertes, colonnade de menuiserie.

DE MAZÉ. — Bourg du dép. de Main-et-Loire, canton de Beaufort. **Maset**, tenure sur laquelle s'élevait une oraison.

DEMELLE. — Commune du dép. des Deux-Sèvres, arr. de Niort. **Melle**, boucle, anneau.

DEMELLIS. — De Meilly, commune de la Côte-d'Or, arr. de Beaune. **Meslis**, étoffe de laine rouge, mêlée, combat.

DEMENU.—Menu, bourg de l'Ile-de-France, dép. de l'Oise, à 5 lieues de Beauvais. **Menu**, aveu et dénombrement fait au seigneur des héritages en terres et rentes foncières, sujets à un rachat.

DE MERI. — Communes des dép. de l'Oise et de Seine-et-Marne, et Merie, seigneurie érigée en 1600 pour la Mouche. **Méri**, œsophage.

DEMERLE. — Seigneuries en Anjou, en Auvergne et dans le Comtat-Venaissin. **Merle**, sorte d'étoffe, une nèfle.

DEMERS.—De Mers, communes du dép. de l'Indre et de la Somme. **Mers**, marchandise.

DE MERU. — Ville de Picardie, arr. de Beauvais, dans le dép. de l'Oise.

DE MERVILLE. — Bourg situé sur les confins de l'Artois, sur la Lis, et seigneurie de Normandie, érigée en 1463 pour De Vaux. **Merville**, merveille.

DEMESLE. — Seigneurie de Bretagne, érigée en 1556 pour Du Chastel, et bourg du Perche, à 4 lieues d'Alençon. **Mesle**, mélange, **méteil**.

DEMET. — De Mestes, commune du dép. de la Corrèze, arr. d'Ussel. **Met**, pétrin, huche, vase.

DEMETELIN. — Metelin, île de l'Archipel, au nord de l'île de Scio. De **mesteil**, blé mêlé de seigle.

DEMÈTRE. — Mestre, commune du dép. de la Corrèze, canton et arr. d'Ussel. **Mètre**, mesure de quatre boisseaux, un franc.

DEMÉTRIE. — V. De la Métric.

DEMEULES. — Meulles, commune du dép. de Calvados, arr. de Lisieux, canton d'Orbec. **Meule**, petits paquets de lin liés pour le rouissage.

DEMEURANT.—De Demeur, en Armagnac, diocèse d'Auch. Vient de **meure**, pointe de l'épée.

DEMEY. — Commune du dép. de la Moselle, dans le pays Messin, arr. de Metz. **Mée**, huche.

DE MEZY. — Mézy-sur-Seine, seigneurie dans le Vexin. Mézy-Moulins, commune du dép. de l'Aisne, arr. de Château-Thierry. **Mésil**, méteil.

DE MILLETS. — De Millet, seigneurie en Languedoc, érigée en 1580. **Millée**, millet bouilli au lait, et **millet**, maladie de la bouche chez les enfants.

DE MINES. — Seigneurie en Bourgogne, érigée en 1659 en faveur de Rochefort. **Mine**, minéral, souche, minium.

DE MIRAY. — Miré, commune du dép. du Maine-et-Loire,

arr. de Segré. **Miré,** terme de chasse, se dit d'un sanglier vieilli, dont les défenses sont recourbées en dedans.

DE MITRE. — Bourg des Bouches-du-Rhône, arr. d'Aix, et Mistre, dans la Gironde, commune de Lacanau.

DE MITRÉ. — De Mitry, dans le dép. de Seine-et-Marne, arr. de Meaux. De **mitrer,** mettre une mître.

DE MOLE. — Mole, commune du dép. du Var, arr. de Draguiguan, et seigneurie en Provence, érigée en 1540 en faveur de Boniface. **Mole,** modèle, moule, monture, botte d'osier, forte muraille ou terrasse qu'on oppose à l'impétuosité de la mer pour la sécurité des ports.

DEMOLIERS. — De Moliez, dans le Bas-Languedoc, diocèse de Mende, parlement de Toulouse, et Moliets, dans le dép. des Landes, arr. de Dax. **Molier,** tailleur de meules à moulin, tenancier d'un moulin.

DEMON, DEMOND. — V. Desmond.

DEMONCEAU. — Seigneuries de Flandre et de Picardie. **Moncel,** petit mont.

DE MONCEAUX. — Seigneuries de Bourgogne, de l'Ile-de-France et de Normandie.

DE MONCEL. — Seigneurie de la Champagne, érigée en faveur de Montagnac, et communes des dép. de la Meurthe et des Vosges. V. Monceau.

DE MONGARON. — De Montgeron, commune du dép. de Seine-et-Oise, arr. de Corbeil.

DE MONIC. — De Moniac, dans l'Agenois, parlement de Bordeaux. **Demonique,** démoniaque.

DE MONMARQUÉ. — Montmarquet, commune du dép. de la Somme, canton d'Hornoy, arr. d'Amiens. **Marquet,** sorte de chien.

DE MONREDON. Montredon, commune du dép. du Lot et seigneurie du Rouergue, de 1683. **Redon,** rondin, gros bâton de fagot.

DE MONREPOS. — Seigneurie en Guyenne, érigée en 1758, en faveur de Jausselin de Brassay. **Repos,** lit.

DE MONSÉGUR. — Ville du dép. de la Gironde, arr. de la Réole, et communes du dép. des Landes, de Lot-et-Garonne, des Basses-Pyrénées.

DE MONTAY. — Commune du dép. du Nord, canton de Catteau, et Montay, seigneurie en Touraine, érigée en 1500 en faveur de Chesneau. **Montée,** quantité d'eau montée d'un puits salin pour faire le sel, monture, promotion.

DE MONCHARVAUX.—Montcharvot, com. du dép. de la Haute-Marne, canton de Bourbonne, arr. de Langres.

DE MONTEL. — Commune du dép. du Puy-de-Dôme, arr. de Riom. **Montel,** pour monticule.

DE MONTELÉON. — De Monthelon, communes des dép. de la Marne et de Saône-et-Loire.

DE MONTESSON. — Seigneurie en Champagne, érigée en 1650 en faveur de Legros. **Tesson,** partie latérale d'un pressoir.

DE MONTEUIL. — Commune dans le Dauphiné, diocèse de Vienne. De **monteux,** montueux.

DE MONTGAILLARD. — Bourg de l'Ariège à 1 lieue de Foix; autre du même nom dans le dép. des Landes, à 2 lieues de Saint-Sever. De **mont,** monde, et de **gaillard,** gai, joyeux.

DE MONTIGNY. — Nombreuses seigneuries de ce nom en Bretagne, en Bourgogne, en Normandie, en Poitou, en Picardie, en Lorraine. De **montigneus,** sorte de poisson.

DE MONTMAGNY. — Montmagny, seigneurie de la Bourgogne, érigée en 1597 pour Huault. **Montmagny** vient de **mons,** mont, et de **magnus,** grand, élevé.

DE MONTMÉDY. — Ville du Luxembourg français, et duché de Carignan, sur le Cher, dép. de la Meuse. De **mont,** et de **médy,** médecin.

DE MONTPELLIER. — Ville du Bas-Languedoc, près de la rivière de Lez, à 2 lieues de la mer, et commune de la Charente-Inférieure, canton de Gémozac. De **pellier,** fabricant de pelles.

DE MONTROCHEAU. — De Montroche, seigneurie de la Basse-Marche, érigée en 1550 pour De Carbonnières. **Rochaut,** labre, genre de poisson appelé aussi vieille de mer.

DE MONTROSE. — De Montrozier, commune du dép. de l'Aveyron, canton de Bozouls, arr. de Rodez.

DE MONVIEL. — Commune du dép. de Lot-et-Garonne, canton de Cancon, arr. de Villeneuve. **Monviel,** mon vieux.

DE MORAS. — Seigneurie et bourg du Dauphiné, dans le dép. de la Drôme, à 3 lieues de Saint-Vallier. V. Morasse.

DE MORE. — Village de Bourgogne, à 1 lieue de Bar-sur-Seine. **More,** fourrure de petit gris, marais, tourbière, pointe de l'épée.

DE MOSNY. — Seigneurie de Normandie, érigée en 1661 pour De l'Angle. **Monil,** collier.

DE MOUCHY. — Seigneurie de Picardie, érigée en 1700 en faveur de Papin. De **moucher,** espionner.

DE MOULIN. — Moulin, seigneuries en Bourgogne, dans le Limousin, et en Lorraine, commune du dép. de l'Aisne, et ville de l'Allier. Vient du grec **mulé,** meule, moulin.

DE MOYRES. — De Moyré, seigneurie en Anjou, érigée pour d'Hardouin en 1707. **Moyre,** de **moer,** marais, terre à tourbe.

DE MUSSEAUX. — Commune du dép. de la Meuse, en Lorraine, canton de Revigny, arr. de Bar-le-Duc. De **moussé,** émoussé, velu, moussu.

DE MUY. — Seigneurie en Provence qui remonte à 1279. **Muy** ou **muid,** grande mesure de liquides de 280 pintes.

DE NANTHOIS. — Nantois, commune du dép. de la Meuse, canton de Ligny, arr. de Bar-le-Duc. **Nantois,** qui est de Nante ou du Nantois.

DE NARCY. — Communes du dép. de la Nièvre et de la Haute-Marne.

DENEAU. — De Neau, gros village dans les Pays-Bas d'autrefois, situé à 2 lieues de Limbourg, et Neau, dans le dép. de la Mayenne, arr. de Laval. V. Neau.

DENECHAUD. — De Nechers, bourg dans l'Auvergne, diocèse de Clermont. De **dénicher,** découvrir la demeure de quelqu'un, ou de **nichier,** séjourner.

DENELLE. — Nelle, seigneurie en Normandie, érigée pour De Chevenelles.

DE NEUVILLE. — Seigneuries en Bretagne, en Picardie, dans le pays Chartrain, dans le Lyonnais, et dans le Beauvaisis. De **neuffile**, ruban de fil.

DE NEUVILLET. — Neuvillette, communes des dép. de la Somme et de la Sarthe. Neuviller, ville du dép. du Bas-Rhin et bourg de la Meurthe, à 5 lieues de Nancy.

DE NEVERS. — Comté du Nivernais, érigé en l'an 1000 pour De Nevers.

DENIAU. — Niau, seigneurie du Nivernais, érigée pour De Saulieu, en 1644. **Nieau**, nichée.

DENIBEL. — Nibelle, commune dans le dép. du Loiret, arr. de Pithiviers, canton de Beaune. De **nieble**, sorte d'oiseau de proie.

DENICOUR. — De Denicorps, seigneurie de Normandie, érigée en 1300 pour De Cotentin. De **nicore**, abomination.

DENIEZ. — De Deniers, seigneurie en Artois, de 1700. **Niée**, nichée, couvée, quantité.

DENIGER. — De Denicé, commune du dép. du Rhône, arr. de Villefranche. **Niger**, vieux mot qui se disait pour nigauder. Vient de **nugari**, badiner. **Nigée**, nichée.

DE NIORT. — Niort, ville située à 14 lieues de Poitiers, dans le dép. des Deux-Sèvres, et Niort, communes des dép. de l'Aude et de la Mayenne. **Niort** s'emploie dans l'expression **prendre le chemin de niort**, pour dire nier.

DENIS. — De Denney, commune de Belfort, canton de Fontaine. **Denis**, nom propre.

DE NIVELLE. — Nivelle, ville du dép. du Nord, canton de Saint-Amand, arr. de Valenciennes. **Nivele**, neige.

DE NIVERVILLE. — Seigneurie canadienne, comprise dans la ville des **Trois-Rivières**, aussi appelée Champflour.

DE NOGENT. — Seigneurie de l'Ile-de-France, érigée en 1383 pour De Beaumont. De **noge**, jeune bête bovine.

DE NOM. — Village situé près de Villefranche. **Nom**, nom d'homme.

DENONCOURT. — De Noncourt, seigneurie en Lorraine,

érigée pour De Combles en 1696. De **noncure,** négligence.

DENONVILLE. — Denonville, communes du dép. de Seine-et-Marne et des Vosges.

DE NORAY. — Norrey, commune du dép. du Calvados, et Norray dans le Barrois.

DE NORMANVILLE. — Communes des dép. de l'Eure et de la Seine-Inférieure.

DE NOTE. — Noth, commune du dép. de la Creuse, arr. de Guéret. **Note,** chant, édit, tache, notoriété.

DE NOUE. — Seigneuries en Normandie, en Touraine et dans le Berry. **Noue,** terre humide et grasse, tuile faite en demi canal pour permettre à l'eau de s'écouler.

DE NOYAN. — Noyant, seigneurie en Normandie, érigée pour Payen en 1544, et Noyau-sur-Sarthe, seigneurie dans le Maine. **Noyant,** a donné origine au mot néant, et signifie un quidam, un homme quelconque.

DE NOYELLE. — Seigneurie en Picardie, dans le dép. du Pas-de-Calais, érigée pour Picquet en 1700. Devint marquisat. **Noiel,** bouton, nielle.

DE NOYON. — Noyon-sur-Andelle, seigneurie et ville de Picardie, située à 7 lieues de Laon et de Soissons. **Noyon,** lieu creux où, quand la boule arrive, on perd son coup, en terme de jeu de boule.

D'ENTREMONT. — Commune de la Haute-Savoie, arr. de Bonneville. **Entremont,** ce qui est entre les montagnes.

DEOM, DEON. — De Oms, commune des Pyrénées-Orientales, arr. de Céret. Dérive de **Deum,** accusatif de **Deus,** Dieu.

DEOUST. — Oust, rivière de Bretagne, qui se jette dans la Vilaine, et ville du dép. de l'Ariège, arr. de Saint-Girons.

DEPAIN. — Communes dans le Berry et dans le Bourbonnais. **Pain,** en vieux français, se disait pour boisseau.

DEPAIRON. — Péron, commune du dép. de l'Ain, arr. de Gex. **Pairons,** les deux pennes des ailes, le père et la mère.

DE PARFOURRU. — Parfouru-l'Eclin, seigneurie de Normandie, érigée en 1391 pour De Parfouru. De **parfouir,** creuser profondément.

DE PAROY. — Seigneurie de la Brie-Champenoise devenue marquisat en 1685. **Paroy,** vieux mot qui signifiait muraille. Vient de **paries.**

DEPATIE, DEPATIS. — Seigneurie dans le Vendômois, érigée en 1774 pour De Serignac, et le Pâtis-Saint-Nicolas, près Angers. **Patis,** pâture, maigre, inculte.

DEPAUL. — Paul, ville du Languedoc, sur l'Egli, et Paule, commune du dép. des Côtes-du-Nord, arr. de Guingamp. **Paul,** nom d'homme.

DE PEIRAS. — Peirat, commune du dép. de la Creuse et de la Haute-Vienne.

DE PELTEAU. — Pelletot, commune du dép. de la Seine-Inférieure, canton de Longueville, arr. de Dieppe. **Pelteau** veut dire petit bouclier, léger et très maniable. Vient de **pelta,** pelte.

DEPENCIER. — De Pencey, en Champagne, diocèse de **T**oul ou de Pancé, dans le dép. d'Ille-et-Vilaine, arr. de **R**edon. **Depencier,** dépensier.

DE PENETIÈRE. — De Pennesière, commune du dép. de la Haute-Saône, canton de **R**ioz, arr. de Vesoul. **Pennetière,** vieux mot, pour dire panetière, bourse à bergers, faite comme une fronde.

DE PERTEAU. — De Pert, en Normandie, diocèse de Bayeux. **Perteau,** dim. de **pert,** perte.

DE PLACE. — Bourg du Maine, à 3 lieues de Mayenne, et seigneurie de Normandie et dans le Lyonnais. **Place,** calvitie.

DE PLAINE. — Plaine, bourg en **A**njou, dans le dép. de Maine-et-Loire, et commune du dép. des Vosges, canton de Saales, arr. de Saint-Dié. **Plaine,** étendue de pays plat

DE PLAQUE. — De Plœuc, commune des Côtes-du-Nord, arr. de Saint-Brieuc. **Plaque,** ancienne monnaie de cuivre à valeur variable.

DE POITIERS. — Ville et capitale du Poitou, dép. de la Vienne. **Poitiers,** potier.

DE POIX. — Seigneuries de Champagne et d'Artois. **Poi,** petit, faible.

DE POMMERAY. — Commune du dép. de Maine-et-Loire, arr. de Cholet. Pommeraie, lieu planté de pommiers.

DE PONT.—Seigneuries en Bretagne et en Dauphiné. Pont, pommeau de l'épée.

DE PORTEAUX. — De Portant, seigneurie en Anjou, érigée en 1665, en faveur de Gibot. **Portaux,** portes.

DE PORTNEUF. — Seigneurie dans la Province de Québec, érigée en faveur de M. de Portneuf. De **port,** défilé, et neuf, nouveau.

DE POULIGNY. — Seigneurie du Nivernais, érigée en 1667 pour De Reugny. De **poulier,** hisser au moyen d'une poulie.

DE PRADAL. —Commune du dép. de l'Hérault, canton de Bédarieux, arr. de Béziers. **Pradal,** dim. de **prade,** prairie.

DE PRÉCILLON. — Commune du dép. des Basses-Pyrénées, canton et arr. d'Oloron. De **précier,** priser, apprécier.

DE PROUVILLE. — Commune du dép. de la Somme, canton de Bernaville, arr. de Doullens. De **provaille,** preuve, provision.

DEPUI. — Puix, seigneurie du Perche, et commune du dép. du Haut-Rhin, arr. de Belfort, et Puid, com. du dép. des Vosges, canton de Senones. Pui, montagne, colline, côteau.

DE PUISEAUX. Ville dans l'Orléanais, parlement de Paris. De **puiset,** petit puits.

DE PUTOT.—Seigneurie en Normandie, érigée pour d'Herbouville en 1545. Putot, de **putel,** bourbier, mare.

DE PUYBARD. — De Pont-de-Barret, commune du dép. de la Drôme, arr. de Montélimart. Nom composé de **puy,** montagne, colline et de **bard,** bois façonné à la varlope

DE QUÉRA. — Queyras, village dans les Hautes-Alpes, arr. de Briançon. De **quereor,** celui qui va à la recherche.

DE QUILIEN. —De Quily, commune du Morbihan, canton de Josselin, arr. de Ploërmel. De **quillet,** gentil.

DE QUIN. — Quins, commune du dép. de l'Aveyron, arr. de Rodez. Quin, singe.

DE QUINDRE. — De Quinte, ville et dépendance d'Angers. Il y avait cinq Quintes.

DE QUAY. — Commune du dép. des Côtes-du-Nord, arr. de Lannion et de Saint-Brieuc. **Quay,** moyen, ressource.

DE RAINVILLE. — Rainville, ville du dép. des Vosges, canton de Châtenois, arr. de Neufchâtel. **Rain,** branche, ramée, lisière d'un bois.

DE RAMEZAY. — V. Ramesay.

DE RASPÉ. — De Rapey, commune du dép. des Vosges, arr. de Mirecourt. **Raspe,** futaie, grosse branche.

DE RASTEL.—De Ratenelle, commune du dép. de Saône-et-Loire, arr. de Mâcon. **Rastel,** herse d'une porte de ville, sorte de poire, candélâbre.

DE RAVENELLE. — Ravenel, seigneurie de Bretagne, érigée en 1696 pour Gouin. **Ravenelle,** fleur jaune du printemps, connue sous le nom de giroflée.

DERBANNE. — De Derbamont, dans le dép. des Vosges, arr. de Mirecourt. **D'erbet,** herbe.

DERBEVILLE. — D'Erbéviller, commune du dép. de la Meurthe, arr. de Nancy.

DERDEVENS. — D'Erdevens, commune du dép. du Morbihan, canton de Belz, arr. de Lorient. **Erdevens** pour **erdevance,** redevance, rencontre.

DERÉ. — Rey, commune du dép .de l'Aveyron, canton de Montbazens, et Ré, île du golfe de Gascogne, dans la Charente-Inférieure. **Desré,** faute, désordre, dommage.

DEREAU. — D'Erau, rivière du Languedoc, qui se jette dans la Méditerrannée, et Reau, commune du dép. de Seine-et-Marne, canton de Brie, arr. de Melun. **Reau** signifie trou.

DE RÉMIGNY. — Villes des dép. de l'Aisne et de Seine-et-Loire.

DEREMOND.—Seigneurie dans le Berry diocèse de Bourges, **Remont,** surenchère. **Remond,** de **remonde,** ramille.

DE REMONCHAMP.—Ramonchamp, commune du dép. des Vosges, à 4 lieues de Remiremont. **Remonchamp,** champ de ramilles.

DE RÉMY. — Bourg de l'Oise à 2 lieues de Clermont en Beauvoisis, et bourg d'Auvergne, dép. du Puy-de-Dôme, à 1 lieue de Thiers. **Remiz,** passereau.

DE RENNES. — Rennes, ville de la Haute-Bretagne, sur la Vilaine, commune du dép. du Doubs, canton de Quingey, arr. de Besançon, et Rennes dans le Languedoc. **Renne,** mammifère des contrées du Nord.

DE RENOM. — Renung, bourg du dép. des Landes, arr. de Saint-Sever. **Renom,** surnom, fête, et **renon,** sorte de manteau.

DE REPENTIGNY. — Commune du dép. du Calvados, canton de Cambremer, arr. de Pont-l'Evêque. Dérive du latin **repentinus,** prompt, subit.

DE RER. — Rets, seigneurie normande, de 1550. V. Deré. **Ré,** bûcher, four, ou de **rez,** mesure rase, botte, faisceau, pelure, niveau.

DEREUX. — Reux, seigneurie en Normandie, érigée pour De Meurdrac, en 1458. **Reux** veut dire rhubarbe.

DE RICHEBOURG. — Seigneuries en Artois, en Touraine et en Normandie. **Richebourg,** bourg riche.

DE RICHEVILLE. — Seigneurie de Bretagne, érigée en 1696 pour de Jeslin. **Richeville,** ville riche.

DERICOURT. — Ricourt, commune du dép du Gers, canton de Marciac, arr de Mirande. De **ricouart,** fortification en terre.

DERIEN. — Rian, commune du dép. du Var, arr. de Brignoles. **Rien,** chose, être, personne. **Derrien,** dernier.

DERIEUX. — Rieux, ville du Haut-Languedoc, sur la Rise, et ville de l'Aude, à 4 lieues de Carcassonne, et communes de Picardie, de Bretagne et de Normandie.

DE RIGAULT. — Rigaud, commune du dép. des Alpes-Maritimes, arr. de Puget-Théniers. **Rigaut,** gueux, misérable.

DE RIGNY. — Bourg du dép. de l'Aube, sur la Vanne, à 8 lieues de Troyes, et plusieurs autres.

DE RINON. — V. De Renom. Dérive de **rine,** tour, manière d'agir.

DERNY. — D'Erny, commune du dép. du Pas-de-Calais, canton de Fauquemberque, arr. de Saint-Omer. D'**ernuer,** se cabrer ou de **derne,** morceau.

DEROCHE. — Seigneuries en Bourgogne, en Champagne et dans le Dauphiné. V. Laroche.

DE ROCHEBLAVE. — Nom composé de **roche,** châteaufort, et de **blave,** pâle.

DE ROCHEMOND. — Commune sur les confins de l'Auvergne, diocèse de Limoges. Vient de **roche,** châteaufort et de **mont,** tas, monceau.

DEROGÉ. — De Roger, seigneurie en Rouergue, érigée en 1746 pour De Bourran. **Rogé** vient de **roge,** rempart.

DE ROIGNY. — Rogny, seigneurie en Picardie, et commune du dép. de l'Yonne, arr. de Joigny. De **roie,** filet de pêche.

DE ROISSY. — Village de la Brie-Parisienne, dép. de Seine-et-Marne, à 2 lieues de Lagny.

DEROME, DE ROME. — D'Erome, canton du dép. de la Drôme, arr. de Valence, ou de **Rome,** commune du dép. des Deux-Sèvres, canton de Chenay. **Eromme,** calamité.

DE ROMPRÉ. — Romprey, en Bourgogne, diocèse de Langres, parlement de Dijon. De **romperie,** rupture, et **derompre,** briser, torturer.

DE ROQUEMAURE. — Bourg du Bas-Languedoc, à 5 lieues d'Uzès, et ville dans le dép du Tarn. Ce mot est composé de **roque,** châteaufort, et de **maure,** qui est de l'ancienne Mauritanie.

DEROSE. — Roze, en Normandie, parlement dé Rouen.

DEROSETTE. — Rozette, en Franche-Comté, parlement de Besançon. **Rosete,** petite rose, sorte de vin.

DEROSIER. — Commune du dép. de la Corrèze, arr. de Tulle, canton d'Egletons et de Juillac. **Rosier,** jardin rempli de roses, dette non payée.

DE ROSTAING. — Comté dans le Blaisois, érigé en 1634 en faveur de Rostaing. De **rost,** chaleur brûlante.

DE ROSY. — Rosis, commune du dép. de l'Hérault, arr. de Béziers. De **rosir,** devenir rose.

DEROUEN. — Rouen, ville de la Seine-Inférieure. **Rouain,** ornière.

DEROUET. — Seigneurie en Bretagne, érigée en 1668 pour de la Belaudière, et communes des dép. de l'Aveyron et de l'Hérault. **Rouet,** roue d'engrenage.

DEROUIN. — De **R**ouine, lieu du dép. des Basses-Alpes, commune de Draix. En Normandie on appelle **dérouine** une sorte de hotte semblable à une chaise, sur laquelle les rétameurs installent leurs outils lorsqu'ils vont chiner, et **rouinne,** outil de sabotier.

DEROUSSEAU. — V. Desrousseaux.

DEROUSSEL. — V. Desroussel.

DEROUSSON. — Commune du dép. du Gard, arr. d'Alais. De **roussoier,** roussir.

DE ROY. — Roye, ville de la Picardie, dép. de la Somme, à 4 lieues de Montdidier, et commune du dép. de la Haute-Saône, arr. de Lure. V. Roy.

DE ROYBON. — Bourg du Dauphiné, dép. de l'Isère, à 9 lieues de Grenoble. **Roybon,** bon roi.

DEROYON. — Commune du dép. du Pas-de-Calais, canton de Fruges, arr. de Montreuil. **Royon** signifie royal.

DERUE. — Rue, ville du dép. de la Somme, sur la Maje, à 3 lieues d'Abbeville. **Erue,** roquette, ancienne fusée de guerre.

DERUMÉ. — De Rumaisnil, commune du dép. de la Somme, arr. d'Amiens. De **rume,** fosse.

DERVAUX. — De Derval, bourg du dép. de la Loire-Inférieure, arr. de Châteaubriant. De **dervée,** lieu planté de chênes.

D'ERVILLIERS. — Commune du dép. du Pas-de-Calais, canton de Croisilles, arr. d'Arras.

DÉRY. — D'Ery, bourg dans la Champagne, diocèse de Langres, parlement de Paris. **Déri,** déluré, avancé.

DERYZY. — D'Erize, commune du dép. de la Meuse, arr. de Bar-le-Duc.

DESABRAIS. — Des Abrets, bourg du dép. de l'Isère, arr. de la Tour-du-Pin. **Sabrée,** pluie torrentielle.

DE SAILLY. — Ville de Champagne, dans la Haute-Marne, et seigneuries de Bourgogne, de Normandie et de Picardie. **Saillie**, sortie, coursè.

DE SACQUEREY. — De Sacqueney, seigneurie en Bourgogne, érigée en 1710. **Sacquerée,** endroit où l'on remisait les sacs.

DE SAINT-AGNAN. — Commune du Berry, à 3 lieues de Romorantin.

DE SAINT-NICOLAS. — Seigneurie de Normandie, érigée en 1463 pour de Juvigny.

DE SAINT-OURS. — Saint-Ours, communes dans le dép. du Puy-de-Dôme et de la Savoie.

DE SAINT-PAIR. — Seigneurie de Normandie et ville de la Picardie, sur la rivière de Poix, érigée en duché-pairie sous le nom de Créqui en 1652. **Pair,** chaudron.

DE SAINT-PIERRE. — Bourgs en Saintonge, dans le dép. de la Manche et dans le Périgord. **Pierre,** prison.

DE SARENE.—Saren, bourg du Loiret, à 2 lieues d'Orléans, **Araine,** ciment.

DE SAIVE. — Saivre, bourg du Poitou, dép. des Deux-Sèvres, à 1 lieue de Saint-Maixent. **Saive,** sorte de monnaie.

DE SALES. — Seigneurie en Gascogne, érigée en 1780.

DE SAINT-VINCENT. — Seigneurie de Bretagne, érigée en 1650 en faveur de Charbonneau, et seigneurie du Languedoc, érigée en 1753 pour De Blanquet de Rouville, seigneuries du Poitou et de la Provence.

DE SALINE. — Sallinnes, seigneurie en Bretagne, érigée en 1700 pour de la Chapelle. **Saline,** endroit où l'on fabrique le sel.

DE SALLE. — Salle, en Picardie, seigneurie érigée en 1700 pour De Matifas. **Salle,** sauge.

DESALEURS. — De Saleux, commune du dép. de la Somme, arr. d'Amiens. **Saleur,** saloir.

DESALLIERS. — Salliez, ville du Béarn, dans les Basses-Pyrénées, à 3 lieues d'Orthez. **Sallier,** salière, salaire.

DESAMBOR..— Sambor, ville des Etats-Autrichiens, dans

14

la Gallicie, ou de Sambourg, commune du dép. de l'Yonne, arr. de **Tonnerre**. De **samble**, ou chanvre.

DESANG. — Sans, seigneurie en Provence, érigée pour de Meyraur en 1748.

DE SANTERRE. — Ville de Picardie, dép. de la Somme.

DE SANTES. — Commune du dép. du Nord, arr. de Lille. De **sanitas**, santé.

DESARDEAU. — De Sardos, communes des dép. de Lot-et-Garonne et de **Tarn-et-Garonne**. Dérive de **sarde**, sardoine.

DESAULNIERS. — De Saulnières, com. des dép. d'Eure-et-Loir et d'Ille-et-Vilaine. **Saulnier**, lieu où l'on vend le sel.

DE SAUREL. — V. Sorel.

DESAUTELS. — De Sautel, commune du dép. de l'Ariège, canton de Lavelanet, arr. de Foix. **Sautele**, petit saut.

DESAVIER. — De Savières, commune du dép. de l'Aube, canton de Méry. **Avier**, faire vivre, protéger la vie.

DESBARATS. — D'Esbarres, commune de la Côte-du-Nord, arr. de Beaune. **Barat**, signifie mensonge, fourberie, et **esbare**, barre, lice.

DESBARDES. — V. Barde. **Barde**, bat, selle, instrument de charpentier.

DESBARTCH. — D'Esbareich, commune des Hautes-Pyrénées, arr. de Bagnères-de-Bigorre. **D'esbat**, coup.

DES BERGÈRES. — Bergères, commune du dép. de l'Aube, canton et arr. de Bar-sur-Aube. **Bergère**, fille qui garde les moutons.

DESBIENS. — Bians, commune des Basses-Pyrénées, à 2 lieues de Bayonne, et commune du dép. du Doubs, canton de Levier, arr. de Portalier. **Bian**, corvée.

DESBLES. — Bleys, lieu du dép. du **Tarn**, canton de Cordes, arr. de Gaillac. **Blée**, champ de blé, moisson, et **esblester**, herser.

DESBŒUFS. — Bœuf, lieu du dép. de la Loire, commune de Saint-Pierre-de-Beuf, arr. de Saint-Etienne, et Beu, seigneurie érigée en comté en 1657 pour Hurault de l'Hôpital. Vient d'**esbofir**, pouffer.

DESBOIS. — Les Bois, seigneurie en **Artois**, érigée en 1466 pour d'Applaincourt. Vient d'**esboer,** effrayer, tourmenter.

DESBORDES. — Les Bordes, seigneuries en **Auxois,** dans le Nivernais, en Normandie et en Poitou. **Desborde** signifie foule.

DESBRIEUX. — Brieux, ville de la Haute-Bretagne, Côtes-du-Nord, et commune de l'Orne, canton de **Trun.** Brieux, congé ou passeport, permission de naviguer.

DESBUTTES — Butte, seigneurie en Bretagne, érigée en 1696 pour Dès Landes. **Butte,** grand tonneau.

DESCAILLHAUT. — Commune du dép. de l'Aude, canton d'Alaigne, arr. de Limoux. Vient d'**escaille,** ardoise.

DESCAMPES. — Commune du dép. du **Tarn,** canton de Cordes, arr. de Gaillac. **Campe,** droguet croisé.

DESCARDONETS. — Seigneurie érigée en 1700 pour Montmorency. **Cardonette,** fleur d'artichaut.

DESCARIS.—V. Décary. **Esquarri** signifie carré, et **escarrie,** quadrature, bataillon carré.

DESCARREAUX. — Des Carreaux, seigneurie de Normandie, érigée en 1697, ou d'Escarro, com. des Pyrénées-Orientales, arr. de Prades. Vient d'**escarrer,** polir, équarrir, rendre carré.

DESCAUT, DESCO. — D'Escot, commune des Basses-Pyrénées, arr. d'Oloron-Sainte-Marie. Vient de **caut,** ruse.

DESCAYRAC. — D'Esquehéries, com. du dép. de l'Aisne, arr. de Verouias. D'**esquerre,** rechercher.

DESCELLES. — Celles, seigneurie dans le Périgord, érigée en 1580 pour De Beaupoil, et communes dans les dép. de l'Aube, de l'Ariège, du Cantal, de la Charente-Inférieure, du Puy-de-Dôme, de l'Hérault.

DESCENT. — Commune du dép. de la Seine-Inférieure, canton de Longueville. **Descent,** succession, en terme de droit.

DESCHAILLONS.—Seigneurie en Bretagne, érigée en 1668 pour De Gaudrion, et commune du dép. de la Meuse, canton de Vigneulles. **Eschaillon,** échelle.

DESCHAL.—Commune du dép .de l'Ain, canton d'Izernore, et commune du dép. de la Sarthe, arr. du Mans. **Chal,** chevalier. On en a formé **sénéchal.**

DESCHALLES. — V. Challes.

D'ESCHAMBAULT. — De Chambàu, seigneurie érigée en 1690 en faveur de Vidaud. **Deschamber** veut dire lever, placer. **Esquembaux,** sorte de chaussure.

DESCHAMPS. — Bourg d'Auvergne, dép. du Cantal, et Champs, châtellenie en Lorraine, sur la Valogne. **Es-champ,** fuite, subterfuge, faux-fuyant.

DESCHATELS. —Seigneurie en Bretagne, érigée pour du Chastel, et communes du Doubs, de l'Yonne, du Jura et de l'Allier.

DESCHAULTS. — Deschaux, dans le dép. du Jura, arr. de Dole. **Chau,** signifie tombé. Vient de **chair,** choir.

DESCHÂTELETS.—Seigneurie de Bretagne fondée en 1696 en faveur de Hay. **Châtelet,** dim. de château.

DESCHENAUX. — Commune du dép. de l'Aisne, arr. de Château-Thierry. **Chenal,** courant d'eau bordé de terres où un ruisseau peut entrer.

DESCHÈNE, DESCHÈNES. — D'Eschêne, terrain de Belfort, canton de Belfort. Vient d'**eschené,** canal, rigole.

DESCHEVERY. — Cheverré, commune dans l'Angoumois, parlement de Paris.

DESCLAIRS. — Claires, seigneurie en Languedoc, érigée en 1700 pour de Barravy. **Esclaire,** soupirail, lucarne, éclair.

DESCLUS. — De Clux, bourg dans le dép. de Seine-et-Oise, canton de Verdun-sur-le-Doubs, arr. de Chalon. **Clut,** morceau.

DESCŒURS. — D'Escœuilles, commune du Pas-de-Calais, arr. de Saint-Omer.

DESCOLOMBIERS. — Seigneurie en Languedoc, érigée en faveur de Daleyrac. **Colombiers,** pièces de bois endentées qui servent à soutenir un navire quand on veut le mettre à l'eau.

DESCOMPS. — Ville de la Provence, dép. du Var, et seigneurie du Languedoc, érigée en‾1635 pour de Sauvan.

DESCONGÉS. — Commune du dép. de la Sarthe, arr. de Mamers, canton de Marolles.

DESCORMIERS. — Seigneurie en Bretagne, érigée en 1480 pour De Chambray.

DESCORMO. — Cormost, en Champagne, diocèse de **Troyes**, et Cormoz, commune du dép. de l'Ain, arr. de Bourg, et Cormot, commune du dép. de l'Aube, canton de Bouilly.

DESCOTEAUX. — Commune du dép. de Seine-et-Oise. **Côteau**, cotel, cotte de-maille.

DESCOTES. — Les Côtes, commune du dép. de l'Isère, arr. de Vienne. **Côte**, ancienne contrée du canton de Vaud, en Suisse. **Cote**, degré de parenté, et **escote**, écot.

DESCOUDRAYS. — Seigneuries en Bretagne, en Normandie, en Champagne et dans l'Ile-de-France. **Coudray**, lieu planté de coudriers.

DESCOURBIÈRES. — Seigneuries en Languedoc et dans le Rouergue.

DESCROSES. — Seigneuries du Périgord et du Vivarais. Vient du verbe **escrouser**, creuser.

DESDEVENS. — De la Devansaye, seigneurie en **Anjou**. **Desdevens**, dedans, intérieurement.

DESELLES. — Seigneurie dans le Berry, et commune du dép. de la Haute-Saône, arr. de Lure. **Sele**, escabeau.

DESENNECY. — Sennecey, bourg de Bourgogne, dép. de Saône-et-Loire, à quatre lieues de Châlons-sur-Saône.

DE SENNEVILLE. — Seigneurie en Normandie, érigée en 1463 pour Hervieu. **Sene**, assemblée.

DE SERRES. — Seigneurie en Guyenne, érigée pour Pondeux en 1483. **Serre**, scie, espadon, montagne, serrure, prison, garde.

DE SERRIAU. — De Serris, commune de Seine-et-Marne, arr. de Meaux. **Deserré**, en vieux français, course, fuite.

DE SERY.—Commune du dép. des Ardennes, arr. de Rethel. **Séry**, soirée, assemblée du soir.

DE SÈVE. — Village situé à peu de distance de Paris. **Seve**, jus, sauce.

DESFONDS. — Fons, seigneurie du Languedoc, érigée **en** 1717 pour de la Nogarède. **Fons**, fontaine.

DESFONTAINES.—Commune dans la Charente-Inférieure, commune de Chaillevette. **Fontaine,** eau, plaie, quatrième dimanche du Carême.

DESFORÊTS. — Seigneurie en Normandie, et seigneurie, dép. du Nord, arr. d'Avesnes. **Forest,** sorte d'arbre.

DESFORGES.—Seigneuries d'Anjou et de Bretagne. **Forge,** idée, invention, ferrage.

DESFOSSÉS. — Lieu dans la commune de Savigny-sur-Bayer, dép. de Loir-et-Cher, et seigneurie de Bretagne, érigée en 1500 pour De Bouexic. **D'esfosser,** creuser.

DESFOURNAUX. — Les Fourneaux, dans la commune de Charonne-sur-Loire, dép. de Maine-et-Loire, et autre dans la commune de Vénizy, dép. de l'Yonne. **Fournot,** petit four.

DESGAGNÉS. — De Dégagnac, commune du dép. du Lot, en Quercy, canton de Salviac, arr. de Gourdon. **D'esgaignier,** gagner, conquérir.

DESGEORGES. — Commune dans le Rouergue, diocèse de Rhodez.

D'EGLY. — Seigneurie de Normandie, érigée en 1690 pour Du Monceau de Nollent.

DESGRANGES. — Les Granges, seigneuries du Poitou, de Normandie et de Bretagne, cette dernière de 1668, érigée en faveur de Barrin. **Grange** signifie métairie.

DESGRAVIERS. — Les Graviers, dans la commune de la Guerche, dép. du Cher. **D'esgraver,** enlever le gravier.

DESGROIZELLES. — De Grézolles, commune du dép. de la Loire, arr. de Roanne.

DESGUERROIS. — Les Guerrots, seigneurie en Normandie, érigée en 1557 pour De Bourbel. **D'esguerre,** contenance d'une aiguière.

DES GUITTES.—De Guistres, bourg du dép. de la Gironde, sur l'Ill, à une lieue de Coutras. **Guistre,** sorte de mesure.

DESHAIES. — Les Hayes, commune des dép. de Loir-et-Cher, et du Rhône. **Eshait,** joie, ardeur.

DESHARNAIS. — De Harnes, commune du Pas-de-Calais, arr. de Béthune. **Harnois,** arme, armure, outil, bagage, poids, tumulte.

DESHÉRY. — De Dehéries, commune du dép. du Nord, arr. de Cambrai. **Herry,** homme très long.

DESHÊTRES.—Des Déserts, commune du dép. de la Savoie, arr. de Chambéry. De **esestre,** être éloigné.

DESIÈVE.—De Sievoz, commune du dép. de l'Isère, arr. de Grenoble.

DESILETS. — D'Islettes, commune du dép. de la Meuse, arr. de Verdun, et d'Ihlet, commune du dép. des Hautes-Pyrénées, canton d'Arreau. **Illaie,** lieu planté d'osiers, et **ilée,** raie, trace.

DESILLES. — Les Isles, seigneurie de Bretagne, érigée en 1668 en faveur de Brandiu, et Ils, commune de Normandie, sur Laison.

DESILVA. — V. Dassylva.

DESIMBLIN. — De Saint-Blin, commune du dép. de la Haute-Marne, arr. de Chaumont. **Simble,** fleur de farine.

DESINTRÉ. — Cintré, seigneurie de Bretagne, érigée en 1648 pour Huchet. De **cintrel,** cintre.

DESIRE. — De Cires, commune de l'Oise, arr. de Senlis. **Sire,** seigneur.

DE SIVRAC. — Civrac, seigneurie en Guyenne, érigée pour Angevin.

DESJADOU. — De Jauldes, commune de la Charente, arr. d'Angoulème.

DESJARDINS. — Les Jardins, seigneurie en Bretagne, érigée en 1500 pour le Borgne, et seigneurie en Normandie, érigée en 1533 pour du Livet.

DESHAIT. — De Déhault, commune du dép. de la Sarthe, arr. de Mamers. **Deshait,** découragement, malaise.

DESJARLAIS.—Des Jarjayes, commune du dép. des Hautes-Alpes, arr. de Gap. **Jarlais,** dérive de **jarle,** mesure pour le vin, grande cuve pour les vendanges.

DESJEAN. — De Dejointes, dans le dép. du Cher, commune de Chassy. **Janc,** ajonc.

DESJORDY. — Commune du dép. de l'Aveyron, canton et arr. de Villeneuve. **Desgordy,** amaigri.

DESLABILLET.—La Billais, seigneurie de Bretagne, érigée en 1668 pour De France. **Labile,** fragile.

DESLANDES. — Commune de la Loire-Inférieure. **Landes,** pays rempli de bruyères et de sablons.

DESLARD. — Laures, seigneurie du **Languedoc,** devenue marquisat en 1747. Lare, seigneurie de Normandie, érigée en 1667 pour De Boullemer. **Eslande,** levier, gros bâton.

DESLAURIERS. — V. De Laurier. **Laurier,** arbre dont la tige est unie et sans nœuds.

DESLIÈRES.—Lierres, seigneurie en Artois, érigée en 1490 pour D'Ostrel, et Lierre, en **Touraine. Eslier,** égayer, réjouir.

DESLIETTES. — Liettres, commune dans le dép. du Pas-de-Calais, arr. de Béthune. **Liette,** cordon, ruban.

DESLIGNERIS. — Ligneris, seigneurie en Normandie, érigée en 1470 pour D'Espinay. Vient de **ligneraie,** champ semé de lin.

DESLOGES. — Les Loges, seigneuries en Normandie et dans le Poitou. **Loge,** abri de feuillage, cabane, boutique, tribune.

DESLONGCHAMPS. — Longchamps, seigneuries en **Anjou,** dans le Barrois et dans le Vermandois.

DESLORIERS. — V. De Laurier.

DESMAISONS. — Maisons, seigneurie de Normandie, érigée en 1700 en faveur de Bernard. **Maison,** manoir.

DESMANCHES. — D'Esmans, commune de Seine-et-Marne, arr. de Fontainebleau. **Esmanche,** emmanchement.

DESMARCHAIS.—Les Marchais, seigneurie dans le Valois, érigée en 1750 pour Des Fossez. **Marchais,** mare. Vient de l'allemand **marast,** lieu bourbeux.

DESMARCHAND. — Marchant, seigneurie dans la Bresse, qui date de 1263.

DESMAREST, DESMARETS.—Desmarest, seigneurie dans la Brie, érigée en 1558 pour Dauvet, et Les Marets, seigneuries de Bretagne et de Normandie, la première datant de 1696, et l'autre de 1500. **Maret,** marette, marée, petite mare.

DESMAROLLES. — Marolles, seigneuries du Gatinais, de Normandie et de Touraine.

DESMARQUEST.—Marquay, seigneurie en Picardie, érigée en 1467 pour De Lanchy. **Marquet,** sorte de chien, monnaie vénitienne.

DESMARRE. — Mards, commune du dép. de l'Eure, arr. de Bernay, et commune du dép. de l'Aube, arr. de Troyes. Vient d'**esmarir,** chagriner.

DESMARTEAUX. — De l'Isle-Marteau, en Saintonge, à une lieue de Saintes ou de Martot, en Normandie, diocèse d'Evreux. **Marteau,** la centaurée, primevère.

DESMAZÉS. — De Mazaye, commune du dép. du Puy-de-Dôme, arr. de Clermont, et Mazé, bourg sur la Loire, dans l'Anjou.

DESMELOISES. — Les Meloizes, seigneurie du Nivernais, érigée en 1650 pour **R**enaud d'Avesne.

DESMEULES. — Meulles, commune dans le dép. du Calvados, arr. de Lisieux. V. Demeule.

DESMITTES. — De Mistre, en Gironde, commune de **La** Canau. **Mitte,** mot dont on se servait pour mesurer le sel et le blé, nom d'une monnaie qui avait cours au 14e siècle.

DESMOND. — Desmont, commune du dép. du Loiret, canton de Puiseaux. **D'esmonderie,** bois émondé.

DESMONTAIS. —Montet, commune du dép. de l'Allier, arr. de Moulins. **Montet,** dim. de **mont,** monde, tas, monceau, billot. **Desmontée,** descente.

DESMONTS. — Les Monts, seigneurie dans le Vésin, érigée -en 1500.

DESMOULIERS. — D'Esmoulières, commune de la Haute-Saône, arr. de Lure. Vient d'**esmouleur,** meule à repasser.

DESMOULINS. — Esmoulins, commune de la Haute-Saône, arr. de Gray.

DESMUSSEAUX. — Seigneurie de Champagne, érigée en 1304 pour de Boucher.

DESNAUX, DESNEAU.—De Desnes, commune du Jura, arr. de Lons-le-Saunier. **Naux,** gros vaisseau, et **esne,** barque, vase à mettre le vin.

DESNOUX. — D'Esnouveaux, commune de la Haute-Marne, arr. de Chaumont. **Nou,** nœud.

DESNOYERS. — Les Noyers, seigneuries de Champagne et de Normandie, et communes des Basses-Alpes, du Loiret, de l'Eure et de la Haute-Marne. **Noyer,** arbre.

DESOIGNEZ. — Des Trois-Oigney, dans la Franche-Comté, près de Besançon. **Soignée,** redevance, service que devait un vassal, cierge, chandelle, torche.

DESORCY. De Sorcy, commune du dép. de la Meuse, arr. de Commercy. **Orcy,** orchil, sorte d'oiseau.

DESORMEAUX. — Commune du dép. de Seine-et-Marne, dans la Brie, canton de Rozoy, arr. de Coulommiers.

DESOULE.—Commune du dép. de l'Hérault, arr. de Lodève.

DESOURDY. — Sourdis, marquisat dans l'Orléanais, érigé en 1657 pour d'Escoubleau.

DESPAGNOL. — D'Espagnac, bourg du Languedoc, dép. de la Lozère.

DESPARD, DESPARES. — D'Esparre, ville du pays de Médoc, en Guienne, diocèse de Bordeaux.

DESPAROIS.—Parois, seigneurie dans le Barrois, érigée en 1573 pour de Rarécourt.

DESPATIS. — Les Patis, seigneurie érigée pour Chabot, en 1580. **Patis,** lieu où l'on menait paître les bestiaux, mauvais pâturage, **espatir,** repaître.

DESPEIGNES.—D'Espeigne, en Touraine, diocèse de Blois, parlement de Paris. Vient d'**espeigné,** qui n'est pas peigné.

DESPEIRÉ. — D'Espere, dans le dép. du Lot, arr de Cahors.

DESPEIROUX. — D'Espeyroux, commune du dép. du Lot, arr. de Figeac.

DESPERIERS. Seigneurie en Normandie, dép. de la Manche, à 4 lieues de Carentan. V. Desperrier.

DESPERONNEL. — D'Esprels, dans la Franche-Comté, diocèse de Besançon. **Péronel,** nom donné à une femme de basse extraction.

DESPERRIER. — Seigneurie en Anjou, érigée en 1528 pour de Perriers. **Perrier,** carrier, graveur sur pierres, marchand de pierreries, carrière de pierres.

DESPINALLY. — D'Epinal, dans les Vosges. Vient d'**espinal,** sorte d'épice.

DESPINS. — D'Espins, commune du Calvados, canton de Thury-Harcourt.

DESPITAUD. — D'Espiute, commune du dép. des Basses-Pyrénées.

DESPLATS. — D'Esplas, communè du dép. de l'Ariège, arr. de Pamiers. **Plat,** lit d'une rivière, bateau plat, marée basse.

DESPOAS. — D'Espoey, dans le Béarn, près de Lescar.

DESPOINTES. — Commune du dép. du Tarn, arr. de Lavaur. **Espointe,** pointe, épingle, clou, morsure, élancement.

DESPONTS. — D'Espont, dans la Beauce, diocèse de Chartres. **Pont,** pommeau d'épée.

DESPRÉS. — Les Prés, commune du dép. de la Drôme, arr. de Die. **Despréer,** défricher un pré, le retourner pour la semence.

DESPUIS. — D'Epuise, dans le Maine, diocèse du Mans. **Pui,** montagne, lieu élevé.

DESPUTEAUX. — Puteaux, seigneurie de l'Ile-de-France, érigée en 1480 en faveur de Bourdin. **Desputer,** disputer.

DESQUERAT.—D'Esquehéries, commune du dép. de l'Aisne arr. de Vervins. Vient d'**esquerre,** habile.

DESQUILIN. — D'Esquilles, commune du dép. de la Haute-Garonne, canton de Villefranche. Vient d'**esquille,** morceau, fragment, petit ais.

DESRABIS. — **Rabis,** ravisseur, en parlant du loup. **Esrabi,** d'Arabie, cheval d'Arabie.

DESRAGONS. — **Esragons,** d'Aragon.

DESRIVES. — **Rives,** bourg du Dauphiné, dép. de l'Isère, à 5 lieues de Grenoble, commune du dép. de Lot-et-Garonne, canton de Villeréal. **Desriver,** écarter de la rive.

DES RIVIÈRES. — Les Rivières, seigneurie en Bretagne, érigée en 1480 pour Le Borgne, et commune de la Marne, arr. de Vitry. **Rivière,** chasse au gibier d'eau, rivage, condition, état.

DESROCHERS. — Les Rochers, seigneurie érigée pour De Sévigné en 1700. **Desrochers,** tomber d'une montagne ou d'une roche haute, ou encore jeter à bas une maison, l'abattre, ou creuser, déraciner.

DESROCHES. — Les Roches, seigneurie en Touraine, et bourgs du dép. de l'Isère, arr. de Vienne, et du dép. de Loir-et-Cher, canton de Montoix.

DESROSIERS. — Les Rosiers, commune du dép. de Maine-et-Loire, arr. et canton de Saumur. **Desrosers,** dégarnir un rosier de ses roses.

DESROUSSELS. — Bois dépendant de la maîtrise des eaux et forêts de Troyes, en Champagne. **Roussel,** sorte de bâton.

DESROYAUX. — **Desroyauter,** priver de la royauté.

DESRU. — V. De la Rue. Vient de se **desruer,** se tromper de rue.

DESRUISSEAUX. — Les Rousseaux, seigneurie de Normandie, érigée en 1450. **Ruisseau,** dim. de **ruis,** pièce de terre.

DESRY. — V. Déry. **Rye,** rivage de la mer.

DE SAILLY. — Seigneuries en Bourgogne, en Normandie, et en Picardie. **Saillie,** sortie, course rapide.

DESSABLONS. — Commune dans le dép. de l'Isère, en Dauphiné, canton de Roussillon, arr. de Vienne, et Sablons, dans la Gironde, commune de Coutras.

DE SAINT-LOUIS. — Seigneurie en Bretagne, érigée en 1600 pour Du Fresne, et communes des dép. de la Dordogue et du Haut-Rhin.

DE SAINTE-CROIX. — Baronnie en Bourgogne, et seigneuries en Bretagne, en Champagne et en Normandie. Nombreuses communes de ce nom.

DESSAILLONS. — Saillons, bourg du Dauphiné, sur la Drôme. **Saillon,** petit insecte qui ronge le lin.

DESSAINT. — Dessens, dans le Dauphiné, diocèse de Lyon. **Dessaint** veut dire profane.

DESSALINES. — Les Salinnes, seigneurie de Bretagne, érigee en 1700.

DESSANE. — De Sannes, commune dans le dép. de Vaucluse, canton de Pertuis, arr. d'Apt.

DESSAUX. — De Saux, baronnie de la Franche-Comté, et seigneurie en Normandie, érigée en 1623 pour de Sainte-Marie.

DESSENVILLE. — D'Essavilly, commune du dép. du Jura, arr. de Poligny.

DESSERMONS. — Seigneurie de Bretagne, érigée en 1771 pour d'Ardigné.

DESSI. — De Dessia, dans la Franche-Comté, diocèse de Besançon. **Dessir** signifiait démolir.

DESSOMBRE. — Sombre, dans le Boulonnais, parlement de Paris. **Sombre,** jachère, saison du premier labour.

DESUÈVE. — Suèvres, commune du dép. de Loir-et-Cher, arr. de Blois. **Sueivre,** couturé.

DESTAILLIS. — Seigneurie en Normandie, érigée en 1666 pour De Beauvais. **Taillis,** bois coupé de temps à autre.

DESTAIN. — D'Estaing, commune de l'Aveyron et des Hautes-Pyrénées.

D'ESTIENNE. — D'Equennes, en Picardie, arr. d'Amiens. **Etienne,** nom propre d'homme.

DESTIN. — D'Estain, ville du dép. de l'Aveyron, arr. d'Espaliou. **Destin,** intention, destination.

DESTIVAL. — Commune de la Corrèze, arr. de Brive. **Estival,** nom d'une ancienne chaussure.

DESTOUCHES. — D'Estouches, commune du dép. de Seine-et-Oise, arr. d'Estampes, ou des **Touches,** seigneurie de l'Ile-de-France, érigée pour Du Noyer en 1690, et seigneurie dans le Maine, érigée pour Du Plessis, en 1572. **Touche,** sorte d'éperon, ustensile qui servait à toucher les viandes pour y déceler la présence du poison.

DESTOURS. — De Destord, commune du dép. des Vosges, arr. d'Epinal. **Estour,** combat, bataille, tournoi, tour, contour.

DESTRAMPES. — Trempes, seigneurie de Picardie, unie à celle de Gribauval, et érigée en marquisat en 1681. De **destremper,** accommoder, arranger, calmer.

DESTRÉE. — D'Estrées, commune du dép. du Nord, arr. de Douai, et Trés, seigneurie unie en 1589 aux terres formant le comté de Tresmes. **Estrée,** chemin, **estré,** instruit.

DES TRÈME. — D'Estrennes, dans le dép. des Vosges, arr. de Mirecourt. Du verbe **estremer,** repousser au loin.

DESTROCHES. — D'Estrochey, en Bourgogne, diocèse de Langres. **Troche,** faisceau, masse, troupe, quantité.

DESTROISMAISONS. — Les Trois-Maisons, lieu du dép. du Bas-Rhin, arr. d'Alkirch, et seigneurie de l'Ile-de-France qui date de 1564.

DESTROSSES.—De Destrousse, dép. des Bouches-du-Rhône, arr. de Marseille. **Trosse** ou trisse, palan à canon qui sert à approcher ou à reculer la pièce de son sabord. On l'appelait aussi **drosse.**

DE SUÈVE. — Suèves, commune du dép. de Loir-et-Cher, arr. de Blois.

DES VILLERS. — De Deyvillers, commune du dép des Vosges, arr. d'Epinal.

DÉSY. — D'Izy, commune du dép. du Loiret, dans l'Orléanais, arr. de Pithiviers, canton d'Outarville.

DE TALARD. — Tallard, commune du dép. des Hautes-Alpes, arr. de Gap. **Talart,** endroit élevé qui va en talus.

D'ETCHEPAR. — D'Etchebar, commune des Basses-Pyrénées, canton de Tardets, arr. de Mauléon.

DETERVILLE. — D'Eterville, commune du dép. du Calvados, arr. de Caen.

DETIER. — De Detê, en Bourgogne, près d'Autron.

DE TILLY. — Châtellenie normande, érigée en 1463 et qui, en 1766 devint marquisat en faveur de Tilly-d'Orceau. **Tilly,** tilleul.

DE TONNANCOURT. — Signeurie de Normandie, érigée en 1463 pour De Lyée.

DE TOUCHE. — Seigneuries en Bretagne et en Normandie.

DE TOUR. — Seigneuries de Normandie, du Forez et du Blaisais.

DE TOURNAY. — Seigneurie en Normandie, et bourg de l'Astarac dans les Basses-Pyrénées, à 4 lieues de **Tarbes.**

DE TRACY. — Commune du dép. de la Nièvre, canton de Pouilly, arr. de Cosne.

DE TRÉMAUDAN. — Seigneurie en Bretagne, érigée en 1668 en faveur de Poullain.

DETREMONT. — Communes des dép. de Normandie, de Lorraine, et de l'Anjou.

DETREPAGNY. — D'Etrepagny, dans le dép. de l'Eure, arr. des Andelys. **Trépagnon,** mêlée.

DETRESAC. — D'Etretat, commune de la Seine-Inférieure, arr. du Havre.

D'ETREVAL.—Seigneurie en Lorraine, devenue comté sous le nom de Gournay.

DE TROYES. — Troyes, ville de la Seine, ancienne capitale de la Champagne.

DETRUE. — True, dans la Marche, diocèse de Limoges. **Tru,** subside, vient de **tributum,** tribut.

DETRUVAL. — D'Etreval, commune de Meurthe-et-Moselle, arr. de Nancy.

DE VALLÉE. — Vallée, commune du dép. de la Haute-Saône, et communes de la Meuse et de la Charente-Inférieure.

DE VALLETTE. — Commune du dép. de Lot-et-Garonne, canton de Castillonnès, arr. de Villeneuve.

DE VALMER. — Seigneurie en Bretagne, érigée en faveur de Binet en 1560.

DE VALRENNE. — De Valernes, commune des Basses-Alpes, arr. de Sisteron.

DE VALOIS. — Seigneurie en Lorraine, érigée en 1691 pour Henau.

DE VANNAR. — De Vanaire, commune dans le dép. de la Côte-d'Or, arr. de Châtillon. **Vaner,** pleurer.

DE VANCHY. — Commune du dép. de l'Ain, canton de Collonge, arr. de Gex.

DE VANY. — Commune du dép de la Moselle, canton de Metz, arr. de Metz. **Vaunil,** vanne.

DE VAREIL. — Vareille, seigneurie en Bretagne, érigée en 1700 pour De l'Aage.

DE VARENNES. — Châtellenie dans l'Orléanais, et seigneuries en Normandie, en Picardie, en Bretagne, en Bourgogne, en Touraine et dans la Beauce. V. Varennes.

DE VASSON. — De Vassonville, dans la Normandie, diocèse de Rouen.

DE VAU. — Seigneurie en Bretagne, érigée pour de la Noue en 1669. On l'appelle Vau-Breton. **Vau,** signifie lieu bas.

DE VAUDREUIL.—Village du dép. de l'Eure et marquisat. Seigneurie en Languedoc, érigée en 1189, pour Adhémar.

DE VAUDREY. — Seigneurie en Bourgogne unie à celle de Monciel, érigée en marquisat en 1740.

DE VAUTOUR. — De Vautorte, bourg dans le Maine, diocèse du Mans.

DE VÉ. — Seigneurie érigée en 1570 pour Luillier, et commune du dép. de la Loire-Inférieure, arr. de Châteaubriant. **Vé** signifie malheur, menace.

DE VEILLEINE. — Veillane, bourg de la Savoie, à 3 lieues de Turin, ou de la Vilaine,·seigneurie normande.

DE VÉRAC. — Commune du dép. de la Gironde, arr. de Libourne.

DE VÉRASSAC. — De Véraza, commune du dép. de l'Aube, arr. de Limoux.

DE VERCHÈRES.—Commune dans le Bas-Languedoc, près du Puy. **Verchères,** verger.

DEVEREAUX. — Veraux, commune du dép. du Cher, arr. de Saint-Amand.

DEVERGIER. — Le Vergier, seigneurie dans le Vivarais, érigée en 1668 pour De Ruolz. **Vergier,** celui qui fabrique des verges, des anneaux.

DEVERGNE. — De Verne, commune du dép. du Doubs.

DE VERLY. — Communes dans le dép. de l'Aisne, arr. de Vervins. Il y avait le Grand et le Petit Verly.

DE VERNEUIL. Seigneuries de ce nom en Bretagne (1668), en Bourgogne (1450), en Normandie (1393), en Picardie (1690), en Anjou (1760).

DE VERRE. — Seigneurie dans la Franche-Comté, érigée en 1360 pour De Pillot.

DE VERSE. — Commune du dép. de Lot, en Quercy, canton de Saint-Géry, arr. de Cahors. Verse, formule de géométrie, s'unit au mot sinus et le sinus verse d'un angle est l'excès du sinus total sur le cosinus.

DE VÉZIN. — Commune du dép. d'Ille-et-Vilaine, canton de Rennes. **Vézin,** dim. de veze, cornemuse.

DE VIENNE. — Seigneurie en Normandie, érigée pour de Taillebois en 1463, et ville sur le Rhône, à 5 lieues de Lyon.

DEVIEU. — Bourg du dép. de l'Ain, canton de Champagne, arr. de Belley, et village de Normandie, à 2 lieues de Caen.

DE VIGNEZ.—Vignette ou Vigneu, seigneuries de Bretagne, érigée en 1696 et en 1600. **Vignée** signifie cave au vin.

DE VIGNON. — Village du Piémont, chef-lieu de l'arr. de Pignerol.

DE VILLANDE. — De Villandry, marquisat en Touraine, diocèse de Tours.

DE VILLARS. — Baronnie en Bourgogne, et seigneuries dans la Lorraine et le Poitou. C'est encore le nom d'un village dans le Dauphiné, sur le chemin de Grenoble à Briançon.

DE VILLERS. — Seigneuries en Normandie, en Bretagne, en Picardie, en Lorraine, et dans le Barrois, et bourg de Champagne, près de Troyes.

DE VILLE. — Deville, en Normandie et dans la Champagne, et Deville, commune du dép. des Ardennes, canton de Monthermé. **Ville** signifie ferme, maison de campagne.

DE VILLEBOIS. — Seigneurie dans le Comtat-Venaissin, érigée en 1522 pour D'Orléans, et bourg de Bretagne, à 5 lieues de Nantes, appelé aussi Vallet.

DE VILLEMUR. — Ville située sur le Tarn, à 4 lieues au-dessus de Montauban, et commune des Hautes-Pyrénées, arr. de Bagnerès.

DE VILLERAY. — Seigneurie de Normandie, érigée pour de Livet, en 1539.

15

DE VILLIEUX. Villieu, commune du dép. de l'Ain, arr. de Trévoux.

DE VILLY. — Seigneurie de Normandie, et communes dans les dép. du Calvados, de l'Yonne et des Ardennes.

DEVIN. — D'Evin, dans le Pas-de-Calais, arr. de Béthune. Vins, seigneurie de Provence, devenue marquisat en 1641 en faveur de Gardes. **Devin,** théologien.

DEVINE. — Vines, commune du dép. de l'Aveyron, canton de Sainte-Geneviève.

DEVISSE. — Devise, commune du dép. de la Somme, arr. de Péronne.

DE VITRÉ.—Seigneurie en Bretagne, érigée pour d'Acigné en 1668. Vitre, vitreux.

DE VIVIER. — Commune du dép. d'Ille-et-Vilaine, arr. de Saint-Malo. Vivier, sac ou filet mis dans l'eau et où le pêcheur met ses poissons pour les conserver vivants.

DE VOISY. — Seigneurie de Bretagne, érigée en 1668 en faveur de Clément.

DE VOST. — Seigneurie de Bretagne, érigée pour De Moucheron, en 1650. **Dévot,** dévoué.

DE XAINTES. — Xaintes ou Saintes, ville de la Saintonge.

D'EXPOSE.—De Poses, commune du dép. de l'Eure, arr. de Louviers.

D'EXTRAS. — D'Etrat, commune du dép. de la Loire, arr. de Saint-Etienne.

D'EYMES. — Deyme, dans le Haut-Languedoc, diocèse de Toulouse. **Deme,** damier.

DEZALLIERS. — Alliers, dans le Dauphiné, diocèse de Grenoble.

DEZÉRY. — Communes des dép. du Gard et de la Corrèze. En Languedoc, ce mot est employé pour Didier. **Dézery,** viendrait comme Didier du latin **desideratus,** qui veut dire désiré.

DÉZIEL. — D'Izel, communes du dép. du Pas-de-Calais, en Artois, canton de Vimy, et canton d'Aubigny.

DÉZY.—D'Ezy, bourg de Normandie, dans le dép. de l'Eure, à 6 lieues d'Evreux.

D'HARMES. — Commune dans le dép. du Pas-de-Calais.

D'HASTEREL. — **Haterel,** nuque, tête, poitrine.

D'HAUSSY. — Commune dans le dép. du Nord, arr. de Cambrai, canton de Solesmes.

D'HAUTEBOURG. — Commune dans la Normandie, diocèse de Coutances, parlement de Rouen.

D'HAUTEL. — Autel, dans la Franche-Comté, diocèse et parlement de Besançon. **Hautel,** dim. de haut, tertre, éminence.

D'HAZÉ. — Hazès, seigneurie de Bretagne, érigée en 1764 en faveur de Menardeau. **Azet,** vinaigre.

D'HERBANNE. — D'Erbanne, dans le Gâtinais, diocèse de Sens, parlement de Paris. **Herban,** droit des seigneurs sur leurs hommes en remplacement de leur présence à l'armée.

D'HERRE. — Herre, commune du dép. des Landes, canton de Cabarret. **Here,** pièce de terre, figure.

D'HERVAUX. — Seigneurie en Touraine, érigée en 1456 pour De Preaux.

D'HOCQUINCOURT. — Village du dép. de la Somme, à 2 lieues d'Abbeville. Vient de **hocq,** troupe, escadron.

D'HUE. — Le Huet, seigneurie dans la Beauce, érigée en 1530 pour De Fonville. Huez, commune du dép. de l'Isère, et Huest, commune du dép. de l'Eure. **Huée,** cri, renommée.

D'HUGUES. — Lieu du dép. de Taru-et-Garonne, canton de Montpezat, arr. de Montauban.

D'HYERRE. — Dierre, bourg de la Touraine, et Hyerre, seigneurie de l'Ile-de-France, unie à celle de Grosbois et érigée en marquisat en 1734. **Hier,** veut dire aplanir avec la hie.

D'IBERVILLE.—Seigneurie ou fief, de douze lieues sur dix, dans la Baie des Chaleurs.

DIEL. — De Dielette, village du dép. de la Manche, arr. de Cherbourg. **Diel,** nom d'homme, de **deicola.**

DIERS. — D'Hiers, commune du dép. de la Charente-Inférieure, canton de Marennes. **Dier,** se dédier, se consacrer.

DIAU.   Dio, seigneuries de Bretagne et du Languedoc. Vient de hie, coup, attaque.

DICAIRE.—D'Esquirre, commune du dép. du Pas-de-Calais, arr. de Saint-Pol. **Disquaire,** ouvrier qui fait des digues.

DICÉRÉ. — De Dicé, seigneurie de Bretagne, érigée en 1364 pour De Rieux. **Dicere,** en latin, dire.

DICHARD. — D'Ichy, commune du dép. de Seine-et-Marne, arr. de Fontainebleau.

DIDIER. — De Dédier, commune du dép. de la Loire, et bourg en Auvergne. **D**édier, nom d'homme, correspondant à Dizier, formé de desiderius, d'où Dezider, Diedier, Dizier et Didier.

DIEULEFIT. — Ville du Dauphiné, dép de la Drôme, à 5 lieues de Montelimart, diocèse de Die. **Dieulefit,** ou Dieu le créa.

DIEZ. — Diey, dans le Gâtinais, diocèse de Sens, parlement de Paris. **Dié,** Dieu.

DIFFÉRÉ. — De Differ, seigneurie de Bretagne, érigée en 1700 pour Malescot. **Diff**éré, changé, déguisé, rebelle.

DIGANNE. — De Digouin, commune du dép. de Saône-et-Loire, arr. de Charolles. **Digane,** charogne, viande de mauvaise qualité.

DIGNAN. — Ville de Provence, dans le dép. du Gard.

DIGNARD. — De Dignar, bourg du Jura, arr. de Lons-le-Saunier.

DIGON. — D'Igon, commune dans le Béarn, diocèse de Lescar. **Digon,** terme de marine, bâton qui porte une banderolle fixée au bout d'une verge. C'est encore une espèce de dard pour prendre les poissons plats de basse mer.

DIGUIER. — D'Illiers, commune d'Eure-et-Loire, arr. de Chartres. Vient de **dig**art, éperon.

DIJON. — Ville de l'ancien duché de Bourgogne, dans le dép. de la Côte-d'Or. **D**ijon vient de di**re**, qui en gaulois signifie fontaine.

DILAY. — D'Ilhet, commune des Hautes-Pyrénées, canton d'Arreau. **Illaie,** lieu planté d'osiers.

DILON. — De Dillo, commune du dép. de l'Yonne, canton de Cérisiers. **Dillon,** selle pour femme.

DIMEL. — De Dimesnel, dans l'Agenois, parlement de Bordeaux.

DINANT. — Dinan, vicomté en Bretagne, érigée en 1607 pour Boiseon. On croit que le mot **diantre** vient du nom de Dinan. **Dinan,** dinandier, qui fabrique des ustensiles de cuisine en cuivre jaune.

DINELLE. — D'Ineuil, commune du dép. du Cher, canton de Lignières.

DINHARGUE. — De Dinard, ville dans le dép de l'Ille-et-Vilaine, arr. de Saint-Malo.

DION. — Dions, commune du dép. du Gard, canton de Saint-Chaptes. Dion, nom du mois où arrive l'équinoxe d'automne.

DIONET.—Dionay, dans le dép. de l'Isère, canton et arr. de Saint-Marcellin.

DIONNE. — Bourg en Bourgogne, dans le diocèse d'Autun, bailliage d'Arnay - le - Duc, dans le dép. de la Côte-d'Or. Ce petit village était situé sur le sommet d'une montagne, et dépendait de la baronnie de Rousset et de la paroisse de Chailly, arr. de Beaune. **Dione** est le nom d'une déesse du paganisme. Elle était fille de l'Océan et de Thétis. On dit qu'elle fut la mère de Vénus, et que c'est la raison qui a fait nommer cette dernière, Dionée.

DIONY. — De Dionizy, commune du dép. du Gard, dans le Languedoc, arr. de Nîmes. **Dionise,** sorte de pierre précieuse.

DIOTTE. — De Dio, commune du dép. de l'Hérault, arr. de Lodève. **Diotte,** folie, idiotisme.

DIOU. — Communes des dép. de l'Allier et de l'Indre. Diou vient de diolo, deuil.

DIRÈS. — D'Irai, dans le dép. de l'Orne, arr. de Mortagne. **Iresse,** disposition à la colère.

DISCOT. — D'Isques, dans le dép. du Pas-de-Calais, arr. de Bretagne. **Discot** signifie distant.

DISLY. — D'Illies, dans le dép. du Nord, arr. de Lille.

DISQUET. D'Isque, seigneurie devenue vicomté en 1675 en faveur d'Isque dans le Boulonnais, parlement de Paris.

DITOT. — D'Itteville, commune de Seine-et-Oise, arr. d'Estampes.

DITZEL. — Commune du Pas-de-Calais, canton d'Aubigny.

DIU. — De Diuse, baronnie dans le Béarn, érigée pour de Bats.

DIVELEC. — De Divillac, dans l'Agenois, diocèse d'Agen. De **dive**, divin.

DIVERNY.—D'Iverny, commune du dép. de Seine-et-Marne.

DIVONNE. — Commune du dép. de l'Ain, arr. de Gex. **Divone**, fantôme sacré.

DIZIER. — D'Iziers, dans la Bourgogne, diocèse de Langres, parlement de Dijon.

DIZY. — Dizy, communes dans la Champagne et la Picardie.

DO. — D'O, seigneurie et bourg de Normandie, dans le dép. de l'Orne, à 3 lieues d'Argentan.

DOBÉ.—D'Obies, commune du dép. du Nord, arr. d'Avesne. **Obé**, obéissant.

DOBIGNY.—D'Aubigny, communes des dép. de Normandie, de Picardie, du Bourbonnais, et ville du dép. du Cher.

DOCYS. — De Doucy, commune du dép. de la Marne, arr. de Vitry. **Ocie**, meurtre.

DODELIN. — De Dodelainville, dans la Picardie, diocèse d'Amiens. **Dodelin**, celui qui tourne la tête doucement et attentivement d'un côté à l'autre.

DODIENNE. — D'Audierne, commune du Finistère, arr. de Quimper. Dérive de **dodie**, haine.

DODIER. — De Dode, commune du dép. du Gers, arr. de Mirande. **Dodier** signifie anus.

DODIN. — D'Oudincourt, commune de la Haute-Marne, arr. de Chaumont. **Dodin**, signifie trompeur.

DOIN. — De Doing, seigneurie et commune de Picardie, dép. de la Somme, arr. de Péronne. **Oin**, nom d'une espèce de poire.

DOINET. — D'Oinville, communes du dép. d'Eure-et-Loir, et de Seine-et-Oise. **Doinet**, dim. de **doine**, mou, lâche.

DOIRON. — D'Oiron, village du Poitou avec châtellenie, à 2 lieues de **Thouars**. Dérive de **hoire**, outre, vaisseau de cuir.

DOLBEC. — De Dole-la-Béduque, dans le Jura, commnue de Dole. Dérive de **ole**, marmite, et de **bec**.

DOLEMBREUX. — D'Olemps, dans le Rouergue, diocèse de Rodez.

DOLER. — D'Olet, bourg du Roussillon, dans les Pyrénées-Orientales, à 2 lieues de Villefranche. **Oler** veut dire sentir bon.

DOLLARD. — Golfe à l'embouchure de l'Ems, dans la mer d'Allemagne. Le golfe de Dollart comptait autrefois 33 villages, qui furent submergés en 1277. **Dollard** de **doleor**, qui rabote.

DOLLE.—Dol, ville du dép. de l'Ille-et-Vilaine, arr. de Saint-Malo, et Dole, dans le Jura, en **Franche-Comté**.

D'OLONNE. — D'Olonne, seigneurie dans le Poitou, érigée en 1150 pour d'Olonne, et Olonne, marquisat dans le Comtat-Venaissin, dép. de Vaucluse, près de Vaison. **Aulonne**, pièce d'étoffe fabriquée à Aulonne, en Beauce.

DOLTEN. — D'Olten, ville de Suisse, canton de Soleure, sur l'Aar, à 2 lieues d'Arbourg.

DOLUD. — De Dolus, bourg de l'île d'Oléron, dép. de la Charente-Inférieure, et commune du dép. d'Indre-et-Loire, canton de Loches.

DOMAS. — Domats, commune du dép. de l'Yonne, canton de Cheroy, et Domas, dans le Gâtinais, diocèse de Vienne. **Dommas** signifie hebdomadier, semainier.

DOMBLET. — D'Omblèze, commune du dép. de la Drôme, arr. de Die. **Omblet**, dim. de **omble**, nombril.

DOMMANGÉ. — De Domangéville, seigneurie en Lorraine, érigée en 1774 pour De Pange. **Dommangé** est un mot forgé de **domicellus**, damoiseau, écuyer, bachelier, non encore chevalier.

DOMPHOUSE. — De Fos-Amphoux, marquisat de Provence, érigé en 1729.

DOMPIERRE. — Seigneuries dans le Barrois et la Bourgogne, et villages de Normandie, des Vosges, de Picardie.

DONAT. — Communes du dép. de la Drôme et du Puy-de-Dôme. **Dona,** homme sans esprit, **donat,** la grammaire.

DONAIS, DONAY.—D'Onay, communes du dép. de la Drôme et de la Haute-Saône. **Donée,** signifie donataire, et **donet,** petit présent.

DONCOURT. — Commune du dép. de la Haute-Marne, canton de Bourmont, arr. de Chaumont.

DONGEAC. — De Donzacq, communes du dép. de **Tarn-et-**Garonne et de la Gironde.

DONNERY. — Seigneurie dans l'Orléanais, érigée en 1495 pour De Foyal.

DONNET. — D'Onnet, dans le Rouergue, diocèse de Rodez. **Donnet** signifie soldat invalide logé dans les abbayes, mauvais traité de grammaire et titre d'une pièce insérée dans un jardin de plaisance.

DONTAILLE. — De Dontilly, commune du dép. de Seine-et-Marne, arr. de Provins.

DONVILLE. — Communes du dép. du Calvados et de la Manche. **Donville,** poire.

DONYS. — De Donzy, commune du dép. de la Nièvre, arr. de Cosne.

DOPIN. — D'Oppy, commune du Pas-de-Calais, arr. d'Arras.

DORAIRE. — D'Oraas, commune des Basses-Pyrénées, arr. d'Orthèz. **Oraire** signifie vêtement sacré appelé aussi étole. Se prend aussi pour rochet ou pour un linge qui sert à essuyer la bouche.

DORAIS. — D'Oraison, seigneurie de Provence devenue marquisat en 1588 pour D'Oraison.

DORAT. — Ville de la Marche, sur la Sève, à 10 lieues de Limoges et à trois lieues de Bellac.

DORAY. — Dorée, bourg du dép. de la Mayenne, arr. de Mayenne.

DORBIN. — D'Orbigny, village de la Touraine, et seigneurie en Normandie érigée en 1750 pour Le **Fournier.**

DORCEVAL. — Orcival, commune du dép. du Puy-de-Dôme, canton de Rochefort.

DORCI. — Orcisse, seigneurie du Maine, érigée en 1700 pour Du Bailleul. **Orci** dérive de **orce**, côté du navire, bâbord, van.

DORÉ. — Commune du dép. de la Mayenne, canton de Landivy. Doré, qui imite l'or, enduit, devant de lit. **Oré,** vert, bord, frange.

DOREIL. — D'Orègue, dans la Basse-Navarre, diocèse de Bayonne, parlement de Pau.

DORION. — D'Orion, commune du dép. des Basses-Pyrénées, canton de Sauveterre, arr. d'Orthez. **Orion,** constellation.

DORIOT. — D'Oriol, communes des dép. de la Charente et de la Drôme. **Oriot,** porche, allée, corridor, loriot

DORIS, DORISSE. — D'Oris, commune du dép. de l'Isère, canton d'Entraigues. Dorise, femme ridicule.

DORLET. — D'Orleix, commune du Puy-de-Dôme, arr. de Thiers. **Orlet,** bord, bordure.

DORNE. — Dornes, bourg du dép. de la Nièvre, arr. de Nevers. Dérive de **orne,** rangée de ceps, vigne.

DORNON. — D'Ornon, commune du dép. de l'Isère, canton du bourg d'Oisans, arr. de Grenoble.

DORON. — D'Oron, commune du canton de Vaud, au nord de Vevey. Doron, causeur ennuyeux.

DORSENNE.—D'Orsennes, seigneurie érigée pour de Chamborant en 1400, dans le dép. de l'Indre, canton d'Aigurande.

DORSONNENS. — D'Orsonnette, commune du dép. du Puy-de-Dôme, canton de Saint-Germain-Lembron.

DORVAL. — Orval, commune dans le dép. du Cher, et Orval, seigneurie en Bretagne, dép. de la Manche, arr. de Coutances. La seigneurie fut érigée en 1666 en faveur de Potier. **Orval** signifie tempête, ouragan. Les **orvales** sont des accidents qui détruisent les récoltes, pluies, grêles, ouragans, gelées.

DORVAUX. — D'Orvaux, seigneurie en Normandie, érigée pour Le Comte en 1463. V. Dorval.

DORVILLIERS. — D'Orvilliers, seigneurie en Champagne, érigée en 1500 pour de Vialart.

DOSQUE. — De Dosches, dans la Champagne, diocèse de Troyes. **Osque, osche,** jardin fermé de haies.

DOSQUET. — V. Dosque.

DOSTA. — D'Osta, commune du dép. des Basses-Pyrénées, arr. de Mauléon. De **ost,** armée.

DOSSAINVILLE. — Dossainville, commune du dép. du Loiret, arr. de Pithiviers, canton de Malesherbes.

DOSTERT. — D'Ostergnies, dans la **Flandre,** diocèse de Cambray. **Oster,** faire la guerre.

DOSTIE. — D'Ostieux, en Normandie, diocèse de Séez, parlement de Rouen. Dérive du latin **ostium,** porte, entrée d'un port.

DOUAIRE. D'Ouerre, commune du dép. d'Eure-et-Loir, arr. de Dreux. **Douaire,** biens que le mari assigne à sa femme en se mariant, pour en jouir pendant sa viduité, et en laisser la propriété à ses enfants. **Douère,** enfant qui se développe mal, avorton, pâtiras.

DOUAULT De Douai, ville du dép. du Nord. **Douault,** petit monticule.

DOUBLET. — De Doubs, commune de la **Franche-Comté,** arr. de Pontarlier. **Doublet,** blouse courte ou camisole de coton ou de drap blanc, mis en double, vêtement fourré, gilet, chemise, tenture, fausse pierrerie fabriquée pour imiter l'émeraude.

DOUCET. — Le Doucet, seigneurie de Normandie, érigée en 1770 pour le **F**orestier. Doucet, doucereux, délicat, hypocrite. Doucette, petite campanule dont les racines se mangent en salade. Doucet, sorte de mets.

DOUCIN. — De Douzens, commune du dép. de l'Aude. Doucin, nom donné à l'eau douce additionnée d'eau de la mer. C'est aussi le nom d'une sorte de pommier.

DOUCINET. — De Décines, commune du dép. de l'Isère, arr. de Vienne.

DOUDIER. — De Doucier, commune du Jura, canton de Clairvaux. Vient de do**de,** soufflet.

DOUÉ. — Douet, dans la Perche, diocèse de Séez, et Douet, seigneurie de Bretagne, érigée en 1594 pour Le Maistre.

Douet, petit courant d'eau, abreuvoir, mare, vient du latin **ductus.**

DOUÉNARD.—D'Onard, commune des Landes, arr. de Dax.

DOUGE. — D'Ouge, seigneurie en Franche-Comté, dont fut formée en 1740 la baronnie de Vitrey. De **dougé,** fil très fin pour la confection des coiffes.

DOUILLARD. — De Douilly, en Picardie, diocèse de Noyon. **Douillart,** mesure dont on se sert à Bordeaux pour mesurer le charbon d'Angleterre et d'Ecosse.

DOUILLET. — Commune du dép. de la Sarthe, arr. de Mamers. **Douillet,** mollet, personne qui aime ses aises, gilet de tricot.

DOUSSIN. **Doussain,** dans l'Agenois, parlement de Bordeaux. V. Doucin.

DOUSTON. — D'Oust, commune dans le dép. de l'Ariège, à 5 lieues de Saint-Lizier.

DOUTRE. — D'Outre, dans le Forez, diocèse de Lyon. **Outre,** être **outre,** être mort.

DOUVIER. — De la Douve, rivière de la Manche, arr. de Cherbourg, qui se jette dans la mer près de Carentan. **Douvier,** ouvrier qui fabrique des tonneaux, des cuves.

DOUVILLE. — Seigneurie en Normandie, érigée en 1465 pour de Mathan, et Douville, commune dans le dép. de la Dordogne, arr. de Bergerac, et commune dans l'Eure, canton d'Ecouis, arr. des Andelys.

DOVIEN. — D'Ouvans, dans le dép. du Doubs. Dérive de **ovum,** œuf.

DOYEL. — De Douelle, commune du dép. du Lot, arr. de Cahors.

DOYER. — D'Oyé, commune du dép. de Saône-et-Loire, canton de Semur-en-Brionnais, arr. de Charolle.

DOYON. — D'Ognon, commune du dép. de l'Oise, arr. de Senlis. **Oyon,** jeune oie.

DOYSON. — D'Oyson, dans le Berry, diocèse de Bourges.

DOZOIS. — D'Ozoir, communes du dép. de Seine-et-Marne, et d'Eure-et-Loir.

DRAGON. — De Draguignan, ville du dép. du Var. **Dragon,** personne acariâtre, d'humeur fâcheuse.

DRAPEAU. — De Drap, commune des Alpes-Maritimes, arr. de Nice. Drapeau, petit drap, maillot d'enfant.

DREUILLET. — De Dreuil, communes du dép. de la Somme, de la Haute-Garonne et de l'Ariège.

DREUX.—Ville située sur la Blaise, près de son embouchure dans l'Eure.

DREVELLE. De Dreveil, dans la Picardie, diocèse d'Amiens. **Drevelle,** dim. de **dreve,** avenue, allée d'arbres.

DRIEUX. — De Dry, commune du Loiret, arr. d'Orléans.

DROGUÉ. — De Droué, commune du dép. de Loir-et-Cher, arr. de Vendôme. Droguet, étoffe de laine, mince et étroite.

DROIT. — De Droyes, commune de la Haute-Marne, arr. de Wassy. Droit, droite, côté droit, possession.

DROLET. — D'Orleat, commune des Hautes-Pyrénées, arr. de Tarbes. Vient de droler, battre, frapper. **Drôlet,** avenant, gentil.

DRON. — Drom, dans le dép. de l'Ain, arr. de Bourg.

DROT, DROTE. — Rivière du Périgord qui va se jeter dans la Garonne au-dessus de la Réole.

DROUARD. — De la Drouardière, seigneurie de Normandie, érigée pour Du Bois. Drouillard, chêne inférieur.

DROUÉ. — Commune du dép. d'Eure-et-Loir, canton de Maintenon. Droue, espèce d'avoine.

DROUIN. — De Drouvin, commune du Pas-de-Calais, arr. de Béthune. Drouin, havresac dans lequel les chaudronniers appelés **drouineurs** mettent leurs outils.

DROUSSON. — De Rousson, commune du dép. du Gard, arr. d'Alais.

DROUX. — Commune du dép. de la Haute-Vienne, canton de Magnac-Laval, arr. de Bellac.

DRUCOURT.—Seigneurie en Normandie, diocèse de Lisieux, parlement de Rouen.

DRUE. — De Droue, commune d'Eure-et-Loir, arr. de Chartres. Drue, amie intime, amante et **dru,** fort, populeux, plantureux.

DRUGEON.—De Drugeac, commune dans le dép. du Cantal, arr. de Mauriac. Drugeon, dim. de druge, provision, jeu, bagatelle, truffe, moquerie.

DRUGEOT. — De Drouges, commune d'Ille-et-Vilaine, arr. de Vitré. De **drugir**, devenir fort.

DRUILHET. — De Druilhe, commune du dép. de l'Aveyron, arr. de Villefranche.

DRUINEAU. — De Ruines, commune du dép. du Cantal.

DUAULT. — Commune du dép. des Côtes-du-Nord, arr. de Guingamp.

DU BARRY. Barri, seigneurie en Dauphiné, érigée en 1713 en faveur de Blain. **Barri**, faubourg, muraille de ville.

DUBÉ. — Du Bez, commune dans le dép. du Gard, arr. de Le Vigan, ou d'Ubaye, commune dans le dép. des Basses-Alpes, et rivière qui se jette dans la Durance. **Dubé,** qui a une dube, ou huppe, touffe de plume sur la tête.

DUBEAU. — V. Dubost. Dubeau, dim. de dube, couvercle en bois, coupole surélevée.

DUBIAU. — Biot, lieu du dép. du **Tarn,** canton de Brassac, et commune du dép. du Var, canton d'Antibes. **Dubiau,** dim. de dubie, doute, incertitude.

DUBILLOT. — Billot, lieu du dép. du Calvados, commune de Notre-Dame-de-Fresnay, arr. de Lisieux. **B**illot, tribu levée sur la vente du vin en détail.

DUBIN. — De Bain, commune dans le dép. d'Ille-et-Vilaine, arr. de Redon. **Bin,** deux à deux.

DUBLANC. — Blanc, ville du Berry, sur la Creuse, et com. du dép. de l'Aveyron, canton de Camarès, et com. du dép. du **Tarn,** canton de Puylaurens.

DUBOSSE. — Le Bosq, seigneurie de Bretagne, érigée en 1688 pour De Trogoff. **Bosse,** cordage très court.

DUBOST. — Le Bost, seigneurie en Guienne, érigée en 1700 pour De Chalup. **Bot,** bateau flamand, aiguillon, coup.

DUBOUCHET.—Le Bouchet, seigneuries en l'Ile-de-France, en Languedoc et en Saintonge. V. Bouchet.

DUBOULAY. — Le Boulay, seigneuries du Gâtinais et de la

Normandie. **B**oulaie, lieu planté de bouleaux, fouet à lanières.

DUBOURG. Le Bourg, seigneuries de Bretagne et de Flandre.

DUBOURGET. Le Bourget, seigneurie en l'Ile-de-France, érigée pour Potier en 1679, et commune du dép. du Jura, arr. de Lons-le-Saunier. V. Bourget.

DU BOURGUE. — V. Dubóurg. **B**ourgue ou b**u**rg, mur qui entoure un puits.

DUBOURS. — Bours, seigneurie de Picardie, érigée pour Du Bois en 1755. **B**ours ou bour, cane.

DUBRAHÉ, DUBRAY. — Le Bray, seigneurie de Bretagne, érigée en 1600 pour Du Beysit. **B**rai, boue, fange.

DU BRESSIEUX. — Bressieu, seigneurie en Dauphiné, devenue marquisat en 1612. **B**ressieu, bille de bois.

DUBREUIL. — Dubreuil, dans le Bourbonnais, diocèse de Nevers. Le Breuil, seigneuries en Normandie, en Saintonge, dans le Limousin, le Berry et l'Angoumois. **B**reuil signifie bois, parc. **B**reuil vient du gaulois **brogilum,** de bro, champ. **G**ilum n'est qu'une terminaison.

DUBROCA. — Brocas, village dans le dép. des Landes, arr. de Mont-de-Marsan. De br**oc,** fourche de fer.

DUBROQUE. — Le Broc, seigneurie en Provence, dép. du Puy-de-Dôme, érigée én 1674 pour Des Laurents. **B**roque, tête d'un rejeton de chou frisé.

DUBUC. — Buc, commune du dép. de Seine-et-Oise, canton de Versailles, et commune du dép. du Haut-Rhin, canton de Belfort. **B**ucq, cadenas, serrure.

DUBUS. — Le Bus, seigneurie de Flandre, érigée en 1580 pour De Roix. Du bus, du buste. **B**us, conduit, fût.

DUBUISSON. — Le Buisson, seigneuries de Normandie et du Vivarais. **B**uisson, buisson, taillis d'arbres.

DUBURON. — Le Buron, seigneurie de Bretagne, érigée en 1700 pour De Sévigné. **B**uron, hutte de berger.

DUC. — De Ducé, seigneurie de Normandie, érigée en 1765 pour Poilvilain. Du**c,** prince souverain qui n'a pas qualité de roi.

DU CAP. — Cap-breton, dans les Landes, Cap de la Hève, dans le dép. de la Seine-Inférieure, Cap de la Hague, dans la Manche, Cap Frehel, dans le dép. des Côtes-du-Nord. Il y en a beaucoup d'autres. **Cap,** tête, pointe de terre qui s'avance dans la mer.

DU CARDONET. — Cardonet, lieu du dép. de Lot-et-Garonne, canton d'Agen.

DU CARET. — Carhaix, ville de Bretagne, dans le Finistère. **Caret,** sorte d'étoffe.

DUCARREAU. — Carros, commune du dép. du Var, canton de Vence, arr. de Grasse.

DUCAS. — Cas, seigneurie en Guienne, érigée pour De Gontaut. **Ducas,** monnaie ainsi appelée de l'effigie d'un duc ou doge de Vénise.

DUCASSE. — Le Casse, seigneurie en Guienne, érigée en 1500 en faveur de Duperrier. **Ducasse,** variante de dédicace, signifie fête, faire la **ducasse,** c'est se réjouir.

DUCASTEL. — V. Castel.

DUCEPPE. — De Cepet, commune de la Haute-Garonne, arr. de Toulouse. **Cep,** chaîne, fers, prison.

DUCCEROY. — De Cerroy, commune du dép. de l'Oise, arr. de Clermont.

DUCETTE. — De Ducey, commune de la Manche, arr. d'Avranches. **Cête, cétacé.**

DUCHAINÉE. — Chaînée, commune du dép. du Jura, arr. de Dole.

DUCHAMBON. — Le Chambon, seigneuries de l'Angoumois et du Limousin.

DUCHARME. — Le Charme, commune du dép. du Loiret, arr. de Montargis. **Charme,** arbre de haute tige qui pousse des branches dès sa racine et qui sert à faire des palissades.

DUCHARNAY. — Charnay, communes des dép. du Doubs, du Rhône et de Saône-et-Loire.

DUCHATEAU. — Le Château, seigneuries de Champagne et du Poitou.

DUCHATEL. — Le Châtel, seigneurie en Bretagne, érigée érigée pour Du Chastel.

DUCHAU. — Chau, commune du dép. de la Drôme, canton de Séderon, arr. de Nyons.

DUCHEMIN. — Le Chemin, commune du dép. de la Marne, arr. de Sainte-Ménehould.

DUCHÊNE. — Le Chêne, seigneurie de Normandie, érigée en 1710 pour De Prie. V. Chêne.

DUCHESNAY. — Le Chesnay, seigneuries de Bretagne et de Normandie. V. Chesnay.

DUCHESNE. — Le Chesne, seigneuries de Bretagne, du Poitou, de la Normandie, de l'Ile-de-France et de la Sologne. **Duchainne,** duchesse.

DUCHESNEAU. — Le Chesnot, seigneurie de Bretagne, érigée en 1700 pour Le Forestier. **Chêneau,** jeune chêne.

DUCHESNOIS. — Le Chesnoi, seigneurie dans le Bourbonnais, érigée en 1760 pour De Moncorps. **Chesnois,** chênaie.

DUCHESNY. — Chesny, dans le pays Messin, diocèse et parlement de Metz.

DUCHOUQUET. — Chouquet, chevalet pour l'arquebuse.

DUCLAS. — Le Clat, dans le Haut-Languedoc, parlement de Toulouse. **Clas** ou glas, retentissement, flotte.

DUCLEMENT. — Commune du dép. de Saône-et-Loire.

DUCLOS. — Le Clos, seigneuries en Bretagne et dans l'Anjou. **Clot,** pas, traces, vestiges. **Clos,** lopin de terre cultivé et fermé de murailles, de haies, de fossés.

DUCLOU.—Les Clous, seigneurie en Normandie, érigée pour De Fougère, en 1560.

DUCOLOMBIER.—Le Colombier, seigneurie en Normandie, érigée en 1650 pour De Gaullon. **Colombier,** bâtiment où l'on élève les pigeons.

DUCONDU. — De Conduché, lieu du dép. du Lot, dans la comune de Bouziès-Haut.

DUCONGÉ. — Congé, commune du dép. de la Sarthe, arr. de Mamers.

DUCORPS. — Corps, commune du dép. de l'Isère, arr. de Grenoble. **Corp,** corbeau, poison.

DUCORS. — Cors, seigneurie érigée pour D'Aumont en 1537. Cors, course, galop, personnage.

DUCOUDRAY. Le Coudray, seigneuries de Bretagne, de Normandie et de l'Orléanais. **Coudray,** lieu planté de coudriers.

DUCRÉ. — Cré, seigneurie unie à la châtellenie de Fougères, érigée en baronnie en 1621 pour De Pas, et commune du dép. de la Sarthe, arr. de La Flèche. **Crée** est la mesure pour l'aunage de la toile tissée, en Bretagne.

DUCROS. — Le Cros, seigneuries dans le Dauphiné, en Guyenne et dans le Languedoc. **Crot,** creux, anse d'une rivière.

DUCURON. — Curon, serpe attachée à la charrue quand la terre est humide et s'attache à l'oreille de la charrue.

DUDEMAIN. — Le Demaine, seigneurie en Bretagne, érigée en 1668 en faveur de Billon. **Demain,** délai, retard, du lendemain.

DUDEVOIR. — Devoir, dette, tribut, hommage, charge pour usage du bois.

DUFAILLI. — Failly, commune du dép. de la Moselle, canton de Vigy, arr. de Metz. **Faillie,** redevance.

DUFAUT. — Dufau, lieu des Basses-Pyrénées, dans la commune d'Igon. **Faut,** endroit où une rivière se jette dans une autre.

DUFAY. — Le Fay, seigneuries de Bourgogne, de Normandie. **Du fay,** de l'écurie, de l'étable.

DUFESTE. — Festes, seigneurie dans le Languedoc, érigée en 1663 pour De Cahusac. **Feste,** plaisanterie, hêtre, amarre, faîte.

DUFIGUIER. — Commune du dép. de Lot-et-Garonne, arr. de Marmande.

DUFILS. — De Fil, dans la Normandie, diocèse d'Evreux.

DUFION. — Petite rivière du dép. de la Marne, arrose Bassuet, Saint-Quentin, Saint-Lumier, Saint-Amand, et se jette dans la Marne.

DUFIX. — Fix, commune du dép. de la Haute-Loire, en Auvergne, diocèse de Saint-Flour.

DUFLOS. — Flaux, commune du dép. du Gard, canton d'Uzès. **Flos,** fleur.

16

DUFLOUT   Flout, flamme.

DUFONT   Le Fond, seigneurie en Bretagne érigée en 1545 en faveur de Ferre. Font, fer fondu, non forgé.

DUFOREST   Le Forêt, dans les Hautes-Alpes, arr. de Gap.

DUFORGE. — Forge, seigneuries en Champagne et dans le Limousin.

DUFORILLON. — Forillon, cap.

DUFORT. — Le Fort, lieu du dép. du Nord, commune de Trith-Saint-Léger, et Dufort, dans le dép. du Gers, arr. de Mirande. Fort, capital par opposition aux intérêts.

DUFOUR. — Le Four, seigneurie dans la Franche-Comté, érigée en 1684 en faveur de Despotots.

DUFRANC. — Le Franc-Aleu, petit pays qui faisait partie de la basse Auvergne, enclavé dans le pays de Combrailles. **Franc,** noble, libre, libérateur.

DUFRAYER. — Fraghier, commune du dép. de la Haute-Saône, arr. de Lure. Dérive du latin **fricare,** frotter.

DUFRESNAY. — Fresnay, seigneuries de Normandie et du Nivernais. **Fresnée,** lieu planté de frênes.

DUFRESNE. — Le Fresne, seigneuries en Bretagne, et en Champagne. **Fresne,** bois de lance de frêne.

DUFRESNEL.—Fresnel, seigneurie de la Champagne. **Fresnel,** dim. de fresne, branche, rejeton, tronc de frêne.

DUFROS. — Le Frost, seigneurie de Bretagne, érigée en 1600 en faveur de Bérard. **Frost,** terre inculte, large chemin public, place communale plus large que le chemin.

DUFURNE. — Furnes, seigneurie en Artois, érigée en 1500 pour De Ranchicourt.

DUGAL. — Gals, seigneurie de Bretagne, érigée en 1700 pour De la Chapelle. **Gal,** caillou, galet, mesure pour la laine.

DUGAN. — Gan, commune dans le dép. des Basses-Pyrénées, arr. de Pau. **Gant,** droit du seigneur dans la mutation des fiefs.

DUGARD. — Le Gard, seigneurie en Languedoc, érigée pour

De Combes, et le Gard, lieu dans le dép. du Nord, commune de Châtillon.

DUGAS. — Gas, commune dans le dép. d'Eure-et-Loir, canton de Maintenon, arr. de Chartres. **Gas,** gars, et **gast,** pays ravagé, inculte.

DUGRÉ. — Grée, seigneurie en Bretagne, érigée en 1615 pour Doudard. **Gré,** degré, marche d'escalier, faveur, puissance, accord.

DUGRENIER. — Commune du dép. de la Haute-Loire, canton de Blesle, arr. de Brioude. **Grenier,** contrée fertile qui exporte ses productions.

DUGUAY. — Le Gué, seigneuries en Poitou et en Bretagne. **Guay,** malheur, importune, et **gué,** abreuvoir, fossé rempli d'eau, terrain bas.

DUGURRE. — Gurs, commune du dép. des Basses-Pyrénées, arr. d'Orthez.

DUHAMEL. — Le Hamel, seigneuries en Artois, en Champagne, dans la **Flandre,** en Normandie et en Picardie. Duhamel, du hameau.

DUHART. — Hart, châtellenie du Bas-Rhin, dans l'ancien Palatinat. **Hart,** branche, osier, corde.

DUHAUT. — Le Haut, seigneuries en Picardie, et en Bretagne. **Haut,** éminence, tertre, étage supérieur.

DUHAUTMENIL. — Commune du dép. du Pas-de-Calais, canton d'Auxy-le-Château, arr. de Saint-Pol.

DUHAY. — Le Hay, commune du dép. de la Seine, canton de Villejuif, arr. de Sceaux. **Hay,** haine.

DUHÉ. — Héez, seigneurie en Artois, érigée pour Brulart en 1466. **Hé,** haine, tourment.

DUHEMME. — Hem, bourg et marquisat de **Flandre,** dép. du Nord, à 2 lieues de Lille. **Hemme,** bataille.

DU HERISSON. — Ville du dép. de l'Allier, arr. de Montluçon.

DUHOUSSET. — Housset, commune dans le dép. de l'Aisne. **Houssaye,** lieu planté de Houx.

DUJARDIN. — Commune du dép. de l'Isère, canton et arr. de Vienne.

DUJOUR. — Jours, seigneurie en Bourgogne, érigée en 1750 pour Le Grand de Sainte-Colombe. **Jour,** temps, heure, délai, mesure de terre qu'une charrue peut labourer en un jour.

DULAC. — Dulac, seigneurie du Berry, érigée en 1560 pour Le Borgne. Le Lac ou Villers, commune du dép. du Doubs, arr. de Pontarlier. **Lac,** caverne, fosse.

DULAURENT. — Commune du dép. de l'Hérault, canton de Murviel, arr. de Béziers. **Laurent,** dim. de **laure,** laurier.

DULEAU. — Le Lau, seigneurie en Armagnac, érigée en 1482 pour De Châteauneuf.

DULÉMAN. — Léman, département formé du territoire de Genève et de plusieurs cantons distraits des dép. de l'Ain et du Mont-Blanc.

DULÉON. — Léon, seigneurie de Gascogne, et Leon, seigneurie de Bretagne.

DULIGNON. — Lignon, seigneurie de Normandie, érigée en 1463 en faveur de Sainte-Marie. V. Dulin.

DULIN.—De Dullin, dans le dép. de la Savoie, arr. de Chambéry. Lin, lignage, parenté, légère frégate.

DULOIN. — Loing, rivière de la Nièvre qui se jette dans la Seine, entre Melun et Montereau.

DULONG. — Long, seigneurie en Normandie, érigée en 1463 pour De Villiers. **Long,** côté, espace, distance, tout le long.

DULUDE. — Le Lude, seigneuries en Anjou, en Normandie et dans la Sologne. Lude, toile fabriquée à Lude.

DULUTH.—De Delut, commune du dép. de la Meuse, arr. de Montmédy. Lut, sorte de bois, terre à potier, boue.

DUMAINE. — Le Maine, seigneurie de Bretagne érigée en 1450 en faveur de Mellet. **Maine,** demeure, manoir, village, espèce.

DUMAIS. — Le Mais, seigneurie en Picardie, érigée en 1689 pour de Lescuyer. **Mais,** signifie mauvais. **Dumet,** duvet.

DUMANCIN. — De la Mancine, com. du dép. de la Haute-Marne, canton de Vignory, arr. de Saint-Gaudens.

DUMANCY.—Mancy, seigneurie de Normandie, érigée pour De Hallot en 1586.

DUMANS. — Le Mans, seigneurie en Provence, et ville du Maine. **Manse,** habitation rurale à laquelle se rattachait une certaine étendue de terre.

DUMARAIS. — Le Marais, seigneurie en Angoumois, érigée en faveur de Chabot, en 1550.

DUMARCHÉ. — Le Marchais, lieu du dép. de Loir-et-Cher.

DUMAREUIL. — Mareuil, seigneuries de Bretagne et de Champagne, la première érigée en 1700 en faveur de Guy, et la seconde, en 1450 pour De Béthune.

DUMAS. — Le Mas, seigneurie en Languedoc, érigée pour D.'Auriol, en 1487.

DUMAY. — Le May, seigneurie en l'Ile-de-France, érigée pour Fredi en 1750. **Mée,** huche.

DUMENU. — Les Menus, seigneurie de Bretagne, érigée en 1696 pour Du Rufuge. **Menu,** à mailles menues.

DUMERDY. — De Mardyck, commune du dép. du Nord, arr. de Dunkerque.

DUMESNIL. — Le Mesnil, seigneuries en Bretagne, en Normandie, en Champagne, et Dumesnil, seigneurie en Picardie, érigée en 1612 pour De Caulincourt. **Mesnil,** maison accompagnée d'un champ, habitation.

DUMESNY. — V. Dumesnil.

DUMILON. — Milon, seigneurie de l'Anjou, érigée en 1330 pour De Milon.

DUMESTRE. Mestre-Luguet, seigneurie en Languedoc, érigée en 1733 pour D'Espic.

DUMONT. — Des Dumonts, lieu dans le dép. de l'Yonne, commune de Monéteau. Le Mont, seigneuries en Armagnac et en Bourgogne. **Mont,** monde, monceau, tas, lot, billot, valeur. Les paysans français appelaient la fin du monde, **finimont.**

DUMONTAIS. — Montay, seigneurie de la Touraine, érigée en 1500 en faveur de Chesneau.

DUMONTEL. — Montel, commune du dép. du Puy-de-Dôme, arr. de Riom. **Montel,** monticule.

DUMONTET. — Le Montet-aux-Mornes, bourg du Bourbonnais, dép. de l'Allier, à 7 lieues de Moulins. **Montet,** dim. de mont.

DUMONTIER. — Montier, commune du dép. de la Meuse, arr. de Bar-le-Duc. **Dumontier,** c'est-à-dire du monastère ou de l'église.

DUMOUCHEL. — Le Mouchel, seigneurie de Normandie, érigée en 1460 pour Le Roux. **Mouchel,** monceau.

DUMOULIN.—Le Moulin, seigneuries en Bretagne; il y en a quatre, nommées le Moulin-de-la-Golse, le Moulin-Henriet, le Moulin-Tison et le Moulin-Vieux.

DUMOULINEUF. — Moulineuf, seigneurie dans la Brie, érigée en 1599 pour Raviers.

DUMOUR. — Mours, commune du dép. de Seine-et-Oise, canton de l'Ile-Adam. **Mour,** terrain à tourbe.

DUMUY. — Muy, seigneurie de Provence, dép. du Var, sur le Pis, à 3 lieues de Fréjus. **Muiz,** mousse, et **muit,** mugissement.

DUNET. — Dunet, commune du dép. de l'Indre, arr. de Le Blanc. **Nest** signifie aire. **Nethes,** département le plus septentrional de la France, où coulent les deux rivières appelées Nèthes.

DUNIÈRE. — Dunière, communes dans les dép. de l'Ardèche et de la Haute-Loire. Dérive du verbe **unier,** unir.

DUOT. — Ost, seigneurie de Gascogne, érigée en 1739 pour De Monda. **Ost,** armée, combat.

DUPARC. — Le Parc, seigneuries en Bourgogne, en Normandie et dans le Bugey. **Parc,** camp fortifié, troupeau, lice.

DUPARD. — Parres, dans le Bugey, diocèse de Lyon. **Pard,** panthère.

DUPART. Commune du dép. de l'Aube, canton de Chavanges, arr. d'Arcis-sur-Aube. **Part,** pouvoir, région, part.

DUPAS. — Le Pas, commune du dép. de Mayenne, arr. de Mayenne. **Pas,** passage du fil dans la trame, lieu où l'on se tient, poste.

DUPASSAGE. — Le Passage, seigneuries en Auvergne et dans le Dauphiné. **Passage,** voyage d'outre-mer, croisade, droit de passage, contrat, infidélité.

DUPAUL. — Paule, commune dans le dép. des Côtes-du-Nord, arr. de Guingamp. **Paul,** nom d'homme.

DUPAULAU. — Paulhan, commune dans le dép. de l'Hérault, arr. de Lodève.

DUPEL. — Pel, commune du dép. de l'Aube, arr. de Bar-sur-Aube. **Pel,** parchemin, récit, bref écrit sur parchemin.

DUPÉRÉ. — Le Péré, seigneurie de Normandie, érigée pour Duquesne en 1718. **Perré,** pavé, de pierre.

DUPERET. — Peret, seigneurie en Languedoc, érigée en 1760 pour De Pailloux. V. Dupéré.

DUPÉRON. — Peron, commune du dép. de l'Ain, arr. de Gex. **Perron,** grosse pierre, écueil, grand escalier, statue de pierre, grève.

DUPILLE. — Commune du Périgord, diocèse de Bordeaux. **Pille,** vase servant à contenir ou à mesurer les liquides, pillage.

DUPIN. — Le Pin, seigneurie en Bretagne, érigé en 1600 pour Du Breuil, et Dupin, seigneurie du Berry, érigée pour Le Borgne. **Pin,** arbre.

DUPLAIN.—Le Plain, dans la Champagne, diocèse de Reims. **Plain,** plat, uni, clair, net, d'une seule couleur.

DUPLAIS. — Plaix, dans la Marche, diocèse de Limoges. **Plais,** plie.

DUPLANIOL. — Planioles, commune dans le dép. du Lot, canton de Figeac. De **plani,** doux, agréable.

DUPLANT. — Le Plan, seigneuries en Languedoc et en Provence. **Plant,** tige nouvellement plantée.

DUPLANTIER. — Les Plantiers, seigneurie en Languedoc, érigée pour Tourtoulon en 1668. **Plantier,** lieu planté d'arbres, clos de vigne, marcotte.

DUPLANTY. — Le Planty, seigneurie en Bretagne, érigée pour De Boislève en 1668. **Planteis,** plantation, plançon.

DUPLESSIS.—Le Plessis, seigneuries en Berry, en Bretagne, dans le Nivernais, en Normandie et dans l'Orléanais. V. Plessis.

DUPONCET. — Poncet, village dans le dép. de la Côte-d'Or. **Poncet,** pour **ponceau,** petit pont d'une seule arche.

DUPONCHET. — Ponchet, dans l'Artois, diocèse d'Arras.

DUPONCY. — Poncy, commune du dép. de l'Ain, arr. de Nantua. De **poncer**, polir avec la pierre ponce.

DUPONT. — Le Pont, seigneuries en Bretagne, dans le Charolais, dans le Nivernais et en Touraine. **Pont**, pommeau de l'épée.

DUPONTEAU. — Pontaut, seigneurie en Guyenne, érigée en 1360. **Ponteau**, petit pont, pont volant.

DUPORT. — Le Port, seigneuries dans le Vivarais, et en Bretagne. **Port**, défilé, portage, faveur, crédit, secours.

DUPORTEAU. — Le Portaut, seigneurie en Anjou, érigée pour Gibot, en 1665. **Porteau**, dim. de **porte**, transport, sorte d'oublie.

DUPRAT. — Le Prat, seigneurie en Bretagne, érigée en 1539 pour D'Oudart. **Prat**, pré.

DUPRÉ. — Le Pré, seigneurie en Normandie, érigée en 1770 pour De Haussay. **Pré**, petite prairie.

DUPREUIL. — Preuil, village de la Saintonge, dans le dép. de la Charente, à 3 lieues de Cognac. De **preu**, sage, expert.

DUPUIS. — Le Puis, seigneurie dans le Perche, érigée en 1519 pour De Hallot. **Pui**, montagne, colline, côteau, hauteur.

DUPUY. — Le Puy, seigneurie du Nivernais, érigée en 1700 en faveur d'Olivier, et ville du Languedoc sur le mont d'Anis.

DUPUYAU. — Puys, commune du dép. des Landes, canton de Villeneuve. **Puiot**, bâton pour s'appuyer, béquille.

DUQUESNE. Le Quesne, marquisat en l'Ile-de-France, érigée en 1682 en faveur de Duquesne. **Quesne**, chêne.

DUQUERCY. Le Quercy, ancien pays de France, en Guyenne.

DUQUET. — Commune du dép. de l'Isère, canton de Corps, arr. de Grenoble. **Quest**, gain, profit.

DURANCEAU. — De la Durance, rivières de la Provence et du Dauphiné, ou de la Durencerie, seigneurie de l'Anjou érigée en 1538. **Rance**, pièce de bois.

DURAND. — Durand, seigneurie en Gascogne, érigée en 1562 pour De Montlezun.

DURANG. — De Rang, commune du dép. du Doubs, arr. de Baume-les-Dames. **Rang,** banc des rameurs et effet des rames. V. Durand.

DURANT. — **Ran,** tige, étable, bélier.

DURANTIN. — De Rantigny, commune du dép. de l'Oise, arr. de Rantigny.

DURASOIR. — De Duras, seigneurie en Agénois, érigée en marquisat en 1609.

DURBOIS. — Durbois, seigneurie en Normandie, érigée en 1450 en faveur de Cholet.

DUREAU. — Commune du dép. de Seine-et-Marne, canton de Brie. **Reau,** trou.

DUREL. — Dureil, commune du dép. de la Sarthe, canton de Malicorne. **Reille,** bardeau, cheville, sillon, manche de la charrue.

DURENOT. — Reno, dans le Perche, diocèse de Séez.

DUREPOS. — Commune du dép. de l'Orne, canton de Mortrée, arr. d'Argentan. **Repos,** lit.

DURET. — Durette, dans le Beaujolais, près de Lyon. **Ret,** accusation. Duret, foie de bœuf cuit.

DURFORT.—Durfort, seigneurie en Languedoc, érigée pour David en 1600.

DURIEUX. — Rieux, seigneuries en Normandie et en Picardie. **Rieu**, ruisseau.

DURIVAGE. — **Rivage,** droit seigneurial perçu sur les marchandises embarquées ou débarquées sur la rive.

DURIVAULT. — Le Rivau, seigneurie de l'Anjou, érigée eu 1450 pour De Beauvau. De **rival,** rive, rivage, sorte de filet.

DUROCHE. — Roche, seigneuries en Champagne, en Bourgogne et dans le Dauphiné. **Roche,** châteaufort bâti sur une roche, cave, souterrain, crèche, carrière de pierres, motte, pierre précieuse.

DUROCHER. — Le Rocher, baronnie de Bretagne, devenue marquisat en 1575, en faveur de Du Breuil, et seigneurie en Normandie. **Rocher,** couvrir de borax la partie qu'on veut souder.

DURODEAU. — De la Rode, dans le dép. des Bouches-du-Rhône. **Rodeau,** dim. de **rode,** mesure de terre.

DURON. — Rond, seigneurie du Boulonnais, érigée en 1650 pour Du **Tertre,** et Ronq, dans la **Flandre.**

DUROQUET. — Roquette, ville du dép. du **Tarn,** et seigneurie en Normandie. **Roquet,** nom d'une espèce de ramier.

DUROS. — Le Ros, seigneurie en Bretagne, érigée en 1700 pour Le Lart. **Ros,** roseau, cheval.

DUROSEAU, DUROZEAU. — Le Roseau, dans la commune du Perray, dép. de Seine-et-Oise. **Roseau,** plante du genre phragmite, massette.

DUROUSSEL. — V. Desroussels. **Roussel,** sorte de bâton.

DUROUVRAY. — Le Rouvre, seigneurie en Bretagne, érigée en 1668 pour De la Chevière. **Rouvrai,** lieu planté de chênes ou rouvres.

DUROUZEAU. — Rouzau, commune du dép. de l'Ariège, canton de Pamiers.

DURTUBISE. — D'Urtubie, seigneurie dans la **Terre** du Labour, érgée en 1450 pour d'Urtubie. V. Urtubise.

DURUAU. — Le Ruau, seigneurie de l'Anjou, érigée en 1560 en faveur de Nau. **Ruau,** dim. de **ru,** ruisseau.

DURUEZ. — Les Ruées, seigneurie en Picardie, érigée en 1293 pour Le Bouteiller de Senlis. **Ruet,** trou.

DURY. — Communes du dép. du Pas-de-Calais et de la Somme. **Dury,** toile de coton écrue.

DUSABLÉ. — Sablé, commune du dép. de la Sarthe, arr. de la Flèche. **Sablé,** noirâtre, fourré, garni de zibeline.

DUSABLOND. — Sablon, seigneurie en Normandie, érigée en 1666 en faveur de **Fortin. Sablon,** sable très fin.

DUSAILLANT. — Le Saillant, seigneurie du Limousin, érigée en 1756 pour De Lasterie. **Saillant,** daguet.

DUSAILLI. — Sailli, seigneurie en Artois, érigée en comté en 1719. **Saillie,** sortie, course rapide.

DUSAUTOY.—De Sauto, commune des Pyrénées-Orientales, arr. de Prade. De **saut,** assaut.

DUSAY.—Say, en Normandie, diocèse de Séez, près d'Alençon. **Saie,** étoffe de laine.

DUSEP. — V. Duceppe. **Sepe,** branche, souche, race.

DUSEREAU.—Duserre, seigneurie dans le Languedoc, 1738. **Serre,** scie, espadon, montagne, serrure, série, rang. **Serau,** couvre-feu, angélus du soir.

DUSOUCHET.—Le Souchet, seigneuries de Bourgogne et de Bretagne. **Souchet,** soc de charrue, sacque, socquet, buffet, sorte d'oiseau.

DUSSAULT. — D'Ussau, commune des Basses-Pyrénées, canton de Garlin. **Sault,** drap ainsi appelé parce qu'il était marqué du sceau royal.

DUSSESTE. — D'Uzeste, commune de la Gironde, arr. de Bazas. **Sete,** loutre.

DUSSON.—Usson, seigneuries en Auvergne et dans le Forez, érigée en 1380 pour De Salse.

DUSTAU — D'Uston, commune du dép. de l'Ariège, arr. de Saint-Girons.

DUTAILLY. — Tailly, seigneurie en Champagne, érigée en 1500. V. Destaillis.

DUTALME. — Talmé, seigneurie et bourg de Bourgogne, sur la Vingeanne, dép. de la Côte-d'Or.

DUTARD. — Duthor, baronnie dans le Comtat-Venaissin. **Tard,** lent, tardif.

DUTARTRE. — Commune du dép. de Saône-et-Loire, arr. de Soulons. **Tartre,** sorte de monnaie.

DU TASTA. — Seigneurie en Guyenne, érigée en 1772 pour De Brassay. De **taste,** sonde.

DUTAUD. — Taux, commune du dép. de l'Aisne, arr. de Louhans. Vient de **tauder,** abuter, couvrir.

DUTEMPLE.—Le Temple, seigneurie de la Touraine, érigée en 1685 pour De Préville. **Temple,** monument élevé en l'honneur d'une divinité.

DUTENDRE. — Tende, comté en Provence, érigé en 1450. **Tendre,** pays allégorique imaginé par certains romanciers du XVIIe siècle.

DUTERTRE. — Le Tertre, seigneuries en Bretagne et dans

le Béarn. **Tertre,** élévation peu considérable de terrain.

DUTET. — Tet, rivière du Roussillon, qui vient des Pyrénées et se décharge dans la Méditerranée. **Teste,** tesson, livre des Evangiles.

DUTHU. — De Thuy, commune des Hautes-Pyrénées, arr. de Tarbes.

DUTIL. — Til, seigneurie en Normandie, érigée en 1426 pour De Pardieu. Til, tilleul, pont de bateau.

DU TILLY. — Tilly, châtellenie de Normandie, érigée en 1463, devenue marquisat en 1766.

DUTOT. — Le Tot, seigneurie en Normandie, érigée en 1500 pour Des Moutiers. Tot, tout à fait, complètement.

DUTOUR. — Tour, seigneurie en Normandie et village de l'Auvergne, dép. du Puy-de-Dôme. **Tour,** bâtiment élevé de forme ronde ou carrée.

DUTISNÉ. — De Tinée, dans la commune d'Utelle, dép. des Alpes-Maritimes. **Tinée,** contenu d'une cuvette, bassin.

DU TREMBLAY. — Le Tremblay, seigneuries de l'Ile-de-France, de la Brie, du Nivernais et de l'Orléanais. **Tremblay,** lieu couvert de trembles.

DUTREMBLE. — La Tremble, seigneurie du Berry, érigée en 1637 pour De Lestang. **Tremble,** tremblement, arbre.

DUTREUIL. — Le Treuil, seigneurie dans la Bourgogne, érigée en 1550. **Treuil,** cylindre pour soulever des poids.

DUTRISAC. — Trizac, commune du dép. du Cantal, arr. de Mauriac.

DUTUYAU. De Tuy, en Gascogne, diocèse de **Tarbes.** **Tuyau,** couronne, la partie au-dessus du sabot du cheval.

DUVAILLY. — Vailly, seigneurie en Normandie, érigée en 1493 pour De Montfiquet. De **vaille,** valeur.

DUVAL. — Le Val, seigneuries en Bretagne et en Normandie. Val, bas d'une chose, valeur.

DUVAULT. — Vaux, seigneuries de la Bresse, de l'Ile-de-France, de la Champagne, de Normandie, de Provence et du Vexin. **Volt,** visage, les traits du visage.

DUVERGER. — Seigneuries en Anjou, dans le Blaisois, en Bretagne, en Guyenne, et dans le Vendômois. **Verger,** lieu planté d'arbres fruitiers.

DUVERNAY. — Le Vernay, seigneuries en Bretagne et en Bourgogne. **Verné,** garni de vitres, vitré.

DUVERNI. — Vernie, seigneurie dans le Maine, à 3 lieues de Fresnay, dép. de la Sarthe. **Vernis,** chaussée, digue, écluse.

DUVERT. — Le Vert, commune dans le dép. des Deux Sèvres. **Le vert,** la fleur.

DU VILLARS. — Communes du dép. de la Charente-Inférieure, d'Eure-et-Loir, de l'Ain, de la Loire, de Vaucluse. De **vile,** village, maison de campagne, ferme.

DUVIVIER. — Le Vivier, seigneuries en Anjou et en Normandie. **Vivier,** cage pour nourrir les oiseaux, volière.

DYANNET.—De Dyenay, commune de la Côte-d'Or. Dienne, bagatelle, futilité.

DYER.—Dyé, commune du dé: dep. de l'Yonne, arr. de **Ton**nerre. **Dier,** dédier, et **dyée,** prière finale des offices les jours de jeûne.

DYON. — D'Yon, en Bourgogne, près de Lyon.

DYONNET. — De Dionay, commune du dép. de l'Isère.

DYOTTE. — De Dyo, commune du dép. de Saône-et-Loire, arr. de Charolles. **Diote,** folie, idiotie.

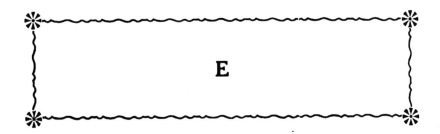

E

ECREMENT.   D'Ecoman, commune du dép. de Loir-et-Cher, arr. de Blois. **Ecremer,** enlever ce qu'il y a de meilleur.

ECUYER. — D'Ecuillé, commune du dép. de Maine-et-Loire, canton de Briollay. **Ecuyer,** faux bourgeon qui croît au pied d'un cep de vigne, jeune cerf.

EDELINE. D'Edling, commune du dép. de la Moselle, canton de Bouzonville. Dérive d'**edel**, noble, illustre.

EDINE. — De Digne, ville des Basses-Alpes.

EDME, EME. — Eme, bourg du Dauphiné, dans les Alpes. Eme, signifie estimation, petit enfant.

EGÉE. — D'Eget, lieu du dép. des Hautes-Pyrénées, canton de Vielle. D'**égent**, dénué.

ELIE. — Voir Héli. Elie, nom d'un prophète enlevé au ciel vers 900 avant Jésus-Christ.

ELBEUF. — Marquisat en Normandie, devenu duché-pairie en 1581. Vient du teutonique **bu** ou **beuf,** qui signifie village. On disait **carlebeuf,** pour village du comté.

ELOT. — D'Eletot, commune de la Seine-Inférieure, arr. d'Yvetot. D'**esloser,** louer, vanter.

EMANUEL. — D'Emanville, commune de Normandie, diocèse d'Evreux. Emmanuel, mot hébreu, veut dire Dieu avec nous.

EMARD. — Emars, seigneurie de la Franche-Comté, érigée en 1562 pour Boquet. Du verbe **esmarir,** se chagriner.

EMOND, EDMOND. — D'Hesmond, commune du Pas-de-Calais, arr. de Montreuil-sur-Mer. D'**émonder,** couper les branches inutiles.

ENAU, ENAUD. — De Lénault, commune du Calvados, arr. de Vire. D'**esne,** barque, cuve à mettre le vin.

ENCEAU. — D'Ens, commune des Hautes-Pyrénées, arr. de Bagnères-de-Bigorre. D'**enchaus,** action de poursuivre.

ENCONGNIER.—D'Encone, commune du dép. de la Drôme, arr. de Montélimart. **Encongnier,** frapper de la monnaie.

ENFOURS. — D'Enfournas, commune des Hautes-Alpes, arr. de Gap. D'**enfourner,** mettre au four.

ENGAY. — D'Angais, commune des Basses-Pyrénées, arr. de Pau.

ENGUEHARD. — D'Hangard, commune du dép. de la Somme, arr. de Montdidier. D'**engarder,** préserver, prévenir.

EON. — D'Ehuns, commune de la Haute-Saône, arr. de Lure.

ENOUILLE. De Sénouillac, commune du dép. du Tarn, arr. de Gaillac.

ENSELIN. — De Selens, commune du dép. de l'Aisne, arr. de Laon. D'**ensel,** épée, cautère qui a la pointe comme celle d'une épée.

ESCABIET. — D'Escobègues, commune du dép. du Nord, arr. de Lille. Dérive du latin **scabellum,** escabeau.

ESCARBOT. — D'Escaro, commune du dép. des Pyrénées-Orientales, canton d'Olette. **Escarbot,** coléoptère qui vit sur les matières infectes.

ESCARD. — De Lescar, commune des Basses-Pyrénées, arr. de Pau. **Escarre,** équerre, ouverture violente.

ESCHAPPE. — De l'Escap, dans la Charente-Inférieure, arr. de S. Jean d'Angély. **Eschape,** plume placée au-dessus des yeux.

ESNARD. — D'Esnais, seigneurie de Bretagne, érigée en 1696. Dérive d'**esne,** outre, petit oiseau.

ESNOUF. — D'Esnouveaux, commune de la Haute-Marne, arr. de Chaumont. D'**esnuer,** mettre à nu, dépouiller, purifier.

ESPRIT. — Commune du dép. des Landes, arr. de Dax. **Esprit,** raison, caractère, lutin.

ESTÈBE. — De Lestelle, commune des Basses-Pyrénées, arr. de Saint-Gaudens. **Steuble,** sorte de poisson.

ESTECHAUD. — D'Estrechoux, lieu du dép. de l'Hérault, commune de Camplong. **Estecheis,** combat.

ESTÈNE. — De Steene, commune du dép. du Nord, arr. de Dunkerque. D'**estenelle,** tenaille, pincette.

ESTÉVE. — Commune dans le dép. des Pyrénées-Orientales. **Estève,** manche de charrue.

ETCHEVERY. — D'Etcharry, commune des Basses-Pyrénées, arr. de Mauléon.

ETHIER. — D'Eth, commune du dép. du Nord, canton de Quesnoy. **Etier,** canal qui sert à recevoir l'eau de la mer dans les marais salants. **Estiez,** nom d'homme, formé d'Athanase.

ETIENNE. — D'Equennes, commune du dép. de la Somme, arr. d'Amiens. **Estienne,** monnaie à l'effigie de saint Etienne.

ETIN. — Etain, commune du dép. de la Meuse, Etaing, com. dans le dép. du Pas-de-Calais. D'**estinter,** barioler.

EUDES. — D'Eu, commune du dép. du Calvados, arr. de Lisieux. **Eudes,** liens qui attachent ensemble la tête et les pieds des bestiaux pour les empêcher de brouter. **Eudes** est aussi un nom propre d'homme.

EUGÈNE.—D'Ugine, commune du dép. de la Savoie. **Eugène,** nom d'homme se disait pour la tulipe rouge, brune et blanche.

EURY. — De Leury, commune du dép. de l'Aisne, arr. de Soissons. D'**eure,** fortune, sort.

EVANTURELLE. — De l'Aventure, lieu du dép. du Nord, dans la commune d'Illies. **Evanturelle,** nom formé d'**aventurele** ou droit éventuel.

EVELIN. — D'Ennevelin, commune du dép. du Nord, arr. de Lille.

EVIN. — Commune dans le Pas-de-Calais, arr. de Béthune. **Evain,** bateau.

EVITTE — Evette, commune dans le territoire de Belfort. **Evitte,** d'**évittre,** largeur d'un canal pour le libre passage des vaisseaux, espace de mer où le vaisseau peut tourner librement à la longueur de ses amarres.

EVRARD. — D'Evreux, ville du dép. de l'Eure. **Evrard,** ou euvrard, ouvrier.

EWARD. — De Lewarde, commune du dép .du Nord, arr. de Douai.

EXTRA. — De Létra, commune du dép. du Rhône, arr. de Villefranche. **Extra,** en terme de palais, est un jour extraordinaire auquel on tient l'audience. **Extra,** d'extraordinaire.

EZECHIEL. — D'Esquiule, commune des Basses-Pyrénées, arr. d'Oloron. **Ezéchiel,** nom d'homme, le troisième des grands prophètes.

EZIERO. — De Lisaros, com. du Calvados, arr. de Lisieux.

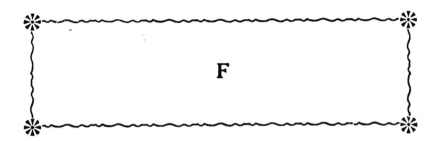

F

FABRE. — De Vavre, commune du dép. du Tarn, arr. de Castres. **Fabre,** artisan, maréchal, serrurier, coutelier, taillandier, charpentier.

FACHE. — Commune du dép. du Nord, arr. de Lille, **Fasche,** contrariété.

FAFARD. — D'Afa, commune de la Corse, arr. d'Ajaccio. **Fafard** vient de **fafée,** celle qui fait la femme d'importance.

FABAS, FABASSE.—Fabas, communes des dép. de l'Ariège, de la Haute-Garonne et de Tarn-et-Garonne. **Fabas,** vient de **fabe, fêve.**

FABER. — Fabert, seigneurie de Bourgogne, érigée en marquisat en 1650. **Faber** veut dire ouvrier, poisson de mer, ainsi appelé parce qu'on trouve en lui les instruments du forgeron.

FAGES. — Commune du Quercy, diocèse de Cahors, parlement de Toulouse. **Fage,** nom d'homme, signifie hêtre. Dérive du grec **fagos,** manger.

FAGNANT, FAYEN. — D'Ayen, commune du dép. de la Corrèze, arr. de Brive. **Fagnin,** épine, épinette, et **fayant,** hêtre.

FAGNAUT.—Fagnant, ville du Languedoc, diocèse de Mirepoix, à 3 lieues de Castelnaudary. Dérive de **faignas,** lieu marécageux.

FAGOT. — Des Fagots, en Auvergne, diocèse de Clermont. **Fagot,** paquet de hardes, faisceau.

FAGUERET. — De Falgueyrat, commune du département de la Dordogne, arr. de Bergerac.

17

FAGUY   Failli, commune du dép. de la Moselle, arr. d⌐
Metz. Failli, lâche, fou, traître, chétif. **Faillie,** sorte de
redevance.

FAIDIT.   De Fédry, commune du dép. de la Haute-Saône,
arr. de Gray. **Faidis,** haï, rebuté.

FAILLE. — De la Faille, seigneurie de Bretagne, érigée en
1700 pour Du Pé. **Faille,** voile de tête, torche, flambeau,
faute, défaut, tromperie, ivrognerie.

FALAISE. — Ville du Calvados, et communes des dép. des
Ardennes et de Seine-et-Oise. **Falaise,** bord de la mer
fort haut et escarpé. Dérive de l'allemand **falos,** roche.
En Touraine, falaise se dit du sable menu, et en Normandie, monceau de neige.

FALARD. — De Feuilla, commune du dép. de l'Aude, arr.
de Narbonne. Dérive de **fale,** jabot.

FALARDEAU.—De la Feuillardais, dans la Loire-Inférieure,
commune d'Arthon-en-Retz. **Filardeau,** jeune brochet.

FALCON. — Seigneurie du Briennois, érigée en 1645 pour
Du Puy. **Falcon,** faucon.

FALIS. — Falix, abbaye dans la Hainaut, diocèse de Liège.
Falis, tour élevée.

FALLBY. — De Falvy, commune du dép. de la Somme, arr.
de Péronne.

FALZ. — Fals, commune du dép. de Lot-et-Garonne, arr.
d'Agen. De **falcel,** faucille.

FAMELART. — De Famars, commune du dép. du Nord, arr.
de Valenciennes. **Famelart,** affamé.

FANCHON. — De Famechon, seigneurie de Picardie, arr.
d'Arras. **Fanchon,** dim. de Françoise.

FANEF, FANEUF. — De Pléneuf, commune du dép. des
Côtes-du-Nord, arr. de Saint-Brieuc. **Fanef** dérive de
fane, herbe, feuille.

FARAUDIER.   D'Arrodets, commune des Hautes-Pyrénées, arr. d'Argelès. Dérive de **far,** baie, golfe, farine
grossière.

FARDEAU. — D'Ardes, commune du Puy-de-Dôme, arr.
d'Issoire. **Fardeau,** paquet, enjeu.

FARE. — La Fare, baronnie du Languedoc, érigée en 1640 pour De la Fare. **Fare,** fête des pêcheurs en mai, espèce de poire, fruit d'hiver, phare.

FARENDIER.—D'Arrendières, commune du dép. de l'Aube, arr. de Bar-sur-Aube.

FARGE. — Farges, communes des dép. de l'Ain et de Saône-et-Loire. **Farge,** forge.

FARGY. — D'Argy, commune du dép. de l'Indre, arr. de Châteauroux.

FARIBAULT D'Auribeau, communes des Alpes-Maritimes, de Vaucluse et des Basses-Alpes. Il y a dans l'ancienne Macédoine une rivière du nom de Faribo, qui se jette dans le golfe de Salonique.

FARIL. — De Faurilles, commune du dép. de la Dordogne, arr. de Bergerac. **Farrie,** sorte de mesure.

FARINEAU. — De Fareins, commune du dép. de l'Ain, arr. de Trévoux. Vient de **fariner,** se blanchir avec de la farine.

FARNETH. — D'Arnèke, commune du dép. du Nord, canton de Cassel. Vient de **farne,** chêne.

FARON. — D'Aron, commune du dép. de la Mayenne. **Faron,** baie, golfe, mèche, lumignon, cercueil.

FARREAU. — D'Arreau, commune du dép. des Hautes-Pyrénées, arr. de Bagnères-de-Bigorre. **Farreau,** dim. de **farre,** longue paille de blé.

FASCHE.—Faches, commune du dép. du Nord, arr. de Lille. **Fasche,** terre en friche, contrariété.

FAUBERT. — D'Auberville, commune du Calvados, arr. de Pont-l'Evêque.

FAUCHER. — De la Faucherie, seigneuries de Guienne et de Normandie. **Faucher,** émérillon, oiseau de proie, ramier.

FAUCHON. — De Faucon, commune des Basses-Alpes, arr. de Barcelonnette. **Fauchon,** couperet pour émonder les haies, les arbres, petit fauchet, espèce d'épée courbe en forme de faucille, large cimeterre tranchant d'un côté à l'usage des piétons, faucille.

FAUCONNET. — Commune dans le Bourbonnais, diocèse de Clermont. **Fauconnet,** dim. de faucon, jeune faucon.

FAUCONNIER. De Faucogney, commune de la Haute-Saône, arr. de Lure. **Fauconnier,** apprivoiseur d'oiseaux de proie.

FAUDEUX. — D'Audeux, commune du dép. du Doubs, arr. de Besançon. Vient de faude, giron.

FAUGÈRE. — Communes des dép. de l'Ardèche et de l'Hérault. **Faugère,** fougère.

FAULT. — Seigneurie de Bretagne, érigée en 1535 pour Du Dresnay. **Faulx,** taille.

FAUQUE. — Faulq, commune du dép. du Calvados, arr. de Pont-l'Evêque. **Fauque,** faucon, sorte de faux.

FAUQUEREAU. — De Fouqueure, commune de la Charente, arr. de Ruffec. Vient de **fauquet,** petite faux.

FAURE.—D'Aure, commune des Ardennes, arr. de Vouziers. **Faure,** forgeron, présent de fée.

FAURON. — D'Aurons, commune des Bouches-du-Rhône, arr. d'Aix. **Faron,** baie, golfe.

FAUTEUX. — D'Autheux, commune du dép. de la Somme, arr. de Doullens. Vient de faut, endroit où une rivière se jette dans une autre, défaut de l'homme, en terme de coutume. **Fauteur,** celui qui favorise une opinion, et ne se prend qu'en mauvaise part.

FAUVAULT. — De Feuveau, seigneurie de Provence, érigée en 1678. **Fauveau,** nom donné au bœuf de couleur fauve.

FAUVE. — D'Auve, commune du dép. de la Marne, arr de Sainte-Menehould. Dérive de fulvus, de couleur roussâtre. **Fauve,** mensonge, âne.

FAUVEL.—De Fauville, communes de la Seine-Inférieure et de l'Eure. **Fauvel,** dim. de fauve. V .Favel.

FAUX. — Communes des Ardennes et de la Gascogne. **Faux,** oiseau.

FAVEL. Favèle, seigneurie des Ardennes, érigée en 1700 pour Du Claux. **Favèle,** mensonge. Dérive de fabula, fable.

FAVERON, FAUVERON. D'Averon-Bergelle, dans le dép. du Gers, arr. de Mirande. Dérive de faba, fève.

FAVERY. — Du Favers, seigneurie du Perche, érigée en 1658 pour d'Aligre. **Faveri,** résidence près d'un champ planté de fêves.

FAVEUR. — De Favars, commune du dép. de Corrèze, canton de Tulle. **Faveur,** saveur.

FAVRAU, FAVREAU.—De Savères, commune du dép de la Haute-Garonne, arr. de Muret. **Faverot,** espèce de légume.

FAVRE. — V. Fabre. **Favre,** ouvrier qui forge.

FAYARD. — De Sayat, commune du dép. du Puy-de-Dôme, arr. de Clermont-Ferrand. **Fayart,** hêtre, dans le Lyonnais.

FAYE. — Communes des dép. de la Charente, de Loir-et-Cher, et de Maine-et-Loire. **Faye,** brebis, lieu forestier.

FAYEN. — D'Ayen, commune du dép. de la Corrèze, arr. de Brive. **Fayant,** hêtre.

FAYET. — Communes des dép. de l'Aisne, de l'Aveyron et du Puy-de-Dôme. **Fayette,** petite faye ou brebis.

FAYOLLE. — Ancien marquisat de l'Auvergne, dans le dép. de la Creuse, à 2 lieues d'Evaux. **Fayolle,** haricot sec distribué à bord des navires.

FAYOT. — De Fayot de Laire, près de Longny. Vient de **faye,** brebis.

FÉCHE. — Commune du dép. du Haut-Rhin, arr. de Belfort. **Fecce,** tuyau de blé.

FECTEAU. — D'Ecquetot, commune du dép. de l'Eure, arr. de Louviers.

FEILLÉE. — De la Feillée, seigneurie bretonne, érigée en 1696 pour De Mauvy. **Feillée,** feuillage.

FÉLIX. — De Féliex, commune dans le Languedoc, diocèse de Mirepoix. **Félix,** nom d'homme, signifie heureux.

FELLAND. — De Feillens, commune du dép. de l'Ain, arr. de Bourg. Dérive de **fel,** hauteur, élévation, ou de **felle,** instrument employé dans les verreries.

FELTZ. — Felce, commune de la Corse, arr. de Corte. **Fels,** roche.

FÉLY. — De la Feuillie, commune de la Seine-Inférieure, canton d'Argueil. **Fély** vient de **félix,** heureux.

FENASSE. — De Senasse, commune des dép. des Bouches-du-Rhône, arr. d'Arles. **Fenasse**, sainfoin.

FENI. — Fenils, dans le Dauphiné, diocèse de Grenoble. **Fenis**, fourche à prendre le foin.

FENOUILLET. — Communes des dép. de l'Aube et des Pyrénées-Orientales. **Fenouillet**, variété de pomme angevine dont le goût rappelle celui de l'anis musqué ou fenouil.

FERAY. — Ferée, dans le dép. des Ardennes, arr. de Rocroi. **Feret**, affaire. Dérive de **fère**, bête sauvage.

FERDINAND. — De Tardighem, commune du Pas-de-Calais, arr. de Boulogne.

FERDISSON. — De Vergisson, commune du dép .de Saône-et-Loire, arr. de Mâcon.

FERLAND. — De Sarlande, com. de la Dordogne, arr. de Nontron. Vient de ferler, carguer les voiles d'un navire. **Ferlin**, poids à l'usage des monnayeurs. Il y avait jadis à Hambourg une petite monnaie appelée **ferlande,** sou marqué.

FERNANDO. — De Ternand, commune du dép. du Rhône, arr. de Villefranche.

FERNET. — De Ferney, commune du dép. de l'Ain, arr. de Gex. Vient de **farne**, chêne.

FEROUEL. — De Fernoël, commune du Puy-de-Dôme, arr. de Riom. **Ferroil**, verrou.

FÉRON. — Commune du dép. du Nord, arr. d'Avesnes. **Ferron**, de fer.

FERRAND.—Commune du dép. de l'Aude, canton d'Alaigne. **Ferrant**, Ferdinand, cheval de guerre, cheval blanc, gris de fer.

FERRIÈRE — Communes des dép. du Doubs et de la Charente-Inférieure. **Ferrière,** sac de cuir, qui renferme les outils et matériaux pour ferrer les chevaux, grosse bouteille d'argent dans laquelle on portait du vin chez le roi, mine de fer.

FERRIOL. — Commune du dép. de l'Aude, arr. de Limoux. **Ferrieul,** seau.

FERRON. — Commune dans la **Flandre**, diocèse de Cambrai. **Ferron**, marchand qui vend le fer neuf en barres, agrafe.

FERRÉ. — Commune du dép. de l'Ille-et-Vilaine, arr. de Fougères. **Ferré**, qui a le goût du fer, enfermé, qui se garde.

FERRET. — Commune du dép. du Haut-Rhin, arr. de Mulhouse. **Ferret**, fer qu'on met au bout des lacets pour les passer dans les œillets, furet.

FERREUX. — Commune du dép. de l'Aube, arr. de Nogent-sur-Seine. **Ferreux**, plein de fer, qui tient du fer ou qui participe de ses qualités, comme certaines eaux minérales.

FERRIER.—De Ferrières, communes des dép. de la Manche, de l'Oise, etc. **Ferrier**, marteau de maréchal.

FERROT. — De Serres, commune du dép. des Hautes-Alpes, arr. de Gap. **Ferrot**, petite pièce d'argent.

FERTON. — De Verton, commune du dép. du Pas-de-Calais, arr. de Montreuil. **Ferton**, poupée de chanvre ou de lin.

FESCH. — De Fesches, commune du dép. du Doubs, arr. de Montbéliard. **Fesche**, bande de terre, faisceau, fascine, lien.

FÉTEIS. — De Festieux, commune du dép. de l'Aisne, arr. de Laon. **Faitis**, pain de qualité inférieure.

FEUILLARD. — De Feuilla, commune du dép. de l'Aude, arr. de Narbonne. **Feuillard**, en terme de blason, sont les lambrequins, à raison de leur ressemblance avec les feuilles d'acanthe.

FEUILLÉE. — De la Feuillée, commune du Finistère, arr. de Châteaulin. **Feuillée**, branche d'arbre garnie de feuilles, coquillage de mer.

FEUILLETEAU. — Feuilletot, seigneurie de Normandie, érigée en 1545 pour d'Herbouville. Vient de **feuillette**, mesure de vin, ou de **feuillet**, scie mince à scier du bois.

FEUILLON. — De Fallon, com. du dép. de la Haute-Saône, arr. de Lure. **Feuillon**, ou **fellon**, boulet du cheval.

FÉVRIER. — De Sévrier, commune de la Haute-Savoie, arr. d'Annecy. **Février**, second mois de l'année, vient de febvre, ouvrier en métal, ou de **favrier,** travailler le fer.

FEZERET. — De Saizerais, commune du dép. de Meurthe-et-Moselle, arr. de Nontron. Dérive de **fez,** agneau.

FICHAUD — D'Isches, commune du dép. des Vosges, arr. de Neufchâteau. **Fichau,** putois.

FICHÈRES. — De Vichères, commune du dép. d'Eure-et-Loir, arr. de Nogent-le-Rotrou. **Fichère,** petit fer én façon de cheville, dont la tête est percée d'un trou.

FICHET. — De Ticheville, commune du dép. de l'Orne. Fichet, petit morceau de papier employé pour cacheter les lettres. On mettait le fichet dans le trou fait à la lettre avec un canif, lorsqu'elle était pliée, puis on la cachetait. **Fichet,** poche.

FIGURES. — De Ségur, communes de l'Aveyron et du Cantal. **Figure,** personnage.

FILASTREAU, FILIATRAULT. — De Flastroff, commune du dép. de la Moselle, arr. de **Thionville. Filastreau,** dim. de **fillastre,** beau-fils, gendre, belle-fille, bru.

FILIAU. — De Fily, commune de Bretagne, diocèse de Saint-Malo. **Fil,** courant de l'eau.

FILIDOR. — De Villedor, seigneurie de Bretagne, érigée en 1696 pour Mesnage.

FILLETEAU, FILTEAU.—De Filtot, commune de la Seine-Inférieure, arr. d'Yvetot. Vient de **fillette,** sorte de bateau, mesure de liquides.

FILLEUL. — De Fillols, commune des Pyrénées-Orientales, arr. de Prades. **Filleul,** fils.

FILLION. — De Villon, commune du dép. de l'Yonne, arr. de Tonnerre. **Flion,** petite moule qu'on trouve sur le bord de la mer. Dérive du grec **philios,** allié, **associé.**

FINEL. — De Vineuil, communes des dép. de l'Indre et de l'Oise. Vient de **fine,** fin, mort.

FINNE. — De Find, seigneurie de la **Franche-Comté.**

FIOLAT.—De Violot, commune du dép. de la Haute-Marne, arr. de Langres. Vient de **fiole,** corde.

FIORE.—De Siorac, commune de la Dordogne. Fiore, rivière de **Toscane,** qui se décharge dans la mer de **Toscane. Fiord,** golfe étroit et profond de Norvège.

FIQUET. — De Feuquères, communes des dép. de l'Oise et de la Sómme. **Fiquet,** petite fiche, sorte de jurement provençal. Vient de **fiqueter,** godiller.

FISBACH. — Fischbach ou Visp, bourg du Bas-Valais.

FISET. — De Suzette, commune du dép. de Vaucluse, arr. d'Orange. **Filset,** petit garçon.

FISQUE. — De Fix-Saint-Geneys, commune du dép. de la Haute-Loire, arr. du Puy. De **fisique,** médecine.

FISSIAU. — De Fussy, commune du dép. du Cher, arr. de Bourges. **Fissiau,** barre d'un treillage, chat sauvage, piège pour le prendre. Corruption de fuseau.

FLAGEOLE. — De Fajolle, commune du dép. de l'Aude, arr. de Limoux. **Flajol,** flute et **flageol,** flageolet, espèce de haricot.

FLAMAND. — De Flamanville, communes de la Seine-Inférieure et de la Manche. **Flamand,** fugitif, exilé, flandrin, homme grand et dégingandé, homme de **Flandre.**

FLAMBARD. — De Flabas, commune du dép. de la Meuse, arr. de Montmédy. **Flambard,** individu qui fait de l'embarras, le coq du village, et **flambart,** torche, flambeau, feu-follet, bateau, iris.

FLAME. — D'Ames, commune du Pas-de-Calais, arr. de Béthune. **Flamme,** feu délié dont les particules s'élancent dans toutes les directions.

FLANDRE. — Seigneurie du Languedoc, érigée en 1627 pour De la Nogarède. **Flandre,** iris des marais.

FLAUX. — Commune du dép. du Gard, arr. d'Uzès. **Flo,** fané, flétri.

FLAVIÉ.—De Flavy, commune de l'Oise, arr. de Compiègne. Vient de **flave,** engin de pêche, jaune pâle.

FLAVIGNY. — Commune de la Côte-d'Or, arr. de Semur.

FLÉCHET.—De Leschères, commune du Jura, arr. de Saint-Clanac. Vient de **flécher,** percer d'une flèche.

FLEURANT. — Fleurent, seigneurie de Champagne, érigée pour De Braux. **Fleurant,** odeur.

FLEUREAU. — De Flers, commune du dép. de l'Orne, arr. de Domfront. Vient de **fleurer,** effleurer.

FLEURET. De Fleuré, commune du dép. de l'Orne, arr. d'Argentan. Fleuret, épée dont la lame est sans pointe et sans tranchant, boulonnée, pour l'escrime, toile de lin, fil fait de la bourre de soie ou de laine, couleur bleue, pas de danse, plante du genre champignon.

FLEURI — Fleurie, commune du dép. du Rhône, arr. de Villefranche. Fleuri, bête bovine dont la robe est parsemée de taches blanches.

FLEURICOURT.—De Thury-Harcourt, commune du dép. du Calvados, arr. de Falaise. Fleuricourt, tulipe à panaches pourpres sur blanc de lait.

FLEURIMONT. — Florémont, commune du dép. des Vosges, arr. de Mirecourt.

FLEURY. — Communes des dép. de l'Aisne, de l'Aude, de la Manche, de l'Oise, du Nord, de la Somme, et du Pas-de-Calais. V. Fleuri.

FLEUTELOT. — De Fontelaye, com. de la Seine-Inférieure, arr. de Dieppe. De fleutelet, poisson.

FLIBOT. — De Libos, lieu du dép. de Lot-et-Garonne, arr. de Monsemprin. Flibot, petit bâtiment de mer de 80 ou 100 tonneaux, espèce de flute ou vaisseau rond, qui n'a qu'une carrure.

FLICHE, FILSH. — De Fleix, communes des dép. de la Dordogne et de la Vienne.

FLING. — Flin, commune du dép. de Meurthe-et-Moselle, arr. de Lunéville. Flin, pierre pour fourbir les épées, appelée marcassite.

FLISSO. — De Flize, commune du dép. des Ardennes, arr. de Mézières.

FLORELLE De Fleurielle, seigneurie normande, érigée en 1350 pour Droullin. Florelle, petite fleur.

FLORENCE.—Commune du Hainaut, et bourg de Gascogne, situé sur la rivère Giers, entre Lectoure et Auch. Florence, nom donné à Lyon au taffetas, au crin de Florence, au florin.

FLORENSON. — D'Aurenson, communes du dép. du Gers et des Hautes-Pyrénées.

FLORENT. — Commune du dép. de la Marne, arr. de Sainte Menehould.

FLORENTIN. — Communes des dép. de l'Aveyron et du Tarn. Florentin, blanc, gris.

FLORILDE. — De Fourilles, commune du dép. de l'Allier, arr. de Gannat.

FLOT, FLOTTE. — La Flotte, commune du dép. de la Charente-Inférieure, arr. de La Rochelle. **Flote**, troupe, troupeau, écheveau de laine, engin de pêche, séchoir, cuve à bière.

FLUET. — De Fuilet, commune de Maine-et-Loire, arr. de Cholet. Fluet, fleuve, inondation, flux de ventre.

FOCQUE. — De Filocque, commune de la Seine-Inférieure, arr. de Dieppe. **Foc**, voiles triangulaires qui s'orientent sur le beaupré et sur le mât du vaisseau.

FOÉLAN. — De Fouesnant, commune du Finistère, arr. de Quimper. De **foille**, feuille, tonneau.

FOIRAN. — De Forens, commune du dép. de l'Ain, arr. de Nantua. **Foirain**, forain.

FOISY. — De Foëcy, commune du dép. du Cher, arr. de Bourges. **Foisy**, fusil, petit outil d'acier avec lequel on bat le silex pour allumer l'amadou.

FOGUENET. — De Folgoët, commune du Finistère, arr. de Brest. De **foingneter**, farfouiller.

FOL. — Folles, commune du dép. de la Haute-Vienne, arr. de Bellac. **Fol.** fou, soufflet. **Folle**, filet à tortue.

FOLLARDEAU. — De Folcarde, commune de la Haute-Garonne, arr. de Villefranche.

FOLLEVILLE. — Communes des dép. de la Somme et de l'Eure.

FOLMER. — De Sommerey, commune du dép. de la Nièvre. Vient de **fomerer**, fumer une terre.

FOLQUIER. — De Folaquier, seigneurie du Rouergue, érigée en 1662 pour De Vallat. Vient de **fouquel**, troupe, troupeau.

FONDEVEAU. — De Froidevaux, commune du dép. du Doubs, arr. de Montbéliard. Fonde, base, fondement.

FONDUROSE. — De Montdurausse, commune du dép. du Tarn, arr. de Gaillac. Vient de fondue, fonte.

FONDVILLE. — De Jonville, com. du dép. de la Meuse.

FONTAINE. — Communes des dép. de l'Isère, de l'Aisne, du Doubs, de la Marne. Fontaine, source, eau, pièce de vaisselle, plaie, fontanelle, le quatrième dimanche du Carême.

FONTANNE. — Communes des dép. du Lot et de la Lozère.

FONTBRUN.—De Sombrin, commune du Pas-de-Calais, arr. de Saint-Pol. Vient de font, fer fondu.

FONTEMONT.—De Froidmont, commune du dép. de l'Aisne, arr. de Laon.

FONTENAY. — Communes des dép. de la Manche, de la Seine-Inférieure, des Vosges. Fontenay, lieu où il y a des fontaines, des sources.

FONTENEAU De Fontenet, commune de la Charente-Inférieure, arr. de Saint-Jean d'Angely.

FONTENELLE.—Communes des dép. de l'Aisne, de la Côte-d'Or et d'Ille-et-Vilaine. Fontenelle, petite fontaine, cautère.

FONTEREAU. De Fontevrault, commune de Maine-et-Loire, arr. de Saumur.

FONTIEUREUX. — De Pontrieux, commune des Côtes-du-Nord, arr. de Guingamp. De fonture, fonte, éboulement, trou.

FONTIGNY.—Commune du dép. de l'Yonne, arr. d'Auxerre. Vient de fontis, métal fondu.

FORAIS. — De Fouras, commune de la Charente-Inférieure, arr. de Rochefort. Dérive du latin for, tribunal, métier, ou de fero, porter, je porte.

FORAIN. — De Forens, commune du dép. de l'Ain, arr. de Nantua. Forain, étranger. Vient de foras.

FORBES. — De Tourbes, commune du dép. de l'Hérault, arr. de Béziers. Forbes, fourbe.

FORÇAN, FORSAN. — D'Orsan, commune du dép. du Gard, arr. d'Uzès. Forsens, folie.

FORÇAT, FORSA. — Du Fossat, com. du dép. de l'Ariège,

arr. de Pamiers. Dérive de l'Italien **forzato**, force. **For-çat**, sorte de jeu, galérien. **Forchat**, bâton fourchu.

FORCIER. — De Forcey, commune du dép. de la Haute-Marne, arr. de Chaumont. **Forcier**, coffret, cassette, for-chier, grande fourche.

FORE. — Fors, commune du dép. des Deux-Sèvres, arr. de Niort. **Fore**, sorte de jeu, le toton, droit de fourrage pour les chevaux.

FOREAU. — De Sore, commune des Landes, arr. de Mont-de-Marsan. **Foreau**, fourreau.

FOREL. — De Sorel, commune de la Somme, canton d'Hal-lencourt. **Forel**, forêt, cure-dent, fourreau.

FOREST. — Commune du dép. du Nord, arr. d'Avesnes. **Forêt**, sorte d'arbre, grande étendue de terre couverte de bois.

FORESTIER. — De la Forestière, commune du dép. de la Marne, arr. de Bayeux. **Forestier**, officier dans les forêts, celui qui a la garde des bois, forêt, étranger, homme qui habite les forêts.

FORET. — Seigneurie de Normandie, érigée en 1452 pour Toustain. **Forêt**, outil pour percer les tonneaux.

FORGET. — De Forgetville, seigneurie de Lorraine, érigée en 1760 pour De Heysser. **Forget**, nom d'homme, équiva-lant à Ferréol, Saint-Forget, St-Fargen. **Forgeter** signi-fie chasser, rejeter, et **forgeret**, coffre, cassette.

FORGUES.—Commune de la Haute-Garonne, arr. de Muret.

FORIN. — Commune du Nivernais, dans le diocèse de Ne-vers.

FORNEL. — Fournels, commune du dép. de la Lozère, arr. de Marjevols. **Fornel**, petit four.

FORON. — Bourg près d'Aix-la-Chapelle et de Maestricht. De **for**, métier.

FORSAN. — V. Forçan. **Forsens**, folie, emportement sans raison.

FORT. — Forts, seigneurie de Normandie, érigée en 1600 pour De Betheville. **Fort**, fortifié, pénible.

FORTAGE. — De Fontanges, ville du dép. du Cantal, canton de Salers. **Fortage,** vieille corde goudronnée dont on se sert sur les bateaux.

FORTEL. — Commune du Pas-de-Calais, arr. de Saint-Pol.

FORTIER. — De la Fortière, seigneurie de Beauce, érigée en 1500 pour De Gauville. De **fortière,** forteresse.

FORTIN. — De Fortan, commune du dép. de Loir-et-Cher, arr. de Vendôme. **Fortin,** mesure de grains, petit fort, surnom de Samson.

FORTUNAT. — Commune du dép. de l'Ardèche, arr. de Privas.

FORTUNE. — De Fortunet, commune de la Bourgogne, érigée en 1618 pour Perrault. **Fortune,** malheur, accident.

FORU.—D'Orus, commune du dép. de l'Ariège, arr. de Foix. Dérive de **foruser,** commettre un abus.

FOSSENEUVE. — De Fonneuve, lieu du dép. de Tarn-et-Garonne, commune de Montauban.

FOUBERT.—De Foubert-Follie, seigneurie normande, érigée pour De la Fosse. **Foubert,** gros bâton au bout duquel il y a des cordes usées, pour nettoyer les navires, fou, insensé.

FOUCAMBERGE. De Fauquembergues, commune dans le département du Pas-de-Calais, arr. de Saint-Omer. Dérive de **foucq,** troupe, assemblée.

FOUCAULT. — Foucaud, seigneurie de l'Ile-de-France, érigée en 1552 pour De Ricouart. **Foucau,** dim. de **fouc,** troupeau.

FOUCHER. — Marquisat du Poitou, érigé en 1655 en faveur de Foucher des Herbiers.

FOUCHET. — Fouchais, seigneurie de Bretagne, érigée en 1696 en faveur de Lambert. **Fouchet,** maladie des moutons qui le fait boiter, le piétin.

FOUCQUET.—De Fouqueville, commune du dép. de l'Eure, arr. de Louviers. De **foulque,** oiseau de rivière, la poule d'eau.

FOUCREAU. De Fouqueure, commune de la Charente, arr. de Ruffec.

FOUEN. — De Souain, commune du dép. de la Marne, arr. de Sainte-Menehould. **Fouant,** taupe.

FOUET. — De Souès, commune des Hautes-Pyrénées. **Fouet,** petit feu.

FOUGÉRE.   Communes de la Charente-Inférieure et des Landes.

FOULHIAC. — De Tourliac, commune de Lot-et-Garonne, arr. de Villeneuve. Vient de **foulier,** pressoir.

FOULON. — Commune dans la Brie, diocèse de Troyes. **Foulon,** cauchemar, ouvrier qui prépare les draps en les faisant fouler, mauvaise intention.

FOUQUEREAU.—V. Foucreau. De **fouque,** canard sauvage, poule d'eau.

FOUQUET. — V. Foucquet. **Fouquet,** écureuil.

FOURCHÉ. — De Fourcées, commune du dép. du Gers, arr. de Condom. **Fourché,** terminé en fourche, quantité de paille qu'on peut enlever avec une fourche.

FOUREAU.   De Four, commune du dép. de l'Isère, arr. de Vienne. **Fourreau,** habillement étroit des soldats.

FOUREUR. — **Fourreur,** fourrageur.

FOURGON.   D'Orgon, commune des Bouches-du-Rhône, arr. d'Arles. **Fourgon,** charrette pour transporter le bagage, fer pour attiser le charbon.

FOURMY. — Fourmies, commune dans le dép. du Nord, arr. d'Avesnes. Vient de **fourmir,** trembler.

FOURMOY. — D'Ormoy, commune du dép. d'Eure-et-Loir, arr. de Dreux. **Formoir,** burin.

FOURNAISE. — De la Fournaise, seigneurie normande, érigée en 1634 pour Méliand. **Fournaise,** four où on allume un grand feu.

FOURNEAU. — Seigneurie de Normandie, érigée en 1740 pour Le Gendre, et com. du Calvados, de la Manche, de la Savoie et de la Loire. **Fourneau,** tas de petites bûches débitées dans les forêts, disposées avec art et en forme de cône surbaissé pour la préparation du charbon, haut fourneau pour fabriquer la fonte, petit four.

FOURNÉ. — Fournet, commune du Calvados, arr. de Pont-l'Evêque.. **Fourner,** mettre au four.

FOURNEL. — Seigneurie de Bretagne, érigée en 1600. **Fournel,** arcade.

FOURNERY. De **F**ormerie, commune du dép. de l'Oise, arr. de Beauvais. Vient de fornier, enfourner, cuire au four.

FOURNIER. — De Turny, commune du dép. de l'Yonne, arr. de Joigny. **F**ournier, qui a droit du four banal, qui en a le soin, boulanger, four.

FOURQUAIN. — De Fourquant, commune du dép. de Maine-et-Loire, arr. de Saumur. **F**ourquain, fourche.

FOURRÉ. — De Vourey, commune du dép. de l'Isère, canton de Rives. **F**ourrée, poire, et fouret, fourneau.

FOURRIER.—De Tourriers, com. de la Charente, arr. d'Angoulème. **F**ourrier, officier qui marquait les logements de ceux qui suivent la cour quand le roi voyage, fourrageur, pillard, munitionnaire, pourvoyeur, tailleur.

FOUTREAU. — D'Outreau, commune du Pas-de-Calais, arr. de Boulogne. **F**outreau, jeu de bourrique, à Montrelais et à Saint-Pierre-Quiberon.

FOY. — Seigneurie du Poitou, érigée en 1597 pour De **F**umé. **F**oyes, traces, vestiges, pistes de bêtes fauves.

FRADEL. — De Friardel, commune du Calvados, arr. de Lisieux. **F**redelle, bruit, vacarme.

FRADET. — De Froideville, commune du Jura, arr. de Dôle. **F**radet, fer d'une petite flèche, et la flèche qu'on mettait dans l'arbalète.

FRAIGNEAU. — De Fragnot, commune de la Côte-d'Or, arr. de Dijon. De **f**raigne, frêne.

FRAISE. — Village de Lorraine, arr. de Saint-Dié. **F**raise, coquillage de mer ressemblant à une fraise, outil des ouvriers en fer ou en laiton.

FRANC.—Francs, commune de la Gironde, arr. de Libourne, **F**ranc, brave, sain, noble, libre.

FRANCHE. — Commune de Normandie, arr. des Sables-d'Olonne. **F**ranche, foire normande qui commence à Caën le lendemain de la Quasimodo et qui dure quinze jours.

FRANCHÈRE. — De Francières, commune du dép. de la Somme, arr. d'Abbeville. De **franchier**, franc, libre.

FRANCHETEAU. — De Ranchette, commune du Jura, arr. de Saint-Claude. De **francheté**, franchise.

FRANCHEVILLE. Communes des dép. de l'Eure, de la Côte-d'Or, du Jura, de la Marne, de l'Orne.

FRANCIS. — Franey, dans la Franche-Comté, diocèse de Besançon. **Francis**, François.

FRANCISQUE. — De Francescas, commune du dép. de Lot-et-Garonne, arr. de Nérac. **Francisque**, arme faite en façon de hache, employée par les anciens Français.

FRANCŒUR De Francourt, commune du dép. de la Haute-Saône, arr. de Gray. De **francor**, qui vient des Francs.

FRANÇOIS. — Commune du dép. des Deux-Sèvres, arr. de Niort. **François**, franc, noble.

FRANCK, FRANQ. — Frencq, commune du Pas-de-Calais, arr. de Montreuil.

FRANQUELIN. — De Francleins, commune de la Haute-Savoie, arr. de Sainte-Julie.

FRANGER. — Commune du dép. de l'Indre, arr. de Châteauroux. **Franger**, garnir de frange, ouvrier qui fait de la frange.

FRANIER. — De Franey, commune du dép. du Doubs, arr. de Besançon.

FRANT. — Frans, commune du dép. de l'Ain, arr. de Trévoux.

FRANVILLE. De Franqueville, communes des dép. de la Somme et de l'Ain.

FRANVILLON. — De Francillon, commune du dép. de l'Aisne, arr. de Châteauroux.

FRAPPIER. — De Rapey, commune du dép. des Vosges, arr. de Mirecourt. **Frapier**, fuite, course tumultueuse, bruit, agitation.

FRAPPE. — De Trappes, commune de Seine-et-Oise, arr. de Versailles. **Frappe**, empreinte du balancier sur les espèces, en terme de monnaie, et **frape**, ruse, finesse, adresse.

FRASER. — Frazé, commune du dép. d'Eure-et-Loir, arr.

18

de Nogent. **Fraser** ou fraiser, palissader un retranchement, écosser, peler.

FRAY, FRAYE. — De la Fraye, en Picardie, diocèse d'Amiens. **Fray,** œufs de poisson mêlés à ce qui les rend féconds, bataille, combat.

FRÉCHETTE.—De Fréchet, commune de la Haute-Garonne, arr. de Saint-Gaudens.

FRÉCHOUX. — Communes des dép. de Lot-et-Garonne et des Hautes-Pyrénées.

FRÉDÉRIC. — Commune du dép. de la Haute-Saône, arr. de Lure. **Frédéric,** nom d'homme, monnaie d'or de Prusse.

FRÉDET. — De Trédrez, commnue des Côtes-du-Nord, arr. de Lannion. **Fredet,** bruit, vacarme.

FRÉGEAU, FRÉGEOT. — De Fruges, commune du Pas-de-Calais, arr. de Montreuil. **Frégeau,** de **frégel,** huche.

FRELAN. — Freland, commune du dép. du Haut-Rhin, arr. de Colmar. **Frelan,** myrte sauvage.

FRELAT.—De Treignat, commune de l'Allier, arr. de Mont luçon. **Frelas,** rhinante glabre, ou crête de coq.

FRELON. — Commune du dép. du Nord, arr. d'Avesnes. **Frelon,** insecte du genre des guêpes, fraise.

FRÉMONT. — Seigneurie de Normandie, érigée en 1557 pour De Frémont. **Fremont,** poire.

FRÉMOT. — De Tréméoc, commune du dép. du Finistère, arr. de Quimper. Dérive de **fremor,** bruit, vacarme.

FRÉMISSOT.—Des Tresses, commune du dép. de la Gironde, arr. de Bordeaux.

FRENEL.   Commune du dép. des Vosges, arr. de Mire court. **Frenelle,** instrument de maréchal.

FRÉNET, FRÉNETTE. — De Freneville, commune du dép. de la Somme, arr. d'Amiens. **Frainet,** châteaufort en Provence. Dérive de **fraxinetum,** bois de frêne.

FRENEUSE. — Communes de la Seine-Inférieure et de Seine-et-Oise. Vient de **frener,** réprimer, mettre un frein.

FRENIER.—De Freney, communes de la Savoie et de l'Isère. **Frenier,** fabricant de freins.

FRÈRE. — Frerre, seigneurie érigée en 1749, pour Poschet. **Frère,** enfants issus d'un même père et d'une même mère, ou d'un même père et de deux mères différentes, ou d'une même mère et de deux pères différents.

FRÉREAULT, FRÉROT. — De Fraroz, commune du Jura, canton de Nozeroy. **Frérot,** petit frère.

FRESCHET. — De Fréchède, commune des Hautes-Pyrénees, arr. de Tarbes. Vient de **fresche,** terre en friche.

FRESNAY.—Communes de la Loire-Inférieure et de l'Aube. **Fresnaye,** lieu planté de frênes.

FRESNE. — Fresnes, communes des dép. de la Côte-d'Or, de Loir-et-Cher, du Nord, de l'Yonne.

FRESNEL. — Commune du dép. des Vosges, arr. de Mirecourt. **Fresnel,** branche, rejeton, tronc de frêne.

FRESNIÈRE. — Commune du dép. de l'Oise, canton de Lassigny. **Fresnière,** lieu planté de frênes.

FRESSEL. — De Frausseilles, commune du dép. du Tarn, arr. de Gaillac. **Fressel,** frein.

FRESSE. — Fressé, sur la Moselle, dans le dép. des Vosges.

FRESVILLE. — Seigneuries en Normandie, dont la plus ancienne date de 1462. De **frevaille,** querelle, rixe.

FRETÉ. — De la Freté, seigneurie en Bretagne, érigée en 1696 pour De l'Isle. **Fretté,** emmaillotté, serré dans la frette, large et long ruban qui sert à tenir les langes bandées autour du corps de l'enfant. **Fretté** veut dire aussi équipé, gréé, rompu à toutes sortes de ruses, garni de frettes ou bandes de fer.

FRETON. — De Fretun, commune du Pas-de-Calais. **Freton,** petite monnaie d'argent.

FRÈVE. — De Trèves, commune du dép. du Gard, arr. du Vigan. Vient de **freu,** querelle.

FRICHE. — De la Riche, commune du dép d'Indre-et-Loire, arr. de Tours. **Friche,** terre non cultivée, mais qui pourrait l'être.

FRICHET. — De Richet, commune du dép. des Landes, arr. de Mont-de-Marsan. Vient de **fricher,** défricher.

FRICHON. — De Frizon, commune du dép. des Vosges, arr. d'Epinal. **Frichon**, frisson.

FRICOT. — De Tricot, commune du dép. de l'Oise, arr. de Clermont. **Fricot**, mets, ragout, festin, bonne chère; dans le patois de l'Isère, **frico** se dit d'un homme enjoué, gaillard.

FRIEZ. — De Riez, commune des Basses-Alpes, arr. de Digne. **Friez**, friche.

FRIGON. — De Trégon, commune des Côtes-du-Nord, arr. de Dinan. **Frigon**, frange.

FRILOUX. — De Tréloup, lieu du dép. de l'Aisne. **Friloux**, frileux.

FRIBAULT. — De Ribes, commune du dép. de l'Ardèche, arr. de Largentière.

FRISADE. — De Trisac, commune du Cantal, arr. de Mauriac. Vient de frisée, flambée, ou de **frise**, grosse étoffe de laine à poils frisés.

FRITERRE. — De Reterre, commune de la Creuse, arr. d'Aubusson. De **fritel**, friture.

FRODES. — De la Rode, dans le dép. des Bouches-du-Rhône.

FROGES. — Commune du dép. de l'Isère, arr. de Grenoble. Vient de **frogier**, produire des fruits.

FROGET. — De Tronget, commune de l'Allier, arr. de Moulins.

FROIDMANTEAU. — De Fromenteau, commune du dép. de Seine-et-Oise, arr. de Corbeil.

FROLIN.—De Fromelennes, commune du dép. des Ardennes, arr. de Rocroi. De **frôlée**, volée de coups.

FROM. — De Rom, commune du dép. des Deux-Sèvres, arr. de Melle. **Frome**, tas de fumier.

FROMAGE.—De Romange, commune du Jura, arr. de Dole.

FROMAGEAU.—De la Fromagerie, dans la Franche-Comté. **Fromageau**, petit fromage.

FROMENT. — De Fromente, baronnie du Bugey. **Froment**, le meilleur et le plus gros de tous les grains, vivres.

FROMENTEAU. — Château d'Agnès Sorel, près de Villiers,

et un autre près de Neuvy-Saint-Sépulcre, dans le dép. de l'Indre, et seigneurie de Bretagne. **Fromenteau**, graminée à épi lâche qui croit sur les bords de la Loire.

FRONSAC. — Bourg de la Gironde, arr. de Libourne, et duché-pairie sur la Dordogne, érigé en 1634 pour Richelieu. De **fronce**, ride.

FRONTIGNAN. — Ville du Languedoc, dép. de l'Hérault. De **frontier**, fortifié de tous côtés.

FRONTIGNY. — Seigneurie de Bretagne, érigée en 1650 en faveur de Guérin.

FROSA. — De Roussas, commune de la Drôme, arr. de Montélimar. De **frost**, terre inculte et abandonnée.

FRUITIER. — Du **Frety**, commune des Ardennes, arr. de Rocroi. **Fruitier**, jardinier, marchand de fruits, officier qui dans les maisons royales avait soin du fruit, traité sur les fruits, usufruitier.

FRY. — Commune du dép. de la Seine-Inférieure, arr. de Neufchâtel. De **fréir**, être effrayé.

FUGÉRE. — De Figère, commune du dép. de l'Ardèche, arr. de Largentière.

FUMAS. — De Limas, commune du Rhône, arr. de Villefranche. **Fumat**, raie, poisson.

FUMEAU. — De Fismes, commune du dép. de la Marne, arr. de Reims. **Fumeau**, femelle, haleine, souffle, respiration.

FURE. — Fures, lieu du dép. de l'Isère, dans la commune de Tullins. **Fur**, son, résidu de mouture, valeur.

FURLAT. — De Forclaz, commune de la Haute-Savoie, arr. de Thonon.

FURLONG. — De Surmont, commune du dép. du Doubs, arr. de Baume-les-Dames. **Furlong**, mot anglais pour désiguer une certaine mesure de terre.

FUROIS. — D'Oroix, commune des Hautes-Pyrénées, arr. de Tarbes. Vient de **furier**, se livrer à la fureur.

FUSEAU. — De Sus, commune des Basses-Pyrénées, arr. d'Orthez. De **fuse**, futaine.

FUTEAU. — Commune du dép. de la Meuse, arr. de Verdun. Dim. de **fut**, vaisseau rond où l'on met le vin.

FUTRIER. De Sutrieu, commune du dép. de l'Ain, arr. de Belley.

FYDY. — De Tudy, île du Finistère, arr. de Quimper. De **fides, fidei,** foi.

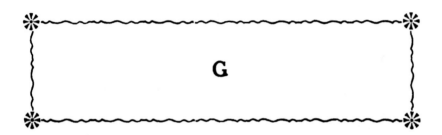

G

GABARET. — Commune du dép. des Landes, arr. de Mont-de-Marsan. **Gabaret** vient de **gabare,** bateau plat employé sur les côtes et rivières de la Guienne.

GABATIER. — De Gabat, commune du dép. des Basses-Pyrénées, canton de Saint-Palais. Vient de **gab,** moquerie, plaisanterie.

GABORIAU. — De Cabariot, commune de la Charente-Inférieure, arr. de Rochefort. **Gaboriau** vient de **gabort,** bordage près de la quille.

GABOURY De Cabris, commune des Alpes-Maritimes, arr. de Grasse. **Gaberie,** plaisanterie, facétie.

GABRIEL. — Commune du Calvados, arr. de Caen. **Gabriel,** nom d'homme.

GABRION. — De Cambron, commune du dép. de la Somme, arr. d'Abbeville.

GACHÉ. — D'Achey, commune du dép. de la Haute-Saône, arr. de Gray. De **gache,** eau, ou de **gace,** marais.

GACHINIAC. D'Yffiniac, commune des Côtes-du-Nord, arr. de Saint-Brieuc. Vient de **gâchie,** jacherie.

GADBOIS. — D'Arbois, commune du dép. du Jura, arr. de Poligny. Vient de **gade,** vase de bois, chèvre.

GADEBIN. — D'Arbin, commune de la Savoie, arr. de Chambéry.

GADIOU.—D'Ardilleux, commune du dép. des Deux-Sèvres, arr. de Melle.

GADORY, GADOURY. D'Adour-Embouchûre, lieu des Basses-Pyrénées, dans la commune d'Anglet.

GADOUAS. — De Saudoy, commune du dép. de la Marne, arr. d'Epernay. **Gadoues,** eau sale et bourbeuse.

GAFFÉE. — De Saffais, commune de Meurthe-et-Moselle, arr. de Nancy. **Gaffée,** morsure de chien, et **gaffer,** accrocher avec la gaffe.

GAGE. — Seigneurie de Bretagne, érigée en 1650, en faveur de Berthelot. **Gage,** caution.

GAGNÉ. — De Gagny, commune du dép. de Seine-et-Oise, arr. de Pontoise.

GAGNERIE.—De Gangnerie, dans le dép. de Maine-et-Loire, village de la Pommeraye. **Gagnerie,** gain, profit, fruits de la terre, terre labourable, labourage, pâturages, métairie.

GAGNIER. — V. Gagné. **Gaignier,** laboureur.

GAGNON. — De Gueugnon, com. du dép. de Saône-et-Loire, arr. de Charolles. **Gagnon,** chien, mâtin.

GAIET. — Gayet, commune de la Dordogne, arr. d'Epernay. **Gaiet,** dim. de gai, **gaiete,** jais, et **gaite,** sentinelle,

GAIGNARD. — De Gahard, commune d'Ille-et-Vilaine, arr. de Rennes. **Gaignard,** voleur, pillard.

GAIGNIER. — D'Aigné, commune du dép. de la Sarthe, arr. de Mans. Vient de **gaigne,** gain, butin.   e

GAIGNON.—De Saignon, commune du dép. de Vaucluse, arr. d'Apt. **Gaignon,** chien de basse-cour, les petits des animaux, cheval.

GAILLARD. — Commune de la Haute-Savoie, arr. de Saint-Julien, et village proche des Andélys, en Normandie. On a fait dériver ce mot de **gal,** luxurieux. Le vieux mot français **gale** se disait pour réjouissance, fête, divertissement. Un gaillard est une espèce de fou, dit Ménage. C'est aussi le nom donné aux bœufs de robe blanche.

GAILLARDBOIS. — Commune du dép. de l'Eure, arr. des Andélys.

GAILLON. — Communes des dép. de l'Eure, et de Seine-et-Oise. Gaillon, gâteau fait d'une pâte claire, dans laquelle on met des fruits confits par morceaux et qu'on fait cuir au four sur une feuille de chou.

GAIN. — De Sains, commune d'Ille-et-Vilaine, arr. de Saint-Malo. Gain, profit, fruits d'un champ, automne, pillage, butin capturé, ramage des oiseaux, herbe qui repousse après la fauchaison.

GAJAU. — De Gajac, commune de la Gironde, arr. de Bazas.

GALAND. — Galan, commune des Hautes-Pyrénées, arr. de Tarbes. Galant, honnête, loyal, hardi.

GALARD. — De Sahorre, commune des Pyrénées-Orientales, arr. de Prades.

GALARNEAU, GALERNEAU. — De Salernes, commune du dép. du Var, arr. de Draguignan. Vient de galernée, pluie froide.

GALESSE, GALAISE. De Galèz, commune des Hautes-Pyrénées, arr. de Tarbes. Galesce, la lieue de Bretagne.

GALESSAQUIN. — De Guerlesquin, commune du Finistère, arr. de Morlaix.

GALET. — Seigneurie de Picardie érigée en 1600 pour De Lattaignant. Galet, bord de la mer, joyeux compagnon, jarret du cheval. De l'hébreux galed, dur.

GALBERT. — De Salbert, commune dans le Territoire de Belfort. Vient de l'italien garbe, pourpoint.

GALBRUN. — De Galembrun, lieu du dép. de la Haute-Garonne. Galebrun, étoffe commune de couleur foncée.

GALIBERT. — D'Albières, commune du dép. de l'Aude, arr. de Carcassonne.

GALIBOIS. — D'Auboué, commune du dép. de Meurthe-et-Moselle, arr. de Briey. Galibot, ouvrier qui travaille dans les mines.

GALLIEN. — De Callian, commune du dép. du Gers, arr. d'Auch. Gallien, qui vient de Gaule.

GALIPAULT. — De Gap, ville des Hautes-Alpes. Galipot, résine liquide ou térébenthine grossière qui sort du pin par incision et non cuite. En normand, **pot** signifie moue, **gali** en est le préfixe péjoratif.

GALLAIS. — Gallet, commune du dép. de l'Oise, canton de. Crévecœur. **Gallais** vient du bas-breton **gall**, peste, galle, ou de l'irlandais **gall**, rocher, pierre.

GALLIAU. — D'Alliat, commune du dép. de l'Ariège, arr. de **Foix. Galliot**, plante aquatique appelée aussi benoîte, nom donné aux chantres et aux vicaires surnuméraires à l'église de Saint-Pierre de Lille.

GALLOUDEC, GALLOUDET. — De Gallodet, seigneurie du Gâtinais, érigée en 1600. **Galloudet**, en bas breton, sigui-fie le fort. Dans le vieux français, **galou** voulait dire endroit où l'on parle le français.

GALOCHEAU.—De Saleich, commune de la Haute-Garonne, arr. de St-Gaudens. **Galocheau,** dim. de galoche, écolier, promeneur.

GALOP. — D'Allos, commune du dép. des Basses-Alpes, arr. de Barcelonnette. **Galop,** monnaie.

GALUCCIA. — De Luchat, commune de la Charente-Infé-rieure, arr. de Saintes. **Galluchat,** peau de chien marin employée en gainerie. Vient de **galluche,** terrain pier-reux et inculte.

GAMACHE.—Communes des dép. de l'Eure et de la Somme. **Gamache,** sorte de bas qui ressemblent à des bottes en toile, dont on se sert pour se protéger contre la boue. Corruption de l'allemand **kamaschen,** que l'on retrouve dans le patois breton.

GAMAR. — Gamard, commune du dép. des Landes, arr. de Dax. Vient de **gamas,** fêtes.

GAMBEAU. — De la Cambe, commune du Calvados, arr. de Bayeux. **Gambeau,** dim. de **gambe,** jambe, gambet, croc-en-jambe.

GAMELIN. — De Camelin, commune du dép. de l'Aisne, arr. de Laon. Dérive de **gamel,** gamelle, ou de **gameles,** sorte de navire, fleur d'avoine.

GAMOY. — Gamois, village de Bourgogne, et cépage du même lieu. Vient du vieux français **game,** qui signifie esprit, capacité, ou de **gamais,** joug.

GANDON. D'Andon, commune du dép. des Alpes-Maritimes, arr. de Grasse. Vient de **gandir,** fuir, se sauver.

GANET. — De Canet, communes des dép. des Pyrénées-Orientales, et de l'Aude. **Ganet,** petit gamin.

GANIER. — De Canny, commune du dép. de l'Oise, arr. de Compiègne.

GANNAT. — Commune du dép. de l'Allier.

GANNERY. V. Gagnery. **Gaignerie,** labourage, métier.

GANT. — Gan, commune des Basses-Pyrénées, arr. de Pau. **Gant,** droit du seigneur dans les mutations de fiefs.

GANTEREL. — De Chanterelle, commune du dép. du Cantal, ar. de Murat. **Ganterel,** gantelet.

GANY. — Baronnie dans le Vexin normand, diocèse de Rouen.

GARAND. — De Saran, commune du dép. du Loiret, arr. d'Orléans. **Garant,** garantie, défense, répondant, caution, sûreté, témoin. Dérive de **war,** barrage, ou de **waren,** soigner, prendre garde.

GARANDIÈRE. — De la Garantière, seigneurie de Normandie, érigée en 1679 pour de Boismillon. Vient de **garande,** refuge, lieu de sûreté.

GARAU, GAREAU, GAROT. De Garos, commune des Basses-Pyrénées, arr. d'Orthez. **Garaud,** qui ne marche pas d'aplomb, qui a les jambes arquées. **Gareau,** de couleur bariolée. **Garot,** petit pain de blé.

GARCEAU. — De Sarceau, commune du dép. de la Côte-d'Or, arr. de Dijon. Vient de **garcée,** mesure pour les grains.

GARDET — Gardais, ancienne commune minière à **Thiron,** dans le pays chartrain, dép. d'Eure-et-Loir. De **garde,** guet, tuteur, carde, métairie.

GARDINELLE. — De Salinelles, commune du dép. du Gard, arr. de Nîmes. **Gardinel,** dim. de **gardin,** jardin.

GARDY. — Gardie, commune du dép. de l'Aube, arr. de Limoux. De garde, métairie.

GARÉ. — De Garrey, commune du dép. de la Haute-Marne, arr. de Langres. **Garez,** moisson, jarrets, et **garet,** terre moissonnée.

GAREMAN. — De Caraman, commune de la Haute-Garonne, arr. de Villefranche. Vient de **gare**, embûche.

GARENNE. — Seigneurie du Berry, érigée en 1581 pour Durbois. **Garenne**, bois ou bruyère où il y a beaucoup de lapins, lieu réservé pour la chasse, étang, rivière où la pêche est défendue, partie d'une rivière, asile, enclos.

GARIE. — Seigneurie de Bourgogne, érigée en 1696 pour De Puyferré. **Gari**, monnaie des Indes-Orientales.

GARIÉPY. — De Carrépuis, commune du dép. de la Somme, arr. de Montdidier. Dérive de l'islandais **gary**, jardin.

GARIGUE. — Garrigue, communes des dép. de l'Hérault et de Tarn-et-Garonne. **Garrigue**, plaine, lande, friches couvertes de broussailles, tortue terrestre.

GARIGOU, GARIGOUR. — De Garéoult, commune du dép. du Var, arr. de Brignoles.

GARINET. — De Carnet, commune du dép. de la Manche, arr. d'Avranches. **Garin**, accompagné de prendre, se dit pour décamper.

GARION, GARRION. — De Gorron, commune du dép. de la Mayenne. **Garignon**, sorte d'osselet. Dérive de **garrie**, guéret.

GARNAUD, GARNAULT. — Du Garn, commune du dép. du Gard, arr. d'Uzès.

GARNEAU. — Garneau, commune de la Saintonge, diocèse de Saintes, parlement de Bordeaux. Vient de **garne**, synonyme de **carne**, mauvaise viande.

GARNIER. — D'Arnières, commune du dép. de l'Eure, arr. d'Evreux. De **garnil**, petite seine.

GARON.—Garons, commune du dép. du Gard, arr. de Nimes. **Garon**, poisson de mer long comme le doigt, appelé **picarel** en Languedoc, parcequ'il pique la langue, lorsqu'il est desséché et salé. **Garon**, saumure.

GARREAU. — D'Arreau, commune des Hautes-Pyrénées, ar. de Bagnères. **Garreau**, taureau pie.

GARZEAUX. — De Sarzeau, commune du Morbihan, arr. de Vannes. Vient du bas-breton **garz**, haie.

GASCHER.—D'Aschères, commune du Loiret, arr. de Pithivier. V. Gaché. De **gasche**, aviron.

GASCHET. D'Achiet, commune du Pas-de-Calais. arr. d'Arras. **Gâchette,** morceau de fer coudé, d'où dépend le mouvement de la platine, dans un fusil.

GASCON. — De Gacogne, commune du dép. de la Nièvre, arr. de Clamecy. **Gascon,** de la Gascogne, poisson appelé aussi saurel.

GASGNIER. — De Gasgny, commune du dép. de l'Eure, arr. des Andélys.

GASPARD. — Commune du dép. de l'Aveyron, arr. d'Espalion.

GASSE. — Gas, commune du dép. d'Eure-et-Loire, arr. de Chartres. Dérive de l'irlandais **gasse,** vallée, serrure chaîne.

GASSEAU. D'Assat, commune des Basses-Pyrénées, arr. de Pau. Vient de **gace,** marais.

GASTEAU. — Seigneurie de Normandie, érigée en 1463 pour Malherbes. **Gasteau,** gâteau, vient de **gaste,** terre stérile, inculte.

GASTELIER.—D'Astillé, commune de la Mayenne, arr. de Laval. **Gâtelier,** sorte de poire, le poirier qui la produit, pâtissier, marchand de gâteaux.

GASTIGNON. — D'Assions, commune du dép. de l'Ardèche, arr. de Largentière. Dérive de **gast,** pays ravagé, inculte, solitude.

GASTINEAU. De Gastines, communes de la Mayenne et de la Sarthe. De **gâtine,** terre vaine, vague et inculte, minéral qui se trouve dans les mines de fer.

GASTONGUAY.—V. Castonguay. **Gaston,** poutre, gros morceau de bois.

GATÉ. — Gastey, commune du dép. du Jura, arr. de Dole. **Gatée,** le contenu d'une jatte ou gate, et **gasté,** gâteau.

GATIEN. — Commune du Calvados, canton d'Honfleur. **Gatien,** nom d'homme.

GATIN. — De Gastins, commune du dép. de Seine-et-Marne, arr. de Provins. **Gastin,** terre en friche.

GAUCHER. — De Gauchy, en Picardie, diocèse de Noyon. **Gaucher,** fouler les draps.

GAUDAIS. — V. Gaudet. Dérive de **gaud,** forêt.

GAUDARD. De Gaudehart, commune du .dép. de l'Oise, arr. de Beauvais. De **gauder,** se réjouir.

GAUDARVILLE. — De Goderville, commune de la Seine-Inférieure, arr. du Havre.

GAUDÉ, GAUDET. — De Goudet, commune de la Haute-Loire, arr. du Puy. **Gaudé,** sorte d'antienne. **Gaudet,** vaisseau de terre, aiguière, têtard de grenouille. Dérive de gauder, se réjouir. **Gaudete,** qui aime le plaisir.

GAUDICHEAU De Gardouch, commune de la Haute-Garonne, arr. de Villefranche. Vient de **gaudie,** joie, plaisanterie.

GAUDIN. — Gaudent, commune des Hautes-Pyrénées, arr. de Bagnères. **Gaudin,** brigand qui vit dans les bois, chant qui commence par un **gaudeamus,** une oie.

GAUDON. — De Goudon, commune du dép. des Hautes-Pyrénées, arr. de Tarbes.

GAUDREAU, GAUDROT. — De Caudrot, commune du dép. de la Gironde, arr. de La Réole. Vient de **gaudrer,** salir, couvrir de boue.

GAUDRI, GAUDRY. — De Caudry, commune du dép. du Nord, arr. de Cambrai. V. Gaudreau.

GAUDRIOLE. — D'Auriolles, commune du dép. de la Gironde, arr. de La Réole. **Gaudriole,** propos libre, plaisauterie.

GAUDRON. — De Cauderon, commune du dép. de la Gironde, arr. de Bordeaux. **Godron,** goudron.

GAUFRETEAU.—D'Auffreville, commune du dép. de Seine-et-Oise, arr. de Nantes. **Gaufreteau** dim. de **gaufre,** rayon de miel.

GAUGLY. — De Gognies, commune du dép. du Nord, arr. d'Avesnes. De **gogullu,** fat, présomptueux.

GAUJOUX. D'Aujols, commune du dép. du Lot, arr. de Cahors.

GAULIS. — De Coly, commune de la Dordogne, arr. de Sarlat. **Gaulis,** en terme de vénérie, se dit d'une même branche d'arbre que les veneurs plient ou détournent dans le fort du bois, jeune bois.

GAUMONT. — Gomont, commune des Ardennes, arr. de Réthel.

GAURON. — De Coron, commune de Maine-et-Loire, arr. de Saumur. De **gaure**, qui dérive de l'hébreu **gour**, voyager, demeurer dans une terre étrangère.

GAULET. — Commune des Pyrénées-Orientales, arr. de Prades. **Gaulette**, petite gaule, **gaulée**, mesure de terre. Dérive de **gualt**, bois, forêt.

GAULIN. — D'Olemps, commune du dép. de l'Aveyron, arr. de Rodez. Dérive de **gaule**, grande perche, houssine.

GAUSAIN, GAUSSAIN. — Commune des Hautes-Pyrénées, arr. de Bagnères. **Gaussant**, désagréable.

GAUSE. — De Causses, commune du dép. de l'Hérault, arr. de Béziers. **Gausse**, gousse.

GAUVREAU. — De Gavres, commune du dép. du Morbihan, arr. de Lorient. **Gauvreau**, vient de **gavre**, droit de fief d'une certaine quantité, droit de seigneur, gosier, gorge.

GAVAHAN. — D'Avajan, commune des Hautes-Pyrénées, arr. de Bagnères.

GAVERAN.—D'Avéran, commune des Hautes-Pyrénées, arr. de Tarbes.

GAVIGNON. — D'Avignon, ville du dép. de Vaucluse. **Gavillon**, joie, ivresse.

GAY. — Gaye, commune du dép. de la Marne, arr. d'Epernay. **Gay**, geai, hareng qui n'a ni laite ni œuf. Dérive du basque **gay**, adroit, habile, ou du gallois **gay**, forêt.

GAYET. — Lieu de la Dordogne, dans la commune de Ribérac. **Gayet**, dim. de **gay**, geai.

GAYT. — V. Guète.

GAZAILLE. — De Gazave, commune du dép. des Hautes-Pyrénées, arr. de Bagnères. **Gazaille**, contrat, qui est un louage de bétail de labourage.

GAZAL. — De Cazals, commune du dép. du Lot, arr. de Cahors.

GAZE. — Lieu du dép. de l'Isère, à 2 lieues de la Tour-du-Pin. **Gaze**, espèce d'étoffe, tissu léger de fil ou de soie. Dérive du vieux français **gaze**, trésor, ou de l'hébreu **gaze**, qui signifie fort, fortifié.

GAZELETE. — D'Azolette, commune du dép. du Rhône, arr. de Villefranche. V. Gazelle.

GAZELLE. — Gazèle, lieu du dép. de Lot-et-Garonne, dans la commune de Saint-Antoine. **Gazelle,** bête fauve, fort légère à la course, truie. Dérive de l'arabe **algazel,** chèvre.

GAZELIER. — De Cazalis, communes des dép. de la Gironde et des Landes. **Gazelier** vient de l'anglais **gaselier,** lustre à gaz.

GAZON. — De Cazan, lieu du dép. des Bouches-du-Rhône, dans la commune de Vernègues. **Gazon,** herbe fine, motte de terre carrée. Dérive du persan **gazen,** richesse.

GEAUMONT.—De Céaulmont, commune du dép. de l'Indre, arr. de La Châtre. Vient de **geau,** gelée.

GEAUX. — De Ceaux, commune du dép. de la Manche, arr. d'Avranches.

GEAY. — Communes dans les dép. des Deux-Sèvres et de la Charente-Inférieure. **Geai,** personne ridicule, et **jaye,** prison, cage.

GEIZE. — De Gez, commune du dép. des Hautes-Pyrénées, canton et arr. d'Argelez. **Gesse,** gouttière.

GELBERT.—De Guéhebert, commune du dép. de la Manche, arr. de Coutances. De **gele,** gelée ou **gelle,** mesure de vin.

GELÉ, GELEY. — De la Gelie, lieu dans le dép. de la Dordogne, commune de Ladouze. **Gelé,** glacé, froid.

GELIN. — De Gellin, commune du dép. du Doubs, arr. de Pontarlier. De **géline,** poule, poulailler.

GÉLINAS. — De Gellinas, dans l'Armagnac, diocèse d'Ault. **Gelinat,** poulet.

GÉLINAUD.—De Séligney, commune du Jura, arr. de Dole.

GÉLY.—Commune du dép. de l'Hérault, canton de Matelles. **Gélis,** bois fendus par la gelée. Les fentes sont appelées **gélioures** et **gélissures.**

GEMERIAS. — De Sémeries, commune du dép. du Nord, arr. d'Avesnes.

GEMS. — Gemme, commune de la Charente-Inférieure, arr. de Saintes. **Geme,** poix, résine, et **gemme,** terre glaise, bourgeons placés sur le rameau principal de la **vigne.**

GENAPLE. Genape, bourg des Pays-Bas espagnols, en Brabant.

GENDRAS. — De Cendras, commune du dép. du Gard, arr. d'Alais. Dérive du latin gener, gendre, rejeton.

GENDREAU. — Du Cendre, commune du Puy-de-Dôme, arr. de Clermont-Ferrand. V. Gendras.

GENDRON. — De Tendron, commune du dép. du Cher, arr. de Saint-Amand-Mont-Rond.

GENÉ.—Commune du dép. de Maine-et-Loire, arr. de Segré. **Genée,** genêt, botte de genêt.

GÉNÉREUX.—De Generest, commune des Hautes-Pyrénées, arr. de Bagnères-de-Bigorre. **Généreux,** qui a l'âme grande et noble, magnanime, forte.

GENETEAU. — D'Ennezat, commune du dép. du Puy-de-Dôme, arr. de Riom. De **genetai,** champ de genêt.

GENETTE.—Des Genettes, commune du dép. de l'Orne, arr. de Mortagne. **Genette,** chat d'Espagne, espèce de fouine, et en terme de manège, mors dont la gourmette est d'une pièce et faite d'un grand anneau, mis et arrêté au haut de la liberté de la langue, cavalier monté sur un genêt.

GENÉS. Commune des dép. du Puy-de-Dôme et de la Gironde. **Genée,** genêt.

GENEST, GENET. — Communes des dép. de la Manche et de la Vienne. **Genest,** arrisseau à fleurs légumineuses, cheval d'Espagne, de petite taille.

GÉNOIN. — D'Henuin, dans le Pas-de-Calais, commune d'Audruick. **Génoin,** de **genne,** mare de raisin.

GÉNOIS. — D'Annois, commune du dép. de l'Ain, arr. de Saint-Quentin. **Génois,** de **génoir,** engendrer. **Génois,** qui est de Gênes.

GENONZEAU.—De Senonges, commune du dép. des Vosges, arr. de Mirecourt.

GENOU. — Commune du dép. de l'Indre, canton de Buzançais. **Genou,** tête chauve.

GENSSE. — Gens, commune dans le Béarn, ancien diocèse de Lascar. **Gens,** homme, personne, les bonnes gens. .

GENTIL. — De Gentilles, com. de Picardie, arr. d'Amiens. **Gentil,** chien appelé allant, espèce de faucon.

GENTILLY.—Commune du dép. de la Seine, arr. de Sceaux. **Gentilly,** tulipe rouge et blanche. **Gentilie,** noblesse.

GENU, GENUSSE. — De Senuc, commune des Ardennes, ar. de Vouziers. **Genusse,** passage étroit, trou dans un mur, jour de cave.

GEODOIN. — De Jodoigne, ville du Brabant, sur la Gette. De **geode,** pierre métallique, astringente et dessiccative.

GEOFFRION. — D'Offrethun, com. du Pas-de-Calais, arr. de Boulogne.

GEOFFROY.—D'Offroicourt, com. du dép. des Vosges, arr. de Mirecourt. **Geoffroy,** nom d'homme, tiré de Godefroy.

GENTÉS. — Genté, commune du dép. de la Charente, arr de Cognac. De **genté,** jante, en charronnerie.

GEORGES. — Commune de Bourgogne, près de Rodez. **Georges,** nom d'homme.

GEORGET. — De Sorgeat, commune de l'Ariège, arr. de Foix. **Georget,** nom d'homme, dim. de Georges, est une sorte de casaque, une teinture bleue.

GÉRARD. — Lieu du dép. de l'Ille-et-Vilaine, dans la commune de Montreuil. V. Girard.

GERBERT De Cerbères, commune des Pyrénées-Orientales, arr. de Céret. De **gerber,** engerber, voler des gerbes.

GÉRIN. — Commune dans le Bas-Armagnac, diocèse d'Auch, parlement de **Toulouse.**

GERMAIN. Commune du dép. d'Ille-et-Vilaine, arr. de Fougère. **Germain,** vient de **ger** et de **man. Ger,** signifie trait, guerre, et **man,** homme fort. **Germin,** germe.

GERMANO. — De Sermano, commune du dép. de la Corse, arr. de Corte.

GERNY. — Commune du dép. de l'Aisne, canton de La Capelle.

GERO. — Gerrots, commune du dép. du Calvados, canton de Cambremer.

GEROUT. — De Serouville, commune du dép. de Meurthe-et-Moselle, arr. de Briey.

GERVAIS. De Gerbaix, commune de la Savoie, arr. de Chambéry.

GERVAISE. — De Geraise, com. du Jura, arr. de Poligny.

GESSERON. — De Jasseron, commune du dép. de l'Ain, arr. de Bourg. **Gesseron,** vient de **gesse,** gouttière.

GETS. — Les Gets, commune de la Haute-Savoie, arr. de Bonneville. **Gets,** entraves pour les pieds d'un oiseau.

GEVRON. — De Javron, commune du dép. de la Mayenne.

GEY. — Gez, bourg des Hautes-Pyrénées, arr. d'Argelez.

GIARD. — De Gigors, commune du dép. des Basses-Alpes, arr. de Sisteron. **Giarre** ou jarre, cruche où l'on conserve de l'eau douce sur la mer.

GIASSON. — De Liausson, commune du dép. de l'Hérault, arr. de Lodève. **Giasson,** vient du verbe **chiasser,** pousser des rameaux inutiles en parlant des arbres.

GIBAUD, GIBAULT. — Gibeau, lieu de la Charente-Inférieure, dans la commune de Fouilloux, et Gibaut, seigneurie de Picardie. **Gibaut,** sorte de serpe, instrument pour arracher les herbes.

GIBERNE. — De Gibourne, commune de la Charente-Inférieure, canton de Matha. **Giberne,** sac qui servait aux gens de guerre pour mettre des grenades.

GIBOIN. — De Gien, ville du Loiret. **Giboin** vient de **giboi,** chasse.

GIBOIRE. — De Ciboure, commune des Basses-Pyrénées, arr. de Bayonne. De **giboyer,** aller à la chasse.

GIBOULEAU. — De Gibles, commune du dép. de Saône-et-Loire, ar. de Charolles. Vient de **giboulée,** ondée de pluie subite.

GIBOULON. — De Boulon, commune du Calvados, arr. de Falaise.

GIDE. — De Chiddes, communes des dép. de la Nièvre et de Saône-et-Loire. **Gide,** guide.

GIFFARD. — De Rochegiffart, seigneurie de Bretagne, érigée en 1650 pour la Chapelle. **Gifart,** joufflu.

GIGAUDIER. — De Gaudiès, commune du dép. de l'Ariège, arr. de Pamier.

GIGAULT. — Du Gault, commune du dép. de Loir-et-Cher,

arr. de Vendôme. **Gigault**, gigot, pièce de monnaie, le liard, sorte de clou, cuisse, hanche, jambe.

GIGNAC. — Commune du dép. de l'Hérault, arr. de Lodève, et commune du dép. du Lot, arr. de Gourdon.

GIGNARD. — De Gignat, commune du Puy-de-Dôme ,arr. d'Issoire.

GIGON. — D'Igon, commune des Basses-Pyrénées, arr. de Pau. **Gigon**, grosse jambe.

GIGUERE. — De Gières, commune du dép. de l'Isère, arr. de Grenoble. De **giguer**, folâtrer.

GIGUET. — De Siguer, commune du dép. de l'Ariège, arr. Foix.

GIGUER. — De Vihiers, commune du dép. de la Seine-Inférieure. arr. de Neufchâtel.

GILAUDÉ. — De Sicaudais, lieu de la Loire-Inférieure, commune d'Arthon.

GILBERT, GILIBERT. — De Vilbert, commune de Seine-et Marne, arr. de Coulommiers. **Gilbert** signifie témoin illustre, coupe-bourgeon, insecte coléoptère. Dérive de l'allemand **geisil**, témoin, et de **bert**, illustre. **Gillebers**, agrément, adhésion.

GILL. — Gilles, commune du dép. d'Eure-et-Loir, canton d'Anet. **Gille**, supercherie.

GILLES. — V. Gill. **Gilles**, espèce de grand épervier, paillasse, pierrot, clown, jeu de cartes.

GILET. — Commune des Alpes-Maritimes, arr. de Puget-Théniers. **Gilet**, camisole sans manches que l'on met par-dessus ou par-dessous la chemise.

GILLIET. — De Jullié, commune du dép. du Rhône, arr. de Villefranche.

GILLOT. — De Julos, commune des Hautes-Pyrénées, arr. d'Argelès.

GIMBAL. — De Lamballe, commune des Côtes-du-Nord, arr. de Saint-Brieuc.

GINARD. — De Sinard, commune du dép. de l'Isère arr. de Grenoble. Vient de **gineor**, ingénieur.

GINCHEREAU. — De Lanchères, commune du dép. de la Somme, arr. d'Abbeville.

GINGO.—De Lingostière, dans les Alpes-Maritimes. Dérive du bas breton **gin**, blanc, beau, ou du gallois **gin**, auteur, ou de l'irlandais **gin**, coin, vieux.

GINGRAS.—De Langoat, com. des Côtes du Nord, arr. de Lannion. **Gingras**, nom que les Phéniciens donnaient dans leur langue à Adonis. V. Gingo.

GINGREAU, GINGROS De Vingrau, commune du dép. des Pyrénées-Orientales, arr. de Perpignan.

GINIER. — De Liniers, commune du dép. de la Vienne, arr. de Poitiers.

GINON. — De Vinon, commune du dép. du Cher, arr. de Sancerre.

GIPOULON. De Viplaix, commune du dép. de l'Allier, arr. de Montluçon. De **gip**, gypse, plâtre.

GIRARD. — De Vira, commune des Pyrénées-Orientales, arr. de Perpignan. Les Girards, seigneurie du Berry, érigée en 1734 pour De Lestang. **Girard**, corruption de Gérard. Vient du latin **gerardus**, fait de l'allemand **geren**, qui signifie désirer. Gérard voudrait dire désir, **desiderius**, ou Didier. **Gérard**, nom vulgaire de la mâche.

GIRARDEAU, GIRARDOT. — De Jard, commune de la Vendée, arr. des Sables-d'Olonne. Dérive du grec **guros,** tour.

GIRARDIE. — De Lardy, commune du dép. de Seine-et-Oise, arr. d'Etampes.

GIRARDIER. — De Lardiers, commune des Basses-Alpes, arr. de Forcalquier.

GIRARDIN. — De Jardin, commune du dép. de l'Isère, arr. de Vienne.

GIRAU, GIROT. — Giro, terre dans le Berry, et Ger, com. de la Manche, arr. de Mortain.

GIRAUDÉ. — De la Giraudais, seigneurie de Bretagne, érigée en 1668 pour De Castel.

GIRAUDEAU, GIRAUDOT. — De Géraudot, commune du dép. de l'Aude, arr. de Troyes.

GIROGUE. — De Sirod, commune du dép. du Jura, arr. de Poligny.

GIROIR. D'Yrouerre, commune du dép. de l'Yonne, arr. de Tonnerre.

GIROTHÉ. — De Citers, commune de la Haute-Saône, arr. de Lure.

GIROU, GIROUX. — Lieu du Puy-de-Dôme, dans la com. d'Olliergues, et Giroux, commune du dép. de l'Indre, arr. d'Issoudun.

GIROUARD. — Commune de la Vendée, arr. des Sables-d'Olonne.

GIVOC. — De Gilhoc, commune de l'Ardèche, arr. de Tournon. Vient de **give,** sorte d'entrave.

GLADEL. — De Gardelle, communes des dép. du Lot et de la Haute-Garonne, arr. de Castelsarrazin.

GLADU, GLANDU. — D'Andelu, commune du dép. de Seine-et-Oise, arr. de Mantes. Vient de **glander,** produire des glands.

GLAMARD. — De Clamart, commune du dép. de la Seine, arr. de Sceaux. Vient de **glomerer,** rassembler.

GLANDON. — Commune de la Haute-Vienne, arr. de Saint-Yrieix.

GLAUMONT. — De Clémont, commune du dép. du Cher, arr. de Sancerre. Vient de **gloume,** enveloppe de la fleur des pommiers.

GLENE. — Glenay, commune du dép. des Deux-Sèvres, arr. de Bressuire. **Glenée,** ou **galenée,** porche d'une église, auvent placé en avant de la porte principale d'entrée.

GLINIEL. — D'Inguiniel, commune du Morbihan, arr. de Lorient.

GLINO. — De Glun, commune du dép. de l'Ardèche, arr. de Tournon.

GLORIA. — De Gluiras, commune du dép. de l'Ardèche, arr. de Privas. **Gloria,** addition d'eau-de-vie à la tasse de café.

GLORY. — D'Orist, commune du dép. des Landes, arr. de Dax. **Glory,** gloire. Vient de l'anglais.

GLORGET. — D'Orgeix, commune de l'Ariège, arr. de Foix. **Gloriette,** pavillon de verdure dans un jardin, chambre sur un navire, petite boucherie, prison, cage.

GLOUMELON. — De Sommelonne, commune du dép. de la Meuse, arr. de Bar-le-Duc.

GOAZIN. — De Goeulzin, commune du dép. du Nord, arr. de Douai. En bas breton, **goas** signifie vassal.

GOBEIL. — D'Orbeil, commune du Puy-de-Dôme, arr. d'Issoire. Gobeil, vient du grec **kupellon**, petite coupe. Gobel, gobelet, verre.

GOBELIN.—Maison et rivière dans l'ancien faubourg Saint-Marceau, à Paris. Vient du grec **kabal**, homme fourbe, trompeur, imposteur. Un gobelin est un démon familier qu'on dit panser et étriller les chevaux durant la nuit, comme font les lutins du Canada.

GOBERT. — Commune du dép. de l'Aisne, canton de Sanis. Gobert, facétie, plaisanterie.

GOBIN.—Châtellenie près de la Fère, dans le dép. de l'Aisne, dans la forêt de Coucy. Gobin, petit bossu, homme laid, difforme.

GOBINEAU. — De Savines, bourg du dép. des Hautes-Alpes, arr. d'Embrun. Gobineau, dim. de **gobine**, taverne.

GOBINET. — D'Aubiet, commune du dép. du Gers, arr. d'Auch.

GODAMBERT. De Cortambert, commune du dép. de Saône-et-Loire, arr. de Mâcon.

GODARD. — De Coudehart, commune du dép. de l'Oise, arr. d'Argentan. Godard signifie très bon, du teuton, **hart**, beaucoup, et **gut**, bon, en allemand **gochard**. Godard, jars, mâle de l'oie.

GODBIN. — D'Aubin, commune des Basses-Pyrénées, arr. de Pau. Godbin, vient de **gode**, vieille brebis, oiseau de mer, mesure étrangère de longueur, bon, efféminé.

GODBOUT. — D'Aubous, commune des Basses-Pyrénées, arr. de Pau.

GODEAU. — D'Audaux, commune des Basses-Pyrénées, arr. d'Orthez.

GODEBY. D'Auby, commune du dép. du Nord, arr. de Douai.

GODEFROY. Commune du dép. de la Manche, arr. d'Avranches. Vient de **god**, bon, et de **fried**, protecteur, défenseur. Comme **god** signifie Dieu, **godefroy** voudrait dire la paix de Dieu, ou le bon protecteur.

GODEMART. De Pont-Audemer, commune du dép. de l'Eure.

GODEQUIN. — D'Auquainville, commune du Calvados, arr. de Lisieux.

GODERRE. — De Goderville, commune de la Seine-Inférieure, arr. du Havre. **Goder,** faire de faux plis.

GODET. — De Goudet, commune de la Haute-Loire, arr. du Puy. **Godet,** gobelet, petit verre à boire, vase de bois à long manche formant tuyau, qui sert à puiser l'eau dans le seau, augets des roues de moulin à chûte d'eau, têtard de grenouille, jupon, gosier, taon, aiguière.

GODILLON. — De Cadillon, com. du dép. des Basses-Pyrénées, arr. de Pau. De **godille,** aviron placé sur l'arrière d'une embarcation.

GODEUF. — De Chadeleuf, commune du dép. du Puy-de-Dôme, arr. d'Issoire.

GODIN. — D'Hodenc, commune du dép. de l'Oise, arr. de Beauvais. **Godin,** oie, veau déjà fort, brigand qui vit dans les bois, sorte de perche, joli, mignon, beau.

GODMER, GOGUEMER. De Goguemez, seigneurie de Flandre, érigée en 1566 pour De la Croix. Vient de **gogue,** plaisanterie.

GODON. — De Goudon, commune des Hautes-Pyrénées, arr. de Tarbes. **Godon,** nom d'homme pris pour petit Claude, signifie goulu, ivrogne, goujat.

GODREAU, GODROT. — De Caudrot, commune de la Gironde, arr. de La Réole. De **goderie,** moquerie.

GOESTARD. — D'Outarville, commune du Loiret, arr. de Pithiviers. De **gouet,** petite serpe pour tailler les arbres.

GOETZE. — De Gouex, commune du dép. de la Vienne, arr. de Montmorillon. De **goet,** raisin, ou de **goeche,** perdrix grise.

GOGBY. — De Golbey, commune du dép. des Vosges, arr. d'Epinal. **Gogue,** boudin, festin.

GOGUET. — D'Ognéville, commune du dép. de Meurthe-et-

Moselle, arr. de Nancy. **Goguet,** sorte de bateau, boudin fait avec du sang de bœuf.

GOHIER.—Commune du dép. de Maine-et-Loire, canton des Ponts-de-Cé. **Gohier, gouier,** amant d'une servante ou gouge.

GOILIOT. — V. Goliot. Vient de **goi,** serpe des vignerons et des tonneliers.

GOIN. — Commune du dép. de la Moselle, canton de Verny. **Goin,** nation. Vient de l'hébreu **goim,** qui veut dire Nazaréen. De l'hébreu **goim** on a fait **goin,** gens.

GOISNEAU. — D'Ouanne, commune du dép. de l'Yonne, arr. d'Auxerre. De **goise,** blé barbu.

GOLIOT. — De Collias, commune du dép. du Gard, arr. d'Uzès. **Goliat,** dim. de gole, gueule, cépage.

GOLTIER. — De Goult, commune du dép. de Vaucluse, arr. d'Apt. Vient de **gol,** cépage de médiocre qualité.

GOMAIN. — De Somain, commune du dép. du Nord, arr. de Douai. **Gomain** se disait pour ballot, et fosse dans la roue d'un moulin. **Gomène,** cable, gros cordage.

GOMEZ. — De Gometz, commune du dép. de Seine-et-Oise, arr. de Rambouillet. **Gomez,** nom d'homme, vient de gomer, sorte de vase.

GONDARD. — De Condac, commune du dép. de la Charente, arr. de Ruffec. Vient de **gonder,** munir une porte de gonds.

GONDGE. — D'Ondes, commune de la Haute-Garonne, arr. de Toulouse.

GONDON. — Gondom, commune de la Gascogne, dans le diocèse de Tarbes. **Gondon,** nom d'homme.

GONEAU. — De Connaux, commune du dép. du Gard, arr. d'Uzès. **Goneau** ou gonel, robe, casaque.

GONNENTEAU, GONGENTEAU. — De Gonnetot, commune de la Seine-Inférieure, arr. de Dieppe. Vient de **gonhe,** mâchoire.

GONNET. — De Gonnez, commune des Hautes-Pyrénées, arr. de Tarbes. **Gonet,** sorte de pain, pièce de vêtement.

GONNEVILLE. — Communes des dép. de la Manche et de la

Seine-Inférieure. **Gonne,** futaille, baril à goudron, et **gone,** cotte longue.

GONTAULX. — Gontaud, commune du dép. de Lot-et-Garonne, arr. de Marmande.

GONTHIER, GONTIER. — De Château-Gonthier, ville du dép. de la Mayenne.

GORDIEN. — De Gourdan, commune de la Haute-Garonne, arr. de Saint-Gaudens. Vient de **gorder,** maltraiter.

GORDON. — Gourdon, commune du dép. du Lot, dans le Quercy. De **gorde,** bande de fer fixée sur le côté externe de la charrue pour en empêcher l'usure.

GOREAU. — De Gore, seigneurie de Lorraine, érigée en 1739 pour De Parisot. **Goreau,** cochon.

GORGE.—Gorges, communes des dép. de la Loire-Inférieure, de la Somme et de la Manche. **Gorge,** insulte, raillerie.

GORIAU, GOURIOT. — D'Oris, commune du dép. de l'Isère, arr. de Grenoble. **Gorriau,** collier de cheval, et **gouriau,** dim. de **gouri,** petit cochon.

GORIN. — De Gourin, commune du Morbihan ,arr. de Pontivy. **Gorin,** vient du grec **choiros,** porc. Dans le vieux français, **gore** se disait pour truie.

GORION. — De Gourgeon, commune de la Haute-Saône, arr. de Vesoul.

GORMELON. — De Gourmalon, lieu dè la Loire-Inférieure, dans la commune de Pornic. **Gormelon,** vient de **gorme,** sorte de vase. **Gourmeler,** grommeler.

GORON. — Bourg du Maine, dans le dép. de la Mayenne. **Goron,** jeune porc, petit gâteau fait de farine, d'œufs et de fromage frais, pièces de bois dans un pressoir.

GORRIBOU. — De Sourribes, commune du dép. des Basses-Alpes, arr. de Sisteron. Vient de **gort,** lieu serré d'une rivière. **Corribot,** parcelle de terrain.

GOSSAIN. — De Cosseins, seigneurie de Gascogne, érigée en 1623 pour De Cassagnet. De **gosse,** gamin, galopin, moutard.

GOSSE. — Gos, commune de la Gascogne, arr. de Dax. **Gosse,** anneau de fer coudé, garni de petits cordages, pour empêcher que les gros cordages qui passent au travers, ne se coupent.

GOSSÉ. — De Goussey, seigneurie de Lorraine, érigée en 1600 pour Des Sales. **Gossé,** cossu.

GOSSELIN. — De Goncelin, commune du dép. de l'Isère, arr. de Grenoble, ou des Gosselins, lieu dans le dép. du Calvados, canton de **Thury-Harcourt,** arr. de **Falaise. Gosselin** veut dire ami, camarade.

GOSSET. — De Goussey, seigneurie de Lorraine. **Gossette,** petite gousse.

GOSSIN. — D'Ossen, commune des Hautes-Pyrénées, arr. d'Argelès. **Gosson,** petit bruit.

GOTEREAU, GOTROT. — De Coutras, ville de la Gironde, arr. de Libourne. **Gouterot,** gouttière.

GOTERON. — De Couteron, commune du dép. de l'Aube, arr. de Bar-sur-Seine. **Gouteron,** aiguière, vase, petite gouttière.

GOTINEAU. — De Gotein, commune du dép. des Basses-Pyrénées, arr. de Mauléon. Dérive du gallois **got,** orgueil.

GOTTEVILLE. — De Sotteville, com. de la Seine-Inférieure, arr. de Rouen. De **goutel,** goutte.

COUARD.—De Couarde, commune de la Charente-Inférieure, arr. de La Rochelle. Vient de **goue,** mesure de longueur, ou de **gou,** chien.

GOUAULT. — Gouaux, commune des Hautes-Pyrénées, canton d'Arreau. **Gouaus,** cépage inférieur.

GOUAZIN. — De Gouazven, seigneurie de Bretagne, érigée en 1668 pour de Carion. De **gouas,** cépage blanc, dont le raisin est peu estimé.

GOUBAULT.—De Courbes, commune du dép. de l'Aisne, arr. de Laon. De **goube,** sorte de jeu.

GOUBÉ.—De Soubés, commune du dép. de l'Hérault, arr. de Lodève.

GOUCHS. — De Louches, commune du dép. de l'Ardèche, arr. de Largentière. **Gouchs,** gousse.

GOUET. — Goué, en Normandie, près de Porbail. **Gouet,** serpette, couteau à lame forte et recourbée.

GOUGE. — D'Ouge, commune du dép. de la Haute-Saône, arr. de Vesoul. **Gouge**, femme, fille, servante, outil de menuisier, arme en forme de serpe.

GOUGÉ, GOUJET.—De Songé, commune du dép. de l'Indre, arr. de Châteauroux.

GOUIN. — Seigneurie de Normandie, érigée en 1700 pour Guillebert. **Gouin** signifie rusé, fin. Dérive du bas-breton **gouin**, vin, fourneau, gaine.

GOUJON. — Commune du dép. du Gers, canton de l'Ile-Jourdain. **Goujon**, cheville de fer, morceau de bois rond, poisson de rivière qui ressemble à l'éperlan, serviteur, messager.

GOUJOT. — De Gougeau, commune de la Charente, arr. de Barbezieux.

GOULARD. — Forêt dans le duché d'Angoulème, ou de la Goulardière, seigneurie de l'Orléanais. **Goulard**, goulet ou passage pour l'eau à côté du barrage ou de l'écluse d'un moulin.

GOULET. — Commune du dép. de l'Orne, arr. d'Argentan. **Goulet**, entonnoir à l'entrée d'un filet en manches, vide ou passage dans une haie, cou d'une bouteille, ruisseau.

GOULETREZ. — De Coulêtre, seigneurie du Maine, érigée en faveur d'Andigné.

GOUNEAU. — D'Oulmes, commune de la Vendée, arr. de Fontenay-le-Comte. **Gouneau**, gonnelle, jupon.

GOUPEAU. — De Souppes, commune de Seine-et-Marne, arr. de Fontainebleau.

GOUPIL, GOUPY. — De Coupy, commune du dép. de l'Ain, arr. de Gex. **Goupil**, renard. Dans l'ancien provençal, **wolpilt** signifiait lâche et poltron comme un renard, mais rusé, ingénieux. Dérive de **vulpillus**, dim. de vulpes.

GOUR, GOURRE. — De Gour, seigneurie de Bretagne, érigée en 1690 pour De Chaillon. **Gour**, creux que la chute d'eau fait derrière la chaussée d'un étang et à l'extrémité de cette chaussée, pièce d'eau profonde et bourbeuse, golfe dans une rivière. En vieux français, **gour** se dit pour goulène, et **goure,** dépression dans le lit d'une rivière.

GOURBEIL. — Gourbeil, seigneurie de Bretagne, érigée en 1668 pour Le Charpentier. **Gourbeille,** corbeille.

GOURCE. — De Sources, commune du dép. du Gard. **Gourcé,** buisson épais, broussailles.

GOURD. — Sourd, commune du dép. de l'Aisne, arr. de Vervins. **Gourd,** enflé par l'humidité, engourdi par le froid.

GOURDE. — D'Ourde, commune des Hautes-Pyrénées, arr. de Bagnères. **Gouhourde** a fait gourde, par contraction. C'est une anse au bord d'une rivière, une gourde, une courge.

GOURDEAU. — De Gourde, seigneurie des Pyrénées, érigée en 1483 pour De Châteauneuf. **Gourdeau,** dim. de gourde.

GOURDEL. — De Cordelle, commune du dép. de la Loire, arr. de Roanne. **Gourdel,** vivier, et **gourdeille,** vieux couteau usé.

GOURDIN. — De Gourdan, commune de la Haute-Garonne, arr. de Saint-Gaudens. **Gourdin,** gros bâton court.

GOURDON. — Commune du dép. du Lot, non loin de Sceaux. **Gourdon,** gourd, engourdi, fourbe, lent.

GOUREAU, GOUROT. — De Goures, seigneurie de l'Artois. **Goureau,** sorte de figue, appelée grosse violette longue.

GOURGON. — Commune du dép. de Loir-et-Cher, canton de Saint-Amand. **Gorgon,** bouillonnement, commérage.

GOURGUE. — Commune des Hautes-Pyrénées, arr. de Bagnères. **Gourgue,** canal de moulin.

GOURIAU. — De Courris, commune du dép. du Tarn, arr. d'Albi. Vient de **gouri,** petit cochon.

GOURLET. De Courlay, commune du dép. des Deux-Sèvres, arr. de Bressuire. De **gourle,** bourse ou de **gourlé,** creux.

GOURMELIN, GOURMELON.—De Courmalon, lieu du dép. de la Loire-Inférieure, commune de Pornic. Vient de **gourmelle,** gourmette ou chaînette fixée de chaque côté du mors d'une bride.

GOURNAIS. — De Gournay, ville de Normandie, dép. de la Seine-Inférieure, et communes dans les dép. de l'Oise et de la Marne. **Gourner,** gouverner.

GOURRE. — De Gour, seigneurie de Bretagne. **Gour,** goulène, creux dans les rochers ou au pied des arbres.

GOURSET. — De Courset, commune du dép. du Pas-de-Calais, arr. de Boulogne.

GOURVILLE. — Bourg du dép. des Deux-Sèvres, à 4 lieues de Niort, et commune de la Charente, arr. d'Angoulème.

GOUSARD. — De Sourzac, commune de la Dordogne, arr. de Ribérac.

GOUSSE. — Commune du dép. des Landes, arr. de Dax. **Gousse,** chien mâtin.

GOUSSET. — De Soussey, commune du dép. de la Côte-d'Or, arr. de Semur. **Gousset,** creux de l'aisselle, armure a'i creux de l'aisselle, petit chien.

GOUTCHER. — De Souchez, commune du Pas-de-Calais, arr. d'Arras.

GOUVERNET. — Village du Dauphiné, dép. de la Drôme, à 3 lieues de Buis. De **governe,** auberge.

GOUVION. — De Couvignon, commune du dép. de l'Aube, arr. de Bar-sur-Aube. **Gouvillon,** espèce d'armes.

GOUY. — Communes de la Seine-Inférieure et de l'Aisne. **Gouy,** serpette de vigneron, sorte de grain.

GOUYON. — De Gouillons, commune du dép. d'Eure-et-Loir, arr. de Chartres.

GOUZE. — Commune du Béarn, dans les Basses-Pyrénées, arr. d'Orthez.

GOVREAU. — V. Gauvreau. De **gove,** antre, caverne.

GOYAU, GOYOT. — De la Goy, seigneurie de Provence, devenue marquisat en 1702. De **Goy,** Dieu.

GOYER. — Bourg de l'Anjou, diocèse d'Angers. **Goyer,** celui qui s'attache à une personne de bas étage, et **goier,** sorte de serpe.

GOYET. — Lieu de la Dordogne, dans la commune de Ribérac. **Goguet,** sorte de bateau.

GOYETTE. — De Loyettes, commune du dép. de l'Ain, arr. de Belley.

GRACE. Grace, seigneurie des Côtes-du-Nord, arr. de Guingamp. **Grace,** graisse, engrais.

GRACIOT. De Grasse, ville des Alpes-Maritimes. De gracier, remercier.

GRAGEON. — De Lageon, commune du dép. des Deux-Sèvres. **Grageon,** vient de **grage,** râpe de cuivre employée par les insulaires pour réduire le manioc en farine, repousse de chêne dans un bois taillé, jeune taillis des premières années.

GRAIN. — De Crain, commune du dép. de l'Yonne, arr. d'Auxerre. **Grain,** froment, tout ce qu'on emploie dans la cuisine.

GRAJAU. — De Graulges, commune de la Dordogne, arr. de Nontron. **Grajau,** coquelicot, pavot rouge qui vient dans les blés.

GRALIER. — De Grosley, commune du dép. de l'Eure, arr. de Bernay. **Graleis,** cri, chant.

GRALO.—De Crolles, commune de l'Isère, arr. de Grenoble. De **grâler,** rôtir à demi sous la cendre.

GRAMMONT. — Village de la Basse-Navarre, ci-devant duché-pairie des Basses-Pyrénées, sur la Bidouze. Vient de **gramon,** graine qui tient le milieu entre le pois et l'ivraie, ou de **grame,** souci.

GRANCHAMP.—Commune de la Haute-Marne, et seigneurie de Normandie, érigée en 1716 pour De Malherbe. **Gran,** ville.

GRAND. — Bourg dans la Champagne, et commune du dép. des Vosges, arr. de Neufchâteau. **Grand,** de haute taille.

GRANDBOIS. — Seigneurie de Bretagne, érigée pour Dacigné.

GRANDIN. — De Randens, commune de la Savoie, arr. de Saint-Jean-de-Maurienne.

GRANDJEAN. — Commune de la Charente-Inférieure, arr. de Saint-Jean d'Angély.

GRANDJON. — De Grandjouan, commune de la Loire-Inférieure, arr. de Saint-Dié.

GRANDMAISON. — Seigneurie de Bretagne, érigée en 1668 pour De Benazet.

GRANDMÉNIL. — Commune du Calvados, arr. de Lisieux.

GRANDMONT. — Lieu du Morbihan, dans la commune de Saint-Gildas.

GRANDPRÉ. — Commune du dép. des Ardennes, arr. de Vouziers.

GRAND-VILLEMAIN. — De Grandville, commune du dép. de l'Aube, arr. d'Arcis-sur-Aube.

GRANET. — Granès, commune du dép. de l'Aude, arr. de Limoux. **Granet**, petit grain.

GRANGE. — Granges, communes des dép. des Vosges, de Saône-et-Loire, de Lot-et-Garonne. **Grange**, métairie, dépendance d'un monastère servant d'hospice où de maison de plaisance.

GRANGER. — De Tranger, commune du dép. de l'Indre, arr. de Châteauroux. **Granger**, métayer, fermier qui cultive une propriété à condition d'en partager les profits avec le propriétaire, gardien d'une grange, batteur, dignité de chapitre.

GRANVILLE. — Ville du dép. de la Manche, arr. d'Avranches.

GRAPT. — D'Apt, seigneurie du Comtat Venaissin, arr. de Niort, érigée l'an 1000. **Grap.** outil d'artisan.

GRASSET. — Bois, dans la forêt de Cérilly, dép. de l'Allier, arr. de Montluçon.

GRATON, GRATTON. — De Creton, commune du dép. de l'Eure, arr. d'Evreux.

GRAVE. — Graves, commune de la Charente, arr. de Cognac. **Grave**, forêt, gravier, sable mêlé de cailloux, grève.

GRAVEL.—Gravelle, commune de la Mayenne, arr. de Laval. **Gravele**, sablon, sable, gravier, venin, sorte de poisson, maladie qui consiste dans la formation de petites pierres ou graviers qui se déposent dans la vessie.

GRAVELINES. — Commune du dép. du Nord, arr. de Dunkerque. De **gravelin**, grève.

GRAVEREAU. — De Gravières, commune du dép. de l'Ardèche, arr. de Largentière. De **graverie**, corvée, fardeau, ou de **graver**, grimper.

GRAVIER. — Du Gravier, dans le dép. du Cher, commune de la Guerche. **Gravier**, gros sable que l'on trouve au bord de la mer et des rivières.

GRÉ. — De la Grée, seigneurie de Bretagne, érigée en 1743 pour Du Bot. **Gré**, degré, marche d'escalier, bonne volonté de faire une chose.

GRÉAU. — De Créot, commune du dép. de Saône-et-Loire, arr. d'Autun.

GREF. — De Grève, lieu de la Charente-Inférieure, dans la commune de La **Tremblade**. **Gref**, grief, grave, rude.

GREFFARD. — De Trefford, commune du dép. de l'Ain, et de l'Isère. **Greffard**, chat.

GREFFIN. — De **Treffrin**, commune des Côtes-du-Nord, arr. de Guingamp.

GRÉGIS. — Grégy, commune du dép. de Seine-et-Marne, arr. de Melun. De **grege**, peigne de fer pour séparer la graine de lin de sa tige.

GRÉGOIRE. — Communes des dép. de Lot-et-Garonne et du **Tarn**. **Grégoire**, nom d'homme, dérive de l'italien **grechesco**, à la grecque.

GRÉGUIN. — De Reillanne, commune des Basses-Alpes, arr. de Forcalquier. **Greguer**, mettre en poche.

GRELIER. — De Grilly, commune du dép. de l'Ain, arr. de Gex. **Grelier**, pièce de campagne, qu'on charge de ferrailles, de balles.

GRÉMARD. — V. Grimard.

GREMELON. — De Remoulins, commune du dép. du Gard, arr. d'Uzès. **Gremelon**, petit grumeau, miette.

GRENET.—De Grenay, communes des dép. de l'Isère et du Pas-de-Calais. **Grenet**, petit grain, grenat.

GRENIER. — Commune du dép. de la Haute-Loire, canton de Blesle, arr. de Brioude. **Grenier**, provision, banne, pièce de grosse toile, action de mettre les porcs à la glandée, lieu où l'on serre les blés.

GRENOBLE. — Ville du dép. de l'Isère, sur l'Isère.

GRENON. — De Renung, commune du dép. des Landes, arr. de Saint-Sever. **Grenon**, moustache, poil, sorte de ragoût.

GRENOT. — De Crennes, commune du dép. de la Mayenne. **Grenot**, sorte de poisson.

GRÉSAC. — Grézac, commune de la Charente-Inférieure, arr. de Saintes. De **grézeau**, terrain pierreux.

GRÉSIL. — Gresille, seigneurie de Maine-et-Loire, érigée en 1350 pour Les Champs. **Gresil**, petite grêle fort menue et dure, blanche comme la neige.

GRESLON. — De Reillon, commune du dép. de Meurthe-et-Moselle, arr. de Lunéville. **Grêlon**, gros grain de grêle.

GRESSEAU. — De Gresse, bourg du Dauphiné, dép. de l'Isère. De **gresser**, casser, annuler.

GRÉVELIN. — De Réveillon, commune de l'Orne, arr. de Mortagne. Vient de **greve**, bottine de fer, haut du front.

GREYSOLON. — De Grésillons, lieu du dép. de la Seine, dans la commune de Genneville. De **grézolle**, jatte, baquet.

GRIAU, GRIO. — De Grillaud, lieu de la Loire-Inférieure, dans la commune de Chantenay. **Griau**, petit vase pour mesurer le lait, recoupe de blé.

GRIBEL. — De Criel, commune de la Seine-Inférieure, arr. de Dieppe. **Gribel**, crible.

GRIFFARD. — De Gripport, commune du dép. de Meurthe-et-Moselle, arr. de Nancy. **Griffard**, qui griffe, armé de griffes. Dérive du grec **grups**, vautour.

GRIFFON. — Griffont, en Auvergne, diocèse de Saint-Flour. **Griffon**, lime plate, monnaie de Liège, homme vaillant, maladie du faucon.

GRIGNAULT, GRIGNEAU. — De Grignols, commune de la Gironde, arr. de Bazas. **Grignaud**, maussade, de mauvaise humeur, couvert d'aspérités, et **grignos**, grognon, rechigné, mécontent.

GRIGNON. — Communes des dép. de la Côte-d'Or, de la Savoie et de Seine-et-Oise. **Grignon**, morceau de pain pris du côté le mieux cuit, revêche, rechigné.

GRIMARD.—De Roumare, commune de la Seine-Inférieure, arr. de Rouen. **Grimard,** qui a l'habitude de grimer, égratigner, griffer.

GRIMAUD. — Commune du dép. du Var, arr. de Draguignan. Du bas-breton **grimm,** ou de l'italien **grimo,** ridé.

GRIMBAULT. — De Grimbosq, commune du Calvados, arr. de Falaise.

GRISARD. — De Grizac, commune du dép. du Cantal, arr. de Mauriac. **Grisard,** blaireau, grisâtre.

GRISÉ. — De Trizay, commune de la Charente-Inférieure, arr. de Saintes. **Griset,** étoffe grise, jeune chardonneret.

GRIVEAU.—De la Grive, lieu de l'Isère, commune de Saint-Alban. **Grivel,** mêlé de noir et de blanc.

GRIVERAN. — De Trévérien, commune d'Ille-et-Vilaine, arr. de Saint-Malo.

GRIZEAU. — De Grisse, commune du Jura, arr. de Lons-le-Saunier.

GROGNET. — De Grigneville, commune du Loiret, arr. de Pithiviers. **Grognet,** sorte d'arme, fourchette, et **groignette,** étoffe de drap, fourrure.

GROGNIER, GROINIER, GROYNÉ.—De Grigny, commune du Pas-de-Calais, arr. de Saint-Pol-sur-Ternoise. Dérive de **grogne,** chagrin, mécontentement, ou de **groin,** cap, promontoire, extrémité.

GROISA. — De Groissiat, commune de l'Ain, arr. de Nantua.

GROLEAU. — Commune de la Charente-Inférieure, arr. de La Rochelle. **Grolleau,** corneille.

GROLLIER. —Groslier, seigneurie érigée en 1418 et possédée en 1600 par De la Barre, dans le dép. de l'Eure. **Grollier,** noix plus grosse que la noix ordinaire.

GROMELIN.—De Roumens, com. de la Haute-Garonne, arr. de Villefranche. Vient de **grommélis,** dispute, plainte.

GROMELON. — De Gourmalon, dans la Loire-Inférieure, commune de Pornic.

GRON. — Commune du dép. du Cher, arr. de Bourges. **Gron,** lieu aquatique et marécageux.

GRONDIN. — De Gondrin, commune du dép. du Gers, arr. de Condom. **Grondin,** poisson, animal qui gronde.

GRONDINES. — De Prondines, commune du Puy-de-Dôme, arr. de Clermont-Ferrand. **Grondine,** voile, moustiquaire.

GRONIER. — De Gruny, commune de la Somme, arr. de Montdidier. Vient de **groner,** chanter.

GROS. — Communes des dép. de la Moselle et de la Corrèze. **Gros,** monnaie, gras, grosseur, tout ce qu'un chanoine prélevait de son bénéfice en fruits principaux.

GROSBOIS. — Seigneurie de Bretagne et seigneurie de la Province de Québec, dans la paroisse de Yamachiche. **Grosbois,** grosses lances et fortes piques.

GROSLEAU, GROSLOT. — V. Groleau. Dérive de **grole,** vase en forme de flacon, centre d'une cible, savate, vieux soulier, corbeau.

GROSLIER. — V. Grollier. **Groslée,** repas.

GROSMULON. — De Soumoulon, dép. des Basses-Pyrénées, arr. de Pau.

GROSSET. — Commune et bourg de l'Ile-de-France, diocèse de Paris. **Grosset,** un peu gros.

GROSSIN. — De Gruissan, commune du dép. de l'Aude, arr. de Narbonne.

GROSTOT. — De Grust, commune des Hautes-Pyrénées, arr. d'Argelès.

GROSVALET. — De Rouvillers, commune du dép. de l'Oise, arr. de Clermont.

GROTEAU. — De Routot, commune du dép. de l'Eure, arr. de Pont-Audemer. De **grouter,** mettre du crépi à un mur.

GROTON. — De Croston, seigneurie de Normandie, érigée en 1775 pour Le Grand.

GROU, GROULX. — Commune du dép. de la Charente, arr. de Ruffec. **Grout, groux,** chien, croûte pierreuse qui se trouve à la superficie des terres, eau épaisse et gluante. **Groue,** forte gelée, et **grou,** gros.

GROUARD. — De Trouillas, commune des Pyrénées-Orientales, arr. de Perpignan. De **grouer,** geler, couver.

GROUCE. — De Grusse, commune du Jura, arr. de Lons-le-Saunier. **Grouse,** coq de bruyère.

GROUILLON.—De Rouillon, lieu de Seine-et-Oise, commune d'Ivry. Dérive de **gruze**, grain, moulée.

GROUVET. — Du Rouvray, commune du dép. de l'Eure, arr. d'Evreux.

GROYNÉ. — De Gris-Nez, dans le Pas-de-Calais.

GROYSARD. — De Roissard, commune du dép. de l'Isère, arr. de Grenoble. De **groisse**, gravier, caillou, mâchefer.

GRUARD. — De Cruas, commune du dép. de l'Ardèche, arr. de Privas. De **gru**, bouillie d'orge et d'avoine, menu fretin, fruits sauvages dans les forêts.

GRUAU. — De Grues, commune de la Vendée, arr. de Fontenay. **Gruau**, petit d'un oiseau appelé grue, terrain rocailleux, peu labourable.

GRUCHY. — Seigneurie de Normandie, érigée en 1649 en faveur de Gigault. De **gruèche,** qui se nourrit de gruau, de son.

GRUET. — De Cruet, commune du dép. de la Savoie, arr. de Chambéry. De **gruer**, fabriquer du gruau, faire pied de grue.

GRUYAU. — De Ruy, commune du dép. de l'Isère, arr. de La-Tour-du-Pin. **Gruyau,** pluie.

GRUZELIN.—De Griselles, commune du dép. du Loiret, arr. de Montargis. Dérive de **grus**, gruau, son de farine.

GUAY. — De Guer, commune du dép. du Morbihan, arr. de Ploërmel. **Guay,** malheur, infortune.

GUDEPART.   V. Dieu-de-Part.

GUÉDON. — De Guégon, commune du Morbihan, arr. de Ploërmel. Dérive de **guède**, bâton avec filet pour prendre des oiseaux.

GUÉDRY. — De Cuébris, commune des Alpes-Maritimes, arr. de Puget-Théniers.

GUEGNEU. — De Gugney, commune du dép. des Vosges, canton de Dompaire. De **guigne**, instrument servant à épiler, ou de **guigner,** regarder à travers un trou de serrure.

GUÉNARD. — De Sénard, commune du dép. de la Meuse, arr. de Bar-le-Duc. **Guenard,** denier blanc à l'écu.

GUÉNAUD. — De Guesnes, commune du dép. de la Vienne, arr. de Loudun. **Guenaud,** dérive de **canis,** chien. Autrefois on appelait **guenaux** de Saint-Innocent, les gueux qui s'épouillaient dans le cimetière des Innocents, à Paris. D'où l'on pourrait croire que **canaille** et **guenau** seraient un peu synonymes.

GUÉNET, GUÉNETTE. — Guesnet, dans la Saintonge. **Guénette,** vieille fille, femme de mauvaises mœurs.

GUÉNICHON.—De Guichen, commune d'Ille-et-Vilaine, arr. de Redon. **Guénichon,** petite guenon.

GUÉNIN. — Commune du Morbihan, arr. de Pontivy.

GUÉRARD. — Commune du dép. de Seine-et-Marne, arr. de Coulommiers.

GUÉRAULT. — Guérau, seigneurie de Bretagne, érigée en 1696 pour De la Porte.

GUERBOIS. — D'Orbois, commune du Calvados, arr. de Bayeux.

GUERCHEVILLE. — Commune du dép. de Seine-et-Marne, arr. de Fontainebleau.

GUERCIER. — De Guerchy, commune du dép. de l'Yonne, arr. de Joigny. De **guerger,** gruger, émietter.

GUÉRÉ, GUÉRET. — Ville du dép. de la Creuse. **Guéret,** champ qui n'a été labouré qu'une seule fois, labour, culture, ameublissement de la terre. Dérive du gascon **vareit,** terre labourée et prête à recevoir la semence.

GUÉRIAULT. — De Garris, commune des Basses-Pyrénées arr. de Mauléon. **Guériault,** gueux.

GUÉRIC. — Du Garric, commune du dép. du Tarn, arr. d'Albi. **Guéric,** nom d'homme.

GUÉRIGUE.—De Garigues, communes des dép. de l'Hérault et du Tarn. V. Garrigue.

GUÉRIN. — Commune du dép. de Lot-et-Garonne, canton de Bouglon. **Guérin,** nom donné au bélier.

GUÉRINEAU, GUÉRINOT. De Léren, com. des Basses-Pyrénées, arr. d'Orthez.

GUÉRINETTE. — V. Garinet.

GUERNAULT. — De Guerno, commune du dép. de Seine-et-Oise, arr. de Nantes.

GUERNON. — De Gueron, commune du Calvados, arr. de Bayeux. **Guernon,** moustache.

GUERNOUILLAU. — De la Grenouillère, seigneurie érigée en 1690 pour Couvart. De **guernouille,** grenouille.

GUÉRONNEAU. — De Guéron, commune du dép. du Calvados, arr. de Bayeux.

GUÉROULT. — De la Guéroulde, commune du dép. de l'Eure, arr. d'Evreux. **Guéroue,** corvée.

GUERRARD. — V. Guérard. **Guerreor,** en vieux français, signifie guerrier, homme de guerre.

GUERRE. — De la Guerre, seigneurie de Bretagne, érigée en 1669 pour Pantin.

GUERRIER. — De Guérigny, commune du dép. de la Nièvre, arr. de Nevers. **Guerrier,** ennemi, qui est propre à la guerre.

GUERSAULT. — De Guersat, seigneurie du Limousin, érigée en 1441 pour de Montmort. Vient de **guersoi,** défi à boire.

GUERTIN. — De Querting, commune du dép. de la Moselle, canton de Bouzonville. De **guertie,** sorte de mesure.

GUÉRY. — De Guiry, commune du dép. de Seine-et-Oise, arr. de Pontoise.

GUESTIER. — De Lestiac, commune du dép. de la Gironde, arr. de Bordeaux. **Guestier,** qui a des manières affectées, ou qui fait l'homme important.

GUÉTE. — De Gueytes, commune du dép. de l'Aude, arr. de Limoux. **Guette,** armoire, tiroir, et **guet,** divorce.

GUÉTIER. — De Guitté, commnue des Côtes-du-Nord, arr. de Dinan. **Guétier,** guetter.

GUETTE. — De la Guette, seigneurie de la Brie, érigée en 1600 pour La Guette. **Guaite,** guet, sentinelle, guérite, échauguette. **Guette,** de l'allemand **geld,** argent.

GUÈVREMONT. — De Lièvremont, commune du dép. du Doubs, arr. de Pontarlier.

GUEYRAULT. — Des Guerraux, commune du dép. de Seine-et-Loire, arr. de Charolles.

GUIBAUD. — De Libos, dép. de Lot-et-Garonne, commune de Monsempron.

GUIBERGE. — De Liergues, commune du dép. du Rhône, arr. de Villefranche.

GUIBERT. — De Libercourt, lieu du Pas-de-Calais, commune de Carvin. **Guibert,** toile de lin blanche, fabriquée à Louviers, près de Rouen.

GUIBORD. — De Lisbourg, commune du dép. du Pas-de-Calais, arr. de Saint-Pol. **Guibord,** ou vibord, grosse planche posée de champ qui borde et embrasse le pont supérieur d'un navire et lui sert de parapet.

GUICHARD. — De Louchats, commune du dép. de la Gironde, arr. de Bazas. **Guichard,** mot sarrazin, qui signifie vagabond.

GUICHAUD. — De Leschaux, commune de la Saône, arr. d'Annecy. **Guichaud,** dim. de **guiche,** finesse.

GUICHET. — Lieu du dép. de Seine-et-Oise, dans la commune d'Orsay. **Guichet,** ouverture, portes de prison.

GUICHON. — De Luçon, commune de la Vendée, arr. de Fontenay. **Guichon,** vase à boire en terre cuite, en bois ou en fer-blanc.

GUIET. — De Luhier, commune du dép. du Doubs, arr. de Montbéliard. **Guiet,** guet, droit.

GUIGNARD. — De Lignac, commune de l'Indre, arr. de Le Blanc. **Guignard,** sujet à la guigne, déveine, celui qui guigne, qui porte un masque, espèce de petit pluvier, gras et délicat.

GUIGNÉ. — De Ligné, commune de la Loire, arr. d'Ancenis. **Guigné,** déguisé, contrefait.

GUIGNOLET. — De Gillonnay, commune de l'Isère, arr. de Vienne. **Guignolet,** liqueur faite avec des guignes ou cerises douces à longue queue.

GUIGNON. — De Lignon, commune du dép. de la Marne, arr. de Vitry-le-François. **Guignon,** malheur, accident dont la cause est inconnue.

GUIGUES. — De Ligueux, commune de la Gironde, arr. de Libourne.

GUILBEAU, GUILLEBEAU. — Seigneurie du Poitou, érigée en 1456 pour De Chamborand.

GUILBERT, GUILLEBERT.—De Vilbert, commune du dép. de Seine-et-Marne, arr. de Coulommiers. De **guille,** mensonge, supercherie, fourberie.

GUILBOS. — De Guillebot, seigneurie de Bretagne, érigée en 1600 pour De Moucheron.

GUILLAUD. — V. Guillot.

GUILLAUDET. — De Juilliaguet, commune de la Charente, arr. d'Angoulême.

GUILLAUME. — Commune du dép. des Alpes-Maritimes, arr. de Puget-Théniers. **Guillaume,** espèce de rabot pour faire des moulures, à l'usage des menuisiers.

GUILLEBORD.—De Villebourg, commune d'Indre-et-Loire, arr. de Tours.

GUILLEMÉ, GUILLEMET, GUILMET. — De Lillemer, com. d'Ille-et-Vilaine, arr. de Saint-Malo. **Guillemet,** nom de l'inventeur des petites virgules renversées qu'on met à la marge des livres pour marquer les citations. **Guillemette,** nom de femme.

GUILLEMOT. — De Velesme, commune de la Haute-Savoie, arr. de Gray. Guillemot, oiseau de la région du nord, espèce de pluvier.

GUILLET. — De Lillers, commune du dép. du Pas-de-Calais. **Guilet,** trébuchet, attrape.

GUILLIN.—De Lullin, commune du dép. de la Haute-Savoie, arr. de Thonon. Guillin, fourbe, trompeur.

GUILLON. — Commune du dép. de l'Yonne, arr. d'Avallon. Guion, malheur, accident fâcheux.

GUILLOT. — De Guillos, commune du dép. de la Charente, arr. de Bordeaux, ou des Guillots, lieu du dép. de la Charente-Inférieure, dans la commune de Cherminac. Guillot, ver du fromage corrompu, monnaie de peu de valeur, au XIVe siècle.

GUILLOTTE. — De Villotte, commune du dép. des Vosges, arr. de Neufchâteau.

GUIMAUD. — De Limas, commune du Rhône, arr. de Ville-franche. **Guimau**, pré fauché deux fois par année.

GUIMOND. — Seigneurie de Normandie, érigée en 1598 pour de Montfiquet.

GUINARD. — De Linard, commune de la Creuse, arr. de Guéret. **Guineor**, veneur.

GUINAU. — De Linas, commune du dép. de Seine-et-Oise, arr. de Corbeil. **Guinau**, sot, gueux.

GUINDON. — De Landogne, commune du dép. du Puy-de-Dôme. **Guidon**, espèce de cerise.

GUINES. — Ville du Pas-de-Calais, arr. de Boulogne. **Guine**, variété de cerise.

GUINETEL. — De Linthelles, commune de la Marne. De **guinte**, voile, capuchon.

GUINIGOIN. — De Guingamp, ville du dép. des Côtes-du-Nord. **Guingamp**, toile fine de coton, et **guinguin**, rosse.

GUINOT. — Commune du dép. d'Ille-et-Vilaine, canton de Châteauneuf. V. Guinau.

GUION, GUYON.—De Guillon, commune du dép. de l'Yonne, arr. d'Avallon. **Guyon**, conducteur, guide.

GUIOT, GUIOTTE. — De la Guiotte, ville du Rouergue, dio-cèse de Rodez.

GUIRAUD. — Commune du dép. de l'Hérault, canton de Gignac.

GUITARD. — De Lustar, commune des Hautes-Pyrénées, arr. de Tarbes. **Guitare**, instrument de musique à six cordes.

GUITAUD. — Commune du dép. de la Haute-Garonne, arr. de Saint-Gaudens.

GUITE. — Guistres, commune du dép. de la Gironde, arr. de Libourne. **Guiste**, sorte de mesure.

GUITET. — Guittet, commune du comté de Comminges, parlement de Toulouse.

GUITIER. — De Litty, commune du Calvados, arr. de Bayeux. **Gutier**, laver à la gutte, à l'ambre, ou gomme-gutte.

GUITON.—De la Guitonnière, seigneurie de Bretagne, érigée en 1668 pour Charette. **Guiton**, page, valet.

GUMÉRIE. — De Guméry, commune du dép. de l'Aube, arr. de Nogent-sur-Seine.

GUMIÈRE. — Commune du dép. de la Loire, arr. de Montbrison, dans le **Forez**.

GUSILIER. — De Gussigniers, dans le Hainaut, diocèse de Cambrai.

GUSTE. — De Lutz, commune du dép. d'Eure-et-Loir, arr. de Châteaudun. **Guste**, gutte, ambre, gomme-gutte.

GUY. — De Cuy, communes des dép. de l'Oise et de l'Yonne. **Guy**, plante parasite.

GUYARD. — Seigneurie de Normandie, érigée en 1668 pour Du Bosc. **Guiart**, habit, vêtement.

GUYENNE. — De Vienne, commune du dép. du Calvados, arr. de Bayeux. **Guyenne**, ancienne province de **France**.

GUYONNET. — De Viennay, commune du dép. des Deux-Sèvres. Vient de **guion**, guide.

GUYOT — De Guyot de Méry, seigneurie de Normandie, érigée en marquisat en 1625.

GUYPART. — De Guypayl, commune de la Bretagne, arr. de Rennes. Dérive du haut allemand **webar**, tisser, faire des franges lisses.

GYGNAN. — De Lignan, commune de la Gironde, arr. de Bordeaux.

GYON. — De Lyon, commune du dép. de l'Eure, arr. des Andélys.

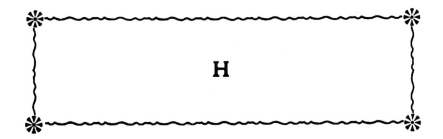

H

HABELIN. — D'Abeilhan, commune du dép. de l'Hérault, arr. de Béziers. Dérive de **hable**, hâvre.

HABERT. — Habère, commune de la Haute-Savoie, arr. de Thonon. En breton, **aber** signifie hâvre.

HABLIN.—Ablain, commune du Pas-de-Calais, arr. d'Arras.

HACHARD. — D'Achères, communes des dép. de Seine-et-Marne, du Cher et de Seine-et-Oise. **Hachard**, ciseau pour couper le fer.

HACHE. — D'Achey, commune de la Haute-Saône, arr. de Gray. **Haché**, coup de hache, coupé en petits morceaux.

HACHIN. — D'Heuchin, commune du Pas-de-Calais, arr. de Saint-Pol.

HADE. — D'Agde, commune du dép. de l'Hérault, arr. de Béziers.

HADNIN. — D'Agnin, commune du dép. de l'Isère, arr. de Vienne.

HAGUENIER.—D'Agonnay, commune de la Charente-Inférieure, arr. de St-Jean-d'Angély. **Haghenée**, haquenée.

HAGUENOT. — Haguenau, ville du dép. du Bas-Rhin, arr. de Strasbourg. **Haguenot**, diminutif de **hague**, enclos, haie.

HAGUIN. Commune du dép. de la Moselle, canton de Cattenom. **Haguin**, petit balai de houx qui sert à nettoyer les pots; vieux cheval, haridelle. Dérive de l'anglo-saxon **hacg**, lieu fermé et fortifié de pieux ou de haies.

HAIDIN. — Hesdin, commune du Pas-de-Calais, arr. de Montreuil. **Aidant**, pièce de monnaie de peu de valeur.

HAIET. D'Ayette, com. du Pas-de-Calais, arr. d'Arras. Aillet, ail.

HAIMARD, HAMARD. — D'Hamars, commune du dép. du Calvados, canton d'Evrecy. Vient de **haim**, hameçon.

HAIMOND. — Hesmond, commune du Pas-de-Calais, arr. de Montreuil-sur-Mer. D'**aime**, mesure de vin.

HAINAULT, HAYNAULT. — D'Haisnes, commune du Pas-de-Calais, arr. de Béthune, ou de Hainaut, seigneurie de Lorraine. **Hain**, en hébreu, signifie fontaine. **Hayne**, panier à mettre de la volaille.

HAINS. — Haims, commune du dép. de la Vienne, arr. de Montmorillon. V. Hainault.

HAIRET. — De la Haire, seigneurie de Normandie, érigée en 1550 pour Dagobert. Vient de **haire**, le fond des marais salants où le sel se forme, coquille, peine, affliction.

HAITE. — D'Hayville, commune du dép. de la Meuse, arr. de Commercy. **Hait**, joie, plaisir, courage, ardeur.

HALARD, HALLARD. — D'Allas, commune de la Charente-Inférieure, arr. de Jonzac. Dérive de l'allemand **hal**, sain, et d'**aerd**, nature, tempérament.

HALAY. — Seigneurie de Bretagne, érigée en 1269 pour Du Hallay. **Haler**, tirer sur une corde, hâler, sécher.

HALEAU, HALOT. — Hallot, seigneurie de Normandie, érigée en 1620. **Haleau**, dim. de hale, vent sec de l'est qui hâle le teint, place couverte où se tient un marché. **Hallot**, bûche, hallier, houssaye.

HALLÉ, HALLÉE. — Commune de la Champagne, diocèse de Reims. **Halé**, brûlé, desséché. Dérive du grec **èlios**, soleil.

HALLOUIN. — Halluin, commune du dép. du Nord, arr. de Lille. Dérive de hallot, bûche, hallier, saussaie.

HALY. — D'Ally, communes des dép. du Cantal et de la Haute-Loire. **Alie**, alize, fruit de l'alisier.

HAMEL. — Commune du dép .du Nord, arr. de Douai, canton d'Arleux. **Hamel**, hameau, petit village. Dérive du saxon **ham**, tiré de l'hébreu **ham**, qui signifie habitation, peuplade.

HAMELIN. — Com. du dép. de la Manche, arr. d'Avranches. Hamelin, petit hameau.

HAMEURY.—D'Amuré, commune du dép. des Deux-Sèvres, arr. de Niort. **Ameurir**, mûrir, faire mûrir.

HAMON, HAMOND. — D'Amont, commune du dép. de la Haute-Saône, arr. de Lure. Dérive de **ham**, sable.

HAMONET. — De Samognat, commune du dép. de l'Ain, arr. de Nantua.

HAN. — Han, commune du dép. des Deux-Sèvres, arr. de Melle. **Han,** souffrance. Mot turc qui signifie grand lieu couvert, comme une grange, où se retirent les caravanes, un caravansérail.

HANDIRAND. — V. Andirand.

HANDLOT. — Andelot, commune de la Haute-Marne, arr. de Chaumont. Vent du verbe **handeler,** nettoyer, balayer.

HANET. — Anet, commune du dép. d'Eure-et-Loir, arr. de Dreux. **Hanette,** fille coquette.

HANETIN. — D'Hanescamps, commune du Pas-de-Calais, arr. d'Arras.

HANGARD. — Comune du dép. de la Somme, arr. de Montdidier. **Hangar,** remise. Dérive d'**angarium,** endroit où l'on garde les chevaux de louage.

HANIER. — Anhiers, commune du dép. du Nord, arr. de Douai. **Hanier,** laboureur.

HANOY. — D'Annois, commune du dép. de l'Aisne, arr. de Saint-Quentin.

HANSE. — Hans, commune du dép. de la Marne, arr. de Sainte-Menehould,. **Hanse,** corporation, droits d'entrée, société et compagnie de marchands, sorte de mesure.

HANSGRAVE.—D'Engraviès, commune du dép. de l'Ariège, arr. de Pamiers. **Hansgrave,** chef d'une compagnie, en Allemagne.

HANTRAYE. — D'Antraigues, commune du dép. de l'Ardèche, arr. de Privas. **Antraigues,** lieu situé entre deux cours d'eau, **inter aquas.**

HAPÉ. — D'Appy, commune du dép. de l'Ariège, arr. de Foix. **Happée,** action par laquelle on prend par force un héritage. Vient de **happe,** cercle de fer qui garnit l'essieu, crochet, serpe, crampon.

HAPERT. — V. Apert.

HARBOUR. — V. Arbour. Harbour, mot anglais, qui signifie havre.

HARD. — D'Harville, commune du dép. de la Meuse, arr. de Verdun. **Hard,** morceau de fer tortillé, plié en cercle et attaché à un ais de trois à quatre pieds. Le **hard** sert à adoucir les peaux par le frottement.

HARDEL. — Ardelles, commune du dép. d'Eure-et-Loir, arr. de Dreux. **Hardelle,** troupe, multitude, coquin, fripon, vaurien, ridelle, fille de ferme.

HARDOUIN.—D'Ardin, commune du dép. des Deux-Sèvres, arr. de Niort. **Hard**ouin, provocation, négociateur de mariages, harde.

HARDOY. — Ardoix, commune de l'Ardèche, arr. de Tournon. **Hard**oye, en terme de chasse, ce sont les petits brins de bois où le cerf touche de sa tête lorsqu'il veut ôter la peau velue qui les recouvre, on les trouve écorchés.

HARDY. — Lieu dans les Landes, commune de Soustons. **Hardy,** monnaie, le liard, pièce que fit battre Philippe le Hardy. **Hardi,** le vent, audacieux, téméraire.

HAREL. — V. Arel. **Harelle,** secours, troupes auxiliaires, et **harele,** association illicite, sédition, émeute, tumulte.

HAREZ. — Arèz, commune du dép. de la Gironde, arr. de Bordeaux. **Haret,** bord, extrémité.

HARIER. — Haroué, commune du dép. de Meurthe-et-Moselle, arr. de Nancy. **Harier,** harceler, agacer, tourmenter.

HARLAY. — Harlai, ville de la Franche-Comté, sur le bord de la Seille. Vient de **harle,** fossé.

HARLIN. — Harlan, seigneurie de Bretagne. **Harlan,** pas franc en affaires.

HARMOND.—D'Harmonville, commune du dép. des Vosges, arr. de Neufchâteau. **Harmon,** partie d'une voiture.

HARNOIS. — D'Harnoye, commune des Côtes-du-Nord, arr.

de Saint-Brieuc. **Harnois**, armure, armes à feu, bagage, filets de chasseur ou de pêcheurs, équipage d'un cheval, engin, tumulte, entreprise, provisions. Dérive du grec **argakis**, peau d'ageau, parce qu'on couvrait les boucliers de peaux de moutons ou de bœufs.

HARON. — Commune des Basses-Pyrénées, arr. de Pau. **Haron**, héron.

HARPE. — De Sarp, commune des Hautes-Pyrénées, arr. de Bagnères. **Harpe** vient du grec **herpô**, herpre, dartre.

HARPIN. — V. Arpin. **Harpin**, croc dont se servent les bateliers pour accrocher leurs bateaux à d'autres ou aux piles des ponts, appelé **harpi** dans le Lyonnais.

HART. — D'Harville, commune du dép. de la Meuse, arr. de Verdun. **Hart**, lien d'osier, corde dont on étranglait les criminels, forêt chez les Germains, sorte de mesure.

HARTEAU. — D'Harsault, commune du dép. des Vosges, arr. d'Epinal. **Harteau**, dim. de **hart**.

HARTENNES. — Commune du dép. de l'Aisne, arr. de Soissons.

HARVEY. — V. Hervé.

HATANVILLE. — Hattenville, commune de la Seine-Inférieure, arr. d'Yvetot.

HAUMOND, HAUMONT. — Commune du dép. de la Meuse, arr. de Commercy. D'**heaume,** barre du gouvernail.

HAUTDEBOUT. — D'Hautbos, commune du dép. de l'Orne, arr. de Beauvais. **Haut**, tertre, éminence, vent d'est.

HAUDECŒUR. — D'Hautecour, commune du dép. de la Savoie, arr. de Moutiers. **Haut de cœur**, hautain.

HAUSSER. — Haussez, commune de la Seine-Inférieure, arr. de Neufchâtel. **Hausser**, augmenter, vendre plus élevé.

HAUSSMAN. — D'Haussimont, commune du dép. de la Marne, arr. d'Epernay. **Haussement**, action de hausser.

HAUSTIN. — Hostens, commune du dép. de la Gironde, arr. de Bazas. **Hautains**, treilles élevées le long des murs.

HAUTBOIS.—Seigneurie de Bretagne, érigée en 1600. **Hautbois**, instrument à vent et à anche.

HAUTEVILLE. — Communes des dép. de l'Ain, de la Côte-d'Or, des Ardennes, du Pas-de-Calais.

HAUTMESNY. De ·Haut-Maisnil, commune du Pas-de-Calais, arr. de Saint-Pol. **Mesnil,** maison.

HAUTRACHE. — D'Autrèche, commune du dép. d'Indre-et-Loire, arr. de **Tours.** V. Autrage.

HAULTZ. — Haux, communes des dép. de la Gironde et des Basses-Pyrénées. **Hautz,** lieu élevé, halage.

HAVARD. — Havars, seigneurie de Normandie, érigée en 1700 pour Alorge. **Havard,** de **havage,** droit qui consistait à prendre dans les marchés autant de grain que la main pouvait en contenir.

HAVIGNAC. — Yvignac, commune des Côtes-du-Nord, arr. de Dinan. **Havis,** surpris de chaleur, altéré, en parlant du blé.

HAY.—Commune du dép. de la Seine, arr. de Sceaux, canton de Villejuif. **Hay,** partie inférieure d'une porte coupée en deux, cri de haro, animal du Brésil, grand comme un chien, ressemblant à une guenon.

HAYET. — V. Haiet. **Hayet,** dim. de **haye,** instrument pour enfoncer les pieux dans un marécage.

HAYOT. — De Hailles, commune du dép. de la Somme, arr. d'Amiens. **Hayot,** petit ail.

HAZE. — De Saze, ville du dép. du Gard. **Hase,** femelle du lièvre et du lapin de garenne.

HAZEUR. — D'Yseure, commune du dép. de l'Allier, arr. de Moulins.

HAZUR. — D'Azur, commune du dép. des Landes, arr. de Dax. **Azur,** couleur bleue.

HÉATE.—D'Héauville, commune du dép. de la Manche, arr. de Cherbourg.

HÉBECOURT. — Communes des dép. de l'Eure et de la Somme. **Ebe,** reflux de la mer.

HÉBECQ. V. Herbecq.·

HÉBERT. D'Héberville, commune de la Seine-Inférieure, arr. d'Yvetot ou des Héberts, seigneurie de Normandie, érigée en 1529 pour De Normanville. **Hébert,** hôte, celui qui reçoit l'hospitalité.

HECKER, HEQUET. — D'Esquay, commune du Calvados,

arr. de Bayeux. **Hecquet,** porte à claire-voie, toit au-dessus d'une porte, et **hecqueur,** celui qui coupe le bois, qui le taille.

HEDOU. — D'Hédouville, commune de Seine-et-Oise, arr. de Pontoise.

HÉDOUIN. — D'Houdain, commune du Pas-de-Calais, arr de Béthune.

HÉGEMAN. — D'Hagetman, commune du dép. des Landes, arr. de Saint-Sever. **Heigemain,** nom d'homme, et **hengeman,** bourreau qui pend.

HÉGUÉ. — D'Heuillé, commune du dép. de la Haute-Marne, arr. de Langres. **Eguer,** égaliser.

HEINEMAN. — D'Hennemont, commune du dép. de la Meuse, arr. de Verdun.

HELÉINE. — D'Helesmes, commune du dép. du Nord, arr. de Valenciennes. **Hélène,** tulipe.

HÉLÉ. — D'Helleville, commune du dép. de la Manche, arr. de Cherbourg. **Héler,** crier aux gens d'un navire pour savoir d'où ils viennent, boire ensemble.

HÉLI, HÉLY.—Seigneurie de Bretagne, érigée en 1669 pour Mocazre.

HÉLIOT. — D'Elétot, commune de la Seine-Inférieure, arr. d'Yvetot. **Héliot,** dérive du grec **èlios,** soleil.

HELLENCOURT. — D'Hallencourt, commune du dép. de la Somme, arr. d'Abbeville.

HELLOISE. — D'Eloise, commune de la Haute-Savoie, arr. de Saint-Julien. Vient d'**helloire,** étrennes.

HELLOT. — Hello, seigneurie de Bretagne, érigée en 1696 pour Goalez. Vient de **helle,** barrière.

HELOINS. — D'Henuin, lieu du Pas-de-Calais, dans la commune d'Audruicq.

HEMBORY. — D'Embourie, commune du dép. de la Charente, arr. de Ruffec.

HÉMERIO.—D'Hemery, en Bourgogne, diocèse de Langres.

HÉMOND. — Hesmond, commune du Pas-de-Calais, arr. de Montreuil. Dérive de **hem,** ourlet, bord.

21

HÉNARD. — V. Esnard. Vient d'**énarir,** sécher.

HÉNAU. — Hénau, commune du dép. des Côtes-du-Nord, arr. de Dinan. Vient d'**esne,** vase à mettre du vin, cuve, barque.

HENNE. — Commune de la Basse-Alsace, diocèse de Spire. **Henne,** vieille jument.

HÉNOUF. — D'Hénouville, commune du dép. de la Seine-Inférieure, arr. de Rouen. De l'anglais **enough,** assez.

HENOULT. — Hénou, commune du dép. du Nord, arr. de Saint-Brieuc. D'**énouler,** ôter le noyau.

HENRICHON. — D'Henrichemont, commune du dép. du Cher, arr. de Sancerre.

HENRY. — D'Henriville, commune du dép. de la Moselle, arr. de Sarraguemines.

HÉON. — V. Eon.

HENS.—V. Hanse. **Hentz,** nom propre d'homme pour Henri.

HEPPELL.—D'Heippel, bourg dans le duché de Bar, diocèse de **Toul. Houpel,** guichet ouvert.

HÉRARD. — D'Herrère, commune des Basses-Pyrénées, arr. d'Oloron. D'**ere,** airain.

HERAULT.—D'Herres, commune du dép. des Hautes-Pyrénées, arr. de **Tarbes. Hérault,** dim. de **hère,** pièce de terre.

HERBECQ.—D'Herbeke, commune du dép. du Nord, canton de Bourbourg. **Herberc,** logement.

HERET.—D'Héreville, seigneurie du Vexin. Dérive de **her,** héraut, héritier.

HÉRI.—Héry, communes des dép. de l'Yonne et de la Nièvre. Du latin **heri,** hier.

HÉRICHÉ. — D'Ercé, commune du dép. d'Ille-et-Vilaine, arr. de Rennes. **Hériché,** hérissé.

HÉRITIER. — D'Héricy, commune du dép. de Seine-et-Marne, arr. de Melun. **Héritier,** qui recueille une succession.

HERLAIN. — Herlin-le-Sec, commune du Pas-de-Calais, arr. de Saint-Pol.

HERMANT. — Hermant, commune du Puy-de-Dôme, arr. de

Clermont-Ferrand. **D'herme,** lieu inculte, heaume. **Er-min,** arménien.

HERMEL.—D'Hermeville, commune de la Seine-Inférieure, arr. du Havre.

HERMIER. — Des Hermières, abbaye à 6 lieues de Pons, sur les limites du diocèse de Senlis. **Hermier,** terre inculte.

HERNAUD. — D'Ernes, commune du Calvados, arr.. de Falaise. **Hernault,** droit de péage propre aux habitants de Parthenay.

HERNEL. — D'Ornel, commune du dép. de la Meuse, arr. de Verdun. De **herné,** fatigué, harassé.

HÉRODANT. — D'Arrodets, commune des Hautes-Pyrénées, arr. de Bagnères. De **hérauder,** proclamer par la voix du héraut, dépouiller.

HÉRON. — Commune de la Seine-Inférieure, arr. de Rouen. **Héron,** oiseau aquatique.

HÉROS. — V. Hérault. **Héro,** charrue à deux versoirs.

HÉROUX. — D'Airoux, commune du dép. de l'Aude, arr. et canton de Castelnadaury. Dérive du grec **hérôs,** homme illustre.

HERPE. — Commune du dép. de la Saintonge, arr. d'Angoulème. **Herpe,** harpe.

HERPIN. — D'Herpin, commune du Pas-de-Calais, arr. de Boulogne-sur-Mer. **Herpin,** voleur.

HERRAUDE. — De l'Héraule, commune du dép. de l'Oise, arr. de Beauvais. **Héraude,** haillon, souquenille.

HERROR. — D'Herrère, commune des Basses-Pyrénées, arr. d'Oloron. Du latin **error,** erreur. **Error,** désir ardent, fureur, chagrin.

HERTAUD. — D'Hert, commune de la Basse-Alsace, à 3 lieues de Strasbourg. Vient de herte, terre.

HERTEL. — D'Herzeele, commune du dép. du Nord, arr. de Dunkerque. Vient de **hert,** lien en osier.

HERTIN. — D'Artins, commune du dép. de Loir-et-Cher, arr. de Vendôme. De **heurt,** coup de cloche.

HÉRUEL. — Hérouel, commune du dép. de l'Aisne, arr. de Saint-Quentin. Vient de **héru,** mal peigné.

HERVEY. — Commune du dép. des Côtes-du-Nord, arr. de Loudéac. D'**arve**, champ.

HERVIEUX. —D'Arvieux, commune des Hautes-Alpes, arr. de Briançon.

HÉRY. — Communes des dép. de la Nièvre et de l'Yonne. Herry, homme très long. Dérive du latin heri, hier.

HESSE. — Commune du dép. de la Meurthe, arr. de Sarrebourg. **Esse**, fonds de terre humide qui ne produit que de l'herbe.

HESTEL. — D'Esteil, commune du Puy-de-Dôme, arr. d'Issoire. D'estau, étal, ou d'**estele**, appentis.

HETU. — D'Hestrud, com. du dép. du Nord, arr. d'Avesnes. **Estu**, poutre.

HEU. — Heux, commune du dép. du Gers, arr. de Condom. **Heu**, vaisseau de 300 tonneaux, plat de varangue.

HEUDE. — De Mesnil-Eudes, commune du Calvados, arr. de Lisieux. **Heude**, maison, cabine.

HEURTAIN. — D'Heurtevent, commune du Calvados, arr. de Lisieux. **Heurtain**, vient de **heurt**, aventure, coup de cloche.

HEURTEAU. — De Heurteauville, commune de la Seine-Inférieure, arr. de Rouen.

HEURTEBISE. — V. Hurtebise. **Hurtebise**, maison située sur une hauteur.

HEVAIN.—D'Evans, commune du Jura, arr. de Dole. **Evain**, bateau.

HEVÉ. — Hever, baronnie du Brabant, dans le voisinage de Louvain. Du verbe **héver**, trouver. **Evée**, abondance de pluie.

HÉVREAU. — D'Evres, commune du dép. de la Meuse, arr. d'Argentan.

HIANVEU. — D'Yanville, commune de la Seine-Inférieure, arr. de Rouen. **Janc**, ajonc.

HIANZEAU.—De Janze, commune du dép. d'Ille-et-Vilaine, arr. de Reims.

HIAX. — De Jax, com. de la Haute-Loire, arr. de Brioude.

HICHE. — D'Echay, commune du dép. du Doubs, arr. de Besançon.

HICIOT. — D'Ichy, commune du dép. de Seine-et-Marne, arr. de Fontainebleau.

HIESSE. — Commune de la Charente, canton de Confolens. De **hier**, battre avec une hie.

HILLE. — Hils, commune des Hautes-Pyrénées, arr. de Tarbes. **Hille**, rideau placé à côté de l'autel, couverture du saint ciboire.

HINGUE. — D'Hinges, commune du Pas-de-Calais, arr. de Béthune. **Hingre**, maigre, décharné.

HINS. — D'Hinx, commune du dép. des Landes, arr. de Dax. **Hinxe,** commandement qui se fait sur mer pour dire, tire en haut, ou hisse.

HIROGUE. — De Sirod, commune du Jura, arr. de Poligny.

HIRSHBACH. Commune du dép. du Haut-Rhin, arr. d'Altkirch.

HIS. — Hix, commune des Pyrénées-Orientales, canton de Saillagouse. **His**, cosaque à l'usage des femmes.

HISOIR. D'Issoire, commune du Puy-de-Dôme. **Issoir,** sortie.

HISTRE. — Istres, commune du dép. des Bouches-du-Rhône, arr. d'Aix.

HIVES. — D'Yves, commune de la Charente-Inférieure, arr. de Rochefort. **Ive,** jument, cavale.

HIVIN. — D'Evin, commune du Pas-de-Calais, arr. de Béthune.

HOBERTIN. — D'Aubertin, commune des Basses-Pyrénées, arr. d'Oloron. **Hobertin,** dim. de hobert, hobereau, oiseau.

HOC. — D'Holque, commune du dép. du Nord, arr. de Dunkerque. **Hoc,** crochet, houlette.

HOCCIBI. — V. Auxibi.

HOCHU. — De Och, commune du dép. du Doubs, arr. de Montbéliard. Hochu, comble.

HOCQUART. — De Licourt, commune du dép. de la Somme, arr. de Péronne. Vient de **hocq,** troupe, escadron.

HODIAU. — D'Odos, commune des Hautes-Pyrénées, arr. de Tarbes. Dérive d'**haudi,** lassé, fatigué.

HODIESNE. — V. Audiesne.

HOÉLET. — D'Oëlleville, commune du dép. des Vosges, arr. de Mirecourt. Dérive de **hoe**, tertre, monticule.

HOGUE. — Commune du dép. de l'Eure, arr. des Andélys. Hogue, colline, lieu élevé, entrée d'un port.

HOHÉ. — D'Oëy, commune du dép. de la Meuse, arr. de Commercy. Houer, frapper et gratter la terre, en parlant du cheval.

HOINIER. D'Oigney, commune du dép. de la Haute-Saône, arr. de Vesoul. Dérive de **hoing**, grognement du pourceau.

HOLES. — D'Ols, commune du dép. de l'Aveyron, arr. de Villefranche. Hole, lieu de débauche.

HOLIÉ. — D'Olley, commune du dép. de Meurthe-et-Moselle, arr. de Briey. Holier, débauché, fripon.

HONIÉS. — D'Honière, seigneurie du Comtat-Venaissin. Honi, honte, affront.

HONORE. — De Honor, commune du dép. de **Tarn-et-Ga**-ronne, arr. de Montauban. D'**honor**, honneur.

HORMELIN. — D'Ormenans, commune de la Haute-Saône, arr. de Vesoul. **Ormelaie**, lieu planté d'ormeaux.

HOLL.—Hole, ville de Suisse, près de Bâle. Holle, éminence, hauteur.

HOLMES. -- Olmes, commune du dép. du Rhône, arr. de Villefranche. Holm, mot suédois, signifie île.

HOMAN. — De Somain, commune du Nord, arr. de-Douai.

HOMME. — Commune du dép. de la Sarthe, arr. de Saint-Calais.

HONE. — De Sône, commune du dép. de l'Isère, arr. de Saint-Marcellin. Hon, honte.

HONEL. — D'Auneuil, commune du dép .de l'Oise, arr. de Beauvais. **Aunel**, petit aune.

HOMBOUR. — Hombourg, châtellenie dans le canton de Bâle, Haute-Alsace.

HOMET. — Hommet, commune du dép. de la Manche, arr. de Saint-Lô. Hommet, petit homme.

HOMIER. — De Sommières, commune du dép. du Gard, arr. de Nimes.

HORNE. — Ornes, commune du dép. de la Meuse, arr. de Verdun. **Horne,** rébellion.

HOROSTEILLE. — D'Aureille, com. du dép. des Bouches-du-Rhône, arr. d'Arles. **Orostelle,** ourson.

HORRY. — Horis, commune de la Picardie, diocèse de Laon. **Horis,** sorte de monnaie.

HORSON. — D'Ourson, commune du Loiret, arr. de Gien. **Horson,** partie de l'armure.

HOSQUENTS. — D'Ourscamps, lieu du dép. de l'Oise, dans la commune de Chiry-Ourscamps. **D'osche,** jardin fermé de haies.

HOSTAN. — Hostens, commune du dép. de la Gironde, arr. de Bazas. Vient de **host,** armée, camp, ennemi.

HOT. — D'Othe, commune du dép. de Meurthe-et-Moselle, arr. de Briey. **Ost,** camp, armée.

HOTESSE. — D'Orthez, ville des Basses-Pyrénées. **Hotesse,** personne qui donne l'hospitalité.

HOTIN. — Hostun, commune du dép. de la Drôme, arr. de Valence. **Autin,** arbre le long du tronc duquel on fait pousser la vigne.

HOTTE — V. Hot. **Hotte,** manteau de cheminée, panier d'osier qu'on attache sur les épaules avec des bretelles pour transporter diverses choses.

HOTTÉE. — D'Ousté, commune des Hautes-Pyrénées, arr. d'Argelès. **Hottée,** le contenu d'une hotte.

HOTTOT. — Commune du Calvados, arr. de Bayeux.

HOUATTE. — Houat, petite île sur la côte de Bretagne, vis-à-vis de Saint-Gildas de Ruis. **Ouette,** marsouin.

HOUAY. — De Louey, commune du dép. des Hautes-Pyrénées, arr. de **Tarbes. Houé,** poussière, poudre, hou**ée,** le maximum d'une crue, et houer, labourer avec la houe.

HOUDAN. — Commune du dép. de Seine-et-Oise, arr. de Nantes.

HOUDARD. — D'Oudalle, commune de la Seine-Inférieure, arr. du Havre.

HOUDE. — De Loudes, commune de la Haute-Loire, arr. du Puy. **Oudre,** marsouin.

HOUDIN. — Commune de l'Artois, diocèse d'Arras. **Housdin,** ajonc.

HOUE. Houx, commune du dép. d'Eure-et-Loir, arr. de Chartres. Houx, outil de vigneron qui sert à remuer la terre, pour détremper le mortier.

HOUÉ. — De Huez, commune du dép. de l'Isère, arr. de Grenoble.

HOUEL. — De Woël, commune du dép. de la Meuse, arr. de Verdun. De l'anglais **well,** bien.

HOUETTE. — Commune de la Champagne, diocèse de Reims. **Houette,** petite herse.

HOUL, HOULE. — Houlle, commune du Pas-de-Calais, arr. de Saint-Omer. Houle, lieu de débauche, et houle, marmite.

HOULET, HOULEY. — Houlette, commune du dép. de la Charente, arr. de Cognac. Houlet, brèche, ouverture, et houlette, ustensile de jardinier.

HOULIER. — D'Ouilly, commune du Calvados, arr. de Lisieux. **Houlier,** débauché, vaurien, picoreur dans les armées.

HOULZET. — De Housset, commune du dép. de l'Aisne, arr. de Vervins.

HOURÉ. — De Suré, commune du dép. de l'Orne, arr. de Mortagne. **Houret,** mauvais chien de chasse.

HOUSSARD. — D'Ussat, commune de l'Ariège, arr. de Foix. **Housard,** hussard, milice à cheval en Hongrie. Le mot est hongrois.

HOUSSERY. — D'Ustarits, commune des Basses-Pyrénées, arr. de Bayonne. Vient de housser, brosser, tracasser.

HOUSSAYE. — D'Ussy, commune du dép. du Calvados, arr. de Falaise. **Houssie,** lieu où il y a beaucoup de haies.

HOUTELAN. — D'Ouistreham, commune du Calvados, arr. de Caen. **Ostelen,** celui qui sépare les champions dans un tournoi. **Hostelain,** hôtellier.

HOUTELAS. — D'Ortholas, lieu du dép. du Gers. **Houtelas,** de l'anglais **outlaw,** proscrit, personne mise hors de la loi.

HOUTELAY. — De Loutehel, commune d'Ille-et-Vilaine, arr. de Redon. **Hostelée,** tous les gens qui habitent une même maison.

HOUY. — De Louye, com. du dép. de l'Eure, arr. d'Evreux. **Ouïe,** sens qui nous permet de saisir les sons.

HOUYMET. — De Luméville, commune du dép. de la Meuse, arr. de Commercy. **Humet,** action de boire.

HU. — Hue, en Normandie, seigneurie érigée en 1500 pour Le Pelletier. **Hu,** cri de chasse, cri de guerre, bruit, huée, et **hue,** œuf, oie, bateau.

HUART. — De Luart, commune du dép. de la Sarthe, arr. de Mamers. **Huard,** aigle, le gerfaut, et oiseau aquatique du Canada, farfadet que l'on suppose constamment appliqué à se moquer des hommes, à les huer.

HUAU, HUAUX. — D'Huos, commune du dép. de la Haute-Garonne, arr. de Saint-Gaudens. **Huau,** oiseau de proie, le milan, charrue à deux versoirs, et **huaux,** rayons d'une roue, jambage.

HUBECQ. — De Lubeck, ville d'Allemagne, dans la Basse-Saxe.

HUBERDEAU. — De Lucbardez-et-Bargnes, commune du dép. des Landes, arr. de Mont-de-Marsan.

HUBERT. — Commune du dép. de Tarn-et-Garonne, canton de Lauzertes, et seigneurie de Normandie. Hubert vient de l'Allemand **howe,** couleur, et de **berth,** brillant. **Hubert** signifie qui a un teint brillant.

HUBERTEAU. — Hubertaud, seigneurie de Normandie, érigée en 1774.

HUBLÉE. — De Lublé, commune du dép. d'Indre-et-Loire, arr. de **Tours. Oublée,** offrande, oblation, mesure de grains, sorte de redevance.

HUCHÉ, HUCHET. — Huchey, en Bourgogne, dans le diocèse d'Autun. **Hucher,** faire des huches, appeler, nommer. **Huchet,** cor d'un chasseur qui sert à appeler les chiens.

HUCHEREAU. — De Vichères, commune du dép. d'Eure-et-Loir, arr. de Nogent.

HUDDE. — De Ludes, commune du dép. de la Marne, arr. de Reims. **Hudde,** charnière.

HUDON. — D'Oudon, commune du dép. de la Loire-Inférieure, arr. d'Ancenis, canton de Blanquefort. V. Hudde.

HUÉ. — Huez, commune du dép. de l'Isère, arr. de Grenoble.
Huer, faire des levées à la chasse.

HUET. — Huest, commune du dép. de l'Eure, arr. d'Evreux.
Huet, oison, chouette noire, hibou grand comme un coq,
niais, sot.

HUGRON. — D'Urgons, commune du dép. des Landes, arr.
de Saint-Sever.

HUGUENIN. D'Ounans, commune du Jura, arr. de Poligny.

HUGUES. — Commune du dép- de **Tarn-et-Garonne**, canton
de Montpezat. **Hugues**, luette.

HUGUET. — De Luigné, commune de Maine-et-Loire, arr.
d'Angers. Huguet, esprit qui, suivant le peuple, courait
les rues de **Tours** pendant la nuit. **Ouillette**, petit entonnoir.

HUGUIN. — De Lugrin, commune de la Haute-Saône, arr.
de **Thonon**.

HUIET. — Huillé, commune du dép. de Maine-et-Loire, arr.
de Beaugé. Huiet, dim. de hui, pièce de bois rond qu'on
met au bas de la voile pour la tenir étendue et appuyée
contre le mât.

HUIPPE. — De Suippes, commune de la Marne, arr. de
Châlons.

HUITE. — D'Huitre, bourg de la Champagne, diocèse de
Langres. Huite, huit.

HUJOT. — D'Uchaux, commune du dép. de Vaucluse, arr.
d'Orange. **Huge**, huche.

HULAIN, HULIN. — Hulin, bourg de Picardie, dans le Boulonnais.

HUMBLOT. — D'Umpeau, commune du dép. d'Eure-et-Loir,
arr. de Chartres. **Humblot**, homme humble.

HUMERIO. — De l'Huméry, seigneurie en Artois, érigée en
1749 pour De Launay. **Humérie**, action de boire.

HUNAULT. — De Luneau, commune du dép. de l'Allier, arr.
de La Palisse. Dérive de l'islandais **hun**, têté de mât.

HUOT De Luot, commune du dép. de la Manche, arr. d'Avranches. V. Huau.

HUPPÉ.—D'Upaix, commune du dép. des Hautes-Alpes, arr. de Gap. **Huppé,** qui a une petite touffe de plumes sur la tête, homme d'esprit.

HUQUERRE. — D'Ocquerre, commune du dép. de Seine-et-Marne, arr. d'Yvetot. Vient de **huque,** habillement de femme, cape.

HURBEAU. — D'Urau, commune du dép. de la Haute-Garonne, arr. de Saint-Gaudens. D' **urbs, urbis,** ville.

HURE. — D'Iré-le-Sec, commune de la Meuse, arr. de Montmédy. **Hurer,** faire dresser les cheveux sur la tête.

HURETTE. — De Luré, commune du dép. de la Loire, arr. de Roane. De **hure,** tête, moquerie, hérissé, houspillé.

HURON.—D'Iron, commune du dép. de l'Aisne, arr. de Vervins. **Huron,** furet, dérive de **furo, furonis,** dont on a fait huron, en changeant l'f en h. **Huron,** terme d'injure, de mépris, étourdi qui ne respecte ni usages ni convenances, nom donné aux Jacques révoltés, et à une tribu sauvage du Canada.

HURPEAU. — D'Auriples, commune du dép. de la Drôme, arr. de Die. **Hurepel,** chapeau.

HURST. — Hurst, châtellenie dans le Haut-Languedoc, pays de Cominges. **Hourt,** palissade, retranchement.

HURTEAU. — D'Urt, commune des Basses-Pyrénées, arr. de Bayonne. Vient de **hurt,** éminence, choc, revers de fortune, coup de cloche.

HURTEBISE, HURTUBISE. — D'Urbise, commune du dép. de la Loire, arr. de Roanne. **Hurtebise,** gueux qui se laisse périr de misère et de froid, faute d'habits, homme heurté contre le vent de bise.

HUS. — D'Us, commune du dép. de Seine-et-Oise, arr. de Pontoise. **Hus,** porte, chasse au loup.

HUSARD. — D'Usa, commune du dép. des Landes, arr. de Dax. De **useor,** coutumier.

HUSSAN. — De Lussan, commune du dép. du Gard, arr. d'Uzès.

HUSSARD. De Lustar, commune des Hautes-Pyrénées, arr. de Tarbes. Hussard vient du hongrois **huzzar**, qui signifie le vingtième.

HUSSEY. — De Luxey, commune du dép. des Landes, arr. de Mont-de-Marsan. Housser, assaisonner.

HUSSON. — Commune du dép. de la Manche, arr. de Mortain. Housson, houx.

HUYET. — De Hyet, commune de la Haute-Saône, arr. de Vesoul. De **huyer,** crier, appeler avec force.

HYACINTHE. — De Jasseines, commune du dép. de l'Aube, arr. d'Arcis-sur-Aube. **Hyacinthe,** pierre précieuse.

HYARD. — De Lyas, commune du dép. de l'Ardèche, arr. de Privas. De **hie,** coup, attaque.

HYÈVREMONT. — De Lièvremont, commune du dép. du Doubs, arr. de Pontarlier. **Hyèvre,** lièvre.

HYLERET. De Lignareix, commune du dép. de la Corrèze, arr. d'Ussel. D'**hilaire,** gai, joyeux.

HYLS. — Des Illes, commune du dép. des Pyrénées-Orientales, canton et arr. de Céret. **Hill,** montagne et **hyle,** matière.

HYVERT. — De Livers, commune du dép. du Tarn, arr. de Gaillac.

HYVON. — De Livron, commune du dép. de la Drôme, arr. de Valence.

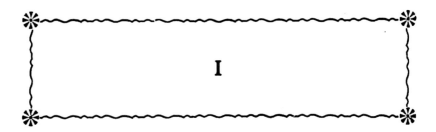

I

IACKS. De Jax, commune de la Haute-Loire, arr. de Brioude. **Jacks,** Jacques.

ICIATE. — D'Uchacq, commune du dép. des Landes, arr. de Mont-de-Marsan. D'**hicier,** exister.

IGEON. — D'Uchon, com. de Saône-et-Loire, arr. d'Autun.

IMBAULT. — D'Umpeau, commune d'Eure-et-Loir, arr. de Chartres.

IMBERT. — Commune du dép. de la Nièvre, et lieu du dép. de Vaucluse, dans la commune de Gordes.

IMBLAUT. — D'Omblèze, commune du dép. de la Drôme, arr. de Die. D'**emblée,** terre semée en blé.

INARD. — Inor, dans le dép. de la Meuse, arr. de Montmédy. De **hiner,** fendre.

INCYDRE.—D'Aincille, commune des Basses-Pyrénées, arr. de Mauléon. **Inside,** piège.

INGRÉ. — Commune du dép. du Loiret, arr. d'Orléans. **Hinguet,** se diriger.

INHER. — D'Inerville, commune de la Seine-Inférieure, arr. de Dieppe. **Hiner,** fendre.

IRBOUR. — De Riboux, commune du dép. du Var, arr. de Toulon.

IRLANDE. — D'Island, commune du dép. de l'Yonne, arr. d'Avallon. **Irlande,** une des Iles Britanniques.

IRNON. — D'Iron, commune du dép. de l'Aisne, arr. de Vervins.

ISABEL. — Fort de Flandres, à une demi-lieue de l'Ecluse, et à une lieue de la mer.

ISAMBERT. — D'Isamberteville, seigneurie de Normandie. **Isambert,** poire, aussi appelée beurrée rouge.

ISARD. — Des Issards, commune du dép. de l'Ariège, arr. de Pamiers.

ISSOIRE. — Ville du Puy-de-Dôme, en Auvergne. **Issoir,** sortie.

ISTIVALET. — D'Estivals, commune du dép. de la Corrèze, arr. de Brive. **Estivallet,** bottine.

ISTRES. — Commune des Bouches-du-Rhône, arr. d'Aix.

IVORY. — Commune du Jura, arr. de Poligny. **Ivory,** ivoire, et **iverie,** haras.

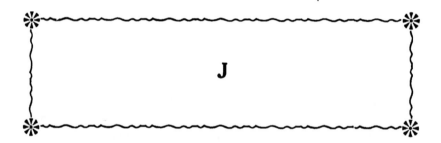

J

JABOT.—D'Abos, com. des Basses-Pyrénées, arr. d'Oloron. **Jabot,** sac situé près du cou des oiseaux, où va se loger la nourriture avant de passer à l'estomac.

JAC.—D'Acq, commune du Pas-de-Calais, arr. d'Arras. **Jac,** sorte de bâtiment appelé **yacht** ou **iacht.**

JACAU, JACOT, JACQUOT. — De Jacque, commune des Hautes-Pyrénées, arr. de Tarbes. **Jacot,** dim. de Jacques, signifie geai, ainsi nommé parce qu'il est chamarré de blanc, de bleu, etc.

JACELIN. De Josselin, commune du Morbihan, arr. de Ploërmel.

JACOB. — Commune de la Savoie, arr. de Chambery. **Jacob,** mot hébreu qui vient d'**akab,** celui qui tient le talon, qui supplante.

JACOLLE. — D'Accolay, commune du dép. de l'Yonne, arr. d'Auxerre. **D'acoler,** embrassement.

JACOMB.—D'Acom, com. du dép. de l'Eure, arr. d'Evreux. **Jacond,** agréable, joyeux. Dérive du latin **jucundus.**

JACOTEL. — D'Ostel, commune du dép. de l'Aisne, arr. de Soissons. **D'acoter,** appuyer.

JACOTI. — D'Othis, commune de Seine-et-Marne, arr. de Meaux.

JACQUELIN. — D'Alquines, commune du Pas-de-Calais, arr. de Saint-Omer.

JACQUENOT.—De Sacquenay, commune du dép. de la Côte-d'Or, arr. de Dijon.

JACQUEREAU. — De Jonquerettes, commune du dép. de Vaucluse, arr. d'Avignon.

JACQUES. — V. Jac. **Jacque,** casaque ou habit court, serré, d'où est venu le mot jaquette.

JACQUESSE. — De Jonquesse, en Picardie, circonscription de Laon.

JACQUET. — De Jacqueville, communes des dép. du Calvados et de la Manche.

JACQUEZ. — V. Jaquiers.

JACQUIERS. — D'Aquigny, commune du dép. de l'Eure, arr. de Louviers. **Jaquier,** homme revêtu d'une jaque, arbre à pain. **Jacquier,** partisan de la jacquerie.

JACQUIN. — D'Acquin, commune du Pas-de-Calais, arr. de Saint-Omer.

JADOT. — De Joudes, commune du dép. de Saône-et-Loire, arr. de Louhans. **Jadot,** grande jatte, grande écuelle.

JAGOT. — D'Agos-Vidalos, commune des Hautes-Pyrénées, arr. d'Argelès. **Janguot,** gîte.

JAHAN. — D'Ahun, commune de la Creuse, arr. de Guéret. Jaen, ville d'Espagne, dans l'Andalousie. **D'ahan,** effort, récolte, terre de labour.

JAILLARD. — D'Aillas, commune de la Gironde, arr. de Bazas. Dérive de **jaculum,** trait.

JAIME. — D'Aime, commune de la Savoie, arr. de Moutiers.

JALADON.—D'Alando, commune de la Corse, arr. de Corte.

JALAIN. — Lieu dans le dép. du Nord, arr. de Valenciennes. Vient de **jale,** baquet, grande jatte.

JALATEAU. — D'Alata, commune de la Corse, arr. d'Ajaccio. Vient de **jalot,** mesure pour les liquides.

JALBERT. De l'Albère, commune des Pyrénées-Orientales, arr. de Céret.

JALLADAIN. — V. Jaladon.

JALLEREAU. — De Salers, commune du dép. du Cantal, arr. de Mauriac.

JALLET. — Jallais, commune du dép. de Maine-et-Loire, arr. de Baupréau. Jallais, arbalète, arc, balle lancée avec un arc, et **jalet**, mesure de terre. Dérive du gallois **jall**, force.

JALLETEAU. — D'Alette, commune du Pas-de-Calais, arr. de Montreuil-sur-Mer.

JALLIARD. — D'Alliat, commune de l'Ariège, arr. de Foix.

JALOT. — Des Jalots, lieu du dép. de la Dordogne, dans la commune de Trélissac.

JAM, JAMME. — Commune du dép. des Basses-Pyrénées, canton de Morlaas. **Jame**, nom d'homme pour Jacques, signifie jambe, poix, résine, pierre précieuse.

JAMBARD. — De Sambourg, commune du dép. de l'Yonne, arr. de Tonnerre. **Jambart**, qui a des fortes jambes.

JAMÉ, JAMET. — De Jamets, commune du Barrois, dép. de la Meuse, à 2 lieues de Montmédy.

JAMEIN, JAMEN, JAMIN. — De Gémens, lieu du dép. de l'Isère, dans la commune d'Establin.

JANARD. — De Sana, commune de la Haute-Garonne, arr. de Muret. Vient de **jan**, guerrier, oiseau, sorte de vase.

JANDONET. — De Jean-de-Nay, commune du dép. de la Haute-Loire, arr. du Puy.

JANDRAS. — De Sandrans, commune du dép. de l'Ain, arr. de Trévoux.

JANELLE. — D'Asnelles, commune du Calvados, arr. de Bayeux.

JANETTE. — D'Anet, commune du dép. de l'Eure, arr. d'Evreux.

JANETTEAU. — De Jeantes, commune du dép. de l'Aisne, arr. de Vervins.

JANIN. — De Sanghen, commune du Pas-de-Calais, arr. de Boulogne.

JANIS, JANY. — Janits, dans la Basse-Navarre, diocèse de Bayonne.

JANNEAU, JANOT. — De Jaulnes, commune de Seine-et-Marne, arr. de Provins.

JANOIS. — D'Anoye, commune des Basses-Pyrénées, arr. de Pau, et Annois, commune du dép. de l'Aisne, arr. de Saint-Quentin.

JANVIER. — De Janvilliers, commune du dép. de la Marne, arr. d'Epernay. **Janvier,** premier mois de l'année.

JANVRIN. — De Jean-Vrain, commune du dép .du Cher, arr. de Saint-Amand.

JAQUET. — De Jaqueville, commune du Gâtinais, près de Sens. **Jaquet,** petite monnaie, habillement, écureuil, domestique.

JAQUIER. — V. Jacquier.

JARAN. — De Saran, commune du dép. du Loiret, arr. d'Orléans. **Jaran,** dérive de **jar,** banc de sable dans la Loire. **Jar,** mois des Hébreux.

JARDIN. — De Sardent, commune du dép. de la Creuse, arr. de Bourganeuf. **Jardin,** lieu où l'on cultive des fleurs, des légumes, des arbres.

JARDINIER. — D'Ardenay, commune du dép. de la Sarthe, arr. du Mans. **Jardinier,** qui cultive les jardins.

JARDON. — De Sardon, commune du Puy-de-Dôme, arr. de Riom. **Jardon,** tumeur dure qui pousse aux jambes de derrière d'un cheval, et situées en dehors du jarret.

JARED, JARET. — Commune du dép. des Hautes-Pyrénées, canton de Lourdes. **Jarret,** partie postérieure et charnue où la jambe s'unit à la cuisse.

JARINEAU. — D'Arignac, commune de l'Ariège, arr. de Foix.

JARLAIS. — D'Arlay, commune du Jura, arr. de Lons-le-Saunier.

JARLAND.—V. Charland. De **gerle,** cruche pour les liquides, cuve, mesure pour le vin.

JARLUY. — D'Alluy, commune du dép. de la Nièvre, arr. de Château-Chinon.

22

JARNAC. — Commune de la Charente, entre Angoulème et Saintes. **Jarnac,** coup de jarnac, manœuvre fausse et déloyale.

JARNY. — Commune du dép. de la Moselle, arr. de Brey. Jarni, mot corrompu qui entre dans plusieurs jurements : jarnicoton, **jarnidieu.**

JAROSON. — D'Arzon, commune du Morbihan, arr. de Vannes. De **jarroce,** vesce cultivée.

JARRAIS, JARRET.—Jarret, commune des Hautes-Pyrénées, arr. d'Argelès. Jarret, vient de l'hébreu **iarech,** qui signifie cuisse.

JARRY. — Jarrie, bourg du Dauphiné, dép. de l'Isère, à 2 lieues de Grenoble. **Jarris,** houx.

JASMIN. — D'Asman, commune du dép. de la Nièvre, arr. de Clamecy. **Jasmin,** violette blanche, poire du mois d'août.

JASSELIN. — V. Jacelin.

JAULIN.—D'Aullène, commune de la Corse, arr. de Sartène.

JAUNARD. — D'Arnat, commune du dép. de l'Aude, arr. de Limoux. **Jaunard,** qui tire sur le jaune.

JAVANELLE. — D'Avesnelles, commune du dép. du Nord, arr. d'Avesnes.

JAVAR. — D'Avord, commune du dép. du Cher, arr. de Bourges. Javart, chancre, scorbut, tumeur au bas de la jambe du cheval, espèce de clou, lézard vert.

JAVILLON. — D'Avion, commune du Pas-de-Calais, arr. d'Arras.

JAVONELLE. — V. Javanelle.

JAVRAY. — D'Avrée, commune du dép. de la Nièvre, arr. de Château-Chinon.

JAYET. — Seigneurie dans le Bourbonnais, unie à celle de Villemont, érigée en marquisat en 1720. **Jayet,** jais.

JEAL.—D'Ales, commune de la Dordogne, arr. de Bergerac. Jal, coq, barbeau, poisson.

JEAN. — Jans, commune de la Loire-Inférieure, arr. de Châteaubriant. **Jean,** signifie grâce ou don de Dieu. Saint Jean le Précurseur, fut ainsi nommé, parce qu'il fut accordé par une faveur spéciale de Dieu. Dérive de **Jeho**-vah, nom propre de Dieu.

JEANNELLE. — D'Annelles, commune des Ardennes, arr. de Réthel.

JEANBARD. V. Jambard.

JEANBAUD.—D'Annebault, commune du dép. du Calvados, arr. de Pont-l'Evêque. **Jambot,** jambon.

JEANHAM. — D'Anan, commune de la Haute-Garonne, arr. de Saint-Gaudens. **Jenin,** sot, niais.

JEAMMONEAU. — De Samonac, commune du dép. de la Gironde, arr. de Blaye. **Jeammoneau** jambonneau.

JEANNET. — Commune des Basses-Alpes et du Var. **Jean**-nette, homme qui se laisse mener par sa femme.

JEANNOT, JEANNOTTE, JEHANNOT. — D'Annot, com. des Basses-Alpes, arr. de Castellane. **Jeannot,** soutien du baillaud dans une cheminée. **Jehannot,** sot.

JEANTON. — D'Anthon, commune du dép. de l'Isère, arr. de Vienne. De **jante,** oie sauvage.

JEANTOT. — De Jeantes, commune du dép. de l'Aisne, arr. de Vervins.

JEANVEAU. De Javols, commune de la Lozère, arr. de Marjevols.

JEGADEAU. — De Sicaudais, lieu du dép. de la Loire-Infé-rieure, dans la commune d'Arthon.

JEGU. — D'Aguts, com. du dép. du Tarn, arr. de Lavaux.

JENAY. — Genay, com. du dép. de l'Ain, arr. de Trevoux.

JENNE. — Genne, commune du dép. d'Ille-et-Vilaine, arr. de Vitré. **Genne,** mare de raisin.

JENOT. — Genos, commune des Hautes-Pyrénées, arr. de Saint-Gaudens.

JENOZEAU. — De Genoz, commune dans la Franche-Comté, parlement de Besançon.

JENTES. De Genté, commune de la Charente, arr. de Cognac.

JENVIN. D'Anvin, commune du Pas-de-Calais, arr. de Saint-Pol.

JERBERT.—De Cerbère, commune des Pyrénées-Orientales, arr. de Pau.

JERNI. — D'Erny, commune du Pas-de-Calais, arr. de Saint-Omer.

JEROME. — Commune du dép. de l'Ain, arr. de Nantua.

JERSEY. — Jarsé, bourg dans le dép. de Maine-et-Loire, à deux lieues de Beaupré.

JETAS. — Gestas, commune des Basses-Pyrénées, arr. de Mauléon.

JETS. — Gez, commune des Hautes-Pyrénées, arr. d'Argelès. Jette, chantier de cave où on met un tonneau.

JETTÉ. De Gesté, commune du dép. de Maine-et-Loire, canton et arr. de Baupréau. **Getée,** jet, saillie, fondation, abatis.

JEUDELET. — De Seuillet, commune de l'Allier, arr. de La Palisse. **Jeudelet,** pour **jodelet,** sobriquet, dim. de **jeudy.**

JEUDY. — De Seuilly, commune d'Indre-et-Loire, arr. de Chinon. **Jeudi,** le cinquième jour de la semaine. De **jovis dies,** jour de Jupiter.

JEUNE. — De Sen, commune du dép. des Landes, arr. de Mont-de-Marsan. **Jeune,** peu avancé en âge.

JEUNESSE. — De Senesse, commune du dép. de l'Ariège, arr. de Pamiers. **Jeunesse,** jeune fille, jeune bétail.

JINCHEREAU. — De Jonchères, commune de la Drôme, **arr.** de Die.

JINGAS. — De Gingla, commune des Hautes-Pyrénées, arr. de Bagnères.

JININES. — De Vimines, commune de la Savoie, arr. de Chambéry.

JOACHIM. — Commune de la Loire-Inférieure, arr. de Savenai. **Joachim,** nom d'homme.

JOANNE. — De Joannas, commune du dép. de l'Ardèche, arr. de Largentière.

JOANNET. — De Jouannet-Chavagnes, dans le dép. de Maine-et-Loire, commune de Chavagnes. **Joannette,** fontaine célèbre, près de Martigné-Briand, en Anjou. **Joannée,** feux de la Saint-Jean, en Anjou, feu de joie en général.

JOANNETTE. — De Jouannette, dans le dép. de Maine-et-Loire, commune de Martigné-Briand. **Jouanette,** pomme de terre.

JOARY.—De Gohory, commune du dép. d'Eure-et-Loir, arr. de Châteaudun.

JOBARD, JOUBART.—D'Aubas, commune de la Dordogne, arr. de Sarlat. De **jobe**, niais, sot.

JOBERT. — V. Joubert.

JOBET. — D'Aubeville, commune de la Charente, arr. d'Angoulème.

JOBIDON. — D'Abidos, commune des Basses-Pyrénées, arr. d'Orthez.

JOBIN. — D'Abainville, commune du dép. de la Meuse, arr. de Commercy.

JOCTEAU. — De Joch, commune des Pyrénées-Orientales, canton de Vinça. De **joc**, juchoir, coq.

JODOIN. — De Jodoigne, ville du Brabant, sur la Gette (Dyle), à 5 lieues de Bruxelles. De. **jode,** potiron.

JOFFRET. — De Joffreville.

JOFFRION. — V. Geoffrion.

JOFFRIN. — De Lieffrans, commune de la Haute-Saône, arr. de Vesoul.

JOFLARD. — D'Honfleur, ville du Calvados, arr. de Pont-l'Evêque.

JOIGNIER. — De Joigny, ville de Champagne, dans le Sénonais. **Joingnet,** le mois de juin.

JOINAULT. — D'Ognes, communes des dép. de l'Oise et de la Marne. Du vieux français **joigne,** jeune homme.

JOING. — D'Oingt, commune du dép. du Rhône, arr. de Villefranche. **Joint,** joug.

JOINVILLE.—Baronnie de Champagne, sur la Marne, entre Chaumont et Saint-Dizier, érigée en 1240.

JOLI, JOLLY.—Commune dans le duché de Lorraine, diocèse de **Toul,** prévôté de Mirecourt. Joli, gai, content, badin, galant, paré, riche, amoureux, brave, loyal.

JOLIBERT.—De Libercourt, dans le Pas-de-Calais, commune de Carvin.

JOLIBOIS. — De Jeu-les-Bois, commune du dép. de l'Indre, arr. de Châteauneuf.

JOLICŒUR. — De Jaucourt, commune du dép. de l'Aube, arr. de Bar-sur-Aube.

JOLIET. — De Jouillat, commune du dép. de la Creuse, arr. de Guéret. Joliet, gai, joyeux, bavard.

JOLIETTE. — D'Olette, commune des Pyrénées-Orientales, arr. de Prades. **Joliette,** œillet de quatre couleurs, pourpre, rouge, rose et blanc.

JOLIN. — D'Oulins, commune d'Eure-et-Loir, arr. de Dreux.

JOLIVE. — De Lolif, commune du dép. de la Manche, arr. d'Avranches.

JOLIVET. — Commune de Meurthe-et-Moselle, arr. de Lunéville. **Jolivette,** anémone couleur de chair mêlée de rouge. **Jolivet,** joli, mignon.

JOLLAIN. — De Jollains, commune d'Eure-et-Loir, arr. de Châteaudun.

JOLLAIS, JOLLET. — D'Ollé, commune d'Eure-et-Loir, arr. de Chartres.

JONAS. — De Junas, commune du dép. du Gard, arr. de Nimes. **Jaunasse,** qui tire sur le jaune.

JONCAIRE. — De Jonquière, ville d'Espagne, en Catalogne, dans le Lampourdan, au pied des Pyrénées. **Joncaire,** petite plante rameuse dont les tiges ressemblent au jonc.

JONCAS. — De Joucas, commune du dép. de Vaucluse, arr. d'Apt. **Joncasse,** fontaine minérale dans le dép. de l'Hérault, à une lieue de Montpellier.

JONQUIERES. — Com. des dép. de l'Aude, de l'Hérault, de l'Oise, du Tarn et de Vaucluse. V. Joncaire. **Jonchière,** lieu couvert de jonc.

JONCE. — Jons, commune du dép. de l'Isère, arr. de Vienne.

JONDGE. — De Longes, commune du dép. du Rhône, arr de Lyon.

JONEAU. D'Onoz, commune du Jura, arr. de Lons-le-Saunier.

JONES. — De Josnes, commune du dép. de Loir-et-Cher, arr. de Blois.

JOPPY. — D'Oppy, commune du Pas-de-Calais, arr. d'Arras. De jop, flèche, timon de voiture.

JOQUIN. — D'Acquin, commune du Pas-de-Calais, arr. de Saint-Omer. Du verbe **joquier,** faire pied de grue, qui ne travaille pas, se dit d'un moulin faute d'eau ou de vent.

JORAM. — Joran, vent du nord-ouest en Suisse.

JOREL. D'Orelle, commune de la Savoie, arr. de Saint-Jean-de-Maurienne.

JORIAN. — De Lorient, ville du Morbihan.

JORON.—Seigneurie de Picardie, érigée pour Piquet en 1700.

JOSEPH. — De Jauzé, commune du dép de la Sarthe, arr. de Mamers. Joseph, papier mince et transparent.

JOSSARD. — D'Ossas, commune des Basses-Pyrénées, arr. de Mauléon.

JOSSE. — Bourg de Picardie, et com. du dép. des Landes, arr. d'Oloron. Josse, nom d'homme.

JOTLARD. — Du vieux français jot, joue, mâchoire, et jote, légume en général.

JOUAN. — Commune de la Touraine, près de Tours, sur le bord du Cher.

JOUANNE. — D'Ouanne, com. de l'Yonne, arr. d'Auxerre.

JOUART. — Jouarre, commune du dép. de Seine-et-Marne.

JOUBERT. — De Loubert, commune du dép. de la Charente, arr. de Confolens.

JOUBIN. — De Loubens, commune du dép. de la Haute-Garonne, arr. de Villefranche.

JOUET. — Commune du dép. du Cher, arr. de Saint-Amand. Jouet, bagatelle qui sert à amuser les enfants.

JOUGON. — De Jugon, commune des Côtes-du-Nord, arr. de Dinan.

JOUIEL, JOYELLE. — De Joiselle, commune du dép. de la Marne, arr. d'Epernay. Jouelle, croisillon placé entre les pieux pour y planter la vigne.

JOUIN. — Commune du dép. de la Seine-Inférieure, arr. du Havre. Joint, joug.

JOUINEAU. — D'Ognes, commune du dép. de l'Oise, arr. de Senlis.

JOULLIET. — V. Joliet. Vient de joul, partie de la cheminée.

JOURDAIN. — Jourdan, seigneurie de l'Auvergne, érigée en 1743 pour De Soyres. **Jourdain** signifie ruisseau de Dieu.

JOURDANAIS. — De la Jourdanière, seigneurie de Norman-

' die, érigée en 1690 pour Du Quesnoy. De **jourdaine**, espèce de poire.

JOURDEAU. — D'Ourde, commune des Hautes-Pyrénées, arr. de Bagnères.

JOURDIF. — D'Ourdis, commune des Hautes-Pyrénées, arr. d'Argelès.

JOURNAU. — De Sourn, commun edu Morbihan, arr. de Pontivy.- De **journal**, lever du jour, journée d'ouvrier, huitaine.

JOURNEL. — D'Ornel, commune du dép. de la Meuse, arr. de Verdun. **Journelle**, mesure de terre qu'une charrue peut labourer en un jour.

JOURNET. — Commune du dép. de la Vienne, arr. de Montmorillon. **Journet**, bréviaire, diurnal, journal ecclésiastique.

JOUSSARD. — De Lussat, commune du dép. de la Creuse, arr. de Boussac.

JOUSSELAIN.—De Lussan, commune du Gard, arr. d'Uzès. **Jousselin**, drap fabriqué à Jousselin.

JOUSSET. — Joussé, commune du dép. de la Vienne, arr. de Civray.

JOUTEAU. — D'Oust, commune de l'Ariège, arr. de Saint-Girons. Dérive de **jouter**, assembler, lutter.

JOUTRAS. — D'Outriaz, commune du dép. de l'Ain, arr. de Nantua.

JOUTREAU. — D'Outreau, commune du Pas-de-Calais, arr. de Boulogne.

JOUVIN. — De Jouvent, commune du dép. de la Haute-Vienne, canton de Nieul. Dérive de **jouve**, jeune.

JOUY. — Com. des dép. de l'Aisne, de l'Yonne, et d'Eure-et-Loir.

JOY. — Joye, en Bretagne, sur le Blavet, diocèse de Vannes.

JOYAL. — De Joyenval, dans la Beauce, près de Saint-Germain-en-Laye.

JOYAU. — D'Oye, commune du Pas-de-Calais, arr. de Saint-Omer.

JOYEU. — D'Oyeu, commune de l'Isère, arr. de la **Tour-du-Roi**. **Joyeux**, gâteau sucré, fou, bouffon.

JUBER. De Jubert, seigneurie de Beauce, érigée en 1580 pour De Poilloué. Jubé, pupitre, pourpoint, jupon.

JUBIN. — De Jublains, commune du dép. de la Mayenne.

JUBINVILLE. — Commune du dép. des Vosges, arr. de Neufchâteau.

JUDE. — De Joudes, commune de Saône-et-Loire, arr. de Louhans.

JUDITH. — De la Judicière, seigneurie de Normandie, érigée en 1636 pour De Hallot. Judith, nom de femme.

JUDON. — De Judoigne, ville du Brabant espagnol, sur la rivière de Gias, à 2 lieues de Tillemont.

JUGNAC. — Bourg de la Charente, à 6 lieues d'Angoulème. De jugn, qui est à jeun.

JUGON. — Ville de Bretagne, dép. des Côtes-du-Nord, arr. de Dinan.

JUILIENAU. — De la Juliennais, seigneurie de Bretagne, érigée en 1668 pour D'Aiguillon. De juille, lanière de cuir pour attacher le joug sur la tête du bœuf.

JUILLET. — Juillette, commune du dép. de l'Aveyron, arr. de Rodez. Juillet, septième mois de l'année.

JUIN. — De Jégun, commune du dép. du Gers, arr. d'Auch. Juin, sixième mois de l'année, purin.

JUINEAU. — De Juines, seigneurie de Touraine, érigée en 1700 pour De Beaumont. Juinot, juillet.

JULHE. — Juilh, seigneurie du Languedoc, érigée en 1521 pour De Rivals. Jule, sorte de monnaie papale.

JULIEN. — De Jullian, dans la Gascogne, diocèse de Tarbes.

JUMONVILLE. — De Jumeauville, commune du dép. de Seine-et-Oise, arr. de Nantes.

JUNEAU. — De Junas, dans le Languedoc, diocèse de Nimes.

JUNIAC. — De Junhac, commune du dép. du Cantal, arr. d'Aurillac.

JURGENS. — D'Urdens, commune du dép. du Gers, arr. de Lectoure. De jurge, querelle.

JUSGRAIN. — De Sougraigne, commune du dép. de l'Aude, arr. de Limoux. Jus, droit, raison.

JUTREAU. — De Sutrieu, commune du dép. de l'Ain, arr. de Bellay. De justerie, lieu où l'on vérifie les mesures.

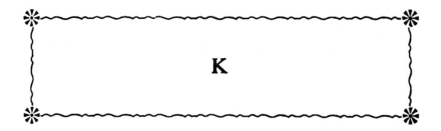

K

KADEVILLE. — V. Cadeville.

KAIANIS.—De Cagny, commune du Calvados, arr. de Caën. Dérive de kai, grille de fer.

KARGRET. — De Cargrée, seigneurie de Bretagne, érigée en 1668 pour Collet.

KAVANAGH. — De Cavanac, commune du dép. de l'Aude, arr. de Carcassone.

KEBIN. — De Quéven, commune du dép. du Morbihan, arr. de Lorient. **Kébin,** lettre d'affranchissement en Perse.

KEBLE. — De Quibriac, commune du dép. d'Ille-et-Vilaine, arr. de Rennes. **Kebleh,** partie du monde vers laquelle se tournent les Turcs pour prier Dieu.

KEHO. — De Queaux, bourg du dép. de la Vienne, arr. de Montmorillon.

KEINE. — De Quenne, commune du dép. de l'Yonne, canton d'Auxerre. **Keine,** goutte, maladie.

KELIE. — De Cailly, commune de la Seine-Inférieure, arr. de Rouen. Dérive de kelle, meule de chanvre. De **kélir,** cueillir.

KENERÉ. — De Quennery, seigneurie de Champagne, érigée en 1784 pour Morel de Crémery. De **quérier,** reculer, avoir peur.

KERCY. — De Quierzy, commune du dép. de l'Aisne, arr. de Laon. Quercy, ancienne province de **France,** correspondant au dép. du Lot. Dérive de **ker,** ville.

KERDORÉS. — De Kerdorel, seigneurie de Bretagne, érigée en 1696 pour Goalez.

KERE. — De Querré, commune du dép. de Maine-et-Loire, arr. de Segré. **Quérée,** charogne.

KERY.—De Quiéry, commune du Pas-de-Calais, arr. d'Arras. **Quérie,** réputation. De **kérier,** pleurer.

KERLE. — De Kerleau, seigneurie de Bretagne, érigée en 1600 pour Descartes. **Querle,** sorte de vase.

KERGRECOLET. — De Kergrec, seigneurie de Bretagne, érigée en 1550 pour Du Holgouet.

KEROAC. — Du Courouec, seigneurie de Bretagne, érigée en 1668 pour Du Cognet.

KERODEAU. — Voir Coradeau.

KERRIGOU. — De Quérigut, commune du dép. de l'Ariège, arr. de **Foix. Kérigou,** ville, maison.

KERSAN. — Seigneurie de Bretagne, érigée en 1700 pour de Trevon.

KESSY. — Quessy, commune du dép. de l'Aisne, arr. de Laon. De **quesse,** cuisse.

KINCHIEN. — De Camphin, commune du dép. du Nord, arr. de Lille. De **quincher,** pencher, être de travers.

KINÉ. — De Quinée, seigneurie de Bretagne, érigée en 1700 pour Gauthier. **Quine,** guenon.

KINSAC. — Quinsac, communes des dép. de la Gironde et de la Dordogne.

KIRARD. — De Quyrac, commune de la Gironde, arr. de Lesparre. De **kirat,** sorte de poids.

KIRI. — De Quiéry, commune du Pas-de-Calais, canton de Vimy.

KLISE. — De la Clisse, commune du dép. de la Charente-Inférieure, canton de Saujon.

KOCH. — De Kochweiller, commune de l'Alsace, près de Strasbourg.

KŒNIG. — De Kœnigsmacher, commune du dép. de la Moselle, arr. de **Thionville.**

KOMAIN. — De Comines, commune du dép. du Nord, arr. de Lille.

KRATZ. — De Cras, seigneurie du Dauphiné, érigée en 1700 pour De Pourroy. **Cras,** graisse.

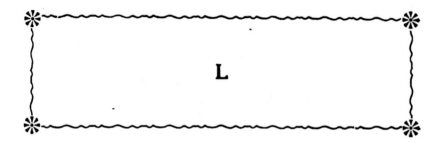

L

LABADIE. — De La Bathie, commune de la Savoie, arr. d'Albertville.

LABALETTE.—De Lavalette, communes des dép. de l'Aude, de l'Hérault et de la Haute-Garonne. **Balete,** paquet, ballot.

LABARBE. De Labarbens, commune des Bouches-du-Rhône, ar. d'Aix. **Barbe,** pointe des épis, cheval des pays barbaresques.

LABARD, LABARRE. — La Barre, seigneuries de l'Anjou, de la Normandie et de la Bretagne. **Bar,** ou **bard,** ancien mot gaulois, qui signifiait un port. **Barre,** cour ou siège de justice, délais, exception, barrière, obstacle, empêchement, plant de vignes.

LABARDEAU. — De Labarde, commune du dép. de la Gironde, canton de Castelnau, arr. de Bordeaux. **Bardeau,** train de bois, sorte de mesure.

LABARRIERE. — Seigneurie de Guienne, érigée en 1760 pour de Basterot. **Barrière,** bornes, défenses naturelles d'un pays.

LABASSÉE. — Ville du dép. du Nord, arr. de Lille. **Basset,** tablette d'un lavoir.

LABASTIERE. — Seigneurie de Bretagne, érigée en 1696 pour Vilaine. **Bastière,** épithète donnée à celle qu'on veut taxer de bêtise.

LABATH, LABATTE. — De Labaste, seigneurie de Champagne, érigée en 1760 en faveur de Rouillé. **Bath,** mesure de liquide chez les Hébreux. **Bat,** petit bateau. **Batte,** filières pour placer le bois des fenêtres.

LABATRIE. — De Batterie, lieux des Basses-Alpes, dans les communes de Jausiers et de Saint-Paul-sur-Ubaye. **Labastrie**, albâtre.

LABATTU. — De Labattut, communes des Hautes-et-Basses-Pyrénées. **Battue,** action de battre les bois pour en faire sortir le gibier.

LABATY. — Seigneurie de Bretagne, érigée en 1696 pour Rallier. **Abbati,** maison de l'abbé. **Labastie,** tour, château, forteresse.

LABAUBIER. — De Baubigny, communes des dép de la Manche et de la Côte-d'Or. **Baubier,** dim. de **baube,** bègue.

LABAUVE. — La Bove, seigneuries de Picardie et de Saint-Onge. **Bove,** grotte, caverne.

LABAUME. — Seigneurie de Provence, érigée en 1354 pour de Bermond. **Baume,** grotte.

LABAUSSIERE. — De Labessière, communes des dép. du Cantal et du Tarn. **Beaussière,** femme habitant la Beausse.

LABBÉ. — Commune du dép. de Seine-et-Oise, arr. de Pontoise. **Labbé,** abbé, vicaire. **Abbé** signifie père.

LABELLE. — De Labels, commune des Basses-Pyrénées, arr. de Mauléon. **La belle,** la lune.

LABERGE. — De Labège, commune du dép. de la Haute-Garonne, arr. de Toulouse. **Berge,** oiseau, berge de foin, barge.

LABERGEMONT. — De Labergement, commune de la Côte-d'Or, arr. de Dijon. **Bergeman,** braquemart.

LABETOLE. — De Labesole, commune du dép. de l'Aude, arr. de Limoux. **Bestiole,** petite bête.

LABIERE. — De Biert, commune du dép. de l'Ariège, arr. de St-Girons. **Labierre,** forêt de Fontainebleau.

LABISSIONNIERE. — De Bissières, commune du Calvados, arr. de Lisieux. **Buissionnière,** lieu écarté, éloigné.

LABIT, LABITH. — L'Habit, commune du dép. de l'Eure, ar. d'Evreux. **Labit,** décadence, fragilité, querelle. **Labith,** peine, tourment, désastre.

LABOCTEAU. La Boquehaut, seigneurie de Bretagne, érigée en 1668 pour Saint-Aubin. **Bocteau,** de bocquet, espèce de barque, fer de lance.

LABOISE.—De Boësse, communes des dép. des Deux-Sèvres et du Loiret. Boise, arête de poisson.

LABOISSIERE. — Communes des dép. du Calvados, de la Loire-Inférieure, du Finistère, de l'Hérault, du Jura. **Boessière,** lieu planté de buis.

LABOISSIONNIERE. — De la Boissonneyre, dans l'Auvergne, diocèse de St-Flour. Boisson, buis, bois d'une faible étendue.

LABONNE. — De Bonnes, communes des dép. de la Charente, de l'Aisne et de la Vienne. **Bonne,** borne, fin, poste, repaire, terme, servante.

LABONNEVIE. — De Labonneville, commune du dép. de l'Eure, arr. d'Evreux.

LABORIE, LABORY. — Seigneurie du Périgord, érigée en 1662. Vient de labor, travail.

LABOSSE. — Commune du dép. de l'Oise, arr. de Beauvais. **Bosse,** futaie au milieu d'un taillis.

LABOSSIERE. — Commune du dép. du Calvados, canton de Lisieux.

LABOUCANE. — De Bouconne, lieu du dép. de la Haute-Garonne, commune de Léguevin. **Boucane,** fumée.

LABOURLIERE. — La Bourrelière, seigneurie de Bourgogne, érigée en 1700 pour De Migieu. **Labour,** pays désert et exposé aux voleurs, dans le langage basque. Un bourrelier est un fabricant de harnais.

LABOURSE. — Commune du dép. du Pas-de-Calais, canton de Cambrin. **Bourse,** cuir.

LABOURSIERE. — Commune du dép. de la Haute-Saône, arr. de Vesoul. **Boursière,** celle qui fait des bourses, trésorière, femme qui amasse de l'argent.

LABOURSOLIERE. — De Bourseul, commune des Côtes-du-Nord, arr. de Dinan. De **boursoler,** se couvrir de boutons, de phlyctènes.

LABOUTEILLE. — Commune du dép. de l'Aisne, arr. de Vervins. **Bouteille,** sorte de redevance.

LABOUTEILLERIE. — Seigneurie de Tourraine, érigée en 1550 pour De Marolles. **Bouteillerie,** échansonnerie.

LABRANCHE. — Commune du dép. de l'Yonne, arr. de Joigny. **Branche,** ami, camarade, coterie, parti.

LABRECHE. — De Brèches, commune du dép. d'Indre-et-Loire, arr. de **Tour,** et Labrèche, seigneurie de Bourgogne. **Brèche,** lacune, trouée, rayon de miel.

LABRECQUE, LABREQUE.—De Briec, commune du Finistère, arr. de Quinper. **Brèque,** ou **brèche,** vient de **breca,** rupture.

LABRETACHE. — La Bretèche, seigneurie de l'Ile-de-France, érigée en 1676 pour de Pommereu. **Breteiche,** forteresse, rang de crenaux.

LABRIE. — De Labrihe, commune du dép. du Gers, et Labrie, commune dans la Lorraine, près de Metz. **Brie,** brayoire, instrument qui sépare la filasse de la chènevotte. **Abri,** lieu couvert.

LABRIANCE. — De Briantes, commune du dép. de l'Indre, arr. de La Châtre.

LABRIERE. — Seigneuries de Normandie et de Bretagne, et lieu du dép. de Seine-et-Oise, dans la commune d'Itteville. V. **Brière.**

LABRISE. — De Brix, commune du dép. de la Manche, arr. de Valognes. **Brise,** lac, caverne, fosse.

LABROQUERIE. — De Labroquère, commune de la Haute-Garonne, ar. de St-Gaudens. Vient de **broque,** cimette de choux.

LABROSSE. — Seigneuries de Bretagne, de Normandie, de la Saintonge et de l'Ile-de-France. **Brosse,** bois, forêt, broussaille, vergette.

LABROUSSE. — Communes du dép. de la Charente-Inférieure et du Cantal. **Broust,** buisson, bourgeon, nourriture.

LABRUERE. — La Bruère, seigneurie du Maine, unie à celle de la Barre, érigée en marquisat en 1633, et commune

du dép. de la Sarthe, canton de Lude, arr. de La Flèche.
Bruère, bruyère.

LABRY. — Commune du dép. de Meurthe-et-Moselle, arr.
de Briey.

LABRYTANIERE. — De Labretonie, commune du dép. de
Lot-et-Garonne, arr. de Marmande.

LABUTTE. — Seigneurie de Bretagne, érigée en 1696 pour
Des Landes. **Bute,** petite élévation, but, croisière d'une
mine.

LAC. — Commune du dép. du Doubs, arr. de Pontarlier. En
bas-breton **lac** signifie lieu, en grec, fossé, et en basque,
lac.

LACASSE. — Commune de la Haute-Garonne, arr. de Muret.
V. Casse.

LACAVÉE. — Seigneurie du Blaisois, érigée en 1553 pour
Phélypeaux. **Cavée,** chemin creux, le contenu d'une cave.

LACE. — De Lassay, commune du dép. de la Mayenne. **Lacet,**
lascet, lacet. **Lacer,** faire du filet.

LACELAIN. — Du Celland, commune du dép. de la Manche,
arr. d'Avranches. **Celant,** discret, secret.

LACELLE. — Commune du dép. de l'Orne et de la Corrèze.
V. Celle.

LACERISÉE. — De Cérisé, commune du dép .de l'Orne, canton d'Alençon. **Cérisée,** lieu planté de cerisiers.

LACERTE. — De Certes, en Guienne, dans le pays de Médoc.
Lacerte, muscle.

LACHAINE. — De Chaîne, seigneurie de Bretagne, érigée
en 1696 pour Henry. **Chaîne,** chêne.

LACHAISE. — V. De la Chaise.

LACHAMBRE. — Seigneuries de Bretagne et du Forez.
Chambre, étable, meubles, tombeau, juridiction, la chambre du Roi.

LACHANCE. — De Chance, en Bretagne, et rivière de la
Moselle, qui prend sa source vers Metz et se jette dans
la Moselle. **Lachance,** l'intervalle.

LACHAPELLE. — Communes des dép. de Lot-et-Garonne, et
de Meurthe-et-Moselle, et seigneuries en Bretagne, en

Normandie, en Langudoc. **Chapelle,** musique, ornements d'église, petite chape, alambic, partie du métier de tisserand où se tient l'ouvrier.

LACHARITE. — Seigneurie de la Brie, érigée en 1609 pour de Wissel. **Charité,** tendresse, pain bénit, établissement de charité, lettre royale, masque, vin du marché.

LACHARPENTE. — Seigneurie de Bretagne, érigée en 1669 pour de Quenouards. **Charpente** de **charpent,** machination, intrigue, charpente du corps.

LACHASSAIGNE. — Commune du dép. du Rhône, arr. de Villefranche. **Chassaigne,** châtaigne.

LACHASSE. — Seigneurie de Bretagne, érigé en 1771 pour d'Andigné. **Chasse,** amende, instrument de pêche, chas d'une aiguille, cadre, poursuite judiciaire, bannissement.

LACHAUFET. — De Chaufecourt, commune du dép. des Vosges, arr. de Mirecourt. **Chaufete,** réchaud, sorte de cheminée, chaudron, cassolette.

LACHAUME. — Baronnie de la Côte-d'Or, canton de Montigny. **Chaume,** montagne, chaleur.

LACHAUSSÉE. — V. De la Chaussée.

LACHAUX. — Commune du Puy-de-Dôme, arr. de Thiers. De **laschée,** relâchement.

LACHENAL. — Seigneurie de l'Auvergne, érigée en 1632 pour de la Rochebriant. **Chenail,** grenier.

LACHENAYE. — V. De la Chenaye.

LACHESNE. — De Chesnes, communes des dép. des Ardennes, et de l'Eure. **Chesne,** chêne.

LACHEZE. — Seigneurie du Beaujolais, devenue comté en 1718 en faveur de Montaigu. **Chèze,** chaise

LACHEZI. — De Chézy, commune du dép. de l'Allier, canton de Chevagne. **Lachesis,** l'une des trois Parques, celle qui tenait la quenouille.

LACHINE. — De Chuisnes, commune du dép. d'Eure-et-Loir, arr. de Chartres, devenue marquisat en 1665. **Chine,** racine apelée esquine, pays de l'Asie.

LACIER. — De Lacy, seigneurie de Normandie, érigée en

23

1463 pour De la Fosse. Lacier, attacher avec des lacs,
garrotter.

LACISERAYE. — De Ceyzériat, commune du dép. de l'Ain,
arr. de Bourg.

LACOLLE. — Commune de la Provence, diocèse de Glandève, parlement d'Aix. Colle, mensonge.

LACOMBE. — Commune du dép .de l'Aûbe, arr. de Carcassonne. Combe, vallée, grotte, terrain creux, cube, dépression dans un pré.

LACOMMANDE. — Commune du dép. des Basses-Pyrénées,
arr. d'Oloron. Commande, dépôt, cable, amarre.

LACORNE. — V. De la Corne.

LACOSTE. — Communes des dép. de Vaucluse et de l'Hérault, et seigneuries de Bretagne, de Champagne, du
Poitou, du Quercy. Coste, côte, nid, coût, mesure de capacité.

LACOTE. — Seigneurie de l'Angoumois, érigée en 1766 pour
De Cadiot de Saint-Paul. Cote, pierre à aiguiser, degré
de parenté.

LACOUDRAY. — Seigneuries de Bretagne. de Champagne,
et de Normandie. Coudraye, lieu planté de coudres.

LACOUR, LACOURS. — Commune du dép. de Tarn-et-Garonne, arr. de Moissac. Courre, câble.

LACOURSIERE. — Courcière, seigneurie de la Franche-
Comté, devenue marquisat en 1713 en faveur de Monnier. Coursière, pont-levis couvert, depuis le gaillard du
vaisseau jusqu'au château de proue, pour faciliter les
commuications au cours d'un combat, courrier, sorte de
canon, fournisseuse de denrées.

LACOUTURE. — Commune du Pas-de-Calais, canton de Béthune. Couture, terre cultivée, culte, redevance, culture.

LACROANT. — De Crozant, commune du dép. de la Creuse,
arr. de Guéret.

LACROIX. — Seigneurie de Bretagne érigée en 1669 pour
Piron. Croix, signe de croix, procession, argent monnayé, borne, limite, juridiction, partie de la garde d'une
épée, partie d'un moulin, peines.

LACROISET. — Seigneurie de Noramndie, érigée en 1657 pour Le Blanc. **Croisette,** petite croix, espèce d'herbe, la Fête de l'Invention de la Sainte-Croix.

LACROSSE. — Commune du dép. du Cher, canton de Baugy. **C**~rosse~**,** abbaye, puissance, gourdin.

LADÉ. — D'Adé, commune des Hautes-Pyrénées, arr. d'Argelès. **Dé,** deuil, doigt, pièce d'une vitre.

LADEROUTE. — De Déroux, dans la Bourgogne, diocèse de Châlons. **Déroute,** désordre, ruine.

LADIENE. — De Diennes, commune du dép. du Cantal, canton de Murat. **Diène,** ma dienne, sorte de jurement pour mon Dieu ou madame. **Dienne,** bagatelle, futilité.

LADOUCEUR. — De Ladouze, commune du dép. de la Dordogne, arr. de Périgueux. **Douceur,** vivres, témoignage d'amitié, légère humidité.

LADRIERE. — D'Adrières, bourg du Poitou, dép. de la Vienne. **Drière,** derrière.

LAFARGE. — Commune du dép. de l'Ain, arr. de Gex. **Farge,** forge.

LAFARGUE. — Fargues, communes des dép. de la Gironde, des Landes et du Lot. **Fargues,** planches que l'on place sur le bord du vaisseau pour le hausser et le dérober aux regards de l'ennemi.

LAFAY, LAFAYE. — La Faye, commune de la Charente, arr. de Ruffec. **Fay,** cerceaux ou cercles mis en paquet, et **faye,** lieu forestier, forêt, brebis.

LAFAVRIE. — La Faveris, seigneurie du Perche, érigée en 1658 pour D'Aligre. **Fâverie,** forge, atelier de forgeron.

LAFAYETTE. — Fayet, communes des dép. de l'Aisne, de l'Aveyron et du Puy-de-Dôme. **Fayette,** petite brebis.

LAFERME. — Lieu du dép. de l'Aisne, arr. de Château-Thierry. **Ferme,** domaine de campagne, barrière, coffre, opposition juridique, fermage, sorte de pourboire.

LAFERRIERE. — Communes des Côtes-du-Nord, de l'Isère, de la Vendée. **Ferrière,** muni de fer, étui de maréchal, vase à vin, sac de cuir, bouteille.

LAFERTÉ. — Communes des Ardennes et du Jura. **Ferté,** forteresse, citadelle.

LAFETIERE. — De Feuquières, commune du dép. de l'Oise, arr. de Beauvais. **Festière,** sommet.

LAFEUILLADE. — Commune de la Dordogne, arr. de Sarlat. **Feuillade,** feuillée.

LAFFITE. — Lafitte, commune du dép. de **Tarn-et-Garonne,** arr. de Castel-Sarrasin. **Fite, fi,** inter.

LAFILÉ. — La Fillays, seigneurie de Bretagne, érigée en 1660 pour Chomart. **Filée,** action de filer.

LAFLAMME. — D'Ame, commune du Pas-de-Calais, arr. de Béthune. **Flamme,** iris.

LAFLECHE. — Seigneurie dans le Maine, unie à la vicomté de Beaumont, érigée en duché en 1543. **Flèche,** tronc d'arbre, bâton d'étendard, verge de trébuchet.

LAFLEUR. — Seigneurie de Bretagne, érigée en 1696 pour De Montlouis. **Fleur,** paradis, virginité, élite, fleur de farine, odeur.

LAFLOTTE. — Commune de la Charente-Inférieure, arr. de La Rochelle. **Flotte,** bois flotté, radeau, foule, armée navale, écheveau de laine, cuve à bière, séchoir.

LAFOND. — Seigneurie unie à celle de Villemond, érigée en marquisat en 1720. **Fond,** fond d'une vallée, d'un tonneau.

LAFONTAINE. — Seigneurie de l'Orléanais, érigée en 1556 pour Chevalier d'Almont. **Fontaine,** source, eau, pièce de vaisselle, le quatrième dimanche du carême.

LA FONTAINE. — Seigneuries de Champagne, de Lorraine, du Lyonnais et de Normandie.

LAFORCE. — Commune de la Dordogne arr. de Bergerac. **Force,** résistance, violence, puissance d'action, forteresse.

LAFOREST. — Commune du Finistère, arr. de Brest. **Forest,** forêt.

LAFORGE. — Commune du dép .des Vosges, arr. de Remiremont. **Forge,** fabrication, action d'inventer, mode, action de ferrer les chevaux.

LAFORIERE. — De Laforie, commune du Puy-de-Dôme, arr. d'Ambert. **Forière,** lisière d'un bois, d'un champ.

LAFORME. — De Formeville, seigneurie normande. Forme dessin, modèle, enseigne de boulanger, représentation funèbre, cap, forme de chapelier, maladie du cheval, manière, siège, motte de beurre.

LAFORTE. — De Laforteresse, commune du dép. de l'Isère, arr. de St-Marcellin.

LAFORTUNE. — De Fortunet, seigneurie de Bourgogne, érigée en 1618 pour Perrault. Fortune, malheur, tempéte, infortune, mines, trésor trouvé par hasard.

LAFOSSE. — Commune du dép. de la Gironde, arr. de Blaye. Fosse, prison, jabot, trou pour enterrer les morts, vivier.

LAFOUGERE. — Lieu de là Charente-Inférieure, dans la commune de Landes, et seigneurie de Bretagne.·

LAFOY. — La Foi, seigneurie du Poitou. Foy, fidélité à la parole donnée.

LAFRAMBOISE. — D'Amboise, commune du dép. d'Indre-et-Loire, arr. de Tours.

LAFRANCE. — D'Ance, commune des Basses-Pyrénées, arr. d'Oloron.

LAFRANCHISE. — Seigneurie de Normandie, érigée en 1471 pour De Pertuis. Franchise, loyauté, crédit, liberté, privilège, banlieue, terre en franchise, asile, bourgeoisie, droits dans les forêts, lettres de grâce.

LAFRENAYE. — Commune du dép. de la Sarthe, arr. de Mamers, et seigneurie de Normandie, érigée en 1607 pour De Caignon. Frenaie, lieu où l'on cultive les frênes.

LAFRENIERE. — De Fresnières, commune du dép. de l'Oise, arr. de Compiègne. Frenière, endroit planté de frênes.

LAFRICAIN. — D'Afrique, lieu du dép. de l'Aveyron, dans le canton d'Espalion. Africain, qui vient d'Afrique.

LAFRISADE. — De Frise, commune du dép. de la Somme, arr. de Péronne. Frise, grosse étoffe de laine à poils frisés.

LAFRONDE. — De Fronville, commune de la Haute-Marne, arr. de Wassy .Fronde, bazar, entrepôt, fond, feuillage.

LAGACE, LAGASSE. — D'Agassac, commune de la Haute-

Garonne, arr. de St-Gaudens. **Agassé**, aiguillonné, piqué, irrité, querelle.

LAGAILLARDISE.—De Lagaillarde, commune de la Seine-Inférieure, arr de Yvetot. **Gaillardise**, parole un peu libre.

LAGANNE. — Commune du dép. du Cantal, arr. de Mauriac. **Ganne**, roseau employé par les tisserands pour faire les tuyaux des trames.

LAGANIERE. — De Langanerie, lieu du Calvados, dans la commune de Grainville-la-Campagne. **Lagnière**, endroit où l'on fait des abatis de bois.

LAGARDE. — Communes des Hautes-Pyrénées et du Gers, **Garde**, guet, tutelle roturière, attention, portée de vue, danger, crainte, dommage, fortification, champs ou forêts, réserve, protecteur, régent.

LAGARENNE. — Seigneurie du Berry, érigée en 1581 pour Durbois. **Garenne**, enclos, étang, lieu reservé pour la chasse, terrier, galerie de lapins.

LAGAUDRIOLE.— De Lagardiole, commune du dép .du Tarn, arr. de Castres. **Gaudriole**, propos plaisant.

LAGAUDIE. — De Gaudies, commune du dép. de l'Ariège, canton de Saverdun. **Gaudie**, folâtrerie, joie.

LAGENOIS. — D'Agen, commune du dép. de l'Aveyron, arr. de Rodez. **Agenois**, habitant du pays compris dans le dép. de la Haute-Garonne.

LAGERE, LAGERRE.—Communes des dép. de l'Ardèche et du Rhône. **Agerre**, rempart, digue, levée.

LAGERON. — De Lageron, commune du dép. des Deux-Sèvres, arr. de Parthenay. **Geron**, pan du bliaut.

LAGNEAU. — De Lagnes, commune du dép. de Vaucluse, ar. d'Avignon. **Lagneau**, la fourrure d'agneau, sorte de monnaie.

LAGNEL. — D'Agnielles, commune des Hautes-Alpes, arr. de Gap. **Agnel**, agneau.

LAIGNEAU. — De Laignes, commune de la Côte d'Or, arr. de Châtillon et commune du dép. de l'Hérault, canton d'Alonzac. **Laigneau**, la bête à laine.

LAGNIER. — De Lagny, communes de Seine-et-Marne et du dép. de l'Oise. **Laignier,** bûcher, coupe de bois.

LAGORCE. — Communes de la Gironde et de l'Ardèche. De **gource,** lieu couvert de buisson.

LAGORGENDIERE. — De Lagorgue, commune du dép. du Nord, arr. d'Hazebrouck. Vient du latin **gurges,** gouffre.

LAGOTERIE. — Seigneurie de l'Angoumois, érigée en 1780 pour De Gratereau. **Gauquerie,** lieu où l'on vendait le poisson peu frais.

LAGRANDEUR. — De Lagrand, com. du dép .des Hautes-Alpes, arr. de Gap. **Grandeur,** grandeur d'âme, dimension de ce qui est grand.

LAGRANGE. — Communes dans les dép. des Landes, des Hautes-Pyrénées, et dans le **Territoire** de Belfort. **Grange,** métairie. V. Grange.

LAGRAVE. — V. Delagrave.

LAGREMENT. — D'Aigremont, commune de l'Yonne, arr. d'Auxerre. **Agrément,** lavement.

LAGRENADE. — De Grenade, commune du dép .des Landes, près de l'Adour. **Grenade,** fruit du grenadier.

LAGROIX. — La Grois, seigneurie de **Touraine,** érigée en 1730 pour Milon. **Grouée,** terrain précieux, cueillette, réunion nombreuse, gelée

LAGRUE. — Seigneurie de Normandie, érigée en 1580 pour Mandet. **Gru,** gruau, menu fretin.

LAGU. — D'Agusts, commune du dép. du **Tarn,** arr. de Lavaur. **Aigu,** aigu, tranchant, perçant, pénétrant. **Lahut,** nacelle.

LAGUER. — Laillé, commune d'Ille-et-Vilaine, arr. de Redon. **Laier,** marquer les bois qui ne doivent pas être coupés dans un abatis.

LAGUERCHE. — Communes d'Ille-et-Vilaine et du Cher. **Guerche,** crêche.

LAGUERRE. — Seigneurie de Bretagne, érigée en 1669 pour Pantin. **Guerre,** lutte à mains armées entre deux nations.

LAGUEUX. — Seigneurie de Champagne, érigée en 1400 en faveur de Cauchon. **Gueux,** bon compagnon, gai coquin, seille, écuelle de chauffe-pied.

LAHAYE. — Communes de la Seine-Inférieure, des Vosges, et seigneuries de Bretagne et de **Flandre. Haie,** clôture, sorte de chasse et de danse, monnaie de la **Haye.**

LAHONTAN. — Commune du dép. des Basses-Pyrénées, canton de Salies, arr. d'Orthez. Vient de **honter,** déshonorer, couvrir de honte.

LAIGUE.—Seigneurie du Dauphiné, érigée en 1600 pour De Laigue. **Aigue,** eau, fleuve, rivière, étang, larme.

LAIR, LAIRE. — Commune du dép. du Doubs, canton et arr. de Montbéliard. **Lair,** allure, marche, démarche, voyage, équipage, empressement. **Laire,** terre, champ, grange, nid, nichée, race, famille, couple.

LAIREAU. — De Laires, commune du Pas-de-Calais, arr. de St-Omer. **Aireau,** charme.

LAIRET. — De Léré, commune du dép .du Cher, arr. de Sancerre. **Lairet,** emplacement non cultivé.

LAISDON. — De Laisdain, commune du dép. du Nord, arr. de Cambrai. Lais, vase que dépose la Loire, sorte de bail, terre prise à bail.

LAISNÉ. — Lesné, seigneurie de Bretagne, érigée pour De Quèze. Lainer, operer le veloutage d'une étoffe.

LAIZEAU. — Lézeau, seigneurie de Normandie, érigée en 1655 pour Lefebvre. Laise, pour **élaise,** bande de bois pour boucher une fente dans une planche.

LAJEUNESSE.—De Senesse, commune du dép. de l'Ariège, arr. de Pamiers. **Jeunesse,** étourderie.

LAJOIE. — De Lajo, commune du dép. de la Lozère, arr. de Marjevols. Joie, joyau, bijou, divertissement populaire.

LAJONQUILLE.—De Jonville, com. du dép. de la Meuse, arr. de Commercy. **Jonquille,** plante du genre narcisse.

LAJUDIC. — De Juicq, commune de la Charente-Inférieure arr. de Saint-Jean d'Angély. **Judice,** justice, jugement.

LAJUS. — De Lajoux, commune du dép. du Jura, arr. de Saint-Claude. **Jus,** droit, partie liquide d'un végétal, en bas, à terre.

LALAGNE. — Lalaigne, commune du dép. de la Charente-Inférieure, canton de Courçon. **Lagne,** endroit par où un vaisseau passe.

LALANCETTE. — Lancette, commune du dép. du Jura canton de St-Julien. **Lancette**, petite lance.

LALANDE. — Baronnie de Normandie, et seigneurie de Bretagne, du Forez, du Poitou et du Quercy. **Lande,** terre de bruyère, terre libre, brande.

LALANNE. — Communes des dép. du Gers et des Hautes-Pyrénées. **Lanne,** laine.

LALEU. — Lieu dans la Charente-Inférieure, commune de La Rochelle, et communes des dép. de la Somme, de l'Orne et de la Vendée. **Leu,** loup.

LALIBERTÉ. — De Laloubère, commune des Hautes-Pyrénées, arr. de **Tarbes.** Liberté, libre arbitre, licence, excès de liberté, permission.

LALIME. — De Lime, commune des Basses-Pyrénées, arr. de Pau. **Lime,** remords, pénitence, querelle.

LALLEMANT. — De l'Allemagne, baronnie de Provence, érigée en 1699 pour d'Oraison. **Alemant,** pas, marche cours, voyage.

LALLIER. — De Lalley, commune de l'Isère, arr. de Grenoble. **Alier,** alisier:

LALLOUETTE. — D'Alluets, commune du dép. de Seine-et-Oise, arr. de Versailles.

LALOIRE. — De Loire, commune du dép. du Rhône, arr. de Lyon. **Loire,** cuve de pressoir. **Aloière,** bourse, gibecière.

LALONDE. — Com. de la Seine-Inférieure, arr. de Rouen. Londe, forêt, **Alonde,** espèce de poisson et de coquillage.

LALONGÉ. — De Lalonge, seigneurie de Champagne. **Longé,** émail des longes de l'oiseau de proie, en terme de blason.

LALUDE. — Seigneuries de Normandie, de l'Anjou et de la Sologne. Lude, toile fabriquée à Lude.

LALUE. — Lue, com. du dép. des Landes, canton de Sabres. **Lue,** louve.

LALUMIERE. — Lumières, lieu du dép. de Vaucluse, arr. d'Apt. **Lumière,** lampe, ouverture d'une écluse, embouchure d'un instrument, œillères.

LA MADELAINE. — Lamagdelaine, commune du dép .du Lot, ar. de Cahors. **Madelaine,** sorte de monnaie.

LAMAIRE. — Commune du dép. des Deux-Sèvres, arr. de Parthenay. Maire, marque.

LAMALETIE. — La Maléissie, marquisat de Normandie. Malacie, dépravation du goût.

LAMALICE. — D'Amanlis, commune d'Ille-et-Vilaine, arr. de Rennes. Malice, faute, vice, fraude, ruse, malignité. Malis, pommier.

LAMALGUE. — D'Amage, commune de la Haute-Saône, arr. de de Lure. Mague, estomac, gésier d'un oiseau.

LAMALOTIERE. — De Lamalachère, commune de la Haute-Saône, arr. de Vesoul. Malot, pourceau, insecte.

LAMANQUE. — De Manqueville, seigneurie de Normandie. Manque, absence, manchot.

LAMANT. — De Mant, commune du dép. des Landes, arr. de St-Sever. Lamant, pilote.

LAMARBRE. — De Marbaix, commune du dép .du Nord, arr. d'Avesnes. Marbre, martyr.

LAMARBRELLE. — De l'Arbresle, commune du dép. du Rhône, arr. de Lyon. Marbrelle, axe de la roue qui fait mouvoir une cloche.

LAMARCHE. — Commune du dép. des Vosges, arr. de Neuf-château. Marche, trace, brisée, pédale dans un métier de tisserand.

LAMARC, LAMARQUE. — Commune des Hautes-Pyrénées, arr. de Tarbes. Marc, place, marais, poids de huit onces, somme. Marque, poinçon d'orfèvre, droit.

LAMARE. — Seigneurie de Normandie, érigée en 1655 pour d'Amfreville. Mare, mâre, animal fabuleux.

LAMARRE. — Commune du Jura, arr. de Lons-le-Saunier et seigneurie de Normandie. Marre, outil de vigneron, houe, bélier, pelle recourbée.

LAMARINE. — Seigneurie de Bretagne, érigée en 1770 pour De Rivière. Marine, côte, rivage de la mer, marraine, marée, la mer, batellerie.

LAMARTINIERE. — Seigneuries de Bretagne, de la Sologne, et de la Touraine. De martinerie, usine.

LAMARZELLE. — De La Marzellière, seigneurie de Normandie, érigée en marquisat en 1619 pour Giffart. **Mar-zelle,** margelle.

LAMAX. — De Max commune du dép. de la Meurthe, canton de Nancy. **Max,** de maxilla, mâchoire.

LAMAUDAIS. — De Maudez, commune des Côtes-du-Nord, canton de Plélan. **Maudehait,** imprécation, maudit.

LAMBERGE. — De Looberge, commune du dép. du Nord, arr. de Dunkerque.

LAMBERT. — Commune du dép. des Basses-Alpes, arr. de Digne. Lambert, nom composé de land, patrie, et de bert, illustre.

LAMBERTON. — De Lambervile, communes des dép. de la Manche et de la Seine-Inférieure. **Lamberton,** dim. de Lambert.

LAMBEYE, LYMBÉ. — Lembeye, commune des Basses-Pyrénées, arr. de Pau. De **lambe,** pierre.

LAMBLY. — D'Ambly, commune du dép. de la Meuse, arr. de Verdun. D'**amblais,** hart d'attelage.

LAMEDIQUE. — Seigneurie de Bretagne, érigée en 1696 pour de Cormier. **Médique,** médecin, sainfoin.

LAMELANCOLIE. — De Melchonnec, seigneurie de Bretagne, érigée en 1668 pour Merien. **Mélancolie,** bile noire, folie, triste, tristesse, rêverie.

LAMER, LAMERE. — De Lamerville, commune de la Seine-Inférieure, arr. de Dieppe. **Mer,** mer, vent de mer, marque. **Mère,** vendange pressurée, réservoir.

LAMERIQUE. — De Laméries, commune du dép. du Nord, canton de Maubeuge. **Amérique,** l'une des parties du monde.

LAMESLÉE.—Seigneurie de Bretagne, érigée en 1696 pour De la Monne. **Meslée,** mélange, foule, méteil, lainage de diverses couleurs.

LAMI, LAMIE. — Lamis, dans l'Armagnac, diocèse d'Auch. **Mi,** cas, sujet, milieu, à moitié. **Mie,** miette, ami, parent, amant.

LAMICHE.—De Micheville, commune du dép. de Meurthe-et-Moselle. **Miche,** petit pain, petit gâteau, miette.

LAMINÉE. — Seigneurie de l'Anjou, érigée pour Du Broc. Minée, mesure de capacité. Laminée, lame de métal passée au laminoir.

LAMIRANDE. — Seigneurie du Poitou érigée en 1500 pour Desmier. Lamirande, chose étonnante.

LAMONDE. — Monde, seigneurie du Dombes, érigée en comté en faveur de Montbrian. Monde, univers, vie mondaine, abondance, pur, sans souillure.

LAMONDÉ. — De Mondeville, commune du dép. de Seine-et-Oise, arr. d'Etampes. **Lamondé**, le purifié, le nettoyé.

LAMONT. — Communes des dép. de Saône-et-Loire, des Hautes et des Basses-Pyrénées. **Mont**, monde, monceau, tas, billot, valeur.

LAMONTAGNE. — Signeurie de Bretagne, érigée en 1696 pour De Hay. **Montagne**, morceau à partager entre cohéritiers et associés, la masse dans le partage d'un cheptel.

LAMOTHE, LA MOTHE. — Lamothe, seigneurie en Artois, érigée en 1466 pour d'Applaincourt, et La Mothe, seigneuries du Bigorre, de la Bourgogne, de la Guyenne, du Languedoc, du Périgord.

LAMOTTE, LA MOTTE. — Lamotte, seigneuries de Bretagne et du Languedoc. La Motte, seigneuries en Normandie, en Bretagne, dans la Franche-Comté, dans le Bourbonnais, en Touraine, etc. **Motte**, monticule, butte artificielle, atterrissement, alluvion, fossé profond entourant une habitation, éminence faite de main d'homme ou par la nature.

LAMOUCHE. — Commune du dép. de la Manche, arr. d'Avranches. **Mouche**, barbiche, tas de poignées de lin tas de fagots.

LAMOUREUX. — De Mourenx, commune du dép. des Basses-Pyrénées, canton de Lagor. **Amoureux**, qui aime, humain, bon, sensible. **Moureux**, pitoyable, lamentable.

LAMPERIER. — D'Empuré, commune de la Charente, arr. de Ruffec. **Empérier**, chef, souverain. .

LAMPON. — D'Amponvile, commune de Seine-et-Marne,

arr. de **Fontainebleau**. Lampon, sorte de crochet de métal précieux dont on se servait jadis pour retrousser le chapeau.

LAMURE. — Petite ville du dép. de l'Isère, arr. de Grenoble et commune du dép. du Rhône, arr. de Villefranche. **Mure**, mulet.

LAMURY. — De Lamoura, commune du Jura, arr. de Saint-Claude. **Murie**, muraille, chair d'animal mort de maladie.

LAMUSETTE. — De Mussey, commune du dép. de la Meuse, arr. de Bar-le-Duc. **Musette**, musaraigne, air de musette.

LAMUSIQUE. — De Mussig, commune du dép. du Bas-Rhin, arr. de Sélestat. **Musique**, mosaïque.

LAMY. — V. Lami. **My**, mien, milieu. **Lamie**, chien de mer, monstre fabuleux qui dévorait les enfants, le même, dit-on, qui avala Jonas.

LANAU. — De Lanas, commune du dép. de l'Ardèche, arr. de Privas. **Lan**, église, temple, et **naut**, gouttière d'un toit.

LANCE. — Commune du dép. de Loir-et-Cher, arr. de Vendôme. **Lance**, mesure de terre, attaque, procédé.

LANCELEUR. — De Lanceule, seigneurie de Bretagne, érigée en 1668 pour De Couesnon. **Lanceleur**, vient du grec **logchè**, lance, pointe.

LANCHEYE. — D'Anché, commune du dép. de la Vienne, arr. de Civray. **Ancheye**, d'**ancheau**, cuve de pressoir.

LANCOGNET, LANCOGNIER. — D'Ancenis, ville de la Loire-Inférieure. **Ancon**, pli du coude. **Encognier**, placer dans un coin, placer sur la corde de l'arc.

LANCTOT. — De Lanquetot, commune du dép de la Seine-Inférieure, arr. du Havre. De **lanqueter**, bavarder, médire.

LANDAIS. — Petite ville du Berry. **Landais**, habitant des Landes.

LANDAU. — Landaul, dans le Morbihan, arr. de Lorient, et Landau, dans la Basse-Alsace, diocèse de Spire. **Landeau**, dim. de lande.

LANDIER. — De la Landière, seigneurie de Bretagne. **Landier**, espèce de chenet de cuisine, coffre, ajonc qui pousse dans les Landes, gros menton.

LANDIRAND. — D'Andiran, commune du dép .de Lot-et-Garonne, arr. de Nérac. **Andirand**, vient de l'anglais andiron, patte de fer, chenet.

LANDONAIS. — D'Andornay, commune de la Haute-Saône, arr. de Lure. **Landonais**, de landon, petite lande, pâturage, bois pour entraver les vaches, muselière.

LANDONNEAU. — De Landerneau, commune du Finistère, arr. de Brest. **Landonneau**, rivière de Bretagne, qui se jette dans la baie de Brest.

LANDREAU. — Commune de la Loire-Inférieure, arr. de Nantes. Vient de **landreux**, infirme, valétudinaire.

LANDREVILLE. — Commune du dép. de l'Aube, arr. de Bar-sur-Aube.

LANDRIERE. — De Landière, seigneurie de Bretagne, érigée en 1600 pour Blanchard. **Landrière**, fossé servant de retranchement.

LANDRIEUX. D'Andrézieux, commune du dép. de la Loire, arr. de Montbrison. **Landreux**, paresseux, languissant.

LANDROCHE. — De Landroff, commune du dép. de la Moselle, canton de Grostenquin.

LANDRON. — De Landeronde, commune du dép. de la Vendée, arr. des Sables-d'Olonne, et Landeron, dans la principauté de Neufchâtel, près du lac de Bienne.

LANDRY. — Commune du dép. de la Savoie, seigneurie de Bretagne, et baronnie dans le Barrois, érigée en 1663 pour Duhautoy. **Landry**, nom propre d'homme, est formé de **landeric**, mot teutonique qui vient de **land**, terre, patrie, et de **ric**, ou **rich**, qui veut dire puissant, vaillant, riche. Il y avait sous Clotaire le jeune un maire du palais nommé Landeric.

LANDSEYGNER. — D'Enseigné, commune du dép. des Deux-Sèvres, ar. de Melle. **Enseigner**, s'instruire, faire signe, marquer.

LANE. — Seigneurie du Bigorre, érigée en 1408 pour De Bériac. **Lane,** mouton

LANEAU. — Laneaux, en Bourgogne, près d'Autun. **Laneau,** la chaîne, l'union conjugale, les lunettes.

LANEUVILLE. — Seigneurie de Champagne, érigée en 1550 pour de Broussel. **Laneus,** ouvrier qui travaille la laine.

LANG. — De Lanques, commune de la Haute-Marne, arr. de Chaumont. **Lang,** long, étang.

LANGARD. — Langart, en Bretagne, près de Saint-Brieuc. **Langard,** babillard.

LANGE. — Seigneurie de Bugey, érigée en 1530 et devenue baronnie en 1570. **Lange,** pièce d'étoffe dont on se couvre, tout ce qui sert à envelopper un enfant au maillot, sorte d'oiseau de mer, langueur.

LANGEL. — D'Angel, communes des dép. de la Corrèze, du Tarn et de la Dordogne. **Langel,** petit drap.

LANGELIER. — D'Angély, commune du dép. de la Charente-Inférieure, arr. de La Rochelle. **Langelier,** l'angélique.

LANGERON. — Commune du dép. de la Nièvre, canton de St-Pierre-le-Moutier. **Langeron,** lange.

LANGEVIN. — De Léguevin, commune de la Haute-Garonne, arr. de **Toulouse.** V. **Angelvin.**

LANGIS. — Commune du dép. de l'Orne, canton et arr. de Mortagne. **Langis,** fils de canet ou faisceaux de fils non tortillés.

LANGLADE. — Commune du dép. du Gard, arr. de Nîmes.

LANGLAIS. — Langlet, commune du dép. des Basses-Pyrénées, canton de Bayonne. **Langlais,** l'Anglais, habitant de l'Angleterre. **Anglet,** petit angle, petit coin.

LANGLICHE. — D'Aniche, commune du dép. du Nord, arr. De Douai. **Angliche,** ou **english,** anglais.

LANGLOIS. — De Langouet, commune du dép. d'Ille-et-Vilaine, arr. de Rennes. **Langlois,** le créancier.

LANGLUMÉ. — D'Angoumé, commune des Basses-Pyrénées, arr. de Dax. **Englumer,** fixer sur une enclume.

LANGOUMOIS. — De l'Angoumois, pays de **France** dont la capitale était Angoulème.

LANGRAVE. — V. Hengrave. Landgrave, seigneur allemand. **Engraver,** graver. Dérive de **landt,** terre, pays et
de **grau,** vieillard gris.

LANGRENÉ. — D'Anguerny, commune du dép. du Calvados, ar. de Caen. **Engrener,** serrer dans un grenier ou
une grange, mettre le blé dans le moulin.

LANGUEDOC. — De Languédias, commune des Côtes-du-
Nord, ar. de Dinan. **Languedoc,** province de France,
composée de huit départements. Dérive de **landt,** terre,
et de **got, Goth,** c'est-à-dire terre des Goths. Ce nom
vient d'**oc,** mot dont on se servait dans le midi pour dire
oui.

LANGY. — Commune du dép. de l'Allier, arr. de La Palisse.
V. Langis.

LANIEL. — V. Lagnel. De **lanier,** lent, paresseux.

LANOIS. — Lannoy, commune du dép. du Nord, arr. de Lille.
Anoi, chose nuisible, blessure, douleur, injure, injustice,
passion, vice, trouble.

LANNOLIER. — De Lannouaille, commune du dép. de la
Dordogne, arr. de Nontron.

LANOS. — De Lannes, commune de la Haute-Marne, arr. de
Langres, ou de Lano, commune du dép. de la Corse, arr.
de Corte. **Lanos,** prairie irriguée, gouttière entre un toit
et un mur ou entre deux toits.

LANOU, LANOUE, LANOUX. — Seigneuries du Berry, de
Normandie et de La Touraine. **Lanoue,** le nœud.

LANOUETTE. — Seigneurie de Bretagne, érigée en 1696
pour De l'Isle. **Lanouette,** le sachet, le petit nœud, le
linge noué.

LANOUILLÉ. — Lanouée, commune du Morbihan, arr. de
Ploërmel. **Nouée,** racine des plumes, chez les oiseaux.

LANQUETEAU. — V. Lanctot.

LANSAC. — Commune du dép .de la Gironde, arr. de Blaye,
et ville située sur le bord du Rhône, entre Tarascon et
Arles. **Lansac,** poire appelée dauphiné.

LANT. — De Lans, communes des dép. de l'Isère et de Saône-
et-Loire. Lent, languissant, sans force.

LANTAGNE. — D'Antaing, commune du dép. du Nord, arr. de Lille.

LANTHIER, LANTIER. — D'Anthy, commune de la Haute-Saône, arr. de Thonon, et Lanty, commune du dép. de la Nièvre, arr. de Château-Chinon. **Lantier**, de **landier**, grand chenet de fer. V. Landier.

LANTEUR. — De Lanteuil, commune du dép. de la Corrèze, arr. de Brive. **Enteur**, celui qui ente, qui émonde les arbres.

LAON. — Ville de Picardie, dép. de l'Aisne. **Laon**, signifie planche.

LAPALME. — Commune du dép. de l'Aude, canton de Sigean, arr. de Narbonne. **Palme**, main, jeu de paume.

LAPARRE. — De Laport, ville de Gascogne. **Parre**, bâtiment de charge, qui ne perd pas les côtes de vue.

LAPENSÉE. — Seigneurie de Bretagne, érigée en 1669 pour De Morant. **Pensée**, souci, espérance, désir, amour.

LAPÉRADE. — De Laparade, commune du dép. de Lot-et-Garonne, arr. de Marmande. **Perade**, vient de **perrat**, lieu où il y a des pierres.

LAPERCHE. — Commune du dép. de Lot-et-Garonne, arr. de Marmande. **Perche**, perchoir, mesure agraire, bois d'un cerf, conseil de prudhommes.

LAPERELLE. — Commune dans le Bas-Languedoc, diocèse de Mirepoix. **Perrelle**, terre sèche en petites écailles grises apportées à Paris de l'Auvergne; elle entre dans la composition du tournesol en pâte, appelée orseille. **Perrel**, jeu de palet, pierrier, chemin pavé.

LAPÉRIERE. — Commune du dép. de la Côte-d'Or, arr. de Beaune. **Périère**, machine de guerre.

LAPERLE. — De Perles, commune du dép. de l'Aisne, arr. de Soissons. **Perle**, globule blanc qui se forme dans les coquilles, pêne.

LAPERON, LAPRON. — De Peron, commune du dép. de l'Ain, canton de Collonge. **Peron**, père et mère des oiseaux.

LAPEROTIERE. — De la Peyratte, commune du dép. des

24

Deux-Sèvres, arr. de Parthenay. De **perrat**, lieu rempli de pierres.

LAPEROUSE. — Commune du dép. de la Haute-Garonne, arr. de Toulouse. De l'anglais, **peruse**, lire, examiner.

LAPERRIERE.—Seigneuries de Bretagne et de Bourgogne, commune de la Côte-d'Or, arr. de Beaume. **Perrière**, carrière, filet lesté de cailloux, engin lançant des pierres.

LAPERVENCHE.—Seigneurie de Bretagne, érigée en 1668. **Pervenche**, fleur qui croît dans les terrains humides.

LAPICARDIE. — De la Pichardaye, seigneurie de Bretagne, érigée en 1669 pour Bernard. **Picardie**, ancienne·province de France. Vient de **picq**, sorte d'arme, ou de **piq**, querelle.

LAPIERRE. —Seigneuries de Bretagne, de Champagne, du Forez et de Normandie. **Pierre**, nom d'homme, se disait autrefois pour père. **Pierre**, caillou, prison souterraine, masse, pierres magiques, pierres précieuses, grêle, borne, maladie.

LAPINTARDE.—De Pintac, commune des Hautes-Pyrénées, arr. de Tarbes. **Pintade**, poule des Indes, ainsi appelée à cause de la justesse des taches qui semblent être peintes sur son plumage.

LAPINTERIE. — Seigneurie de Normandie érigée pour De Fauguernon. **Pinterie**, poterie d'étain, métier d'étameur.

LAPINTERRE.·— De·Panthières, en Bourgogne, diocèse d'Autun. **Pinter**, chopiner, boire avec excès.

LAPISTOLE. — De Lafitole, commune des Hautes-Pyrénées, ar. de Tarbes. **Pistole**, monnaie d'or battue en Espagne, pistolet, arquebuse à rouet, petit poignard, prison.

LAPLAINE. — Commune de la Bretagne, diocèse de Nantes, et seigneurie de la **Franche-Comté**, érigée en 1745 pour de Franchet. **Plaine**, pays plat, outil d'acier à deux poignées qui sert aux tonneliers et aux charrons.

LAPLANCHE. — Seigneuries de Bretagne et du Poitou. **Planche**, paserelle sur un ruisseau, mesure de terre, balance, piège, individu faux, pont fait de planches.

LAPLANTE.—De Planques, commune du Pas-de-Calais,

arr. de Montreuil-sur-Mer. **Plante,** plante, endroit planté, pépinière, plante des pieds, plant de vignes.

LAPLUME. — Ville du dép. de Lot-et-Garonne, arr. d'Agen. **Plume,** plume d'oiseau, plume pour écrire, pointe, dard.

LAPOINTE. — Lieu du dép. du Tarn, arr. de Lavaur, à 5 lieux de Gaillac. **Pointe,** attaque, petite chandelle de cire, bec de souliers, bout, extrémité, lances, charge de cavalerie.

LAPOLICE. — La Palisse, ville du dép. de l'Allier, dans le Bourbonnais. **Palisse,** palissade.

LAPOMERAYE. — La Pomerède, commune du dép. de l'Aude, ar. de Cahors. **Pommeraye,** lieu planté de pommiers.

LAPORTE. — Seigneuries de Normandie et de Flandre. **Porte,** panneau dans le flanc d'une nef, aumônerie d'un couvent, anelet, droit pécuniaire, remplaçant le guet, transport, sorte d'oublie, barrage sur certains cours d'eau.

LAPRADE.—Communes de la Charente et de l'Aude. **Prade,** prairie.

LAPRÉE. — Seigneuries du Gâtinais et de Picardie. **Prée,** prairie.

LAPRISE. — De Prises, commune du dép. de l'Aisne, arr. de Vervins. **Prise,** estimation, imposition, droit d'arrestation, captivité, reprise, couture, piège, prise de corps.

LAQUAIR, LAQUERRE. — De Quers, commune de la Haute-Saône, arr. de Lure. **Quair,** vieille conjonction pour car. **Querre,** quérir, chercher, carrière, coin d'un carré.

LAQUALITÉ. — De Locqueltas, commune du Morbihan, arr. de Vannes. **Qualité,** propriété, quantité, dignité, mérite.

LAQUEL. — La Qncille, seigneurie érigée en 1500. **Quel,** de quelle espèce, **queule,** souche de bois.

LARABEL. — De Larbey, commune du dép. des Landes, arr. de Saint-Sever. **Larabel,** pour l'Arabe.

LARAGNI. — De Largny, commune du dép. de l'Aisne, arr. de Soissòns. **Aragni,** araignée.

LARAMÉE. — Seigneurie de Bretagne, érigée en 1668 pour

de Rousseau. **Ramée**, assemblage de branches, bois, branches plantées comme pour un mai, pêcherie.

LARASTIE. — D'Arthies, commune du dép. de Seine-et-Oise, arr. de Mantes. **Ratis**, fougère, **rastie**, grillé.

LARAUT. — D'Araux, commune des Basses-Pyrénées, arr. d'Orthez. V. Lareau.

LARCHE. — Communes des Basses-Alpes et de la Corrèze, Arche, arc de triomphe, arcade, coffre, trésor, cellier, cuve, bâtiment de mer ou de rivière, huche, tombeau.

LARCHER. — De Larçay, commune d'Indre-et-Loire, arr. de Tours. Archer, qui tire de l'arc.

LARCHET. — D'Archettes, commune du dép. des Vosges, ar. d'Epinal. **Archet**, coffret, trésor, coffre d'un moulin, arche de pont.

LARCHEVEQUE. — De Larceveau, commune des Basses-Pyrénées, arr. de Mauléon. **Archevêque**, premier évêque d'une province ecclésiastique.

LARDET. — Lardais, seigneurie de Bretagne, érigée en 1650. Lardé, morceau de viande piqué de lard, longé.

LARDOISE. — D'Ardoix, commune du dép. de l'Ardèche, canton de Satilieu. **Ardoise**, pierre bleue et fossile.

LARDON. — D'Ardon, commune des dép. du Jura et du Loiret. Lardon, petit morceau de lard, brocard, raillerie.

LAREAU, LARREAU. — Larreau, commune du dép. des Basses-Pyrénées, ar. de Mauléon. **Lareau**, le trou, instrument de labourage, espèce de charrue sans roues.

LAREGLE. — Commune du dép. d'Indre-et-Loire, canton d'Amboise. **Règle**, ordre, arrangement.

LAREINE, LARIENE. — Communes des dép. de la Loire-Inférieure et de la Haute-Saône. **Aren**, araignée, cordage.

LARELLE. — De Lareulle, dans le Bas-Armagnac, diocèse de Lectoure. **Arèle**, charrue.

LARENTE. — De Laran, commune du dép. des Hautes-Pyrénées, arr. de Bagnères. **Rente**, rente foncière.

LAREOLE. — Commune de la Haute-Garonne, arr. de Toulouse. **Aréole**, auréole. Dérive d'**areor**, laboureur.

LARGEAU. — De Largeasse, commune du dép. des Deux-Sèvres, arr. de Parthenay. **Largeau**, large, libéral.

LARGENTERIE. — D'Argenty, dans le dép. de l'Allier, commune de **Teillet. Argenterie**, garde-meuble, recette, barque, vaisselle d'argent.

LARICHARDIE.—De la Rigauderie, seigneurie de l'Anjou, érigée en 1424 pour De Boissard.

LARICHARDIERE. — De la Rigaudière, seigneurie de Bretagne, érigée en 1668.

LARIE. — Seigneuries de Normandie et de la Marche. **Larris,** terre en friche, lande, bruyère.

LARIEUX. — Seigneuries de Bretagne et de Picardie. **Rieus,** ruisseau, source.

LARIGUEUR. — De Riguier, bourg de la **Touraine**, près de Chinon. **Rigueur,** sévérité, force, cruauté, révolte, sédition. De **riguer,** arroser, inonder.

LARIOUX. — D'Auroux, commune du dép. de la Lozère, arr. de Mende. De **riloux,** pluvieux.

LARIVÉE, LARRIVÉE. — De Larvet, seigneurie de Bretagne, érigée en 1560. **Larivée,** l'atterrissage.

LARIVIERE. — Commune dans le Territoire de Belfort, arr. de Belfort.

LA RIVIERE. — Communes des dép. du Doubs, de la Gironde, de la Haute-Marne, d'Indre-et-Loire. **Rivière,** rivage, côte, cours d'eau, chasse aux oiseaux de rivière.

LARME. — Seigneurie de Bretagne, érigée en 1668 pour Barbet. **Armes,** armoiries, cotte d'armes, prouesses, combat, retrait, courroie.

LARMELŒIL. — D'Armel, commune du dép. d'Ille-et-Vilaine, arr. de Rennes.

LAROCHE. — Lieu du dép. de l'Yonne dans la commune de Migennes. **Roche,** rocher, montagne, château, forteresse, cave.

LA ROCHE. — Communes de la Haute-Savoie et de l'Isère.

LAROCHELLE. — Ville de la Charente-Inférieure, et communes des dép. de la Manche et de la Haute-Saône. **Rochelle,** éclat de roche, engin de pêche.

LAROLANDIERE. — Seigneurie de Bretagne, érigée en 1700. **Rollan,** barreau rond d'échelle, de chaise.

LARONDE. — Commune du dép. des Deux-Sèvres, arr. de Bressuire. Ronde, visite de nuit, environs.

LARONDIERE. — De Rongères, commune du dép. de l'Allier, arr. de La Palisse.

LAROCQUE. — Communes des dép. de la Gironde et de l'Hérault. Roque, long gilet de fourrures, motte de terre, barbeau, imposition.

LA ROQUE. — Lieu du dép. de l'Eure, dans la commune de La Roquette.

LAROQUEBRUNE. — Communes des dép. du Gers, de la Gironde, et du Var. Roquebrune, mot composé de roque, motte de terre, et de brune, de couleur sombre, obscure.

LAROSE. — D'Aroz, commune du dép. de la Haute-Saône, arr. de Vesoul. Rose, fleurs, et rause, glaïeul, iris.

LAROSÉE. — D'Arrozès, commune du dép. des Basses-Pyrénées. Rosée, brouillard.

LAROUCHE. — De Larroucau, commune du dép .du Gers, dans le Condomois. Rouche, roseau, iris des marais, carcasse d'un navire, lorsqu'il n'a ni mâts ni agrès.

LAROYALE. — De Royal, village de Bretagne, à 2 lieues de Rennes. Royal, ce qui appartient ou convient aux rois, ce qui est réel.

LARPENTY. — D'Arpentigny. V. ce nom.

LART. — Larre, seigneurie dans le Maine. Art, culture de l'esprit, habileté, adresse, finesse, subtilité, artifice, produit de la culture des talents.

LARTICLE. — D'Artix, commune du dép. de l'Ariège, arr. de Pamiers. Article, tout objet de commerce.

LARTIGUE. — Communes des dép. du Gers et de la Gironde. D'artil, engin de guerre.

LARUE. — Seigneurie de Normandie, érigée en 1470 pour Colin le Maigneu. Rue, sorte de plante, trouée, chemin bordé de maisons.

LARUINE. — Commune du dép. du Cantal, arr. de Saint-Flour. Ruine, nullité, accident, infortune, chute de cheval, dégât, mur, maison croulante.

LARY. — Seigneurie de Normandie, érigée en 1770 pour Le Forestier. Rie, terre en friche, et rit, gué.

LA SABLONNIERE. — Seigneuries de Bretagne, de l'Orléanais et du Dauphiné. **Sablonnière,** rivage sablonneux,
lieu abondant en sablons.

LASAGNE. — Lassagnes, seigneurie du Vivarais, érigée en
1650 pour De Chalaneilles. **Saigne,** sève, racine, fond
gras et humide, marais chargé de joncs.

LASALINE. — Seigneurie de Bretagne, érigée en 1700 pour
De la Chapelle. **Saline,** charge de sel, salaisons, lieu où
l'on fabrique le sel.

LASALLE. — Lassale, commune du dép. du Gard, arr. de
Le Vigan. **Salle,** cours, tribunal, palais, hôtel, chambre
principale d'un palais, bâtiment, salle à manger, cour
pour les tournois.

LASANTÉ. — De Santeau, commune du Loiret, arr. de Pithiviers. **Santé,** intégrité, aplomb, toupet.

LASAULAYE. — La Saulais, seigneurie de Bretagne, érigée
en 1600 pour De Gouyon. **Saulais,** lieu planté de saules.

LASAUSSAYE. — Seigneurie de Normandie, érigée en 1666
pour Bouchard. **Saussaye,** lieu planté de saules.

LASAVANE. — De Savennes, communes des dép. de la
Creuse et du Puy-de-Dôme. **Savene,** espèce de nappe.

LASEIGNEURIE. — De Seigneur, dans le Rouergue. **Seigneurie,** droit souverain, puissance seigneuriale, puissance maritale, propriété, supériorité, acte d'autorité,
tyrannie, honneur, collectif de seigneur.

LASELLE. — Commune de Saône-et-Loire, arr. d'Autun.
Selle, siège, banc, cellule, ermitage, case d'un arbre
généalogique.

LASERRE. — Commune du dép. de l'Aveyron, arr. de St-
Affrique. **Serre,** scie, serrure, prison, réserve, emballage,
partie du harnais.

LASERTE. — De Sertes, dans le Dauphiné, diocèse de Gap.
Serte, enchassement des pierres, des diamants, temps de
service d'un valet, bateau plat, propre à transporter les
chevaux.

LASEVE. — Commune du dép. de la Gironde. **Sève,** liquide
nourricier des végétaux.

LASNE. — Lannes, commune des Basses-Pyrénées, arr. d'Oloron. Lasne, lanière.

LASNIER. — D'Anhiers, commune du dép. du Nord, arr. de Douai. Lanier, paresseux, lâche, faucon peu courageux.

LASOLAYE. — La Solais, seigneurie de Bretagne, érigée en 1600 pour de Martel. Vient de sole, poutre, cellier.

LASONDE. — De Lasson, seigneurie érigée en 1650 pour Villegagnon. Sonde, ligne pesante pour reconnaître le fond et la profondeur de l'eau.

LASOUDURE. — De Lassur, commune du dép. de l'Ariège, arr. de **Foix. S**oudure, cicatrice.

LASOURCE. — De Sours, commune du dép. d'Eure-et-Loir, arr. de Chartres. **S**ource, endroit par où l'eau s'échappe.

LASPRON. — V. Laperon. Aspron, petit poisson qui ressemble au goujon, à écailles très rudes.

LASSER. — Lassay, commune du dép. de la Mayenne. De lasseure, fatigue.

LASUE. — Lassus, seigneurie des Basses-Pyrénées, érigée en 1500 pour de Beaufort. **S**ue, sureau.

LAT. — Lattes, commune du dép. de l'Hérault, arr. de Montpellier. **L**at, latte.

LATACHE. — Commune du dép. de la Charente, arr. de Ruffec. **T**ache, qualité, ballot ; **attache,** corde pour attacher un animal.

LATAILLE. — Commune de l'Anjou, diocèse d'Angers. **T**aille, sculpture, mesure, hauteur des animaux, imposition.

LATARTRE. — Commune du dép. de Saône-et-Loire, arr. de Louhans. **T**artre, gravelle des animaux, tarte, **Tartaric,** sel qui s'élève des vins fumeux et qui forme une croûte grisâtre, laquelle s'attache au dedans des tonneaux.

LATAUPINE.—De Tupin, commune du dép. du Rhône, arr. de Lyon. **T**aupine, taupe.

LATAUPINIERE.—De Tupinier, lieu dans le dép. du Rhône. **T**aupinière, caverne de voleurs, petite butte qu'une taupe a élevée en fouillant.

LATENDRESSE.—De La Tendrais, seigneurie de Bretagne, érigée en 1600 pour de Nos. **Tendresse,** mollesse.

LATERREUR.—De la Terre, commune du dép. du Tarn, arr. d'Albi. **Terreur,** terrassier.

LATERRIERE. — Commune du dép. de la Manche, arr. de Mortain. **Terrière,** rempart de terre, lieu d'où l'on tire de la terre.

LATERRINE. — De Thérines, commune du dép. de l'Oise, arr. de Beauvais. **Terrine,** pot de terre, décombre.

LATHUILIERE.—Seigneurie du Bugey, érigée en 1661 pour Rubat. **Tuilière,** lieu où l'on fabrique de la tuile.

LATOISE. — Seigneurie de Bretagne, érigée en 1530 pour De Boisgelin. **Toise,** mesure, longueur d'une toise.

LATONNE. — De Tonne, dans le Luxembourg, parlement de Metz. **Tonne,** tonnelle.

LATOUCHE.—Commune du dép. de la Drôme, arr. de Montélimar. Latouche, le petit bois, le bosquet. **Touche,** titre des métaux précieux, mèche de fouet, expérience, caresse, rencontre de deux adversaires, tournure.

LATOUR, LA TOUR. — Commune de la Haute-Garonne, arr. de Muret. **Tour,** machine pour façonner le bois, l'ivoire, bourrelet d'osier sur lequel on sert les plats, voyage, embuscade, cercle, ressource, action qui exige de l'adresse, moyen, manière.

LATOURELLE. — Seigneurie de Normandie, érigée en 1493 pour De Preteval. **Tourelle,** petite tour.

LATOURMENTE. — De Tourmont ,commune du dép. du Jura, arr. de Poligny. **Tourmente,** torture.

LATOURNELLE. — Seigneuries de Bourgogne et de Provence. **Tournelle,** tourelle, chambre criminelle, parties tournantes d'un moulin.

LATREILLE. — Seigneurie du Languedoc, érigée en 1547 pour De Grave. **Treille,** irrégularité de terrain, de champ, de prairie.

LATREMOUILLE. — Ville du Poitou, dép. de la Vienne, sur la Bernaise. Vient de tremor, crainte.

LATULIPPE. — D'Attilly, lieu du dép. de l'Aisne, dans la commune de Marteville. **Tulipe**, liliacée bulbeuse, à fleurs ornementales.

LAUBERGE. — De Laubert, commune de la Lozère, arr. de Mende. **Auberge**, alberge, sorte de droit, auge de maçon.

LAUDEMAN. — D'Haudiomont, commune du dép. de la Meuse, arr. de Verdun. **Laudement**, louange.

LAUDENOZ. — D'Adenas, commune du dép .du Rhône, arr. de Villefranche. Vient de **laude**, louange, éloge, impôt sur les marchandises.

LAUDIERE. — D'Audière, commune du Finistère, arr. de Quimper. **Laudière**, vient de laude, impôt sur les marchandises.

LAULIERE. — D'Ollières, commune du dép. de l'Ardèche, arr. de Privas. Vient d'**olier**, qui produit de l'huile.

LAUMONIER. — De l'Aumônerie, lieu du dép. des Deux-Sèvres, dans la commune de Beaulieu. **Aumônier**, légataire, héritier, administrateur des hôpitaux.

LAUNAY. — Châtellenie en Anjou, et seigneuries de Beauce, de Bretagne et de Normandie. **Aunaie**, lieu planté d'aunes, et **aunée**, combat, réunion, monceau.

LAUNEL. — D'Auneuil commune du dép. de l'Oise, arr. de Beauvais. **Aunel**, petit aune, assemblée.

LAUNIER. — De Launey, commune du Calvados, arr. de Pont-l'Evêque. D'**auner**, mesure à l'aune.

LAUNIERE. — D'Asnières, commune de la Charente, arr. d'Angoulème. **Aunière**, mesurage à l'aune.

LAUNOIS. — Bourg du dép. des Ardennes, arr. de Mézières. **Aunois**, lieu planté d'aunes.

LAUR. — Commune du dép. du Gers, arr. de Condom. **Laure**, vent.

LAURAN. — Commune du Bas-Languedoc, près de Narbonne. **Aurein**, qui est d'or.

LAURE. — Commune du dép .de l'Aude, arr. de Carcassonne. Laure, laurier, réunion de cellules de solitaires réunis pour vivre dans la retraite. **Aure**, vent, souffle, bruit, réputation.

LAUREL.—D'Orelle, commune de la Savoie, arr. de St-Jean-de-Maurienne. D'**aure**, mesure en Normandie. **Laurelle**, laurier-rose.

LAURENCE. — D'Aurence, commune du dép. du Gers, arr. de Mirande. **Laurence**, nom de femme.

LAURENDEAU. — De Laurède, com. du dép. des Landes, arr. de Dax.

LAURENS. — Commune du dép. de l'Hérault, arr. de Béziers.

LAURENT.—D'Aurent, commune du dép .des Basses-Alpes, arr. de Castellane. **Laurent,** nom d'homme.

LAURIAULT. — De Laurie, commune du dép. du Cantal, canton de Massiac. Loriot, oiseau ainsi appelé parce qu'il semble crier **compère-loriot.**

LAURIER. — De Laurière, commune de la Haute-Vienne, arr. de Limoges, et seigneurie érigée en 1505 pour de Pompadour. **Laurier,** arbre toujours vert.

LAURIN. — D'Aurin, commune du dép. de la Haute-Garonne, arr. de Villefranche. **Laurin,** serpolet.

LAUROT. — D'Auros, commune du dép. de la Gironde, canton de Bazas.

LAUZÉ, LAUZET.—Du Lauzet, commune des Basses-Alpes, arr. de Barcelonnette. **Lauzet,** dim. de **lauze,** lods, droit, redevance, pierre plate, ardoise.

LAUZIER. — De Lauzières, seigneurie du Languedoc, érigée en 1580 pour de Montfort. **Lauzière,** poutre sur laquelle se placent les lauzes.

LAUZON. — D'Auzon, commune du dép. de la Haute-Loire, arr. de Brioude.

LAVAL. — Communes de la Corrèze, du Gard, de l'Isère, et ville de Mayenne, baronnie de Bretagne, devenue comté en 1429, et seigneurie en Picardie, érigée en 1585 pour Boufflers. **Laval,** en bas, à terre.

LAVALETTE. — Seigneuries du Forez, de Normandie, du Rouergue et du Vivarais. **Valet,** vallon.

LAVALEUR. — De Valeure, dans la Bourgogne, diocèse de Langres. **Avaleure,** avaloire, pièce du harnais d'un cheval. **Avaleur,** avalon.

LAVALLÉE. — Commune du dép. de la Meuse, canton de Pierrefitte. Vallée, chûte, descente, action de dévaler. Avalée, descente, droit de pêche.

LAVALTERIE. — De Lavastrie, commune du dép. du Cantal, arr. de St-Flour. **Valterie**, valetaille.

LAVANOIS. — De Lavanne, seigneurie de Bourgogne, érigée en 1600 pour de Gastelier

LAVANT. — Commune du dép. du Jura, arr. de Dole. **Lavant**, qui lave, qui purifie.

LAVAQUERIE. — Commune du dép. de l'Oise, arr. de Beauvais. **Vaquerie**, vacherie, troupeau de vaches, cuir de vache.

LAVARENNE. — Châtellenie du Forez érigée en 1674 pour Du Verney. **Varenne** ou **varanne**, grande vallée au nord de la Loire, terre quelque peu argileuse.

LAVAU. — Com. des dép. de l'Aube, de l'Yonne et de la Loire-Inférieure. **Vau**, ou val, lieu bas.

LAVEAU. — De Veau, commune du dép. de la Charente-Inférieure, canton de Royan. **Aveau**, joie, satisfaction, désir, empressement.

LAVEILLE. — Commune du dép. du Tarn, canton de Lavaur. **Veille**, veille.

LAVEILLÉ. — De Veilley, commune de la Franche-Comté, diocèse de Besançon. **Veillé**, surveillé.

LAVENIN. — De Lavenay, commune du dép. de la Sarthe, ar. de St-Calais. **Venin**, vermine.

LAVENTURE. — Lieu du dép. du Nord, dans la commune d'Illies. **L'aventure**, le droit éventuel, la chose chanceuse.

LAVERDIERE. — Commune du dép. du Var, arr. de Brignoles. **Verdière**, étendue de bois soumise à la juridiction d'un garde-forestier.

LAVERDURE. — Seigneurie de Bretagne, érigée en 1696 pour Pinel. **Verdure**, arbrisseau vert, légumes verts, herbe verte.

LAVERENDRYE. — Seigneurie érigée dans la Province de Québec sur le Saint-Maurice, appelée aussi le Saut de la Gabelle.

LAVERGNE. — Communes dans les dép. du Lot, arr. de Gourdon, et de Lot-et-Garonne, arr. de Marmande. **Vergne** ou aune, ville fortifiée où l'on est à l'abri comme dans une garenne. Paris est la grande vergne.

LAVERNY. — La Vernie, baronnie de Normandie, érigée en 1700 pour De la Ferrière. **Vernis,** végétal qui fournit le vernis.

LAVERTU. — De Vertus, ville de la Champagne, dans le diocèse de Châlons. **Vertu,** puissance physique, force, miracle, remède puissant.

LAVERTY. — De Lavert, petite ville de Champagne, près de Châlons. **Vertiz,** sommet du crâne, la tête, le crâne. De **vertex.**

LAVERY. — Commune du dép. de la Meuse, canton de Varennes, arr. de Verdun. **Laverie,** endroit où on lave la vaisselle, petite lessive. Vient d'**averer,** éclaircir, démêler, vérifier, éprouver.

LAVICTOIRE. — Abbaye dans le diocèse de Senlis, près de cette ville. **Victoire,** triomphe.

LAVIGNE. — Seigneuries de l'Artois, de Bretagne èt du Limousin. **Vigne,** machine de guerre, tertre artificiel dans les jardins appelé vigneau en Normandie.

LAVIGUEUR. — De Vihiers, commune du dép. de Maine-et-Loire, arr. de Saumur. D'**avigorer,** rendre vigoureux. **Vigueur,** force, énergie.

LAVILLE. — Seigneurie de Bretagne, érigée en 1696 pour Pcland. **Ville,** maison de campagne, ferme, village, vrilles de la vigne.

LAVILLETTE. — Seigneuries de Bretagne et de Lorraine. **Villette,** petite ville, petite maison des champs.

LAVIMAUDIERE. — De Vimoutiers, commune du dép. de l'Orne, arr. d'Argentan. **Vimaudière,** lieu planté d'osiers.

LAVIOLETTE. — Bourg de la Champagne, dans le diocèse de Sens. **Violette,** plante, couleur, sentier, drap violet, instrument de musique.

LAVOIE, LAVOYE. — Lavoye, commune du dép. de la

Meuse, canton de **Triaucourt**, arr. de Bar-le-Duc. **Voie**, route, et **avoi**, chemin, conduite.

LAVOINE. — D'Avoine, commune du dép. d'Indre-et-Loire, canton et arr. de Chinon. **Avoine**, graminée.

LAVOLONTE. — De la Voltais, seigneurie de Bretagne, érigée en 1668 pour Le Provost. **Volonté**, énergie, fantaisie.

LAVOT. — D'Avot, commune du dép .de la Côte-d'Or, arr. de Dijon. **Lavot**, mesure pour les grains employée à Cambrai.

LEAUME. — Du Heaulme, commune du dép. de Seine-et-Oise, arr. de Pontoise. **Heaume**, casque des hommes d'armes.

LEBAILLY. — De Bailly, commune du dép. de l'Oise, arr. de Compiègne. **Bailli**, bailli, chef de justice, régent, tuteur, gardien.

LEBARON. — De Lebaron, seigneurie de Provence, érigée en 1492 pour De Gombert. **Baron**, homme distingué, mari.

LEBASQUE. — Qui est du pays basque. Surnom donné à quelques-uns des habitants du pays basque réfugiés au Canada, entre autres à la famille Bidégaré.

LEBAT. — Le Bas, commune du dép. de la Haute-Loire, arr. d'Issingeaux. **Bat**, action de battre du pied ou des ailes, queue de poisson, petit bateau.

LEBAUT, LEBAULT. — Baud, seigneurie de Bretagne, érigée en 1700 pour Gouis. **Baut**, gaillard, effronté, libertin. **Bault**, confiture, pâtisserie.

LEBÉ. — Le Bés, commnut du dép. du **Tarn**, arr. de Castres. **Bée**, moquerie, risée, sorte de fruit, espoir, désir.

LE BÉCHECQ. — De Beychac, dans le dép de la Gironde arr. de Bordaux. De **lebech**, vent du sud-ouest.

LEBÉCHEUR. — De Bécheresse, commune de la Charente, arr. d'Angoulème. **Bêcheur**, travailleur, qui dit du mal d'un autre.

LEBEFFE. — Commune du dép .du Cher, arr. de Sancerre. **Befe**, moquerie, erreur, mensonge.

LEBEL. — Seigneurie de Normandie, érigée pour Dubois. **Bel**, place, beau, bonne volonté.

LEBELLAY. — Communes des dép. de la Marne et de Seine-et-Oise. **Belez,** belet, joyau.

LEBELLEC, LEBELLET. — Belet, seigneuries de Provence et du Périgord. **Bellet,** joyau.

LEBER. — De Berre, commune du dép. des Bouches-du-Rhône, arr. d'Aix. **Ber,** baron, berceau, cerceau, treille, coffre, cercueil, brancart. **Lebert,** l'homme généreux, d'un grand cœur.

LEDRANT.—De Drain, commune du dép. de Maine-et-Loire, ar. de Cholet. **Drahan,** sorte de monnaie.

LEDROIT.—De Drouet, commune du dép. de l'Orne, canton de Gacé. **Droit,** juridiction, possession, amende, vérité, côté droit, cerf de meute.

LEDUC. — De Ledeuix, commune des Basses-Pyrénées, arr. d'Oloron. **Duc,** titre de dignité.

LEGASILLIER. — De la Gazèle, dans le dép. de Lot-et-Garonne, commune de Saint-Antoine. De l'anglais **gasilier,** lustre à gaz.

LEGAUD. — Commune du dép .de la Haute-Garonne ,canton de Saint-Béat. **Gaud,** forêt.

LEGAY. — Legué, seigneurie des Côtes-du-Nord, dans la commune de Plévin. **Gay,** geai, gai.

LEGEAU. — De Lege, communes de la Gironde et de la Haute-Garonne. **Legeau,** dim. de **lege,** allège, bateau allège. **Geau,** gelée, coq.

LEGENDRE.—De Gendreville, commune du dép. des Vosges, arr. de Neufchâteau. **Gendre,** garçon boulanger ou geindre, rejeton, degré de parenté.

LÉGER. — Légé, commune de la Loire-Inférieure, arr. de Nantua. **Léger,** vif, agile, délicat.

LÉE. — Commune des Basses-Pyrénées, arr. de Pau. **Lée,** chemin large dans une forêt.

LEFAIVRE. — De Vaivre, communes des dép. du Doubs et de la Haute-Saône. **Faivre,** ouvrier en métal.

LEFARGE.—Commune du dép. de l'Ain, arr. de Gex. **Farge,** forge.

LEFEBVRE, LEFEVRE. — De Vèbre, commune du dép. de

l'Ariège, arr. de Foix. Vient de **faber,** fabre, favre, faivre, febvre, fèvre.

LEFÊTÉ. — De Lefête, commune de la Côte-d'Or, canton d'Arnay-le-Duc. **Fêté,** plaisanterie, amarre, faîte.

LEFINET. — De Leffincourt, dans la Champagne, dép. des Ardennes, arr. de Vouziers. **Finet,** qui fait le fin et ne l'est pas.

LEGARDEUR. — De Gardères, commune des Hautes-Pyrénées, arr. de **Tarbes. Gardeur,** celui qui garde les troupeaux. **Legardeur,** le tuteur.

LÉGARÉ. — De Levarée, commune de la Mayenne, canton de Goron. **Egaré,** troublé, hagard.

LEGASCON.—De Gascogne, commune du dép. de la Nièvre, arr. de Clamecy. Vient de **gascogne,** sorte de grosse cerise.

LEGERARD. — Gérard, commune du dép .du **Tarn,** canton de Lisle. V. Gérard. De **legeret,** léger, facile.

LEGIER.—De Gier, rivière qui prend sa source dans le dép. de la Loire, et se jette dans le Rhône à Gisors. **Giet,** levure de bière, lacet, filet, minute d'un acte.

LEGO. — Commune du dép. du **Gers,** canton d'Aignan, arr. de Mirande. **Gaut,** bois, forêt, bocage.

LE GOUES. — De Goes, seigneurie du Béarn, érigée en 1385. **Goue,** caverne.

LEGRAIN.—De Grainville, commune du dép. de l'Eure, arr. des Andelys. **Legrain,** l'affligé, le triste, le morne. **Esgrain,** fer à cheval ou à charrette.

LEGRAND. — Le Grand, commune du Dauphiné, diocèse de Gap. **Grand,** grandeur, contenance.

LEGRAPT. — De Gript, commune du dép. des Deux-Sèvres, ar. de Niort. **Grapt,** de **grappon,** pêne de serrure.

LEGRAS. — Seigneurie de Bretagne, érigée en 1669 pour Picaud. **Gras,** graisse, degré, marche d'escalier.

LEGRAVERENT. — De la Graverie, commune du Calvados, ar. de Vire. **Graverens,** officier correspondant au prévôt, celui qui lève les impôts, percepteur.

LEGRIS.—De Grisy, commune du Calvados, arr. de Falaise. **Gris,** griffe, fourrure, petit gris, grec.

LEGROS. — Commune du dép. de l'Eure, canton d'Amfre-ville. **Gros,** grossier, grave, important, abondant, épais.

LEGROUX. — Commune du dép. de la Charente, arr. de ´Ruffec. **Groux,** pour gros.

LEGU, LEILLU, LEYU. — De Legua, dans la Saintonge, diocèse de Saintes. **Aigu, d'aiguet,** ruisseau, canal.

LEGUAY. — Legué, dans le dép. des Côtes-du-Nord, com-mune de Plérin. **Leguay,** le geai, le joyeux. **Guait,** guet, sentinelle, guérite.

LEGUIDE. — Des Guides, lieu du dép. du Nord, commune de Feignies. **Guide,** celui qui accompagne quelqu'un pour lui montrer le chemin.

LEGUILLE. — Commune du dép. de la Charente-Inférieure, arr. de Marennes. **Guille,** tromprie, supercherie, ruse.

LEGUILLÉ. — D'Eguilley, commune de la Haute-Saône, arr. de Vesoul. **Eguillé,** aiguier, égoût, évier, aiguière.

LEHAIT. — Commune du dép. de la Seine, arr. de Sceaux. **Hait,** joie, plaisir.

LEHAYS. — Des Hays, commune du Jura, arr. de Dole. **Hais,** cri pour appeler quelqu'un qui est éloigné.

LEHEU, LEHIEU. — De Heux, lieu du dép. du Gers, canton de Montréal, arr. de Condom. **Heus,** botte.

LEHIRE. — D'Ireville, commune du dép. de l'Eure, arr. d'Evreux. **Lehire,** le grognement du chien.

LEHOUILLIER. — D'Ouilly, commune du dép. du Calvados, arr. de Falaise. **Houillier,** ou **houilleur,** mineur.

LEHOULD. — Le Houle, seigneurie de Bretagne, érigée en 1666 pour Huchet. **Houle,** ondulation de la mer.

LEHOULIER. — D'Ully, commune du dép. de l'Oise, arr. de Senlis. **Lehoulier,** le débauché.

LEHOUX. — Le Houx, seigneurie de Bretagne, érigée en 1700 pour De Forsang. **Houx,** arbrisseau qui croît quel-quefois à la hauteur d'un arbre, et qui est toujours vert.

LEHU. — D'Us, commune du dép. de Seine-et-Oise, arr. de Pontoise. **Lehu,** la porte. **Hu,** cri, huée.

LEIEUX. — De Gueux, commune du dép. de la Marne, **arr.**

de Reims. **Hieu,** mot employé pour Dieu, par euphé-
misme.

LEJAMBLE. — Commune du dép. de Saône-et-Loire, canton
de Givry. **Jamble,** écrivisse de mer, la patelle.

LEJANVRE. — De Janvry, communes des dép. de la Marne
et Seine-et-Oise. **Janvre,** chanvre.

LEJARDINIER. — V. Jardinier.

LEJEAU. — De Lejos, lieu du dép. du Tarn, canton de Réal-
mont, arr. d'Albi. **Lejcau,** dim. de lége, allège, bateau
allège.

LEJEUNE. — De Lejeune-Bon lieu du dép. du Nord, dans
la commune de Beauvais. **Jeune,** igorant, novice.

LELAT. — De Lats, dans le Berry ,près de Bourges, **Lela,**
grande dame de Turquie. **Las,** lacet, laps, paysan, et
last, charge d'un navire, mesure de grains, certain poids
de marchandises.

LELIEVRE. — D'Yèvre, commune du dép. du Loiret, arr. de
Pithiviers. **Lièvre,** lièvre marin.

LE LIONNAIS. — De Lion, communes des dép. du Calvados,
du Loiret et des Basses-Pyrénées. **Lionnais,** ancien gouvernement de France qui comprenait le Lionnais, le
Forez et le Baujolais.

LELOUF. — De Loof, dans la Flandre Wallonne, près de
Tournay.

LEMAGE. — Commune du dép. de l'Orne, arr. de Mortagne,
Mage, principal, roi de l'Orient.

LEMAGNAN. — Commune du dép .du Gers, canton de Nogaro. V. Magnan.

LEMAI. — Lemé, commune du dép. de l'Aisne, arr. de Vervins. **Mai,** cinquième mois de l'année, jeunesse, printemps, arbre planté le premier mai, huche, le mois.

LEMAINE. — Com. dans la Saintonge, diocèse de Saintes.
Maine, manoir, village.

LEMAIRE. — Seigneurie de Champagne, érigée en 1760
pour d'Ambly. **Maire,** chef d'une confrérie, officier placé
à la tête d'une commune, intendant chargé d'exploiter
un domaine rural.

LEMAISTRE, LEMAITRE. — V. Maistre. **Maistre,** nord ou nord-ouest, partie d'une charrue appelée naye, capitaine, médecin, bourreau, roi, vainqueur, chevalier, gouverneur d'un jeune homme, client, possesseur, maire. **Le-maître,** le docteur, la haie, le bourreau.

LEMALLE.—Male, dans le Porche, arr. de Mortagne. **Malle,** mâle, valise.

LEMALTAY. — De Maltat, commune du dép. de Saône-et-Loire, arr. de Charolles. **Lemaltay,** la méchanceté.

LEMANCEAU. — Seigneurie de Bretagne, érigée en 1668. **Manceau,** habitant du Maine.

LEMARCHAIS. — Seigneurie de Picardie, érigée en 1566 pour De Proisy. **Marchais,** marais, étang.

LEMARCHAND. — De Marchant, seigneurie de la Bresse, érigée en 1263 pour Le Marchant. **Marchand,** trafiquant.

LE MARCHÉ. — Le Marchais, lieu dan sle dép. de Loir-et-Cher. **Marché,** échange, couverture, abondance, estime, réunion de marchands.

LE MARIÉ. — De Moriers, commune du dép. d'Eure-et-Loir, arr. de Châteaudun. **Marié,** uni par le mariage, associé.

LE MARQUAND. — De Marquein, commune du dép. de l'Aude, canton de Salles. **Marquant,** sorte de caillou employé à l'empierrement des routes.

LE MARQUIS. — De Marquise, commune du Pas-de-Calais, arr. de Boulogne. **Marquis,** bruit de pas, commandant de marche, bourrelier.

LE MAY. — Bourg de l'Anjou, près de Poitiers. V. Lemai.

LEMAYE. — Commune du dép. du Calvados. **Maye,** meule de gerbes.

LEMÉDÈQUE. — Du Médic, seigneurie de Bretagne. **Médec,** médecin.

LEMÉE. — Lemée bourg de la Beauce, diocèse de Blois. **Mée** ou maie, amas de gerbes qui sont le paiement des moissonneurs pour leurs peines, gerbe, botte de blé, remède.

LEMEIN. — De Mens, commune du dép. de l'Isère, arr. de Grenoble. **Mein,** matin.

LEMELIN. — Commune du dép. de la Haute-Saône, arr. de Vesoul. Lemelin, de lemele, lame d'épée. **Melin**, jaunâtre.

LEMENU. — Seigneurie de Bretagne, érigée en 1696 pour Du Refuge. **Menu**, petit, de basse condition, petite monnaie, mineur, et **menuz**, petit poisson d'eau douce.

LEMER, LEMERRE. De Lemerre, commune du dép. d'Indre-et-Loire, arr. de Chinon. **Mer**, pur. **Merre**, nom d'homme.

LEMERCIER. — Seigneurie de Bourgogne, érigée en 1730 pour Du Puy. **Mercier**, marchand mercier, remercier.

LEMERISE. — De Meris, dans la Flandre, diocèse d'Ypres. **Meriz**, mérite.

LEMERLE. — Merle, commune dans le dép. de la Loire, arr. de Montbrison. **Merle**, merlon, sorte d'étoffe.

LEMERY. — Marquisat dans le Vexin, diocèse de Rouen. **Meri**, œsophage.

LEMESLIER. — Seigneurie de Bretagne, érigée en 1668. **Meslier**, cépage.

LEMESURIER. — De Mazerier, commune de l'Allier, arr. de Gannat. **Lemesurier**, celui qui mesure.

LEMETAILLIER. — Des Métayères du Verdier, dans le Limousin, diocèse de Limoges. **Métaillier**, ouvrier, commerçant en métaux.

LEMETZ. — Le Metz et la Cense de Ploireaux, en Champagne, diocèse de Reims. **Metz**, service.

LEMEUDEC. — Seigneurie de Bretagne, érigée en 1606 pour De Kerguelen.

LEMEUSNIER. — De Mesnières, commune du dép. de la Seine-Inférieure, arr. de Neufchâtel. **Meunier**, celui qui tient et fait valoir un moulin à moudre des grains.

LEMIERE. — Commune du Quercy, arr. de Gourdon. **Mière**, médecin.

LEMIEUX. — De Limeux, communes des dép. du Cher et de la Somme. **Mieus**, miel.

LEMIRE. — De Mire, commune du dép. de Maine-et-Loire, arr. de Segré. **Mire**, médecin chirurgien, myrrhe, pierre précieuse, bouton placé sur le canon d'une arme.

LEMOINE. — Le Moyne, seigneurie du Poitou, érigée en 1550 pour Desmier. **Moine**, moineau, solitaire, tête de moine.

LEMOIS. — Mois, commune de Bretagne, dans le diocèse de Nantes. **Mois**, maison entourée d'un verger, douzième partie de l'année, paye, nigaud, niais.

LEMON. — Mon, dans le Béarn, diocèse de Lescar, parlement de Pau. De l'anglais lemon, citron.

LEMONDE. — V. Lamonde. **Lemonde**, le pur.

LEMONTHE. — De Monte, en Corse, arr. de Montia. **Monte**, valeur, intérêt, mesure agraire, montée, montagne, prix.

LEMOULNIER. — Forêt dépendant de la Maitrise de Saint-Pons. **Moulnier**, meunier.

LEMOYEN. — Commune du dép. de la Meurthe, canton de Gerbeviller. **Moyen**, milieu, modéré, médiocre.

LENCLUS. — De Lenclos, lieu du dép. de l'Aube, commune de Virey. Lenclus, le reclus.

LENCOGNET. — V. Lancoignet. **Encoignier**, se précipiter, se jeter.

LENDIER. — V. Landier. **Lendier**, commis de l'octroi, coffre.

LÉNÉ. — Rivière qui prend sa source dans la Charente, et qui se jette dans la Charente, près de Cognac. V. Lesné.

LENEGRE. — De Lenegrand, seigneurie de Bretagne, érigée en 1700. **Lenègre**, le noir.

LENEPVEU. — De Lennevaux, seigneurie de Bretagne, érigée en 1698 pour Le Charpentier. **Nepveu**, neveu, petit fils.

LENEUF. — De Neuf-Berquin, commune du dép. du Nord, arr. d'Hazebrouck.

LENEUVILLE. — De Laneuveville, commune de Meurthe-et-Moselle.

LENFANT. — De Lanfains, commune des Côtes-du-Nord, arr. de St-Brieuc. **Enfant**, jeune seigneur.

LENOBRE. — De Lanobre, commune du dép. du Cantal, arr. de Mauriac. **Noble**, qui appartient à une classe privilégiée de naissance, monnaie d'or anglaise.

LENOIR. — De Nouart, commune du dép. des Ardennes, arr. de Vouziers. **Lenoir**, la nuit.

LENORMAND. — De Lanormandie, lieu du dép. de l'Eure, dans la commune de Vernon. **Lenormand,** habitant de Normandie.

LENSEIGNÉ. — D'Enseigné, commune du dép. des Deux-Sèvres, arr. de Melle. D'**enseigne,** signe, cocarde, uniforme, cri d'armes, instruction.

LENTIER. — De Lenty, seigneurie de Normandie, érigée en 1566 pour De Guéroult. Lentier, le total, la totalité, l'accomplissement.

LEOFRED. — D'Auffreville, commune du dép. de Seine-et-Oise, arr. de Mantes.

LEON. — Commune du dép. des Landes, arr. de Dax. Léon, lion.

LEONARD. — De Léonac, baronnie de l'Armagnac, diocèse d'Aix. Léonard, mot d'origine allemande qui signifie cœur de lion ou naturel.

LEPAGE. — Seigneurie de l'Ile-de-France, érigée en 1600 pour De Banville. **Page,** enfant d'honneur qu'on met auprès des princes. Dérive de pais, enfant ou de **pagus,** bourg, village.

LE PAILLEUR. — De Paillart, commune du dép. de l'Oise, arr. de Clermont. **Pailleur,** celui qui vend ou voiture de la paille.

LEPAIN. — De Lépin, commune du dép. de la Savoie, arr. de Chambéry. **Pain,** boisseau.

LEPALLIER. — De Pallières, commune du Puy-de-Dôme, arr. de **Thiers. Palier,** pieu.

LEPAPE. — De Parpeville, commune du dép. de l'Aisne, arr. de St-Quentin. **Pape,** enfant gras et joufflu.

LE PARC. — Prieuré en Normandie, près d'Hartcourt, et seigneuries de Bourgogne, de Bretagne et du Bugey. **Parc,** enceinte de toiles où l'on enferme les bêtes, clôture pour enfermer les moutons, terrain à jouer aux quilles, lice, champ clos, camp fortifié, sorte de racine, parhélie.

LE PARISIEN. — De Paris, ville, capitale de la **France,** ou de Paris-Plage, dans le Pas-de-Calais, commune de Cucq. **Parisien,** habitant de Paris.

LE PARON. — Leparon, commune du dép. de la Dordogne, canton de St-Aulaye. **Paron**, parent des animaux, petit oiseau dit hypolais.

LE PAULMIER.—De Paulmy, châtellenie de Touraine, dép. d'Indre-et-Loire. **Paulmier**, pèlerin. **Paumier**, maître qui a droit de tenir un jeu de paume, qui fait des balles et des raquettes.

LEPÉE. — Lepé, lieu du dép. de la Sarthe, canton de Sablé, arr. de La Flèche. **Pé**, pied, pis, pays.

LEPELÉ, LEPELLÉ. — Du Pel, commune de la Provence, dans le diocèse de Senez. **Pelé**, garni de poils, qui n'a plus de peau, chauve, mis en croix.

LEPELLETIER. — De la Pelletière, seigneurie de Bretagne, érigée en 1700 pour de Marbœuf. V. Pelletier.

LEPETIT. — De Petiville, commune du Calvados, arr. de Caen. **Petit**, pauvre, misérable, mauvais, peu sûr, peu avancé.

LEPEUDRY. — Commune de la Charente, arr. de Barbezieux.

LEPICARD. — D'Epégard, commune du dép. de l'Eure, arr. de Louviers. **Picard**, habitant de la Picardie, brigand, routier, sorte de clou.

LEPICIER.—D'Epicy, commune du dép. de Seine-et-Marne, arr. de Fontainebleau. **Picier**, pichier, mesure de terre, cruche, pot.

LEPICQ. — D'Epécamps, commune du dép. de la Somme, arr. de Doullens. **Pic**, coup de pointe.

LEPINE. — L'Epine, commune du dép. de la Marne, et l'Epine, dans les Hautes-Alpes, arr. de Gap. **Epine**, aubépine, ennui, difficulté.

LEPINET. — Seigneurie du Rouergue, érigée en 1525 pour De Roquefeuil. **Pinet**, petit pin, pineau, espèce de fenouil.

LEPINETTE. — Seigneurie du Rouergue, érigée en marquisat en 1693. **Pinette**, lieu planté de pins, hydromel.

LEPIRE. — D'Epiry, seigneurie de Bourgogne, érigée en 1360 pour Rabutin. **Pire**, passage, chemin, quartier de mouton.

LEPLEIN.—Le Plain, dans la Champagne, diocèse de Reims. **Le plein, le riche.**

LEPOITEVIN. — Seigneurie de Normandie, érigée en 1550 pour du Bosc. **Poitevin,** habitant et monnaie du Poitou.

LEPOMIER. — Seigneurie de Bretagne, érigée en 1668 pour de Gauzerand. **Pomier,** pommier.

LEPOUPON. — De Pomponne, commune de Seine-et-Marne, arr. de Meaux. **Poupon,** petit enfant, luron, gaillard, paroissien.

LEPRAY. — Le Prey, seigneurie de Normandie, érigée pour Bourdon, en 1669. **Pray,** pré.

LEPRESTRE.—Lapreste, lieu des Pyrénées-Orientales, dans la commune de Prats-de-Mollo. **Preste,** serpent venimeux.

LEPREUX. — Commune du dép. du Nord, arr. d'Avesnes. **Preux,** brave, bien portant, hardi, vaillant, sage.

LEPREVOST. — De Préval, commune du dép. de la Sarthe, arr. de Mamers. **Prévost,** officier de justice sous le régime féodal.

LEPRIEUR. — Commune du dép. de l'Aveyron, canton de St-Amans. **Prieur,** directeur, supérieur d'un couvent de religieux, celui qui prie, qui invite aux funérailles.

LEPRINCE.—De Pringe, bourg du dép. de la Sarthe. **Prince,** souverain, le principal, prise d'une personne ou d'une chose (prinse).

LEPROHON. — Lepron, lieu du dép. des Ardennes, canton de Rumigny. **Eperon,** ergot de coq, fortification, appui d'une muraille.

LEPROU. — De Poulx, commune du dép. du Gard, arr. de Nimes. **Prou,** profit, avantage.

LEQUIER. — De Quaix, commune du dép. de l'Isère, arr. de Grenoble. **Quier,** quai.

LEQUIN, LEQUINT. — Seigneurie de l'Artois, érigée pour De Moreuil. **Quint,** singe, patte de chien, cinquième partie d'un tout.

LERAT. — Lieu de la Loire-Inférieure. **Lerat,** la proposition.

LERAY.—Léré, commune du dép. du Cher, arr. de Sancerre. **Ray,** rayon, rets.

LEREAU. — Seigneurie de la Saintonge, érigée en 1760 pour De Chertemps. **Reau**, monnaie, trou.

LERET. — Le Rest, seigneurie de Bretagne, érigée en 1668 pour De Baudiez. **Leret**, l'accusation.

LERETIF. — De Réty, commune du Pas-de-Calais, canton de Marquise. **Restif**, qui refuse d'obéir, opiniâtre, vaincu.

LERICHE. — Commune du dép. de la Meurthe, canton de Château-Salins. **Riche**, puissant, vaillant, beau, précieux, violent, copieux.

LERIN. — Bourg avec titre de comté dans la Haute-Vienne, sur la rivière d'Ega. **Lerin**, le rhumb.

LEROIDE. — D'Eroudeville, commune du dép. de la Manche, arr. de Valognes. **Héroïde**, épître en vers dans laquelle parle un héros: les héroïdes d'Ovide.

LEROMPREY. — De Romprey, en Bourgogne, diocèse de Langres. V. Rompré.

LEROUINE. — De Rouine, lieu des Basses-Alpes, commune de Draix. **Léroisne**, la rugine, instrument de chirurgie pour racler les os.

LEROUGE. — Seigneurie de Bretagne, érigée en 1420 pour De Coetquen. **Lerouge**, l'habile, le rusé.

LEROUX. — Communes du Dauphiné et de la Provence. **Roux**, de couleur fauve, résine, sauce faite avec du beurre roussi.

LERS. — Seigneurie du Dauphiné, érigée en 1500 pour d'Albaron. **Here**, pièce de terre, figure.

LEROY. — De Roye, seigneuries de Picardie et de Saintonge. **Leroy**, l'ordre, le rang, la limite, la règle, la mesure.

LÉRY. — Commune de la Côte-d'Or, arr. de Dijon, et commune du dép. de l'Eure, arr. de Louviers. **Hairie**, tourment, ennui.

LESACQUE. — Le Sac, en Normandie, diocèse de Séez. **Sacque**, sac.

LESAGE. — De Sagelat, commune de la Dordogne, arr. de Sarlat. **Sage**, entendu, expérimenté, fin, bien informé, qui connaît le droit.

LESAULNIER. — De Saulnière, seigneurie de Bretagne, érigée en 1700 pour Gardin. **Saunier,** ouvrier qui fait le sel ou en trafique.

LESAUTIER. — De Saulty, commune du dép. du Pas-de-Calais, arr. de St-Pol. **Sautier,** psautier, les sept psaumes de la pénitence.

LESBOIS. — Les Bois, seigneurie de l'Artois, érigée en 1466 pour d'Applaincourt. Du verbe **esboire,** absorber.

LESCABIET. — D'Escoubès, commune des Basses-Pyrénées, arr. de Pau. Dérive de **scabies,** gale.

LESCARBOT. — D'Escaro, village du dép. des Pyrénées-Orientales, canton d'Olette. **Lescarbot,** l'escargot.

LESCAVE. — Commune du dép. des Basses-Pyrénées, arr. de **Pau.** Escave, poisson.

LESCAU, LESCO. — Seigneurie du Languedoc, érigée en 1543 pour De Cahusac. **Escot,** écot, quote-part, provision, butin, écossais.

LESCURE. — Communes des dép. de l'Ariège et de l'Aveyron. D'**escurer,** n'avoir aucun soin, être sans prévoyance.

L'ESCUYER. — V. Lécuyer. **Ecuyer,** mettre à l'écurie.

LESGUILLON. — Leguillon, seigneurie de Normandie, érigée pour Du Bosc. **Esguillon,** aiguillon.

LESIEGE. — Communes des dép .du Jura et de l'Yonne. **Siège,** place, bassin, séance, assemblée, capitale d'un royaume, base d'un moulin, fût d'un arbalète, attaque d'une place, armée assiégeante, action d'assiéger, droit de stationnement, assises judiciaires.

LESIEUR. — De Lesieurac, commune du dép. du **Tarn,** arr. d'Albi. **Sieur,** titre d'honneur dont l'usage est renfermé dans les plaidoyers, les actes publics, le seigneur, le maître.

LESIEUX. — De Lesseux, commune du dép. des Vosges, arr. de St-Dié. **Sieu,** suif.

LESNÉ. — Lesnée, seigneurie de Bretagne, erigee pour De Quéjan. **Lesné,** l'aîné, marc de raisin.

LESORT. — Commune du dép. des Landes, canton de Montfort. **Lesort,** le capital, le suffrage, la prédiction.

LESOT. — De Sost, commune des Hautes-Pyrénées, arr. de

Bagnères. **Sot,** souche de bois, homme sans jugement, grossier, impertinent, fou.

LESOUET. — De Souès, communes des dép. de la Somme et des Hautes-Pyrénées. **Soie,** haie, clôture.

LESOURD. — De Sours, commune du dép. d'Eure-et-Loire, canton de Chartres. **Sourd,** peu bruyant, chose qui se fait de nuit.

LESPAGNOL. — D'Espagne, seigneuries du Berry et du Maine. **Espagnol,** qui habite l'Espagne.

LESPARDIER. — De Lesparre, ville de la Gironde. **D'espardre,** séparer, disperser.

LESPERANCE. — D'Espérausses, commun du dép. du Tarn, arr. de Castres. **Lespérance,** l'attente.

LESPERON. — Commune du dép. des Landes, canton d'Arjuzeau. **Espéron, épron,** bâton approprié à l'usage de la charrette, monnaie d'Allemagne.

LESPINAY. — Commune de Picardie, et seigneurie de Normandie, érigée en 1431 pour Du Bois. **Espinay,** épinée, qui a une épine, échiné.

LESPINE. — Seigneurie de Bretagne, érigée pour d'Andigni. **Lespine,** l'épinier.

LESPLATS. — Seigneurie du Languedoc, érigée en 1486 pour D'Auriol. **Lesplats,** les lits des rivières, les lieux non fortifiés.

LESPRIÉ. — Le Priais, seigneurie de Bretagne, érigée en 1696 pour Dibart. **Espriet,** aviron.

LESRETS. — Seigneurie de Normandie, érigée en 1550 pour D'Annebaut. **Lesrets,** les accusations.

LESSARD. — Lieu du Jura, dans la commune de Villard-St-Sauveur. **Escart,** lieu défriché. **Sard,** champ.

LESTAGE. — D'Estagel, commune des Pyrénées-Orientales, arr. de Perpignan. **Estage,** habitation, échafaud, situation, stature.

LESTANG, LETANG. D'Estang, commune du dép. du Gers, arr. de Condom. **Estanc,** droit exclusif du seigneur à vendre du vin aux habitants de sa seigneurie pendant une certaine période de l'année.

LESTOURNEAU, LETOURNEAU. — L'Estourneau, dans le Berry, diocèse de Bourges. **Lestourneau,** le treuil, le cylindre sur lequel s'enroule la corde d'un engin à élever des fardeaux.

LESUEUR.—De Suèvres, commune du dép. de Loir-et-Cher, arr. de Blois. **Sueur,** cordonnier, savetier, ouvrier qui travaille les cuirs au sortir de la main du tanneur et qui les met en suint.

LESUIRE. — D'Essuiles, commune du dép. de l'Oise, arr. de Clermont. **Lesuire,** le beau-père, la belle-mère.

LESUISSE.—Suisse, commune du dép. de la Moselle. **Suisse,** habitant de la Suisse, espèce d'écureuil.

LESUYER. — De Sully, commune du Calvados, arr. de Bayeux. **Lesuyer,** le sureau.

LETAILLEUR. — De Montailleur, commune du dép. de la Savoie, arr. d'Albertville. **Tailleur,** sculpteur, vigneron, émondeur, marchand au détail.

LETARD. — Seigneurie de Normandie. D' **estor,** matériel d'une ferme, ornement.

LETARTE. — V. Tarte. **Tarte,** pâtisserie, monnaie.

LETARTRE.—Commune de Saône-et-Loire, arr. de Louhans. V. **Tartre.**

LETELLIER. — De Tellière, commune du dép. de l'Orne, canton de Courtomer, arr. d'Alençon. **Letellier,** le talon, l'ensouple.

LETENDRE. — De Tende, comté de la Provence, érigé en 1450. **Tendre,** pitoyable, fin, délicat, susceptible, faible, changeant, irrité.

LETESSIER. — De Tessy, commune de Normandie, sur la Vire. **Le** tessier, le tisserand, le tisseur.

LETOILE. — Commune du dép. de la Somme, canton de Picquigny. De **toil,** sorte de poisson.

LETONDAL. — De Retonval, commune de la Seine-Inférieure, arr. de Neufchâtel-en-Bray. De **tondable,** qui peut être tondu.

LETOURNEUR, LETOURNEUX. — Commune du Calvados, arr. de Vire. **Tourneur,** artisan qui travaille au tour, ouvrier qui lie le foin en bottes.

LETUILLIER. — De la Thuilière, seigneurie du Bugey, érigée en 1641 pour Rubat. **Tuillier,** ouvrier qui fait de la
tuile.

LEURANT. — De Leran, commune du dép .de l'Ariège, arr.
de Pamiers. Vient d'**eur,** bord, extrémité, côté.

LEUROPE. — De Roppe, commune du Teritoire de Belfort,
canton de Belfort. **Europe,** l'une des parties du monde.

LEVADIER. — De Vandy, commune du dép. des Ardennes,
arr. de Vouziers. Vient de **vade,** garde.

LEVAL. — Commune du dép. du Nord, arr. d'Avesnes.
Leval, la valeur, l'extrémité inférieure.

LEVALLIER. — De Valy, commune du dép .de la Meuse, arr.
de Bar-le-Duc. **Vallier,** de **valler,** remparer.

LEVALOIS. — De Levallois-Perret, commune du dép. de la
Seine, arr. de St-Denis. **Vallois,** retranchement.

LEVALON. — Vallon, communes des dép. de l'Allier, de
l'Ardèche. **Vallon,** petite vallée.

LEVANT. — Levens, commune des Alpes-Maritimes, arr. de
Nice. Levant, levis.

LEVASSEUR. — De Lassur, commune du dép. de l'Ariège,
arr. de **Foix. Vasseur,** vassal.

LEVASSON. — De Vassonville, seigneurie de Normandie,
érigée en 1660 pour De Civille. **Vasson,** dalle de grès.

LEVAULT. — Commune du dép. de l'Yonne, arr. d'Avallon.
Vaus, val.

LEVEAU. — De Veaux, seigneurie de la Saintonge, érigée en
1580 pour De la Perrière. **Veau,** imbécile.

LÉVEILLÉ. — Le Veilley, commune de la **Franche-Comté,**
diocèse de Besançon. **Veillée,** veille, veillée.

LEVENIER. — Commune du dép. de la Vienne, arr. de Loudun. De **vener,** chasser, courre.

LÉVÊQUE, LÉVESQUE. — Pont-l'Evêque, ville du dép.
du Calvados. **Lévêque,** l'évêque ou le prêtre.

LEVERD. — Le Verd Espargnat, dans la Marche, diocèse de
Limoges. **Verd,** vair.

LEVERRIER. — De la Verrière, seigneuries de Bretagne et
de Normandie. **Verrier,** de verre, de vitre.

LEVERT.—Commune du dép. des Landes, canton de Labrit. Levert, la fleur.

LEVIEUX.—De Vieu, dans le Valromey, parlement de Dijon. Vieux, méprisable.

LEVILLIER.—De Villey, commune du dép. du Jura, arr. de Dol. Villier, fabricant de vrilles.

LEVITRE.—De Wittes, commune du Pas-de-Calais, arr. de Saint-Omer. Vitre, vin de la couleur des vitres de la Sainte-Chapelle, à Paris.

LEVRARD.—D'Evreux, ville du dép. de l'Eure, arr. de Châteauroux.

LEVRAULT.—Seigneurie du Poitou, érigée en 1761. Levraut, jeune lièvre.

LEVRON.—Commune du dép. de la Somme, canton de Rue. Levron, jeune lévrier, jeune étourdi, maladie du cheval.

LEVRY.—Commune du dép. de la Moselle, arr. de Metz. Levry, d'évré, enivré.

LEYDEN.—Leyding, commune du dép .de la Moselle, canton de Bouzonville. Eden, paradis terrestre.

LEYNARD.—De Leynhac, commune du Cantal, arr. d'Aurilla. D'énarir, sécher.

LEZEAUX, LEZOT.—Seigneurie de Normandie, érigée en 1655 pour Lefèvre. Lez, proche.

LHERAULT, LHEREAU.—De Leyr, commune de Meurthe-et-Moselle, arr. de Nancy. Hérault, département de France, celui qui porte la parole de la part du prince. Vient de l'allemand heralt, sergent d'armes. Lhereau, la pièce de terre, le tonneau.

LHERMITE.—Seigneurie du Perche, érigée en 1632 pour de la Martelière. Ermite, religieux qui vit seul.

LHERMITIERE.—Commune du dép. de la Somme, arr. de Mortagne. Hermitier, ermite.

LHERONDE.—De Nérondes, commune du dép. du Cher, arr. de St-Amand-Mont-Rond.

LHEUREUX.—D'Hérieux, commune du dép. de l'Isère, arr. de Vienne. Lheureux, fait au hasard.

LHOMME.—Commune du dép. de la Sarthe, canton de La

Chartre. **Lhomme**, le vassal, le feudataire, l'homme-lige.

LHUILIER. — D'Illers, commune du Pas-de-Calais, arr. de Béthune. **Lhuilier**, le fabricant d'huile.

LHUISSIER. — De Lissy, commune du dép. de Seine-et-Marne, arr. de Melun. **Hussier**, portier, fabricant de portes.

LIANDRA. — De Lisandre, seigneurie de Bretagne, érigée en 1668 pour Le Chat.' V. Luandre.

LIARD. — Liart, commune du dép. des Ardennes, canton de Rumigny. **Liard**, monnaie de cuivre, couleur grise. Vient de **liarder**, boursiller.

LIBERAN. — De Lieuran, commune du dép. de l'Hérault, arr. de Béziers. Dérive de **libert**, affranchi.

LIBERGE. — D'Isbergues, commune du Pas-de-Calais, arr. de Béthune. De **libe**, bloc de pierre.

LIBERSON. — De Lubersac, commune du dép. de la Corrèze, arr. de Brive.

LIBOURNE. — Seigneurie de Gascogne, érigée en 1550 pour Dupérier.

LIBONNE. — De Lillebonne, commune de la Seine-Inférieure, arr. du Havre.

LIEGE. — Commune du dép. d'Indre-et-Loire, canton de Montrésor. **Liège**, homme lige, affranchi de toute obligation, lierre.

LIEUMET. — De Limetz, commune de Seine-et-Oise, arr. de Mantes. **Lieu**, place qu'occupe chaque bête dans une étable, joyeux.

LIÉVIN. — Seigneurie en Artois, érigée en 1600 pour De Lastres. **Liévin**, dim. de **liève**, levée, impôt.

LIÉBERT. — De Libercourt, lieu du Pas-de-Calais, commune de Carvin. **Libert**, affranchi.

LIÉNARD. — De Linars, commune de la Charente, arr. d'Angoulème.

LIGNERA. — De Lignerac, seigneurie de la Marche-Limousine, érigée pour De Mun. **Ligneraie**, champ semé de lin. Vient de **ligne**, bûcher.

LIGNIERE. — Communes dans le Maine et dans l'Anjou. De **lignier**, mesurer à la corde, décréter, enduire.

LIGNY. — Comté du Barrois, érigé pour De Champagne. Lignie, race, lignée.

LIGONI. — D'Agonnay, commune de la Charente-Inférieure, arr. de St-Jean d'Angély.

LILLOIS. — D'Illois, commune de la Seine-Inférieure, arr. de Neufchâtel. Lillois, l'insulaire.

LIMBÉ, LYMBÉ. — De Lembeye, commune des Basses-Pyrénées, arr. de Pau. Limber, terme de commerce, de fourrures : un limber de martres, c'est quarante peaux.

LIMBÉGE. — Lembége, commune du dép. du Gers, arr. de Mirande. De limbe, bordure.

LIMETIERE. — D'Ymoutiers, commune de la Haute-Vienne, arr. de Limoges.

LIMOGES. — Ville située sur la Vienne, dans la Haute-Vienne. Limoges, terre, pré, poterie fabriquée à Limoges.

LIMOUSIN. — De Limousis, commune du dép. de l'Aude, ar. de Carcassonne. Limousin, fruit de l'érontier ou églantier, ancienne province de France.

LINCOUR. — D'Incourt, commune du Pas-de-Calais, arr. de St-Pol-sur-Ternoise. De lin, lignée, parenté.

LINCTOT, LINTOT. — Seigneurie de Normandie, érigée en 1455 pour De Lintot. De linte, marécage.

LINDE. — Ville du Périgord, sur la Dordogne, et commune de Flandre, diocèse d'Ypres. Inde, violet.

LINNE. — Commune du Roër, sur le Rhin. Line, ligne.

LINGUENNE. — De Linghem, commune du Pas-de-Calais, arr. de Béthune. De linguen, corde courte.

LINIDIQUE. — De Licques, commune du Pas-de-Calais, arr. de Boulogne.

LINOT. — Linotz, bourg de l'Ille-de-France. Linot, mâle de la linote.

LINTEAU. — Lintot, commune de la Seine-Inférieure, arr. du Havre. Linteau, pièce de bois pour fermer le haut d'une croisée.

LIONDRAS. — V. Liandra.

LIONNARD. — De Linard, commune de la Creuse, arr. de Guéret. Lionnard, jeune lion.

LIPOT, LIPPEAUX. — De Lupsault, commune du dép. de la Charente, arr. de Ruffec. **Lippot,** moue, avancement de la lèvre inférieure.

LIPPÉ. — De Luppé, commune du dép. du Gers, arr. de Condom. De **lippe,** langue.

LIQUART. — De Licourt, commune du dép. de la Somme, arr. de Péronne. De **liquaire,** gourmand, parasite, écornifleur.

LIRET. — Liré, marquisat de l'Anjou, érigé en 1760 pour De la Bourdonnaie. **Liret,** dim. de **lire,** sillon.

LIRLANDE. — D'Island, commune du dép. de l'Yonne, arr. d'Avallon. De **lire,** sillon, et land, terre. **Irlande,** l'une des Iles Britanniques.

LIS. — Lisse, commune du dép. de la Marne, arr. de Vitry-le-François. **Lis,** plante, fleur, lisière, lisière d'une étoffe.

LISEAU. — De Lizac, commune de Tarn-et-Garonne, arr. de Moissac.

LISÉ, LIZET. — Seigneurie de Bretagne, érigée en 1700 pour De St-Amadour. **Liset,** chenille de la vigne, petit scarabée destructeur des arbres fruitiers.

LISIEUX. — Ville du Calvados, en Normandie. De **lisier,** canton de bois délimité, plants de lis.

LISLE. — Communes de la Dordogne et de Loir-et-Cher.

LISLOIS. — V. Lillois.

LITALIEN. — D'Iteuil, commune du dép. de la Vienne, arr. de Poitiers. Litalien, qui est d'Italie.

LIVAUDIER. — De Liverdy, commune du dép. de Seine-et-Marne, arr. de Melun.

LIVERNOCHE. — De Vernioz, commune du dép. de l'Isère, arr. de Vienne.

LIVERNOIS. — De Levernois, commune du dép. du Doubs, canton et arr. de Montbéliard, et commune du dép. de la Côte-d'Or, canton de Beaune, **Vernoie,** lieu planté de vernes, ou aunes.

LIVRAY. — Livré, com. des dép. de la Mayenne et d'Ille-et-Vilaine. **Livrée,** vêtements délivrés aux membres de la famille royale et de sa maison, livraison, valeur d'un livre.

LIZOT, LIZOTTE. — De Lizos, commune des Hautes-Pyrénées, arr. de Tarbes. Dim. de lis, lisière, blessé.

LOBINEAU.—D'Aubinose, commune des Basses-Alpes, canton de Volonne. De lobe, cajolerie, séduction, mensonge.

LOCAT. — Seigneurie de Bretagne, érigée en 1668 pour D'Acigné. **Locat**, ébouriffé, en désordre.

LOCHET. — Loché, communes des dép. d'Indre-et-Loire et de Saône-et-Loire. **Lochet**, bêche, outil employé par les mineurs. Vient de l'écossais loch, qui signifie lac, étang, port, golfe.

LOCKWELL.—De Locquenvel, commune des Côtes-du-Nord arr. de Guingamp. **Loquele**, discours, éloquence.

LŒILLET. — De Lœuilley, commune du dép. de la Haute-Saône, arr. de Gray. **Lœillet**, le petit œil, l'ouverture.

LOIGNON. — D'Ognon, commune du dép. de l'Oise, arr. de Senlis. De loigne, corde, galerie.

LOIR. — Seigneurie en Artois, érigée en 1724 pour Du Quesnoy. **Loire**, cuve de pressoir, et **loir**, argent.

LOISEL. — D'Oissel, commune de la Seine-Inférieure, arr. de Rouen. **Loisel**, l'oiseau.

LOISEAU. — D'Oisseau, commune du dép. de la Mayenne, ar. de Mayenne. **Oiseau**, civière pour porter le mortier.

LOISELET. — Seigneurie de l'Artois, érigée en 1380 pour De Couronnel. **Oiselet**, oisillon.

LOISEUX. — De Loisieux, commune de la Savoie, arr. de Chambéry. **Oiseux**, oisif.

LOISY. — Com. des dép. de Saône-et-Loire, de la Marne. **Loisy**, fiente de l'aigle.

LOLEAU. — D'Aulos, commune du dép. de l'Ariège, arr. de Foix. **Oleau**, dim. de **ole**, marmite, grand pot, crâne.

LOMBARD. — Communes des dép. du Jura et du Doubs. Lombard, usurier, troupes mercenaires qui est de Lombardie.

LOMBRET. — Lombray, commune du dép. de l'Aisne, arr. de Laon. **Ombrette**, dim. de **ombre**, prétexte.

LOMPREZ. — Lompret, commune du dép. du Nord, arr. de Lille.

LONGCHAMP. — Communes de la Côte-d'Or, de la Haute-Marne, de la Seine et des Vosges.

LONGPRÉ. — Communes des dép. de l'Aube et de Loir-et-Cher.

LONGTAIN, LONGTIN, LONGUETIN. — De Longueville, bourg de Normandie, arr. de Dieppe-Duché. De longuet, un peu longtemps.

LONGUAL, LONGUEVAL. — De Longueval, communes des dép. de la Somme et de l'Aisne. De **longuel**, droit perçu sur le vin ou toute autre marchandise.

LONGUE. — Commune du dép. du Calvados, arr. de Bayeux. Longue, nappe longue, essuie-mains.

LONGUEIL. — Commune du dép. de l'Oise, et baronnie du Vermandois, dép. de la Somme. **Longuel,** un peu long.

LOOF. — De Loos, commune du Pas-de-Calais, arr. de Béthune. Loof, la 32e partie de la livre, à Amsterdam.

LOOTMAN, LOTMAN. — De Loots, ville dans la circonscription de Liège, à 5 lieues de cette ville.

LOPPE. — D'Aups, commune du dép. du Var, arr. de Draguignan. **Loppe,** minérai, écume de métal.

LOPPEZ. — De Lupé, commune du dép. de la Loire, arr. de St-Etienne. **Loppée,** petit morceau.

LOQUEL. — V. Lockwell. **Loquelle,** faconde, discours, propos, éloquence.

LOQUET. — De Luquet, commune des Hautes-Pyrénées, arr. de Tarbes. Loquet, fermeture d'une porte, patte, braguette, hoquet.

LOQUIN. — Commune de la Lorraine, dép. de la Meurthe. De loque, massue.

LOR. — Commune du dép. de l'Aisne, arr. de Laon. Lor, laurier.

LORAIN. — D'Orain, commune de la Côte-d'Or, arr. de Dijon. Lorain, courroie de cuir façonnée, ornant le poitrail et la croupe du cheval, et servant à maintenir la selle, bride, rêne.

LORANGE. — D'Orange, ville du dép .de Vaucluse. **Orange,** alcyon, oiseau de mer, pièce d'artifice.

LORANGER.—D'Orgères, commune du dép. d'Eure-et-Loir, arr. de Châteaudun-Oranger. **Oranger,** espèce de citronnier.

LORANT. — D'Orainville, commune du dép. de l'Aisne, arr. de Laon. **Orans,** avant, dernièrement, tout à l'heure.

LORD. — V. Lor. **Lord,** titre d'honneur donné en Angleterre à ses seigneurs, aux pairs du royaume et aux membres de la Chambre Haute.

LOREAU. — De Loro-Montzey, dans le dép. de Meurthe-et-Moselle, arr. de Lunéville. **Loreau,** lorel, courroie, rêne, bride, tresse, petit morceau.

LORET. — Lauret, commune du dép. des Landes, arr. de St-Sever. **Loret,** bossu.

LORIAU. — De Loury, commune du Loiret, arr. d'Orléans. **Loriot,** oiseau, orgelet, atour de tête féminine.

LORIMIER. — De Laramière, commune du dép. du Lot, arr. de Cahors. **Lorimier,** larmier ou loremier, celui qui fait des ouvrages de lormerie.

LORIN. — D'Orin, commune du dép. des Basses-Pyrénées, canton de Ste-Marie. **Lorin,** de laurier. **Loreins,** rênes.

LORION.   **Laurion,** seigneurie du Languedoc, érigée en 1623. **Orion,** horion.

LORIOT, LORYOT. — V. Loriau.

LORMIER. — De Lourmais, commune du dép. d'Ille-et-Vilaine, arr. de St-Malo. **Lormier,** artisan qui fait des selles.

LORRAIN, LORRIN. — V. Lorin. **Lorain,** qui est de la Lorraine, rênes, longe, guides. **Orin,** d'or, de l'âge d'or, blond comme l'or.

LORTA. — D'Orta, ville du duché de Milan.

LORTAU.—De Loreto, commune de la Corse, arr. de Bastia. **Ortau,** orteil, légume.

LORTIE.—De Lorcy, commune du Loiret, arr. de Pithiviers. **Ortie,** plante.

LORY. — Lorris, commune du dép .du Loiret, arr. de Montargis. De lore, coup.

LOZET. — Lozay, commune de la Charente-Inférieure, arr. de St-Jean d'Angély. De los, engin de pêche.

LOT. — Llo, commune des Pyrénées-Orientales, arr. de Prades. **Lot**, tribut, sort, consentement, blessure, mesure de liquides.

LOTBINIERE.— Laubinière, seigneurie de Normandie, érigée en 1667 pour Bordin.

LOTHAINVILE. — D'Autainville, com. du dép. de Loir-et-Cher, arr. de Blois.

LOUBERT. — Commune du dép. de la Charente, canton de Saint-Claud.

LOUBET. — De Loubers, commune du dép. du **Tarn**, arr. de Gaillac.

LOUBIA. — De Llupia, commune des Pyrénées-Orientales, arr. de Perpignan. De **loubas**, vanner.

LOUBIER. — De la Loubière, seigneurie du Languedoc, érigée en 1770 pour Du Buisson. De lovier, louvetier, lucarne.

LOUBILLE. — Commune du dép. des Deux-Sèvres, arr. de Melle.

LOUESNÉS. — De Liernais, commune du dép. de la Côte-d'Or, arr. de Beaune.

LOUET, LOUETTE. — De Louer, commune du dép. des Landes, arr. de Dax. Louet, l'oncle, la huitième heure.

LOUINEAU. — De Louin, bourg du Poitou, dans le dép. de la Vendée, à 8 lieues de Poitiers.

LOUIS. — Louit, commune des Hautes-Pyrénées, arr. de Tarbes. Louis, nom d'homme.

LOUISMET. — De Luméville commune du dép. de la Meuse, arr. de Commercy. **Louismet**, petit Louis.

LOUP. — Seigneurie de Bretagne, érigée en 1668 pour De Saint-Pern. Loup, machine de guerre appelée corbeau, ulcères rongeants, poisson de mer.

LOUPE.—Commune du dép. d'Eure-et-Loire, arr. de Nogent. Loupe, tumeur, lippe, nœud d'un bois, pierre précieuse non dégrossie, boule de fer sortant du feu d'affinerie, lopin.

LOUPRET. — De Lubret, commune des Hautes-Pyrénées, arr. de Tarbes. **Loupret,** lourdaud.

LOURDIN. — De Lourdines, lieu du dép. de la Vienne, commune de Migné. **Lourdin,** lourdaud. De lourde, porte.

LOUVARD. — De Louvardière, seigneurie de Bretagne, érigée en 1600 pour Boux. **Louvard,** tannière, piège à loup.

LOUVÉ. — De Louviers, ville du dép. de l'Eure. Louvet, loup de taille moyenne. Louver, faire un trou dans une pierre pour y faire entrer la louve, afin de l'élever.

LOUVEL. — De la Louvelière, seigneurie de Normandie, érigée en baronnie en 1636. **Louvel,** louveteau.

LOUVETOT. — De Louvetot, commune de la Seine-Inférieure, arr. d'Yvetot. Louveteau, petit loup.

LOUVIERE. — Commune du dép. de l'Aude, arr. de Castelnadaury. **Lovière,** tannière de loup, piège à loup, vêtement fait avec la peau du loup.

LOUVIGNY. — Communes des dép. des Basses-Pyrénées, du Calvados et de la Sarthe.

LOUVOIS. — Commune du dép. de la Marne, arr. de Reims.

LOYAL. — De Soual, commune du dép. du Tarn, arr. de Castres. Loyal, fidèle, chrétien.

LOYER. — De Soyers, commune de la Haute-Marne, arr. de Langres. Loyer, marchand d'oies ou le rôtisseur.

LOYSEAU. — V. Loiseau.

LOZEAU. — De Loze, commune du dép. du Tarn-et-Garonne, arr. de Montauban. Lozeau, de loze, renommée, louange, flatterie.

LOZON. — Commune du dép. de la Manche, arr. de Saint-Lô.

LUANDRE. — De Luant, commune du dép. de l'Indre, arr. de Châteauroux. **Luandre,** vient de lux, lumière.

LUBIN. — De Lubine, commune du dép. des Vosges, arr. de Saint-Dié. Lubin, loup, poisson de mer.

LUC. — Communes des Hautes-Pyrénées, de la Lozère et de l'Aveyron. De **lux,** lumière.

LUCAS. — De Luchat, commune de la Charente-Inférieure, arr. de Saintes. De **luquier,** regarder.

LUCAULT. — De Luceau, commune du dép. de la Sarthe, arr. de St-Calais.

LUCE. — Seigneurie de Bretagne érigée en 1668 pour Doudant. Luce, luxation, sorte d'osier.

LUCHERON. — De Luçon, commune de la Vendée, arr. de Fontenay-le-Comte. De louche, bêche.

LUCHÉSIE, LUKÉSIE. — De Luthézieu, commune du dép. de l'Ain, arr. de Belley.

LUCHEUX. — Commune du dép. de la Somme, arr. de Doullens. Lucheux, qui louche.

LUCIER. — De Lucy, communes des dép. de la Marne et de la Seine-Inférieure. Du latin lucere, luire, briller.

LUDERS. — De Ludiés, commune de l'Ariège, arr. de Pamiers. De ludere, jouer.

LUGRE. — De Luré, commune du dép. de la Loire, arr. de Roanne.

LUMINEAU. — De Lumeau, commune du dép. d'Eure-et-Loir, arr. de Châteaudun. De luminer, illuminer, briller.

LUNEAU. — Commune du dép. de l'Allier, arr. de la Palisse. Lunot, verdier, oiseau, et luneau, nom donné à un bœuf qui porte une lune au front.

LUNÉGAUT. — De Lunégarde, lieu du dép. du Lot, arr. de Gourdon.

LUNÉVILLE. — Ville de Meurthe-et-Moselle.

LUPIEN. — Lupian, commune de la Gironde, arr. de Laparre. Lupin, loupe.

LURET. — Luré, com. du dép. de la Loire, arr. de Roanne.

LUSIGNAN. — Ville de la Vienne et baronnie érigée en 1618 en faveur de De Lusignan.

LUSSAC. — Communes de la Gironde et de la Charente-Inférieure.

LUSSIER. — De Lussy, en Bourgogne, diocèse d'Auxerre. Dérive de lux, lumière

LYAUMONT. — D'Hyraumont, lieu dans les Ardennes, commune de Rocroi.

LYONNAIS. — De Lyon, ville du dép. du Rhône. Lionet, lionceau.

LYRE. — Liré, commune du dép. de Maine-et-Loire, arr. de Cholet. Lirer, jouer de la lyre.

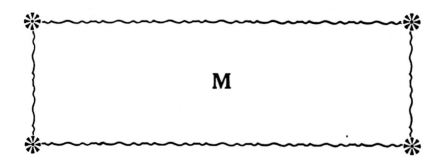

M

MABILLE. — De Roche-Mabile, commune du dép. de l'Orne, arr. d'Alençon. **Bille**, ordonnance, morceau de bois.

MABILLEAU. — De Mably, commune du dép. de la Loire, arr. de Roanne. **Billot**, tribut sur la vente du vin en détail.

MABLEAU. — De Malbo, commune du dép. du Cantal, arr. de Saint-Flour. **Ablo**, cri d'arme des roturiers.

MABRIANT. — De Malbrans, commune du dép. du Doubs, arr. de Besançon.

MACAN. — De Manicamp, commune du dép. de l'Aisne, arr. de Laon. De **maque**, masse d'armes, houlette.

MACART. — De Maucor, commune du dép. des Basses-Pyré-nées, arr. de Pau.

MACAYE. — Commune du dép. des Basses-Pyrénées, arr. de Bayonne. **Maquet**, meule, tas de foin.

MACÉ.—Commune du dép. de l'Orne, arr. d'Alençon. **Macé**, massue.

MACARTY. — De Marcadis, bourg du Condomois. **Macarty**, mercredi.

MACHABÉ. — Commune du dép .de l'Ardèche, arr. de Tour-non. **Machabé**, guerrier.

MACHARD.—De Machers, commune du dép. de la Charente-Inférieure, arr. de Saintes. Vient de **machau**, grange.

MACHE. — De Maiche, commune du dép. du Doubs, arr. de Montbéliard. **Mache**, meule de foin, bouchon.

MACHET. — Maché, commune de la Vendée, arr. des Sables-d'Olonne. **Machet**, petit oiseau.

MACKAY. — V. Macaye.

MACLINE. — Macquelines, seigneurie du Valois, érigée en 1528 pour De Gorges. **Macline** vient de **macle,** maille de filet à pêcher.

MACON. — Ville du dép. de Seine-et-Loire.

MACONCE. — De Maconge, commune de la Côte-d'Or, arr. de Beaune.

MACULO. — De Maclou, seigneurie du Poitou, érigée en 1763 pour de Chamborant. **Maculeux,** taché.

MADAME. — Lieu du dép. de l'Aude, dans la commune de Carcassonne. **Dame,** belle-mère.

MADARD. — De Mardor, commune de la Haute-Marne, arr. de Langres. De **madeur,** humidité.

MADEILLE. — De Mardeuil, commune du dép. de la Marne, arr. d'Epernay. **Deile,** morceau, pièce.

MADELAINE. — Communes du Pas-de-Calais, du Nord, etc. **Madeleine,** sorte de monnaie.

MADERAN. — De Madiran, commune des Hautes-Pyrénées, arr. de Tarbes. **Maderin,** vase de bois.

MADERE. — De Madière, commune du dép de l'Ariège, arr. de Pamiers. De **madier,** grosse table de tapissier.

MADORE. — De Mardore, commune du dép. du Rhône, arr. de Ville-Franche. De **madourre,** grossier.

MADOUE. — Commune du dép .des Vosges. **Madou,** amadou.

MADOX. — Du Médoc, petit pays dans le dép. de la Gironde.

MADRAC. — De Madirac, commune du dép. de la Gironde, arr. de Bordeaux. **Madrac,** vient de **madre,** verre à boire, bois veiné.

MADRY. — De Madric, petit pays dans le département de l'Eure.

MAGAUT.—De Macau, commune du dép. de la Gironde, arr. de Bordeaux. **Magaut,** poche, besace, bourse, sorte de tonneau.

MAGDONNÉ.—De Madegney, commune du dép. des Vosges, arr. de Mirecourt.

MAGHER. — De Magescq, commune du dép. des Landes, arr. de Dax.

MAGLOIRE. — De Malgoire, baronnie du Languedoc, érigée en 1504 pour De Crussol.

MAGNAC. — Commune de la Haute-Vienne, arr. de Bellac.

MAGNAIN. — De Magnien, commune de la Côte-d'Or, arr. de Beaune.

MAGNAN. — Commune du dép. du Gers, arr. de Condom. Magnan, chaudronnier. Magnan, est le cri des chaudronniers de passage, vers à soie.

MAGNERON. — De Margueron, commune de la Gironde, arr. de Libourne. Magneron vient de magne, minérai qui ressemble à l'antimoine.

MAGNI. — Magnils, commune de la Vendée, arr. de Fontenay-le-Comte. Magnie, mélange de gens.

MAGNY. — Commune du Calvados, arr. de Bayeux. Dérive de magnus, grand.

MAGO, MAGOT. — De Macôt, commune du dép .de la Savoie, ar. de Moutiers. Magot, amas d'argent caché, oiseau d'Ecosse, singe sans queue.

MAGUER. — De Maguère, seigneurie du Languedoc, erigee en 1693 pour de la Barthe. Maguer, vient de mague, estomac, gésier d'oiseau.

MAGUET. — De Magueville, bourg de la Saintonge, arr. de Saintes. V. Maillet.

MAHEU. — De Magneux, commune du dép. de la Marne, arr. de Reims. Maheu, nom d'homme, fait de Mathieu.

MAHIER. — De Maigné, commune du dép. de la Sarthe, arr. de la Flèche.

MAIANDY. — De Nandy, commune de Seine-et-Marne, arr. de Mélun.

MAIE. — May, commune du dép. de Seine-et-Marne, arr. de Meaux. Maie, sorte de cancre, huche, pétrin, aire fixe sur laquelle on met le pressoir. En gallois, maie, signifie cruche, bassin.

MAIGNAT. — Commune de l'Auvergne, arr. de Saint-Flour.

MAIGRÉ, MAIGRET. — De Magrie, commune du dép. de l'Aude, arr. de Limoux. Maigret, un peu maigre. Dérive du grec makros, long, maigre.

MAIGRIGRI. — De Mégrigny, commune de la Champagne, arr. de Troyes.

MAILHIOT. — De Mailhoc, commune du dép. du **Tarn**, arr. d'Albi. Mailhiot, maillet.

MAILLARD. — De Maillas, commune du dép. des Landes, arr. de Mont-de-Marsan. Maillard, débiteur ou collecteur de l'impôt appelé maille.

MAILLÉ. — Commune de la Vendée, arr. de Fontenay-le-Comte. Maillé, tissu de mailles, tacheté.

MAILLET. — Com. du dép. de l'Indre, arr. de La Châtre. Maillet, armes, marteau de bois, fantassin armé du maillet, marteau de porte. **Maillette,** luzerne.

MAILLOT, MAIOT. — Commune du dép. de l'Yonne, arr. de Sens. Dérive de mallus, étoffe velue, et signifie maillet.

MAILLOU, MAILLOUX. — De Nailloux, commune du dép. de la Haute-Garonne, arr. de Villefranche. Maillou, lien pour attacher la vigne.

MAILLY. — Commune du dép. de Saône-et-Loire, arr. de Charolles. **Maillis,** clôture en fer maillé.

MAINFROY. — De .Monfréville, commune du Calvados, arr. de Bayeux. **Mainfroy,** nom d'homme.

MAINGUY. — De Nangy, commune de la Haute-Savoie, arr. de St-Julien. Nom composé de main, maison et de **guy,** plante parasite.

MAINVILLE, MINVILLE. — Bourg dans le duché de Lorraine, dans le marquisat d'Haroué, et lieu du dép. de Seine-et-Oise, dans la commune de Draveil. **Min,** lieu où se vend en gros le poisson de mer.

MAISERETS. — Seigneurie de Normandie, érigée en 1506 pour de Clinchamps. Dérive de **maizère,** maisière, maison. **Maiserer,** construire, maçonner un mur.

MAISON-DE-BOIS. — Commune du dép. du Doubs, arr. de Pontarlier. Maison, manoir fortifié.

MAISONNEUVE. — Communes des dép. de la Vienne, de la Côte-d'Or, du Jura, etc.

MAISON-ROUGE. — Lieu du dép. de la Meuse, dans la commune de Verdun, et commune du dép. de Seine-et-Marne, arr. de Provins.

MAISONVILLE. — De Mansonville, commune du dép. de Tarn-et-Garonne, canton de Lavit. **Maisonville,** ou maison de ville, lieu où s'assemblaient les officiers qui avaient charge de la police de la ville.

MAISTRE, MAITRE.—Commune du dép. de Maine-et-Loire, arr. d'Angers. Autrefois une compagnie de cavalerie se composait de cinquante maîtres, et chaque homme d'armes ou cavalier avait un ou plusieurs valets. Le nom de Maître vient de là. Maistre, docteur, partie d'une charrue, le nord-ouest.

MAIZIERES. — Commune du Calvados, arr. de **F**alaise. **Maizière,** haie ou toute autre séparation. L'on disait une maizière de champ, de vigne. Ce mot vient de **masure,** dont était composé un village appelé maizière.

MAJOR. — De Montmajor, lieu du dép .des Bouches-du-Rhône, commune d'Arles. **Major,** nom d'homme, vient du latin major, plus grand

MAJOT. — De Mage, commune du dép. de l'Orne, arr. de Mortagne.

MALAFOSSE. — De Marfaux, com. du dép. de la Marne, arr. de Reims.

MALAIRE. — De Maulers, comune du dép .de l'Oise, arr. de Clermont. Vient de **m**alar, ladrerie, lèpre.

MALAPART, MALEPART.—De Malpart, commune du dép. de la Somme, ar. de Montdidier. **Malepart,** mauvais partage et **malapart,** impertinent, insolent.

MALART. — De Malarville, seigneurie de Normandie, érigée en 1720 en faveur de Malart. **Malard,** canard mâle domestique.

MALBEC. — Seigneurie du Comtat-Venaissin, érigée en 1220 pour De Pestel. **Malbec,** mauvaise langue.

MALBEUF. — Seigneurie de Normandie, érigée en 1300 pour De **T**ournebu.

MALBOUFFLE. — De Marbeuf, commune du dép. de l'Eure, ar. de Louviers.

MALCHELOS. — De Marcellaz, commune de la Haute-Savoie, arr. d'Annecy.

MALCOU.—De Malakoff, commune du dép. de la Seine, arr. de Sceaux.

MALEM. — De la Malène, commune du dép. de la Lozère, arr. de Florac. **Malen,** gale, lentes, et **malan,** ladrerie, lèpre.

MALENFANT. — De Valencin, commune du dép. de l'Isère, arr. de Vienne. **Malenfant,** mauvais enfant.

MALERAY. — Mallerey, commune du dép. du Jura, arr. de Lons-le-Saunier. **Maleurée,** malheureux, infortuné.

MALET.—Seigneurie de l'Auvergne, érigée pour Peguayrolles. **Malet,** mallier ou brancardier, cheval malet.

MALEY. — Bourg du Bas-Languedoc, arr. de Puy. **Maleys,** marne, engrais.

MALGUERET. — De Malleret, com. du dép. de la Creuse, arr. de Boussac. **Malgréer,** maudire, blasphémer.

MALHERBE. — De Manerbe, commune du Calvados, arr. de Pont-l'Evêque. **Malherbe,** plante d'une odeur forte qui croît dans le Languedoc et la Provence, et qui sert aux teinturiers.

MALHIOT, MALLIOT. — Seigneurie de Lorraine, érigée pour **Toustain.**

MALIDOR. — De Moudidars, commune du dép. de la Charente, arr. d'Angoulème.

MALISSON. — De Maumusson, commune de la Loire-Inférieure, arr. d'Ancenis. Vient de **malis,** pommier.

MALLARD. — V. Malard. **Mallard,** marchandise employée dans le tarif de la douane à Lyon, petites meules à remouleurs.

MALLET. — Commune du dép. du Cantal, arr. de St-Flour. **Mallet,** poche.

MALLETERRE. — De Mouterre, commune du dép. de la Vienne, arr. de Montmorillon.

MALLETTE. — De Maulette, commune du dép. de Seine-et-Oise, arr. de Nantes. **Mallette,** petite malle, petit sac de toile que les Capucins portaient au bras, lorsqu'ils allaient prêcher à la campagne.

MALLIER. — De Malloué, commune du Calvados, arr. de

Vire. **Mallier**, cheval attelé entre les brancards d'une chaise de poste.

MALO. — Commune du dép. du Nord, arr. de Dunkerque. Malot, pourceau, guêpe, bourdon, insecte.

MALOUIN. — De Malou, commune du dép. de l'Hérault, arr. de Béziers. **Malouin**, vient de malous, mauvais.

MALOY. — D'Alluets, commune de Seine-et-Oise, arr. de Versailles. **Maloir**, préférer, aimer mieux.

MALSOI. — De Manciet, commune du dép. du Gers, arr. de Condom.

MALTAIS. — De Maltat, commune de Saône-et-Loire, arr. de Charolles. **Maleté**, méchanceté.

MALTESTE. — De Betête, commune du dép. de la Creuse, arr. de Boussac.

MALVENNE. — De Malvans, bourg de la Provence, arr. de Vence. **Malvene**, vient du bas-breton malvenne, qui a de grands cils.

MALZA. — De Mauzac, commune de la Haute-Garonne, arr. de Muret.

MANABÉ. — De Malabat, commune du dép. du Gers, arr. de Mirande. **Man**, manne.

MANCE. — Commune du dép. de Meurthe-et-Moselle, arr. de Brière. **Manse**, étendue de terrain nécessaire pour l'entretien d'une famille.

MANCEAU. — Seigneurie de Bretagne, érigée en 1668 pour De Gaudriou. **Manceau**, qui est du Mans, vient de **man-cele**, manche.

MANCHAUT. — De Manchaux, commune du dép. du Doubs, arr. de Besançon. **Manchaut**, qui n'a qu'une main dont il puisse se servir.

MANDEVILLE. — Communes du Calvados et de l'Eure. **Mande**, ville, comme s'il y avait villeville.

MANDIN. — Mandans, baronnie du Quercy, érigée en 1740 pour De Foucault. Vient de **mande**, huissier, grande corbeille.

MANEAU. — Mano, commune du dép. des Landes, arr. de Mont-de-Marsan. **Maneau**, dim. de mane, case d'un colombier.

MANÈGLE. — De Manéglise, bourg de Normandie, arr. de Rouen. **Manel**, poignée, doigt de la main.

MANETANAIS.—De Mantenay, commune du dép. de l'Ain, arr. de Bourg. De **manete**, petite manne, menotte, lien.

MANEUF. — De Manœuvre, baronnie érigée en 1643 pour De Verthamont. **Manèfle**, outil à l'usage des bouviers.

MANFRET, MANFROY. — De Puimanfroy, commune du Poitou, arr. de La Rochelle. **Mainfroy**, nom d'homme, vient de **main**, matin.

MANGEON. — D'Anjouin, commune du dép. de l'Indre, arr. d'Issoudun. **Manjon**, qui bégaie, qui bredouille.

MANIAC. — De Manhac, commune du dép. de l'Aveyron, arr. de Rodez. **Maniacle**, furieux, extravagant.

MANIANT. — De Magnien, commune de la Côte-d'Or, arr. de Beaune. **Maniant**, maniable, souple, qui s'abandonne.

MANNEVILLE. — Seigneurie de Normandie, érigée en 1118 pour De Manneville. Vient de **manne**, pluie qui tombe lorsque le soleil luit.

MANNIEL. — De Manduel, commune du dép. du Gard, arr. de Nimes. **Manielle**, lien.

MANSEAU. — Du Mans, ville de la Sarthe. **Manseau**, habitant du Maine, monnaie du Mans. Vient de **manse**, propriété rurale, avec habitation.

MANTENAY. — Ville de la Champagne, sur la Seine, aujourd'hui appelée Saint-Lie. De **mante**, couverture de lit, habit de femme.

MANUBY. — De Mazuby, commune du dép. de l'Aube, arr. de Limoux. **Manu**, vient de l'irlandais **manu**, forêt.

MANUEL. — Seigneurie de Normandie, érigée en 1466 pour Toustain. **Manuel**, ce qu'on peut tenir à la main, qui se fait avec la main, livre de prières.

MAPEYRAUX. — De Monpeyroux, commune du dép. de la Dordogne, arr. de Bergerac.

MAQUET. — De Macqueville, commune de la Charente-Inférieure, canton de Matha. **Maquet**, meule, tas de foin, massue.

MAR. — Seigneurie de Champagne, érigée pour d'Ambly.

Mar, en bas-breton, en gallois et en irlandais, signifie mer, et dans l'ancien français, grand seigneur.

MARACÉ, MARASSÉ. — De Marçay, commune du dép. de la Vienne, arr. de Poitiers. Dérive de mara, mare, lac, marais, et ligne, dans le langage basque.

MARAINE. — De Marennes, ville de la Charente-Inférieure. De marain, dépit, colère.

MARAIS. — Commune de l'Artois, arr. d'Arras. **Marais,** terres basses et humides.

MARAMBOUVILLE. — Maranville, commune de la Haute-Marne, arr. de Chaumont. **Marambout,** marabout, cafetière à ventre très large.

MARANDA. — D'Arandas, commune du dép. de l'Ain, arr. de Belley. **Maranda,** myrte qui croît dans l'île de Ceylan. Vient de marande, petit repas entre le dîner et le souper.

MARANDAIS. — De Marandeuil, commune de la Côte-d'Or arr. de Dijon. **Marandais,** grandes herbes sauvages.

MARANDEAU. — De Marant, commune du Pas-de-Calais, arr. de Montreuil-sur-Mer.

MARAT. — Commune du dép. du Puy-de-Dôme, arr. d'Ambert.

MARAY. — Commune du dép. de Loir-et-Cher, arr. de Romorantin.

MARBEC. — De Marbaix, commune du dép. du Nord, arr. d'Avennes.

MARBRELLE. — De l'Arbresle, commune du dép. du Rhône, arr. de Lyon. **Marbrelle,** axe ou marbre de la roue qui sert à faire mouvoir une cloche, pont-levis.

MARC. — Commune de la Champagne, arr. de Reims. **Marc,** poids de huit onces, place, marais.

MARCAS. — De Marquaix, commune du dép. de la Somme, ar. de Péronne. Dérive de marc, place, marais, lie.

MARCAURELE, MARCOREL. — Marcorel, commune du Pas-de-Calais, arr. de Montreuil. Vient de marck, cheval, onde, marc, signe, caractère, borne marque.

MARCE. — Commune du dép. de Maine-et-Loire, arr. de Baugé. **Marceis,** qui se flétrit.

MARCEAU. — Com. du dép. des Ardennes et de la Sarthe. **Marceau,** saule.

MARCEL. — De Marissel, commune du dép. de l'Oise, arr. de Beauvais. **Marchel,** de marché.

MARCEREAU —De Masserac, commune du dép. de la Loire-Inférieure, arr. de St-Nazaire.

MARCHAIS. — Commune du dép. de l'Aisne, arr. de Laon. **Marchais,** eau qui s'amasse dans les terres basses, où croissent les plantes d'étang, mare.

MARCHAL. — Commune du dép. du Cantal, arr. deMauriac. **Marchal,** celui qui marque les logements aux domestiques du roi.

MARCHAND. — Marchamp, commune du dép. de l'Ain, arr. de Belley. **Marchand,** celui qui fréquente les marchés pour y acheter et revendre, amateur, enthousiaste.

MARCHENOT. — De Marcenod, commune du dép. de la Loire, ar. de St-Etienne. Vient de **marche,** pédale, dans un métier de tisserand.

MARCHESSEAU. — De Marchezais, com. du dép. d'Eure-et-Loir, arr. de Dreux. **Marchesseau,** mare sèche. Vient de **marchesse,** orge de mars.

MARCHET. — De Marchéville, com. du dép. de la Somme, arr. d'Abbeville. **Marchet,** marché, sceau.

MARCHETEAU.—De Marchaux, com. du dép. du Doubs, arr. de Besançon. **Marcheteau,** corde qui attache les marchès aux lames d'un métier de tisserand.

MARCHETERRE. — De Marchastel, commune du dép. du Cantal, arr. du Murat. **Marcheterre,** pour Marche-à-terre. Corruption du mot **mercadier,** marchand.

MARCHETTE.—D'Archettes, commune du dép. des Vosges, ar..d'Epinal. **Marchette,** petit bâton qui tient en état une machine où l'oiseau vient se prendre.

MARCHILDON. — De Marchelins, châtellenie dans le pays de Grison, à 2 lieues de Coire. Dérive de **marchel,** frontière.

MARCIL, MARCILLE. — Bourg dans le dép. de la Mayenne, à 2 lieues de Mayenne. De **marsaille,** grain semé en mars.

27

MARCOT, MARCOTTE. — Seigneurie en Normandie, érigée en 1463 pour De la Motte. **Marcot** vient de l'italien **margotta,** provin.

MARCOU, MARCOUX. — Communes des dép. des Basses-Alpes, et de la Loire. **Marcou,** septième enfant mâle d'une même mère, sans fille interposée, vieux chat mâle, matou, le lion de Saint-Marc, à Venise.

MARCOUILLÉ, MARCOULIER. — De Marcolès, commune du dép. du Cantal, arr. d'Aurillac.

MARCOURT. — De Maricourt, com. du dép. de la Somme, arr. de Péronne.

MARDOS. — D'Ardes, commune du dép. de Puy-de-Dôme, arr. d'Issoire.

MAREC, MARECK. — D'Arnèke, commune du dép. du Nord, arr. d'Hazebrouck. **Marec,** chevalier.

MARECHAL. — D'Archail, commune des Basses-Alpes, arr. de Digne. **Maréchal,** gouverneur de juments, chef de cavalerie, médecin des chevaux. Vient de **mire,** médecin, et de cheval.

MARÉE. — Maray, commune du dép. de Loir-et-Cher, arr. de Romorantin. **Marée,** pluie de peu de durée, flux et reflux de la mer, flaque d'eau.

MARENDE. — De Mirande, ville du dép. du Gers, arr. de Montreuil. **Marande,** goûter, collation.

MARENTAY, MARENTET, MARENTETTE. — D'Arrentès, commune du dép. des Vosges, arr. de St-Dié.

MAREST. — Communes du Pas-de-Calais et de l'Oise. **Marest,** marécage.

MARET. — Maretz, commune du dép. du Nord, arr. de Cambrai.

MARETTE. — D'Arette, commune des Basses-Pyrénées, arr. d'Oloron. **Marette,** marée.

MARGANE. — De Morganx, commune du dép. des Landes, arr. de Saint-Sever. **Margane,** sèche.

MARGEON. — Seigneurie du Languedoc, érigée en 1700 pour De la Pause. De **marge, bord.**

MARGUERIE. — Seigneurie de Normandie, érigée en 1188 pour De Marguerie, et commune de la Gascogne, arr. de Tarbes. **Marguerie,** perle.

MARGUERITE. — De Marguerittes, commune du dép. du Gard, arr. de Nimes. **Marguerite,** fleur, perle.

MARGUOTE. — Seigneurie de Normandie, devenue marquisat en 1764. **Marguote** dérive de **marga,** marne.

MARIAC. — Commune du dép. de l'Ardèche, arr. de Tournon.

MARIAGE.—De Mariade, bourg de Provence, arr. de Digne. **Mariage,** noces, dot, gens mariés, biens des époux, place de sûreté accordée aux protestants.

MARIAUCHEAU. — De Maresches, commune du dép .du Nord, arr. d'Avesnes. **Mariaucheau,** maréchal ferrant.

MARICHAU. — De Maricher, en Gascogne, ancien diocèse de Comminges. **Mareschaude,** femme d'un maréchal.

MARICOURT. — Commune de la Somme, arr. de Péronne.

MARIE. — Commune des Alpes-Maritimes, arr. de Puget-Théniers. Il y avait aussi les Trois-Maries, en Provence. Ce lieu était en grande dévotion chez les Provençaux, qui croyaient que c'est là où les trois Marie, savoir Madeleine, Jacobé et Salomé ont débarqué portant avec elles la tête de saint Jacques le Mineur. Ce lieu est dans la Camargue, à l'embouchure d'un bras du Rhône.

MARIEN. — Commune du dép. de la Creuse, arr. de Boussac. **Mariant,** qui se marie.

MARIER. — De Marilly, bourg de la Touraine. **Marier,** laboureur à la mare, associé, unis par le mariage. **Marier,** égarer.

MARIET. — De Marillet, commune de la Vendée, arr. de Fontenay-le-Comte. **Mariet,** espèce de campanule.

MARIEUX. — Commune du dép. de la Somme, arr. de Doullens. **Marieux,** bourreau, celui qui marie le condamné avec la potence.

MARIGNIER. — Commune de la Haute-Savoie, arr. de Bonneville. **Marinier,** marin, batelier.

MARIGNY. — Communes des dép. de la Manche, du Loiret,

du Jura, de l'Allier, etc. **Marigny,** petit moucheron dont la piqûre est douloureuse.

MARILLAC. — Commune de la Charente, arr. d'Angoulème. Dérive de **marille,** registre.

MARIN. — Commune du dép. de l'Aveyron, arr. de Villeneuve. **Marin,** qui vient de la mer ou lui appartient.

MARINEAU. — De Marines, commune du dép .de Seine-et-Oise, arr. de Pontoise. **Marineau,** matelot.

MARINETTE. — De Marolette, com. du dép. de la Sarthe, arr. de Mamers. **Marinette,** pierre d'aimant.

MARINIER.—De Marnay, commune de la Haute-Saône, arr. de Gray. **Marinier,** qui est né de la mer (Vénus) officier qui commande à un équipage de matelots.

MARION. — Commune du dép. de la Gironde, arr. de Bazas. **Marion,** dim. de Marie, gardien de la maison.

MARITON. — De Méritein, commune des Basses-Pyrénées, arr. d'Orthez. **Meriton,** récompense, et **maritin,** maritime.

MARLIAC. — Commune du dép. de la Haute-Garonne, arr. de Muret.

MARLY.—Commune du dép. du Nord, arr. de Valenciennes. **Marly,** espèce de gaze.

MARMAN, MARMEN. — De Marmande, ville du dép. de Lot-et-Garonne. De **marma,** masque.

MARMET, MARMETTE. — De Marmesse, commune de la Haute-Marne, arr. de Chaumont. **Mermet,** petit.

MARMIGNON. — De Marminiac, commune du dép. du Lot, arr. de Cahors. **Marmion,** marmot.

MARMOTTE.—De Marbotte, commune du dép. de la Meuse, arr. de Commercy. **Marmotte,** singe, gros rat de montagne, commun en Savoie et dans le Dauphiné. **Marmotte,** sorte de poisson, vase de terre servant de chaufferette.

MARNE. — Seigneurie de Bretagne, érigée en 1668 pour De Chardonnaye. **Marne,** terre molle et grasse, pierre tendre et grasse au toucher.

MAROIS. — De Maroué, commune du dép .des Côtes-du-

Nord, arr. de Saint-Brieuc. **Maroas,** fourmi de mer.

MAROL. — De Marolle, commune de Loir-et-Cher, arr. de Romorantin. **Marolles,** fromage fabriqué à Maroilles, bourg du dép. du Nord.

MAROLLEAU. — De Marolles, commune du Calvados, arr. de Lisieux.

MARONÉ. — De Malaunay, commune du dép. de la Seine-Inférieure, arr. de Rouen. **Maronet,** matelot, corsaire.

MAROT. — Marault, commune de la Haute-Marne, arr. de Chaumont. **Mareau,** lot de bois.

MAROUIN. — De Maurrin, commune du dép. des Landes, arr. de Mont-de-Marsan. **Rouáin,** ornière.

MARQ. — Marques, commune de la Seine-Inférieure, canton d'Aumale. **Marque,** poinçon d'orfèvre, empreinte mise sur les marchandises soumises aux douanes, la contribution même. **Marck,** cheval, dans la langue gauloise.

MARQUET. — De Marquay, communes de la Dordogne et du Pas-de-Calais. **Marquet,** monnaie de Venise, dont l'empreinte était un saint Marc, enfant qui vient au monde avec un signe sur le corps, sorte de chien.

MARQUETTE. — Commune du dép. du Nord, ar. de Lille. **Marquette,** marchette.

MARQUIN. — Marquein, commune du dép. de l'Aude, arr. de Castelnadaury. **Marquin,** tisserand en batiste.

MARQUIS. — Commune du Pas-de-Calais, arr. de Boulogne-sur-Mer. **Marquis,** nom donné aux bourreliers.

MARRE. — Commune du dép .de la Meuse, arr. de Verdun. **Marre,** espèce de houe qui sert pour labourer les vignes, pourceau. Dérive du grec **marrhon,** houe.

MARS. — Communes des dép. du Gard et de la Loire. **Mars,** annonciation, mois, menus grains semés en mars, mardi.

MARSAC. — Communes des dép. de la Creuse des Hautes-Pyrénées et de la Dordogne.

MARSAIS. — Commune du dép. de la Vendée, arr. de Fontenay. **Marsès,** blé de mars.

MARSAL. — Commune du dép. du Tarn, arr. d'Albi. **Marsal,** vient de **mars,** borne, futaine, village.

MARSAN. — Commune du dép. du Gers, arr. d'Auch. **Marçan**, maréchal.

MARSAULT. — Marsant, seigneurie de Bretagne, érigée en 1697. Marsaut, mâle, en parlant du saule.

MARSÉ. — Marsai, bourg de l'Aunis, dép. de la Charente-Inférieure. Marsé, ce que l'on sème en mars.

MARSEILLE. — Commune du dép. de l'Oise, arr. de Beauvais.

MARSET. — De Marcey, commune du dép. de la Manche, arr. d'Avranches. Marsé, ce que l'on sème en mars.

MARSILLY. — Communes des dép. de la Charente-Inférieure et de la Moselle. **Marseillie**, nom donné à la piastre d'Espagne par les Turcs.

MARSOLET. — De Marcolès, commune du Cantal, arr. d'Aurillac. De Mars on a fait Marsolet. Le marsoleau est une linotte qui naît en mars : d'où son nom.

MARTEAU. — Martot, commune du dép. de l'Eure, arr. de Louviers. Marteau, grêle, cheville qui tient les chevaux attachés au timon d'une charrette.

MARTEL, MARTELLE. — Martel, commune du dép. du Lot, arr. de Gourdon et seigneurie normande. **Martel**, marteau d'armes, épée de connétable, tourment, martelage. Martelle, coup de marteau.

MARTIAL. — Communes des dép. de la Charente et du Cantal. Martial, nom d'homme, signifie vaillant.

MARTICOTTE. — De Martincourt, commune du dép. de Meurthe-et-Moselle, arr. de Toul.

MARTIGNY. — Communes des dép. du Calvados, de la Seine-Inférieure, de la Manche.

MARTIN. — Des Martins, lieu du dép. de la Drôme, dans la commune de Chabeuil, et seigneurie en Artois. **Martin**, maladie, projet, martre.

MARTINBAULT. — Martin-le-Beau, bourg du dép. d'Indre-et-Loire, sur le Cher.

MARTINEAU. — De Martignat, commune du dép. de l'Ain, arr. de Nantua. De **martiner**, se livrer à une vie licencieuse.

MARTINET, MARTINETTE.—Commune de la Vendée, arr. dés Sables-d'Olonne. **Martinet**, oiseau, petit chandelier à queue et sans patte, engin à verge, arbalète, forge.

MARTINIERE (La). — Seigneuries de Touraine, de Normandie et de Bretagne.

MARTOLIO. — De Marlioz, commune de la Haute-Savoie, arr. de St-Julien.

MARZÉ. — Seigneuries du Lyonnais et de Bourgogne. **Marceis**, qui se flétrit.

MARZIER. — De Marzy, commune du dép. de la Nièvre, arr. de Nevers. **Marcier**, lever le droit de marciage.

MASCELIN, MASSELIN. — De Massoins, commune du dép. des Alpes-Maritimes, arr. de Puget-Théniers. **Masselin**, dim. de **mascel**, mâle.

MASSALS. — Commune du dép. du Tarn, arr. d'Albi. Vient de **mas**, ferme dans le midi de la **France**.

MASSARD. — De Massat, ville du dép. de l'Ariège, arr. de Saint-Girons. **Massart**, trésorier municipal.

MASSE. — Seigneurie de Bretagne, érigée en 1669 pour Chrestien. **Masse**, lingot, massue, certaine quantité de terre labourable, piliers d'un pont, tactique militaire.

MASSÉ. — Massay, commune du dép. du Cher, arr. de Bourges. **Massé**, massue.

MASSEAULT. — De Massac, commune du dép. de la Charente-Inférieure, arr. de Saint-Jean d'Angély. **Maçot**, massue.

MASSELOT, MASSELOTTE. — De Masseilles, commune de la Gironde, ar. de Bazas. **Masselot**, portion de fonte excédant la quantité nécessaire à remplir le moule, grumeau.

MASSIA. — De Meussia, commune du Jura, arr. de Saint-Claude. De **massi**, massif, ferme, solide.

MASSICOT, MASSICOTTE. — De Massugas, commune du dép. de la Gironde, arr. de la Réole. **Massicot**, péage levé sur les vins. **Machicot**, chantre qui, à Paris, faisait les fonctions de choriste. **Massicot**, céruse calcinée par un feu modéré.

MASSIÉ, MASSIER. — Massy, commune du dép. de Saône-et-Loire, arr. de Mâcon. **Massier,** sergent à masses, garde des vignes et des bois.

MASSIOT. — De Massiges, commune du dép. de la Marne, arr de Ste-Menehould. **Massiau,** loupe de fer battue au marteau.

MASSON. — De Massognes, commune de la Vienne, arr. de Poitiers. **Masson,** maçon, paquet de soie, homme qui ne sait pas son métier, qui fait des maisons.

MASSOT. — De Massat, commune de l'Ariège, arr. de St-Girons.

MASSUE. — Seigneurie de Champagne, érigée en 1570 pour Des Massues. **Massue,** masse d'armes, ayant le bout très gros, amas, destruction, marotte de fou, houlette.

MASSY. — Communes des dép. de Saône-et-Loire, de Seine-et-Oise. **Massi,** massif.

MASTA. — Mastas, baronnie du Périgord. **Masta,** gros enfant.

MASURE. — Commune des Ardennes, arr. de Mézières. **Masure,** demeure, muraille, maison et terres, ruines d'une maison.

MASURETTE, MAZURETTE. — De Mazeirat, commune du dép. de la Creuse, arr. de Guéret. **Masurette,** petite masure.

MATAU. — De Mathaux, commune du dép. de l'Aube, arr. de Bar-sur-Aube.

MATHA. — Commune de la Charente-Inférieure, arr. de St-Jean d'Angély. **Matas,** bouffon. Dérive du vieux français mathe, matte, fosse, tombeau.

MATHE. — Commune de la Charente-Inférieure, arr. de Marennes. **Mat,** vaincu, abattu.

MATHÉE. — Mathay, commune du Doubs, arr. de Montbéliard. **Mathée,** lait caillé.

MATHIEU. — Commune du dép. du Calvados, arr. de Caen, canton de Douvres. **Mathieu,** nom d'homme.

MATHIS. — De Matigny, commune du dép. de la Somme, arr. de Péronne. **Mathis,** mahométan.

MATHON. — Commune du dép. des Ardennes, arr. de Sédan. **Mathon,** lait caillé, et maton, flocon.

MATHURIN. — Commune du dép .de Maine-et-Loire, arr d'Angers. **Mathurin,** religieux de la Rédemption des captifs, matelot.

MATIGNON. — Commune des Côtes-du-Nord, arr. de Dinan.

MATOU. — Matoux, commune du Beaujolais, arr. de Lyon. Matou, lait caillé.

MATTE.—Bourg de la Saintonge, arr. de Bordeaux. **Matte,** lait caillé, matière métallique tirée de la première fonte du minérai.

MATTE. — Mattaye, vicomté dans la Gascogne, arr. de Bayonne. **Matté,** peuplade, multitude.

MATTEAU. — V. Matau.

MATTEMASSE. — De Mattemale, commune des Pyrénées-Orientales, arr. de Prades. De mathe, fosse, tombeau, et de masse, massif.

MATHE. — V. Matte. **Mathe,** fosse, tombeau.

MAUBEUF. — De Marbeuf, commune du dép. de l'Eure, arr. de Louviers.

MAUBEUGE. — Ville du dép. du Nord, arr. d'Avesnes, sur la Sambre. **Maubeuge,** nom d'une cloche qui réglait les heures de travail à Abbeville.

MAUBLANT. — De Masblanc, commune du dép. des Bouches-du-Rhône, arr. d'Arles.

MAUBLE. — De Mosles, commune du dép. du Calvados, arr. de Bayeux.

MAUBLEAU, MAUBLOT.—Des Oubeaux, commune du dép. du Calvados, arr. de Bayeux.

MAUCLAIR. — De Monclar, communes des dép. du Gers, et de Lot-et-Garone. **Mauclerc,** ignorant, lourdaud, mauvais clerc.

MAUDEMOND. — De Mondemont, commune du dép. de la Marne, arr. d'Epernay.

MAUDOUX De Mouledous, commune des Hautes-Pyrénées, arr. de Tarbes.

MAUFFAIS, MAUFAY, MAUFET. — D'Auffay, commune du dép. de la Seine-Inférieure, arr. de Dieppe. **Mauffais,** mal frappé, de mauvais aloi, contrefait, mauvais esprit, diable.

MAUFILS. — De Mouffy, commune du dép. de l'Yonne, arr. d'Auxerre. **Maufils,** mauvais fils.

MAUFIN. — De Moffans, commune du dép. de la Haute-Garonne, arr. de Lure.

MAUGARD. — D'Auga, commune des Basses-Pyrénées, arr. de Pau. Vient de **mauge,** gros bâton, canal de toile goudronnée par où l'eau s'écoule du vaisseau dans la mer.

MAUGER. — De Mesnil-Mauger, communes des dép. du Calvados, et de la Seine-Inférieure.

MAUGITS. — De Montgie, commune du Puy-de-Dôme, arr. d'Issoire. De **mauge,** gros bâton.

MAUGRAIN. — Mauguerain, seigneurie de Bretagne, érigée en 1669 pour Moro.

MAUGROS. — De Mauguio, commune du dép. de l'Hérault, arr. de Montpellier.

MAUGUE. — De Mogues, commune du dép. des Ardennes, arr. de Sédan.

MAULERE. — Maulers, commune du dép. de l'Oise, arr. de Clermont. De moler, moudre.

MAUNY. — Commune de la Seine-Inférieure, arr. de Rouen. **Mauny,** mauvais nid, malus nidus.

MAUPAS. — Communes des dép. du Gers et de l'Aube. **Maupas,** passage difficile, mauvais pas.

MAUPETIT. — De Maupertuis, commune du dép. de la Manche, ar. de St-Lô.

MAUPOUX. — De Montpouillan, commune du dép. de Lot-et-Garonne, arr. de Marmande. **Poux,** petits épis de bled.

MAUR. — Maurs, commune du dép. du Cantal, arr. d'Aurillac. **Maure,** moudre, homme noir.

MAURA. — Lieu du dép. du Jura, dans la commune de Septmoncel, arr. de Saint-Claude.

MAURAIGON. — De Mauregon, seigneurie du Beauvoisis, érigée pour De Billy. **Regon,** seigle.

MAURAIS. — De Maureville, commune de la Haute-Garonne, arr. de Muret. **Moret,** mûre, airelle, savon de lessive.

MAURAMPON. — De Mauremont, commune de la Haute-Garonne, arr. de Villefranche.

MAURAR.—De Moras, commune de l'Isère, arr. de la Tour-du-Pin. De **morari**, retarder.

MAURAY, MAURÉ. — De Morée, commune du dép. de Loir-et-Cher, arr. de Vendôme. **Morée**, marécage.

MAUREAU. — De Mauré, commune des Basses-Pyrénées, arr. de Pau. Vient du grec **mauros**, sombre, noirâtre.

MAUREL.—Commune du dép. de Lot-et-Garonne, arr. de Villeneuve. **Maurelle**, tournesol.

MAUREPOS. — De Maurepas, communes de Seine-et-Oise et de la Somme. **Maurepos**, manque de repos, mauvais état.

MAURIAY, MAURIER. — Moriez, commune des Basses-Alpes, arr. de Castellane.

MAURICE. — Petite ville dans le Valois, près du Rhône.

MAURICEAU. — De Mauressac, commune de la Haute-Garonne, arr. de Muret.

MAURICET, MAURISSET. — V. Morisset.

MAURIN. — Commune du dép. des Landes, arr. de Mont-de-Marsan.

MAURINGEAU. — De Moringhem, commune du Pas-de-Calais, arr. de Saint-Omer.

MAUROIS. — Commune du dép. du Nord, arr. de Cambrai. **Maurois**, noir, cheval noir.

MAURY. — Commune des Pyrénées-Orientales, arr. de Perpignan. **Morie**, mort, massacre, meurtre.

MAUVIDE. — De Morville, commune de la Manche, arr. de Valognes. **Mauvide** dérive du grec **malachè**, mauve.

MAYER. — Seigneurie de Normandie, érigée en 1400 pour Labine. **Mailleis**, marne, engrais.

MAYET. — Commune du dép. de la Sarthe, arr. de La Flèche. Châtellenie. **Maillet**, marteau de porte.

MAYEU. — Commune du dép. des Côtes-du-Nord, arr. de Loudéac.

MAYNARD. — De Maynal, commune du dép. du Jura, arr. de Lons-le-Saunier. De **maine**, demeure.

MAYOT. — Commune du dép. de l'Aisne, arr. de Laon. **Mayot**, maillot.

MAYRAND. Mayran, commune du Puy-de-Dôme, arr. d'Issoire. De **mairer,** maîtriser.

MAZEAU. — Commune de la Vendée, arr. de Fontenay-le-Comte. De mazel, boucherie.

MAZERE. — Commune du dép. du Gers, arr. de Mirande. **Mazère,** sorte de coupe.

MAZEROL. — Mazerolles, com. de la Charente, du Doubs, des Landes et des Pyrénées. **Mazerol,** masure.

MAZEROS. — De Mazirot, commune du dép. des Vosges, arr. de Mirecourt.

MAZI. — Mazis, com. du dép. de la Somme, arr. d'Amiens. Vient de maze, labyrinthe.

MAZUREAU. — De Mazures, com. du dép. des Ardennes, arr. de Mézières.

MAZURETTE. — De Mazirat, commune du dép. de l'Allier, arr. de Montluçon. **Masurette,** petite masure.

MAZURIER. — De Mazerier, commune du dép. de l'Allier, arr. de Gannat. Une cour **masurée,** est celle qui est pourvue de tous les bâtiments nécessaires à son exploitation. **Masurier,** tenancier d'une masure.

MECHIN. — De Morchain, commune du dép. de la Somme, arr. de Péronne. **Méchin,** serviteur, jeune homme.

MECTEAU. — De Meets, seigneurie du Nivernais, erigée en 1577 pour Ansau. De mecter, sorte de laine.

MEDEC. — De Medic, seigneurie de Bretagne, érigée en 1696 pour Cormier. **Médèque,** médecin.

MEE. — Commune du dép. de la Mayenne, arr. de Château-Gontier. **Mée,** moitié, milieu, huche.

MEGNIER. — De Meigné, commune du dép. de Maine-et-Loire, arr. de Saumur.

MEIGNIAT. — De Migny, commune du dép. de l'Indre, arr. d'Issoudun.

MEIGNOT. — Maignaut, commune du dép. du Gers, arr. de Condom.

MEILLEUR. — De Meillers, commune du dép. de l'Allier, arr. de Moulins.

MEILLIER. — Commune du dép. des Ardennes, arr. de Mézières

MELAIN. — Mclain, commune du dép. de l'Eure, canton d'Evreux. **Melin**, jaunâtre, merrain.

MELAINE. — Commune du dép. du Calvados, arr. de Pont-l'Evêque. **Meiane**, cordage.

MELANÇON. — D'Alençon, ville du dép. de l'Orne.

MELINE. — De Merlines, commune de la Corrèze, arr. d'Ussel. **Melline**, noisette.

MELLIS, MELY. — De Moulis, commune du dép. de la Gironde, arr. de Bordeaux. **Meslis**, grosse étoffe de laine rouge, vigne mêlée de rouge et de blanc.

MELOCHES. — De Melogues, commune du dép. de l'Aveyron, arr. de Saint-Affrique. **De meslos**, blâme.

MELOIN. — De Moléans, commune du dép. d'Eure-et-Loir, arr. de Châteaudun. De **meslouer**, blâmer.

MELOIZES. — Seigneurie du Nivernais, érigée en 1650 pour Renaud d'Avesnes. **Meloizes**, les terres les plus fertiles.

MELON. — De Moulon, communes de la Gironde et du Loiret. **Melon**, paquets de lettres dont un même courrier est chargé pour diverses villes. Dérive du grec **melon**, pomme.

MELVIN. — De Melville, commune de la Seine-Inférieure, arr. de Dieppe.

MENAGE. — De Ménades, commune du dép. de l'Yonne, arr. d'Avallon. **Ménage**, ménagement, pouvoir, manoir, petits ustensiles de cuisine, épée de combat.

MENAGER. — Des Mesnagers d'Ourscamps, en Picardie, arr. de Noyon. **Ménager**, habitant d'une maison, économe.

MENANÇON. — V. Melançon. Vient de **mène**, montagne, élévation.

MENANTEAU. — De Ménant, baronnie de Bretagne, érigée en 1490 pour De Coetivy.

MENARD. — Commune du dép. de Vendée, arr. de Bourbon-Vendée. **Menars**, source, fontaine.

MENECLIER. — De Ménévillers, commune du dép. de l'Oise, arr. de Clermont.

MENELLIER. — De Menesliers, commune du dép. de la Somme, arr. d'Abbeville. De **ménel**, demeurance.

MENESSON. — De Menéssis, commune du dép. de l'Aisne, arr. de Laon.

MENETRIER.—De Menitré, commune du dép. de Maine-et-Loire, arr. d'Angers. **Ménétrier**, artisan qui exerce un métier, héraut d'armes, violon, joueur d'instrument, maître de danse.

MENEUX. — Commune du dép. de la Marne, arr. de Reims. **Meneux**, meneur, guide, tuteur, courtier, procureur, directeur de théâtre, mineur.

MENGUY. — Voir Minguy.

MENIER. — De la Menière, commune du dép. de l'Orne, arr. de Mortagne. **Menier**, sergent, huissier, habile de la langue et des doigts.

MENIN. —Ville fortifiée dans la châtellenie d'Ypres, sur la Lys, entre Courtrai et Armentière. Nom venu d'Espagne et donné à des gentilshommes de la cour.

MENOS. — De Menoux, commune de la Haute-Saône, arr. de Vesoul. **Menous**, pierre.

MENOUEL.—De Menouville, commune du dép. de Seine-et-Oise, ar. de Pontoise. **Menuel**, cornet.

MENSON. — De Menton, ville des Alpes-Maritimes, arr. de Nice.

MERAN. — Merans, commune de l'Agenois, arr. d'Agen. **Mérain**, dépit.

MERANDE. — De Mirande, ville du dép. du Gers. **Mirande**, formule de serment.

MERAU. — De Mer, commune du dép. de Loir-et-Cher, arr. de Blois. **Méraut**, nom d'homme.

MERCADET. — De Mercatel, commune du Pas-de-Calais, arr. d'Arras.

MERCADIER. — De Marcadieu, lieu du dép. des Hautes-Pyrénées, commune d'Aureilhan. **Mercadier**, marchand.

MERÇAN, MERSAN. — Mercin, com. du dép. de l'Aisne, arr. de Soissons.

MERCÉE. — Commune du dép. de l'Eure, arr. d'Evreux.

MERCEREAU. — De Merlerault, com. du dép. de l'Orne, arr. d'Argentan. **Mercerot,** petit mercier.

MERCERON. — De Montseron, com. du dép. de l'Ariège, arr. de Foix.

MERCIER. — Seigneurie de Bourgogne, dép. de l'Yonne, arr. de Joigny. **Mercier,** marchand mercier, remercier, récompenser.

MERCKEL. — De Merceuil, commune de la Côte-d'Or, arr. de Beaune. De **marque,** minute, note de notaires.

MERCURE. — Commune du Dauphiné, arr. de Grenoble. **Mercure,** corruption de Mercœur, messager d'amour, métal, dieu de la fable, qui présidait au négoce, et fut ainsi nommé par les marchands, **a mercibus.**

MERGEY. — Commune du dép. de l'Aube, arr. de Troyes. **Merger,** plonger.

MERIAULT. — Mériot, commune du dép. de l'Aube, arr. de Nogent-sur-Seine. **Mériau,** méreau, coups.

MERIC, MERICQ. — De Méracq, com. des Basses-Alpes, arr. d'Orthez. De **mérir,** mériter.

MERIEL. — Commune du dép. de Seine-et-Oise, arr. de Pontoise.

MERIENNE. — De Meyrannes, commune du dép. du Gard, arr. d'Alais. **Mérienne,** heure du midi, méridienne.

MERIEU. — Baronnie du Dauphiné, érigée en 1700 pour De Pourroy.

MERIGAU. — V. Mériot.

MERINEAU. — De Merlines, commune de la Corrèze, arr. d'Ussel. Dim. de **merin,** juge, sergent, magistrat.

MERITEN. — Méritein, commune des Basses-Pyrénées, arr. d'Orthez. **Mériten,** digne, qui mérite.

MERJAQUES. — De Mériac, commune du dép. de la Gironde, arr. de Bordeaux. **Jaque,** habillement court et serré.

MERJUGUE. — De Margut, commune du dép .des Ardennes, arr. de Sedan.

MERLAN. — Lieu du dép .des Bouches-du-Rhône, dans la commune de Marseille. **Merlan,** poisson de mer, à chair blanche, tendre et légère.

MERLET. — De Marlers, commune du dép. de la Somme, arr. d'Amiens. **Merlet,** embrasure de muraille, petit merle.

MERLIA. — De Marliac, commune du dép. de la Haute-Garonne, arr. de Muret. De **merlier,** merle.

MERLIN. — De Marliens, commune de la Côte-d'Or, arr. de Dijon. **Merlin,** petit cordage qui sert à lier les gros, assommoir de boucher, sorcier, magicien.

MERLOT. — Merlaut, commune du dép. de la Marne, arr. de Vitry-le-François. **Merlot,** jeu d'enfants.

MEROS. — Méreau, commune du dép. du Cher, arr. de Bourges. **Meros,** poisson fait comme une carpe.

MERRY. — Commune du dép. de l'Yonne, arr. d'Auxerre. **Merry,** nom de saint, vient du latin **mereri,** payer, récompenser.

MERS. — Commune du dép. de Loir-et-Cher, arr. de Blois. **Mers,** marchandises, marques, taches.

MERSAN. — De Mercin, commune du dép. de l'Aisne, arr. de Soissons.

MERSIL. — V. Mercil.

MERSOT. — De Mersuay, commune de la Haute-Saône, arr. de Vesoul. De **mers,** marchandise.

MERVILLE. — Commune du Calvados, arr. de Caen.

MERVILLON. — De Mervilla, commune de la Haute-Garonne, arr. de Toulouse. **Villon,** vrille, osier, verge.

MERY. — Communes des dép. de l'Oise, de la Savoie. **Méri,** œsophage.

MESERÉ. — Mézéray, commune du dép. de la Sarthe, arr. de La Flèche. **Méserée,** égarement, faute, tort.

MESIN. — Mezin, commune du dép. de Lot-et-Garonne, arr. de Nérac. **Mesin,** blessure, maladie, mal, massacre, tare, défaut, inconduite.

MESNAGE. — V. Ménage. **Mesnage,** manoir, meuble, redevance, famille, avoir, économie.

MESNARD. — Commune de la Vendée, arr. de La-Roche-sur-Yon.

MESNIER—De la Mesnière, seigneurie de Brtetagne, érigée en 1668 pour Poullain. **Mesnier**, habitant; tenancier, sergent, officier.

MESON. — Messon, bourg de la Champagne, arr. de **Troyes**. De **messoing**, manque de soin.

MESPEC. — De Mesplède, commune des Basses-Pyrénées, arr. d'Orthez.

MESPLETS.—Mesplez, marquisat du Béarn, érigée en 1732. Dérive de **minus**, moins, et de **platus**, plat. **Méplat**, est une pièce de bois de sciage, plus épais d'un côté que de l'autre.

MESSAGUIER. — De Massaguiel, com. du dép. du Tarn, arr. de Castres. **Messagier**, sergent, huissier, bédeau.

MESSIER. — Commune dans le Dauphiné, près de Vienne, arr. de Grenoble. **Messier**, garde-vignes, missel, celui qui a la charge de garder les blés. Dérive de **messe**, confrérie.

MESSIN. — De Messein, commune du dép. de Meurthe-et-Moselle, arr. de Nancy. **Messin**, qui est du pays de Metz. Vient de **messine**, moisson.

MESTIGER. — De Métigny, commune du dép. de la Somme, arr. d'Amiens.

METAINE. — De Meuvaines, commune du Calvados, arr. de Bayeux. **Metaine**, mesure.

METALIER.—De Montélier, commune du dép .de la Drôme, arr. de Valence. **Métalier**, qui travaille les métaux.

METANIER. — De Montenils, commune du dép. de Seine-et-Marne, arr. de Coulommiers.

METAY. — De la Metaize, bois dans la Maîtrise de Moulins. **Metay**, qui cultive ou fait valoir des terres au profit du propriétaire.

METAYER. — De Métayères du Verdier, dans le Limousin, ar. de Limoges. **Métayer**, fermier, ouvrier des champs.

METHOT, METOT. — De Meithet, commune de la Haute-Savoie, arr. d'Annecy. **Méthot**, vient de **met**, pétrin, civière.

METIVIER. — De Meuvy, commune du dép. de la Haute-Marne, arr. de Chaumont. **Métivier,** moissonneur.

METRA. — Mestras, lieu du dép. de la Gironde, dans la commune du Gujan. Metra, déesse païenne, qui épousa le grand-père d'Ulysse.

METRU. — De Mertrud, commune de la Haute-Marne, arr. de Wassy.

MEUDON. — Commune du dép. de Seine-et-Oise, arr. de Versailles.

MEUNIER. — De Meunet, commune du dép. de l'Indre, arr. d'Issoudun. Meunier, qui tient ou fait valoir un moulin à moudre les grains, poisson. Vient du grec **mulè,** meule, moulin.

MEUNSON. — De Meulson, commune de la Côte-d'Or, arr. de Châtillon-sur-Seine.

MEURS. — Bourg de l'Anjou, arr. d'Angers, et seigneurie de Bretagne. Meure, pointe de l'épée.

MEYER. — De Meillers, commune du dép. de l'Allier, arr. de Moulins. Meyer, noble, chez les Allemands.

MEYNIER. — Bourg du Rouergue, arr. de Rodez. **Mesniée,** ménage, garçon, apprenti.

MEYRAND. — Commune du dép. de Puy-de-Dôme, et port de mer sur les côtes de la Provence.

MEZERAY, MEZERETS. — Mezeray, dans le pays Messin, arr. de Verdun, et terre de Normandie, entre Argentan et Falaise. **Maiserer,** construire, maçonner un mur.

MEZIER. — De Mézière, commune de Seine-et-Oise, arr. de Versailles.

MEZIERES. — Ville des Ardennes, et communes des dép. de la Somme, de l'Eure, du Loiret. **Maisière,** muraille, débris, décombres, maison.

MIAU, MIOT. — Mios, commune de la Gironde, arr. de Bordeaux. Miaud, pain émietté dans du vin froid, le dernier éclos d'une couvée.

MICARD. — De Mirecourt, ville du dép. des Vosges.

MICHARNY. — De Michery, commune du dép. de l'Yonne, arr. de Sens. **Charnie,** charnière, chiourme.

MICHAUD. — De Michaud, commune du dép. de Saône-et-Loire, ar. de Chalon. **Michaut,** tête, personne accablée de sommeil, en parlant des imprimeurs, petite moue qui annonce les pleurs chez l'enfant. Michaud, est fait de Michel, et vient du grec **mikros,** petit.

MICHAUVILLE. — De Micheville, lieu du dép. de Meurthe-et-Moselle, commune de Villerupt.

MICHEL. — De Vichel, commune du Puy-de-Dôme, arr. d'Issoire.

MICHELET. — De Miquelets, nom donné aux Espagnols qui demeurent dans les Pyrénées, arr. d'Arras. Michelet, vient de **micheler,** entremêler.

MICHELIN. — De Mouchin, commune du dép. du Nord, arr. de Lille.

MICHELO. — De Montchal, commune du dép. de la Loire, arr. de Montbrison. **Michelot,** gâteau de farine pétrie avec du lait, pélerin qui se rend au mont Saint-Michel.

MICHELON. — De Montchalons, com. du dép. de l'Aisne arr. de Laon.

MICHON. — De Mechmont, commune du dép. du Lot, arr. de Cahors. Michon, michelle, sot. **Terme populaire qui** se dit dans cette expression: " Il a bien du michon, c'est-à-dire, il a bien de l'argent pour se procurer des miches, du pain.

MICLETTE. — Miquelets, nom des Espagnols qui demeurent dans les Pyrénées, sur les frontières de la Catalogue et de l'Aragon.

MICOIN. — Miscoin, bourg dans le Dauphiné, arr. de Die.

MICOLE. — Micole, nom d'une des îles Cyclades.

MIDOUX. — Rivière de Gascogne qui se décharge dans la Douze à Mont-de-Marsan.

MIEL. — De Muël, commune du dép. d'Ille-et-Vilaine, arr. de Montfort. **Miel,** Abbaye près de Verdun.

MIERRE. — De Milières, commune du dép. de la Manche, arr. de Coutances. **Mière,** myrrhe.

MIET. — De Miers, commune du dép. du Lot, arr. de Gourdon. **Miette,** petite amie.

MIGAUD. — De Miglos, commune du dép. de l'Ariège, arr. de Foix.

MIGENAC. — De Ménéac, commune du Morbihan, arr. de Ploërmel.

MIGEON, MIJON. — De Nijon, commune de la Haute-Marne, arr. de Chaumont. **Mijon,** mangeur de mie de pain.

MIGNAU, MIGNAULT. — Mignaux, bourg de l'Ile-de-France. **Mignaut,** nigaud, chiffonnier, marchand de guenilles.

MIGNER. — Migné, commune du dép. de l'Indre, arr. de Le Blanc.

MIGNERAN, MILLERAND. — De Melleran, commune du dép .des Deux-Sèvres, arr. de Melle. De **milleraie,** champ semé de millet.

MIGNERON, MILLERON. — De Mouilleron, commune de la Haute-Marne, arr. de Langres.

MIGNIER. — De Mignières, commune du dép. d'Eure-et-Loir, arr. de Chartres. **Mignier,** manger.

MIGNON. — Rivière qui prend sa source dans le dép. des Deux-Sèvres et va se jeter dans la Sèvre-Niortaise. **Mignon,** ouvrage d'art, personne chérie, favori d'un prince, nom de bœuf.

MIGNOT. — Commune de la Bourgogne, dans le diocèse de Langres, et de la Guienne, diocèse de Bordeaux. **Mignot,** joli, mignon, ami, qui se fâche aisément.

MIGRET. — Migré, commune de la Charente-Inférieure, arr. de St-Jean-d'Angély. **Migrer,** passer.

MIGUET. — De Montguers, commune du dép. de la Drôme, arr. de Nyons.

MIJOUE. — Mijoux, lieu du dép. de l'Ain, dans la commune de Gex. **Mijour,** le milieu du jour, le sud.

MILAUX. — Millau, ville du dép .de l'Aveyron.

MILET. — De Millay, commune du dép. de la Nièvre, arr. de Château-Chinon. **Milet,** poire dont la chair est remplie de marc et de pierre.

MILHEAU. — Milhaud, commune du dép. du Gard, arr. de Nimes.

MILHOMME. — Millam, commune du dép. du Nord, arr. de Dunkerque.

MILLAIRE. — De Milhars, commune du dép. du Tarn, arr. de Gaillac. **Milliaire,** millésime.

MILLER. — De Millay, commune du dép. de la Nièvre, arr. de Château-Chinon. **Miller,** meunier.

MILLET. — Commune de la Bourgogne, arr. d'Autun. **Millet,** mil, sorgho vulgaire.

MILLEVACHE. — Commune du dép. de la Corrèze, arr. d'Ussel. **Vache,** grue pour élever des fardeaux.

MILLIARD. — De Meillard, communes des dép. de la Somme et du Finistère. **Milliard,** dix fois cent millions.

MILLIER. — De Milly, com. de Seine-et-Oise, arr. d'Etampes, et com. de la Manche, etc. **Millier,** mille.

MILLIET. — De Mouliet, commune du dép. de la Gironde, arr. de Libourne. **Milliet,** serpent.

MILLION. — De Milon, seigneurie du Languedoc. **Million,** milan, sorte de tuile, débris.

MILLIOT. — De Meilly, commune de la Côte-d'Or, arr. de Beaune.

MILLIS. — De Milly, commune du dép. de l'Yonne, arr. d'Auxerre. **Milli,** un millième.

MILLOT. — Des Milles, lieu des Bouches-du-Rhône, commune d'Aix. **Millot,** pain égrené dans le lait.

MILLOUER. — De Montloué, commune du dép. de l'Aisne, arr. de Laon. **Illouer,** qui ne peut être loué.

MILMENE. — De Montmain, communes de la Côte-d'Or et de la Seine-Inférieure.

MILOT. — V. Millot. **Milods,** moitié de droit de lods et ventes.

MILTEAU. — De Moult, commune du Calvados, arr. de Caen. De **militer,** faire la guerre.

MILTIERE. — De la Mulatière, commune du dép. du Rhône, ar. de Lyon.

MILTON. — De Milon, commune du dép. de Seine-et-Oise, arr. de Rambouillet.

MIMEAU. — De Nimes, ville du dép. du Gard. De **mimer,** contrefaire, imiter la voix, les manières.

MINAUD. — De Mine, bourg du Calvados. **Minaud,** minette, petit chat, visage. Dim. de mine, souche.

MINER. — De Montner, commune des Pyrénées-Orientales, arr. de Perpignan. **Miner,** faire une mine, la conduire, sol qui s'éboule, consommer.

MINET. — De Munet, lieu du dép. de Maine-et-Loire, dans la commune de Distrée. **Minette,** petite mine, table pour jouer à la mine, luzerne, lupuline.

MINFRET. — De Monfréville, commune du Calvados, arr. de Bayeux. **Min,** lieu où se vend en gros le poisson de mer.

MINGON. — De Montgon, commune des Ardennes, arr. de Vouziers.

MINGOT. — Commune des Basses-Pyrénées, arr. de **Tarbes.**

MINGUY. — V. Mainguy.

MINI. — Minihy, commune des Côtes-du-Nord, arr. de Lannion. **Mini,** marchandise dont on faisait commerce à Amsterdam.

MINOS. — Commune de la Guienne, arr. de Bordeaux. **Minos,** nom du fils de Jupiter.

MINOT. — Commune de la Côte-d'Or, arr. de Châtillon. Minot, mesure de grains, la moitié d'une mine, minet, chat.

MINSON. — De Meulson, commune de la Côte-d'Or, arr. de Châtillon-sur-Seine.

MINVILLE. — V. Mainville.

MINX. — De Mainxe, commune de la Charente, arr. de Cognac. **Mins,** mis.

MIOUSE. — Lieu du dép. du Puy-de-Dôme, dans la commune de Gelles.

MIQUELON. — D'Yquelon commune du dép. de la Manche, arr. d'Avranches. **Iquel,** lequel.

MIRABEL. — Commune du dép. de Tarn-et-Garonne, arr. de Montauban. **Mirabelle,** petite prune jaunâtre, dans la nature de l'abricot.

MIRABEN, MIRABIN. — Dérive du gallois **myre,** providence, du bas-breton, **mir,** médecin. En russe **mir** signifie monde, paix.

MIRABERT. — De Mirobert, commune du dép. de Seine-et-Oise, arr. de Rambouillet. De **mirable,** admirable.

MIRAMBAULT. — Mirambeau, commune de la Charente-Inférieure, arr. de Jonzac.

MIRAN, MIRAND. — Commune du dép. du Gers, arr. de Condom.

MIRÉ, MIRRAY. — Commune du dép. de Maine-et-Loire, arr. de Segré. **Miré,** terme de chasse qui ne s'emploie qu'avec le nom du sanglier. Un sanglier **miré,** est celui dont les défenses sont recourbées en dedans.

MIREAU. — De Mirebeau, communes des dép. de la Vienne et de la Côte-d'Or. **Mireau** vient de **mire,** poterie, dent de sanglier, doigt annulaire.

MIREMONT — Communes des dép. du Puy-de-Dôme et de la Haute-Garonne. De **mirement,** action de regarder, de se mirer.

MIRON. — Seigneurie de Bretagne, érigée en 1700 pour Le Roy. De **mirer,** soigner, regarder.

MISCOU. — De Viscos, commune du dép. des Hautes-Pyrénées, arr. d'Argelès. **Miscou,** île du golfe Saint-Laurent, au nord-est de la province du Nouveau-Brunswick. De **miscuer,** s'immiscer.

MISSEQUE. — Missècle, commune du dép. du Tarn, arr. de Lavaur. **Sèque,** archives.

MISTROL. — De Ménesterol, commune du dép. de la Dordogne, arr. de Ribérac. De **mistrol,** morceau.

MITRESSÉ. — De Mutrecy, commune du Calvados, arr. de Falaise.

MITRON. — De Moitron, commune de la Côte-d'Or, arr. de Châtillon-sur-Seine. **Mitron,** maître-garçon d'un boulanger, ainsi appelé parce qu'il porte des bonnets en forme de mitre.

MIVILLE. — D'Iville, commune du dép. de l'Eure, arr. de Louviers. Nom composé de **mi,** droit de moitié et de **ville,** ferme, maison de campagne.

MOBLOT. De Vosbles, commune du Jura, arr. de Lons-le-Saunier.

MOCHEL. — De Vauchelles, commune du dép. de l'Oise, arr. de Compiègne. **Mochel,** de **moch,** cochon, porc.

MOCOURT. — Maucourt, commune du dép. de la Somme, arr. de Montdidier.

MOCQUET. — De Mogeville, commune du dép. de la Meuse, arr. de Verdun. **Mocquet,** moquerie.

MODOUE.—De Montoux, commune du Jura, arr. de Poligny, De **modeux,** habituel.

MOET. — Mouet, seigneurie de l'Auvergne, érigée en 1650 pour De Chaminades. **Moée,** mesure de terre contenant un muid de semaille.

MŒURS. — Commune du dép. de la Marne, arr. d'Epernay. **Mœurs,** manière de faire.

MOFFET. — De Montfey, commune du dép. de l'Aube, arr. de Troyes. **Mouffette,** exhalaisons qui s'élèvent dans les souterrains des mines.

MOGEON. De Mohon, commune du Morbihan, arr. de Ploërmel. **Mogeon,** génisse, jeune fille.

MOGRAIN. — De Moirans, commune du dép. de l'Isère, arr. de St-Marcellin.

MOIGNARD.— Mognard, commune de la Savoie, arr. de Chambéry. **Moignard** dérive du bas-breton **moign,** qui signifie manchot.

MOINE. — Moyne, seigneurie du Poitou, érigée en 1550 pour Desmier. **Moine,** moineau, solitaire, toupie, panier pour chauffer les lits, terme d'imprimerie.

MOINEAU. — De Mouen, commune du Calvados, arr. de Caen. **Moineau,** passereau, bastion plat bâti au coin d'une courtine, petit moine.

MOINET.—De Moineville, commune du dép. de Meurthe-et-Moselle, arr .de Briey. **Moinette,** religieuse.

MOIRE. — De Mours, commune du dép. de Seine-et-Oise, arr. de Pontoise. **Moire** vient de l'irlandais moire, fourmi. **Mohair,** étoffe ondée et chatoyante.

MOISAN. — De Moislains, commune du dép. de la Somme, arr. de Péronne. **Moisan** vient de moise, terre humide auprès d'une rivière, gerbe, dîme, redevance en fruits de la terre.

MOISON.—Moisson, commune du dép. de Seine-et-Oise, arr. de Mantes. **Moison**, bail ou traité fait par un laboureur métayer par lequel il s'oblige à cultiver une terre pour en partager les profits avec son propriétaire, moineau, moisson, tronçon, mesure, forme.

MOISSET. — Moissey, commune du Jura, arr. de Dole. **Mois set**, moineau.

MOITIER. — Commune du dép. de la Manche, arr. de Valognes. **Moitier**, sorte de mesure.

MOITREL, MOUTREL. — De Monthurel, commune du dép. de l'Aisne, arr. de Château-Thierry.

MOIZIN. — De Mouzens, communes des dép. de la Dordogne et du Tarn. De **moise**, terre humide.

MOL, MOLL. — Mole, bourg qui se trouve sur la lisière de la Normandie. **Mole**, meule, botte, faisceau.

MOLAIRE. — Molère, commune des Hautes-Pyrénées, arr. de Bagnères. **Molaire**, moulard, grosse dent.

MOLARD.—Commune du dép. de la Drôme, arr. de Valence. **Molard**, rémouleur.

MOLAY. — Communes du Calvados, de l'Yonne, du Jura et de la Haute-Saône. **Molé**, molleton. **Moler**, faire vent arrière, mesurer au moule, moudre, manger, rouer de coups.

MOLER. — De Maulers, commune du dép. de l'Oise, arr d' Clermont. V. Molay.

MOLERIE. — De Monthléry, commune du dép. de Seine-et-Oise, arr. de Corbeil. Vient du grec **mulè**, meule, moulin. **Molerie**, fabrication de meules, action de mouler.

MOLET. — De Moleville, commune du dép. de l'Aude, arr. de Castelnadaury. **Molet**, ciment tiré des auges des coutelliers et taillandiers, la rotule du genou.

MOLIERE. — Molières, communes des dép. de la Drôme, de

la Dordogne, de l'Aude, du Lot, de Seine-et-Oise, de Tarn-et-Garonne. Molière, carrière de pierre dure d'où l'on tire les meules de moulin, terre grasse et maréca-geuse, molaires, grosses dents.

MOLINET. — Commune du dép. de l'Allier, arr. de Moulins. Molinet, poulie, petit moulin à vent servant de jouet, bâton pour faire le moulinet.

MOLLARD. — De Moulhard, com. du dép. d'Eure-et-Loir, arr. de Nogent-le-Rotrou. Mollard, rémouleur.

MOLLAY. — V. Molay. Moller, cracher dans la main, mouler, mesurer les bois à la moule.

MOLLE. — Commune du dép. de l'Allier, arr. de La Palisse. Molle, bottes d'osier dont se servent les tonneliers et les vanniers, moule, meule à moudre, môle, anse.

MOLLETTE. — Des Mollettes, commune du dép. de la Sa-voie, arr. de Chambéry. Mollet, sorte de poulie.

MOLLEUR. — De Montleur, commune du dép. de Loir-et-Garonne. Molleur, meuble, terre meuble.

MOLLOYE. — Moloy, commune du dép. de la Côte-d'Or, arr. de Dijon. **Mollois**, prairie humide.

MOMBRÉ. — Mombray, bourg de Normandie, arr. de Cou-tances. **Bret**, sorte de piège.

MOMESNIL. — De Montmesnil, seigneurie de Bretagne, éri-ge en 1696 pour D'Hervieux. Dérive de mome, masca-rade.

MONARQUE. — De Mornac, commune de la Charente, arr. d'Angoulème. Monarque, souverain d'un état monar-chique.

MONASTER. — Monastère, commune du dép. de l'Aveyron, arr. du Puy.

MONBLEAU. — De Monbos, commune du dép. de la Dor-dogne, arr. de Bergerac. **Blos**, dénué, privé.

MONBŒUF. — De Montembœuf, commune de la Charente, arr. de Confolens.

MONBRON. — Commune du dép. de la Charente, arr. d'An-goulème. **Berond**, ovale.

MONBRUN. — Communes des dép. de la Haute-Garonne, du Lot, de l'Aude et de la Lozère.

MONBUISSON. — Dé Montbrison, ville du dép. de la Loire.

MONCEAU. — Communes des dép. de l'Aisne, du Nord. Monceau, amas, tas de plusieurs choses, paquet, troupeau.

MONCEAUX. — Communes des dép. du Calvados, de l'Oise, de la Corrèze et de l'Orne.

MONCIAU. — De Mocy, commune du dép. de l'Orne, arr. de Domfront. **Monciau,** monceau.

MONCOUR. — Montcourt, commune du dép. de la Haute-Saône, arr. de Vesoul.

MONDAIN. — De Montaint, communes du Jura et de Tarn-et-Garonne. **Mondain,** qui aime le monde, laïque, merce-naire, servile.

MONDARY. — De Montary, commune des Basses-Pyrénées, arr. de Mauléon.

MONDE. — Seigneurie du Dombes, érigée en comté en 1750. Monde, univers, vie mondaine, abondance, nu, dépouillé.

MONDELET. — De Montlet, commune du dép. de la Haute-Loire, arr. du Puy.

MONDIN. — V. Mondain. **Mondin,** habitant du monde, noble, généreux, clair, non altéré.

MONDINAT. — De Montenay, commune de la Mayenne. **Mondinat,** homme propre, mignon.

MONDION. — Commune du dép. de la Vienne, arr. de Châtellerault.

MONDIOU. — De Monthou, commune du dép. de Loir-et-Cher, arr. de Blois.

MONDON. — Commune du dép. du Doubs arr. de Baume-les-Dames.

MONDOR. — Mont-Dore, commune du Puy-de-Dôme, arr. de Clermont-Ferrand.

MONDOUX. — De Monthou, commune du dép. de Loir-et-Cher, arr. de Blois.

MONDY. — De Mondigny, commune du dép. des Ardennes, arr. de Mézières.

MONEAU. — De Monnes, commune du dép. de l'Aisne, arr. de Château-Thierry. **Moneau**, moineau.

MONERY. — De Manaurie, commune du dép. de la Dordogne, arr .de Sarlat. **Monerie**, mouture, droit sur la mouture, moulin.

MONEST, MONET. — Monès, commune de la Haute-Garonne, arr. de Muret. **Monée**, mouture.

MONESTE, MONETTE. — De Monneville, commune du dép. de l'Oise, arr. de Beauvais. **Moneste**, avis, nouvelle, annonce publique. **Monette**, vieille femme.

MONFORTON. — De Montfort, ville du dép. d'Ille-et-Vilaine.

MONGEAU. — Monjaux, bourg du Rouergue, dép. de l'Aveyron, à 5 lieues de Milhaud.

MONGENAIS. — De Monget, commune du dép. des Landes, arr. de St-Sever.

MONGEON. — De Mongeron, commune de Seine-et-Oise, arr. de Corbeil.

MONGES. — De Vonges, commune de la Côte-d'Or, arr. de Dijon.

MONGIN. — De Moujin, bourg de la Provence, arr. de Grasse. **Mongin**, imbécile, idiot.

MONGRAIN. — De Montgraham, fief et châtellenie en Coudray-au-Perche, dép. d'Eure-et-Loir, arr. de Nogent-le-Rotrou.

MONIN. — Monein, bourg des Basses-Pyrénées, arr. d'Oloron. **Monin**, mine de métal.

MONITER. — De Monetay, commune du dép. de l'Allier, arr. de Moulins. **Moniter**, conseiller.

MONJOLI. — Montjolli, seigneurie du Lyonnais, unie à celle de Neuville, érigée en marquisat en 1666.

MONJOU. — Montjoux, commune du dép. de la Drôme, arr. de Montélimar.

MONMAINIER. — De Montmain, commune du dép. de la Côte-d'Or, arr. de Beaune.

MONMELIAN. — Montmélian, commune de la Savoie, arr. de Chambéry.

MONMERQUÉ. — Mommarquais, bourg de la Normandie, arr. de Rouen. **Merquet,** signature.

MONMIDI. — Montmédy, ville du dép. de la Meuse, arr. de Luxembourg.

MONMINY, MONTMINY. — Montmesnil, seigneurie de Bretagne. **Mesnil,** maison.

MONNET. — Bourg du Berry, arr. de Bourges. **Monée,** mouture.

MONNIER. — Marquisat de la Franche-Comté. **Monnier,** monnayeur, changeur, meunier.

MONPERAT. — Petite ville du Quercy. **Perrat,** lieu où il y a beaucoup de pierres.

MONPETIT. — De Maupertuis, commune du dép. de la Manche, arr. de St-Lô. **Petit,** mauvais.

MONPLAISANT.—Commune de la Dordogne, arr. de Sarlat.

MONPLAISIR, MONTPLAISIR. — Seigneurie de Bretagne, érigée en 1600 pour De Bric.

MONREJEAU. — Montréjeau, com. de la Haute-Garonne, arr. de St-Gaudens. **Réjault,** rebondissement.

MONS. — Communes de la Charente, du Gard, de la Haute-Garonne, de l'Hérault, de Seine-et-Marne, du Var. **Mons,** monde, monceau.

MONREPOS.—Seigneurie de Guienne, érigée pour De Brassay en 1758. **Repos,** lit.

MONSEGUR. — Villes de Lot-et-Garonne, de la Gironde et des Landes.

MONSEIGNAT.—De Montagnat, commune du dép. de l'Ain, arr. de Bourg.

MONSIAU. — V. Monciau.

MONTABAR. — Commune du dép. de l'Orne, arr. d'Argentan. **Tabor,** bruit, vacarme.

MONTAGNE. — Communes des dép. de la Somme et de l'Isère. **Montagne,** morceau à partager entre héritiers et associés.

MONTAIL. — De Monteil, commune du dép. du Cantal, arr. de Mauriac.

MONTAINE. — Seigneurie érigée en 1579 pour De Faletans. Montaine, qui se plaît sur les montagnes, ultramontain.

MONNOIR. — De Monnières, communes du Jura et de la Loire-Inférieure. **Monnoir,** sorte de prune.

MONPAR. — De Montmaur, commune des Hautes-Alpes, arr. de Gap. **Pars,** épars.

MONPARDIT. — De Montardit, com. du dép. de l'Ariège, arr. de St-Girons. **Pardil,** panthère.

MONPAS. — De Monpezat, commune des Basses-Pyrénées, arr. de Pau. **Pas,** poste, passage d'un livre.

MONTALON.—De Montaron, commune du dép. de la Nièvre, arr. de Château-Chinon.

MONTAMBAULT. — De Montabot, commune du dép. de la Manche, arr. de St-Lô. De **tambois,** vacarme.

MONTANIER. — De Montagny, communes des dép. de la Savoie, du Rhône, de la Loire, et de la Haute-Savoie. **Montanier,** montagnard.

MONTARBEAU. — De Montarneau, commune du dép. de l'Hérault, arr. de Montpellier. **Arbreau,** arbuste.

MONTARGIS. — Ville du dép. du Loiret. **Tardif,** lent.

MONTARY. — Montary, commune des Basses-Pyrénées, arr. de Mauléon. De **tarier,** tarir.

MONTAU. — Montaud, communes des dép. de l'Isère, de l'Hérault, des Basses-Pyrénées, du Gers, des Landes.

MONTAUBAN. — Ville du dép. de Tarn-et-Garonne, et comté de Bretagne. **Montauban,** petit meuble servant de chaise percée.

MONTAUSON. — De Montoussin, commune de la Haute-Garonne, arr. de Muret.

MONTAY. —Bourg et seigneurie du Languedoc, dép. de l'Ardèche. **Montaye,** montée, montagne, montoir, augmentation de prix, montée de la sève, action de monter la gamme.

MONTBEILLARD—De Montbéliard, ville du dép. du Doubs. **Begart,** stupide.

MONTBRUN.—Communes des dép. de la Lozère, du Lot, de la Haute-Garonne.

MONTCALM. — Moncam, seigneurie de Bretagne, érigée en 1654 pour De Marin.

MONT-D'OR. — Commune du Puy-de-Dôme, arr. d'Issoire.

MONTEGRON.—De Montéglin, commune des Hautes-Alpes, arr: de Gap.

MONTEIL. — Monteille, commune du Calvados, arr. de Lisieux. **Monteil**, montel, monticule.

MONTENDRE. — Commune de la Charente-Inférieure, arr. de Jonzac.

MONTENU. — De Monteneuf, commune du Morbihan, arr. de Ploërmel. **Tenue**, possession.

MONTESSON. — Communes de la Haute-Marne et de Seine-et-Oise. **Tesson**, partie latérale d'un pressoir.

MONTFERRAND. — Communes des dép. de l'Aude, de la Drôme, et du Doubs. **Ferrant**, gris de fer.

MONTFORT. — Communes des dép. du Doubs, des Basses-Alpes, de l'Aude, de Maine-et-Loire.

MONTGOLFIER.—De Montgothier, commune du dép. de la Manche, arr. de Mortain.

MONTIGNY. — Communes des dép. du Calvados, du Cher, de la Manche, du Nord, de l'Oise, etc.

MONTIZAMBERT. — Châteaufort ruiné, situé dans le canton de Bazoches-sur-Hoène, dép. de l'Orne, arr. de Mortagne.

MONTMAGNY. — Commune du dép. de Seine-et-Oise, arr. de Pontoise. Seigneurie érigée en 1597 pour Huault. Montmagny, grande montagne.

MONTMARQUET. — Commune du dép. de la Somme, arr. d'Amiens. **Marquet**, sorte de chien.

MONTMIREL. — Seigneurie et vllle de la Brie, dép. de la Marne, à 3 lieues de Château-Thierry. **Miral**, verre.

MONTPEZAT. — Communes des dép. des Basses-Alpes, du Gard, du Gers. Nom composé de **mont**, montagne et de **pezat**, chaume de pois, champ de pois.

MONTOIS. — Commune du dép. de la Moselle, arr. de Briey. **Montoi**, colline.

MONTOUR. — Commune du dép. de l'Ille-et-Vilaine, arr. de Fougères.

MONTPELLIER. — Ville de l'Hérault, et commune du dép. de la Charente-Inférieure.

MONTRAIS, MONTRET. — Montret, commune du dép. de Seine-et-Loire, arr. de Louhans.

MONTREAU. — Montereau, commune du dép. du Loiret.

MONTREUIL. — Communes des dép. du Calvados, d'Eure-et-Loir, de la Vendée, de la Mayenne, de la Manche.

MONTREZEAU. — De Montrevault, commune du dép. de Maine-et-Loire, arr. de Cholet.

MONTROUJEAU. — De Montrouge, commune du dép. de la Seine, arr. de Sceaux.

MONTY. — Monties, commune du dép. du Gers, arr. de Mirande. De **montoi,** colline.

MONVIEL. — Commune du dép. de Lot-et-Garonne.

MONY. — Mauny, commune de la Seine-Inférieure, arr. de Rouen.

MOORE. — Mours, commune de Seine-et-Oise, arr. de Pontoise. **Moure,** la pointe saillante de la visière du casque.

MOQUANT, MOQUIN. — V. Moquin.

MOQUILLON. — De Marquion, commune du Pas-de-Calais, arr. d'Arras. De **moque,** motte de terre.

MOQUIN. — De Mouchin, commune du dép. du Nord, arr. de Lille. **Moquin,** sorte de chaudron.

MORACHE. — Commune du dép. de la Nièvre, arr. de Clamecy. **Morache,** instrument à corde, dans le jeu de la guitare.

MORAIN. — Commune du dép. de la Marne, arr. de Châlons-sur-Marne. V Morand.

MORAL. — De Montmiral, commune du dép. de la Drôme, arr. de Valence. **Moral,** qui ressemble à une mine, ouvrage de morale.

MORAMBERT. — Morembert, commune du dép. de l'Aube arr. d'Arcis-sur-Aube.

MORAND. — Commune du dép. de l'Indre-et-Loire, arr. de Tours. De **morance,** retard.

MORANGES. — Bourg de l'Anjou, sur la Sarthe, dép. de Maine-et-Loire.

MORANT. — Seigneurie de Normandie, devenue marquisat en 1672 en faveur de Morant. **Morans,** faucons, pèlerins.

MORARD. — De Moura, commune du dép. du Jura, arr. de Saint-Claude. Dérive de **mor,** brun.

MORAS, MORASSE. — De Moras, com. des dép. de l'Isère et de la Drôme.

MOREAU. — De Montmoreau, commune de la Charente, arr. de Barbezieux. **Moreau,** noir, cabas de corde ou de jonc dans lequel on donne à manger aux mulets lorsqu'ils marchent, cheval qui a le poil noir foncé. Dérive de **maurus,** noir. Dans l'idiôme de Cornouailles, **moreau** signifie bouquet d'arbres.

MOREL. — De Moreilles, commune de la Vendée, arr. de Fontenay. **Morel,** noir, cheval noir, moral.

MORENCY. — Moraney, commune du dép. du Nord, arr. de Cambrai. De **more,** marais, tourbière.

MOREST, MORET. — Commune du dép. de Seine-et-Marne, arr. de Fontainebleau. **Moret,** chien, fruit de la ronce, savon de lessive, mûre, airelle.

MORGEAU. — De Margaux, commune de la Gironde, arr. de Bordeaux. De **marge,** bord.

MORGELÉ. — De Margilley, commune de la Haute-Saône, arr. de Gray.

MORGUES. — De Moriès, commune des Basses-Alpes, arr. de Castellane. De **morgue,** mine.

MORIAT. — Commune du Puy-de-Dôme, arr. d'Issoire. De **morie,** mort, meurtre.

MORICEAU. — De Mauressac, commune de la Haute-Garonne, arr. de Muret.

MORIER. — Commune du dép. d'Eure-et-Loir, arr. de Châteaudun. Dérive de **morre,** moudre. **Morier,** mûrier.

MORILLE. — De Morville, commune du dép. des Vosges, arr. d'Epinal. **Morille,** champignon spongieux et poreux, maladie du cheval, commerce de laine.

MORILLON. — Communes des dép. de la Haute-Savoie et de la Gironde. Morillon, raisin noir et doux, appelé **pineau** en Bourgogne, sorte d'étoffe noire, moraillon.

MORILLONNET. — De Murianette, com. du dép. de l'Isère, arr. de Grenoble.

MORIN. — De Montmorin, commune du Puy-de-Dôme, arr. de Clermont-Ferand. **Morin**, mauvaise laine, fagot, bœuf à la robe brune ou noire.

MORING. — De Moringhem, commune du dép. du Pas-de-Calais, arr. de St-Omer.

MORINVILLE. — Morainville, communes des dép. de l'Eure et d'Eure-et-Loir.

MORISSET, MORISSETTE. — De Morissès, commune de la Gironde, arr. de La Réole. De **marir**, s'affliger, se désoler.

MORJERET. — De Moriers, commune du dép. d'Eure-et-Loir, arr. de Châteaudun. V. Morrijeau.

MORLIER. — De la Morlière, seigneurie du Dauphiné, érigée en 1630 pour Magalon.

MORNAIS, MORNAY. — Mornay, communes des dép. de Saône-et-Loire, de la Côte-d'Or et de l'Ain. **Morner,** garnir d'une morne, abattre, vaincre.

MORNEAU. — De Mornas, commune du dép. de Vaucluse, arr. d'Orange. **Mornos**, bouchée, bouche. **Morneau,** individu triste.

MORONEY. — De Mérona, commune du Jura, arr. de Lons-le-Saunier. De moron, rêver.

MORRIGEAU. — De Moroges, commune du dép .de Saône-et-Loire, arr. de Châlon-sur-Saône. De **morigerer,** se conduire.

MORRISON — De Morsan, commune du dép. de l'Aisne, arr. de Soissons.

MORVENT. — Morvant, petit pays dépendant du Nivernais et compris dans les dép. de l'Yonne et de la Nièvre.

MORVILLE. — Communes des dép. du Loiret, de la Manche, des Vosges, de la Seine-Inférieure. **Morvine,** narine.

MOSION. — De Mossons, commune de la Côte-d'Or, arr. de Châtillon-sur-Seine. **Motion,** mouvement, tremblement.

MOSNIER. — V. Monier. **Mosnier,** meunier.

MOSNY. — Seigneurie de Normandie, érigée en 1661 pour De Langle. **Monil,** collier.

MOSSARD. — De Moussac, commune du dép .du Gard, arr. d'Uzès.

MOTARD. — De Mortard, lieu du dép. de la Haute-Savoie. De motte, morceau de terre.

MOTERE. — De Mouterre, commune du dép. de la Vienne, arr. de Montmorillon. De **moteret,** endroit voisin d'une rivière.

MOTTAIN. — De Mortain, ville du dép. de la Manche.

MOTZ. — Commune de la Savoie, arr. de Chambéry.

MOUCHARD. — Commune du dép. du Jura, arr. de Poligny. **Mouchard,** espion.

MOUCHERE. — De Mouguerre, commune des Basses-Pyrénées, arr. de Bayonne. De moucher, tuer, rogner, espionner.

MOUCHET. — De Mouchés, commune du dép. du Gers, arr. de Mirande. **Mouchet,** oiseau, émouchet, monceau.

MOUCHY. — Commune du dép. de l'Oise, arr. de Beauvais.

MOUET. — Commune du dép. de l'Eure, arr. d'Evreux. **Mouet,** mesure dans les salines, petit gâteau, pain bénit.

MOUFETTE, MOUFFLETTE. — De Mouflers, commune du dép. de la Somme, arr. d'Abbeville. **Mouffette,** exhalaisons dans les terrains miniers. **Moufflette,** manche de bois dont se servent les vitriers pour tenir leur fer à souder.

MOUGON. — Commune du dép. des Deux-Sèvres, arr. de Melle. **Mugon,** sorte de poisson, le mulet.

MOUILLERON Commune de la Haute-Marne, arr. de Langres. **De** mouiller, bateau qui sert à transporter le sable.

MOULEVIN. — De Ménil-Vin, commune du dép. de l'Orne, arr. d'Argentan.

MOULINEUF. — Moulin-Neuf, com. des dép. de l'Ariège et de la Dordogne.

MOULINIER.—De Mouliet, commune du dép. de la Gironde, arr. de Libourne. De **moullie**, corde.

MOULLARD. — De Moulhard, commune du dép. d'Eure-et-Loir, arr. de Nogent-le-Rotrou. **Mulard**, entêté comme un mulet.

MOULU. — De Ramoulu, commune du Loiret, arr. de Pithiviers. **Moulu**, terme de vénerie.

MOUNIER. — Forêt dans la Maîtrise de Saint-Pons. **Mounier**, meunier.

MOURAND. — Mourens, commune du dép. de la Gironde, arr. de la Réole. **Mourant**, pâle, temps de la mort.

MOURARD. — De Moura, commune du dép. du Jura, arr. de Saint-Claude. Vient de **moure**, moudre.

MOUREJEAU. — De Mourèze, commune du dép. de l'Hérault, arr. de Lodève.

MOURIÉ. — Mouriez, commune du Pas-de-Calais, arr. de Montreuil-sur-Mer. De **mourie**, lieu où se fait le sel.

MOUSSEAU. — Mousseaux, commune du dép. de Seine-et-Oise, arr. de Mantes. **Moussaud**, émoussé, usé. **Mousseau**, monceau.

MOUSSET, MOUSSEY. — Communes des dép. de l'Aube et des Vosges. **Mousset**, mousse.

MOUSSIN. — De Moussan, commune du dép. de l'Aude, arr. de Narbonne.

MOUSTIER. — Commune du dép .du Nord, arr. d'Avesnes. Moustier, monastère, église, couvent.

MOUTARDE. — De la Moutade, commune du Puy-de-Dôme, arr. de Riom.

MOUTEL. — Moutels, dans le Bas-Languedoc, arr. de Narbonne. **Moustoile**, belette, loche, poisson.

MOUTON. — Commune de la Charente, arr. de Ruffec. **Mouton**, monnaie d'or, machine de guerre, ver qui s'engendre dans les cerises, lorsqu'elles sont trop mûres, grosse poutre mobile qui écrase les pommes, chaton de saule.

MOUTREL. — De Monteille, commune du Calvados, arr. de Lisieux.

MOUX. — Communes des dép. de l'Aude et de la Nièvre.

MOUVIER. — De Mouzieys, commune du Tarn, arr. d'Albi. De move, mouvement.

MOYÉ. — De Moigné, commune d'Ille-et-Vilaine, arr. de Rennes. **Moillet,** sorte d'étoffe.

MOYEN. — Bourg situé au pied des Vosges, appelé aujourd'hui Moyenmoutier, arr. de St-Dié. **Moyen,** fortune.

MOYNET. — De Moyenneville, communes des dép. de l'Oise, de la Somme et du Pas-de-Calais. **Moinet,** petit moine.

MOYSE. — Moyse, en Saintonge, arr. de Saintes. **Moyse,** moise.

MOZIERES. — Des Moussières, commune du Jura, arr. de Saint-Claude.

MUISE. — De Muse, commune du dép. du Gard, arr. de Nimes. **Muiz,** mousse, plante.

MULAIRE. — De Moulayrès, commune du dép. du Tarn, arr. de Lavaur. De **mul,** mulet.

MULIGAN. — De Molinghem, commune du Pas-de-Calais, arr. de Béthune.

MULOIN. — De Meulin, commune du dép. de Saône-et-Loire, arr. de Mâcon.

MULOIS. — De Maloy, commune de la Côte-d'Or, arr. de Dijon.

MULOT. — De Moulot, lieu du dép. de la Nièvre, commune de Clamecy. **Mulot,** petit animal plus gros que le rat et plus petit que la souris.

MUNIER, MUSNIER. — Musnier-du-Bosc, dans le Bas-Languedoc, ar. du Puy. **Musnier,** meunier.

MURAULT. — Mureaux, commune du dép. de Seine-et-Oise arr. de Versailles. Mureau, muraille.

MURETTE. — Commune du dép. de l'Isère arr. de St-Marcellin. Vient de **mure,** parapet, ornement de peau d'hermine. Dérive du grec moron, mûrier.

MYOT, MYOTTE. — De Mios, commnue du dép. de la Gironde, arr. de Bordeaux.

MYRAND. — V. Mirand.

MYRE. — De Murs, communes des dép. de Vaucluse et de l'Indre. **Myre**, médecin, chirurgien.

MYVILLE — D'Yville, commune de la Seine-Inférieure, arr. de Rouen.

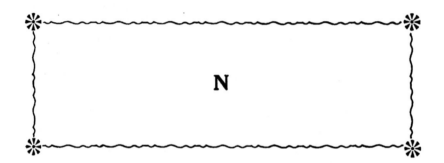

N

NADAL. — De Nadailhac, commune du dép. de la Dordogne, arr. de Sarlat. **Nadal**, Noël.

NADEAU. — De Nades, commune du dép. de l'Allier, arr. de Gannat.

NADEREAU. — De Médière, commune du dép. du Doubs, arr. de Baume-les-Dames.

NADON. — De Nédon, commune du Pas-de-Calais, arr. de St-Pol-sur-Ternoise.

NAGLE. — De Nieigles, commune de l'Ardèche.

NAMUR. — Ville de Belgique, au confluent de la Sambre et de la Meuse. Dérive de **new muer**, nouveau mur.

NANATES. — De Nanae, commune de la Charente, arr. de Barbezieux.

NANSOT. — De Nances, commune de la Savoie, arr. de Chambéry.

NANTAIS. — Seigneurie de Bretagne, érigée en 1696 pour De la Goublaye. **Nantais**, qui est de Nantes.

NANTEL. — De Nointel, commune du dép. de Seine-et-

Oise. **Nant,** en bas breton, signifie vallon, en gallois, vallée, rivière, et en vieux-français, vallon, et dans l'idiôme de Cornouailles, vallée.

NANTERRE. — Commune du dép. de la Seine, arr. de St-Denis. De **nanter,** contraindre par la saisie d'un gage.

NANTEUIL.—Communes des dép. de la Dordogne, de l'Oise, de la Charente. V. Nantel. Vient de **nant,** gage, caution.

NARBONNE. — Ville du dép .de l'Aude, et marquisat. Vient de **nare,** moquerie.

NARDEREAU. — V. Nadereau.

NARNE. — De Narnhac, commune du dép. du Cantal, arr. de St-Flour.

NASPLAISE. — De Nesploy, commune du Loiret, arr. de Montargis.

NATTE. — De Napt, commune du dép. de l'Ain, arr. de Nantua. **Natte,** tissu plat, fait de brins de paille battus et tortillés ensemble.

NAU, NAULT. — Naux, dans les Ardennes, commune de Thilay. **Nau,** bière, cercueil, noël, gros vaisseau, grande pièce de bois creux dont on se sert pour faire l'égoût des étangs.

NAUD. — Nods, commune du dép. du Doubs, arr. de Baume-les-Dames. V. Nau.

NAUDET.—De Loudet, commune de la Haute-Garonne, arr. de St-Gaudens.

NAVARRE. — De Lavars, commune de l'Isère, arr. de Grenoble. **Navarre,** écu marqué aux armes de France et de Navarre.

NAVERS. — De Neuvier, commune du dép. du Doubs, arr. de Montbéliard.

NAVETIER. — De Navetet, bourg de Normandie, arr. d'Avranches. **Navetier,** qui tient la navette.

NEAU.— Neaux, commune de la Loire, arr. de Roanne. **No,** nage.

NECLE.—D'Ecle, com. des dép. des Vosges et de l'Oise.

NÉE. — Nay, commune des Basses-Pyrénées, arr. de Pau. **Née,** nuit, créature, naissance.

NEGRE. — Commune du dép. de la Charente, arr. de Ruffec. Nègre, noir, poisson de mer couvert d'écailles.

NEL. — Nesle, commune du dép. de la Somme, arr. de Péronne.

NELTIER, NESTIER. — Commune des Hautes-Pyrénées, arr de Bagnères-de-Bigorre. **Netier,** purifier.

NENET. — De Nannay, commune du dép. de la Nièvre, arr de Cosne. **Nané,** sucette à l'usage des petits enfants.

NEPVEU. — De Nepvez, commune du Finistère, arr. de Quimperlé. **Nepveu,** petit-fils.

NERÉ. — Commune de la Charente-Inférieure, arr. de St-Jean d'Angély.

NERNE. — D'Ernes, commune du Calvados, arr. de Falaise.

NERON. — Commune du dép. d'Eure-et-Loir, arr. de Dreux Néron, tranchant d'une dague, croisée d'une hache, pointe et lame d'un couteau.

NESLE. — V. Nel.

NETIER. — V. Neltier.

NEUFPORT. — Nieuport, ville de l'ancienne Flandre autrichienne, arr. de **Furnes.**

NEUVILLE. — Bourg et château dans le Lyonnais, sur le bord de la Saône, à 2 lieues de Lyon.

NEUVILLETTE. — Communes des dép. de l'Aisne et de la Somme.

NEUVILLON. — De Nouvion, communes des dép. de la Somme, de l'Aisne et des Ardennes.

NEVAUX. — De Neves, bourg de Bretagne, arr. de Quimper.

NEVERS. — Ville du dép. de la Nièvre. **Nevers,** tulipe de couleur grise, rouge et blanche.

NEVEU. — V. Nepveu. **Neveu,** fils du frère ou de la sœur de celui dont on parle.

NEXIER. — De Naisey, commune du dép. du Doubs, arr. de Baumé-les-Dames. **Nexer,** nouer.

NEYRET. — Néret, commune du dép. de l'Indre, arr. de La Châtre.

NIAGARA. — De Nogaro, commune du dép. du Gers, arr.

de Condom. **Niagara,** ville dans la province d'Ontario, en Canada.

NICANT. — De Nénigan, commune de la Haute-Garonne, arr. de St-Gaudens. De **nic,** nid.

NICOLAS. — De Nivolas, commune du dép. de l'Isère, arr. de la Tour-du-Pin.

NICOLE, NICOLLE. — Commune du dép. de Lot-et-Garonne, arr. d'Agen. **Nicole,** étoffe de Lincoln.

NICOLET. — De Nivollet, commune du dép. de l'Ain, arr. de Belley.

NIDELEC. — De Nivillac, commune du Morbihan, arr. de Vannes.

NIEL.—Nielles, commune du Pas-de-Calais. **Niel,** brouillard, nielle, maladie des grains, orvet.

NILDARI. — De Nurieux, dép. de l'Ain, dans la commune de Mornay. De **nille,** vrille de la vigne.

NIORT. — Ville du dép .des Deux-Sèvres, et commune du dép. de la Mayenne. **Niord,** dieu qui préside aux mers et aux lacs.

NIQUÉ. — De Nicey, communes de la Côte-d'Or et de la Meuse. **Niquet,** monnaie, personne délicate, chose de vil prix, dent d'enfant, geste de moquerie.

NIVARD. — De Nibas, commune de la Somme, arr. d'Abbeville. De **nive,** neige.

NOBERT. — De Maubert, commune du dép. des Ardennes, arr. de Rocroi.

NOBLESSE. — D'Amblèze, commune du dép. de la Drôme arr. de Die. **Noblesse,** action noble, fête pompeuse.

NOBLET. — Le Noblet, dans le dép. de la Haute-Vienne, arr. de Limoges. **Noblet,** nom de bœuf paresseux, dim. de noble.

NODIN. — De Noidan, commune de la Côte-d'Or, arr. de Semur. **Nodin,** faux dieu de l'antiquité.

NOEL. — De la Noële, en Bourgogne, arr. d'Autun. **Noël,** nouvel, nouveau. Vient d'Emmanuel, c'est-à-dire Dieu est avec nous. Dérive de **natale,** nativité, ou jour natal de Notre-Seigneur. **Noël,** nielle.

NOGUARD. — De Nouart, commune des Ardennes, arr. de Vouziers.

NOGUE.—Des Hogues, commune du dép. de l'Eure, arr. des Andélys. De **noge**, jeune bête de l'année.

NOGUIERE.—Noguères, commune des Basses-Pyrénées, arr. d'Orthez. **Noguierre**, gouttière.

NOIRET. — De Noireville, seigneurie normande, érigée en 1440 pour De Montfort. **Noiret**, raisin noir, monnaie des comtes de Soissons. **Noiraye**, plantation de noyers.

NOISE. — D'Oisemont, commune du dép .de la Somme, arr. d'Amiens. **Noise**, querelle, fruit du noisetier.

NOISET. — Noisay,˙bourg de la Touraine, dép. de l'Indre-et-Loire, à 2 lieues d'Amboise. **Noiset**, dim. de noix.

NOISEUX.—De Poiseux, commune du dép. de la Nièvre, arr. de Nevers. **Noiseux**, bruyant, querelleur.

NOLAND. — De Noulens, commune du dép. du Gers, arr. de Condom.

NOLET. — Commune de la Picardie, arr. d'Amiens. **Nolet**, noue d'une lucarne, tuile creuse formant des canaux pour couvrir des lucarnes et écouler l'eau, clochette, noël.

NOLIN — De Molins, commune du dép. de l'Aube, arr. de Bar-sur-Aube.

NOM. — D'Oms, commune des Pyrénées-Orientales, arr. de Céret.

NONVAL. — De Noirval, commune du dép. des Ardennes, arr. de Vouziers

NORAYE, NORÉE. — Norrey, commune du Calvados, arr. de Caen, et Noraie, dans la commune d'Ouches, dép. de l'Indre. **Norais**, plantation de noyers, norvégien.

NOREAU. — De Neyrac, com. de l'Ardèche et de l'Aveyron. **Noreau**, dim. de nore, bru.

NORMAND. — De la Normandie, lieu du dép. de l'Eure, dans la commune de Vernon. **Normand**, qui est de Normandie. Dérive de **Nort**, septentrion et de **man**, homme, c'est-à-dire homme du nord.

NORMANDEAU. — De Marmande, ville de la Guienne, dép. de Lot-et-Garonne.

NORMANDIN. — De Tourmantine, bourg de l'Anjou, dép. de Maine-et-Loire, à 10 lieues de Montreuil-Belley.

NORMANT. — De Noiremont, commune du dép. de l'Oise, arr. de Clermont.

NORMANVILLE. — Commune de la Seine-Inférieure, arr. d'Yvetot. Dérive de **norme**, liste.

NOTINVILLE. — De Nottonville, commune du dép. d'Eure-et-Loire, arr. de Châteaudun. De **notir**, désigner.

NOUE (la). — Commune du dép. de la Marne, arr. d'Epernay. Noue, torrent. Dérive de **natare**, nager, d'où l'on a fait nouer et **noer**, pour dire nager. **Noues**, tripes de morue. Les nageoires de poissons s'appellent noës. **Noue**, pré bas et marécageux.

NOUEL. — De Noueilles, commune de la Haute-Garonne, arr. de Villefranche-de-Lauraguais. **Nouel**, noyau, Noël.

NOUET. — Nouée, commune du Morbihan, arr. de Ploërmel. Nouée, racine des plumes, petit paquet de drogues enfermé dans un nœud de linge qu'on fait tremper ou bouillir dans une liqueur pour lui en donner le goût. Nouet, nœud, linge noué, sachet.

NOURRIS. — Nourry, commune du Nivernais, arr. de Nevers. Nourri, fromage vert, petit cochon qu'on engraisse.

NOUTUREAU. — De Noirterre, commune du dép. des Deux-Sèvres, arr. de Bressuire.

NOUVIN. — De Nouvion, commune du dép. de la Somme, arr. d'Abbeville. **Novain**, neuvaine.

NOYAN, NOYEN. — Commune du dép. de Maine-et-Loire, arr. de Baugé. Noyen, commune du dép. de la Sarthe arr. de La Flèche. **Noiant**, néant, un quidam.

NOYAU. — De Neuil, commune du dép. de l'Indre-et-Loire, arr. de Chinon.

NOYELLE. — Commune du dép. de la Somme, arr. d'Abbeville. **Noiel**, bouton, nielle.

NOYER. — Commune du dép. d'Indre-et-Loire, à 4 lieues de l'Ile-Bouchard. **Noyer**, arbre.

NOYON. — Ville du dép. de l'Oise, sur la Vorse. **Noyon,** terme de jeu de boule et de palet. Le noyon est le lieu creusé où quand la boule arrive ou le palet, on perd son coup.

NUS. — Lieu du dép .de la Loire, dans la commune de Périgueux. **Nu,** nul, sans armes défensives.

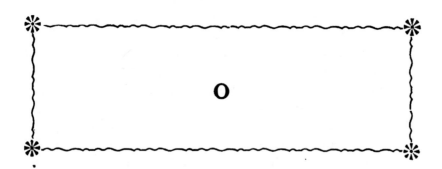

O

OBERY, OBRY. — D'Aubry, commune du dép. du Nord, arr. de Valenciennes. **Obry,** en bas, dessous.

OCTEAU. — D'Octeville, commune du dép .de la Manche, arr. de Cherbourg. **Octo,** huit, le huitième.

ODELIN. — De Wadelincourt, commune des Ardennes, arr. de Sedan. Dérive du grec **aeidôs,** chanter.

ODET, ODETTE. — D'Audeville, commune du Loiret, arr. de Pithiviers. Rivière du Finistère. **O**det, lutin, **O**dette, petite ode.

ODIN. — D'Hodent, commune du dép. de Seine-et-Oise, arr. de Mantes. **Odin,** dieu des anciens Danois.

ODIORNE. — D'Audierne, commune du dép. du Finistère, arr. de Quimper. **Audierne,** du jour même. Du latin hodie.

ODON. — Petite rivière de Normandie, qui se jette dans l'Orne et Audon, com. du dép. des Landes. Du verbe oder, sentir, avoir l'odeur de.

OEMAN.—De **hoet,** mesure pour les grains, dans la **Flandre.**

OG.—Hogues, commune du dép. de l'Eure, arr. des Andélys. **Og,** de **hoge,** colline, hauteur.

OGIER.—Ogiez, bourg de la Bourgogne, arr. de Châlons. **Ogier,** victoire.

OLERON.—Oloron, ville des Basses-Pyrénées, et Oléron, île de la mer de Gascogne, vis-à-vis l'embouchure de la Charente. D'**oler,** exhaler une odeur.

OLIDE.—D'Olite, commune de la Navarre, sur la route de Pampelune à Saragosse.

OLIER, OLLIER.—Village de la Provence, dans le dép. du Var. Ancien marquisat. **Olier,** fabricant ou marchand d'huile, potier, qui produit de l'huile.

OLIVA.—Ville d'Espagne, dans le royaume de Valence. **Oliva,** célèbre monastère de Bénédictins, en Prusse, situé près de Dantzic.

OLIVE.—Seigneurie de Provence, érigée en 1674 pour De Laurent. **Olive,** olivier, sorte d'oiseau.

OLIVIER.—D'Olivet, seigneurie du Rouergue. **Olivier,** homme qui fabrique ou vend de l'huile.

OLONNE.—Ile, bourg, château, ville et port dans la Vendée, arr. des Sables d'Olonne, et marquisat dans le Comtat-Venaissin. **Olonne,** pièce d'étoffe fabriquée à Olonne, en Beauce.

OLSCAMPS.—D'Ourscamps, commune du dép. de l'Oise, arr. de Compiègne.

OMAITRE.—D'Homet, commune du dép. de la Gironde, arr. de Bordeaux. **Hommet,** petit homme.

OMIER.—D'Omey, commune du dép. de la Marne, arr. de Châlons.

OMINY.—De Palaminy, commune du dép. de la Haute-Garonne, arr. de Muret. Dérive du latin **homini,** datif de **homo,** homme. **Ominer,** augurer.

ONDOYER.—D'Andouillé, com. du dép. de la Mayenne,. **Ondoyer,** action de flotter, et **ondoier,** nager, abonder, monder, se mouvoir des ondes.

ONEILLE. — Oncille, ville d'Italie, avec port sur la Méditerrannée, à Montenotte, près de la rivière Impériale.

ONEL. — D'Osnel, commune du dép. de la Meuse, arr. de Verdun. **Aunel**, petit aune.

ORANGE. — Ville du dép. de Vaucluse, près du Rhône. Orange, fruit, alcyon, pièce d'artifice, champignon.

ORANT. — Orain, commune de la Côte-d'Or, arr. de Dijon. Orain, qui dore, et orin, de couleur d'or.

ORBIGNY. — Commune du dép. d'Indre-et-Loire, arr. de Loches.

ORDE. — D'Ordre, baronnie du Bourbonnais. **Ordre**, tocsin, sale espèce, famille.

OREILLE. — Orègue, commune des Basses-Pyrénées, canton de Saint-Palais. **Oreille**, bord d'un bois.

ORESTE. — Oreyte, dans le Béarn, diocèse de Comminges. **Oret**, doré.

ORFRAY. — **Orfray**, oiseau, bord du collet.

ORFROY. — D'Offoy, communes des dép. de la Somme et de l'Oise. Orfrois, passementerie d'or et d'argent.

ORIAU. — D'Oris, commune de l'Isère, arr. de Grenoble. Dérive d'orier, ouvrier qui fabrique des broderies pour chapeaux d'orfrois.

ORILLAT. — Bourg des Pyrénées-Orientales. arr. de Prades. D'oriol, espèce de galerie, ou d'ori, orient.

ORION. — Com. des Basses-Pyrénées, arr. d'Orthez. **Orion**, horion, constellation, dieu de la guerre chez les Parthes.

ORMEAUX. — Commune du dép. de Seine-et-Marne, arr. de Coulommiers.

ORSAINVILLE. — D'Orsonville, commune du dép. de Seine-et-Oise, arr. de Rambouillet. **Orsain**, oursain, ourson.

ORSON. — D'Ourton, commune du Pas-de-Calais, arr. de Béthune. **Orson**, ourton.

ORTEGAU. — D'Ortegal, ville d'Espagne, en Galice. D'ortigue, ortie de mer.

ORTIN. — D'Ossen, commune des Basses-Pyrénées, arr. d'Argelès. **Ortin**, pour **ourtin**, oursin.

ORVEAUX. — Orvaux, seigneurie normande, érigée en 1483 pour Le Comte. Vient d'orval, tempête, ouragan, ou d'orvale, sauge.

OSANNE. — De Lozanne, commune du dép. du Rhône, arr. de Villefranche. **Osanne,** buis bénit du dimanche des Rameaux.

OSMAN. — D'Osmanville, commune du Calvados, arr. de Bayeux. D'**osmer,** flairer.

OSMARD. — D'Osma, ville de la Vieille-Castille, sur le Duéro.

OSOU. — Seigneurie du Bigorre, érigée en 1778 pour De Fezenzac.

OSSAULT. — Seigneurie de Guienne, érigée en 1700 pour D'Artigues.

OSSELET. — D'Ossès, commune des Basses-Pyrénées, arr. de Mauléon. **Osselet,** petit os, dés, petit bâton au travers duquel on pasait une corde avec un nœud coulant pour y mettre le doigt du prisonnier.

OSTAIN. — D'Osthein, dans la Haute-Alsace, diocèse de Bâle. D'**ost,** hôte, armée.

OSTELLE. — Commune du dép. de l'Aisne, arr. de Soissons. **Ostel,** pièce de harnais.

OSTENDE. — Ville de Belgique, dans l'ancienne Flandre Autrichienne, sur la mer. **Ostende** dérive du latin **ostendere,** montrer.

OTESSE. — D'Orthez, ville des Basses-Pyrénées. **Otesse,** hôtesse.

OTHYS, OTIS, OTISSE.—Othis, commune du dép. de Seine-et-Marne, arr. de Meaux. Vient d'**hostise,** exploitation rurale tenue par des **hostes,** classe de gens entre les hommes libres et les cerfs.

OUABARD. — De Waben, commune du Pas-de-Calais, arr. de Montreuil-sur-Mer.

OUATTIER. — D'Oytier, commune du dép. de l'Isère, arr. de Vienne.

OUDARD. — D'Odars, commune de la Haute-Garonne, arr. de Villefranche-de-Lauraguais.

OUDIN. — Lieu dans le Pas-de-Calais, à deux lieues de Béthune.

OUDINEZ. — D'Odonnez, commune du dép. du Nord, arr. de ̄Valencienes.

OUÉ. — D'Oey, commune du dép. de la Meuse, arr. de Commercy. Houer, gratter la terre, en parlant du cheval.

OUELEM, OUILEM, OUILIAM. — De Willems, commune du dép. du Nord, arr. de Lille. **Willem,** pour **William,** Guillaume.

OUELLE. — Ouël, commune du dép. de la Meuse, arr. de Verdun. **Oueille,** ouaille, brebis.

OUELLET. — D'Oëlleville, commune du dép. des Vosges, arr. de Mirecourt. **Ouillet,** entonnoir en bois ou en ferblanc.

OUI. — L'Ouye, commune du dép. de l'Eure, arr. d'Evreux. **Ouie,** soupirail, ouie.

OUIMET. — D'Olmet, commune du Puy-de-Dôme, arr. de Thiers. Mot composé de **oui,** et de **met,** partie du pressoir où le vin coule, partie d'une cheminée, civière, pétrin, huche.

OULE. — Oulles, commune du dép. de l'Isère, arr. de Grenoble. **Oulle,** ourlet, et **oule,** onde, vague, marmite, petit charnier pour y tenir un demi-cochon dans le sel.

OURSON. — D'Ousson, commune du dép. du Loiret, arr. de Gien. **Ourson,** petit d'un ours.

OURSOUBIN. — D'Hurtevent, lieu du dép. du Nord, dans la commune de Clary.

OURSOUBISE. — V. Hurtebise.

OUTLAN. — D'Ouistreham, commune du Calvados, arr. de Caen.

OUTLAS. — D'Outriaz, commune du dép. de l'Ain, arr. de Nantua. **Outlas,** de l'anglais **out-law,** signifie personne mise hors de la loi.

OUVRARD. — D'Ouvrouer, commune du Loiret, arr. d'Orléans. **Ouvrard,** vient d'**ouvre,** ouverture des ailes.

OUY. — Wy, dit Joli-Village, dans le dép. de Seine-et-Oise, arr. de Mantes. **Ouye,** oreille.

OVARD. — Ovar, ville du Portugal, dans le Beira.

OYLET. — V. Ouellet.

OZAN. — Commune du dép. de l'Ain, arr. de Bourg.

OZANNE. — V. Osanne.

OZON. — Communes des Hautes-Pyrénées et de l'Ardèche.

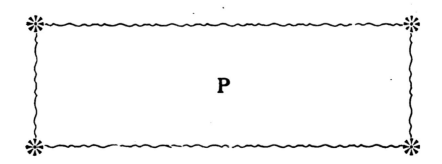

P

PABO. — De Palbost, seigneurie du Gévaudan. **Pabeau,** pavot, coquelicot, pivoine.

PACAUD, PACAULT. — De Pacques, commune de la Côte-d'Or, arr. de Dijon. Dérive de **pac,** paquet.

PACHOT. — De Panges, commune de la Côte-d'Or, arr. de Dijon. **Pachot,** menu, mince, subtil.

PACHOUE. — De Panzoult, commune du dép. d'Indre-et-Loire, ar. de Chinon. **Pachoue** vient de **pachu,** paysan.

PACQUET. — D'Acqueville, communes des dép. du Calvados et de la Manche.

PACRAU. — De Paucqueraye, seigneurie de Bretagne. Dim. de **paque,** paquet, fagot.

PAGE. — Pajay, commune du dép. de l'Isère, arr. de Vienne. **Pagé** vient de **pagus,** paysan, domicilié.

PAGEAU, PAGEOT. — De Page, seigneurie de l'Ile-de-France, érigée en 1600. **Pageau,** chemin qui paie un tribut. **Pageot,** dérive de **pes, pedis, pedaggio,** pageot, et signifie petit page, sorte de poisson.

PAGESI. — De Réchésy, commune du Territoire de Belfort, canton de Delle. **Pagésie,** bien fonds donné à ferme ou à rente.

PAGIS. — De Pacy, commune du dép. de l'Yonne, arr. de Tonnerre. **Pagis** vient du grec **pais,** jeune garçon, en vieux français, signifie page, paysan.

PAGNOT. — Pagnoz, commmne du dép. du Jura, arr. de Poligny.

PAILLANT. — D'Aillant, commune de l'Yonne, arr. de Joigny.

PAILLART.—Commune du dép. de l'Oise, arr. de Clermont. **Paillart,** misérable, coquin, malpropre.

PAILLE. — Pailhes, baronnie du Languedoc, érigée en 1712 pour De Gailhac. **Paille,** étoffe de soie venue d'Orient, tenture, manteau de femme, tige du blé, dais, pavillon, poëlon.

PAILLET.— Paillé, commune de la Charente-Inférieure, arr. de St-Jean d'Angély. **Paillet,** qui est de couleur de paille.

PAILLETTE. — Commune de la Gironde, arr. de Bordeaux. **Paillette,** mince lame d'or ou d'argent, jonchets.

PAILLIER. — De Pailly, commune du dép. de l'Yonne, arr. de Sens. **Paillier,** fourrage pour les bestiaux, basse-cour d'une métairie où l'on nourrit des bestiaux, grenier à paille, paille de l'écurie, litière.

PAIMENT, PEMENT.—D'Esmans, com. du dép. de Seine-et-Marne, arr. de **Fontainebleau. Paiement,** action de payer.

PAIN. — Payns, commune du dép. de l'Aube, canton de Troyes. **Pain,** boisseau, farine pétrie et cuite.

PAINCHAUD. — De Penchot, lieu du dép. de l'Aveyron, dans la commune de Boisse-Penchot.

PAINCOURT.—Pincourt, bourg dans le duché de Bar, diocèse de Verdun.

PAIRE.— Commune du dép. des Vosges, arr. de St-Dié. **Paire,** compagne, père, couple, compagnie, espèce.

PAISANT. — De Pessan, commune du dép. du Gers, arr. d'Auch. **Paisant,** habitant d'un pays, paysan, rustaud. Dérive du grec **pègè,** fontaine.

PAJOT. — De Panjas, commune du dép. du Gers, arr. **de** Condom. V. Pageau.

PALADEAU. — De Palalda, commune du dép. des Pyrénées-Orientales, arr. de Céret. **Paladel**, bâton.

PALANGES. — Palinges, com. du dép. de Saône-et-Loire, arr. de Charolles. **Palanges**, instrument de bois pour porter sur l'épaule deux seaux d'eau accrochés aux deux bouts, levier pour lancer les navires à la mer, tarentule.

PALARDY. — De Lardy, commune du dép. de Seine-et-Oise, arr. d'Etampes.

PALATIN. — Commune de la Franche-Comté, arr. de Besançon. **Palatin**, officier du Palais, courtisan, avocat, conseiller impérial.

PALIAU. — Bourg de la Bourgogne diocèse d'Autun. **Paliot**, étoffe de soie ou de laine, manteau, palier, chambre où l'on met l'écrivain.

PALIN. — Commune du Berry, arr. de Bourges. **Pallin**, sorte de pieu.

PALLEREAU. — D'Allériot, commune de Saône-et-Loire, arr. de Chalon-sur-Saône. De **paller**, parler.

PALLIÉ, PALLIER. — De Paslières, commune du Puy-de-Dôme, arr. de Thiers. **Paillié**, pâle, blême, parleur. **Pallier**, meule de paille, guérir en apparence, adoucir, excuser.

PALLUAU. — Commune de la Vendée, arr. des Sables-d'Olonne, et Palluaud, dans la Charente. Vient de **palu,** marécage, marais, mare, flot, enfer.

PALMIER. — De Pamiers, ville du dép. de l'Ariège. **Palmier**, pris à rente, terme de coutume.

PALOCHE. — D'Aloxe, commune du dép. de la Côte-d'Or, arr. de Beaune. **Panoche**, petit pain.

PALOT. — Palau, commune des Pyrénées-Orientales, arr. de Prades. **Palot**, bêche, homme rustique et grossier, comme le paysan, le batelier, le crocheteur.

PALUDY. — De Paudy, commune du dép. de l'Indre, arr. d'Issoudun. Dérive de **palus, paludis**, marais.

PAMBRUN. — D'Embrun, ville des Hautes-Alpes. **Pan,** morceau, partie de l'armure.

PAMPALON. — De Pampelonne, commune du dép. du Tarn, arr. d'Albi. **Pampalon,** papillon.

PANDELET. — D'Andelat, commune du dép. du Cantal, arr. de Saint-Flour. Dérive de **pannis,** morceau d'étoffe, partie d'un mur.

PANET. — De Paunat, commune du dép. de la Dordogne, arr. de Bergerac. **Panet,** petit pain.

PANIER. — Panniers, bourg dans le Forez, diocèse de Lyon. **Panier,** panier.

PANNEAU, PANNOT. — De Panne, com. de la Meurthe, arr. de Toul. **Panneau,** filet, pièce de bois formant l'écoutille, panneton. **Pannot,** ouverture de l'écoutille.

PANNETIER. — Commune du Gâtinois, arr. de Sens. **Pannetier,** officier qui a soin du pain, officier claustral, qui a charge des mêmes fonctions dans les abbayes.

PANNETON. — De Panon, commune du dép. de la Sarthe, arr. de Mamers. **Panneton,** récipient de paille tressée dans lequel les boulangers mettent la pâte de chaque pain, partie de la clef qui joue dans la serrure.

PANTOUX. — De Ponthou, commune du Finistère, arr. de Morlaix. **Pantoue,** support où l'on suspend le cochon quand on le dépèce.

PAPI, PAPIE. — D'Appy, commune du dép. de l'Ariège, arr. de Foix. De **pape,** petit.

PAPILIOT, PAPILLOT. — D'Appilly, commune du dép. de l'Oise, arr. de Compiègne. **Papillot,** petit papillon, feu volage.

PAPILLON. — De Pillon, commune du dép. de la Meuse, arr. de Montmédy. **Papillon,** morceau de papier, bœuf, vache marquée de taches blanches arrondies, coiffe à tuyaux sur les bords de la Loire.

PAPILLOUX. — De Papleux, com. du dép. de l'Aisne, canton de Vervins. Dérive de **papilla,** mamelon.

PAPIN.—De Sapin-Verd, dans le dép. du Nord, commune de Wattrelos. **Papin,** bouillie, colle de pâte.

PAPINEAU. — De Sapignie, commune du Pas-de-Calais, arr. d'Arras, canton de Bapaume. **Papin**eau dérive de **pap-pins,** dim. de **pappinus,** fait de **pappus,** d'où le mot français **pappes** qu'on trouve dans Rabelais au rang des espèces d'étuis qui couvrent les germes et les semences des arbres, des arbrisseaux, des herbes et des zoophytes.

PAPLEAU. — De Lapleau, commune du dép. de la Corrèze, arr. de **Tulle.**

PAQUERAUX. — V. Paerau. **Paquereau,** dim. de **paque,** paquet, fagot.

PAQUET. — D'Acqueville, communes des dép. du Calvados et de la Manche. **Paq**uet, demi-futaille, baquet. En métallurgie, paquet se dit pour l'assemblage de bouts de barres plates soudées au four à réchauffer.

PAQUIER.—Pasquier, commune du Jura, arr. de Poligny. **Paq**uier, presser et fouler le poisson salé, empaqueter, mettre en baril.

PAQUIN. — D'Acquin, commune du dép. du Pas-de-Calais, arr. de St-Omer. **Pas**quin, satine courte et plaisante.

PAR. — Pars, commune du dép. de l'Aube, arr. d'Arcis-sur-Aube. **Par,** nom donné à ceux qui sont au-delà de la Garonne, comme les Gascons et les Languedociens.

PARADIER. — De Baratier, commune des Hautes-Alpes, arr. d'Embrun De **Paraidier,** prêter main forte à quelqu'un.

PARADIS.—De Pardies, commune des Basses-Pyrénées, arr. de Pau, et **Pa**radis, lieu dans le dép. d'Indre-et-Cher. **Pa**radis, séjour délicieux, lieu où résident les âmes des justes, séjour des dieux payens, reposoir, parois des églises, jardin où Dieu plaça Adam, ciel, firmament.

PARANT. — D'Aranc, commune du dép. de l'Ain, arr. de Belley. **Parant,** qui orne, qui pare, préparé, disposé en vue, remarquable, puissant, de bonne mine.

PARÉ. — Parey, commune de Meurthe-et-Moselle, arr. de Nancy. **Paré**, orné, fleuri, fermenté, pareil, plein, uni, prêt à faire quelque chose. **Parei**, muraille, cloison, longueur de fil de chaîne tendue sur le métier du tisserand. Dérive de **paries**, dont on a fait **paret** en provençal.

PARENT. — Commune du Puy-de-Dôme, arr. de Clermont-Ferrand. **Parent**, père, mère, proches, alliés par le sang.

PARENTEAU. — D'Arinthod, commune du Jura, arr. de Lons-le-Saunier. **Parenteau**, parenté, lignée.

PARIAU. — D'Aries, commune du dép. des Hautes-Pyrénées, arr. de Bagnères-de-Bigorre.

PARIS. — D'Arith, commune de la Savoie, arr. de Chambéry. **Paris**, ville capitale de la France. Paris-Plage, dans le Pas-de-Calais, commune de Cucq. **Paris**, enfant trouvé confié aux soins des nourrices des campagnes par les hospices de Paris.

PARISEAU. — Parisot, commune du dép. du Tarn, arr. de Gaillac. **Pariseau**, de Paris.

PARISIEN. — De Paris. Habitant de Paris.

PARISIS. — Parisy, seigneurie de Bretagne, érigée en 1700. **Parisis**, monnaie frappée à Paris, mesure de terre dont le revenu est un parisis.

PARIZET. — Commune du dép. de l'Isère, arr. de Grenoble. **Pariset**, parisis.

PARMENTIER. D'Armentières, commune du dép. du Nord, arr. de Lille. **Parmentier**, tailleur, couturier, faiscur de parements.

PARMIER. — De Paramé, commune du dép. d'Ille-et-Vilaine, arr. de Saint-Malo. De **paramer**, aimer avec passion.

PARNEUF. — De Plerneuf, arr. des Côtes-du-Nord, arr. de St-Brieuc. **Parneuf**, tout-à-fait neuf.

PARNIER. — D'Arnières, commune du dép. de l'Eure, arr. d'Evreux.

PARON. — Commune du dép. de l'Yonne, arr. de Sens. **Paron**, oiseau, pièce de charrue à laquelle on attache les chevaux, limons, parents des animaux.

PARSEILLÉ.—D'Arzillières,commune du dép. de la Marne, arr. de Vitry-le-François. **Parsillée,** petite ciguë peu vénéneuse, dont on nourrit les lapins.

PARSON.—D'Arsonval, commune du dép. de l'Aube, arr. de Bar-sur-Aube. **Parson,** son de cloche.

PARTHENAY. — Ville du dép. des Deux-Sèvres, et com. d'Ille-et-Vilaine, arr. de Rennes. Dérive de l'anglais partner, associé.

PARY. — V. Paris.

PASCAL. — De Calais, commune du Pas-de-Calais, arr. de Boulogne. **Pascal,** qui appartient à la fête de Pâques.

PASCHALIS. — De Paslis, commune du dép. de l'Aube, arr. de Nogent-sur-Seine. **Paschalis,** pascal.

PASQUET. — De la Pasquelais, seigneurie de Bretagne, érigée en 1668 pour de la Haye.**Pasquette,** pâquerette.

PASQUIER. — Commune du Jura, arr. de Poligny. **Pasquier,** pâturage, revenu des pâturages, fourrage, épervier.

PASQUIN. — D'Asquins, commune du dép. de l'Yonne, arr. d'Avallon. V. Pâquin.

PASSARD. — De Passa, commune du dép. des Pyrénées-Orientales, arr. de Perpignan. **Passard** vient de **passe,** notaire, moineau, dague, cible, but.

PASSELEUR. — De Passel, commune du dép. de l'Oise, arr. de Compiègne. **Passeleur,** du verbe **passeler,** munir d'échalas.

PASSEPARTOUT. — De Prepatour, lieu du dép. de Loir-et-Cher, dans la commune de Naveil. **Passepartout,** clef qui ouvre plusieurs portes.

PASSERIEUX. — De Passeirier, commune de la Haute-Savoie, arr. de Bonneville. De **passerille,** raisins séchés au soleil.

PASTOUREL. — De la Pastourelle, seigneurie en Artois. **Pastourelle,** bergère, sorte de poésie, poire.

PATARD.—De Pontacq, commune des Basses-Pyrénées, arr. de Pau. **Patar,** petite monnaie de Normandie, valant un sou.

PATEL. De Potelle, commune du dép. du Nord, arr. d'Avesnes. **Patelle,** moule, coquillage.

PATENAUDE. — De Pautaines, commune du dép. de la Haute-Marne, arr. de Wassy. Patenaude vient du celtique **pastonnadez, patenaille,** panais.

PATENOTRE. — V. Patenaude. **Patenotre,** prière, oraison, grains d'un chapelet, le chapelet même. Dérive du latin **pater noster,** père notre.

PATES. — De la Paute, lieu du dép. de l'Isère, dans la com. de Bourg-d'Oisans. **Pates,** vient du grec **pao,** manger.

PATIENCE.—D'Athienville, commune du dép. de Meurthe-et-Moselle, arr. de Luneville. **Patience,** planchette, sorte de plante, rumex.

PATIET. — Du Patet, commune du dép. du Jura, arr. de Saint-Claude. **Patiet,** du verbe **pati,** souffrir.

PATIN. — D'Attin, commune du Pas-de-Calais, arr. de Montreuil-sur-Mer. **Patin,** galoches, patin à glace, souliers à semelles épaisses et à hauts talons, morceau d'étoffe, soubassement avec base et corniche, qui porte une rangée de colonnes, paquet de cartes de la même couleur.

PATISSIER. — De la Paticière, seigneurie de Bretagne érigée en 1668 pour Boussineau. **Pâtissier,** qui fait ou vend de la pâtisserie. Dérive de **patis,** pâture.

PATOINE.—De Ponthouin, commune du dép. de la Sarthe, arr. de Mamers. **Patoine** ou **platoine,** platane.

PATOUEL. — De Ponthoile, commune du dép. de la Somme, arr. d'Abbeville. **Patoueil,** mare, bourbier.

PATOUILLET. — De la Patouillère, seigneurie de Bretagne, érigée en 1700. **Patouillet,** bassin pour opérer le débourbage du minerai de fer.

PATRI, PATRIS, PATRY. — De Mesnil-Patry, commune du Calvados, arr. de Caen. **Patri** vient du grec et signifie père. **Patris,** dignité instituée par Constantin.

PATRON. — De Padron, ville d'Espagne, dans la Galice. **Patron,** de l'irlandais **patron,** protecteur.

PATROS.—Patro, commune du dép. de la Corse, arr. de Calvi. **Patros,** dérive du grec **pater, patros,** père.

PATTOU. — De Ponthoux, commune du Jura, arr. de Saint-Claude. **Pattou,** mélange de vin et de farine.

PATU. — De Pathus, commune du dép. de Seine-et-Marne, canton de Dammartin. **Patu,** cour, préau.

PAUL. — Paule, commune du dép. des Côtes-du-Nord, arr. de Guingamp. **Paul,** nom d'homme.

PAULET. — Commune du dép. de l'Aude. **Paulet,** droit annuel, palissade.

PAULIN. — Commune du dép. de la Dordogne, arr. de Sarlat. Paulin, nom d'homme, de peuple et de secte.

PAUMEREAU. — De Poumarous, commune des Hautes-Pyrénées, arr. de Tarbes. De **paumerée,** hôtel pour les pélerins.

PAUPERET. — De Poupry, com. du dép. d'Eure-et-Loir, arr. de Châteaudun. **Pauperet** vient du latin **pauper,** pauvre.

PAUQUET. — De Paulhaguet, commune de la Haute-Loire, arr. de Brioude. **Pauquet,** vient de **pauque,** mesure de vin.

PAUSÉ. — D'Auzay, commune du dép. de la Vendée, arr. de Fontenay-le-Comte. **Pausée,** halte, pause.

PAVILLÉ. — D'Avilley, commune du dép. du Doubs, arr. de Baume-les-Dames. **Pavillée,** petit lis jaune des marais.

PAVIOT. — D'Avioth, commune du dép. de la Meuse, arr. de Montmédy. **Paviot** vient de **pavier,** paver.

PAVIS. — Pavie, ville du dép. du Gers, arr. d'Auch. **Pavis,** sorte de pêche qui ne quitte point le noyau. **Pavie,** auberge.

PAYAN, PAYEN. — Payens, seigneurie de Champagne, devenue marquisat en 1665 pour Colbert. **Payant,** qui paye. **Payen,** de paille. Dérive du grec **pégâ,** fontaine.

PAYETTE. — V. Paillette. **Payette,** sorte de vêtement. Dérive du grec **paiô,** je frappe.

PAYMENT. — V. Paiment. **Paiement,** somme donner pour payer une dette, temps obtenu pour payer ses créanciers.

PAYNE. — De la Pêne, seigneurie de Provence, érigée en

1690 pour Boyer. **Payne**, peine. Dérive du grec poinè, punition, vengeance.

PAYSAN. — De Pessan, commune du dép. du Doubs, arr. de Besançon. **Paysan**, homme du pays.

PECAUDY, PECODY. — De la Pécaudière, seigneurie normande. **Pécaudy** vient du hollandais **pekel**, saumon.

PECOUTANT. — D'Ecouen, commune du dép. de Seine-et-Oise, arr. de Pontoise. **Pécoutant** vient de **pécoust**, sorte d'impôt.

PECQUEREL. — De Péreille, commune du dép. de l'Ariège, arr. de Foix. **Pecquerel** vient de **pecque**, sorte de jeu.

PEDENELLE. — De Pleudaniel, commune des Côtes-du-Nord, arr. de Lannion. **Pédenelle** vient du latin **pedaneus**, qui est à pied.

PEDNAULT. — De Pondenas, commune du dép. de Lot-et-Garonne, arr. de Nérac. De **pedanée**, terme de droit, juges qui rendent leurs jugements debout.

PEDREMONT.—De Pierremont, commune du Pas-de-Calais, arr. de St-Pol. **Pédremont** vient de **pedestris**, pédestre, à pied.

PEGET. — Du Pouget, commune du dép. de l'Hérault, arr. de Lodève. **Pegé**, enduit de poix.

PEGIN. — De Peschin, seigneurie du Bourbonnais. **Pigin**, pain, tourteau de poix.

PEGUET. — De Plouguet, commune du dép. du Finistère, arr. de Châteaulin. **Péguet**, dim. de **pègue**, poix.

PEIGNÉ. — Peigney, commune de la Haute-Marne, arr. de Langres. **Peignée**, quantité de laine que l'ouvrier met sur le peigne, râclée, volée de coups.

PEINSEING. — De Pinsen, fort de Hollande, dans le Brabant.

PEIR. — Peyre, commune du dép. des Landes, arr. de St-Sever. **Peire**, poire.

PEIRÉ. — Peiret, seigneurie de la Franche-Comté, devenue marquisat en 1717. **Peiré**, poirée.

PELADEAU. — De Palalda, commune du dép. des Pyrénées-

Orientales, arr. de Céret. **Péladeau,** dim. de pélade, laine que les mégissiers font tomber avec la chaux, nom vulgaire de l'alopécie.

PELANT. — Pelan, seigneurie de Bretagne érigée en 1700 pour Faimier. Dérive de **pellis,** peau. **Pelain,** pelage.

PELCHAT. — De Betchat, commune du dép. de l'Ariège, arr. de St-Girons. Mot composé de **pel,** peau, pelle, et de **chat,** chat.

PELEAU. — De Pel, en Provence, dans les Basses-Alpes, diocèse de Senez. **Pelaud,** compagnon de débauche, et **pelaut,** lièvre.

PELEGRIN, PELLERIN. — De Pellerin, commune de la Loire - Inférieure, arr. de Paimbœuf. **Pelegrin,** nom d'homme, signifie étranger.

PELIÇON, PELISSON. — De Pélussin, commune du dép. de la Loire, arr. de St-Etienne. **Peliçon,** habit de peaux. **Pélisson,** pelice, jupe faite de peaux fourrées portée par les vieilles femmes, peluche, peau qui se forme sur la bouillie au riz, en se refroidissant.

PELISSIER. — De Pelousey, commune du dép. du Doubs, arr. de Besançon. **Pélissier,** pelletier.

PELLAND, PELLANT —. Pellen, seigneurie de Bretagne, érigée en 1700 pour De Brohen. **Pellant,** sorte de peau.

PELLETIER. — De Pellautier, com. du dép. des Hautes-Alpes, arr. de Gap. **Pelletier,** celui qui travaille la pelleterie.

PELLISSIER. — V. Pélissier. **Pellissier,** peaucier, personne qui parcourt les villages pour acheter les peaux de bétail.

PELOQUIN, PELLOQUIN. — De Plouguin, commune du Finistère, arr. de Brest. De **plouquet,** petit bouclier.

PELOT. — Plot, lieu du dép. de la Haute-Savoie, dans la commune de Groisy. **Pelot,** pilon.

PEMENT. — V. Paiement.

PENARD. — De Penharzs, commune du Finistère, arr. de Quimper. **Penard,** coutelas, carpe, mâle.

PENDELETTE. — V. Pandelet.

PENEL. — Pesnel, seigneurie de Bretagne, érigée en 1560 pour De Farcy. **Penel,** filet, panneau, porte d'écluse, couverture.

PENIGOT. — De Plumergat, commune du Morbihan, arr. de Lorient.

PENIN. — Commune du dép. du Pas-de-Calais, canton d'Aubigné. **Penin,** denier de Hollande.

PENISOT. — De Polisot, commune du dép. de l'Aube, arr. de Bar-sur-Aube.

PENISSON. — V. Péliçon. **Pénisson,** sot.

PENNE. — Commune du dép. de Lot-et-Garonne, arr. de Villeneuve. **Penne,** panne, fourrure, tête, plume, créneau d'une muraille de château, tête de la chaîne du tisserand, éminence, bout, pointe, extrémité.

PENNELEAU. — De Plélo, commune du dép des Côtes-du Nord, arr. de St-Brieuc. V. Penne.

PENSERS. — Pensée, seigneurie de Bretagne, érigée en 1669 pour De Morant. **Penser,** soigner, traiter avec égards.

PEPEREL. — De Pereille, commune du dép. de l'Ariège, arr. de Foix. **Péperel** vient du grec **pépéri,** poivre.

PEPERON. — De Perréon, commune du dép. du Rhône, arr. de Villefranche.

PEPIE, PEPY. — De Pépieux, commune du dép. du Gers, canton de Saramon. **Pepie,** maladie des oiseaux, écaille qui se forme au bout de leur langue.

PEPIN. — Seigneurie de Bretagne, et commune des Basses-Alpes, arr. de Sisteron. **Pepin,** semence, pépiniériste, jardinier, jeune pommier, parapluie.

PER. — Pert, seigneurie de Normandie, érigée en 1500 pour Suhard. **Per,** égal, compagnon, échevin, conseiller de ville, barons composant le tribunal d'un seigneur.

PERADE. — Parade, commune du dép. de la Lozère, arr. de Florac.

PERAU. — Pérault, commune du dép. de l'Hérault, à une lieu de Montpellier.

PERAUDEAU. — De Peyraud, commune du dép. de l'Ardèche, arr. de Tournon.

PERCEVAUX. — D'Orcevaux, commune de la Haute-Marne, arr. de Langres. **Perchevaud,** percepteur.

PERCHAUD. — De Perche, communes des dép. du Cher, et de Lot-et-Garonne. **Perchaud,** habitant du Perche.

PERCHE. — Seigneurie de l'Auvergne, érigée en 1614 pour d'Ouradour. **Perche,** long bâton, perchoir, mesure agraire, bois d'un cerf. Dérive du grec **perkos,** tacheté de noir.

PERCHEL. — De Perchille, seigneurie de Normandie. **Percheel,** fourrière, amende.

PERDIGAU. — De Pierregot, commune de la Somme, arr. d'Amiens. **Perdigau,** de **perdigoine,** prune violette ou noire.

PERDRIELLE. — Seigneurie de la Brie, érigée en 1423 pour De Perdrielle. **Perdriel,** perdreau.

PERÉ. — Communes de la Charente-Inférieure et des Hautes-Pyrénées. **Peré,** poiré, cidre fait de poires, et **perée,** mesure de grains.

PEREAU. — De Pérat, lieu du dép. de la Charente-Inférieure, dans la commune de Salignac-du-Pons. **Pereau,** pierrier.

PERET. — Communes de la Corrèze et de l'Hérault. V. Peré. **Perreis,** cailloutage.

PERIER. — Périers, communes du Calvados et de la Manche. **Périer,** poirier, oiseau, cens, jeu, morceau de fer emmanché au bout d'une perche, qui sert à faire l'ouverture des fourneaux pour faire couler le métal.

PERIGNY. — Communes des dép. de l'Allier, du Calvados, de la Charente-Inférieure, de Loire-et-Cher.

PERIGORD. — De Périguère, commune des Hautes-Pyrénées, arr. de Tarbes. **Périgord,** province de la Guienne, dont Périgueux était la capitale.

PERILLARD. — De Pierlas, commune du dép. des Alpes-Maritimes, arr. de Puget-Théniers. Vient de **périllier,** mettre en danger.

PERIN. — Peyrins, commune du dép. de la Drôme, arr. de Valence. **Perin**, pierre.

PERINAU. — De Vérines, commune du dép. de la Charente-Inférieure, arr. de La Rochelle. Vient de **péringue**, pigeon sauvage.

PERNAY. — Commune du dép. d'Indre-et-Loire, arr. de Tours. Vient de **perne**, jambon.

PERNEL. — Pernelle, commune du dép. de la Manche, arr. de Valogne. **Pernelle**, nom de femme.

PERNET. — De Pernay, commune du dép. d'Indre-et-Loire, **Pernet**, baronet.

PERNIN. — Pernant, commune de la Côte-d'Or, arr. de Beaune.

PERODEAU. — V. Péraudeau.

PERON. — Commune du dép. de l'Ain, arr. de Gex. **Peron**, terme de fauconnerie.

PERONELLE. — De Ronel, commune du dép. du Tarn, arr. d'Albi. **Perronelle**, dim. de **Perrone**, nom propre.

PERONNE. — Ville du dép. de la Somme. **Péronne**, partie de la charrue à laquelle on attache les chevaux.

PEROST. — Peros, seigneurie de Bretagne. **Perot**, baliveau qui a l'âge de deux coupes, père.

PERPIGNAN. — Ville des Pyrénées-Orientales.

PERRAS. — De Peyrat, commune du dép. de l'Ariège, arr. de Pamiers. **Perrat**, lieu où il y a beaucoup de pierres.

PERRAULT. — Seigneurie dans le dép. de l'Indre, érigée vers 1400 pour De Perrault. **Perrau**, terme de cirier.

PERRÉ, PERRET. — Commune des Côtes-du-Nord, arr. de Loudéac. **Perré**, chaussée de pierres espacées en travers d'un ruisseau. **Perret**, de pierre.

PERRIER. — Commune du Puy-de-Dôme, arr. d'Issoire. **Perrier**, canon qui jette des pierres, carrier, joaillier, poirier, carrière de pierres.

PERRIN. — Seigneurie de Bretagne, érigée en 1696 pour Le Perrin. **Perrin**, perron, cuvier à. lessive en terre, palais de pierre.

PERRINOT, — De la Perrine, seigneurie du Vendômois, érigée en 1660 pour Du Plessis.

PERROCHES. — De Paroches, commune du dép. de la Meuse, arr. de Commercy. **Perroche,** terrain pierreux.

PERRON. — Commune du dép. de la Manche, arr. de St-Lô. **Perron,** grosse pierre plate, signe de la juridiction seigneuriale, plate-forme de taille, de marbre.

PERROT. — De Perros-Guirec, commune des Côtes-du-Nord, arr. de Lannion. **Perrot,** Pierrot.

PERROTIERE. — De la Perratière, seigneurie de Bourgogne, érigée en 1634 pour De Lerval.

PERROTIN. — De Peyrouton, commune du dép. des Landes, arr. de Dax.

PERSENS. — Persan, commune du dép. de Seine-et-Oise, arr. de Pontoise. **Persant,** puissant, sorte de filet.

PERSIGNY. — Persigni, village et abbaye dans le Maine, à 5 lieues d'Alençon.

PERSIL. — Persy, bourg de Normandie, dans le diocèse de Coutances. **Persil,** plante potagère, et **persie,** de couleur foncée.

PERSILLIER. — De Persillies, commune du dép. du Nord, arr. d'Avesnes. V. Parsillé. **Persillé,** qui est semé à l'intérieur de petites taches verdâtres, comme le fromage de Roquefort.

PERSON. — De Perrusson, commune du dép. d'Indre-et-Loire, arr. de Loches. **Person,** personne.

PERSONNE. — De Tersanne, com. du dép. de la Drôme, arr. de Valence. **Personne,** curé, homme ou femme, celui dont on parle, bénéficiaire d'un personnat, Saint-Sacrement.

PERTHUIS. — Pertuis, commune du dép. de Vaucluse, arr. d'Apt. **Pertuis,** trou, retraite, passage pour les bateaux, détroit de mer.

PERUSSEAU. — De Perrouse, commune de la Haute-Saône, arr. de Vesoul.

PERUSSE. — Commune du dép. des Basses-Alpes, arr. de Digne. De **perruchai,** chemin pierreux.

PERUSSI. — De Peyrecy, commune du dép. de Saône-et-Loire, arr. de Charolles.

PESANT. — Pezens, commune du dép. de l'Aude, arr. de Carcassonne. **Pesant,** lourd, dur, puissant, morceau de fer ou de plomb recouvert d'étoffe mis par les artisans sur leur ouvrage pour le tenir en place.

PESCHER. — De Pescher, commune du dép. de la Corrèze, arr. de Brive. **Peschier,** pièce d'eau, destinée à la pêche.

PESLE. — De la Pesle, seigneurie de Bretagne, érigée en 1650 pour de Cornulier. **Pesle,** pêne.

PESQUEUX. — De Peseux, communes du Jura et du Doubs, Vient de **pesque,** pan de vêtemnet.

PETAU. — De Petosse, commune de la Vendée, arr. de Fontenay-le-Comte. **Petau,** paysan enregimenté.

PETEL. — De Pointel, commune du dép. de l'Orne, arr. d'Argentan. **Pestel,** pilon, masse, dard, ornement de tête.

PETHUREAU, PETUREAU. — De Pastoureau, seigneurie du Poitou. De **pasture,** pâturage.

PETINGUEL. — De Pinsaguel, commune de la Haute-Garonne, arr. de Muret. **Petinguel,** sorte de jeu d'enfants.

PETIOT. — De Pécy, commune du dép. de Seine-et-Marne, arr. de Provins. **Petiot,** tout petit, flatteur, caressant.

PETIT. — De Petitville, commune de la Seine-Inférieure, arr. du Havre. **Petit,** pauvre, mauvais, peu favorable, peu sûr, peu avancé, en bas âge.

PETITBOIS. — Seigneurie de Bretagne, érigée en 1696 pour Montalembert.

PETITCLERC. — Nom composé de **petit** et de **clerc,** aspirant ecclésiastique, qui a reçu la tonsure, celui qui travaille dans l'étude d'un avoué, d'un notaire.

PETITJEAN. — De Ploujean, commune du Finistère, arr. de Morlaix.

PETITO. — De Prétot, commune du dép. de la Manche. **Petito,** petite quantité.

PETITPAS. — De Poupas, commune du dép. de Tarn-et-

Garonne, arr. de Castelsarrasin. **Petitpas,** petite journée petite quantité.

PETITPIERRE. — Commune du dép. du Bas-Rhin arr. de Savenne. **Pierre,** prison.

PETREL. — De Pintrelle, dans le dép. de l'Oise, commune de Longueil. **Pétrel,** pierrailles, pinçon de mer, oiseau de tempête, pyrèthre.

PETRIMOULX. — De Patrimonio, commune de la Corse, arr. de Bastia.

PETRIN. — De Pertain, commune du dép. de la Somme, arr. de Péronne. **Pétrin,** vaisseau propre à pétrir, à faire le pain.

PETRON. — Seigneurie du Nivernais, érigée en 1667 pour De Reugny.

PETRUS. — De Perthus, commune des Pyrénées-Orientales arr. de Céret. **Petrus,** douteux.

PETUZON. — D'Etusson, com. du dép. des Deux-Sèvres, arr. de Bressuire.

PEUPE. — D'Eup, commune du dép. de la Haute-Garonne, arr. de St-Gaudens. **Peupe,** peuple, multitude d'hommes d'un même pays, et **peuple,** menu fretin destiné à repeupler un étang.

PEUVRET. — Peuvray, bourg du Perche, dans le diocèse de Séez. **Peuvret,** pevrée, mélange poivrée.

PEYET. — De Poillé, com. de la Manche, arr. d'Avranches. Vient de **peille,** chiffons à faire du papier.

PEYMART. — De Pommard, commune du dép. de la Côte-d'Or, arr. de Beaune. **Peymart,** de **pey,** poisson.

PEYRUSSE. — Commune du dép. de l'Aveyron et du Cantal. V. Pérusse.

PEZART. — De Peyzac, commune de la Dordogne, arr. de Sarlat. **Pesart,** cauchemar, chaume de pois.

PHANEF, PHANEUF. — De Pléneuf, commune des Côtes-du-Nord, arr. de St-Brieuc. De **fane,** herbe.

PHELIP. — V. Philip.

31

PHENIS. — De Feignies, commune du dép. du Nord, arr. d'Avesnes. **Phenis,** fanil.

PHIALA. — De la Friolais, commune du dép. du Doubs, arr. de Montbéliard. **Phiala,** lac célèbre situé au pied du mont Hermon, et d'où le Jourdain prend sa source.

PHIBONNIERE. — De la Pilonnière, seigneurie de Norman die, érigée en 1700 pour Goeslard.

PHILBERT. — De Vilbert, commune du dép. de Seine-et Marne, arr. de Coulommier. **Philbert** ou **Philibert** est composé de **fili,** beaucoup, et de **bert,** illustre. **Fili** est une particule qui ne sert qu'à fortifier le sens, comme on en trouve dans le français. C'est le vieil allemand employé dans Wilbrod. **Filebert,** noix, aveline, de l'anglais **filbert.**

PHILIBOT, PHLIBOT. — De Villebout, commune du dép. de Loir-et-Cher, arr. de Vendôme. **Flibot,** petite embarcation.

PHILIS. — De Villy, commune des Ardennes et du Calva dos.

PHLEM. — De Velesmes, commune de la Haute-Saône. **Phlegme,** pituite.

PHILIP, PHILIPPE. — Commune du dép .de la Gironde, canton de Castillon. **Philippe,** monnaie d'or frappée au nom de Philippe le Bel

PHILIPEAU. — De Villepot, commune du dép. de la Loire-Inférieure. **Philippot,** nom d'homme.

PHILIPPON. — De Lillebonne, com. de la Seine-Inférieure, arr. du Havre.

PHLIBOURG. — De Philisbourg, commune du dép. du Haut-Rhin.

PHOCAS, PHOCASSE. — De Fongax, commune du dép. de l'Ariège, arr. de Foix.

PIABANE. — De Plabennec, commune du Finistère, arr. de Perpignan.

PIAT. — Pia, commune des Pyrénées-Orientales, arr. de Perpignan. **Piat,** petit de la Pie.

PIATANE. — De Plestan, commune des Côtes-du-Nord, arr. de Lannion.

PIAU. — De Vias, commune du dép. de l'Hérault, arr. de Béziers. **Piau,** peau, fourrure, lettre close, poil, petit de la pie.

PIBERT. — De Ploubezre, com. des Côtes-du-Nord, arr. de Lannion. **Pibert,** pivert.

PIC. — Vic, commune de l'Ariège, arr. de St-Girons. **Pique,** rivière des Pyrénées, qui se jette dans la Garonne. **Pic,** mesure de farine contenant neuf picotins, oiseau, instrument de fer courbé, pointu, à long manche, coup de pointe.

PICARD. — De Piarre, commune des Hautes-Alpes, arr. de Gap. **Picard,** qui est de Picardie. **Picart,** aigu, piquant, sorte de clou.

PICAULT. — De Picauville, commune de la Manche, arr. de Valognes. De **picaude,** égratignure.

PICH. — De Pech, commune du dép. de l'Ariège, arr. de Foix. **Piche,** torche.

PICHARD. — De la Pichardaye, seigneurie de Bretagne, érigée pour Bernard. **Pichard,** pivert.

PICHAUD. — De Puch, commune du dép. de la Gironde et de l'Ariège. Dim. de **piche,** torche.

PICHÉ, PICHER. — De Puchay, commune du dép. de l'Eure, arr. des Andélys. **Piché,** pot pour le vin, vaisseau de terre dans lequel on boit, mesure pour le vin.

PICHEREAU. — De Pèchereau, commune du dép. de l'Indre, arr. de Châteauroux. De **pichier,** mesure de terre.

PICHERON. — De Picherande, commune du Puy-de-Dôme, arr. d'Issoire.

PICHET, PICHETTE. — De Pouchet, seigneurie du Languedoc, érigée en 1603. **Pichet,** mesure pour le sel et pour le grain, petit broc de terre, pot à eau. Dérive du grec **bikos,** petit vase.

PICHINA. — De Puginier, commune du dép. de l'Aude, arr. de Castelnaudary. **Pichina,** étoffe qui se fabrique à Haubourdin, **près** de Lille.

PICHON. — De Ponchon, commune du dép. de l'Oise, ar. de Beauvais. **Pichon,** vase, cruche, pieu, tige florale des plantes bisannuelles.

PICHOT. — De Ponchat, commune de la Dordogne, arr. de Bergerac. **Pissot,** canule de cuvier.

PICHOU. — De Fichous, commune des Basses-Pyrénées, arr. d'Orthez.

PICORON. — De Picarreau, commune du Jura, arr. de Poligny. **Picoron** dérive de l'espagnol **pecorear,** voler les troupeaux.

PICOT. — De Piquecos, com. du dép. de Tarn-et-Garonne, arr. de Montauban. **Picot,** pic, picote, chandelier à pointe, limande, épine, piquant, renoncule rampante, dindon, espèce de rets ou filets, engrelure à l'extrémité des dentelles.

PICOTE. — De Pissotte, commune de la Vendée, arr. de Fontenay-le-Comte. **Picote,** petite vérole, mesure pour le vin, étoffe de laine, espèce de petit camelot fabriqué à Lille.

PICOTE. — De Sigottier, commune du dép. des Hautes-Alpes, arr. de Gap. **Picoté,** garni de pointes, taché de petits trous, marqué, marqueté.

PICOTIN. — De Plestins, commune des Côtes-du-Nord, arr. de Lannion. **Picotin,** mesure pour le sel, petite mesure d'avoin qui tient à peu près le quart d'un boisseau, mesure qui sert à l'arpentage en Guienne.

PICQUET. — Du Touquet, dans le Pas-de-Calais, commune de Cucq. **Picquet,** jeu d'enfant avec des bâtons semblables à des piquets.

PIED. — Bourg du Béarn, arr. de Lascar. **Pied,** colline, membre.

PIEDALU. — De Pludual, commune des Côtes-du-Nord, arr. de St-Brieuc. Vient du grec **pos, po**dos, pied.

PIEDMONT. — Commune du dép. de la Moselle, arr. de Briey.

PIERRE. — Commune du dép. de Meurthe-et-Moselle, arr. de Toul. **Pierre,** caillou, prison souterraine, pierres ma-

giques, pierres précieuses, bornes, maladie, le Souverain
Pontife.

PIERRECOT. — De Pierrecourt, commune de la Seine-Infé
rieure, arr. de Neufchâtel.

PIET. — Piets, commune des Basses-Pyrénées, canton d'Ar
zacq. **Piet**, espace de terre.

PIETAIN. — De Plestan, commune des Côtes-du-Nord, arr.
de Dinan. **Piétin**, piédestal, sorte d'arme.

PIETTE. — Bourg de la Beauce, arr. de Chartres. **Piette**,
oiseau aquatique, appelé aussi religieuse ou mouette
blanche.

PIGEAT. — De Plouégat, commune du dép. du Finistère, arr.
de Morlaix.

PIGEON. — Commune du dép. du Lot, arr. de Gourdon.
Pigeon, oiseau, prisonnier, dupe, noyau de pierre non
calciné que l'on trouve dans la chaux amortie, nom de
bœuf et de corbeau.

PIGET. — De Puget, communes des Alpes-Maritimes et du
Var.

PIGNAN. — Pignans, commune du dép. du Var, arr. de Brignoles. De **pigne**, pin.

PIJEAU. — Pujaut, commune du dép. du Gard, arr. d'Uzès.

PILAIRE. — Seigneurie de Normandie, érigée en 1455 pour
De Betheville. **Pilaire**, qui a rapport aux poils.

PILET, PILETTE. — Seigneurie de Normandie, érigée en
1569 pour De Ruppière. **Pilet**, pilon, javelot, bout de
chandelle. **Pillette**, pilon.

PILIAMET. — De Limay, commune du dép. de Seine-et-Oise,
arr. de Mantes.

PILLARD. — De Pillac, commune de la Charente, arr. de
Barbezieux. **Pillard**, qui aime à piller, chien querelleur.

PILON. — Lieu du dép. de Tarn-et-Garonne, canton de Montpezat. **Pilon**, gibier, poteau, bonde d'étang, côte escar-
pée qui a peu de hauteur, gros maillet qui sert à piller,
jambe de bois.

PILOT. — De Plot, dans la Haute-Savoie, com. de Groisy.

Pilot, pilote, pieu, trait, tas de sel ramassé sur le bossis d'un marais salant, vieux chiffons de laine ou de chanvre qui servent à la fabrication du papier, pilotis.

PILOTE. — De Plottes, commune du dép. de Saône-et-Loire, arr. de Mâcon. **Pilote,** pelote, poisson de mer, officier d'équipage.

PIMPARE. — De Pimprez, commune du dép. de l'Oise, canton de Ribécourt.

PIN. — Commune du dép. de l'Orne, arr. d'Argentan. **Pin,** arbre. En bas-breton **pin** signifie cîme, sommet, frontière, embouchure, aile ; en écossais **pin** se dit pour montagne, et en irlandais, pour aile.

PINARD. —De Pinas, commune des Hautes-Pyrénées, arr. de Bagnères. **Pinard,** homme cousu de maillons (monnaie de cuivre), richard.

PINAUD, PINEAU. — Pineaux, commune de la Vendée, arr. de la Roche-sur-Yon. **Pineau,** sorte de raisin dont on fait du vin de même nom ; il a la figure d'une pomme de pin, noyau.

PINCENTE. — De Rinxent, commune du Pas-de-Calais, arr. de Boulogne-sur-Mer.

PINELLE. — Seigneurie de Bretagne érigée en 1400 pour De Montbourcher. **Pinel,** petit pin, bois de pins, bas, chaussures.

PINET. — Commune du dép. de l'Hérault, arr. de Béziers. **Pinette,** hydromel, lieu planté de pins.

PINGUET. — De Piney, commune du dép. de l'Aube, arr. de Troyes. **Pinguet,** dérive de **pinguis,** gras.

PINON. — Commune du dép. de l'Aisne, arr. de Laon. **Pinon,** pepin, amande d'un noyau de pêche, de cerise, la graine du pin.

PINOT. — Seigneurie de Bretagne érigée en 1696 pour De Pontbriand. **Pinot,** instrument à vent fait avec de l'écorce d'arbre au temps de la sève, et qui produit un son de clarinette.

PINSANS. — Pinsen, fort dans le Brabant Hollandais, près de Berg-op-Zoom.

PINSART. — De Pinsac, commune du dép. du Lot, arr. **de** Gourdon.

PINSIER. — De Penzé, lieu du Finistère, dans la commune de Taulé.

PINSONNEAU. — De Poinsenot, commune du dép. de la Haute-Marne, arr. de Langres. **Pinsonnée,** chasse que les paysans font aux petits oiseaux la nuit des fêtes et dimanches en hiver.

PINTADE. De Pintac, commune des Hautes-Pyrénées, canton de **Tarbes. Pintade,** oiseau des Indes, poule, toile peinte.

PIO, PIOT. — V. Piau. **Piot,** vin, cidre, dindon, bouche ouverte.

PIOCHEAU. — De Pioch-Badet, lieu du dép .des Bouches-du-Rhône.

PION. — De Vion, communes des dép. de l'Ardèche et de la Sarthe. **Pion,** buveur, soldat fantassin, piéton, étoupe, espèce de jonc, pièce de jeu d'échecs.

PIPARD. — **Pipard,** dérive de **pipare,** crier.

PIPARDEAU. — V. Poupardeau. **Pipardeau,** dim. de **piparde,** celle qui joue du pipeau.

PIPE. — **Pipe,** chalumeau, mesure des liquides, branche de chandelier, tige de métal, goulot, gorge, ivrognerie.

PIPEREAU. — De Pipriac, commune du dép. d'Ille-et-Vilaine, arr. de Redon.

PIPERON. — **Piperon,** goulot, appendice en pointe soudé à un plat et destiné à recevoir des cierges.

PIQUET. — V. Picquet. **Piquet,** jeu, bâton pointu pour arrêter les cordages d'une tente, mesure de grains, châtiment militaire.

PIRANT. — Peyrans, commune du dép. de l'Aude, arr. de Castelnadaury.

PIRAUBE. — De Terraube, commune du dép .du Gers, arr. de Lectoure.

PIRE. — Peyre, commune du dép. des Landes, arr. de St-Sever. **Pire,** estacade, chemin, bûcher, mou de veau, quartier de mouton.

PIRÉ, PIRET. — Commune du dép. d'Ille-et-Vilaine, arr. de Rennes. **Pirer**, écluser, faire passer par une écluse, rendre pire. **Pirette**, petite oie, femme indolente.

PIREYRE. — De Peyrères, commune du dép. de l'Ardèche, arr. de Largentière.

PIRON. — Seigneurie de Normandie, érigée pour De la Luzerne. **Piron**, gros cuir, oie, jumelle.

PISANE. — De Pisany, commune de la Charente-Inférieure, arr. de Saintes. **Pisan, Pisane**, qui est de Pise.

PISCINE. — De Pissy, commune du dép. de la Somme, arr. d'Amiens. **Piscine**, étang, réservoir.

PISTOLET. — De Vertoloye, commune du Puy-de-Dôme, arr. d'Ambert. **Pistolet**, arme à feu, monnaie, demi-pistole, gâteau, petit poignard, individu.

PITALIER. — De Verbilly commune du dép. de l'Yonne, arr. de Sens. **Pistolier**, cavalier armé d'un pistolet.

PITHOUAS. — De Thoix, commune du dép. de la Somme, arr. d'Amiens. Du grec **pitos**, compatissant.

PITIÉ. — Bourg de Normandie, dans le diocèse de Rouen. **Pitié**, compassion.

PITON. — Pithon, commune du dép. de l'Aisne, arr. de St Quentin. **Piton**, fer qui tient le dossier du lit, flèche pointue en forme de clou, grand nez pointu.

PITRE. — Bourg dans les environs de Rouen, au confluent de l'Audelle et de la Seine. **Pitre**, liqueur sucrée faite avec de l'esprit de vin et quelques odeurs.

PIUZE. — De Pouze, commune du dép. de la Haute-Garonne, arr. de Villefranche. De **piu**, doux, miséricordieux.

PIVAIN, PIVIN. — De Plouvain, commune du Pas-de-Calais, arr. d'Arras.

PIVERT. — De Puyvert, commune du dép. de Vaucluse, arr. d'Apt. **Pivert**, oiseau.

PIZACHON. — De Sachin, commune du Pas-de-Calais, arr. de St-Pol-sur-Ternoise.

PLADEAU. De Pradeaux, commune du dép. du Puy-de-Dôme, arr. d'Issoire. Dérive du bas-breton **plad**, plaie.

PLAGNOT. — De Plouigneau, commune du Finistère, arr. de Morlaix.

PLAID. — Plaix, dans la Marche, diocèse de Limoges. **Plaid,** accord, convention, cour du roi, cour du seigneur, procès, querelle, entretien, entreprise, baril, plaidoirie, audience, manteau.

PLAIRANT. — Plérin, commune des Côtes-du-Nord, arr. de St-Brieuc.

PLAISANCE. — Communes des dép. de la Vienne et de l'Aveyron. **Plaisance,** plaisir, plaisir déréglé.

PLAISANT. — De Plaisians, commune du dép. de la Drôme, arr. de Nyons. **Plaisant,** agréable, bouffon impertinent.

PLAMONDON. — De Glamondans, commune du dép. du Doubs, arr. de Baume-les-Dames. Vient de **plamer,** amollir les peaux avec de la chaux.

PLANCHAR. — De Penjard, commune de la Gironde, arr. de Bordeaux. **Planchard,** fabricant de planches.

PLANCHET. — Commune de la Haute-Saône, arr. de Lure. **Plancher,** planche, soliveau, petite planche. Dérive du grec **plax,** table, laque.

PLANIEL. — Planiolles, commune du dép. du Lot, arr. de Figeac.

PLANTANET. — Du Planet, lieu du dép. de Seine-et-Oise, dans la commune de St-Léger-en-Yvelines. Dérive du grec **plata,** partie large d'une rame.

PLANTE. — De Planques, commune du Pas-de-Calais, arr. de Montreuil. **Plante,** vigne nouvellement plantée, plainte, endroit planté de pépinière.

PLANTÉ. — Du Plantay, commune du dép. de l'Ain, arr. de Trévoux. **Planté,** abondance. Vient de **plénité,** d'où l'anglais **plenty,** plénitude, quantité.

PLANTIER. — Des Plantiers, commune du dép. du Gard, arr. de LeVigan. **Plantier,** lieu planté d'arbres, clos de vigne, marcotte.

PLANTIS. — Du Plantis, commune du dép. de l'Orne, arr. d'Alençon. **Plantis,** plant de jeunes arbres, rejeton, jeune arbre.

PLASSAUD. — De Plassac, commune de la Gironde, arr. de Blaye. Vient de **plasse**, perplexe, embarrassé.

PLASSIS. — Plassy, seigneurie de Guienne, érigée au XIIIe siècle pour De Morlane. **Plassis**, mare, clôture, plessis.

PLAT. — Commun de l'Ardèche, arr. de Tournon. **Plat**, vaisselle, service, redevance, qui est maigre, à jeun, à la diète.

PLATEAU. — Lieu du dép. de Seine-et-Oise, dans la commune de Neuilly-sur-Marne. **Plateau** dérive du grec **platus**, large, ouvert.

PLAU, PLEAU. — Plaud, ville du Limousin, dép. de la Corrèze. **Plau**, employé pour **pliau**, de pluie. Un vent **plau** est un vent d'ouest qui amène la pluie.

PLEHAN. — De Plélen, commune du dép. d'Ille-et-Vilaine, arr. de Montfort.

PLEICK. — De Plieuc, commune des Côtes-du-Nord, arr. de St-Brieuc. **Plectre**, dé, pour pincer les cordes du luth.

PLEISTID. — De Plessix, dans le dép. des Côtes-du-Nord, arr. de Dinan.

PLEMARET. — De Pomarez, commune du dép. des Landes, arr. de St-Sever.

PLERMEL. — Ploërmel, ville du Morbihan, sur l'Ouste à son confluent avec Malestroit.

PLESSIS. — Commune du dép. de la Manche, arr. de Coutances. **Plessis**, bois, taillis, forêt, clos fermé de haies, maison de plaisance, bois qui servent d'embellissement aux maisons, parc entouré de haies pliées.

PLICHARD. — De Ponchat, commune de la Dordogne, arr. de Bergerac.

PLICHON. — De Ponchon, commune du dép. de l'Oise, arr. de Beauvais. **Plichon**, petite pelisse.

PLINGUE, PLINGUET. — De Plouguer, commune du Finistère, arr. de Châteaulin.

PLOT. — V. Plau. **Plot**, billot, chanvre teillé et destiné à être cardé, loquet, tronçon.

PLOUF. — De Toeufle, commune du dép. de la Somme, arr. d'Abbeville.

PLOURDE. — De Lourde, commune de la Haute-Garonne, arr. de St-Gaudens

PLUCHE. — Commune dans le pays Messin. **Pluche**, peluche, sorte d'étoffe, terme de fleuriste.

PLUCHON. — De Pelussin, commune du dép. de la Loire, arr. de Saint-Etienne. **Pluchon**, vient de **pilus**, poil.

PLUMBY. — De Plomb, commune du dép. de la Manche, arr. d'Avranche. Vient de **plomb**, sorte de vase.

PLUMEREAU. — De Puymereau, seigneurie de Provence, commune du Morbihan, arr. de Lorient. Vient de **plumer**, enlever l'écorce.

PLUMETEAU. — Plumetot, commune du Calvados, arr. de Caen. **Plumeteau**, dim. de **plumet**, qui n'a pas encore de barbe.

PLUTEAU. — De Pluvault, commune du dép. de la Côte-d'Or, arr. de Dijon. **Pluteau**, engin de guerre, le mantelet.

POETE. — Poëte, commune du dép. des Hautes-Alpes, arr. de Gap. **Poeste**, puissance, force.

POETTEVIN. — Des Poitevins, seigneurie de Normandie, érigée en 1550 pour Du Bocq. Dérive de **poeste**.

POGNOT. — De Poilhes, commune du dép. de l'Hérault, arr. de Béziers. **Poignot**, poignet.

POIDEVIN. — V. Poitevin.

POIDRAS. — De Poidarieux, commune du dép. du Gers, arr. d'Astarac.

POILBLANC. — De Pontblanc, lieu des Côtes-du-Nord, dans la commune de Penvenan.

POINT. — Poinct, seigneurie de Bourgogne, érigée en 1706 en faveur de Bochart. **Point**, pommeau d'épée, limites, borne, degré, étage, pause, minute, état, monnaie.

POINTEL. — Commune du dép. de l'Orne, arr. d'Argentan. **Pointel**, pointe de la lance.

POIRÉ. — Commune du dép. de la Vendée, arr. de La Roche. **Poiré**, liqueur faite avec des poires, **poirée**, mélange de poireaux et de légumes mis en potage, et **poiret**, camomille.

POIREAU. — De Poireauville, seigneurie de Champagne, érigée pour de St-Blimond. Poireau, pendant d'oreille, verrue, sorte de coiffure, plante potagère.

POIRIAU, POIRIOT. — De la Poirière, seigneurie de l'Orléanais, érigée en 1507 pour Berruyer. De **poirie**, poiré.

POIRIER. — Du Poirier, lieu du dép. du Nord, dans la commune de **Trith-Saint-Léger**. Poirier, jeu, mesure, ordre de chevalerie en Espagne, place du marché à Bourges.

POISSANT. — De Poussan, commune du dép. de l'Hérault, arr. de Montpellier. Poissant, puissant, possible, capable.

POISSET. — De .Pousset, seigneurie du Languedoc. De poisser, coller.

POISSON. — Commune du dép. de Saône-et-Loire, arr. de Charolles. Poisson, mesure, le quart d'un setier, vivres. Autrefois l'on disait posson ou poçon.

POITEVIN. — Seigneurie de Normandie. Poitevin, qui est du Poitou, monnaie du Poitou.

POITIERS. — Ville capitale du dép. de la Vienne. Poitiers, potier, officier de l'échansonnerie qui a soin des vases à boire.

POITOU. — De Ponthou, commun du Finistère, arr. de Morlaix. Poitou, province de **France**.

POITRAS. — De Pontruais, seigneurie de Bretagne, érigée en 1668 pour De la Mothe. **Poitras**, poitrine, gorge, plastron du poitrail, paysan arriéré.

POITRON. — De Pontrion, seigneurie de Bretagne, érigée en 1700 pour Du Feu. **Poitron** dérive de pectus, poitrine, et se disait pour désigner une vieille et une espèce de prune jaune.

POIVRE. — Commune du dép. de l'Aube, arr. d'Arcis-sur-Aube, **Poivre**, fruit aromatique pour l'assaisonnement des mets.

POLEMOND. — De Plumont, commune du Jura, arr. de Dole. **Poulémon**, loche, petite morue. **Polémon**, philosophe de l'Académie d'Athènes.

POLET, POLETTE. — D'Olette, commune des Pyrénées-

Orientales, arr. de Prades. **Polet,** dim. de **pole,** poisson.
Polète, enclume, pièce de métal sur laquelle on frappe le
marteau d'une porte.

POLICAIN. — V. Poliquin. **Polican,** pèlerin, instrument pour
arracher les dents.

POLICARP. — V. Polycarpe.

POLIGNY. — Ville du Jura, et communes des dép. de Seine-
et-Marne et de l'Aube.

POLIQUIN.—Du Poliguen, commune de la Loire-Inférieure,
arr. de St-Nazaire. V. Policain.

POLLAINGRE.—D'Aulléne, commune du dép. de la Corse,
arr. de Sartène.

POLLET. — De Polliat, commune du dép. de l'Ain, arr. de
Bourg. **Pollet,** quartier de la ville de Dieppe. **Pollet,**
courroie.

POLLINGER. — De Poulangy, commune de la Haute-Marne,
arr. de Chaumont.

POLTON. — De Peuton, commune de la Mayenne, arr. de
Château-Gontier.

POLYCARPE. — Commune du dép. de la Haute-Marne, arr.
de Chaumont. **Polycarpe,** recueil de canons, constitution
ecclésiastique.

POLONCEAUX.—De Palaiseau, commune du dép. de Seine-
et-Oise, arr. de Versailles. De **palon,** pelle.

POMBERT. — De Pontaubert, commune du dép. de l'Yonne,
arr. d'Avallon. De **pom,** pointe de l'épée.

POMERAY, POMERET. — Pommeret, commmue des Côtes-
du-Nord, arr. de St-Brieuc. **Pomerée,** cidre et **pomeraie,**
lieu planté de pommiers, hellebore fétide, primevère.

POMEREAU. — De Pommera, commune du Pas-de-Calais,
arr. de St-Pol-sur-Ternoise.

POMERLOT. — De Poumarous, commune des Hautes-Pyrénées, arr. de Tarbes. De **pomeler,** s'arrondir comme une
pomme.

POMMIER. — Communes du Pas-de-Calais et de l'Isère.
Pommier, arbre qui produit des pommes.

POMPARDEAU. — De Pompaire, commune du dép. des Deux-Sèvres, arr. de Parthenay.

PONCE. — De Ponches, commune du dép. de la Somme, arr. d'Abbeville. **Ponce,** pierre volcanique, sorte de plante.

PONCEAU. — Seigneurie de Beauce, érigée en 1725 pour De Mortières. **Ponceau,** coquelicot, petit pont, couleur rouge foncée.

PONCELET, PONCELET.—De Puycelet, commune du **Tarn,** arr. de Gaillac. **Poncelet,** petit pont.

PONCET.—Commune du dép. de la Côte-d'Or, arr. de Dijon. **Poncé,** pressé, serré.

PONCIN. — Commune du dép. de l'Ain, arr. de Nantua.

PONCY, PONSY. — De Pontchy, commune de la Haute-Savoie, arr. de Bonneville. **Poncis,** dessin tracé sur le papier et marqué par de petits points, qui sert de patron pour en faire plusieurs autres, en passant par dessus la ponce

PONSANT. — Ponsan, commune du dép. du Gers, arr. de Mirande.

PONSART. — De Ponsas, commune du dép. de la Drôme, arr. de Valence. **Ponsart,** homme pansu.

PONT. — Commune de la Côte-d'Or, arr. de Dijon. **Pont,** pion, pointe, garde d'une épée, pont, pont de bateau, pont volant, ville bâtie sur les rivières.

PONTARD. — De Pontac, commune des Basses-Pyrénées, arr. de Pau.

PONTBRIAND. — Seigneurie de Bretagne, érigée pour De Foucault.

PONTEAU. — Pontaut, seigneurie de Guienne, érigée en 1660 pour De Poudenx. **Ponteau,** pontel, petit pont, pont volant

PONTENIER. — De Puget-Theniers, ville des Alpes-Maritimes. **Pontanier,** celui qui reçoit un droit de pontenage sur les marchandises.

PONTEU.—De Pontrieux, commune des Côtes-du-Nord, arr. de Guingamp.

PONTHELOY. — Commune du dép. de Loir-et-Cher, arr. de Blois. **Pontheloy,** pont-levis.

PONTIF. — De Pontis, commune des Basses-Alpes, arr. de Barcelonnette, **Pontif,** faiseur de pont, petit pont.

PONTON. — Ponthion, commune du dép. de la Marne, arr. de Vitry-le-François. Ponton, pont, espèce de bac, pont-levis, pont d'un bateau, bateau.

PONTOIS. — De Pontoise, ville du dép. de Seine-et-Oise. **Pontois,** pontoir.

PONTUS. — Seigneurie de Bretagne, érigée en 1450 pour, De la Muce. De **pontueus,** qui a beaucoup de ponts.

PORCHER. — Commune du dép. de la Moselle, arr. de Briey. **Porcher,** qui a soin des porcs.

PORCHERON. — Seigneurie de la Haute-Vienne, érigée en 1630 pour Cannuel. **Porcheron,** porcher.

POREAU, PORREAU. — De Vors, commune de l'Aveyron, arr. de Rodez. **Poreau,** poireau, herbe.

PORLIER. — De Vorly, commune du dép. du Cher, arr. de Bourges.

PORMIER. — De Premières, commune de la Côte-d'Or, arr. de Dijon.

PORTAIL. — Seigneuries de Bretagne et de Normandie. **Portail,** porte de ville, espèce de poire, plancher mobile pour fermer l'ouverture des ponts.

PORTAIS. — Portet, communes des Basss-Pyrénées et de la Haute-Garonne.

PORTE, PORTES. — Portes, communes des dép. de l'Eure, du Gard, de la Drôme. **Porte,** ouverture, panneau, transport, sorte d'oublie, barrage sur certains cours d'eau, droit, ânelet.

PORTEL. — Commune du dép de l'Aude, arr. de Narbonne. **Portelle,** petite porte.

PORTELANCE. — De Port-de-Lanne, commune du dép. des Landes, arr. de Dax.

PORTER. — Porté, commune des Pyrénées-Orientales, arr. de Prades. **Porter,** soutenir, suporter, protéger, comporter, différer, tourner à.

PORTIER. — De Portvillez, commune de Seine-et-Oise, arr. de Mantes. Portier, qui garde la porte, géôlier, porte, portail.

PORTNEUF. — Baronnie érigée dans la province de Québec, en faveur de Bécancourt, chevalier de St-Michel et grand-voyer de la Nouvelle-France.

PORTRINEAU. — De Portiragnes, commune du dép .de l'Hérault arr. de Béziers.

PORTSCHE, POTCHE. — Portz, châtellenie dans la Touraine.

FORTUGAIS. — De Portalet, lieu du dép. des Basses-Pyrénées, commune d'Uzès. Portugais, habitant du Portugal.

PORTUGAL. — De Portudal, ville d'Afrique, royaume de Basl, ancien comptoir français. Portugal, nom de royaume.

POSÉ. — De Pocé, commune du dép. d'Ille-et-Vilaine, arr. de Vitry. Posé, tardé, différé.

POT. — Pots, seigneurie de Normandie, érigée en faveur de Germain. Post, poteau, pilier, madrier, et pot, mesure.

POTARD. — De Pontarlier, ville du dép. du Doubs. Potard, élève pharmacien.

POTDEVIN.—V. Poitevin. Pot-de-vin, vin de marché, en matière de bail, gracieuseté.

POTEL. — Potelles, com. du dép. du Nord, arr. d'Avesnes. Potel, seuil de la maison, petit pot, mesure de liquides, botte de plantes.

POTERE. — De la Prétière, commune du dép. du Doubs, arr. de Baume-les-Dames. Potterre, pot de terre, et poteure, poterie.

POTEREL, POTREL.—Potterel, bois dans la Basse-Normandie, maîtrise d'Argentan. Potrelle, espèce de champignon, et poutrel, jeune cheval.

POTHERIE (La). — Commune de Maine-et-Loire, arr. de Segré. Poterie, marchandise de pots et de vaisselle de terre ou de grès.

POTHIER. — De Pothierre, dans la Champagne, arr. de Langres. V. Potier.

POTICHON.—D'Autichamp, commune du dép. de la Drôme, arr. de Die.

POTIER. — Potier, bourg de Picardie, diocèse de Noyon. Potier, officier de l'échansonnerie, celui qui vend ou fabrique des pots, poteau garni de chevilles saillantes pour faire égoutter et sécher les pots d'une laiterie, sorte de jeu de billes.

POTIN. — De Potan, commune des Côtes-du-Nord, arr. de Dinan. Potin, composition où il entre du plomb et de l'étain dont on fait les pots, porte de fer, mastic de vitrier, commérages.

POTTE. — Commune du dép. de la Somme, arr. de Péronne. Potte, pied, grosse lèvre, perche ou civière pour porter le foin.

POTVIN. — V. Poitevin.

POUCHAT. — De Pouzat, commune de l'Ardèche, arr. de Tournon.

POUCHOT. — De Puch, communes des dép. de la Gironde et de l'Ariège. Pouchat, goulot, conduit, canal, eau d'une source.

POUDRAI. — De Pouvrai, commune du dép. de l'Orne, arr. de Mortagne. Poudrette, jeu.

POUDRIER. — De Puydarrieux, commune des Hautes-Pyrénées, arr. de Tarbes. Poudrier, fabricant de poudre à canon, petite horloge de sable pour compter le temps par demi-heure, petite boîte percée de trous qui sert à jeter le sable sur l'écriture fraîche, afin qu'elle ne s'efface pas, poussière.

POUFLÉ. — De Toufflers. commune du dép. du Nord, arr. de Lille. Poufle, ornement de toilette.

POUGEOLE. — Poujol, com. du dép. de l'Hérault, arr. de Béziers. Pougeul, marjolaine, origan.

POUGET. — Commune du dép. de l'Hérault, arr. de Lodève.

POUGNET. — Pougné, commune du dép de la Charente, arr. de Ruffec.

POUGRET. — De Lougratte, commune du dép. de Lot-et-Garonne, arr de Villeneuve.

POUILLAC. — Commune de la Charente-Inférieure, arr. de Jonzac. Pouillac dérive du grec pâlos, petit d'un animal.

POUILLOT. — De Pouillat, commune du dép. de l'Ain, arr. de Bourg. Pouillot, brassière, corset.

POUJOT. — Pujo, commune des Hautes-Pyrénées, arr. de Tarbes.

POULAIN, POULIN.—De Poulainville, com. de la Somme, arr. d'Amiens. Poulain, échelle, jeu de dés, bubon, cadre de charpente pour traîner les fardeaux, perches accouplées pour descendre des tonneaux d'une voiture dans une cave.

POULARIEZ.—De Villariez, commune de la Haute-Garonne, arr. de Toulouse.

POULET, POULETTE. — De Pouillé, communes de Loir-et-Cher, de Vendée et de la Vienne. Poulet, billet de galanterie, noyau, et poulette, ampoule produite par pression ou frottement.

POULIOT. — De Pouliacq, commune des Basses-Pyrénées, arr. de Pau. Pouliot, petite poulie, plante aromatique.

POULLALIER. — De Villalier, commune du dép. de l'Aude, arr. de Carcassonne.

POULLIAU. — De Poully, bourg du Beaujolais, diocèse de Langres. Pouliau, sorte de poulie.

POUPARD, POUPART. — De Pompart, commune de Dordogue, arr. de Bergeras. Poupart, damoiseau, enfant au maillot, poupon, enfant joufflu, espèce de crabe.

POUPARDEAU. — De la Poupardière, seigneurie de Bretagne, érigée en 1700.

POUPEAU. — De Poubeau, commune de la Haute-Garonne, arr. de Saint-Gaudens. Poupeau, poignée de filasse que l'on attache sur la quenouille.

POUPEVILLE. — Pouville, seigneurie de Normandie, érigée en 1600 pour LeRoux.

POUQUEVILLE.—De Pouqueville, dans la Seine-Inférieure, commune de Hautot-sur-Mer. Pouque, sac, ville.

POURS. — De Bours, communes du Pas-de-Calais et des Hautes-Pyrénées.

POURPOINT. — De Plaimpoint, seigneurie du Languedoc, érigée en 1700. **Pourpoint**, vêtement d'homme qui couvrait le corps du cou à la ceinture.

POURROY. — De Parois, commune du dép. de la Meuse, arr. de Verdun.

POURTIER. — De Pourcy, commune du dép. de la Marne, arr. de Reims.

POUS. — Pout, commune du dép. de la Gironde, arr. de Bordeaux. **Pouls**, poils, bouillie d'avoine à l'eau, pétales secs du sarrasin, et **pous**, menues pailles de céréales, pousse, asthme du cheval.

POUSSET. — Poussay, commune du dép. des Vosges, arr. de Mirecourt. **Pousset**, maladie des moutons, grenaille de bronze.

POUSSARD. — Poussac, commune de l'Agénois. **Poulsard**, espèce de raisin dont on faisait le vin clairet.

POUTICHEROT. — De Pont-Thierry, lieu du dép. de Seine-et-Marne, commune de Pringy.

POUTRÉ. — Poutraye, commune du dép. du Haut-Rhin, arr. de Colmar. **Poutré**, poutrage.

POUTRINCOURT. — Seigneurie de Picardie, érigée pour De Biencourt. **Poutrain**, poulain.

POUVIL. — Pouville, seigneurie de Normandie, érigée en 1600 pour Le Roux.

POUSSET. — De Pouzay, commune d'Indre-et-Loire, arr. de Chinon. **Pousset**, maladie des moutons.

POUZOLLE. — Commune du dép. de l'Hérault, arr. de Lodève. **Pouzolle**, sable qui se trouve dans le territoire de Pouzzole.

POYER. — Seigneurie du pays chartrain, érigée en 1600 pour Le Sieur. **Poyer**, payer, monter.

PRADE. — Ville des Pyrénées-Orientales. **Prade**, prairie.

PRADET. — Pradette, commune du dép. du Var, arr. de Toulon.

PRAIRIE. — De Prairies, com. du dép. de Maine-et-Loire, arr. de Baugé. **Prairie**, terrain qui produit de l'herbe ou du foin.

PRAT. — Commune des Côtes-du-Nord, arr. de Lannion. Prat, pré, bête pourrie.

PRAYÉ. — Prayet, seigneurie du Dauphiné, érigée en 1695 pour De Veynes. **Prayer**, oiseau qui fréquente les prés, et **praier**, sergent qui fait la police des prés.

PRÉ. — Pretz, commune du dép. de la Meuse, arr. de Bar-le-Duc. **Pré**, terre à pâturage.

PREAUX. — Commune du Calvados, arr. de Caën et de Lisieux. **Préau**, petit pré.

PRECOUR. — De Brécourt, lieu du dép. de Seine-et-Oise, dans la commune de Labbeville.

PREFONTAINE. — Commune du dép. du Loiret, canton de Ferrières, arr. de Montargis.

PREGEN, PREJAN. — De Projan, commune du dép. du Gers, arr. de Mirande.

PRELAS. — Prelats, bourg de l'Agénois. **Prelas**, prélat, supérieur, chef, évêque, abbé, conseillers, gens de robe, chef de l'Eglise.

PREMARD, PREMORE. — De Primat, commune du dép. des Ardennes, arr. de Vouziers.

PREMAGNY. — De Preigney, commune de la Haute-Saône, arr. de Vesul.

PREMONT. — Commune du dép. de l'Aisne, arr. de St-Quentin.

PRENIER. — De Prenières, commune du dép. de la Côte-d'Or.

PRENONNEAUX. — De Prémanon, commune du Jura, arr. de St-Claude. De **prenommer**, pronostiquer.

PRENOVEAU. — Prénouveau, seigneurie de Bretagne, érigée en 1600 pour De l'Espinay. De **prénover**, innover.

PRESEAU. — Seigneurie de Flandre, érigée en 1700 pour De Croix. De **préséer**, présider.

PRESSAU. — De Pressac, commune du dép. de la Vienne, arr. de Civray. De **presse**, rude besogne.

PRESSE. — Preset, dans le Nivernais. **Pressé,** soumis à l'action du pressoir, empressé, pressuré, rançonné.

PRESSECQ. — De Prézec, seigneurie de Bretagne, érigée en 1668 pour Drouet.

PRETABOIRE. — De Prébois, commune du dép. de l'Isère, arr. de Grenoble.

PRETAT. — De Prétot, commune du dép. de la Manche, arr. de Coutances. **Prestat,** preté.

PREUIRAN. — De Peyrens, commune du dép. de l'Aude, arr. de Castelnadaury. De preu, homme de bien, vaillant.

PREVILLE. — Baronnie de Normandie, érigée en 1700 pour d'Esmaleville.

PREVOST. — De Préval, commune du dép. de la Sarthe, arr. de Mamers. **Prévost,** officier de justice, dignité ecclésiastique.

PREZEAU. — Prézau, commune de la Flandre, diocèse de Cambrai.

PRIANT. — De Preignan, commune du dép. du Gers, arr. d'Auch. Priant, prie-Dieu.

PRICE. — Commune du dép. de l'Aisne, arr. de Vervins. **Prisque,** espèce de mets.

PRIEUR. — Commune du dép. de l'Aveyron, canton de St-Amant. **Prieur,** supérieur d'un couvent, celui qui prie, celui qui invite aux funérailles.

PRIGEAT. — De Préchac, commune du dép. du Gers.

PRIJEAN. — De Projan, commune du dép. du Gers, arr. de Mirande.

PRIMARD. — De Primartz, seigneurie de Bretagne, érigée en 1696 pour De Limoges.

PRIME. — **Prime,** premier, printemps

PRIMEAU. — De Prémeaux, commune de la Côte-d'Or, arr. de Beaune. **Primos,** pain de première qualité.

PRIMONT. — De Primout, commune du dép. de l'Ariège, arr. de St-Girons.

PRINCE. — De Pringe, bourg du dép. de la Sarthe. **Prince,** ami, principal, écluse.

PRINSEAU. — De Prinquiau, commune du dép. de la Loire-Inférieure, arr. de St-Nazaire.

PRINTEMPS. — De Pretin, commune du Jura, arr. de Poligny. Printemps, saison, jeunesse.

PRIOR. — De Ria, commune des Pyrénées-Orientales, arr. de Prades. Prior, prieur.

PRIVÉ. — Commune du dép. de Saône-et-Loire. Privé, particulier, parent, dompté, apprivoisé.

PROTAIN. — De Preutin, commune du dép. de Meurthe-et-Moselle, arr. de Briey.

PROTEAU. — De Prétot, commune du dép. de la Manche, arr. de Coutances. Proteau, dim. de **prot**, dindon.

PROU, PROULX. — De Poulx, commune du dép. du Gard, arr. de Nimes. Prou, avantage, profit, tuf, assez, suffisamment, beaucoup. C'est encore en France un terme de félicitations, d'heureux souhait : '' Prou nous fasse ! '' Tu est satisfait de ton sort, prou te fasse ! '' **Prou**, est fait de **probe, prob, prov,** prou et dérive de **protatum,** qui signifie présenté. Dans le Perche, le **proult** est l'acte que les enfants puînés présentent. **Proult,** veut dire partage et **prous,** vaillant, et **proux,** sage, prudent. **Prouer,** signifie traverser en bateau.

PROUTOT. — De Pout commune de la Gironde, arr. de Bordeaux.

PROUVILLE. — Commune du dép. de la Somme, arr. de Doullens. V. Proulx.

PROVENÇAL. — De Provence, seigneurie de Bourgogne, érigée en 1626 pour de Lanneau. Provençal, qui est de la Provence, et provençale, sorte de culotte longue.

PROVENCHER. — De Provenchère, communes des dép. du Doubs et de la Haute-Saône. **Provenchier,** mesure.

PROVOST. — De la Provostaie, seigneurie de Bretagne. Provost, prévost.

PRUNEAU. — De Prûines, commune du dép. de l'Aveyron, arr. de Rodez, et Pruneaux, seigneurie de l'Orléanais, érigée en 1687 pour Amelot. **Pruneau,** prune séchée au four, prunelle des haies.

PRUSSIEN. — De Pussans, commune du dép. du Doubs, arr. de Baume-les-Dames. **Prussien,** qui vient de Prusse.

PUCE. — Puxe, dans le dép. de Meurthe-et-Moselle, arr. de Briey. **Puce,** insecte.

PUCELLE. — De Princeul, commune de la Loire-Inférieure, arr. de Châteaubriant. **Pucelle,** jeune fille servante, poisson ressemblant à l'alose, espèce de poire appelée chat brûlé.

PUET. — Puers, bourg du Brabant, dans les Deux-Nèthes. **Puet,** bouchon, galoche, galon, cheville, fausset de tonneau.

PUGIBAUD, PUYGIBAUX. — De Pont-Gibaut, en Auvergne, dép. du Puy-de-Dôme.

PUISAYE. — Com. du dép. d'Eure-et-Loir, arr. de Dreux. de Seine-et-Oise.

PUJOL. — Commune de la Gironde, arr. de Libourne.

PUTELLE. — De Pradelles, commune du dép. de la Drôme, arr. de Dié. **Putelle,** bourbier, mare, plaque d'eau.

PUYBARD. — De Pont-de-Barret, commune du dép. de la Drôme, arr. de Montélimart. **Puy,** vient du grec **podion,** élévation, amphithéâtre, pâturage situé sur une montagne.

PUYPEROUX. — Commune de l'Angoumois, dans le diocèse d'Angoulème.

PUYSIEUX. — Terre de Champagne, sur la Vesle, dépendance du marquisat de Sillery, dans le dép. de la Marne, à 5 lieues de Reims. De **puisier,** qui creuse les puits.

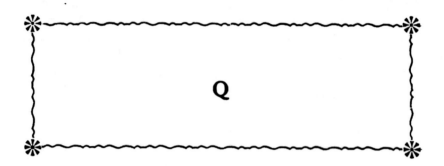

QUADRIN. — De Cardrin, seigneurie de Bretagne, érigée pour Perrieux. **Quadrain,** liard, monnaie.

QUAILAN. — De Quelaines, com. du dép. de la Mayenne, arr. de Château-Gontier: **Quailan,** vient de **quaile,** vif, adroit.

QUARÉ, QUARRÉ. — De Quarré-les-Tombes, commune du dép. de l'Yonne, arr. d'Avallon. **Quarré,** lieu où l'on fait la cuisine dans les bateaux.

QUATREFAGE. — D'Hautefage, commune du dép. de la Corrèze. **Fage,** hêtre.

QUATRESOUS. — De Quatourse, seigneurie du Languedoc, érigée en 1550 pour Bertrand.

QUATREVILLE. — De Quétreville, commune du dép. de la Manche, arr. de Coutances.

QUAY. — Commune du dép. des Côtes-du-Nord, arr. de St-Brieuc. **Quay,** quai.

QUAYLA. — De Cuélas, commune du dép. du Gers, arr. de Mirande.

QUELÉ. — De Culey, commune du dép. de la Meuse, arr. de Bar-le-Duc.

QUELOU. — De Quiou, commune des Côtes-du-Nord, arr. de Saint-Brieuc.

QUEMELEUR. — De Camlez, commune des Côtes-du-Nord, arr. de Lannion.

QUEMERÉ. — De Crémeur, seigneurie de Bretagne, érigée en 1470 pour De Carné.

QUENAY. — Quesnay, seigneurie de Normandie, érigée en 1500 pour Le Pelletier. **Quesnay,** chêne radical.

QUENEL, QUESNEL. — Commune du dép. de la Somme, arr. de Montdidier. **Quenelle,** canelle, clef de barrique, grosse bobine sur laquelle on enroule le fil à lisser, clôture de pieux de chêne. Dérive de **quernus,** qui se disait autrefois pour **quercus,** chêne.

QUENET, QUESNET. — Quesnay — Quesnon, commune du Calvados, ar. de Bayeux. **Quenette,** canette, jeune cane, mèche de laine agglomérée par la sueur.

QUENIVEL. — De Kernevel, commune du Finistère, arr. de Quimperlé.

QUENNEVILLE. — Seigneurie de Normandie, érigée en 1375 pour de Montauban. **Keine,** goutte.

QUENOCHE. — Commune du dép. de la Haute-Saône, arr. de Vesoul.

QUENTIN. — Seigneuries de Bretagne et de Normandie.

QUERCY. — De Quierzy, commune du dép. de l'Aisne, arr. de Laon. **Quercy,** province de France, dont la capitale était Cahors.

QUERDAIL. — De Kerdalaès, seigneurie de Bretagne, érigée en 1650.

QUERDIN. — De Curdin, commune de Saône-et-Loire, arr. de Charolles.

QUERDRAN. — De Kerdrean, seigneurie de Bretagne, érigée en 1668 pour Gicquel.

QUERET. — De Querré, com. du dép. de Maine-et-Loire, arr. de Segré. **Querée,** personne maigre et malpropre, charogne.

QUERI, QUERRY. — De Quiéry-la-Motte, commune du Pas-de-Calais, arr. d'Arras. **Quéri,** réquisition.

QUERIGNAN. — De Quérénang, commune du dép. du Nord, arr. de Valenciennes.

QUERIO. — De Quers, commune de la Haute-Saône, arr. de Lure.

QUERTIER. — De Querqueville, commune du dép. de la Manche, arr. de Cherbourg. **Quertier,** quartier.

QUESCE. — De Quesques, commune du Pas-de-Calais, arr. de Boulogne. **Quesse,** cuisse.

QUESDRA. — De Queyras, lieu des Hautes-Alpes, dans la commune de Châteauville-Vieille. De **q**uest, caisse, gain, profit.

QUESSI. — De Quessy, commune du dép. de l'Aisne, arr. de Laon.

QUESTY. — De Quétigny, commune de la Côte-d'Or, arr. de Dijon. **Keutis,** lit de plume.

QUEVILLON. — Commune de la Seine-Inférieure, arr. de Rouen. **Chevillon,** petite cheville.

QUEZEL, QUIEZEL. — De Kerzelle, seigneurie de Bretagne, érigée en 1696 pour Huon. **Keisel,** gravier.

QUEZET. — De Cusset, commune du dép. de l'Allier, arr. de La Palisse.

QUIEUREMON. — V. Guévremont.

QUIGOU. — De Quillou, seigneurie de Bretagne, érigée en 1668 pour Chatton.

QUILLET. — De Cuillé, commune du dép. de la Mayenne. **Quillette,** mollet, osiers que l'on plante, gentil.

QUIMPER. — Ville du Finistère, sur l'Oder.

QUIMPEZ. — De Quimperlé, ville du Finistère.

QUINAU. — De Quinis, com. de l'Aveyron, arr. de Rodez. **Quinaud,** singe, marmot, magot, confus.

QUINIARD. — De Quenars, seigneurie de Bretagne, érigée en 1450 pour De Lentivi.

QUINTAL. — Commune de la Haute-Saône, arr. d'Annecy. **Quintal,** poids de cent livres.

QUINTIN. — Commune des Côtes-du-Nord, arr. de Saint-Brieuc. **Quintin,** toile claire fabriquée à Quintin; qui revient tous les cinq jours.

QUERIGOU. — De Quérigut, commune du dép. de l'Ariège, arr. de Foix. De **q**uir, seigneur.

QUIRION. — De Kernion, seigneurie de Bretagne. **Curion,** cuir.

QUIROUET. — De Kerhuet, seigneurie de Bretagne, érigée en 1668 pour De Cramazel.

QUIROULT. — De Kerion, seigneurie de Bretagne, érigée en 1550 pour Berthou.

QUIT. — De Cult, commune de la Haute-Saône, arr. de Gray. Quit, quittance, récépissé.

QUITEL. — De Quipel, commune d'Ille-et-Vilaine, arr. de Rennes. **Kirtel**, ceinture.

QUIVION. — De Cuvimont, seigneurie de l'Artois, érigée en 1750 pour D'Avary de Beaucouroy.

QUSSY. — Cussy, seigneurie de Bourgogne, érigée en 1714 pour De Montessus.

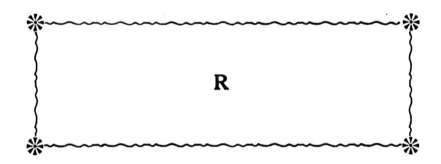

R

RABANIER. — De Rabanières, seigneurie de Saintonge, érigée en faveur de Torettes. **Rabanier** vient de **rabans**, petites cordes qui servent à attacher les voiles, à les ferler.

RABAS. — De Rabas, dans le pays Messin. **Rabas**, retrait d'un mur, appentis en remise, rabais, bords d'une nasse, pièce de toile fine, lutin, espace de terre que la faux parcourt dans la main du faucheur, action de rabattre, à la chasse.

RABASSE. — De Rebais, commune du dép. de Seine-et-Marne, arr. de Coulommiers. **Rabasse**, plante qui sert à teindre en jaune, gaude, et **rabace**, engin de pêche.

RABAU, RABEAU. — De Rabat, com. du dép. de l'Ariège, arr. de Foix. V. Rabot.

RABEL. — De Ravel, commune des dép. de la Drôme et du Puy-de-Dôme. **Rabel** vient de **rabe**, rave, navet, mollet.

RABI. — V. Raby. **Rabbi**, bois de Normandie, dépendance de Caen et d'Alençon. **Rabi**, le Christ, rabbin, officier municipal, rave ronde, navet turneps, magistrat sans importance, homme enragé, furieux.

RABION. — De Robion, commune des Basses-Alpes, arr. de Castellanne. De **rabiant**, plein de feu.

RABONNET. — De Rabouillet, commune des Pyrénées-Orientales, arr. de Prades. Vient de **rabonir**, consoler, calmer, apaiser.

RABOT. — De Montrabot, commune du dép. de la Manche, arr. de Saint-Lô. **Rabot**, fourgon, outil de menuisier, petit homme, querelle, chamaillis, action de raboter.

RABOUIN. — D'Aboën, commune du dép. de la Loire, arr. de Montbrison. **Rabouin**, monnaie de billon de la valeur de trois sous.

RABUTY. — De Rabut, seigneurie de Normandie, près de Lisieux. Vient de **rabout**, assujetti à payer une hypothèque.

RABY. — D'Abilly, commune du dép. d'Indre-et-Loire, arr. de Loches. **Raby**, ravissant, en parlant des loups. **Rabi**, savant, grand, maître. Il existe à la côte de la Basse-Terre de la Guadeloupe, un morne du nom de Raby.

RACET, RACETTE. De la Rachette, seigneurie de Bretagne, érigée en 1696 pour De la Haye. De **racheau**, souche.

RACICOT. — De Raissac, commune du dép. du Tarn, arr. de Castres. **Racicot**, chicot, racine d'arbre déchaussée, qui sort de terre, souche.

RACINE. — Commune du dép. de l'Aude, arr. de Troyes. **Racine**, principe, origine, race, lignée, partie inférieure d'un végétal. Vient de **radix**, qui a fait **radicina**, d'où racine.

RACLAU, RACLOS. — De Recloses, commune de Seine-et-Marne, arr. de Fontainebleau. **Raclos**, vient de **raclore**, refermer, en parlant d'une plaie. Dim. de **racle**, geai.

RADIER. — D'Adilly, commune du dép. des Deux-Sèvres, arr. de Parthenay. **Radier**, grille de fer, de charpente, plancher de bois ou de pierre entre les piles d'un pont.

RADISSON. — D'Adissan, commune du dép. de l'Hérault, arr. de Béziers. **Radissant**, rayonnant. Vient de **radius**, rayon.

RADOUL. — D'Adour, lieu des Basses-Pyrénées, commune d'Anglet. **Radoub**, raccommodage.

RADUME. — D'Odomez, commune du dép. du Nord, arr. de Valenciennes.

RAFAUT. — Seigneurie de Normandie, érigée en 1596 pour Baudry. **Rafos**, fouille, excavation.

RAFFARD. — De Rahart, commun du dép. de Loir-et-Cher, arr. de Vendôme. **Rafart**, mauvais raisin, et **rafard**, railleur, radoteur, vieillard morose.

RAFIN. — De Reffanes, commune du dép. des Deux-Sèvres, arr. de Parthenay. **Rafin**, affin.

RAFOUX. — D'Affoux, commune du dép. du Rhône, arr. de Villefranche. **Rafour**, four à chaux.

RAGAUT, RAGOT. — D'Agos, commune des Hautes-Pyrénées, arr. d'Argelès. **Ragot**, qui est de petite taille, court et gros, jeune sanglier, crampon de fer attaché aux timons des voitures, conte, bavardage.

RAGEAR. — De Rougeac, dans la Haute-Loire, commune de Saint-Eble. Vient de **rage**, joie bruyante, activité, entrain.

RAGENAUD. — De Ravenoville, commune du dép. de la Manche, ar. de Valognes.

RAGEOT. — D'Ajot, commune de la Dordogne, arr. de Périgueux. **Rageot**, bœuf chétif.

RAGUENEAU. — D'Aiguines, commune du dép. du Var, **arr.** de Draguignan. **Raguer**, mettre en lambeaux, et **ragu**, pointe.

RAGUIDEAU. — De Regades, commune de la Haute-Garonne, arr. de St-Gaudens. De **ragu**, pointu.

RAICHE. — De Raches, commune du dép. du Nord, arr. de Douai. **Raiche**, acide.

RAIMBAULT. — Raimbaut, seigneurie du Poitou, érigée en 1645 pour De la Vernede. Vient de **raime**, branche, ra. mée, rameaux.

RAIMOND. — Commune du dép. du Cher, arr. de Saint-Amand. V. Raymond.

RAIN.—Seigneurie de Bretagne, érigée en 1668 pour Bonyu. **Rain**, branche, rameau, rame, bois de cerf, brin, parcelle.

RAINEAU. — De Rainneville, com. du dép. de la Somme, arr. d'Amiens. **Raineau**, pièces de charpente qui tiennent en liaison les têtes de pilotis dans une digue, ou dans les fondations d'un édifice, lisière d'un bois, branche, ramée.

RAINVILLE. — Commune du dép. des Vosges, arr. de Neufchâteau. V. Rain.

RAISIN. — De Razines, commune du dép. d'Indre-et-Loire, arr. de Chinon. **Raisin**, fruit de la vigne.

RAISON. — De Razon, lieu du dép. de la Nièvre, dans la commune de Bassy. **Raison**, compte, parole, propos, difficulté, différend, discussion.

RAIZENNE. — De Rancennes, commune du dép. des Ardennes, arr. de Rocroi.

RAJOT, RAJOTTE.—D'Ajat, commune de la Dordogne, arr. de Périgueux. De **rage**, activité, joie bruyante.

RALBIÉ.—D'Albiez, commune de la Savoie, arr. de St-Jean-de-Maurienne.

RAMBAUD. — Commune du dép. des Hautes-Alpes, arr. de Gap.

RAMEAU. — Bourg de la Champagne, dans le diocèse de Langres. **Rameau**, branche d'arbre, subdivision d'un objet susceptible d'être partagé.

RAMENEUIL. — De Remeneuil, bourg du Poitou. Composé de **rame**, aviron, convoi de bateaux sur un canal, et dérive du grec **oramnos**, branche d'arbre, cuivre.

RAMEZAY. — De Rammesaux, seigneurie de Bretagne, érigée en 1696 pour Imbault.

RANCIN. — De Rancenay, commune du dép. du Doubs, arr. de Besançon. **Rancien**, de Reims.

RANCOUR. — Rancourt, communes des dép. des Vosges, de la Somme et de la Meuse. **Rancour,** rancœur, rancune.

RANÉ. — Rannée, commune d'Ille-et-Vilaine, arr. de Vitré. Vient de **ranne,** rameau.

RANGEARD.—De Ransart, commune du Pas-de-Calais, arr. d'Arras. De **ranger,** mettre en rang, en ordre.

RANGEO. — De Rang, commune du dép. du Doubs, arr. de Baume-les-Dames. **Rangeot,** vieux seau en bois dépourvu d'anse, ringeot.

RANGER. — De Rangecourt, commune du dép .de la Haute-Marne, arr. de Chaumont. **Ranger,** placer, ranger.

RANIER. — D'Anhiers, commune du dép. du Nord, arr. de Douai. De **rannir,** vernisser.

RANNY. — Seigneurie érigée en 1550 pour De Ligniville.

RANVOISÉ. — De Ranzay, seigneurie de Bretagne, érigée en 1557. **Ranvoisé,** gai, joyeux.

RAOUL, RAOULT. — De Rouille, commune du Poitou, près de Poitiers. **Raoul,** sale, nom donné aux chats de Lorraine.

RAPIDIEUX. — De Rapilly, commune du Calvados, árr. de Falaise. Vient de **rapide,** avare, pingre, actif, vif.

RAPIDION. — De Rampillon, commune du dép. de Seine-et-Marne, arr. de Provins.

RAPIEUX. — De Rampieux, com. du dép. de la Dordogne, arr. de Bergerac. De **rapir,** ravir.

RAPIN. — De Rampan, commune du dép .de la Manche, arr. de Saint-Lô. **Rapin,** ladre, pince-maílle.

RAQUEBOT. — De Recoubeau, com. du dép. de la Drôme, arr. de Die. De **raque,** marc de raisin, lin, toile, liqueur.

RAQUELIN. — De Racquinhem, commune du Pas-de-Calais, arr. de Saint-Omer.

RASLE. — De Raslay, commune du dép. de la Vienne, arr. de Loudun. **Rasle,** râle.

RASSET. — D'Assé, commune du dép. de la Sarthe, arr. de Mamers. **Raset,** drap ras.

RASTOUT. — Des Rotours, commune du dép. de l'Orne, arr.

d'Argentan. De raste, mesure itinéraire de deux lieues.

RATÉ, RATTÉ. — D'Athée, commune de la Côte-d'Or, arr. de Dijon. Raté, mangé par les rats et les souris, odeur propre aux rats et aux souris.

RATEL. — De Routelle, commune du dép. du Doubs, arr. de Besançon. Ratel, herse d'une porte de ville, grand râteau que les râteleurs traînent dans les prés pour ramasser le foin qui y est resté.

RATH. — Ratte, commune du dép. de Saône-et-Loire, arr. de Louhans. Rate, contribution, évaluation.

RATIER. — Rathier, commune du dép. du Jura, arr. de Poligny. Ratier, homme éveillé, de bonne humeur, avare, pillard, ratière, cachot, ruisseau des rues, personne qui a des rats, c'est-à-dire des caprices.

RAU, RAULT. — D'Ault, commune du dép. de la Somme, arr. d'Abbeville. Rau, chat mâle.

RAUDOT. — D'Audaux, commune des Basses-Pyrénées, arr. d'Orthez. De rauder, rire, se moquer.

RAUJOT. — D'Auge, commune du dép. des Ardennes, arr. de Rocroi. De rauge, maladroit, novice.

RAUQUE. — De Roq, seigneurie du Limousin, érigée en 1700. Rauque, rude, sourd, enroué, son de voix désagréable.

RAUQUERET. — De Rocroi, ville du dép. des Ardennes. De roquer, couvrir, emmailloté.

RAVARY. — D'Avaray, commune du dép. de Loir-et-Cher, arr. de Blois. Ravarat, sorte de bâton.

RAVAULT. — Seigneurie de l'Anjou, érigée en 1524 pour Champagne. Ravaut, bourde, moquerie.

RAVEAU. — Commune du dép. de la Nièvre, arr. de Cosne. Raveau, perche qui sert d'appui.

RAVELET. — De Rabelais, commune du dép. de la Drôme, canton de Châtilon. Ravenet, espèce de filet pour prendre les oiseaux, la nuit.

RAVENEL. — Commune du dép. de l'Oise, arr. de Clermont. Ravenel, hanneton, petite rave, fleur jaune, girofflée.

RAVENNE. — De Ravenne-Fontaines, commune de la Haute-Marne, arr. de Langres. Ravene, rave, raifort.

RAVIGNAC. — De Lavignac, commune de la Haute-Vienne, arr. de St-Yrieix. **De ravignier,** qui renouvelle une vigne.

RAVION. — D'Avion, com. du Pas-de-Calais, arr. d'Arras.

RAVIOT. — D'Avioth, commune du dép. de la Meuse, arr. de Montmédy. **De ravis,** enragé.

RAVOISI. — D'Avoise, commune du dép. de la Sarthe, arr. de La Flèche. **De ravoi,** ravine, torrent.

RAYMOND. — Com. du dép. du Cher, arr. de St-Amand-Mont-Rond. **De raimonde,** ramille.

RAYMONNEAU. — De Remonville, commune du dép. de Meurthe-et-Moselle, arr. de Lunéville.

RAYNAUD. — Seigneurie du Limousin, érigée en 1630 pour Des Maisons. **De raisne,** raison.

RAZA. — Razat, dans le Périgord, dép. de la Dordogne, arr. de Périgueux. **Razat,** mesure de grain, razière.

RAZARD. — De Razac, commune du dép. de la Dordogne, arr. de Bergerac. **Razard,** vient de **raz,** courant de mer dans un passage étroit, ou **de raze,** pièce d'artifice.

RÉ. — Rai, commune du dép. de l'Orne, arr. de Mortagne. **Ré,** roi, bûcher, ruisseau, note de musique, affouillement dans les terres d'une vallée, accusé.

REAL. — Commune des Pyrénées-Orientales, arr. de Prades. **Réal,** royal, courtisan, monnaie, réel.

REAME. — De Rieume, village du dép. de la Haute-Garonne, ar. de Muret. **Réame,** ville de l'Arabie Heureuse.

REAUME. — De Mesnil-Réaume, commune de la Seine-Inférieure, arr. de Dieppe. **Réaume,** royaume.

REAUX. — Commune de la Charente-Inférieure, arr. de Jonzac. **Reaux,** monnaie.

REBEL. — Rebelles, seigneurie du Haut-Languedoc, érigée en 1669 pour Leclerc de Lesseville. **Rebel,** méchanceté de l'animal qui attaque ou se défend.

REBERDY. — De Rubercy, commune du dép. du Calvados, arr. de Bayeux.

REBERIEUX. — De Ribeyret, commune des Hautes-Alpes, arr. de Gap.

REBILLAU. — De Rebigue, com. de la Haute-Garonne, arr. de Toulouse.

REBON. —De Trebons, communes de la Haute-Garonne et des Hautes-Pyrénées. **Rebons,** malpropre.

REBOUL. — De Tréboul, com. du Finistère, arr. de Quimper. **Reboule,** bâton porté par les bouviers, instrument de pêche.

REBOURS. — De LeBourg, commune du dép. du Lot, arr. de Figeac. **Rebours,** hérissé, malpropre, maladroit, rétif, hostile, contrepoil, écriture énigmatique.

RECHE. — V. Raiche.

RECOMPENSE. — De Compans, commune du dép. de Seine-et-Marne, arr. de Meaux. **Récompense,** compensation.

REEL.—Seigneurie de Normandie, érigée pour Des Champs. **Reel,** qui est en ligne droite.

REFORT. — De Treffort, commune du dép. de l'Ain, arr. de Bourg. **Raifort,** plante.

REGAL. — Regalle, bourg du comté de Comminges. **Regal,** offrande du vassal au seigneur.

REGAS. — Régat, commune du dép. de l'Ariège, arr. de Pamiers.

REGAULT. — De Reilles, commune du Loiret, arr. de Montargis.

REGEAS. — V. Rejas.

REGENT. — De Retjons, dans les Landes, commune de Lugaut. **Régent,** chef du gouvernement pendant la minorité, l'absence ou la maladie du souverain, curé, recteur.

REGEREAU. — De Reherrey, commune de Meurthe-et-Moselle, arr. de Lunéville. De **réger,** régir, gouverner.

REGISTRE. — De Regusse, commune du dép. du Var, arr. de Brignoles. **Registre,** ouvrage, livre d'histoire, usage, coutume, règlement, injure, historien.

REGNARD.—De Reignard, commune du Puy-de-Dôme, arr. de Clermont-Ferrand. **Regnard,** renard.

REGNAULT. — De Regnauville, commune du Pas-de-Calais, arr. de Montreuil-sur-mer. **Regnaut,** cri du renard.

REGNÉ. — Regney, commune du dép. des Vosges, canton de Dompain. **Regné,** pays, royaume.

REGNIER. — Lieu du dép. de la Charente-Inférieure, dans la commune de La Brousse. **Regnier,** royaume, règne, renier, renoncer, méconnaître.

REGRENÉ. — De Reguiny, commune du Morbihan, arr. de Ploërmel. De **règre,** acte, minute, retour, recours.

REGUINDEAU. — De Tréguidel, commune des Côtes-du-Nord, arr. de Lannion.

REHEL. — V. Reel. **Rehel** de rehaut, augmentation de valeur.

REIGNIER. — Commune de la Haute-Savoie, arr. de Saint-Julien.

REIGNOIR. — De Regnière-Ecluse, commune du dép. de la Somme, arr. d'Abbeville.

REINIER. — Reynier, commune du dép. des Basses-Alpes, arr. de Sisteron.

REJAS. — Redjas, à Constantine, dans la commune de Zeraïa. **Rejas** vient de **rejault,** réjouissance, rebondissement.

REL. — De Rely, commune du Pas-de-Calais, arr. de Béthune. **Raiel,** étoffe rayée.

REMBAUD. — V. Rambaud.

REMBERT. — De Rembeville, chef-lieu d'une châtellenie, près de Toul.

REMENEUIL. — Bourg du Poitou, diocès de Poitiers. **Remenaille,** reste.

REMILLARD. — De Rémalard, commune du dép. de l'Orne, arr. de Mortagne.

REMOND. — Seigneurie du Berry, dans le diocèse de Bourges. **Remont,** enchère, surenchère.

REMONDIER. — De Rimondeix, commune du dép. de la Creuse, arr. de Boussac. De **remonde,** ramille.

REMONDRÉE. — De Remonay, commune du dép. du Doubs, arr. de Pontarlier.

REMONEAU. — De Rimogne, commune des Ardennes, arr. de Rocroi.

REMY. — Communes des dép. de l'Oise et du Pas-de-Calais. De **remir,** regard.

RENA. — De Rena, lieu de la Corse, dans la commune de Venzolasca.

RENAL. — De Trenal, commune du dép. du Jura, arr. de Lons-le-Saunier. **Renal,** qui appartient aux reins, pierre servant de limites.

RENARD. — De Reignat, commune du Puy-de-Dôme, arr. de Clermont-Ferrand. **Renard,** rapport, rot, vomissement.

RENAUD. — Commune du dép. du Finistère, à 3 lieues de Brest. **Renaud,** bruit, grognement, jargon. Dérive de **rein,** pur, sain, et d'**alt,** vieux, **old** en anglais et **ond** en flamand.

RENAUDEAU. — De Nods, commune du dép. du Doubs, arr. de Baume-les-Dames. De **renauder,** renâcler, marauder.

RENAUDET. — Du Noday, seigneurie de Bretagne, érigée en 1668 pour Rolland.

RENAUDIN. — De Ruaudin, commune du dép. de la Sarthe, arr. du Mans.

RENAULT, RENAUT. — **V.** Renaud.

RENCONTRE. — De Rancon, commune du dép. de la Haute-Vienne, arr. de Bellac. **Rencontre,** bon mot, fronton.

RENCOUR. — V. Rancour.

RENDU. — Randue, dans la Haute-Alsace, diocèse de Bâle. **Rendu,** moine, religieuse, séparé du monde, transfuge, frères convers.

RENÉ. — Commune du dép. de la Sarthe, arr. de Mamers. **Renée,** sorte de mesure.

RENEAU. — De Rennes, ville d'Ille-et-Vilaine.

RENELLE. — Renel, seigneurie de Champagne, érigée pour Joinville. **Renelle,** petit ruisseau qui coulait autrefois sous le pavé dans la ville de Rouen. On l'appelait d'abord le Reneau.

RENETTE. — De Renneville, communes des dép. de l'**Eure** et de la Haute-Garonne. **Renette, jeu** de trictrac, instrument pour entamer la corne des chevaux, pour marquer le bois et donner la voie aux scies.

RENIAUT. — De Reilly, commune du dép. de l'Oise, arr. de Beauvais.

RENERO. — D'Ennery, commune du dép. de Seine-et-Oise.

RENO. — Bourg dans le Perche, diocèse de Séez. **Renos,** fâcheux.

RENOCHE.—De Nousse, commune du dép. des Landes, arr. de Dax. **Renoche, rièble.**

RENOM. — De Renung, commune du dép. des Landes, arr. de Saint-Sever. **Renom,** sorte de manteau.

RENOU. — De Resnou, seigneurie de Bretagne, érigée en 1668, pour de Bouilly.

RENOUARD. — Commune du dép. de l'Orne, arr. d'Argentan. **Renoueur,** chirurgien qui fait profession de remettre les membres disloqués.

RENOUER. — De Renwez, commune des Ardennes, arr. de Mézières. **Renouer,** repaire.

RENOYER. — De Romeyer, commune du dép. de la Drôme, arr. de Die. **Renoier,** abjurer, apostasier.

RENVOYZÉ. — V. Ranvoisé. **Renvoisié,** gai, plaisant.

REPENTIGNY. — Commune du dép. du Calvados, arr. de Pont-l'Evêque.

REPOCHE. — De Rexpoëde, commune du dép. du Nord, arr. de Dunkerque. **Ripoiche,** riposte.

REQUIEM. — De Requeil, commune du dép. de la Sarthe, arr. de La Flèche. **Requiem,** chien de mer, requin.

REQUIER. — De Reculey, commune du dép. du Calvados, arr. de Vire. **Requiet,** chiche, ladre, rèche.

RESSAN. — De Resson, communes des dép. des Ardennes et de la Meuse. Vient de **resse,** étoffe usée, **resan,** serein du matin.

RESTHER.—D'Esterre, commune des Hautes-Pyrénées, arr. d'Argelès. **Reter,** accuser, imputer.

RETAILLE.—De Restolles, seigneurie de Bretagne. **Retaille,** détail, rognure, morceau, déchets.

RETIF. — De Retiers, commune d'Ille-et-Vilaine, arr. de Vitré. **Rétif,** arrêté, vaincu, qui refuse d'obéir, opiniâtre, d'arrêt, en parlant des chiens. Dérive du grec stô, demeurer, s'arrêter.

RETAU. — Rétaud, commune de la Charente-Inférieure, arr. de Saintes. **Retau,** retaille, rognure.

RETEIL. — De Rethel, ville du dép. des Ardennes. **Retel,** barrière, herse.

RETOR. — Des Retors, seigneurie de Normandie, érigée en 1676 pour De Gravelines. **Retors,** qui a été tordu plus d'une fois, homme fin, rusé, artificieux, droit de succession des ascendants, retour, changement, regret, guérison, consolation.

RETOUR. — Des Rotours, commune du dép. de l'Orne, arr. d'Argentan. **Retour,** encoignure d'un bâtiment, solde d'un compte.

RETROSE. — De Reyvroz, commune du dép. de la Haute-Savoie, arr. de Thonon. **Retros,** petit tronçon, menu morceau, éclat.

REVÈL. — Communes des dép. de la Haute-Garonne, des Basses-Alpes et de l'Isère. **Revel,** plaisir, joie, ardeur joyeuse, révélation, rebelle, rébellion, retard, badinage, déroute.

REVERDRA. — De Revercourt, commune du dép. de l'Eure, arr. de Dreux. **Revers,** drap, étoffe, escarpement.

REYGAILLARD. — D'Eygalliers, commune du dép. de la Drôme, arr. de Nyon.

REYDIS.—D'Aydie, commune du dép. des Basses-Pyrénées, arr. de Pau. **Redie,** déraison.

REYNAUT. — D'Eyne, commune des Pyrénées-Orientales, arr. de Prades.

RHEAULT. — De la Reaut, dans le Condômois, parlement de Bordeaux. **Rehaut,** augmentation de valeur.

RHEAUME. — V. Réaume.

RHEBOULE. — V. Reboul.

RHO. — De la Roë, dans la Mayenne, arr. de Château-Gontier. **Roe,** tour de potier, palet à jouer, rouissage.

RHODES.—Seigneurie du Quercy. **Rhodes,** variété de prune, à chair sèche, et rode, hart, sorte de faucille.

RIBERCOURT. — Ribécourt, commune du dép. de l'Oise, arr. de Compiègne. Vient de **riber,** cajoler, folâtrer.

RIBERGE. — De Ribiers, commune des Hautes-Alpes, arr. de Gap.

RIBERVILLE.— De Rebeuville, com. du dép. des Vosges, arr. de Neufchâteau. Vient de **ribe,** groseille à maquereau. Dérive de riba, rive, rivage, bord, et du grec **rhuax,** ruisseau.

RIBILIAU. — De Tervilly, commune du dép. du **Tarn,** arr. de Castres. De **rebillier,** repousser.

RIBOULET. — De Rialet, commune du dép. de la Manche, arr. de St-Lô. **Riboule,** pilon, engin, pour la pêche, grosse racine, repli de la peau.

RICARD.—De Ricarville, commune du dép. de Seine-Inférieure, arr. de Dieppe. **Ricard,** geai, vieux cheval, haridelle.

RICE. — De Rix, commune du Jura, arr. de Poligny. **Rice,** riche, puissant, violent, copieux.

RICHABOURG. — De Richebourg, communes des dép. de la Haute-Marne et de Seine-et-Oise.

RICHARD.— De Richarville, commune de Seine-et-Oise, arr. de Rambouillet. **Richard,** riche, geai apprivoisé. Dérive du grec **rek, rik,** guerrier victorieux.

RICHARDIERE. — La Rigardière, seigneurie du Gâtinais.

RICHARVILLE. — Bourg du Puy-de-Dôme, canton de Dourdan.

RICHAUME. — De Robehomme, commune du dép. du Calvados, arr. de Caën.

RICHE. — La Riche, commune du dép. d'Indre-et-Loire arr. de Tours.

RICHÉ, RICHET. — Richet, commune du dép. des Landes, arr. de Mont-de-Marsan. **Riché,** richesse. **Richet,** riche.

RICHELIEU. — Commune du dép. d'Indre-et-Loire, arr. de Chinon.

RICHEMONT. — Communes des dép. de la Charente et de la Seine-Inférieure. **Richemont,** tulipe panachée gris de lin et rouge sur blanc.

RICHEVILLE. — Com. du dép. de l'Eure, arr. d'Andelys.

RICHOT.—De Rechotte, commune du Territoire de Belfort.

RICHOUX. — De Recoux, commune du dép. de la Lozère, arr. de Florac. **Richoux,** qui possède.

RICOSSE. — De la Recousse, lieu du Pas-de-Calais, dans la commune de Zouafques.

RIDAY, RIDÉ.—De Ribay, commune de la Mayenne, arr. de Mayenne. **Ridé,** plissé à petits plis.

RIDDE, RIDE. — Rides, com. du dép. de Lot-et-Garonne, arr. de Prayssas. **Ridde,** monnaie de Flandre du poids de deux deniers, petites cordes qui servent à bander les grosses, monnaie d'or, toile servant d'enceinte dans une chasse, pli.

RIDECHOT. — De Rantechaux, commune du dép. du Doubs, arr. de Baume-les-Dames. **De ricote,** fruit.

RIDOUTE. — De Redoute, dans les Basses-Alpes, commune de Meyronnes. **Redouté,** titre honorifique.

RIEL. — Commune du dép. de la Côte-d'Or, arr. de Châtillon-sur-Seine. **Rielle,** règle, borne d'amarrage vers l'arrière d'un bateau.

RIENDEAU. — De Rénédale, commune du dép. du Doubs, arr. de Pontarlier. **Riendeau,** guindeau, cabestan.

RIEUTORD. — Rieutard, dans la commune de Puyvalador, dép. des Pyrénées-Orientales.

RIFAULT.—De Treffay, commune du Jura, arr. de Poligny. Vient de **riff,** froideur.

RIGAL. — Rigale, seigneurie érigée en 1650 pour de Beau poil. **Rigalle,** régal, repas.

RIGAU, RIGAUD, RIGAULT. — Rigaud, com. des Alpes Maritimes, arr. de Puget-Théniers. **Rigaud,** gueux, misérable.

RIGAUDIAU. — De la Rigaudière, seigneurie du Gâtinais.

RIGAUVILLE. — De Regnauville, commune du Pas-de-Calais, ar. de Montreuil.

RIGEALLE. — De Regalle, commune du dép. de l'Ariège, arr. de Foix.

RIGEREAU. — De Lizers, lieu du dép. de la Nièvre, commune de Bitry.

RIGNAN. — De Lignan, communes des dép. de l'Hérault et de la Gironde.

RIMBAULT. — Commune dans le Poitou, diocèse de La Rochelle.

RINFRET. — De Rainfreville, commune du dép. de la Seine-Inférieure, arr. de Dieppe. **Rin,** rhumb.

RINGUET. — De Reilhaguet, commune du dép. du Lot, **arr.** de Gourdon.

RIOPEL. — De Rehaupal, commune du dép. des Vosges, **arr.** de St-Dié. Mot composé de **rio,** ruisseau, et de **pelle,** vanne d'écluse.

RIOU. — Riou, commune de Maine-et-Loire, canton de Saumur. **Riou,** ruisseau, filet d'eau.

RIOUHET. — De Riez, commune des Basses-Alpes, arr. de Digne. **Riouet,** dim. de **riou,** ruisseau.

RIOUSSEL. — De Roisel, commune du dép. de la Somme, arr. d'Evreux. **Rioussel,** petit ruisseau.

RIOUX. — Com. de la Charente-Inférieure, arr. de Saintes. V. Riou.

RIPAU. — De Trépot, commune du dép. du Doubs, arr. de Besançon. **Ripau,** dim. de **rippe,** petit poisson.

RIPONT. — Commune du dép. de la Marne, canton de Ville-sur-Tourbe. **Ripon,** testicule.

RIQUET. — De Triqueville, commune de l'Eure, arr. de Pont-Audemer. **Riquet,** grillon.

RIQUIER. — De Triquerville, commune de la Seine-Inférieure, arr. du Havre. **Riquer, nom** d'homme, vient de **rique,** riche.

RIS. — Communes des Basses-Pyrénées, de la Nièvre et du

Puy-de-Dôme. **Ris,** plis que fait une voile dans la partie soustraite au vent, racine, rire.

RISSERAC. — D'Issirac, commune du dép. du Gard, arr. d'Uzès. **Risserac** de risse, cordage qui sert à attacher une embarcation sur le pont.

RISTIN. — De Restigné, commune d'Indre-et-Loire, arr. de Chinon. Vient de riste, corde de chanvre.

RISTOR. — De Rieutort, commune de la Lozère, arr. de Mende. **Ritort,** retors.

RITAIÉ. — De Rochetaillée, communes des dép. de la Loire, de l'Isère, et de la Haute-Marne.

RITCHÉ. — De Trichey, commune du dép. de l'Yonne, arr. de Tonnerre.

RITCHOT. — De Rechotte, com. du **Territoire de Belfort,** canton de Belfort.

RITIÉ. — De Retiers, commune d'Ille-et-Vilaine, arr. de Vitré. De **risté,** corde de fil de chanvre.

RITRE. — De Trith, commune du dép. du Nord, arr. de Valenciennes. **Ristre,** long manteau.

RITREMONT. — De Trémont, com. des dép. de la Meuse et de l'Orne.

RITSIR. — De Tresserre, commune des Pyrénées-Orientales, arr. de Perpignan.

RIVAL. — Rivales, commune du dép. de la Drôme, arr. de Montélimart. **Rival** et **corrival** sont deux voisins qui n'ont qu'un seul et même ruisseau ou canal pour arroser leur champ. **Rivalle,** engin de pêche.

RIVARD. — De Rivas, commune du dép. de la Loire, canton de Saint-Galmier, arr. de Montbrison. **Rivard,** du vieux français **riveor,** est celui qui flâne le long des rivières. Dérive du latin **riva,** bord d'un champ, d'une forêt, et du grec **rhuax,** ruisseau.

RIVAUT, RIVAUX. — De Rivau, seigneurie de l'Anjou, érigée en 1450 pour de Beauvaut.

RIVÉ. — De Trevé, commune des Côtes-du-Nord, arr. de Loudéac. **Rivé,** abordé, rôdé.

RIVEDOUX. — Commune de la Charente-Inférieure, arr. de La Rochelle.

RIVELIN. — De Trelins, commune du dép. de la Loire, arr. de Montbrison. **Rivelin**, dim. de **rivel**, lit d'une rivière.

RIVERIN. — De Rivarennes, commune du dép. de l'Indre, arr. de LeBlanc. **Riveran**, batelier de la Loire, et riverain, celui qui habite auprès d'une rivière, batelier.

RIVERO. — De Reyvroz, commune de la Haute-Savoie, arr. de Thonon. **Rivereau**, celui qui vit près des rivières, gaffe.

RIVES. — Com. du dép. de Lot-et-Garonne, arr. de Villeneuve-sur-Lot. **Rive**, bord d'une rivière.

RIVESAC. — De Rivesaltes, commune des Pyrénées-Orientales, arr. de Perpignan.

RIVET. — V. Rivé. **Rivet**, clou à tête rabattue, courte-paille, bordure d'un toit le long d'une pointe de pignon.

RIVIERE. — Commune du dép. de l'Aveyron, arr. de Millau. **Rivière**, rivage, cours d'eau, côte, chasse près d'une rivière, chasse au gibier d'eau.

RIVLA. — De Rivollet, commune du dép. du Rhône, arr. de Villefranche.

ROBERCHON. — D'Auberton, seigneurie de Normandie, érigée en 583 pour De Pardieu.

ROBERGE. — D'Aubergenville, commune du dép. de Seine-et-Oise, arr. de Versailles.

ROBERJEANNE. — De Roanne, ville du dép. de la Loire.

ROBERT. — Seigneurie du Berry, érigée en 1513 pour Le Borgne. **Robert**, nom d'homme, est composé de **ro**, rouge, et de **bert**, montagne, montagne rouge.

ROBICHAUD. — De Roubichoux, bourg du Haut-Languedoc, diocèse de Mirepoix. De **robice**, vol.

ROBIDA. — De Roubia, commune du dép. de l'Aude, arr. de Narbonne.

ROBIDANT. — De Trébédant, commune des Côtes-du-Nord, arr. de Dinan.

ROBIDOUX. — D'Aubijoux, seigneurie de l'Auvergne, devenue marquisat en 1565 en faveur de D'Amboise.

ROBILLARD. — D'Aubiat, commune du Puy-de-Dôme, **arr.** de Riom. De **robille,** pois.

ROBIN. — De la Robine, commune des Basses-Alpes, arr. de Digne. Les Robins, lieu dans le dép. de l'Isère. **Robin,** bœuf au pelage rouge, mouton, canal, robinet.

ROBINEAU. — Bourg du Gâtinois, près de Sens. **Robineau,** dim. de **robine,** canal de communication d'un étang salé avec la mer.

ROBINET, ROBINETTE. — De la Robinais, lieu du dép. d'Ille-et-Vilaine, dans la commune de Bain. **Robinette,** tulipe amarante et **robinet,** canal, bras de rivière, canelle de fontaine ou de **tonneau.**

ROBITAILLE. — De Bobital, commune des Côtes-du-Nord, arr. de Dinan.

ROBLAY. — De Rablay, commune du dép. de Maine-et-Loire, arr. d'Angers. De **robelette,** petite robe.

ROBLIAC. — De Robiac, com. du dép. du Gard, arr. d'Allais.

ROBREAU. — D'Aubres, commune du dép. de la Drôme, arr. de Nyons.

ROBRI. — D'Auberive, communes des dép. de la Marne et de l'Isère. **Roberie,** vestiaire, vol, pillage.

ROBUTEL. — De Robutte, seigneurie de Bretagne, érigée en 1668 pour De Kéroas. De **robusté,** force.

ROBY. — D'Auby, commune du dép. du Nord, arr. de Douai. **Roby,** rubis.

ROC, ROCQ. — Seigneurie du Quercy, érigée en 1582 pour Huot. **Roc,** manteau, roche, roque, tour au jeu d'échecs, mouvement, éléphant qui porte une tour. En bas-breton, **roc** signifie fier. Dérive du grec **rhox,** fente, rocher escarpé, ou du teutonique **rock,** habit, robe, tunique.

ROCAN. — Seigneurie de Champagne, érigée en 1633 pour d'Escaverele. De **roquer,** courir.

ROCANT. — De Roucamps, commune du Calvados, arr. de Vire.

ROCHE. — Commune du dép. de la Loire, arr. de Montbrison. **Roche,** châteaufort, bâti sur une roche, cave, souterrain, crèche, carrière de pierre, motte, montagne, excavation, bête fauve

ROCHEBLAVE. — Commune du Dauphiné, diocèse de Valence.

ROCHECHOUERE. — De Rochechouart, ville de la Haute-Vienne.

ROCHEFORT. — Communes de la Savoie, du Jura, de la Haute-Marne, de la Côte-d'Or, et de l'Allier. **Rochefort,** tulipe rouge, isabelle et grise.

ROCHELEAU, ROCHELOT. — D'Auchel, commune du Pas-de-Calais, arr. de Béthune.

ROCHELET. — Lieu du dép. de la Loire-Inférieure.

ROCHELOIS. — De La Rochelle, commune du dép. de la Manche, ar. d'Avranches.

ROCHER.—Commune du dép. de l'Ardèche, arr. de Largentière. **Rocher,** lancer, faire rouler des pierres.

ROCHEREAU. — Commune du dép. de la Vienne, arr. de Poitiers.

ROCHERIE. — Seigneurie de Bretagne, érigée en 1668 pour Chatton. **Rocherie,** roche.

ROCHERON.—De Rochesson, commune du dép. des Vosges, arr. de Remiremont.

ROCHERT. — De la Rochère, lieu dans la commune de Passavant, dép. de la Haute-Saône. Dérive du grec **rhonchos,** tunique, pardessus.

ROCHETTE. — Communes dans les dép. de la Charente, de la Creuse, des Hautes-Alpes, de l'Ardèche. **Rochet,** blouse, petit manteau, sorte de surplis, et **rochette,** petite roche, châteaufort, terrain pierreux.

ROCHEVILLE. — De Rocherville, seigneurie de Normandie, érigée en 1713 pour Pétard.

ROCHON. — De Rochonviller, dans le pays Messin.

ROCHOUARD. — V. Rochechouère.

ROCLOFF. — De Roscoff, commune du Finistère, arr. de Morlaix.

ROCQUE.—Commune du Calvados, arr. de Lisieux. **Rocque,** motte, tour au jeu d'échecs.

ROCOUX. — Ville de Belgique, sur la Meuse, près de Liège. **R**ocou, teinture jaune.

ROCRAY. — Rocroi, ville des Ardennes.

RODDE. — Seigneurie de l'Auvergne, érigée en 1700 pour Courtaurel. **R**ode, étrave et estambot, palet, mesure agraire.

RODEAU.—De Rouède, commune de la Haute-Garonne, arr. de St-Gaudens. **R**odeau, dim. de rode, lien d'osier, faucille qui sert à roder.

RODET. — De Rodez, ville de l'Aveyron, ou de Rodès, com. des Pyrénées-Orientales. **R**odete, éperon.

RODIER. — D'Audilly, commune du dép. de l'Aisne, arr. de Vervins. **R**odier, charron.

RODRIGUE.—D'Audrix, commune du dép. de la Dordogne, arr. de Sarlat. **R**odrigue, nom d'homme, signifie vieillard vigoureux et plaisant.

RODY. — Lieu du Finistère, dans la commune de Guipavas.

ROGER. — Seigneurie du Rouergue. **R**oger, nom d'homme et de bœuf. **R**ogez, rougets, poisson. **R**oger, verbe, ronger, grignoter.

ROGERY.—De Rougeries, commune du dép. de l'Aisne, arr. de Vervins. Vient de **roge**, rempart.

ROGNON, ROIGNON. — Commune du dép. du Doubs, arr. de Baume-les-Dames. Vient de **rogn**onner, gronder.

ROGON. — De Rougon, commune des Basses-Alpes, arr. de Castelanne. De rogue, appât pour attirer les sardines.

ROI. — De Roaix, com. du dép. de Vaucluse, arr. d'Orange. **R**oi, chef des moissonneurs, couleur du lion, roi des animaux, ordre, mesure, rang, règle, limite.

ROIROUX.—De Rouairoux, commune du dép. du Tarn, arr. de Castres. **R**oiere signifie entre-deux des sillons, ornière, rigole.

ROJOUX. — De Tréjouls, commune du dép. du Tarn-et-Garonne, arr. de Moissac.

ROLAIN. — De Rollainville, commune du dép. des Vosges, arr. de Neufchâteau. Vient de **roler**, rouler.

ROLAND. — Ville de la Basse-Lusace, à 7 lieues de Dresde. **Rolant**, terre rouge.

ROLANDEAU. —D'Alando, commune du dép. de la Corse, canton de Sermano.

ROLET, ROLETTE. — De Rolleville, commune de la Seine-Inférieure, arr. du Havre. **Rolet**, petit rôle, petit rouleau, roulette, 50 centimes roulés dans un papier. **Rolette**, toile de lin fabriquée en **Flandre. Rollet**, bourrelet.

ROLLAND. — Seigneurie du Dauphiné, érigée en 1713 pour Blain. **Rollan**, barreau rond, d'échelle, de claie, de chaise. Vient du teutonique rot, rouge et de land, terre.

ROLLIN. — D'Oullins, commune du dép. du Rhône, arr. de Lyon.

ROLO. — De Rollot, commune du dép. de la Somme, arr. de Montdidier. **Rolleau**, bourrelet de graisse.

ROMADEUC. — De Rimondeix, com. du dép. de la Creuse, arr. de Boussac.

ROMAIN. — Communes des dép. du Jura, de la Marne, du Doubs et de Meurthe-et-Moselle. **Romain**, habitant de Rome, des Romagnes.

ROMAINVILLE. — Commune du dép. de la Seine, arr. de Saint-Denis.

ROMAN. — Commune du dép. de l'Eure, arr. d'Evreux. **Roman**, langue vulgaire, langage, histoire véridique ou fabuleuse, chanson.

ROMARNE. — De Romagne, commune du dép. de la Vienne, arr. de Civray. Nom composé de **ro, roe**, tour de potier, et de **marne**, terre calcaire mélangée d'argile.

ROMERIL. — De Romery, communes des dép. de la Marne et de l'Aisne.

ROMIER. — De Romeyer, commune du dép. de la Drôme, arr. de Die. **Romier**, pélerin qui va à Rome.

ROMIEU. — Commune du dép. du Gers, arr. de Condom.

ROMINE. — De Romène, seigneurie de Bourgogne, érigée pour de la Michodière. **Romine**, vient du verbe **rominer**, ronfler à la manière du chat. Ce mot rappelle le **raminagrobis** de la fable.

ROMPRÉ. — Romprey, bourg de la Bourgogne, dans le dio-cèse de Langres. **Rompré,** rupture.

ROMUR. — De Réaumur, commune de la Vendée, arr. de Fontenay-le-Comte.

RONCELAY. — De Roincenay, commune du dép. de l'Aube, arr. de Troyes. **Roncelée,** lieu couvert de ronces.

RONCERAY. — Abbaye dans la ville d'Angers. **Ronseray,** haie ou fossé plein de ronces.

RONCEREL. — De Rosel, commune du Calvados, arr. de Caën. De **roncel,** terrain couvert de ronces.

RONDAL. — De Ronde-Haye, commune de la Manche, arr. de Coutances.

RONDARD. — De Rondour, seigneurie de Bretagne, érigée en 1560 pour Le Bihan. De **ronder,** mettre en petits tas avec la fourche, le foin ramassé par le râteau.

RONDEAU. — De la Ronde, commune du dép. de la Cha-rente-Inférieure, arr. de la Rochelle. **Rondeau,** rouleau pour tenir les mottes de terre, danse en rond, sorte de poésie, manne en osier, tablette, rond, cercle dans lequel se trouve le nom de ceux qui composent un arbre généa-logique.

RONDEL. — De Ronel, com. du dép. du Tarn, arr. d'Albi. **Rondel,** rond, cercle, rondin, clou à tête ronde, mesure agraire, plateau, tourbillon, pièce de vers.

ROQUAN. — V. Roean.

ROQUART. — Roquemaure, commune du dép. du Gard, arr. d'Uzès. **Roquart,** vieux cheval, cartilage, cépage qui produit des raisins à grains croquants, chiendent.

ROQUE. — Commune de la Haute-Garonne, arr. de Muret. **Roque,** long gilet de fourrure, barbeau, poisson, sorte d'imposition, motte de terre, roche.

ROQUEBRUNE. — Communes des dép. du Gers, du Var, et de la Gironde.

ROQUET, ROQUETTE. — Roquette, commune de la Haute-Garonne, arr. de Muret. **Roquet,** blouse, rochet ecclésias-tique, roque du clergé régulier, borax, fusée de guerre, roquille, tendon.

ROQUETAILLADE. —Commune du dép .de l'Aude, arr. de de Limoux.

ROS. — Ros, commune .de Bretagne, diocèse de Dol. **Ros,** peigne de métier à tisser. Dérive de l'écossais **ros,** promontoire, presqu'île, ou de l'irlandais **ros,** rose, étang.

ROSA. — Rosa, bourg situé sur le golfe de Lépante, vers le détroit. Vient du grec **rhodon,** rose.

ROSE. — De Rouze, commune du dép. de l'Ariège, arr. de Foix.

ROSEAU. —Lieu du dép. de Seine-et-Oise, dans la commune de Perray. **Roseau,** plante marécageuse.

ROSENS.—Rosans, commune des Hautes-Alpes, arr. de Gap. De **roser,** arroser.

ROSIER. — Commune du dép. de la Lozère, arr. de Florac. **Rosier,** arbuste qui porte des roses.

ROSOIR. — Rosoy, ville du dép. de Seine-et-Marne, et bourg des dép. de l'Aveyron, de l'Oise et de l'Yonne.

ROSSELON. — De Rossillon, commune du dép. de l'Ain, arr. de Bellay.

ROSSIGNOL. — Commune du dép. de la Dordogne, canton de Verteillac. **Rossignol,** crochet, oiseau, papegai, pour le tir à l'arc.

ROSTAN. — Rostaing, comté du Blaisois, érigé en 1634. Dérive de **rost,** chaleur brûlante.

ROTEAU. — Rotau, commune du dép. des Vosges, arr. de Saint-Dié. **Roteau,** dim. de **rote,** instrument de musique à cordes frottées, du genre du violon, passage fréquenté et non bouché au travers d'une haie.

ROTOT. — De Routot, commune du dép. de l'Eure, arr. de Pont-Audemer. V. Roteau.

ROTURE. — Des Rotours, commune du dép. de l'Orne, arr. d'Argentan. **Roture,** villenage, endroit surlié de plusieurs tours de corde.

ROTUREAU. — De la Rothière, commune du dép. de l'Aube, arr. de Bar-sur-Aube.

ROUAN. — Commune de la Loire-Inférieure, arr. de Paim-

34

bœuf. **Rouain,** ornière, rigole, et rouan, cheval à poil bai, gris et blanc.

ROUANAIS. — Rouannais, dans le Bas-Forez, dép. de la Loire. **Rouanner,** marquer avec la rouanne, instrument pour marquer les tonneaux.

ROUANEL. — De Ronele, commune du dép. du Tarn, arr. d'Albi.

ROUANGE. — De Rouffange, commune du dép. du Jura, arr. de Dole. De **ruage,** ensemble des issues, des abords d'une ferme.

ROUART.—De Thouars, commune du dép. des Deux-Sèvres, arr. de Bressuire. **Rouart,** prévôt des maréchaux, qui fait mettre les malfaiteurs sur la roue, archer des prévôts, prière.

ROUAU. — De Ruaux, commune du dép. des Vosges, arr. de Remiremont. De **roualle,** bateau pour la pêche.

ROUBLINE. — De Roblines, commune du dép. du Nord, arr. de Lille. Vient de **ruble,** masse d'eau qui s'avance, après la rupture d'une levée.

ROUCE. — Rousses, commune du dép. de la Lozère, arr. de Florac. **Rouche,** roseau des marécages et des grèves, carcasse d'un navire, sur le chantier.

ROUCHALLET. — De Ronchaux, commune du Doubs, arr. de Besançon. De **ruchelle,** petite ruche.

ROUCOU. — De Rocoux, village des Pays-Bas, près de Liège, sur l'Ourthe.

ROUDIER.—De Rottier, commune du dép. de la Drôme, arr. de Die.

ROUDOT. — De Routot, commune du dép. de l'Eure, arr. de Pont-Audemer.

ROUELLE. — Com. de la Seine-Inférieure, arr. du Havre. **Rouelle,** roue, brouette, tranche ronde, marque cirenlaire, insigne, tache de sang ronde, lingot ayant forme de monnaie.

ROUEN. — Ville de la Seine-Inférieure, sur la Seine. **Rouen,** cheval dont le poil est mêlé de blanc, de gris et de bai, ornière.

ROUER. — Village près de **Trêves**, sur les bords de la rivière Rouer, qui se jette dans la Moselle. **Rouer**, tourner, rouler, rouir, et **roué**, charrue.

ROUET. — Commune du dép. de l'Hérault, arr. de Montpellier, et seigneurie de Bretagne. **Rouet**, machine à roue pour filer, roue d'un moulin, roue servant à tendre la corde de l'arbalète, rouelle d'acier frottant contre un silex pour produire l'étincelle, roue d'engrenage, ronron de chat.

ROUFFIAT. — De Rouffiac, communes des dép. du Cantal, de la Charente. **Rouffiac** vient de l'anglais roof, toit, chambre où on loge les matelots sur les navires marchands.

ROUFFIO. — De Rouffy, commune du dép. de la Marne, arr. de Châlons.

ROUGEAU. — Commune dans le Blaisois, diocèse de Blois. **Rougeaud**, qui a les joues rouges, insecte rouge, bœuf rouge.

ROUGET. — Lieu du dép .du Cantal, dans la commune de Saint-Mamet-le-Salvetat. **Rouget**, vin blanc fait avec du raisin rouge, canard, os.

ROUGIERS. — Commune du dép. du Var, arr. de Brignoles. De **rouger**, ronger.

ROUGIEU. — De Rougeux, commune de la Haute-Marne, arr. de Langres.

ROUILLARD. — De Rouillac, communes des dép. des Côtes-du-Nord et de la Charente. **Rouillard**, espèce de baril porté par les Maltais armés en guerre.

ROUILLE. — De Rouhe, commune du dép. du Doubs, arr. de Besançon. **Rouil**, droit seigneurial dans l'ouvrage des toiles, rouille, saleté, et **rouille**, marque de coups de verges, variété de nielle, renouée.

ROUILLÉ. — Commune du dép. de la Vienne, arr. de Poitiers. **Rouillé**, couvert de rouille, rongé, sucé.

ROUILLER. — Rouilley, seigneurie de Seine-et-Marne, arr. de Provins. **Rouiller**, couvrir de rouille, engourdir, rouler, ronger, regarder fixement avec impertinence.

ROUISSE. — De Ribouisse, commune du dép. de l'Aude, **arr.** de Castelnaudary. **Rouisse,** sorte de grosse poire.

ROUJES. — Rouge, bourg de Bretagne, dép. de la Loire-Inférieure, près de Nantes. **Rouge,** habile, **rusé.**

ROUL. — Roule, seigneuries de Bretagne et de Normandie. **Roul,** rouleau à écraser les mottes, rôle, page, roulement, passage aplani pour rouler des brouettes.

ROULEAU. — De Toul, ville de Meurthe-et-Moselle. **Rouleau,** rouelle.

ROULETTE. — Commune du dép. de la Charente, arr. d'Angoulème. **Roulette,** petite roue qui supporte un fardeau, qui le fait rouler, brouette, bécassine, variété de trèfle.

ROULIER. — Commune du dép. des Vosges, arr. d'Epinal. **Roulier,** voiturier qui transporte des marchandises de ville en ville.

ROULLOIS. — De Rousseloy, commune du dép. de l'Oise, arr. de Clermont. **Rouloir,** outil qui sert à rouler les bougies et les cierges sur une table.

ROUMIER. — De Romilly, commune de Loir-et-Cher, **arr.** de Vendôme. **Roumier** vient de **roumi,** pélerin.

ROUPILLE. — De Roupy, commune du dép. de l'Aisne, **arr.** de St-Quentin. **Roupille,** espèce de petit manteau dont s'enveloppaient les Espagnols pour dormir.

ROUSSAY. — Commune dans le dép. de Maine-et-Loire, arr. de Cholet.

ROUSSE. — Commune du dép. de la Lozère. **Rousse,** moutarde des champs.

ROUSSEAU. — Seigneurie de Normandie, érigée en 1450. **Rousseau,** qui a des cheveux roux.

ROUSSEL. — D'Ussel, ville du dép. de la Corrèze. **Roussel,** couleur rousse, bâton sans fer.

ROUSSELET. — De la Rouxelais, seigneurie de Bretagne, érigée en 1540. **Rousselet,** poire d'été à peau rougeâtre.

ROUSSELON. — De Roussillon, communes des dép. de Saône-et-Loire, de l'Isère et de Vaucluse.

ROUSSELOT. — De Rosel, commune du dép. du Calvados,

arr. de Caën. **Rousselotte,** rousserolle, oiseau du genre grive.

ROUSSERAY. — De Roseray, seigneurie de Bretagne, érigée en 1600 pour De **Farcy.**

ROUSSET. — Commune des Hautes-Alpes, arr. d'Embrun. Rousset, de couleur rousse, étoffe rousse.

ROUSSIERE — D'Oussières, commune du Jura, arr. de Poligny. Roussière, roseraie.

ROUSSIN. — De Roussines, communes des dép. de l'Indre et de la Charente. Roussin, cheval un peu épais, et entre deux tailles.

ROUSSON. — Communes des dép. du Gard et de l'Yonne.

ROUTHIER, ROUTIER. — Routier, commune du dép. de l'Aude, arr. de Limoux, canton d'Alaigne. Les Routiers, seigneurie de Normandie, érigée en 1641 pour d'Orville. Routier, indice de chemin, soit par terre, soit par mer, qui fait bien les routes, livre de cartes marines où sont marqués les côtes, les ports, les rades, les rochers, etc, grand voyer, soldat indiscipliné, homme prudent.

ROUTOY. — D'Autoire, commune du dép. du Lot, arr. de Figeac. Routoir, endroit où se rouit le chanvre, et instrument pour le rouissage.

ROUVILLE. — Com. de la Seine-Inférieure et de l'Oise.

ROUX. — Com. de l'Ardèche, arr. de Largentière. Roux, cheval de couleur jaune ou fauve, sauce faite avec du beurre roussi, résine.

ROUXEL. — D'Uxelles, commune du Jura, arr. de St-Claude.

ROY. — De Roye, commune du dép. de la Somme, arr. de Montdidier, et Roye, commune de la Haute-Saône, arr. de Lure. Roy, roi. Ce nom a été donné à beaucoup de personnes. Il y eut le roi des arbalétriers, le roi des arpenteurs, le roi des ribauds, le roi de la bazoche, des meuniers, des poètes, de la fève, etc. Ce mot signifie ordre, mesure, règle, rang, limite.

ROYAL. — De Royal, commune de Bretagne, près de Rouen. Royal, réel, qui convient ou appartient aux rois.

ROYAN. — Commune de la Charente-Inférieure, arr. de Marennes.

ROYANNEZ. — Contrée du Dauphiné, dont la capitale était Pont-de-Royan. Comprenait les dép. de l'Isère et de la Drôme.

ROYAUMONT.—De Réaumont, commune du dép .de l'Isère, arr. de St-Marcellin.

ROYER. — Commune du dép. de Saône-et-Loire, arr. de Mâcon. **Royer**, voisin, charron. **Royer**, verbe, beugler, mugir, rayer.

ROYET.　De Roilly, commune de la Côte-d'Or, arr. de Sémur.

ROYNÉ. — De René, commune du dép. de la Sarthe arr. de Namers.

ROZA. — V. Rosa.

ROZÉ. — V. Rosé.

ROZEROT. — De Rozerotte, commune du dép. des Vosges, arr. de Mirecourt.

ROZOTTI. — D'Auzits, commune du dép. de l'Aveyron, arr de Rodez.

RUAIS, RUEST. — Rouais, seigneurie de Lorraine, érigée en 1712 pour Macquart. **Ruais**, dérive du grec **ruô**, couler, ou de **ru**, ruisseau, bord, rivage.

RUÉ. — Des Ruées, seigneurie de Picardie, érigée en 1293 pour De Senlis. **Ruée**, chaume, amas de litières sèches, roue.

RUEL, RUELLE. — Commune du dép. de la Charente, arr. d'Angoulème. **Ruel**, ruisseau, et **ruelle**, roue de charrue à avant-train. Dérive du grec **ruô**, couler.

RUELLAND. — De Ruellen, seigneurie de Bretagne. **Ruelland** dérive du latin **rutilans**, rouge, brillant.

RUET, RUETTE. — Châtellenie près de Langres, dans le diocèse de Châlons. **Ruette**, baguette pliante pour frapper les enfants, ruelle, passage étroit entre les bâtiments.

RUFIAGE. — De Ruages, commune du dép. de la Nièvre, arr. de Clamecy. **Ruffage**, volage, capricieux, violent.

RUFIANGE. — De Rouffange, commune du Jura, arr. de Dole.

RUFFIGNY. — Lieu du dép. des Deux-Sèvres, dans la commune de Chavagné.

RUHOT. — Ruaux, commune du dép. des Vosges, arr. de Remirecourt. **De ruote**, ruelle.

RULAN.—Petite ville de la Basse-Lusace, sur l'Ebster-Noir, à 7 lieues de Dresde.

RULLE. — Rulhe, commune du dép .de l'Aveyron, canton de Rignac. **Rulle**, boule.

RULO.   De Rugles, commune du dép. de l'Eure, arr. d'Evreux.

RUMEAU. — De Rumaucourt, commune du dép. du Pas-de-Calais, arr. d'Arras. **Rumeau**, râle.

RUPALET. — Rupulley, seigneurie de Normandie, érigée en 1500 pour Suhard.

RUPALLY. — De Rutali, commune du dép. de la Corse, arr. de Bastia.

RUPARON. — De Répara, commune de la Drôme, arr. de Die.

RUSSEAU. — De Russey, commune du dép. du Doubs, arr. arr. de Montbéliard. **Russeau**, ruisseau.

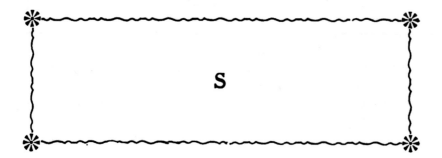

S

SABATHÉ. — De Labarthète, commune du dép. du Gers, arr. de Mirande. **Sabatée,** faiseur de sabots.

SABERTACHE. — D'Aberwrach, lieu du Finistère, dans la commune de Landéda. **Sabretache,** sacs plats qui pendent à la ceinture de certains uniformes de cavalerie.

SABOTTIER. — De la Sabotterie, commune du dép. des Ardennes, arr. de Vouziers. **Sabotier,** qui fait des sabots, savetier.

SABOUREAU. — De Sabarros, commune des Hautes-Pyrénées, arr. de Bagnères-de-Bigorre. **Saboureau,** dim. de saboure, le lest d'un navire.

SABOURIN. — De Sadournin, commune des Hautes-Pyrénées, arr. de Tarbes. Vient de **sabourer,** secouer, fouler aux pieds.

SABREVOIS. — De Sauvoy, commune du dép. de la Meuse, arr. de Commercy. **Sabrevois,** vient de sabre, savetier et de vois, parole, autorité, nom.

SACEPÉE. — De Saquenay, commune du dép. de la Côte-d'Or, arr. de Dijon. **Saquepée,** qui tire l'épée.

SACERLIER. — De Sarcelles, commune du dép. de Seine-et-Oise, arr. de Pontoise. Vient de **sarcel,** aiguillon pour piquer les bœufs, serpe, sarcloir, ou de **sarce,** agrès, cordage.

SACHÉ, SACHET. — Commune du dép. d'Indre-et-Loire, arr. de Chinon. **Sachet,** petit sac, petit coussin où l'on met des parfums.

SADÉ. — De Souday, commune de Loir-et-Cher, arr. de Vendôme. **Sadet**, gracieux, charmant.

SADEAU. — De Sode, com. du dép. de la Haute-Garonne, arr. de St-Gaudens. **Sadot**, vieille et mauvaise femme.

SADERLAN. — De Sadeillan, commune du dép. du Gers, arr. de Mirande. Vient de **sade**, agréable.

SADRELON. — De Saudron, commune de la Haute-Marne, arr. de Wassy. De **sadre**, sarriette.

SAFFRAY. — Commune de la Loire-Inférieure, arr. de Châteaubriant. **Saffré**, bordé d'orfroi.

SAGANT. — De Saulgond, commune du dép. de la Charente, arr. de Conflans. **Sagant**, qui brise ses habits.

SAGARD. — De Sahorre, commune des Pyrénées-Orientales, arr. de Prades. **Sagard**, ville de l'île de Rutgen, près de la Baltique, à 5 lieues de Bergen.

SAGEAU. — De Saugeot, commune du Jura, arr. de Saint-Claude. **Sageot** qui fait le sage avant l'âge, sageolet.

SAGOLAS. — De Sagelot, commune de la Dordogne, arr. de Sarlat.

SAGUIN. — De Sanghem, commune du Pas-de-Calais, arr. de Boulogne-sur-Mer. Vient de **sagne**, marais.

SAILLANT. — Commune du Puy-de-Dôme, arr. d'Ambert. **Saillant**, daguet, hauteur.

SAILLAR. — De Saillac, commune du dép. du Lot, arr. de Cahors. **Saillard**, sauteur, danseur.

SAILLY. — Communes des dép. du Nord, des Ardennes et de la Haute-Marne. **Saillie**, sortie, course.

SAINDON. — D'Andon, commune des Alpes-Maritimes, arr. de Grasse. **Saindon**, tabac.

SAINT-AGNAN. — Commune des dép. de l'Aisne, de la Nièvre, du Tarn, de l'Yonne, de Saône-et-Loire.

SAINT-AIGNE. — Commune de la Dordogne, arr. de Bergerac.

SAINT-AMAND. — Communes des dép. de la Creuse, de la Marne, de la Meuse, du Nord, du Pas-de-Calais, etc.

SAINT-AMOUR. — Commune du dép. du Jura, arr. de Lons-le-Saunier.

SAINT-ANDRÉ.—Communes des dép. du Nord, de l'Yonne, de la Charente, de la Savoie, du Tarn, du Gers, de la Haute-Savoie.

SAINT-ANGE. — Commune dans le Perche, diocèse de Chartres.

SAINT-ANTOINE. — Communes des dép. de l'Isère, de la Gironde, du Gers, du Doubs, des Bouches-du-Rhône, de l'Ariège.

SAINT-ARNAUD.—Lieu du dép. de Lot-et-Garonne, canton d'Olgen.

SAINT-ARNOULD. — Communes des dép. du Calvados, de Loir-et-Cher, de l'Oise, de la Seine-Inférieure.

SAINT-AUBIN. — Communes des dép. de l'Eure, de l'Aube, de la Côte-d'Or, de l'Orne, du Nord.

SAINT-BARNABÉ. — Commune des Côtes-du-Nord, arr. de Loudéac.

SAINT-BARTHELEMY.—Communes des dép. du Morbihan, de la Manche, des Landes, de la Dordogne.

SAINT-BERNARD. — Communes des dép. de la Côte-d'Or, de l'Isère et de la Vendée.

SAINT-BLIN. — Commune du dép. de la Haute-Marne et bourg de Bretagne sur l'Adon.

SAINT-CANTIN. — Seigneurie de Normandie, érigée en 1776 pour Potvin.

SAINT-CENE.—Saint-Seine, commune du dép. de la Nièvre, arr. de Nevers.

SAINT-CERNY. — Ville du dép. de Seine-et-Oise, et bourg du Périgord, diocèse de Sarlat.

SAINT-CASTIN. — Commune des Basses-Pyrénées, arr. de Pau.

SAINT-CHARLES. — Commune du dép. de la Mayenne, arr. de Château-Gontier.

SAINT-CHRISTOPHE.—Communes des dép. de l'Allier, de l'Aube, de la Charente, de la Savoie, etc.

SAINT-CLAIR. — Communes des dép. de l'Ardèche, de la Loire-Inférieure, du Lot, etc.

SAINT-CLAUDE. — Commune de la Charente, arr. de Confolens.

SAINT-COSME. — Commune du dép. de la Sarthe, arr. de Mamers.

SAINT-CREPIN. — Communes des dép. de la Charente-Inférieure et des Hautes-Alpes.

SAINT-CYBARD. — Communes des dép. de la Gironde et de la Charente.

SAINT-CYR. — Communes des dép. de l'Ardèche, de la Haute-Vienne, de la Manche, du Jura. **Cyr** vient du grec **Kurios**, seigneur. De là viennent les mots sieur et monsieur.

SAINT-DENIS. — Communes des dép. des Deux-Sèvres, de l'Yonne, de la Lozère et du Gard.

SAINT-DIZIER. — Communes des dép. de la Haute-Marne, de Drôme, de la Creuse.

SAINT-ELOY. — Communes des dép. du Pas-de-Calais, du Puy-de-Dôme, du Finistère, de la Corrèze.

SAINT-ETIENNE. — Ville de la Loire, et communes des dép. de l'Oise, du Pas-de-Calais.

SAINT-EUSTACHE. — Communes des dép. de la Haute-Savoie et de la Seine-Inférieure.

SAINT-FELIX. — Communes des dép. de la Charente-Inférieure, de l'Oise, etc.

SAINT-FORT. — Communes des dép. de la Mayenne et de la Charente.

SAINT-FRANÇOIS. — Communes des dép. de la Moselle, et de la Savoie.

SAINT-GELAIS. — Commune du dép. des Deux-Sèvres, arr. de Niort.

SAINT-GEMME. — Sainte-Gemme, communes des dép. du Cher, du Gers, de la Gironde, etc.

SAINT-GEORGES. — Communes des dép. du Cantal, du Gers, du Doubs, de l'Yonne, de la Normandie.

SAINT-GERMAIN. — Communes des dép. de l'Ardèche, de la Haute-Saône, de la Savoie, etc.

SAINT-HILAIRE.—Communes de Bretagne, de Normandie, du Limousin, de Champagne, etc.

SAINT-JACQUES. — Communes des dép. du Calvados, des Hautes-Alpes, etc.

SAINT-JEAN. — Communes de Bretagne, de Normandie, de Picardie, du Périgord, etc.

SAINT-JORRE. — Commune du dép. de la Manche, arr. de Coutances.

SAINT-JOSEPH. — Communes des dép. de la Loire, de la Loire-Inférieure, du Rhône et de l'Isère.

SAINT-JULIEN. — Communes des dép. des Basses-Alpes, de la Côte-d'Or, des Vosges, etc.

SAINT-JUST.—Communes des dép. de la Charente, du Cher, de la Dordogne, de l'Ain, etc

SAINT-LAUD. — Bourg de l'Anjou, diocèse d'Angers.

SAINT-LAURENT. — Communes de la Champagne, de l'Or-léanais, de la Charente.

SAINT-LEGER. — Com. des dép. des Alpes-Maritimes, de la Charente, des Hautes-Alpes, d'Ille-et-Vilaine, etc.

SAINT-LEONARD.—Ville de la Haute-Vienne et com. dans les dép. de la Vienne, des Vosges, de la Seine-Inférieure.

SAINT-LO. — Ville de la Manche.

SAINT-LOUIS.—Seigneurie de Bretagne, et communes dans le Périgord, la Guienne et le Languedoc.

SAINT-LUC. — Commune du dép. de l'Eure, arr. d'Evreux.

SAINT-LUÇON. — Ville du Poitou, dép. de la Vendée, à 6 lieues de Fontenay.

SAINT-MAIXENT. — Communes des dép. des Deux-Sèvres, et de la Sarthe.

SAINT-MALO. — Ville du dép. d'Ille-et-Vilaine, et com. du dép. de la Nièvre, arr. de Cosne.

SAINT-MARC. — Com. des dép. des Bouches-du-Rhône, du Finistère et du Cantal.

SAINT-MARCEL. — Communes des dép. de l'Ain, des Ardennes, de l'Aude, etc.

SAINT-MARIN. — Commune du dép. de l'Aveyron, canton de Villeneuve.

SAINT-MARS. — Commune du dép. de Seine-et-Marne, arr. de Coulommiers.

SAINT-MARTIN. — Com. des dép. du Gers, de la Haute-Marne, du Morbihan, du Nord, de l'Yonne, etc.

SAINT-MAURICE. — Communes des dép. de la Charente, de la Creuse, des Hautes-Alpes, etc.

SAINT-MEDARD. — Communes des dép. de la Charente-Inférieure, de la Creuse, etc.

SAINT-MICHEL.—Commune des dép. des Basses-Alpes, des Basses-Pyrénées, du Gers, etc.

SAINT-NICOLAS. — Communes des dép. du Morbihan, du Pas-de-Calais, etc.

SAINT-OLIVE. — Sainte-Olive, commune du dép. de l'Ain, arr. de Trévoux.

SAINT-OMER. — Ville du Pas-de-Calais, et commune du Calvados.

SAINTON. — De Santans, commune du Jura, arr. de Dole.

SAINTONGE.—De Santenoge, commune de la Haute-Marne, ar. de Langres. **Saintonge,** ancienne province de France, divisée en deux par la Charente.

SAINT-ORENS. — Com. des dép. du Gers et de la Haute-Garonne.

SAINT-OURS. — Communes des dép. du Puy-de-Dôme et de la Savoie.

SAINT-PAIR. — Commune du Calvados, arr. de Caën.

SAINT-PAUL. — Com. des dép. de la Gironde, des Alpes-Maritimes, des Vosges, etc.

SAINT-PERE.—Com. des dép. d'Ille-et-Vilaine, du Loiret, de l'Yonne, etc.

SAINT-PIERRE.—Communes dans presque tous les départements de France.

SAINT-QUENTIN. — Ville du dép .de l'Aisne, et communes dans les dép. de la Charente, de l'Ariège, etc.

SAINT-REMI.—Communes des dép. de l'Ain, de l'Aube, du Calvados, etc.

SAINT-RENAUD. — Commune du dép. du Finistère, arr. de Brest.

SAINT-ROCH. — Commune du dép. d'Indre-et-Loire, arr. de Tours.

SAINT-ROMAIN. — Communes des dép. de la Vienne, de la Charente, de la Côte-d'Or.

SAINT-ROME. — Communes des dép. de l'Aveyron, de la Lozère et de la Haute-Garonne.

SAINT-SAUVEUR. — Communes des Hautes-Alpes, de la Haute-Saône, du Puy-de-Dôme, de l'Oise, de la Gironde.

SAINT-SAUVIN. — St-Savin, communes de la Gironde, des Hautes-Pyrénées et de l'Isère.

SAINT-SEVERE. — Communes de la Charente et de l'Indre.

SAINT-SEYNE. — Com. de la Côte-d'Or et de la Nièvre.

SAINT-SIMON. — Communes de l'Aisne, du Cantal, de la Charente et du Lot.

SAINT-SOLEN. — Commune des Côtes-du-Nord, arr. de Dinan. Solin, rez-de-chaussée.

SAINT-SURIN. — Commune du dép. de la Charente, arr. de Cognac.

SAINT-THOMAS. — Communes des dép. de la Drôme, de la Marne et de la Haute-Garonne.

SAINT-VALLIER. — Communes de la Charente, de la Haute-Marne, de Saône-et-Loire et des Vosges.

SAINT-VENANT. — Commune du Pas-de-Calais, arr. de Béthune.

SAINT-VICTOR. — Communes des dép. de l'Ardèche, de l'Allier, du Cantal, de la Creuse.

SAINT-VINCENT. — Communes des dép. du Puy-de-Dôme, de la Haute-Loire, du Cantal.

SAINT-YVES. — Com. du dép. de la Charente-Inférieure, arr. de Rochefort.

SAINTE-FOY. — Communes des dép. de la Haute-Garonne, des Landes, de la Gironde, du Rhône.

SAINTE-HELENE. — Communes des dép .des Vosges, de la Savoie, du Morbihan.

SAINTE-MARIE. — Communes des dép. des Ardennes, du Cantal, de la Charente, du Gers, des Hautes-Alpes.

SAINTE-MARTHE. — Communes des dép. de l'Eure, et de Lot-et-Garonne.

SAJOT. — De Saugeot, commune du dép. du Jura, arr. de St-Claude.

SALABERRY. — De Salbris, bourg du dép. de Loir-et-Cher, arr. de Romorantin. Dérive de **sala,** salle, palais, pièce carrée.

SALAIN. — Commune du dép. du Cantal, canton de Mauriac. **Salin,** grenier à sel, impôt sur le sel.

SALARDENNE. — Sallartaine, en Vendée, à 3 lieues de la Garnache. Dérive du grec **aulè,** cour, salle, palais.

SALÉ. — Salers, commune du Cantal, arr. de Mauriac. **Salé,** saturé de sel, chair de porc salé.

SALES. — Communes des dép. de la Drôme, de la Gironde, de la Loire, etc. **Sales,** chambre, salade, casque, pièce d'une maison.

SALEUR. — De Saleux, commune du dép. de la Somme, arr. d'Amiens. **Saleur,** embaumeur, saloir.

SALIER. — Saliès, commune du dép. du Tarn, arr. d'Albi. **Salier,** salière, salaire.

SALIGOT. — Saligos, commune des Hautes-Pyrénées, arr d'Argelès. **Saligot,** carniole, châtaigne d'eau, truffe de marais, saloir, salaison.

SALIOT. — De Salies, communes des Basses-Pyrénées et de la Haute-Garonne.

SALLEZ. — De Salers, commune du dép. du Cantal, arr. de Mauriac.

SALLIEN. — De Sallen, commune du Calvados, arr. de Bayeux. **Salien,** peuple de la Basse-Allemagne, d'où le nom de **salique,** la loi salique.

SALMON. — Commune du dép. de la Lozère, canton de la Canourgue. **Salmon,** saumon.

SALMONAYE. — De Samonac, commune du dép. de la Gironde, arr. de Blaye. **Salmonée,** nom d'homme.

SALOIS, SALOU. — De Sallouel, commune du dép. de l'Ain, arr. de Nantua. **Saloir, salouer,** lardier, qui sert pour la salaison.

SAMAIN. — Saman, commune de la Haute-Garonne, arr. de St-Gaudens. **Samin,** de velours de soie.

SAMAZIN. — De Samazan, commune du dép. de Lot-et-Garonne, arr. de Marmande. **Samadan,** sorte d'étoffe orientale.

SAMINGOA. — De Samognat, commune du dép. de l'Ain, arr. de Nantua. De **samin,** fine étoffe de soie.

SAMSON. — Commune du dép. du Doubs, arr. de Besançon. **Samson,** nom d'homme.

SANCERRE. — Ville du dép. du Cher. **Sancerre,** arquebuse pistolet de Sancerre.

SANCHE. — De Sancheville, commune du dép. d'Eure-et-Loir, arr. de Châteaudun. **Sanche,** double six au jeu de dés.

SANCOURT. — Communes des dép. de l'Eure, du Nord et de la Somme.

SANDERS. — Sendets, communes de la Gironde et des Basses-Pyrénées.

SANDRILLE. — De Sandarville, commune du dép. d'Eure-et-Loir, arr. de Chartres.

SANGUINE. — De Sainghin, commune du dép. du Nord, arr. de Lille. **Sanguine,** étoffe de couleur rouge, peroxyde de fer.

SANGUINET. — Commune du dép. des Landes, arr. de Mont-de-Marsan. **Sanguiner,** ensanglanter.

SANIN. — De Senan, commune du dép. de l'Yonne, arr. de Joigny.

SANSARD. — De Sansa, commune des Pyrénées-Orientales, arr. de Prades.

SANSCARTIER. — De Quartier, commune du dép. du Puy-de-Dôme, arr. de Riom.

SANSCHAGRIN. — De Chahains, commune du dép. de l'Orne, arr. d'Alençon.

SANSCRAINTE. — De Crain, commune du dép. de l'Yonne, arr. d'Auxerre.

SANSFAÇON. — De Sansan, commune du dép. du Gers, arr. d'Auch.

SANSOUCY. — Localité dans le dép. de l'Indre, et bois dans le dép. du Cher, près de St-Germain-sur-Aubois.

SANSPERIL. — De Peyrilles, commune du dép. de Lot, arr. de Gourdon.

SANSPEUR. — De Pers, communes des dép. du Cantal et du Loiret.

SANSPITIÉ. — De Pithiviers, ville du Loiret.

SANSREGRET. — De Regat, commune du dép. de l'Ariège, arr. de Pamiers.

SANTENNE. — De Sentein, commune du dép. de l'Ariège, arr. de St-Girons. **Santeine,** santonine.

SANTERRE. — Pays de Picardie, dont **Péronne** était la capitale, compris dans le dép. de la Somme.

SANTIER. — Commune dans le Bas-Vendômois, du ressort de Baugé. **Sentier,** valet de ville.

SANTILLY. — Communes des dép. d'Eure-et-Loir et de Saône-et-Loire.

SANTOIRE. — De Santerre, lieu dans le Puy-de-Dôme, com. de Mangat. **Centoire,** centaurée, herbe du centaure.

SAPIN. — De Sapin-Vert, dans le dép. du Nord, commune de Wattrelos. **Sapin,** qui est de sapin.

SAPPER. — Sappey, commune du dép. de l'Isère, canton de Grenoble. **Saper,** abattre avec la pioche.

SARAIL. — D'Arraye, commune de Meurthe-et-Moselle, arr. de Nancy. **Sarail,** sérail.

SARAZIN. — De Sérézin, commune du dép. de l'Isère, arr. de la **Tour-de-Pin. Sarazin,** turc, pays des Sarrasins, Orient, nom de bœuf, ouvrier typographe **non** syndiqué, mécréant, romain. Ce mot vient de l'arabe **Scharaka,** qui signifie se lève, **en** parlant du soleil, comme si on disait les **Orientaux.**

SARAU, SARAUD. — De Sare, commune des Basses-Pyrénées, arr. de Bayonne. **Saraux**, gardien, garant.

SARCELLIER. — D'Argelliers, commune du dép. de l'Hérault, arr. de Montpellier. De **sarcel**, sarcloir, serpe.

SARGEAUX. — De Sarzeau, commune du Morbihan, arr. de Vannes.

SARGNAT. — De Sagnat, commune du dép. de la Creuse, arr. de Guéret.

SARINDA. — D'Arandas, commune du dép. de l'Ain, arr. de Belley. **Sarin**, herbe aquatique.

SARON, SARRON. — Commune du dép. de l'Oise, arr. de Clermont.

SARRÉ. — Sarrey, commune du dép. de la Haute-Marne, arr. de Langres.

SARRERE. — De Serrières, commune du dép. de l'Ardèche, arr. de Tournon.

SARRAUD, SARROT. — Sarreau, seigneurie de Bretagne, érigée en 1668 pour De Harouis. **Sarrau**, rochet, traître, sournois.

SASSEVILLE. — Commune du dép. de la Seine-Inférieure, arr. d'Yvetot. De **sasse**, pelle creuse qui sert à jeter l'eau hors des embarcations.

SATIS. — De Saulty, commune du Pas-de-Calais, arr. de Saint-Pol-sur-Ternoise. **Satis**, mot latin, qui signifie assez.

SAUBRAGES. — De Saubrigues, com. du dép. des Landes, arr. de Dax.

SAUCIER. — De Saucy, commune de la Côte-d'Or, arr. de Dijon. **Saucier**, saucière, celui qui compose des sauces.

SAUCOURT. — Commune de la Haute-Marne, arr. de Wassy. De saut, assaut.

SAUGEON. — Commune de la Charente-Inférieure, arr. de Saintes, sur la Sandre.

SAUGUENÉ. — De Seigné, commune de la Charente-Inférieure, arr. de St-Jean d'Angély. **Saugrener**, assaisonner.

SAULGER. — Saulgé, commune du dép. de la Vienne, arr.

de Montmorillon. **Saulier**, saulière, lieu planté de saules. Vient de saul, soleil.

SAULIEUR, SAULIEUX. — Saulieu, commune de la Côte-d'Or, arr. de Semur. **S**olier, étage, logement, plancher.

SAULQUIN. — De Saultain, commune du dép. du Nord, arr. de Valenciennes. De so**cq**ue, sandale.

SAULTON. — De Sautron, commune de la Loire-Inférieure, arr. de Nantes.

SAUMUR. — Ville de l'Anjou, sur la Loire. **Saumur**, saumure.

SAUNIER. — De Saunière, commune du dép. de la Creuse, arr. de Guéret. **Saunier**, marchand de sel.

SAUPIN. — De Saponay, commune du dép. de l'Aisne, arr. de Château-Thierry. **Saupin**, vient de sau**pe**, poisson de mer.

SAURE. — Sore, commune du dép. des Landes, arr. de Mont-de-Marsan. **Saure**, sorte de filet, couleur jaune tirant sur le brun.

SAUREAU. — De Saurat, commune du dép. de l'Ariège, arr. de Foix.

SAUREL. — Commune du dép. de la Somme, arr. d'Abbeile. **Saurel**, espèce de maquereau.

SAUROY. — Seigneurie de Bretagne.

SAUSSIER. — V. Saucier.

SAUSSIJOT. — De Saulge, commune du dép. de la Mayenne, ar. de Laval. **Saussis**, saumure.

SAUTIER. — De Saulty, commune du Pas-de-Calais, arr. de St-Pol-sur-Ternoise. **Sautier**, psautier, les sept psaumes de la pénitence.

SAUVAGE. — Commune du dép. de la Haute-Marne, arr. de Wassy. **Sauvage**, solitaire, non civilisé, farouche, fou, étrange, non apprivoisé.

SAUVAGEAU. — Des Sauvages, commune du dép. du Rhône, arr. de Villefranche. **Sauvageau**, sauvageon, arbre non greffé.

SAUVALLE. — Com. du dép. du Cantal, arr. de Mauriac.

SAUVÉ. — De Sauzé, commune du dép. des Deux-Sèvres, arr. de Melle. **Sauvé,** qui sauve.

SAUVEUR. — De Savères, commune de la Haute-Garonne, arr. de Muret. **Sauveur,** qui sauve, celui qui sauve les marchandises perdues en mer.

SAUVIAT. — Communes des dép de la Haute-Vienne et du Puy-de-Dôme.

SAUVIN. — De Savins, commune du dép. de Seine-et-Marne, arr. de Provins.

SAUVIOT. — De Savy, commune du Pas-de-Calais, arr. de St-Pol-sur-Ternoise.

SAVANOIS. — De Savènes, commune du dép. de Tarn-et-Garonne, arr. de Castelsarrasin.

SAVARD. — De Savas, commune du dép. de l'Ardèche, arr. de Tournon. **Savart,** friche, ruine, **savor,** sauce, assaisonnement.

SAVARY.—Ville du Haut-Languedoc, près de Saint-Papoul. **Savori,** savonneux.

SAVARIA. — De Soveria, commune du dép. de la Corse, arr. de Coste.

SAVARRIAU. — De Savarrière, seigneurie de Bretagne, érigée en 1600 pour De Besné. De **savoure,** lest.

SAVIGNAC, SAVIGNIAC. — Com. des dép. de l'Ariège, de l'Aveyron, de la Gironde, de Lot-et-Garonne.

SAVIGNY. — Communes des dép. de la Manche, des Vosges, de l'Yonne, de la Vienne, etc.

SAVIN. — V. Sauvin. **Savin,** nom d'homme.

SAVIAT. — V. Sauviat.

SAVOIE, SAVOYE. — De Sauvoy, commune du dép. de la Meuse, arr. de Commercy.

SAVOYARD. — De Savoyeux, commune de la Haute-Saône, arr. de Gray. **Savoyard,** qui est de la Savoie.

SAX. — D'Ax-les-Thermes, commune du dép. de l'Ariège, arr. de Foix. **Saxe,** pierre, rocher.

SAYEN, SCAYEN. — D'Escalans, commune des Landes, arr. de Mont-de-Marsan. **Sayen,** droit levé sur la rivière de Maynes.

SAYER. — De Sçaër, commune du Finistère, arr. de Quimperlé. **Saier,** essayer, goûter.

SCABIET. — D'Escobègues, commune du dép. du Nord, arr. de Lille. Dérive de **scabellum,** escabeau ou de **scabies,** gale.

SCAYANIS. — D'Escaunets, commune des Hautes-Pyrénées, arr. de Tarbes.

SCELEUR. — De Scellières, commune du Jura, arr. de Lons-le-Saunier. **Scelleur,** celui qui appose les sceaux aux sentences et contrats.

SCHAPPERT. — De Schopperten, commune du dép. du Bas-Rhin, arr. de Savesne. **Chapé,** couvert d'une chape.

SCHERET. — Schéretz, ville de la Valachie.

SCHMID. — Semide, dans les Ardennes, arr. de Vouziers.

SCIPION. — Des Sept-Ponts, dans le dép. du Lot, com. du Montat. **Scipion,** tulipe rouge vif et jaune blanchissant.

SCITOLEUR. — De la Sitole, dans la Gascogne, près de Tarbes. Dérive de **sittel,** flèche.

SEBILLE. — De Sibiville, commune du Pas-de-Calais, arr. de St-Pol. **Sibille,** petit vaisseau de bois en forme sphérique.

SECART. — Séquehart, commune du dép. de l'Aisne, arr. de St-Quentin. **Sécart,** stérile, sec.

SECHERET. — De Seicheprey, commune du dép. de Meurthe-et-Moselle, arr. de Toul. Dérive du grec **sikchos,** mince, menu.

SEDILOT. — De Sedeilhac, commune de la Haute-Garonne, arr. de Saint-Gaudens. Vient de **sédil,** siège.

SEGLAS. — Segalas, commune des Hautes-Pyrénées, arr. de Tarbes.

SEGNÉ. — Seigné, commune du dép. de la Charente-Inférieure, canton d'Aunray. **Segné,** signalé.

SEGUENOT. — Des Ségonnaux, dans le dép. des Bouches-du-Rhône, canton d'Arles.

SEGUIN. — De Puisseguin, commune du dép. de la Gironde, ar. de Libourne.

SEGUY. — De Ségy, commune du dép. de Loir-et-Cher, arr. de Blois.

SEIGNEUR. — Village dans le Rouergue. **Seigneur,** gens de robe, aîné des enfants, mari, père, beau-père, professeur, propriétaire, vassal, chef de voleurs.

SEIGNEURET. — De Signoret, lieu dans le dép. des Bouches-du-Rhône. **Seignorer,** dominer.

SEIZE. — De Seix, commune du dép .de l'Ariège, arr. de Saint-Girons. **Seys,** sciure.

SEIZEVILLE. — Sierville, commune de la Seine-Inférieure, arr. de Rouen.

SEJEL. — De Seilh, commune de la Haute-Garonne, arr. de Toulouse.

SEJOURNÉ. — De Sigournais, commune de la Vendée, arr. de La Roche-sur-Yon. **Sijourné,** frais, dispos, reposé, repos, halte.

SEL. — Commune du dép. d'Ille-et-Vilaine, arr. de Redon. **Sel,** sceau, chlorure de sodium.

SELLE. — Commune du dép. de Loir-et-Cher, arr. de Romorantin. **Sele,** escabeau.

SELOZ. — De Soulosse, commune du dép. des Vosges, arr. de Neufchâteau. De **selons,** soleil.

SEMEGRAIN. — De Samaran, commune du dép. du Gers, arr de Masseube.

SEMEUR. — De Samer, commune du Pas-de-Calais, arr. de Boulogne. **Semeur,** qui sème, semoir, ce qu'on peut ensemencer.

SEMIOT. — De Semilly, commune de la Haute-Marne, arr. de Chaumont.

SEMPER. — De Sempesserre, commune du dép. du Gers, arr. de Lectoure. **Semper,** mot latin qui signifie toujours.

SEMITH. — V. Semid.

SEMUR. — Ville de la Côte-d'Or, et commune du dép. de la Sarthe.

SENARD. — Commune du dép. de la Meuse, arr. de Bar-le-Duc.

SENAT. — Sénas, commune des Bouches-du-Rhône, arr. d'Arles. **Sénat,** assemblée des plus notables habitants d'une république, lieu où se tient l'assemblée.

SENCERE. — V. Sancerre.

SENÉ. — Commune du Morbihan, arr. de Vannes. **Séné,** plante purgative, sensé, sage, bien avisé, prudent, sain.

SENECAL. — De Seneca, commune du dép. de la Corse, arr. de Bastia. **Sénécal,** sénéchal.

SENECHAL. — De Sénéchas, commune du dép. du Gard, arr. d'Alais. **Sénéchal,** officier de robe, maître d'hôtel. Ce mot vient de **senex,** vieux et de **caballos,** chevalier.

SENELÉ. — Seignelay, commune du dép. de l'Yonne, arr. d'Auxerre. **Sénelée,** haie de snelles, d'aubépines.

SENEZ. — Commune du dép. des Basses-Alpes, arr. de Castellane. **Senez,** sénat.

SENEZERGUES. — Commune du dép. du Cantal, arr. d'Aurillac.

SENNECY. — Sennecey, ville du dép. de la Côte-d'Or, canton de Dijon. De **senne,** synode, assemblée.

SENNETERRE. — Commune du Puy-de-Dôme, arr. d'Issoire. **Senneterre,** corruption de St-Nectaire.

SENNEVILLE. — Commune du dép. de la Seine-Inférieure, arr. d'Yvetot.

SENSARD. — De Sensat, dans le Bourbonnais, diocèse d'Autun.

SENTENNE. — De Sentein, commune du dép. de l'Ariège, arr. de St-Girons. **Sentene,** terme de commerce de fil. endroit par où l'on commence à dévider un écheveau, sauterie, barque pour le sel et les voyageurs.

SENTIER. — Commune du dép. de l'Indre-et-Loire, arr. de Tours. **Sentier,** senteur, route étroite, direction rurale.

SEQUENARD. — De Sequehart, commune du dép. de l'Aisne, arr. de St-Quentin. De **seque,** archives.

SER. — Serre, commune du dép. du Doubs, arr. de Besançon. **Ser,** serf, serre, petit insecte, petit lait.

SERAIN. — Commune du dép. de l'Aisne, arr. de St-Quentin. **Serain,** soir, fraîcheur, serein.

SERAND. — Communes des dép. de l'Oise et de l'Orne. Serane, peigne à lin et à chanvre, aiguillon du porc-épic.

SERAT. — Commune dans le Bazadois, diocèse de Bazas. Serat, lait écremé et aigre, fromage, lait bouilli avec ail et ciboule.

SERCELLIER. — V. Sarcellier. **Sercelier,** fabricant de cercles, tonnelier.

SERÉ, SERET. — Serée, commune des Basses-Pyrénées, canton de Montaner, et seigneurie de **Flandre. Serée,** soirée, sage, sensé, prudent. **Seret,** petit fromage fait du lait caillé qui reste dans la chaudière après la fabrication du grand fromage.

SERGE. — Bourg du dép. d'Eure-et-Loir, canton de Nogent. Serge, étoffe de laine.

SERGEANT, SERGENT. — De Sérent, commune du Morbihan, arr .de Ploërmel. **Sergent,** serviteur, fantassin mercenaire, écuyer, bas officier de justice.

SERGERIE. — Bourg de la Champagne, dans le diocèse de Sens. **Sergerie,** manufacture et commerce des serges, communauté de drapiers et de sergiers.

SERIEN. — Sérian, commune du dép. du Gers, canton de Marciac. De **séri,** serein, calme.

SERIGNY. — Communes des dép. de la Vienne et de l'Orne.

SERIN. — V. Serain. **Serin,** axonge ou graisse attachée à la laine des moutons.

SERINDAC. — De Serenac, commune du dép. du Tarn, arr. d'Albi. Dérive du grec **seiren,** sirène.

SERMINAC. — De Germignac, commune de la Charente-Inférieure, arr. de Jonzac.

SERMONVILLE. — Seigneurie érigée pour De Nicolaï.

SERQUELLE. — De Serruelles, commune du dép. du Cher, arr. de St-Amand-Mont-Rond. De **serqueller,** passer au tamis.

SERRAIN. — Commune du dép. d'Indre-et-Loire, arr. de Tours. **Serran,** poisson qui ressemble à la perche de mer, mais plus petit, oiseau.

SERRE. — Commune du dép. du Doubs, arr. de Besançon. **Serre,** serrure, scie. Dérive du gallois **serra,** montagne, colline, serre.

SERREAU. — De Seurre, commune de la Côte-d'Or, arr. de Baume. De **sere,** scie, serrure.

SERRÉ. — Seigneurie de Bourgogne, érigée en 1522 pour de Drée. **Serré,** clos, voisin particulier, serré par la douleur.

SERRIAU. — De Serris, commune du dép. de Seine-et-Marne, arr. de Meaux. De **serrier,** serrurier.

SERRURIER. — De Serrières, commune du dép. de l'Ardèche, arr. de Tournon. **Serrurier,** artisan qui travaille en fer, et en fabrique des serrures, ce qui sert aux clôtures et aux bâtiments.

SERRAC. — De Sergeac, commune de la Dordogne, arr. de Sarlat. V. Servais.

SERVAIS. — Commune du dép. de l'Aisne, arr. de Laon. Vient de **serve,** huche, boutique, réservoir à poisson, vivier, sauge.

SERVANT. — Commune du dép. du Puy-de-Dôme, arr. de Riom. **Servant,** serviteur, convers.

SERVIAN. — Commune du dép. de l'Hérault, arr. de Béziers.. De **servial,** servile.

SERVIGNY. — Commune du dép. de la Manche, arr. de Coutances. De **servie,** esclavage.

SETO. — De Setques, commune du Pas-de-Calais, arr. de St-Omer. Vient de **sete,** loutre.

SEURRAT. — De Serra, commune du dép. de la Corse, arr. de Sartène. **Seurat,** sureau employé pour faire l'encre et le vinaigre.

SEVESTRE. — Du Séquestre, commune du dép. du Tarn, arr. d'Albi. Vient de **seve,** jus, sauce.

SEVIGNY. — Commune du dép. de l'Orne, arr. d'Argentan. De **sevil,** haie.

SEVIN. — De Servin, commune du Pas-de-Calais, arr. de Béthune. Seigneurie de Bretagne, érigée en 1580 pour Bontier. **Seven,** avenant.

SEYNETTE. — De Senneville, commune de la Seine-Inférieure, arr. d'Yvetot. **Seinette,** petite seine.

SHEHYN. — De Seyne, ville des Basses-Alpes, en Provence. **Shehyn,** chêne.

SHINK. —V. Chinque.

SIBIRON. — De Tibiran, commune du dép. des Hautes-Pyrénées, arr. de Bagnères.

SICARD. — De Séquehart, commune du dép. de l'Aisne, arr. de Saint-Quentin. Dérive du latin **sicarius,** poignard.

SICATEAU. — De Sicaudais, lieu de la Loire-Inférieure, dans la commune d'Arthon.

SICOTTE. — De Cercotte, commune du Loiret, arr. d'Orléans, et commune du dép. du Gers, arr. de Mirande. **Sicot,** souche.

SIGLE. — De Signes, commune du dép .du Var, arr. de Toulon. **Sigle,** sorte de navire, siècle, vie, lettres initiales chez les Romains, S. P. Q. R. **Senatus populusque romanus.**

SIGLER. — De Siguer, commune du dép. de l'Ariège, arr. de Foix. **Sigler,** cingler, faire voile, indiquer, préciser.

SIGNAY. — De Cigné, commune du dép. de la Mayenne, canton d'Ambrières, **Signet,** marquer de sa signature.

SIGNY, SINY. — Communes des dép. des Ardennes et de Seine-et-Marne.

SIGOGNE. Commune de la Charente, arr. de Cognac. **Sigogne,** cigogne.

SIGONNIN. — De Séglien, commune du Morbihan, arr. de Pontivy.

SILLERY. — Bourg du dép. de la Marne, sur la Vesle, érigé en marquisat en 1631 en faveur de Brûlart.

SILVA. — Ville du Portugal, dans l'Algarve. **Silva,** forêt.

SILVAIN. — V. Sylvain. **Silvain,** dieu de la fable, qui présidait aux forêts, aux champs et au bétail.

SIMAILLARD. — De Sémillac, com. de la Charente-Inférieure, arr. de Jonzac.

SIMARD. — Commune du dép. de Saône-et-Loire, arr. de Louhans. **Simarre,** habit, robe.

SIMBLE. — De Singles, commune du dép. de la Corrèze, arr. d'Issoire. **Simble,** fleur de farine, pain, gâteau de fleur de farine.

SIMBLIN. — De Sambin, commune du dép. de Loir-et-Cher, arr. de Blois.

SIMEON. — De Saméon, commune du dép. du Nord, arr. de Douai. **Siméon,** nom d'homme, signifie forestier.

SIMIOT. — De Semmy, commune du dép. des Ardennes, arr. de Vouziers.

SIMON. — Commune du dép. de la Vendée, arr. de Fontenay-le-Comte. **Simon,** simoniaque, obéissant.

SIMONIN. — De Semondans, commune du dép. du Doubs, arr. de Montbéliard.

SIMONNEAU. — De Semons, commune du dép. de l'Isère, arr. de Vienne.

SIMONNET. — De Saunay, commune d'Indre-et-Loire, arr. de Tours. **Simonnet,** pain de fleur de farine, cuit deux fois, que l'on mangeait surtout en carême. **Simonneur** veut dire trompeur, escroc. **Simonie,** trafic des choses spirituelles pour de l'argent.

SINAI.—De Senailly, commune du dép. de la Côte-d'Or, arr. de Semur. **Sinaï,** montagne de l'Arabie Pétrée.

SINCENNES. — V. Saint-Cène.

SINCERNY. — De Saint-Cerny, commune du Périgord, diocèse de Sarlat.

SINCLAIR. — V. Saint-Clair.

SINDON. — V. Saindon. **Sindon,** linceul qui couvrait tout le corps de Notre-Seigneur Jésus-Christ.

SINGELAIS. — V. Saint-Gelais. **Singelais,** petit singe.

SINJORE. — V. Saint-Jorre.

SIONNEAU. — Seigneurie du dép. des Vosges. **Sionneau,** de Sion, baguette, petite branche.

SIRCEY. — De Sercy, commune du dép. de Saône-et-Loire, arr. de Chalon-sur-Saône. **Circée,** herbes vivaces qui poussent dans les bois.

SIRE. — Cires, commune du dép. de l'Oise, arr. de Senlis. **Sire,** seigneur.

SIRENDE. — De Siran, commune du dép. du Cantal, arr. d'Aurillac.

SIRET. — Sireix, commune des Hautes-Pyrénées, arr. d'Argelès. **Siret**, dim. de **sire**, seigneur.

SIROIS. — De Siros, commune des Basses-Pyrénées, canton de Lescar, arr. de Pau. **Siroest**, sud-ouest.

SIVADIER. — De Civaux, commune du dép. de la Vienne. **Civadière**, mesure de grains en Provence. **Sivade**, avoine, et **civade**, crevette.

SIVET. — De Givet, commune du dép. des Ardennes, arr. de Rocroi. **Sivet**, civet, ragoût de lièvre.

SIVIER. — De Civières, commune du dép. de l'Eure, arr. des Andelys. De **sive**, crible.

SIVRAC. — Civrac, commune de la Gironde, arr. de Blaye.

SIVRE. — De Chivres, commune de la Côte-d'Or, arr. de Beaune. **Sivre**, hibou cornu, duc, suivre.

SMIL, SMILE. — Semile, bourg de la Champagne, diocèse de Reims. **Smille**, marteau pour piquer les grès et les moellons.

SOCIER. — De Sosx, commune du dép. du Nord, arr. de Dunkerque. **Socier**, faire société avec quelqu'un.

SOHIER. — De Sogny, commune du dép. de la Marne, arr. de Vitry-le-François. **Soguier**, chandelier.

SOIRON. — De Couëron, commune de la Loire-Inférieure, arr. de St-Nazaire.

SOL. — Solles, bourg du Bourbonnais, diocèse de Clermont. **Sol**, en bas breton, signifie semelle, dans le langage de Cornouailles, soc de charrue, en irlandais, œuil, dans le gallo-roman, sol, plancher, dans le vieux français, sol, monnaie, et dans le patois, aire à battre le blé.

SOLERE. — De Solers, commune du dép. de Seine-et-Marne, arr. de Melun. **Solaire**, vent du sud, après avoir soufflé de l'est, qui suit le soleil.

SOLO. — De Soulles, commune du dép. de la Manche, arr. de Saint-Lô. **Solo**, morceau joué ou chanté par un seul artiste.

SOLY. — De Sollies, seigneurie de Normandie, érigée en 1463 pour De la Fosse. **Soli,** pluriel de solo.

SOMMELIER. — De Sommery, commune de la Seine-Inférieure, arr. de Neufchâtel-en-Bray. **Sommelier,** officier chargé du transport des bagages, celui qui a charge du **vin** à la cour.

SOMMEUREUX. — Sommereux, commune du dép. de l'Oise, arr. de Beauvais. Vient de **somme,** troupe, assemblée, quantité.

SONIER. — De Sommières, commune du dép. du Gard, arr. de Nîmes. De **saon,** tronçon d'une chose coupée.

SONNET. — De Sonneville, commune du dép. de la Charente, arr. d'Angoulème. **Sonnet,** chant, poésie de quatorze vers.

SORBE. — Sorbets, commune du dép. des Landes, canton de Geaune. **Sorber,** engloutir.

SORDELIER. — D'Ardillières, commune de la Charente-Inférieure, arr. de Rochefort. **De sorder,** souiller.

SORE. — Commune du dép. des Landes, arr. de Mont-de-Marsan. **Sor,** raisin sûr.

SOREAU. — Commune de la Champagne, diocèse de Reims et seigneurie de Bretagne. **Soreau,** roux, fauve, sorte de poire.

SOREL. — Commune du dép. de la Somme, arr. d'Abbeville. **Sorel,** sorte de poire, un peu sor, tirant sur l'alezan.

SORESTE. — De Sorèze, commune du dép. du Tarn, arr. de Castres. **Soreste,** dim. féminin de **soret,** saur, de couleur jaunâtre, roux, châtain.

SORIEUL. — De Seriers, commune du dép. du Cantal, arr. de St-Flour. **Soriel,** cheval alezan.

SORIN. — Soring, bourg de Picardie, diocèse d'Amiens. **Sorin,** celui qui pratique l'art de forer les harengs.

SORLAD. — De Sournia, commune des Pyrénées-Orientales, arr. de Prades.

SOT. — Sost, commune des Hautes-Pyrénées, arr. de Bagnères-de-Bigorre. **Sot,** souche de bois, fou, grossier, sans jugement.

SOTHO. — Sauto, commune des Pyrénées-Orientales, arr. de Prades. Soto, antre, caverne, voûte, dans la langue des Basques.

SOUART. — De Souastre, commune du Pas-de-Calais, arr. d'Arras. Vient de sou, graisse fondue, saindoux.

SOUBES. — De Subles, com. du Calvados, arr. de Bayeux.

SOUCHEREAU. De Souchère, lieu dans le dép. de la Haute-Loire. De **souchier,** pousser des rejetons.

SOUCHET. — De Souchez, commune du Pas-de-Calais, arr. d'Arras. Souchet, soc de charrue, socque, oiseau.

SOUCY. — Communes des dép. de l'Yonne et de l'Aisne. Souci, ennui, chagrin, fleur. **Soucis,** mousseline de soie rayée qui vient des Indes. Dérive de **succinum,** ambre.

SOUDRIET. — De Souday, commune de Loir-et-Cher, arr. de Vendôme. De **soudre,** souder.

SOUET. — De Souès, commune des Hautes-Pyrénées, arr. de Tarbes. Souet, souhait.

SOUGET. — Sougé, commune du dép. de l'Indre, arr. de Châteauroux. **Souget,** sujet.

SOUHAIT. — De Souhès, commune des Hautes-Pyrénées, arr. de Tarbes. **Souhait,** mouvement de la volonté vers un bien qu'on n'a pas.

SOUHÉE. — Souhez, dans la commune de Naintré, dép. de la Vienne. **Souhé,** souhait.

SOUILLAS. — De Souillat, seigneurie du Bourbonnais. De souille, souillure

SOULARD. — Soulaures, commune du dép. de la Dordogne. **Solard,** ivrogne.

SOULEVENT. — De Souvans, commune du Jura, arr. de Dole. Vient de soule, ballon de cuir pour jouer à la balle.

SOULANGES. — Commune du dép. de la Marne, arr. de Vitry-le-François. **Soulange,** nom de femme.

SOULIER. — Soulié, commune du dép. de l'Hérault, arr. de Saint-Pons. **Soulier,** étage, chambre haute.

SOULIGNY. — Commune du dép. de l'Aube, arr. de Troye.

SOUMANDE. — De Soumans, commune du dép. de la Creuse, arr. de Boussac.

SOUMBRUN.—De Sombrun, commune des Hautes-Pyrénées, arr. de Tarbes. De **soubrun,** brunâtre.

SOUMILLIER. — D; Sommervillier, commune du dép de Meurthe-et-Moselle, arr. de Lunéville. **Soumillier,** sommeiller.

SOUMIS. — De Sommesnil, commune de la Seine-Inférieure, arr. d'Yvetot. **Soumis,** dépendant, humble, respectueux, sujet obéissant.

SOUPIRANT. — D'Aspiran, com. du dép. de l'Hérault, arr. de Lodève. **Soupirant,** qui soupire, amoureux, amant.

SOUPRAS. — De Souprosse, commune du dép. des Landes, arr. de St-Sever. De **souper,** manger, tremper.

SOURDINE. — De Sourdun, commune du dép de Seine-et-Marne, arr. de Provins. **Sourdine,** épinette (piano) dont les cordes touchées par des pièces de bois recouvertes de drap rendaient un son sourd et mystérieux, son de la trompette.

SOURIN. — Sourains, commune du dép. du Doubs, arr. de Baume-les-Dames. **Sourain,** un peu sourd.

SOUSTE. — De Sousville, commune de l'Isère, arr. de Grenoble. **Soust,** ville d'Allemagne, sur l'Asse. **Souste,** cordage, massue.

SOUTIERS. — Commune du dép. des Deux-Sèvres, arr. de Parthenay. Vient de **soute,** abri.

SOUVELIN. — De Souvans, commune du Jura, arr. de Dole.

SOUVIGNY. — Commune du dép. de l'Allier, arr. de Moulins.

SOUZANET. — De Souzay, commune du dép. de Maine-et-Loire, arr. de Saumur.

SOVAL. — V. Sauval.

SOVET. — V. Sauvé.

SOVIAT. — V. Sauviat.

SOYER. — Soyers, commune du dép. de la Haute-Marne, arr. de Langres. **Soyer,** qui possède un bien en société avec d'autres, couper les blés avec la faucille. **Soyé,** cheville.

SOZET. — De Souzay, commune de Maine-et-Loire, arr. de Saumur. De **sousester,** être en dessous.

SPAURE. — D'Esparre, ville du pays de Médoc, en Guienne. **Spare,** poisson.

SPELET. — D'Espelette, commune des Basses-Pyrénées, arr. de Bayonne. **Spelier,** fabricant de mors.

SPENARD. — D'Espinas, commune du dép. de **Tarn-et-**Garonne, arr. de Montauban. **D'espenne,** épingle.

SPERIEUX. — D'Espereuse, dans la Beauce, diocèse de Blois. **D'espéreux,** d'espérance.

SPERICE. — D'Espérausses, commune du dép. du **Tarn,** arr. de Castres. **D'espérite,** esprit, vie, âme.

SPRINNE. — D'esprinier, rejeton.

SQUERRE. — D'esquerre, rechercher.

STEINGER. — De Stangier, seigneurie de Bretagne, érigée pour Bothon. **Estangherre,** repas, festin.

STEIN. — De Steene, commune du dép. du Nord, arr. de Dunkerque. **D'estainne,** d'étain.

STEINDRE. — D'esteindre, éclipser, étouffer, mourir.

STERE. — D'Esterre, commune des Hautes-Pyrénées, arr. d'Argelès. **Ster,** rivière, **estère,** querelleur, violent.

STENGELL. — De Saint-Angel, com. des dép. de l'Allier, de la Corrèze et du Puy-de-Dôme.

STETIENNE.—De Stetten, commune du dép. du Haut-Rhin, arr. d'Altkirch.

STEBRE. — De Steble, commune du dép. de la Haute-Loire.

STHIGNY. — De Stigny, commune du dép. de l'Yonne, arr. de Tonnerre.

STIL. — Still, commune du dép. du Bas-Rhin, arr. de Strasbourg. **Style,** aiguillon, poinçon. **Estile,** métier, ordonnance.

STILET. — D'Estialescq, commune des Basses-Pyrénées, canton de Lasseube. **Stylet,** petit poignard à lame triangulaire.

STILSON. — D'Estissac, commune du dép. de l'Aube, arr. de Troyes.

STROPPIANA. — Village du Piémont, arr. de Verceil.

SUAIRE. — De Suèvres, commune du dép. de Loir-et-Cher, arr. de Blois. **Suaire,** drap mortuaire pour envelopper les morts. Dérive du grec **udôr,** eau.

SUBERCASE. — De Soublecause, commune des Hautes-Pyrénées, arr. de Tarbes.

SUBTIL. — De Soustelle, commune du dép. du Gard, arr. d'Alais. **Subtil,** fin, délié, menu.

SUGIERE. — De Sugères, commune du Puy-de-Dôme, arr. de Clermont. De **suière,** drap, linge qui sert à essuyer.

SUIER. — De Suilly, commune du dép. de la Nièvre, arr. de Cosne. **Suyer,** sureau.

SULIERE. — De Soulières, commune du dép. de la Marne, arr. de Châlons.

SUIRE. — **Suire,** beau-père, belle-mère.

SUISSE. — Commune du dép. de la Moselle. **Suisse,** portier, petit fromage blanc, qui appartient à la Suisse, espèce de petit animal rongeur.

SULLY. — Communes des dép. du Calvados, de l'Oise, de Saône-et-Loire. De **sullent,** mouillé, souillé.

SULTE. — Ville de la Haute-Alsace, dép. du Haut-Rhin, à 6 lieues de Colmar. **Sulte,** soulte, massue, bâton à grosse tête, partage d'héritage.

SUPIOT. — De Supt, commune du Jura, arr. de Poligny. **Suplot,** engin pour la pêche.

SURAULT, SUREAU. — De Sours, commune d'Eure-et-Loir, arr. de Chartres. **Sureau,** arbrisseau.

SURET. — Suré, commune du dép. de l'Orne, arr. de Mortagne. **Suret,** un peu sûr.

SURNOMME. — De Surmont, commune du dép. du Doubs, arr. de Baume-les-Dames. **Surnommé,** nouveau nom ajouté à celui de famille ou de seigneurie.

SUPERNON. — De **superne,** d'en haut.

SURPRENANT. — De Surrain, commune du Calvados, arr. de Bayeux. **Surprenant,** ce qui donne de la surprise, beau, étonnant, extraordinaire.

SURSON. — De **sursoyer**, surseoir.

SUSLIER. — V. Sulier.

SUSTIERS. — V. Soutiers.

SUYER. — De Suilly, commune du dép. de la Nièvre, arr. de Cosne.

SUYERE. — De Sugères, commune du Puy-de-Dôme, arr. de Clermont-Ferrand. **Suière**, drap.

SUZOR. — De Suzoy, commune du dép. de l'Oise, arr. de Compiègne.

SYLVA. — V. Silva. **Sylva,** divertissement et jeu public des anciens Romains

SYLVAIN. — Commune du dép. de la Seine-Inférieure, canton de Saint-Valéry, arr. d'Yvetot.

SYNAY. — V. Signay.

SYRE. — De Syr, dans la Champagne. **Syre,** nom que les Perses donnent à Dieu. **Syre,** sire.

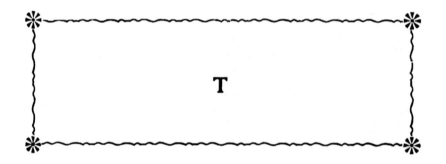

T

TABARIN. — Seigneurie du Condomois, érigée en 1700 pour Gallard. **Tabarin,** nom d'un charlatan français du XVII⁰ siècle, qui prit ce nom à cause d'un petit manteau qu'il portait appelé **tabart.**

TABARY. — De Tamaris, lieu du dép. du Gard, dans la commune d'Alais. **Tabary** vient de **tabart**, habit long, manteau, surtout, cape, cotte d'arme des hérauts.

TABEAU. — De Taybosc, commune du dép. du Gers, arr. de

Lectoure. **Tabeau,** dim. de tabe, qui dérive de tabes, consomption.

TABOUREAU. — De Sabarros, commune des Hautes-Pyrénées, arr. de Bagnères-de-Bigorre. **Taboureau,** tabouret, petit siège à quatre pieds, sans bras ni dossier. Dim. de **tabour,** tambour.

TACHÉ. — De Tauché, lieu dans le dép. des Deux-Sèvres, commune de Sainte-Blandine. On peut faire dériver ce nom de **tacher,** tromper, ou du latin **satagere,** choisir.

TACHET. — De Tanchet, lieu du dép. d'Ille-et-Vilaine, dans la commune de Lublé. **Tachet,** petite tache.

TACHO. — De la Tache, commune du dép. de la Charente, ar. de Ruffec. De **tache,** agrafe, clou, plaque de pierre.

TACONNET. — De Tacoignières, commune du dép. de Seine-et-Oise, arr. de Rambouillet. **Taconnet,** dim. de **tacon,** martinet garni de lanières de cuir, pièce à un vêtement.

TAILHANDIER. — D'Alland'huy, commune du dép. des Ardennes, arr. de Vouziers. **Taillandier,** ouvrier qui fait les ouvrages de taillanderie, de fer, les ferrements, tailleur.

TAILLARD. — De Tailhac, commune de la Haute-Loire, arr. de Brioude. De **taillaire,** celui qui perçoit la taille.

TAILLEFER. — Lieu dans le Morbihan, commune du Palais. **Taillefer,** qui tranche le fer, coupe-jarret.

TAILLET. — De Taillet, commune des Pyrénées-Orientales, canton et arr. de Céret. **Taillette,** morceau de bois, sorte de jeu.

TAILLEUR. — De Taller, commune du dép. des Landes, arr. de Dax. **Tailleur,** imagier, sculpteur, vigneron, émondeur, marchand au détail.

TAILLON. — De Tagnon, commune du dép. des Ardennes, arr. de Rethel. **Taillon,** seconde taille ou imposition faite à la manière de la taille, imposée en 1549 par Henri II pour l'entretien des gens de guerre, couteau à trancher, morceau, tranche, supplément à la taille ou grande crue, petite contribution, aspérité à une lime.

TAJEOT. — D'Ajat, commune du dép de la Dordogne, arr. de Périgueux.

TALBOT. — Nom d'origine anglaise, mais francisé. **Talbot,** chien de Saint-Hubert, noir de la marmite. **Tallebotte,** corruption de caillebotte, caillot. Dérive de **tuba,** dans le patois de l'Isère, ou de **tala,** en provençal, qui tous deux signifient tache, défaut.

TALLARD. — Commune de Hautes-Alpes, arr. de Gap. Le tallar est, dans une galère, l'espace qu'il y a depuis le coursier jusqu'à l'apostis, et où se mettent les escomes. **Talart,** endroit élevé en talus. Dérive du grec **thalléin,** pousser, germer.

TALON. — Commune du dép. de la Nièvre, arr. de Clamecy. Talon, pied d'une forteresse, partie d'un gouvernail.

TALPÉ. — D'Alpucch, commune du dép. de l'Aveyron, arr. d'Espalion. Dérive de **talpa,** taupe, loupe plate sur la tête.

TALUA. — Du Talouan, lieu du dép. de l'Yonne, dans la commune de Villeneuve-sur-Yonne. De **talus,** coup, gorgée, ou de **taluer,** en talus.

TALUSIER. — De Taluyers, commune du dép. du Rhône, canton de Mornant. Dérive du latin **talutum,** bâton.

TANCHO. — De Tanches, seigneurie de Normandie, érigée en 1594 pour Erard.

TANCRET. — D'Ancretteville, commune de la Seine-Inférieure, arr. d'Yvetot. **Tancret,** vient de **tanque,** étançon.

TANGUAY. — De Tannay, communes des dép. de la Nièvre et des Ardennes. Mot composé de **tan,** terre, pays, feu, chêne, et de **guai** ou **gai.**

TANEGUI. — De Tangy, seigneurie de Normandie, érigée en 1463. **Tannegui,** nom d'homme.

TANON. — De Tancon, commune du dép. de Saône-et-Loire, arr. de Charolles.

TANSWELL. — De Tanavelle, commune du dép. du Cantal, arr. de Saint-Flour.

TANTOIN. — De Tantonville, commune de la Meurthe, arr.

de Nancy. **Tintouin**, tintement d'oreilles, embarras, troublé.

TAPHORIN. — De Sémaphore, lieu du dép. de la Gironde, dans la commune de la Teste-de-Buch. Vient de **taphorée**, barque à transporter les chevaux.

TAPIN. — D'Aspin, commune du dép. des Hautes-Pyrénées, arr. de Bagnères. **Tapin**, tapinois, fourbe, couvert d'un manteau, tache, plaque, caché et déguisé.

TARA. — D'Arras, ville du Pas-de-Calais. **Tara**, tamarin qui porte un haricot résineux dont la gousse et le grain sec, pilés et mis en infusion, font une excellente encre.

TARBEL. — De Tarabel, commune du dép. de la Haute-Garonne, arr. de Villefranche. **Taravelle**, tarière, outil de vigneron.

TARDIF, TARDY. — De Tarzy, commune des Ardennes, arr. de Rocroi. **Tardif**, qui vient tard, lent, limaçon.

TARDIVEL. — De Tautavel, commune des Pyrénées-Orientales, arr. de Perpignan. **Tardivel**, tardiveau, animal ou plante qui se développe tard.

TAREAU. — De Tharaux, commune du dép. du Gard, arr. d'Alais. **Taraut**, tarot, carte dont le dos est marqué de compartiments ou grisailles.

TARIEU, TARRIEU. — De Tauriac, commune de la Gironde, arr. de Blaye. De **tarier**, tarir.

TARRENOIRE. — De Terrenoire, commune du dép. de la Loire, ar. de Saint-Etienne. **Tornoire**, objet d'art ciselé, rouleau de pâtissiers.

TARTAS. — Commune du dép. des Landes, arr. de Saint-Sever.

TARTE. — De Tart, commune de la Côte-d'Or, arr. de Dijon. **Tarte**, pâtisserie, monnaie, faux, mauvais, de mauvais augure comme emblème de duperie et d'embarras. Vient de trade, morceau de pâte étendue.

TARTRE. — Commune du dép. de Saône-et-Loire, arr. de Louhans. **Tartre**, gravelle des tonneaux, tarte, tertre, berge, rive.

TASCHEREAU. — De Tasques, commune du dép. du Gers, arr. de Mirande. **Taschereau**, dim. de **tasche**, corvée, imposition.

TASSÉ. — Commune du dép. de la Sarthe, arr. de La Flèche. **Tassé**, bâtiment qui a pris sa charge, dans toute ou partie de son étendue.

TASTET. — D'Athée, commune de la Mayenne, arr. de Château-Gontier. **Tastet** vient de **taste**, sonde.

TATOU. — D'Authou, commune du dép. de l'Eure, arr. de Pont-Audemer. **Tatou,** appel des soldats pour les casernes, à la tombée du jour, animal du Brésil.

TAUPIED. — De Taillepied, commune du dép. de la Manche, arr. de Valognes. **Taupier,** preneur de taupes.

TAUREL. — D'Aurel, commune du dép. de Vaucluse, arr. de Carpentras. **Taurel**, dim. de **taure**, jeune vache.

TAURET. — De Taurette, communes des Alpes-Maritimes, de la Drôme et de la Loire.

TAUXIER. — De Tauxières, commune du dép. de la Marne, arr. de Reims.

TAVERNIER. — De Taverny, commune du dép. de Seine-et-Oise, arr. de Pontoise. **Tavernier,** qui tient une taverne, qui la fréquente, homme de cabaret.

TAYCHATEN. — De Teyjat, commune du dép. de la Dordogne, arr. de Nontron.

TECHENAY. — D'Echenay, commune de la Haute-Marne, arr. de Wassy

TECLE. — D'Escles, com. des dép. des Vosges et de l'Oise. **Tect,** toit.

TEFÉ. — De Tuffé, commune du dép. de la Sarthe, arr. de Mamers.

TEGUY. — De Teigny, commune du dép. de la Nièvre, arr. de Clamecy.

TELLIER. — De Teillière, commune du dép. de l'Orne, arr. d'Alençon. **Telier,** talon, ensouple. **Tellier,** toilier, tisserand, fosse. Dérive du bas-breton tell, qui signifie imposition.

TEMOINS. — De Trémoins, commune du dép. de la Haute-Saône, arr. de Lure. **Témoins,** fragments de caillou, de brique ou de tuile, qui, réunis ensemble, après avoir été cassés, se juxtaposent complètement. Ces fragments servent à planter une borne.

TENANT. — De Ternant, com. de la Charente-Inférieure, arr. de Saint-Jean-d'Angély. **Tenant,** lieutenant, avare, dépendance, celui qui dans un tournoi tient contre tout venant.

TENAULT. — De Thines, commune du dép. de l'Ardèche, arr. de Largentière.

TERAULT. — De Terehault, commune du dép. de la Sarthe, arr. de Mamers.

TERISSE. — De la Terrisse, commune du dép. de l'Aveyron, arr. d'Espalion. **Teriz,** linotte.

TERIAU, THERIAULT. — De Thury, communes des dép. de l'Yonne et de la Côte-d'Or.

TERMES. — Communes des dép. de l'Aude, de la Lozère et des Ardennes. **Termes,** territoire.

TERNI. — Terny, commune du dép. de l'Aisne, canton de Vailly. **Terny,** triste.

TEROU. — Terou, commune du dép. du Lot, arr. de Figeac. **Terous,** terrestre.

TERRAIN. — De Teiran, commune du dép. de l'Hérault, arr. de Montpellier. **Terrain,** rivière de l'Ile-de-France, qui baigne Beauvais et se décharge dans l'Oise.

TERREAU. — Seigneurie de Bourgogne. **Terreau,** fossé, fumier pourri et réduit en terre.

TERRIEN, THERIEN. — De Terrans, commune du dép. de Saône-et-Loire, arr. de Louhains. **Thérain,** rivière qui prend sa source vers Dieppe, et se jette dans l'Oise. **Terrien,** de la terre, qui possède des terres, pot, marmite de terre, couleur de terre, manuel.

TERRIENNE. — De Thérouanne, commune du Pas-de-Calais, arr. de Saint-Omer. **Terrienne,** celle qui vit à terre, territoire, possession.

TERRIER.—Seigneurie de Champagne, érigée en 1287 pour d'Ambly. **Terrier**, chien, trou où se retirent les animaux, seigneur, tenancier, rempart en terre, terreau, chaux mêlée à la terre, espèce de merle.

TERRIERE. — Commune du dép. de la Manche, arr. de Mortain. **Terrière**, trou que les renards, les lapins font dans la terre pour se cacher, lieu d'où l'on tire de la terre.

TERRIOT — De Toury, commune du dép. d'Eure-et-Loire, arr. de Chartres.

TERROU. — Commune du dép. du Lot, arr. de Figeac. **Terroux**, terreux, boueux.

TERTRE. — Seigneuries de Bretagne et du Béarn. **Tertre,** éminence de terre isolée.

TESSANDIER.—De Tessens, commune de la Savoie, arr. de Moutiers. **Tessandier**, tissandier. V. **Tissandier.**

TESSEAU.—De Theix, commune du Morbihan, arr. de Vannes.

TESSEREAU. — De Teyssières, commune du dép. de la Drôme, arr. de Montélimar.

TESSEUR.—D'Essert, commune du dép. de l'Yonne, arr. d'Auxerre.

TESSIER. — De Tessy, commune du dép. de la Manche, arr. de Saint-Lô. **Tessier**, tisserand.

TESSON. — Commune de la Charente-Inférieure, arr. de Saintes. **Tesson**, blaireau, poisson sans arêtes, porc, partie latérale d'un pressoir.

TESTARD, TETARD. — De Lestards, commune de la Corrèze, arr. d'Ussel. **Testard**, qui a une grosse tête, entêté, opiniâtre. **Tétard**, insecte noir qui nage et vit dans l'eau, peuplier, saule qu'on étête tous les quatre ou cinq ans.

TESTU. — V. **Têtu. Testu**, tête, qui a une grosse tête.

TETREAU.—De Lestre, commune du dép. de la Manche. Vient de **testre,** fond du lit.

TETU. — De Tertu, commune du dép. de l'Orne, canton de Trun, arr. d'Argentan. **Têtu,** gros marteau et surtout marteau à deux pointes qui sert à tailler grossièrement la pierre, poisson de rivière et de vivier, hache.

TEVENIN. — De Touvent, lieu de la Charente-Inférieure, dans la commune de Bouterac. Vient de **tève**, tiède.

TEXIER. — De Theix, com. du Morbihan, arr. de Vannes.

TEYSSERIE. — Seigneurie de Bretagne, érigée en 1696 pour Le Tessier.

TEYSSIER. — De Teyssières, commune du dép. de la Drôme, ar. de Montélimar.

TEZARD. — Tézar, ville d'Afrique, dans le royaume de Fez.

THARD. — De Thor, commune du dép. de Vaucluse, arr. d'Avignon.

THAUMIERS. — Commune du dép. du Cher, arr. de Saint-Amand.

THAUMUR. — D'Aumur, commune du Jura, arr. de Dole.

THEBAUT. — De Thèbe, commune des Hautes-Pyrénées, arr. de Bagnères-de-Bigorre. **Thefbot**, amende par laquelle un voleur se sauvait de la corde.

THEBERGE. — D'Hébergement, commune de la Vendée, arr. de La Roche-sur-Yon.

THEFROND. — De Thieffrain, commune de la Haute-Saône, arr. de Vesoul. **Tesfrons**, bien-fonds, héritage, immeuble.

THEME. — D'Aime, commune de la Savoie, arr. de Moutier. **Thème**, texte, demande libellée.

THEORET. — De Thoré, commune du dép. de Loir-et-Cher, arr. de Vendôme.

THERIAULT. — V. Tériau.

THERIEN, THERRIEN. — V. Terrien.

THEROND. — De Terron, commune du dép. des Ardennes, arr. d'Espalion. **Terron**, terreau, terrain, terre-plein.

THEROUX. — V. Térou.

THESARD. — De Théza, commune des Pyrénées-Orientales, arr. de Perpignan.

THEVELIN. — De Thuellin, commune du dép. de l'Isère, arr. de La Tour-du-Pin.

THEYS. — Commune du dép. de l'Isère, arr. de Grenoble. **Test**, argile, pot.

THIAY. — Thiais, commune du dép. de la Seine, arr. de Sceaux. **Tier**, colline, veine de houille.

THIBAUDEAU. — De la Thibaudaye, seigneurie de Bretagne, érigée en 1668. Vient de **thibaude**, grossier tissu de poil de vache, nom de berger.

THIBAUDIER. — Des Thibaudières, seigneurie de l'Angoumois, érigée en 1668 pour de Laurencic.

THIBAULT. — Petite ville du Bas-Languedoc, dans le dép. de l'Hérault, à 2 lieues d'Agde.

THIBIE. — Commune du dép. de la Marne, arr. de Châlons. Tibi, gros bouton à tête pointue.

THIBIERGE, TIBIERGE. — De Bierge, commune de la Marne, arr. de Châlons-sur-Marne.

THIBOUTOT. — Ancien châteaufort de Normandie, au pays de Caux, entre Fécamp et Hâvre-de-Grâce, et faisait partie du marquisat de Thiboutot, érigée en 1720.

THIENEL. — De Thenelles, commune du dép. de l'Aisne, arr. de St-Quentin.

THIERAND. — De Thiénans, commune de la Haute-Saône, arr. de Vesoul. De **tier,** montagne, terre, éminence, veine de houille non exploitée.

THIERROT. — De Thiers, ville du Puy-de-Dôme, et com. du dép. de l'Oise. De **tierre,** corde fixée à un anneau pour attacher les chevaux.

THIERRY. — De Thiéry, commune des Alpes-Maritimes, arr. de Puget-Théniers. **Thierry,** nom d'homme.

THIERSAN. — De Tiercent, commune du dép. d'Ille-et-Vilaine, arr. de Fougère. **Tierçain,** qui est égal au tiers, sorte de tonneau.

THIEULIN. — Commune du dép. d'Eure-et-Loire, arr. de Nogent-le-Rotron. De **tieule,** tuile broyée.

THIGANE. — De Saint-Yaguen, com. du dép. des Landes, arr. de St-Sever.

THINON. — De Thenon, commune de la Dordogne, arr. de Périgueux. **Tinon,** petite cuve.

THIRIOT. — De Thury, communes de la Côte-d'Or et de l'Yonne.

THIVIERGE. — De Thiviers, ville du dép. de la Dordogne, ar. de Nontron.

THOMAS. — Seigneurie de Bretagne, érigée en 1668 pour de France. **Thomas,** estomac, vase de nuit.

THOMASSIN. — De Domezain, com. des Basses-Pyrénées, arr. de Mauléon.

THOERY.—Thoiry, communes des dép. de l'Ain et de Seine-et-Oise. **Thoéry** vient de **thoe,** variété de loup.

THOIN. — Thuin, ville des Pays-Bas, sur la Sambre, arr. de Jemmappes, à 2 lieues de Charleroi.

THOISON. — De Tousson, commune du dép. de Seine-et-Marne, arr. de Fontainebleau. **Thoison** vient de toise, redevance.

THOMELET. — D'Aumelas, commune du dép. de l'Hérault, arr. de Lodève.

THOMSON. — D'Aumessas, commune du dép. du Gard, arr. de Le Vigan.

THORILLON. — De Thollon, commune de la Haute-Savoie, arr. de Thonon. **Taurion,** tourelle.

THORN. — Ville de la Prusse, sur la Vistule, et ville d'Angleterre, comté d'York. **Torne,** retour, dédommagement, somme payée en retour. **Thorn,** mot anglais, veut dire épine.

THUNAY, THUNÉS. —De Tinée, lieu du dép. des Alpes-Maritimes, commune d'Utelle. Vient de **tune,** partie d'une charrue.

THUOT. — De Thou, commune du dép. de la Charente-Inférieure, arr. de Rochefort.

THYRION. — De Thiron-Gardais.

TIBOULON.—De Thiébouhans, commune du dép. du Doubs, arr. de Montbéliard.

TIBOUTOT. — V. Thiboutot.

TICAL. — Tical, la plus grosse monnaie d'argent de Siam, valant trente-sept sous et demi de France.

TIEBLÉ. — De Thieblemont, commune du dép. de la Marne, arr. de Vitry-le-François. **Tiéblé** vient de **tieble,** lieu où l'on met les ruches.

TIEUNEL.—De Thiel, commune du dép. de l'Ariège, arr. de Moulins.

TIERCELIN. — Du Tiercent, commune du dép. d'Ille-et-Vilaine, arr. de Fougères. Tiercelin, étoffe commune employée pour les étendards, les écussons, les armoiries, dans les pompes funèbres, nom propre de corbeau.

TIERCEREAU.—De la Tiercerie, seigneurie de Normandie, éirgée en 1690 pour Du Quesnoy. De **tierceret,** branche croisée au dehors d'une route.

TIFFAU. — De Tiffauges, commune de la Vendée, canton de Mortagne-sur-Sèvre. Vient de **tiffer,** parer, orner, soigner.

TIFROI. — De Trefois, commune du dép. de la Marne, arr. d'Epernay.

TIGNI.—De Tigny-Noyelle, commune du Pas-de-Calais, arr. de Montreuil.

TILIER, TILLIER. — Tilliers, commune du dép. de Maine-et-Loir, arr. de Cholet. **Tillier,** tilleur, tilleul, lieu où travaille le tisserand.

TILLARD. — Commune du dép. de l'Oise, arr. de Beauvais.

TILLEMONT. — Terre à une lieue de Paris, près de Vincennes, et ville des Pays-Bas, dans le Brabant.

TILLIERES. — Bourg de Normandie, dép .de l'Eure, sur l'Aure, arr. d'Evreux. **Tillière,** endroit où croît le tilleul.

TILLY. — Châtellenie de Normandie érigée en 1463 et devenue marquisat en 1766 pour De **Tilly-d'Orceau. Tilly** vient de **tille,** planche de tilleul, rôtissoire.

TIMARD. — De Thimert, commune d'Eure-et-Loir, arr. de Dreux. De **timais,** corde qui sert à soutenir la seine.

TIMINEUR. —De Tréméneur, commune dès Côtes-du-Nord, arr. de Dinan.

TINCHERET. — De Tinchebrai, commune du dép. de l'Orne, arr. de Domfront.

TINIS. — De Tennie, commune du dép. de la Sarthe, arr. du Mans. **Tinis,** cuve, cuvier.

TINON. — De Thenon, commune de la Dordogne arr. de Périgueux. **Tinon,** petite cuve.

TINSON. — De Tencin, commune du dép. de l'Isère, arr. de Grenoble.

TINTAMARRE. — De Truttemer, commune du dép. du Calvados, arr. de Vire. **Tintamare,** bruit que font les vignerons dans les bois en frappant sur le fer de leurs marres ou pioches afin de pouvoir communiquer entre eux.

TIPAULT. — De Trépot, commune du dép. du Doubs, arr. de Besançon.

TIQUEL. — De Thiel, commune du dép. de l'Allier, arr. de Moulins.

TIRAC. — De Lirac, commune du dép. du Gard, arr. d'Uzès

TIRAND. — De Tirent, commune du dép. du Gers, canton de Saramon. **Tirant,** qui tire sur les rênes, rétif, opiniâtre, qui cherche à s'échapper, qui vend cher.

TIRIOT. — De Thury, communes des dép. de la Côte d'Or et de l'Yonne.

TISON. — Tizon, commune du dép. de l'Allier, arr. de Gannat. **Tison,** pièce de bois consumée par le feu, quille d'un navire.

TISSEAU, TISSOT. — D'Isse, commune du dép. de la Marne, arr. de Châlons-sur-Marne. **Tisseau,** tisserand.

TISSERAN. — D'Issirac, commune du dép. du Gard, arr. de Tonnerre.

TISSIER. — De Tissy, bourg situé à 7 lieues de Coutances, dép. de la Manche. **Tissier,** tisserand ou tisseur.

TITAS. — De Tostat, commune des Hautes-Pyrénées, arr. de Tarbes.

TITASAC. — De Torsac, commune du dép. de la Charente, arr. d'Angoulème.

TITBIE. — De Tibie, commune du dép. de la Marne, arr. de Châlons.

TIVIERGE. — De Tiviers, commune du dép. du Cantal, arr. de St-Flour.

TOIN. — D'Oingt, commune du dép. du Rhône, arr. de Villefranche. **Toin,** pinson, traître.

TOMELET, TOUMELET. — De Thonolet, arr. d'Aix.

TOMEREAU. — De Domerôt, commune du dép. de la Creuse, arr. de Boussac.

TONDREAU. — De Tondres, commune du dép. des Landes, arr. de Dax. Du latin tondere, tondre.

TONDRY. — De la Tonnerie, seigneurie de Bretagne, érigée en 1698 pour De Rosilly.

TONNERRE. — Ville du dép. de l'Yonne.

TONTY. — De Tontuit, commune du Calvados, arr. de Pont-l'Evêque. Tonti, banquier italien qui inventa la Tontine.

TOPHINÉ. — D'Offin, commune du Pas-de-Calais, arr. de Montreuil. Dérive de tophus, tuf.

TORN. — V. Thorn.

TORTÉ. — D'Orthez, ville des Basses-Pyrénées. **Torteis**, sorte d'étoffe.

TORVES. — D'Orve, commune du dép. du Doubs, arr. de Baume-les-Dames. **Torves**, qui a l'air farouche.

TOUCHE. — Touches, commune de Saône-et-Loire. **Touche**, titre des métaux précieux, expérience, caresse, rencontre de deux adversaires, baguette pour conduire les animaux, mèche de fouet, troupe d'animaux.

TOUCHÉ. — Touchay, commune du dép. du Cher, arr. de Saint-Amand-Mont-Rond. **Touché**, atteint, touché dans la main, arrivé le premier au but.

TOUCHET, TOUCHETTE. — Bourg de Normandie, dans le dép. de la Manche, à 2 lieues de Mortain. Touchet, coin, angle, coup.

TOUGARD. — D'Auga, commune des Basses-Pyrénées, arr. de Pau. **Tougard**, vient de toug, queue de cheval, turc.

TOUGAS. — D'Uglas, commune des Hautes-Pyrénées, arr. de Tarbes.

TOULONS. — D'Oulon, commune du dép. de la Nièvre, ou de Toulon, ville du dép. du Var. Toulon, tonneau, fossé dans une haie pour faire écouler l'eau.

TOULOUSE. — Ville de la Haute-Garonne, et commune du Jura, arr. de Lons-le-Saunier.

TOUPIN. — Seigneurie de Normandie, érigée en 1483 pour Toustain. Toupin, toupie qui tourne sur sa pointe à force de la fouetter, boisseau, pot à boire.

TOURAINE.— De Turenne, commune de la Corrèze, arr. de Brive. **Touraine,** province de **France.**

TOUR-BLANCHE. — Commune de la Dordogne, canton de Verteillac, arr. de Ribérac.

TOUREAU. — Toureault, seigneurie de Bretagne, érigée en 1668 pour Adam. Vient de tour**er,** fortifier.

TOURANGEAU. — De Thurageau, commune du dép. de la Vienne, arr. de Poitiers. **Tourangeau,** qui est de la Touraine.

TOUREL. — Lieu du dép. du Nord, dans la commune de Valenciennes. **Tourelle,** petite tour.

TOURIGNY.—De Thorigny, communes des dép. de l'Yonne, de Seine-et-Marne, et des Deux-Sèvres.

TOURLAY. — Tourlez, seigneurie de la Franche-Comté.

TOURNAY. — Communes des dép. de l'Orne et des Hautes-Pyrénées, arr. de **Tarbes.**

TOURNET. — De Tourneville, commune du dép. de l'Eure, arr. d'Evreux. **Tournet,** dévidoir, tournette, petite pelle pour fabriquer de la galette.

TOURNEUX. — Tourneur, commune du Calvados, arr. de Vire. **Tourneur,** ouvrier qui façonne en rond sur le tour.

TOURNOIRE. — De Tournières, commune du Calvados, arr. de Bayeux. **Tournoir,** bâton rond dont les potiers se servent pour faire tourner leur roue.

TOURNOIS.—De Tournoisis, commune du Loiret, arr. d'Orléans. **Tournois,** monnaie fabriquée à **Tours.**

TOURON. — Communes de la Haute-Vienne et du Gers. **Touron,** cordon ou assemblage de fils de caret tourné, qui font partie d'une corde de cable.

TOURVILLE. — Communes du Calvados et de la Manche.

TOUSAU. — De Touzac, commune de la Charente, arr. de Cognac. **Touseau,** jeune homme.

TOUSIGNAN. — De Pusignan, commune du dép. de l'Isère, arr. de Vienne.

TOUSILLON. — D'Ouzilly, commune du dép. de la Vienne.

TOUSSAINT. — Commune de la Seine-Inférieure, canton de Valmont. **Toussaint,** fête de tous les Saints.

TOUSSELIER. — De Tourzel, lieu du Puy-de-Dôme, dans la commune de Ronzières. De **tousselle,** blé sans herbe.

TOUSSIN. — V. Toussaint. De **tousse,** toux.

TOUTAN. — Toutens, commune de la Haute-Garonne, arr. de Villefranche.

TOUVENIN. — De Toutenant, com. de Saône-et-Loire, arr. de Chalon. **Touvenin,** charbon de terre pris comme il vient, sans choix.

TOUVET. — Commune du dép. de l'Isère, arr. de Grenoble

TOUZELIER. — De Touzelle, seigneurie' du Berry.

TOZIN.—D'Ozan, commune du dép. de l'Ain, arr. de Bourg.

TRACY.— Communes du Calvados et de la Nièvre.

TRAHAN. — Trahant, forêt dans le comté du Theil, au Perche. De **trahandier,** ouvrier qui tire la soie.

TRAJOT. — De Trange, commune du dép. de la Sarthe, arr. du Mans.

TRANCHANT. — Seigneurie érigée en 1713 pour L'Homme-Dieu. **Tranchant,** décisif, mordant, instrument tranchant.

TRANCHEMONTAGNE. — De Tramont, commune du dép. de Meurthe-et-Moselle, arr. de Toul. **Tranchemontagne,** fanfaron.

TRANQUILLE. — De Tranqueville, commune du dép. des Vosges, arr. de Neufchâteau. **Tranquille,** calme, paisible.

TRAVALIN. — De Travaillan, commune du dép. de Vaucluse, arr. d'Orange. De **travelle,** poutre, pièce de charpente.

TRAVERS. — Seigneuries de Guyenne et du Bourbonnais. **Travers,** route de traverse, sauvegarde, garnison munie d'un sauf-conduit, soupente, droit de péage, machine pour ferrer, adversité, traverse.

TRAVERSY. — De Travecy, commune du dép. de l'Aisne, arr. de Laon. De **traverse,** traversée, barre, tranchée avec revêtement.

TREBERT.—De Rebergues, commune du Pas-de-Calais, arr. de St-Omer. De **tribert,** fourche à quatre doigts pour le fumier.

TRECESSON.—Seigneurie de Bretagne, érigée en 1550 pour De Carné.

TREFFLÉ.—Treflez commune du Finistère, arr. de Morlaix. **Trefflé**, terme de monnayeur, médaille ou monnaie frappée au marteau à plusieurs reprises.

TREFIEL.—De Tréfumel, commune des Côtes-du-Nord, arr. de Dinan. **Tréfouel,** grosse bûche de Noël qui doit durer trois jours, chenet, trépied.

TREHAIS, TREHET. — Commune du dép. de Loir-et-Cher, arr. de Vendôme.

TREHARD. — De Treignac, commune de la Corrèze, arr. de Tulle.

TREILLI. — De Treigny, commune du dép. de l'Yonne, arr. d'Auxerre. **Treillis,** grillage, grosse toile, cage.

TREMBLAY. — Commune du dép. d'Ille-et-Vilaine, arr. de Fougères. **Tremblaye,** bois planté de trembles.

TREMBLE. — Seigneurie de Berry, érigée en 1637 pour De Lestang. **Tremble,** tremblement, frisson, arbre.

TREMBLOIS. — Commune du dép. des Ardennes, arr. de Sedan. **Trembloi,** tremblement, lieu planté de trembles.

TREMENNE. — De Tramain, commune du dép. des Côtes-du-Nord, arr. de Dinan.

TREMONT. — Communes des dép. de l'Orne, de la Meuse, et de Maine-et-Loire.

TREMOULET. — Commune du dép. de l'Ariège, arr. de Pamiers.

TREMOUT. — De Trémoul, lieu du dép. de la Haute-Loire, dans la commune de Saint-Christophe d'Allier.

TREMPES.—Seigneurie de Picardie, érigée en marquisat en 1681. **Trempe,** impression, pluie prolongée favorable aux biens de la terre.

TRENY. — De Tresnay, commune du dép. de la Nièvre, arr. de Nevers.

TREPAGNY. — De Pagny, communes de la Côte-d'Or, de la Meuse. **Trépeillis,** trépignement, vacarme.

TREPANIER.—De Pagney, commune du Jura, arr. de Dole. **Trepagnée,** mêlée.

TREPIAL. — De Trépail, commune du dép. de la Marne, arr. de Reims.

TREVET. — Trevé, commune des Côtes-du-Nord, arr. de Loudéac.

TREVOUX. — Ville du dép. de l'Ain, et commune du Finistère. **Trévou,** carrefour où se réunissent trois ou plusieurs chemins.

TRIAIRE. — De Triaize, commune de la Vendée, arr. de Luçon. **Triaire,** fantastin de l'ancienne Rome, armé d'une pique et d'une rondache, avec le casque et la cuirasse.

TRIAULT. — De Triac, commune de la Charente, arr. de Cognac.

TRIBIER. — De Trivières, commune du dép. du Calvados, arr. de Bayeux.

TRIGANNE.—De Triannes, commune du dép. de l'Aube, arr. de Bar-sur-Aube. De **tregand,** sorte de poisson.

TRINQUE. — De Trinquetaille, lieu des Bouches-du-Rhône, dans la commune d'Arles.

TRINQUET. — De Tronchet, commune du dép. de la Sarthe, arr. de Mamers. **Trinquet,** mât droit du devant du vaisseau, jeu.

TRINQUIER. — De Tronquay, commune du Calvados, arr. de Bayeux.

TRIOLET. — De Trioulou, commune du Cantal, arr. d'Aurillac. **Triolet,** trèfle rampant, poésie, triangle, sorte de danse, ornement formé de trois perles disposées en forme de trèfle.

TRIPAULT. — De Trépot, commune du dép. du Doubs, arr. de Besançon. **Tripot,** halles, marché, tripotage, mauvaise besogne.

TRIVARD. — De la Trivalle, lieu du dép. de l'Hérault, dans la commune de Mons. Vient de **trive,** nom de l'un des groupes entre lesquels on divisait les sept arts.

TRIVIOT. — De Trivy, commune du dép. de Saône-et-Loire, arr. de Mâcon.

TRIVORET. — De Tréveray, commune du dép. de la Meuse, arr. de Commercy.

TROCHE.— Commune du dép. de la Corrèze, arr. de Brive. **Troche**, assemblage, réunion, faisceau, botte, petit bois de hêtres.

TROGNON.—De Troyon, commune du dép. de la Meuse, arr. de Commercy. **Trognon**, le cœur, le milieu, la partie qui reste d'un fruit ou d'une plante quand on en a enlevé le meilleur.

TROI. — Troye, commune de l'Ariège, et ville du dép. de l'Aube. **Troye**, la grande grive.

TROIS-MONTS. — Commune du Calvados, arr. de Caën.

TROISVILLES. — Com. du dép. du Nord, arr. de Cambrai.

TROTELE. — De Routelle, commune du dép. du Doubs, arr. de Besançon.

TROTET. — D'Autet, commune de la Haute-Saône, arr. de Gray. **Trotet**, sorte de chevaux.

TROTIER. — De Troty, seigneurie érigée en 1383 pour de Châtillon. **Trotier**, trotteur, sorte de cheval, garçon d'écurie, courrier, course au trot.

TROTOCHEAU. — D'Autechaux, com. du dép. du Doubs, arr. de Montbéliard.

TROTOT. — De Treteau, commune du dép. de l'Allier, arr. de La Palisse. **Trotot**, petit trot.

TROTTIER. — De Rottier, com. du dép. de la Drôme, arr. de Die. V. Trotier.

TROUILLET. — Trouillé, seigneurie de Bretagne, érigée en 1600 pour Simon. De trouille, dévidoir.

TROUVÉ, TROVÉ. — De Trevey, com. de la Haute-Saône, arr. de Vesoul. **Trouvée**, trouée, et **trovée**, trouvaille.

TRUCHON. — De Tuchan, commune du dép. de l'Aude, arr. de Carcassonne. Vient de **truche**, baguette dont se servent les institutrices pour faire suivre les mots à leurs élèves.

TRUD. — De Trucq, commune du dép de la Creuse, arr. d'Aubusson.

TRUDEAU. —De Trondes, commune du dép. de Meurthe-et-Moselle, arr. de Toul.

TRUDELLE. — De Tudelle, commune du dép. du Gers, canton de Vic-Fezensac, arr. d'Auch.

TRUEL. — Commune de l'Aveyron, arr. de St-Affrique. Truel, truble, filet.

TRUFFLE. —De Trufles, en Picardie, diocèse d'Amiens. Truffle, bombance, tromperie, raillerie.

TRUILLIER, TRULLIER. —De Trosly, commune du dép. de l'Oise, arr. de Compiègne.

TRUNEL. — De Ronel, commune du dép. du Tarn, arr. d'Albi.

TRUNET.—De Tresnay, commune du dép. de la Nièvre, arr. de Nevers.

TRUTANT. — De Trouan, commune du dép. de l'Aube, arr. d'Arcis-sur-Aube. **Trutain,** imposteur, calomniateur.

TRUTEAU. — De Routot, commune du dép. de l'Eure, arr. de Pont-Audemer. Dérive de **trutée,** caillée, sentier, passage.

TUDAULT. — D'Urdos, commune des Basses-Pyrénées, arr. d'Oloron.

TUE. — De Tueyts, commune du Bas-Languedoc, dép. de l'Ardèche, arr. de Largentière. **Tué,** altéré à l'air, en parlant du cidre, et **tuet, bout,** extrémité.

TUENET.— De Thoigné, commune de la Sarthe, arr. de Mamers.

TUILLIER. — De Thuillières, commune du dép. des Vosges, arr. de Mirecourt. **Tuilier,** marchand qui vend des tuiles, ouvrier qui les fait.   d

TUINEAU. — De Tuin, ville des Pays-Bas.

TUMALO. — De Trémolat, commune de la Dordogne, arr. de Bergerac.

TUNIOT. — De Turny, commune du dép. de l'Yonne, arr. de Joigny.

TUOT. — De Thou, commune de la Charente-Inférieure, arr. de Rochefort.

TURBALLE. — Commune de la Loire-Inférieure, arr. de St-Nazaire. **Turbal** dérive du latin **turba**, foule.

TURBIDE, TURBIS. — La Turbie, commune des Alpes-Maritimes, arr. de Nice.

TURBOT.—De Tourbes, commune du dép. de l'Hérault, arr. de Béziers. **Turbot**, poisson de mer, presque rond.

TURCOT, TURCOTTE. — De Turetot, commune de la Seine-Inférieure, arr. du Havre. **Turcot**, nom d'oiseau.

TURGEON. — De Turgon, commune de la Charente, canton de Champagne - Mouton, arr. de Confolens. **Turgeon**, vient du latin **turio**, bourgeon qui au printemps s'élève d'une plante vivace, le **turion** de l'asperge.

TURMEL. — De Tremel, commune des Côtes-du-Nord, arr. de Lannion. Dérive de **turme**, escadron, troupeau de bêtes.

TURPIN. — De Tupin, commune du dép. du Rhône, arr. de Lyon. **Turpin**, soldat.

TUYEAU. — De Tuy, bourg de Gascogne, arr. de Tarbes. **Tuyau**, canal qui conduit, l'eau, l'air, la fumée dans quelque endroit, partie qui est au-dessus du sabot du cheval, appelée couronne, godron.

TYRANT. — Tirent, commune du dép. du Gers, canton de Saramon. **Tyran**, oiseau du genre faucon.

TYRIEST.—De Thurey, commune du dép .de la Vienne, arr. de Chatellerault.

TYRION. — De Thyron, commune du dép. d'Eure-et-Loir, arr. de Nogent-le-Rotrou.

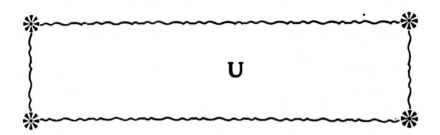

U

UBRY. — D'Ubraye, commune des Basses-Alpes, arr. de Castellanne.

URBAIN. — D'Urbanya, commune des Pyrénées-Orientales, arr. de Prades. **Urbain,** nom d'homme, signifie affable, poli.

URPEAU. — De Lurbe, commune des Basses-Pyrénées, arr. d'Oloron.

URSÉ. — D'Urset, commune dans le Bourbonnais, près de Bourges. **Ourset,** ourson.

URTEBISE. — D'Urtebize, dans l'Angoumois, près d'Angoulème. **Urtebise,** maison située sur une hauteur.

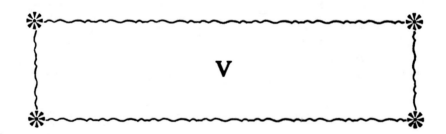

V

VACHARD. — De Vachat, seigneurie de la Bresse, érigée en 1600. Vient de **vache,** grue pour soulever des fardeaux.

VACHER. — De Vachères, commune des Basses-Alpes, arr. de Forcalquier. **Vacher,** personne qui mène les vaches aux champs, qui les garde, paresser.

VACHEREAU. — De Vacherauville, commune du dép. de la Meuse, arr. de Verdun.

VACHERY. — La Vacherie, lieu du dép. de l'Eure, dans la commune des Andelys. **Vacherie**, étable à vache, lieu où on les trait, cuir de vache.

VACHET. — De Vaqueville, commune du dép. de Meurthe-et-Moselle, arr. de Lunéville. **Vachette**, espèce de jeu.

VACHIGNAC. — De Bassignac, commune du dép. du Cantal, arr. de Mauriac.

VACHON. — De Vacon, commune du dép. de la Meuse, arr. de Commercy. **Vachon**, cuir de vache.

VADAL. — Vadalle, lieu du dép. de la Charente, dans la commune d'Aussac. **Vadable**, agréable.

VADAU. — De Vaudos, commune du dép. de l'Aude, arr. de Bas-sur-Seine.

VADEBONCŒUR. — De Vaudancourt, commune du dép. de l'Oise, arr. de Beauvais. **Vadeboncœur**, sans souci, individu qui n'est pas atrabilaire.

VADENAIS. — Vadenay, commune du dép. de la Marne, arr. de Châlons. De l'italien **vada**, qu'il aille.

VADOUT. — De Vaudioux, commune du Jura, arr. de Poligny.

VAILLANCOURT. — De Vadelaincourt, commune du dép. de la Meuse, arr. de Verdun.•

VAILLANT. — Com. de la Haute-Marne, arr. de Langres. **Vaillant**, monnaie, capital, qui a du prix, valeureux.

VAINE. — De Vanes, com. de la Manche, arr. d'Avranches. **Vaine**, veine, faiblesse, fumées légères et mal pressées des bêtes fauves, en terme de chasse.

VALADE. — De La Valade, commune du dép. de la Dordogne, arr. de Bergerac. **Valade**, poche de derrière d'un vêtement, bourse.

VALADIER. — De Valady, commune du dép. de l'Aveyron, arr. de Rodez.

VALANDE. — De Tallande, commune du Puy-de-Dôme, arr. de Clermont-Ferrand.

VALCOURT. — Com. de la Haute-Marne, arr. de Wassy. **Val**, valeur.

VALENTIN. — Valantin, commune du dép. du Doubs, arr. de Besançon. **Valentin,** maison de plaisance avec ses promenades sur le Pô, à demi-lieue de Turin, qui a rapport aux valentins, marchand de bijoux.

VALERAN, VALLERAND. — De Falleran, commune du dép. du Doubs, canton de Vercel. **Valeran,** oiseau.

VALERON. — Seigneurie de Bretagne, érigée en 1600 pour Du Cambout. De **valer,** valider, donner de la force.

VALET, VALETS. — Valès, seigneurie de Lauraguais, érigée en 1600 pour De Coffinières. **Valet,** vassal, vallon, écuyer, garçon, galerie, portique.

VALIER. — Bourg du Dauphiné, sur le Rhône.

VALIERE. — De Valiguières, commune du dép. du Gard, arr. d'Uzès. **Valière,** creux, petite vallée.

VALIN. — De Valines, commune du dép. de la Somme, arr. d'Abbeville.

VALIQUET. — De Valliqueville, commune du dép. de la Seine-Inférieure, arr. d'Yvetot.

VALLAIN. — Vallan, commune du dép. de l'Yonne, canton d'Auxerre.

VALLÉ. — Vallet, commune de la Seine-Inférieure, arr. de Nantes. **Vallé,** légalisé, ayant valeur.

VALLÉE. — Commune du dép. de l'Aisne, arr. de Vervins, et les Vallées, dans le dép. de la Seine. **Vallée,** chute, descente, action de dévaler.

VALLET. — V. Vallé. **Vallet,** enfant mâle, garçon, page, aide du maître, apprenti, monnaie.

VALLIER. — Ville du Dauphiné, dép. de la Drôme, et bourg de Provence, dép. du Var. De **valler,** remparer.

VALLIERE. — Vallières, communes des dép. de la Haute-Savoie, de l'Aube et de la Creuse. **Vallière** a été ainsi appelé par rapport à la position d'une localité de ce nom près de Metz, dans une vallée, ou à cause des retranchements qui l'environnaient.

VALO. — Vallod, seigneurie de la Bresse, érigée en 1530 pour De Maillans. **Valot,** jeune homme, valet.

VALOIS, VALLOIS. — Commune du dép. de Meurthe-et-Moselle, arr. de Lunéville. **Vallois**, retranchement.

VALPY. — De Valpuiseaux, commune de Seine-et-Oise, arr. d'Etampes.

VALTEAU. — De Valletot, commune du dép. de l'Eure, arr. de Pont-Audemer. Dim. de **vallet**.

VALTRÉ. — De Valtoret, commune du Haut-Languedoc, près de Castres.

VANASSE. — De Valasse, commune du dép. de la Seine-Inférieure, arr. du Havre.

VANDAIS. — De Vendays, commune de la Gironde, arr. de Lesparre.

VANDAL. — De Vandel, commune du dép. d'Ille-et-Vilaine, arr. de Fougères. **Vandale**, ancien peuple de Germanie.

VANDAMOIS. — De Vendome, ville du dép. de Loir-et-Cher.

VANDELAI. — Vandelée, commune du dép. de la Manche, arr. de Coutances.

VANDO. — De Vendes, commune du Calvados, arr. de Caën.

VANDRY. — D'Andryes, commune du dép. de l'Yonne, arr. d'Auxerre.

VANELLE. — Des Vanels, seigneurie du Languedoc, érigée en 1473 pour De Tourtoulon. **Vanel**, petit van, sorte de tuile.

VANET. — De Veney, commune de Meurthe-et-Moselle, arr. de Lunéville. **Vanée**, contenu d'un van, **vanet**, petit van.

VANNIER. — De Vanny, dans le pays Messin. **Vannier**, ouvrier qui fait des vans, paniers, hottes, claies, cages.

VANTALON. — De Vantavon, dans le Dauphiné, arr. de Gap. Vient de **vantal**, vanne.

VARA. — Varas, bourg et comté dans la Bresse, arr. de Lyon.

VARAMBON. — Commune du dép. de l'Ain, arr. de Bourg.

VARAMBOUVILLE. — De Varouville, commune du dép. de la Manche, arr. de Cherbourg.

VARENNE. — Commune du dép. de Maine-et-Loire, arr. de Cholet. **Varenne**, étendue de pays qui ne se laboure ni ne se fauche. Même mot que **garenne** et même sens, mesure de pois dont on se sert en Savoie, pèse 31 livres. **Varenne**, terre sablonneuse, pays maigre et de faible produit. Dérive de **warenna**, **waren**, garder.

VARENNES. — Communes des dép. de l'Indre, d'Indre-et-Loire, du Loiret, du Puy-de-Dôme, de Seine-et-Marne, de la Somme, de la Vienne, de l'Yonne. V. Varenne.

VARIGOU. — De Variscourt, commune du dép. de l'Aisne, arr. de Laon. **Varigal**, vagabond.

VARIN. — Varen, commune du dép. de **Tarn-et-Garonne**, ar. de Montauban. **Varin**, instrument à vis pour lever les affûts de canon et **varain**, crocodile.

VARINO. — De Verines, commune du dép. de la Charente-Inférieure, arr. de La Rochelle.

VARLET. — D'Arlet, commune du dép. de la Haute-Loire, arr. de Brioude. **Varlet**, jeune homme qui aspire à la chevalerie.

VARRI, VARRY. — Bourg du ci-devant Milanais-Savoyard, arr. de Gênes. **Varie**, variation, changement.

VARRIN. — Varrains, commune du dép. de Maine-et-Loire, en Anjou. V. Varin.

VARY. — Seigneurie de Bourgogne, érigée en 1673. V. Vari.

VASOR, VASSOR. — Lieu situé sur la Meuse, comté de Namur, entre Charlemont et Bovines. **Vasard**, vaseux.

VASSAL. — De Lassales, commune des **Hautes-Pyrénées**, arr. de Bagnères. **Vassal**, brave, qui doit foi et hommage. celui qui tient un fief noble sans redevance de l'hommage. Vient de l'allemand **guessel**, compagnon d'armes.

VASSAU. — De Vassais, lieu du dép. des Deux-Sèvres, com. de Sauzé-Vaussais. **Vassau**, pluriel de **vassal**, personne liée à un suzerain à qui il doit foi et hommage.

VASSE. — Village du Maine, dép. de la Sarthe, près de Sillé-le-Guillaume. Vient de **vasse**, vassal.

VASSEUR. — De Lassur, commune du dép. de l'Ariège, arr. de Foix. **Vasseur**, vassal.

VATEL. — De Lastelle, commune du dép. de la Manche, arr. de Coutance. **Vatel**, maître d'hôtel du grand Condé.

VATER. — De Latet, commune du dép. du Jura, arr. de Poligny. **Vaté,** liqueur très chaude servie par les limonadiers.

VATIER. — De Vatierville, commune de la Seine-Inférieure, arr. de Neufchâtel.

VATTEVILLE. — Commune du dép. de l'Eure, arr. de Louviers.

VAUCELLE. — Commune du Calvados, arr. de Bayeux. **Vaucel,** vallon.

VAUCHER. — Seigneurie de Provence, érigée en 1451 pour De Conzié. De **vachier,** appeler, réclamer.

VAUCOURT. — Commune du dép. de la Meurthe, canton de Blamont. **Vaucour,** table soutenue par deux piliers placés devant la roue dont se servent les potiers pour tourner leurs ouvrages.

VAUDOUX. — De Vaudiou, commune du dép. du Jura, arr. de Poligny.

VAUDREUIL. — Village de Normandie, dép. de l'Eure, et seigneurie du Languedoc, érigée en 1189 pour Adhémar.

VAUDRY. — Commune du Calvados, arr. de Vire. **Vauderie,** hérésie des Vaudois, sorcellerie.

VAUJON. — De Vaujines, commune du dép. de Vaucluse, arr. d'Apt.

VAUL. — Vault, commune du dép. de l'Yonne, arr. d'Avallon. **Vole,** la paume de la main.

VAUMARRE. — Vaumort, commune du dép .de l'Yonne, arr. de Sens.

VAUSSER. — Vaussays, bourg du Poitou, dép. de la Vienne, ancien électorat de Poitiers.

VAUTIER. — De Lauthiers, commune du dép. de la Vienne, arr. de Montmorillon.

VAUTOUR. — De Vautorte, commune du dép. de la Mayenne. **Vautour,** gros oiseau de proie, avare, usurier.

VAUVRIL. — De Vauvry, baronnie de Bourgogne, érigée en 1608 pour Thiard.

VAUVRILLE. — De Vaudrille, commune de la Seine-Inférieure, canton de Caudebec.

VAVASSEUR. — De la Vavassorerie, seigneurie normande, érigée en 1447. **Vavasseur,** arrière vassal.

VEAU. — Veaux, commune de la Charente-Inférieure, arr. de Marennes.

VEDERIC. — De Audrix, commune du dép. de la Dordogne, arr. de Sarlat.

VEDIEU. — Vaudieu, commune du dép. de la Haute-Loire, arr. de Brioude.

VEGEARD, VEGIARD. — De Lesgor, commune des Landes, arr. de St-Sever. Vient de **vege,** espèce d'osier.

VEGEREAU. — De Vergeroux, commune de la Charente-Inférieure, arr. de Rochefort.

VEILLET, VEILLIET. — De Veilly, commune de la Côte-d'Or, arr. de Beaune. **Veiller,** surveiller.

VEILLEUX, VEUILLEUX. — De Vélieux, commune du dép. de l'Hérault, arr. de Saint-Pont. **Veilleux,** gens qui assistent à une soirée.

VEILLON. — De Vouillon, commune du dép. de l'Indre, arr. d'Issoudun.

VEINE. — Bourg du Languedoc, dép. du **Tarn,** près de Castres. **Veine,** pénitence, race, sang, famille, cours d'eau, bras de fleuve.

VENELLE. — Commune du dép. des Bouches-du-Rhône, arr. d'Aix. **Venelle,** petite rue, ruelle du lit.

VENAT. — Venas, commune du dép. de l'Allier, canton de Hérisson. **Venas,** bâton, gourdin.

VENET. — Venette, commune du dép. de l'Oise, canton de Compiègne. **Venet,** filet soutenu par un demi-cercle de piquets.

VENIER. — Commune du dép. de la Vienne, arr. de Loudun. **Venier,** vesseur.

VENIERE. — De Venère, commune de la Haute-Savoie, arr. de Gray. De **vener,** chasser.

VENNE. — Vennes, commune du dép. du Doubs, arr. de Baume-les-Dames. **Venne,** haie, clôture, palissade.

VERAC. — Commune du dép. de la Gironde, arr. de Libourne. Du latin **verax,** vrai.

VERAN. — Communes des dép. des Hautes-Alpes, du Rhône et de l'Isère.

VERBONCŒUR. — De Vercourt, commune du dép. de la Somme, arr. d'Abbeville.

VERBOYE. — Verbois, commune de Normandie, diocèse de Rouen. **Verboy,** parole.

VERCHERE. — Des Verchères, dans le Bas-Languedoc, diocèse de Puy. **Verchère,** verger.

VERDAYE, VERDET. — Verdet, commune des Basses-Pyrénées, arr. d'Oloron. **Verdet,** crapaud, drogue mêlée de miel, acétate de cuivre.

VERDIEU. — De Véreux, commune du dép. de la Haute-Saône, arr. de Gray. De **verdier,** garde-forestier.

VERDON. — Communes des dép. de la Marne et de la Dordogne. **Verdon,** oiseau dans le nid duquel le coucou va pondre, fauvette des Alpes, petite corde qui sert à attacher les voiles aux vergues.

VERDUN. — Communes des dép. de l'Ariège, de l'Aude, de la Meuse. **Verdun,** sorte d'épée fabriquée à Verdun.

VERGE. — Commune du dép. des Deux-Sèvres, canton de Thouars. **Verge,** officier municipal de la ville d'Angers, partie du fléau qui tourne autour du manche et qui s'abat sur l'airée.

VERGÉES. — Vergés, commune du Jura, arr. de Lons-le-Saunier. **Vergé,** vermoulu, percé de vers. **Vergée,** étendue, mesure agraire de quarante perches, rangée de blé, alignée pour être battue au fléau

‚ VERGEAT. — De Vergheas, commune du Puy-de-Dôme, arr. de Riom.

VERGENNE. — Commune de la Haute-Saône, arr. de Lure. Vient de **vergeon,** petite verge, branche, rameau.

VERGER. — Du Verger, commune d'Ille-et-Vilaine, arr. de Montfort. **Verger,** jardin, appariteur portant la verge devant le magistrat.

VERGETTE. — De Vergèze, commune du dép. du Gard, arr. de Nimes. **Vergette,** verger, ustensile de ménage qui sert à nettoyer les habits et les meubles, fait de jonc et de soie de porc.

VERGNE. — De Verne, commune du dép. du Doubs, arr. de Baume-les-Dames. **Vergne,** verne, aune.

VERGOR. — Vergor, vigueur.

VERGUEUR. — Du Verguier, commune du dép. de l'Aisne, arr. de St-Quintin. Vergeure, fils de laiton attachés sur la forme, à quelque distance les uns des autres, dans le langage des papetiers, raies que ces fils font sur le papier.

VERIEUL. — De Verfeuil, commune du dép. du Gard, arr. d'Uzès. **Vériel,** pâturage.

VERLY. — Commune du dép .de l'Aisne, arr. de Vervins.

VERMANDOIS. — De Valmondois, commune du dép. de Seine-et-Oise, arr. de Pontoise. **Vermandois,** contrée de la Picardie. De **vermain,** vermine.

VERMEIL. — Vermeilles, commune du Pas-de-Calais, arr. de Béthune. **Vermeuil,** endroit où le sanglier a remué la terre pour y chercher sa nourriture, endroit où il y a des vers, argent doré.

VERMET. — De Vermelles, commune du Pas-de-Calais, arr. de Béthune. **Vermet,** vermine.

VERMILLON. — Seigneurie de l'Orléanais, érigée en 1495. **Vermillon,** vermisseau.

VERNAS. — Verna, commune du dép. de l'Isère, arr. de La Tour-du-Pin. **Vernas,** verrat.

VERNER. — Vernay, commune du dép. du Rhône, arr. de Villefranche. **Verner,** gouverner un navire. **Vernaie,** lieu planté d'aunes.

VERNET. — Communes des dép. de l'Allier, des Basses-Alpes, de l'Ariège, etc. **Verné,** orné, garni de vitres.

VERNEY. — V. Verner. **Verney,** aunaie.

VERNIER. — Commune du dép. du Doubs, canton de Vercel. **Vernier,** celui qui achète ou vend des fruits du printemps.

VERNOUILLET. — Communes des dép. d'Eure-et-Loir, et de Seine-et-Oise.

VERON. — Commune du dép. de l'Yonne, arr. de Sens. **Véron,** petit poisson jaune et luisant par le dos, blanc par le ventre et tacheté de noir, longue cheville de bois qui traverse les côtés d'une charrette.

VERONNEAU. — De Véronne, commune du dép. de la Drôme, arr. de Die. Dim. de **vairon,** petit poisson de rivière.

VERPILLON. — De Vaupillon, commune du dép. d'Eure-et-Loir, canton de la Loupe.

VERRAT. — Veyras, commune du dép. de l'Ardèche, arr. de Privas.

VERREAU. — Veyreau, commune du dép. de l'Aveyron, arr. de Millau. **Verrot,** verrat.

VERRET. — De Verrey, commune de la Côte-d'Or, arr. de Semur. **Verret,** petite vitre et **verrette,** petite vérole.

VERRIER. — De Verrière, commune du dép. de l'Oise, arr. de Beauvais. **Verrier,** qui travaille le verre, voyer, panier d'osier destiné à mettre des verres.

VERSAILLES. — Ville du dép. de Seine-et-Oise, à 4 lieues au sud de Paris. **Versail,** place de tir à l'arbalète.

VERT. — Commune du dép. des Landes, canton de Labrit. **Vert,** fourrage vert.

VERTEFEUILLE. — Commune du dép. de l'Aisne, à 3 lieues de Soissons.

VERVET. — De Verzé, commune du dép. de Saône-et-Loire, arr. de Mâcon. **Vervette,** petit enfant espiègle.

VERVILLE. — Lieu du dép. de Seine-et-Oise, dans la com. de Nesles. **Ver,** printemps.

VESSIERE. — Veyssière, commune du dép. de la Dordogne, arr. de Bergerac. **Vessière,** lieu planté de vesces.

VETU. — De Vertus, commune du dép. de la Marne, arr. de Châlons. **Vêtu,** habillé.

VEZAN. — De Vézin, commune d'Ille-et-Vilaine, arr. de Reims. **Vezan** de **vèze,** cornemuse.

VEZEL. — De Vezels, commune du dép. du Cantal, arr. d'Aurillac. **Vezele,** belettĕ.

VESCLER. — De Velleclaire, commune de la Haute-Saône, arr. de Gray.

VEZIARD. — De Verzi, commune du dép. de la Marne, arr. de Reims.

VEZIER. — Commune du dép. de la Vienne, canton des Trois-Moutiers. **Vézier,** user de ruse, tromper, homme ventru.

VEZON. — Commune du dép. de la Moselle, arr. de Metz.

VEZINA. — De Veyziat, commune du dép. de l'Ain, arr. de Nantua. **Vésine,** vent particulier au Dauphiné. **Vézinée,** averse.

VIABON. — Com. du dép. d'Eure-et-Loir, arr. de Chartres.

VIALARD. — Viallard, seigneurie du Quercy, ou de **Vialas,** commune de la Lozère, arr. de **Figeac.**

VIALE. — Vialle, commune de l'Auvergne, arr. de Clermont. **Vial,** vieux, vital, de la vie. **Vial,** en anglais, fiole.

VIALET. — Vialet, commune des Basses-Pyrénées, arr. de Pau. **Vialhaiste,** villageois.

VIANCOURT. — De Vignacourt, commune du dép. de la Somme, ar. d'Amiens.

VIANE. — Commune du dép. du Tarn, arr. de Castres.

VIART. — De Liart, commune du dép. des Ardennes, arr. de Rocroi. **Viart,** voile dont on se couvrait le visage.

VIAU. — Bourg du Poitou, dans le Pays de Retz. **Viau,** envie.

VICQUE. — Vicques, commune du Calvados, arr. de Falaise.

VICTOR. — De Victot, commune du Calvados, arr. de Pont-l'Evêque. **Victor,** pois de terre.

VIDAL. — Seigneurie de Normandie, érigée en 1672.

VIDALUN. — De Vidalon, commune de Davezieu, dép. de l'Ardèche.

VIDE. — D'Ydes, com. du dép. du Cantal, arr. de Mauriac.

VIDET. — De Wylder, commune du dép. du Nord, arr. de Dunkerque. **Vider,** échancrer un morceau de toile.

VIDREGUER. — De Vaudringhem, commune du Pas-de-Calais, arr. de St-Omer.

VIEL. — Vielle, com. du dép. des Landes, arr. de St-Sever. **Viel, vieux.**

VIELLARD. — Vielle-Aure, commune des Hautes-Pyrénées, arr. de Bagnères-de-Bigorre. **Viellard,** violon ou joueur de vielle.

VIEN. — Viens, commune du dép. de Vaucluse, arr. d'Apt. **Vien,** cépage, espèce, en parlant de la vigne.

VIENNEAU. — De Vienne, ville du dép. de l'Isère, et com. du Calvados. **Vienneau,** dim. de **vienne,** viorne.

VIEUX-PORT. — Commune du dép. de l'Eure, arr. de Pont-Audemer.

VIGEANT. — Commune du dép. de la Vienne, arr. de Montmorillon.

VIGER. — Commune des Hautes-Pyrénées, arr. d'Argelès.

VIGNAL. — Vignale, commune du dép. de la Corse, arr. de Bastia. **Vignal,** lingot d'or, vigne.

VIGNAR. — De Vignats, commune du Calvados, arr. de Falaise.

VIGNAU. — Commune du dép. des Landes, arr. de Mont-de-Marsan. **Vignau,** dim. de **vigne,** mantelet, machine de guerre.

VIGNE. — Vignes, com. des Basses-Pyrénées, de l'Yonne et de la Haute-Marne. **Vigne,** plante, étendue de terre, plantée de ceps de vigne.

VIGNEAU. — Vigneaux, commune des Hautes-Alpes, arr. de Briançon. **Vigneau,** tertre artificiel avec allée en hélice, et sur lequel on plante des treilles de plaisance en forme de cabinet de verdure.

VIGNET. — Vignets, commune de la Champagne. **Vignette,** petites estampes placées comme ornement au commencement des livres ou des chapitres, oseille, reine des prés.

VIGNIER. — De Vigny, commune de Seine-et-Oise, arr. de Pontoise. **Vignier,** vigneron, garde-vigne, vendanger.

VIGNOLAT. — De Vignol, commune du dép. de la Nièvre, arr. de Langres. **Vignolat,** vin ou sirop.

VIGNON. — Bourg du Berry, diocèse de Bourges. **Vignon,** vigneron, vignoble.

VIGNOT.—Commune du dép. de la Meuse, arr. de Commercy. V. Vigneau.

VIGOR. — Commune du dép. de la Manche, arr. de Saint-Lô. Vigor, vigueur.

VILAINE.—Lieu du dép. de Seine-et-Oise, dans la commune de Massy. **Vilaine,** de **vilai,** village.

VILAIRE. — Seigneurie de Bretagne, érigée en 1600 pour De l'Espinay.

VILLALUN. — De Villalet, commune du dép. de l'Eure, arr. d'Evreux. Vient de **vilel,** village.

VILANCOURT. — Villencourt, seigneurie de Bretagne, érigée en 1668 pour Bourgoin.

VILANDRÉ.—De Villandraut, commune de la Gironde, arr. de Bazas.

VILDÉ. — Commune des Côtes-du-Nord, arr. de Dinan.

VILION. — De Villon, commune du dép. de l'Yonne, arr. dè Tonnerre.

VILLAIN. — Vilhain, commune du dép. de l'Allier, arr. de Montluçon. **Villain,** chandelier de bois, poisson, monnaie, roturier, qui est soumis au cens.

VILLAMAIN. — De Villemain, commune du dép. des Deux-Sèvres, arr. de Melle.

VILLANUS.—De Villennus, commune des Basses-Alpes, arr. de Forcalquier.

VILLARS.—Communes des Basses-Alpes, de la Charente, de la Loire, de la Dordogne, d'Eure-et-Loir, de Vaucluse, etc.

VILLE. — Communes des dép. de l'Oise, de l'Isère, et du Rhône.

VILLAT. — Villatz, com. de la Haute-Savoie, arr. d'Annecy. **Villate,** petite ville.

VILLEBOIS. — Communes des dép. de l'Ain, de la Drôme et de Charente.

VILLEBON. — Communes des dép. d'Eure-et-Loir et de Seine-et-Oise.

VILLEBOURG. — Commune du dép. d'Indre-et-Loire, arr. de Tours.

VILLEBRUN. — De Villebrumier, dans le dép. de **Tarn-et-**Garonne, ar. de Montauban.

VILLEDIEU. — Communes de la Côte-d'Or, du Cantal, du Doubs, de la Lozère, de Maine-et-Loir, de la Manche.

VILLEDONNÉ. — Bourg du Languedoc, dép. de l'Aude, près de Narbonne.

VILLEFORT. — Commune de la Lozère, arr. de Mende, et commune du dép. de l'Aude, arr. de Limoux.

VILLEFRANCHE. — Communes des Alpes-Maritimes, de la Drôme, du Gers, etc.

VILLEGAGNON. — Commune du dép. de Seine-et-Marne, arr. de Provins.

VILLEMER. — Communes des dép. de l'Yonne et de Seine-et-Marne.

VILLEMONDE. — De Villemomble, commune du dép. de la Seine, arr. de Saint-Denis.

VILLENEUVE. — Communes des dép. des Basses-Alpes, de la Gironde, du Puy-de-Dôme, de l'Isère, etc. **Villeneuve,** tulipe rouge, colombin et blanc.

VILLERAY. — Villeret, communes des dép. de l'Aisne, de l'Aube, et du Loiret.

VILLERMÉ. — De Lillemer, commune du dép. d'Ille-et-Vilaine, arr. de St-Malo.

VILLEROY.—Communes des dép. de la Somme, de l'Yonne et de Seine-et-Marne.

VILLERS. — Commune des dép. de l'Indre, de la Loire, des Vosges, etc. **Viller,** s'impatienter.

VILLEU. — De Vigneux, communes de la Loire-Inférieure et de Seine-et-Oise.

VILLIARS. — D'Illiat, commune du dép. de l'Ain, arr. de Trévoux.

VILLIERS. — Com. des dép. de la Manche, de la Vienne, de l'Indre, de Loir-et-Cher, etc. **Villier,** fabricant de vrilles.

VILLIEU. — Commune du dép. de l'Ain, arr. de Trévoux.

VILLIN. — Villinge, commune de la Moselle, arr. de Thionville. **Villain,** le meunier, sorte de piosson.

VILLON. — Commune du dép .de l'Yonne, arr. de **Tonnerre.**
Vilon, de **vilain,** fausse monnaie.

VILLOT. — Villotte, commune du dép. des Vosges, arr. de
Neufchâteau. **Villotte,** petite ville.

VILMER. — V. Villemer.

VIMONT. — Communes des dép. du Calvados et de la Seine-
Inférieure. **Vimon,** pièce d'un fer de moulin.

VIMONTOIS. — Villemontais, commune du dép. de la Loire,
arr. de Roanne.

VINAULT. — De Vins, commune du dép. du Var, arr. de
Brignoles. **Vinaut,** petit vin.

VINAY. — Commune du dép. de la Marne, arr. de l'Isère.
Vinée, vendange, fourniture en vin, vente de vin, mélange de vin.

VINCELAY, VINCELET, VINCELETTE. — De Vincey
commune du dép. des Vosges, arr. de Mirecourt.

VINCELOT. — De Vincelles, communes des dép. du Jura, de
l'Yonne et de Saône-et-Loire.

VINCELOTTE. — Com. du dép. de l'Yonne, arr. d'Auxerre.

VINCENT. — Commune du dép. du Jura, arr. de Dole.

VINDAL. — De Vindelle, commune de la Charente, arr.
d'Angoulème. Vient de l'allemand **winden,** guinder.

VINET. — Vinets, commune du dép. de l'Aube, arr. d'Arcis-
sur-Aube. **Vinette,** oseille, herbe ainsi appelée parce que
son goût tient du vin, ou que ses racines bouillies donnent à l'eau la coloration du vin, petit vin, renouée.

VINIAU. — De Villy, communes des dép. du Calvados, de
l'Yonne et des Ardennes. De **vinier,** marchand de vin.

VINTONNEAU. — De Ventenac, com. du dép. de l'Ariège,
arr. de Foix.

VIOLET. — D'Yolet, commune du dép. du Cantal, arr. d'Aurillac. **Violet,** sentier.

VIOT. — De Veho, commune du dép. de Meurthe-et-Moselle,
arr. de Lunéville. **Viot,** violence, envie, homme de longue
vie.

VIOU. — D'Youx, commune du Puy-de-Dôme, arr. de Riom.

VIQUERRE. — De Visker, commune des Hautes-Pyrénées, arr. de Tarbes. **Viquerre,** vicaire.

VISCONTE. — De Voillecomte, commune de la Haute-Marne, arr. de Wassy. **Visconte,** vicomte.

VISÉE. — De Viset, petite ville située à 2 lieues de Liège. **Visée,** petit bouton ou canelure sur la culasse du canon d'arquebuse, visière.

VISSE. — Commune du dép. de la Meurthe, arr. de Château-Salins. **Visse,** vis, escalier, visage, face.

VITAL. — De Vital, commune du dép. de l'Aveyron, arr. de Rodez. **Vital,** nom d'homme.

VITRAI. — Commune du dép. de l'Orne, arr. de Mortagne. **Vitré,** vitreux.

VITRE. — D'Ytres, commune du dép. de la Somme, arr. de Péronne. **Victre,** nom d'homme.

VITRY. — Communes du Pas-de-Calais, de la Marne, etc.

VIVARAIS. — De Livarot, commune du Calvados, arr. de Lisieux. **Vivarais,** contrée du Languedoc, dont Viviers était la capitale.

VIVÉE. — Vivey, com. de la Haute-Marne, arr. de Langres. **Vivet,** poisson de mer.

VIVESAC. — De Vissac, commune de la Haute-Loire, arr. de Brioude. **Vivesac,** nom composé de **vive,** sardine fraîche, et de sac.

VIVIEN. — Bourg de la Guienne, dép. de la Gironde, à 5 lieues de Lesparre. **Vivier,** réservoir d'eau dormante, bateau ou gardouer, filet plongé dans l'eau et dans lequel le pêcheur met ses poissons pour les conserver vivants.

VOCELLE. — V. Vancelle.

VOHL. — De Wohl, lieu dans les environs de la ville d'Hambourg, en Allemagne. **Vole,** la paume de la main.

VOIPREUX. — Commune du dép. de la Marne, arr. de Châlons.

VOISARD. — De Loisia, commune du Jura, arr. de Lons-le-Saunier. **Voiseor,** habile, trompeur.

VOISIN. — Commune de Seine-et-Oise, arr. de Rambouillet. Voisin, compatriote favorable.

VOISINE. —.Communes des dép. de l'Yonne et de la Haute-Marne. Voisine, voix injurieuse.

VOISY. — De Vouzy, commune du dép. de la Marne, arr. de Châlons.

VOLAGE. — D'Olargues, commune de l'Hérault, arr. de St-Pons. Volage, léger, follet, frivole, vif, emporté.

VOLANT. — D'Ollans, commune du dép. du Doubs, arr. de Besançon. **Volant,** faucille à tranchant uni, sans dentelure, instrument à long manche pour tondre les arbres, les charmilles.

VOLGRAIN. — De Ville-la-Grand, commune de la Haute-Savoie, arr. de St-Julien.

VOLIGNY. — De Vouilly, commune du Calvados, arr. de Bayeux.

VOLONTÉ. — De la Voltais, seigneurie de Bretagne.

VON. — Voncq, commune des Ardennes, arr. de Vouziers.

VOUS.—Commune du Bas-Languedoc diocèse de Puy. **Vous,** pronom personnel.

VOUMARNE. — De Lourmarin, commune de la Vaucluse, arr. d'Apt.

VOYER. — Commune du dép. de la Meurthe, canton de Lorquin. **Voyer,** officier chargé des grands chemins, bas justicier, juge des villages. Il y avait le **seigneur-voyer,** qui avait juridiction et seigneurie sur les chemins, et le **grand-voyer,** celui qui avait charge de la police à l'égard des rues et de ce qui était sur les rues. **Voyer** dérive de vio-**curus,** c'est-à-dire **viarum curator. Vouéyer,** couler la lessive.

VOYNE. — De Voyenne, commune du dép. de l'Aisne, arr. de Laon.

VOYON. — De Vouillon, commune du dép. de l'Indre, arr. d'Issoudun. **Voyon,** prunelle de l'œil.

VRARD. — De Vira, commune des Pyrénées-Orientales, arr. de Perpignan.

VREDON. — De Verdon, communes des dép. de la Marne, de la Gironde et de la Dordogne.

VRIGNEAU. — De Vrigne, commune du dép. des Ardennes.

VUIDERO. — De Vaudeurs, commune du dép. de l'Yonne, arr. de Joigny. **Vuideur**, vide.

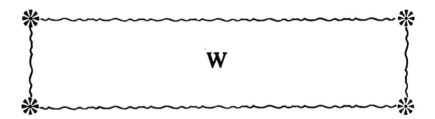

W

WADDEN. — De Watten, commune du dép. du Nord, arr. de Dunkerque.

WARREN. — De Warhem, commune du dép. du Nord, arr. de Dunkerque.

WARD. — De Warde, commune du dép. de la Somme, arr. de Montdidier. De **war**, barrage, parc à poisson.

WATIER. — De Wassy, ville du dép. de la Haute-Marne. **Watier**, de **wati**, mouillé.

WEXLER. — De Velleclaire, commune du dép. de la Haute-Saône, arr. de Gray.

WHOLSCAMPS. — V. Olscamps. De **wolle**, débauche.

WILLETT. — D'Ouillet, commune du Calvados, arr. de Falaise. **Ouillette**, entonnoir en bois ou en ferblanc.

WY. — Commune du dép. de Seine-et-Oise, arr. de Mantes.

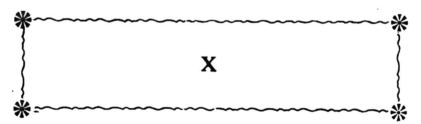

X

XANDRE. — Commune de l'Aunis, dép. de la Charente-Infé-rieure, à 2 lieues de La Rochelle.

XIMENÉS. — De Xiména, ville d'Espagne, près de Cadix.

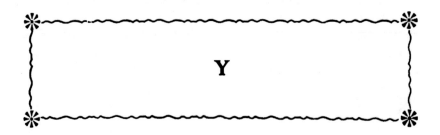

Y

YAX. — V. Iax.

YGER. — D'Igé, com. du dép. de l'Orne, arr. de Mortagne.

YON. — Commune du dép. de l'Ain, arr. de Belley.

YOU. — Youx, commune du dép. du Puy-de-Dôme, arr. de Riom. **You,** cri de joie poussé par les paysans lorsqu'ils veulent s'animer en dansant la bourrée.

YVELIN. — D'Yveline, forêt située dans l'Ile-de-France, à l'est de Chartres, près de la forêt de Rambouillet. **Yve-**line vient d'**yvel,** réservoir d'eau.

YVERNAGE. — D'Yvernault, dans le Berry.

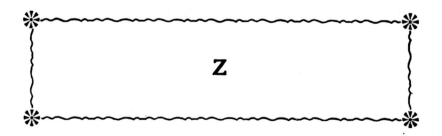

Z

ZACHARIE. — Commune dans le dép. du Var, arr. de Brignolles. **Zacharie,** nom d'homme.

ZAOHÉ. — De Zachau, dans la Marche, à 3 lieues de Brandebourg.

ZEMARD, ZIMMARD. — D'Ymare, commune de la Seine-Inférieure, arr. de Rouen.

ZIZEUX. — D'Yzeux, commune du dép. de la Somme, arr. d'Amiens.

ADDITIONS ET CORRECTIONS

Les noms marqués d'un astérisque, sont des noms répétés, pour correction, et les autres sont des additions.

CHANDELIER.—D'Echandelys, com. du Puy-de-Dôme, arr. d'Ambert.

CHRISTIN. — De Restigné, commune du dép. d'Indre-et-Loire, arr. de Chinon.

***COGNARD.** — D'Augnat, commune du Puy-de-Dôme, arr. d'Issoire.

***COGNON.** — De Cohons, commune de la Haute-Marne, arr. de Langres.

***COIRIER** — De Coyrière, commune du Jura, arr. de St-St-Claude.

***COITARD.** — De Coizard, commune du dép. de la Marne, arr. d'Epernay.

***COLARD.** — D'Aulas, commune du dép. du Gard, arr. Le Vigan.

***COLLIN.** — De Colline, commune du Pas-de-Calais, arr. de Montreuil.

***COLLO.** — De Colletot, commune du dép. de l'Eure, arr. de Pont-Audemer.

***COLOMBO.** — De Colombes, dans le dép. de la Seine, arr. de St-Denis.

***COLONNIER.** — De Coulonnieix, commune de la Dordogne, arr. de Périgueux.

COMMARTIN. — De Caumartin, dans le dép. de la Somme, commune de Crécy-en-Ponthieu.

***CONDRAT.** — De Condat, communes des dép. de la Haute-Vienne et du Lot.

COPPIN.—De Compains, commune du Puy-de-Dôme, arr. d'Issoire. **Choppin,** celui qui porte habituellement une chope, ou chape, buveur de chopes, coup violent pour renverser, faire choquer.

*COQUINCOURT. — D'Ochancourt, commune du dép. de la Somme, arr. d'Abbeville.

*CORBEAU. — De Courbes, commune du dép. de l'Aisne, arr. de Laon.

*CORDEAU. — De Cordes, commune du dép. du **Tarn**, arr. de Gaillac.

*CORDIER. De Cordey, commune du Calvados, arr. de Falaise.

*CORDIN. — De Curdin, commune du dép. de Saône-et-Loire, arr. de Charolles.

*CORNILLIER. — De Cornillé, commune d'Ille-et-Vilaine, arr. de Vitré.

*CORSIN. — De Corsaint, commune de la Côte-d'Or, arr. de Semur.

*CORVAISIER.—De Cortevaix, commune du dép. de Saône-et-Loire, arr. de Mâcon.

*COTE.—De Chautay, commune du dép. du Cher, arr. de St-Amand-Mont-Rond.

*COTIN. — De Coutens, commune du dép. de l'Ariège, arr. de Pamiers.

*COTTON. — De Courtonne, commune du Calvados, arr. de Lisieux.

*COTTY. — De Courties, commune du dép. du Gers, arr. de Mirande.

*COUAGNE. De Couargues, commune du dép. du Cher, arr. de Sancerre.

*COUCEAU. — De Coux, commune de la Charente-Inférieure, arr. de Jonzac.

*COUCHY. — De Coucy, commune du dép. des Ardennes, arr. de Béthel.

*COUDRET. — V. Coudray.

*COUILLARD.—De Courlac, commune du dép. de la Charente, arr. de Barbezieux.

*COUPART. — De Coupiac, commune de l'Aveyron, arr. de St-Affrique.

*COUPEAU. — De Loupes, commune du dép. de la Gironde, arr. de Bordeaux.

*COUPIAU. — De Louppy, commune du dép. de la Meuse, arr. de Bar-le-Duc.

COURCHENE. — De Courchons, commune des Basses-Alpes, arr. de Castellanne.

*COUROI. — De Corroy, commune du dép. de la Marne, arr. d'Epernay.

*COURTET. — De Courteix, commune de la Corrèze, arr. d'Ussel.

*COURVAL. — De Curvalle, commune du dép. du Tarn, arr. d'Albi.

*COUSINEAU. — De Couzon, commune du dép. de l'Allier, arr. de Moulin.

*COUSINET. — De Gouzougnat, commune de la Creuse, arr. de Boussac.

*COUTLÉE. — De Coatlée, seigneurie de Bretagne, érigée en 1640 pour de Boiséon.

COUTON. — De Soustons, commune du dép. des Landes, arr. de Dax.

*COUTU. — Des Courtus, seigneurie de Bretagne, érigée en 1669 pour de Plancourt.

*COUVRET. — De Rouvray, commune des dép. de la Côte-d'Or, de l'Eure, de l'Yonne, de la Seine-Inférieure.

*CREDIT. — De Crécy, commune de Seine-et-Marne, arr. de Meaux.

*CREMER. — De Cremeur, seigneurie bretonne, érigée en 1470 pour de Carné.

*CREPEAU. — Des Repôts, commune du Jura, arr. de Lons-le-Saunier.

*CREPIN. — De Crespin, commune du dép. du Nord, arr. de Valenciennes.

*CRESSENT. — De Cressin, commune du dép. de l'Ain, arr. de Belley.

*CREVET. — De Revest, commune du dép. des Alpes-Maritimes, arr. de Puget-Theniers.

CREVIER.—De Grévilly, commune du dép. de Saône-et-Loire, arr. de Mâcon.

*CREZEAU. — De Grèzes, commune du dép. de l'Oise, arr. de Beauvais.

*CROQUANT.—De Crozant, commune du dép. de la Creuse, arr. de Guéret.

*CROSNIER. — De Rosny, commune du dép. de la Seine, arr. de St-Denis.

*CURAUX. — De Cures, commune du dép. de la Sarthe, arr. du Mans.

*CURIEUX. — De Cuirieux, commune du dép. de l'Aisne, arr. de Laon.

*CUSTEAU. — De Coust, commune du dép. du Cher, arr. de St-Amand-Mont-Rond.

CUTHBERT. — De Cubières, commune du dép. de l'Aude, arr. de Limoux. **Cuber,** former une valeur ou total important.

*CYPIHOT. — De Cépie, commune du dép. de l'Aude, arr. de Limoux.

*DADE. — V. Adde.

*DAGERT. — D'Augère, commune du dép. de la Creuse, arr. de Bourganeuf.

*DAGON. — De Dagonville, commune du dép. de la Meuse, arr. de Commercy.

*DAILLOT. D'Ailles, commune du dép. de l'Aisne, arr. de Laon.

DANGERS. — Dangers, commune du dép. d'Eure-et-Loire, arr. de Chartres.

DANIOU. — D'Anoux, commune du dép. de Meurthe-et-Moselle, arr. de Briey.

DANNEVILLE. — D'Anneville, com. du dép. de la Manche, arr. de Valognes.

*DARNEAU. — De Darnac, commune du dép. de la Vienne, arr. de Bellac.

DE BOUTEROUE. — V. Bouteroue.

DE KAIRELLE.—Carelles, commune du dép. de la Mayenne, arr. de Mayenne.

DE KAPPELLE. — Cappelle, commune du dép. du Nord, arr. de Lille.

DESROCHERS. — Les Rochers, seigneurie de Bretagne.

D'ESTIMAUVILLE. — Seigneurie dans la généralité de Rouen, érigée pour D'Estimauville.

*__DEVILLERS.__ — D'Evillers, commune du dép. du Doubs, arr. de Pontarlier.

*__DEZIEL.__ — D'Aizelles, commune du dép. de l'Aisne, arr. de Laon, canton de Craonne.

o__DODIER.__—D'Audignies, commune du dép. de l'Aisne, arr. de Vervins.

*__DUSTAU.__ — D'Oust, commune du dép. de l'Ariège, arr. de Saint-Girons.

EAST. — V. His.

*__EUDES.__ — Du Mesnil-Eudes, commune du Calvados, arr. de Lisieux.

*__EVANTUREL.__—De Venterol, commune du dép. des Basses-Alpes, arr. de Sisteron, canton de Turiers.

FOUCHEREAU. — De Fouchères, communes des dép. de l'Aube, de l'Yonne et de la Meuse. Vient de **fouchaille**, troupe, troupeau.

*__FOURNIER.__ — De Tourny, commune du dép. de l'Eure, arr. des Andelys.

FRONTENAC. — Communes des dép. du Lot, et de la Gironde. Vient de **fronter**, avoir sa façade.

FUSEY. — De Fussey, commune de la Côte-d'Or, arr. de Beaune.

GAULIN. — D'Aulan, commune du dép. de la Drôme, arr. de Nyons.

GENTREAU. — De Centrés, commune du dép. de l'Aveyron, arr. de Rodez.

*__GIASSON.__ — De Geyssans, commune du dép. de la Drôme, arr. de Valence.

GINGA. — De Gincla, commune du dép. de l'Aude, arr. de Limoux. **Gingas**, toile de fil à carreaux, qui sert à faire des matelats.

GODILLON.	De Godisson, commune du dép. de l'Orne, arr. d'Alençon. Vient de godille, aviron.

GORY. — De Gorhey, commune du dép. des Vosges, arr. de Mirecourt. De gorrier, se pavaner.

GOSRARD. — De Gouray, commune des Côtes-du-Nord, arr. de Loudéac. Vient de **gorre**, luxe, élégance.

*GOURDEAU. — De Gordes, commune du dép. de Vaucluse, arr. d'Apt.

GRANDERIE. — De Grandis, commune du dép. du Rhône, arr. de Villefranche.

GROTHÉ. — De Crottet, commune du dép. de l'Ain, arr. de Bourg. **Grothé** de **grouter**, mettre du crépi à une muraille.

GUEYRAND. — De Guérande, commune de la Loire-Inférieure, arr. de Saint-Nazaire. **Guerrant**, guerrier.

GUILLORY. — De Guilly, commune du dép. du Loiret, arr. de Gien. Vient de **guileor**, trompeur, menteur.

GUILMAN. — De Limans, commune des Basses-Alpes, arr. de Forcalquier. **Guillelmin**, monnaie du Hainaut.

GUIGNIN.—De Guignen, commune du dép. d'Ille-et-Vilaine, arr. de Redon. De **guignier**, parer, farder.

HORIEUX. — D'Oris, commune du dép. de l'Isère, arr. de Grenoble. Vient d'**horis**, sorte de monnaie.

HAMBLETON. — D'Ambléon, commune du dép. de l'Ain, arr. de Belley.

HELLEISE. — D'Alaise, commune du dép. du Doubs, arr. de Besançon. **Elesce**, élan.

HORMELIN. — D'Ormenans, commune de la Haute-Saône, arr. de Vesoul. Vient d'**ormelet**, dim. d'ormeau.

HOSTAU. — D'Authe, commune du dép. des Ardennes, arr. de Vouziers. Vient d'**hostel**, maison, logis.

HUBOU. — D'Aubous, commune des Basses-Pyrénées, arr. de Pau. Vient d'**hubir**, se réjouir, s'égayer.

HUREAU. — De Hure, commune du dép. de la Gironde, arr. de La Réole. **Hurehau**, cri pour faire aller un cheval à droite.

HUSSEREAU. — De Lusseray, commune du dép. des Deux-Sèvres, arr. de Melle.

• **JEHANNE.** — De Gélannes, commune du dép. de l'Aube, arr. de Nogent.

JORDAN.—D'Ordan, com. du dép. du Gers, arr. d'Auch.

JUTRAS. — V. Joutras.

KEROCK.—Kerroch, seigneurie de Bretagne, érigée en 1668 pour Le Couriault.

LEBRETON. — De Le Brethon,, commune du dép. de l'Allier, arr. de Montbéliard. V. Breton.

LEBRETTE. — De Brette, communes des dép. de la Drôme, de la Sarthe et de la Charente. **Brete,** bretonne, femme bretonne, sotte.

LECLAIR, LECLAIRE. — D'Eclaires, commune du dép. de la Marne, arr. d'Avesnes. **Claire,** sonnette.

LECLERC. — De Clères, commune du dép. de la Seine-Inférieure, arr. de Rouen. **Clerc,** aspirant ecclésiastique, celui qui travaille dans un bureau d'avocat, de notaire.

LECORNE. — De Corn, commune du dép. du Lot, arr. de Figeac. **Corgne,** corne, coin, angle, vase à huile.

LEGALLAIS. — Le Gallet, commune du dép. de l'Oise, arr. de Clermont. **Galet,** joyeux compagnon.

***LORET.** — De Loré, commune du dép. de l'Orne, arr. de Domfront. **Lauré,** lauréat, de laurier.

MAIGNIN. — Maignen, seigneurie de la Champagne, érigée en 1573 pour De Maignen.

MANIÉ. — De Mauny, commune de la Seine-Inférieure, arr. de Rouen.

MAURIER. — De Maury, commune des Pyrénées-Orientales, arr. de Perpignan.

MENY. — Seigneurie du Boulonnais, érigée en 1685 pour Dutertre.

MERSÉ. — De Mercey, commune du dép. de l'Eure, arr. d'Evreux.

MEZOU. — Seigneurie de Bretagne, érigée en 1696 pour Du Drenec.

MONTRET. — Commune du dép. de Saône-et-Loire, arr. de Louhans.

MORESQ.—De Morez, commune du Jura, arr. de St-Claude. **Moresque**, monnaie d'Espagne qui venait des Maures.

OUINVILLE. — D'Intville-la-Guétard, commune du dép. du Loiret, arr. de Pithiviers.

OUIST. — De Wittes, commune du Pas-de-Calais, arr. de St-Omer.

PAGNOT. — De Pagnoz, commune du dép. du Jura, arr. de Poligny.

PERROY. — Commune du dép. de la Nièvre, arr. de Cosne. **Perroi**, grève.

PITAU. — De Pitres, commune du dép. de l'Eure, arr. de Louviers. **Pitau**, paysan qu'on envoyait à la guerre.

PONTASSE De Pontaix, commune du dép. de la Drôme, arr. de Die.

PTOLOMÉ. De Thomer, commune du dép. de l'Eure, arr. d'Evraux. **Ptolémée**, nom d'homme.

PUTOT. — De Puteaux, commune du dép. de la Seine, arr. de Saint-Denis. De **putel**, bourbier, mare.

RENIAULT. — De Reugny, commune du dép. de l'Allier, arr. de Montluçon.

RENIERE. — De Régnière, commune du dép. de la Somme, arr. d'Abbeville.

REVOT. — De Reuves, commune du dép. de la Marne, arr. d'Epernay.

REY. — Seigneurie du Forez, érigée en 1486 pour De Blos. **Rey**, roi.

REYBOSCEN.—De Reboursin, commune du dép. de l'Indre, arr. d'Issoudun.

ROANE. — De Rouans, commune de la Loire-Inférieure, arr. de Paimbœuf. De **roant**, tournoyant.

ROBINSON. — Lieu du dép. de la Seine, dans la commune de Plessis-Piquet.

ROCHEMONT. — De Rocquemont, commune du dép. de l'Oise, arr. de Senlis.

ROUGEMONT. — Commune du dép. de la Côte-d'Or, arr. de Semur.

ROULIER. — Du Roulier, commune du dép. des Vosges, arr. d'Epinal. **Roulier,** voiturier.

RULLÉ. — De Roullée, commune du dép. de la Sarthe, arr. de Mamers.

RUMIGNY. — Commune du dép. des Ardenes, arr. de Rocroi.

SAGAUT. — De Saugues, commune du dép. de la Haute-Loire, arr. Le Puy.

SAULNIER.—De Saulnay, commune du dép. de l'Indre, arr. Le Blanc.

SAUTON. — D'Authon, commune du dép. de la Charente-Inférieure, arr. de St-Jean d'Angély.

SAVIGNY. — Commune du dép. de l'Oise, arr. de Beauvais.

SEVAIN. — D'Evans, commune du Jura, arr. de Dol.

SOLQUIN. — D'Alquines, commune du dép. du Pas-de-Calais, arr. de St-Omer.

SOURDIF. — De Sourdrie, dans le dép. de Maine-et-Loire, commune de St-Florent-le-Vieil.

TAILLET. — De T ''et, commune des Pyrénées-Orientales, arr. de Céret. ᴚaillette, morceau de bois, jeu.

TAMUR. — De Lamure, commune du dép. du Rhône, arr. de Ville-Franche.

THARA. — De Thaas, commune du dép. de la Marne, arr. d'Epernay.

THEBAUT. — De Thèbe, commune des Hautes-Pyrénées, arr. de Bagnères.

THOURILLON.—De Thouron, commune de la Haute-Vienne, arr. de Bellac. **Tourion,** tourelle.

THURAINE. — De Thurins, commune du dép. du Rhône, arr. de Lyon.

TIMANDS. — De Limans, commune des Basses-Alpes, arr. de Forcalquier.

TINUS. — De Tanus, commune du dép. du Tarn, arr. d'Albi.

TIRARD. — De Lirac, com. du dép. du Gard, arr. d'Uzès.

TISSENET. — De Lissey, commune du **dép. de la Meuse, arr.** de Montmédy.

TISSIAU. — De Tissey, commune du dép. de l'Yonne, arr. de Tonnerre. **De tissier,** tisserand.

TOUPIE. — De Louppy, commune du dép. de la Meuse, arr. de Bar-le-Duc.

TRIBOT. — De Tribehou, commune du **dép** de la Manche, arr. de St-Lô.

TOUCHARD. — De Louchats, com. du dép. de la Gironde, arr. de Bazas.

TRONQUET. — Du Tronquay, commune du Calvados, arr. de Bayeux.

TROUILLARD. De Trouillas, commune des **Pyrénées-**Orientales, ar. de Perpignan. De **trouille,** engin de pêche.

TURET. — De Thuret, commune du **Puy-de-Dôme, arr. de** Riom. **Turet,** colline, éminence.

TURNÉ. — De Thoronet, commune du **dép.** du Var, arr. de Draguignan.

VALTRIE. — De Lavastrie, commune du dép. du Cantal, arr. de St-Flour. **Valeterie,** service de valet.

VAUQUIER. — De Vaucé, commune du **dép.** de la Mayenne, canton d'Ambrières.

VERNON. — Commune du dép. de l'Eure, arr. d'Evreux.

VESNE. — De Veynes, commune des Hautes-Alpes, arr. de Gap. **Vesne,** vesse.

VIALA. — De Viala, commune de l'Aveyron, arr. de St-Affrique. De **vial,** vital.

VIALTET. — De Vialer, commune des **Basses-Pyrénées, arr.** de Pau.

VIDEMONT. — De Vaudémont, com. du dép. de Meurthe-et-Moselle, arr. de Nancy.

VIGNAN. — De Vignan, ville du dép. du Gard. **Vinant,** vin qui a pris couleur.

VILLEDAY. — De Vildé, commune des Côtes-du-Nord, arr. de Dinan.

VILLEFAGAN. — Commune de la Charente, arr. de Ruffec.

VINCENNES. — Commune du dép. de la Seine, **arr. de** Sceaux.

VITRAL. — De Vitrolle, commune des Bouches-du-Rhône, arr. d'Aix. **Vitral,** vitrail.

VIVIER. — Commune du dép. d'Ile-et-Vilaine, arr. de St-Malo. **Vivier,** cage pour nourir les oiseaux.

CPSIA information can be obtained
at www.ICGtesting.com
Printed in the USA
LVOW10s0104010617

536528LV00032B/1231/P